파이썬 아키텍처 패턴

Python Architecture Patterns

파이썬 아키텍처 패턴

파이썬 소프트웨어 시스템 아키텍처 설계와 유지보수 관리

제이미 부엘타 지음   김용환 · 박지현 옮김

i!i
에이콘

에이콘출판의 기틀을 마련하신 故 정완재 선생님 (1935-2004)

| 지은이 소개 |

제이미 부엘타 Jaime Buelta

20년 동안 프로그래머로 일했으며, 10년 넘게 파이썬 개발자로 있었다. 이 기간 동안 다양한 산업 분야에 있으면서 업무의 목표 달성을 위해 다양한 기술을 접했다. 항공우주, 산업 시스템, 비디오 게임 온라인 서비스, 금융 서비스, 교육 관련 툴을 개발했다. 또한 2018년부터 『Python Automation Cookbook』(Packt, 2020), 『Hands-On Docker for Microservices with Python』(Packt, 2019)을 포함해 실무에서 얻은 교훈을 반영한 기술 서적을 집필하고 있다. 현재 아일랜드 더블린에 살고 있다.

책을 쓴다는 것은 혼자 할 수 있는 일이 아니다. 이 책의 초안을 다듬고 개선하는 데 함께한 사람들은 물론이고 파이썬과 기술 커뮤니티에서 뛰어난 사람들과 아이디어를 구체화하는 대화를 나누기도 했다. 그리고 나의 멋진 아내 다나Dana의 사랑과 지지가 없었다면 이 책은 세상에 나오지 못했을 것이다.

프라딥 팬트 Pradeep Pant

컴퓨터 프로그래머, 소프트웨어 아키텍트, AI 연구원이자 오픈소스 지지자다. 프라딥은 마이크로프로세서/어셈블리, C, C++, 펄Perl, 파이썬, R, 자바스크립트JavaScript, AI/ML, 리눅스Linux, 클라우드 같은 다양한 프로그래밍 언어 및 플랫폼에서 20년 이상 컴퓨터 프로그램을 작성해 왔다. 물리학 석사 학위와 컴퓨터과학 석사 학위를 보유한 프라딥은 여가 시간에 개인 홈페이지(https://pradeeppant.com)에서 기술 여정과 학습에 대한 글쓰기를 좋아한다.

프라딥은 벨기에에 있는 소프트웨어 개발 회사인 Ockham BV에서 근무하고 있다. Ockham BV는 품질 및 문서 관리 시스템 분야에서 소프트웨어를 개발한다.

다음의 이메일 주소 또는 네트워크를 통해 프라딥과 연락할 수 있다.

- 이메일: pp@pradeeppant.com
- 링크드인: https://www.linkedin.com/in/ppant/
- 깃허브: https://github.com/ppant

| 옮긴이 소개 |

김용환(knight76@gmail.com)

현재 카카오에서 지극히 평범한 개발자로 일하고 있다. 지금까지 개발 업무를 해올 수 있었던 건 훌륭한 IT 책들과 아낌없이 정보를 공유해 준 인터넷 블로그, 스택 오버플로우의 도움이 컸다고 여긴다. 그래서 자신은 물론, 누군가에게 도움이 될 수 있을 것이라는 믿음으로 책의 번역을 시작했다. 네이버와 카카오에서 일하면서 외국의 개발 사례를 소개하는 즐거움이 크다. 현재 카카오사의 커머스 개발부서에서 코틀린 기반 Spark/파이썬 기반 Airflow/SpringWebApp을 사용해 DB 덤프샷 등 데이터 엔지니어링 및 빅데이터 기반 정산 도메인 개발/운영 업무를 수행하고 있다. 주요 번역서로는 에이콘출판사에서 출간한 『Redis 핵심정리』(2016), 『빅데이터 분석을 위한 스칼라와 스파크』(2018), 『앤서블 시작과 실행』(2019) 등이 있다. 좋은 책이 인생을 풍요롭게 하는 데 도움을 준다고 믿고 있으며, 심리학, 철학, 역사 관련 책을 즐겨 보고 있다.

박지현(pull99@gmail.com)

기획자에서 개발자로, 테스트 엔지니어에서 IT 전문 잡지 및 도서 편집장으로 IT 분야 전반의 업무들을 수행했다. 관련해서 국내외 세미나/콘퍼런스를 기획하고 총괄했으며, 지금은 실무 최전방에서 밀려드는 업무와 씨름하고 있는 이들에게 일말의 도움이 되고자 번역을 하고 있다. 최근 번역서로는 『세상을 바꾼 빅테크 SRE 챌린지』(픽셀하우스, 2023)가 있다.

| 옮긴이의 말 |

매년 깃허브Github에서 발표하는 깃허브 내에서 사용되는 2023년 언어 순위(https://bit. ly/3WwvotY)에 따르면 파이썬은 2015년부터 3위, 2019년부터는 2위다. 언어 순위에서 볼 수 있듯이 파이썬은 쉬운 문법과 가독성, 간결함으로 프로그래밍 입문에 대한 허들이 낮고 누구나 쉽게 빨리 원하는 프로그래밍을 할 수 있어서 웹 서버뿐만 아니라 머신러닝 등 다양한 분야에 활용되고 있다.

실제로, 역자 역시 자바 또는 JVM 기반 언어를 주로 사용하고 있으나 그다음으로 사용하는 언어는 파이썬이다. 파이썬을 Bash 대신 스크립트로 코딩할 때 사용하기도 하고 Airflow나 Flask, FastAPI와 같은 웹 프레임워크 기반에서 코딩할 때 자주 사용하고 있다. 실무자로서 이 책에서 소개하는 아키텍처 패턴은 너무나 자연스럽다. 미리 알아두면 좋은 정보들이 이 책에 수록되어 있다.

또한 프로그래밍하면서 얻을 수 있는 지식뿐만 아니라, 파이썬 오픈소스 솔루션을 사용할 때의 동작 방식에 대한 많은 이해를 제공하고 있다. 즉, 소프트웨어 아키텍처에 대한 기초부터 고급 주제까지 포괄적으로 다룬다. 그렇다고 파이썬 전문가 수준의 지식은 없어도 되니 겁 먹지 않아도 괜찮다.

소프트웨어 설계의 중요성과 주요 원칙을 소개한 다음, 1부에서는 API 설계와 데이터 모델링을 설명하고, 2부에서는 웹 서비스에 적합한 Twelve-Factor 앱 방법론과 웹 서버 구조, 이벤트 기반 구조와 고급 이벤트 기반 구조, 마이크로서비스와 모노리스 아키텍처의 차이점을 설명한다. 3부에서는 테스트에 대한 다양한 접근 방식, 테스트 주도 설계 방법론, 테스트를 쉽게 작성하기 위한 툴을 설명하고 패키지 관리 방법 및 공유하는 방법에 대해 다룬다. 마지막으로 4부에서는 운영 시스템에서 로깅, 메트릭, 프로파일링, 디버깅, 지속적인 아키텍처 변경 등에 잘 대응하는 방법을 제공한다.

이 책이 좋은 아키텍처를 개발하고자 하는 분들에게 좋은 가이드를 제공하리라 믿는다. 즐거운 코딩이 되길 바란다. 팁을 주자면, 대면 면접 시 아키텍처 관련 질문에 도움이 될 것이다.

| 차례 |

04장   데이터 계층   155

07장   이벤트 기반 구조   277

4부   지속적인 운영 업무

| 들어가며 |

시간이 흐를수록 소프트웨어가 계속 진화하고, 이는 시스템은 점점 더 복잡해지고 더 많은 개발자가 필요하며 개발자는 정해진 방식으로 작업해야 함을 의미한다. 소프트웨어의 크기가 커지면서 일반적으로 크기에 맞는 구조가 만들어진다. 따라서 구조를 잘 계획하지 않으면 정말 혼란스러워지고 작업하기 어려울 수 있다.

소프트웨어 아키텍처의 과제는 구조를 계획하고 설계하는 것이다. 잘 설계된 아키텍처를 통해 여러 팀이 서로 상호 작용할 수 있을 뿐만 아니라 동시에 팀의 책임과 목표를 명확하게 이해할 수 있다.

시스템의 아키텍처는 운영이 잘될 수 있는 신중한 수준으로 일상적인 소프트웨어를 개발하도록 설계되어야 한다. 그래서 시스템에 기능을 추가하고 시스템을 확장할 수 있어야 한다. 프로덕션 시스템의 아키텍처도 항상 유동적이며 조정할 수 있다. 또한 확장이 가능해 의도적이고 부드러운 방식으로 다양한 소프트웨어 요소를 재구성할 수 있다.

이 책에서는 상위 수준부터 상위 뷰를 지원하는 하위 수준의 세부 사항에 이르기까지 소프트웨어 아키텍처의 다양한 측면을 알아볼 것이다. 이 책은 소프트웨어의 생명 주기를 다양한 측면에서 모두 다루는 4개의 섹션으로 구성되어 있다.

- 코드를 개발하기 전에 미리 설계하기
- 입증된 개발 접근 방식을 사용하는 아키텍처 패턴
- 실제 코드로 설계 구현하기
- 변경사항을 처리하기 위한 지속적인 작업 및 예상대로 모두 작동하는지 확인하기

그리고 언급한 모든 측면에 걸쳐 다양한 기술을 살펴볼 것이다.

이 책의 대상 독자

경험이 많든 적든 상관없이 복잡한 시스템에 대한 직관을 확장하고 공고히 하기를 원하는 개발자, 배우고 성장하고 싶어 하는 개발자, 소프트웨어 아키텍처에 대한 지식을 확장하고 싶어 하는 소프트웨어 개발자를 대상으로 하는 책이다.

이 책에서는 파이썬으로 작성된 코드를 예로 사용한다. 여러분이 파이썬 전문가일 필요는 없으나, 파이썬에 대한 기본 지식이 있다고 가정하고 작성했다.

이 책의 구성

1장 '소프트웨어 아키텍처 소개' 소프트웨어 아키텍처가 무엇인지, 왜 유용한지에 대한 주제를 제시하고 설계 사례를 소개한다.

이 책의 1부에서는 소프트웨어를 작성하기 전의 설계 단계를 설명한다.

2장 'API 설계' 작업을 편리하게 추상화할 수 있는 유용한 API를 설계하는 기본 사항을 설명한다.

3장 '데이터 모델링' 스토리지 시스템의 특성과 애플리케이션에서 데이터 표현을 적절하게 설계하는 방법에 대해 설명한다.

4장 '데이터 계층' 저장된 데이터를 처리하는 코드와 목적에 맞게 데이터 생성 방법을 설명한다.

2부에서는 검증된 구조를 재사용하는 다양한 아키텍처 패턴을 다룬다.

5장 'Twelve-Factor 앱 방법론' 웹 서비스에서 Twelve-Factor 앱 방법론 적용 시 유용할 뿐만 아니라 여러 상황에서 활용할 수 있는 좋은 프랙티스를 소개한다.

6장 '웹 서버 구조' 서비스 운영과 소프트웨어 설계를 결정할 때 고려해야 할 웹 서비스 및 다양한 요소에 대해 설명한다.

7장 '이벤트 기반 구조' 즉각적인 응답을 리턴하지 않고 비동기로 응답을 수신하는 시스템에 대해 살펴본다.

8장 '고급 이벤트 기반 구조' 비동기 시스템의 고급 사용법과 생성할 수 있는 여러 패턴에 대해 설명한다.

9장 '마이크로서비스 대 모노리스' 복잡한 시스템을 해결하는 두 아키텍처를 제시하고 차이점을 소개한다.

3부에서는 다음과 같은 코드 작성 방법을 살펴본다.

10장 '테스트와 TDD' 테스트의 기초와 테스트 주도 개발TDD이 코딩 과정에서 어떻게 사용될 수 있는지 설명한다.

11장 '패키지 관리' 재사용 가능한 코드 부분을 생성하는 과정과 코드를 배포하는 방법을 알아본다.

4부에서는 시스템이 작동하는 동시에 개선 및 변경에 대한 모니터링이 필요한 작업을 설명한다.

12장 '로깅' 작업 시스템이 실행하는 작업을 로그로 저장하는 방법을 살펴본다.

13장 '메트릭' 전체 시스템이 어떻게 작동하는지 확인하기 위해 다양한 값을 집계하는 방법을 설명한다.

14장 '프로파일링' 성능을 향상할 수 있는 코드 작성 방법을 쉽게 알아본다.

15장 '디버깅' 코드 실행 중에 에러를 찾고 수정할 수 있는 프로세스를 소개한다.

16장 '지속적인 아키텍처' 실행 중인 시스템에서 아키텍처 변경사항을 성공적으로 운영하는 방법을 설명한다.

이 책을 최대한 활용하는 방법

- 이 책은 파이썬 언어를 사용한 코드 예를 사용한다. 파이썬 전문가 수준의 지식이 필요하지는 않지만 독자가 파이썬 코드를 읽는 데 불편하지 않다고 가정하

고 작성했다.

- 여러 서비스를 포함하는 복잡한 시스템을 잘 이해하면 소프트웨어 아키텍처가 제시하는 다양한 문제를 이해하는 데 도움이 될 것이다. 2년 이상의 경험을 갖춘 개발자라면 이 책을 쉽게 이해할 수 있다.

- 웹 서비스와 REST 인터페이스에 대한 지식이 있다면 이 책의 일부 요소를 잘 이해하는 데 유용하다.

편집 규약

이 책에서는 정보의 유형에 따라서 텍스트의 스타일이 바뀐다. 각 스타일은 다음과 같은 의미를 지닌다.

문장 속에서 코드는 다음과 같이 표기한다.

"이 레시피의 경우 requests 모듈을 임포트해야 한다."

코드 블록은 다음과 같이 표기한다.

```python
def leonardo(number):

    if number in (0, 1):
        return 1

    # 코멘트 예
    return leonardo(number - 1) + leonardo(number - 2) + 1
```

코드는 간결함과 명확성을 위해 편집될 수 있다. 필요한 경우 깃허브에서 전체 코드를 참조한다.

모든 커맨드라인의 입력 또는 출력은 다음과 같이 작성된다($ 기호 참고).

```
$ python example_script.py parameters
```

파이썬 인터프리터의 모든 입력은 다음과 같이 작성된다(>>> 기호 참고). 예상되는 출력
은 >>> 기호 없이 반영된다.

```
>>> import logging
>>> logging.warning('This is a warning')
WARNING:root:This is a warning
```

파이썬 인터프리터를 시작하려면 파라미터 없이 python3 커맨드를 실행한다.

```
$ python3
Python 3.9.7 (default, Oct 13 2021, 06:45:31)
[Clang 13.0.0 (clang-1300.0.29.3)] on darwin
Type "help", "copyright", "credits" or "license" for more information.
>>>
```

모든 커맨드라인 입력 또는 출력은 다음과 같이 작성된다.

```
$ cp example.txt copy_of_example.txt
```

중요하거나 새로운 단어, 그리고 메뉴나 대화상자처럼 컴퓨터 화면에 표시되는 단어는
다음과 같이 고딕체로 표기한다.

"Administration 패널에서 System info를 선택하라."

 주의를 요하거나 중요한 메시지는 이와 같이 나타낸다.

 팁이나 유용한 요령은 이와 같이 나타낸다.

독자 의견

독자 여러분의 의견은 언제든지 환영한다. 이 책을 어떻게 생각하는지 부담 없이 이야기해 준다면 좋겠다. 더 유익한 책을 만드는 데 있어 독자의 의견은 무엇보다 중요하다.

일반적인 의견은 이 책의 제목을 메일 제목으로 해서 feedback@packtpub.com으로 보내면 된다.

특정 분야의 책을 쓰거나 기여하는 데 관심이 있다면 http://authors.packtpub.com을 참고하기 바란다.

예제 코드 다운로드

이 책에 수록된 코드는 깃허브(https://github.com/PacktPublishing/Python-Architecture-Patterns)에 올려져 있다. 에이콘출판사의 도서정보 페이지 http://www.acornpub.co.kr/book/python-architecture-patterns에서도 동일한 예제 코드를 내려받을 수 있다.

컬러 이미지 다운로드

이 책에서 사용한 스크린샷이나 도표의 컬러 이미지를 PDF 파일로 제공한다. 컬러 이미지는 책의 내용을 이해하는 데 도움을 줄 것이다. 파일은 https://static.packt-cdn.com/downloads/9781801819992_ColorImages.pdf에서 내려받을 수 있다.

에이콘출판사의 도서정보 페이지 http://www.acornpub.co.kr/book/python-architecture-patterns에서도 내려받을 수 있다.

문의

오탈자: 내용을 정확하게 전달하려고 최선을 다했지만, 실수가 있을 수 있다. 이 책과 관련해 문의사항이 있다면 메일 제목에 책명을 적어서 http://www.packtpub.com/

submit-errata의 Errata Submission Form 링크를 통해 구체적인 내용을 알려주기 바란다. 한국어판에 관한 질문은 이 책의 옮긴이나 에이콘출판사 편집 팀(editor@acornpub.co.kr)으로 문의할 수 있다.

저작권 침해: 인터넷에서의 저작권 침해는 모든 매체에서 벌어지고 있는 심각한 문제다. 팩트출판사에서는 저작권과 사용권 문제를 아주 심각하게 인식하고 있다. 어떤 형태로든 팩트출판사 서적의 불법 복제물을 인터넷에서 발견한다면 적절한 조치를 취할 수 있게 해당 주소나 사이트명을 알려주길 부탁한다.

의심되는 불법 복제물의 링크를 copyright@packtpub.com으로 보내주기 바란다.

저자와 더 좋은 책을 위한 팩트출판사의 노력을 배려하는 마음에 깊은 감사의 마음을 전한다.

질문: 이 책에 관련된 질문이 있다면 questions@packtpub.com으로 문의하기 바란다. 온 힘을 다해 질문에 답해드리겠다. 한국어판에 관한 질문은 이 책의 옮긴이나 에이콘출판사 편집 팀(editor@acornpub.co.kr)으로 문의할 수 있다.

01

소프트웨어 아키텍처 소개

1장의 목적은 소프트웨어 아키텍처가 무엇이며 소프트웨어의 어느 부분이 유용한지 소개하는 것이다. 시스템 아키텍처를 정의할 때 사용되는 기반 기술과 웹 서비스 아키텍처의 기본 예시를 살펴보겠다.

1장에서는 소프트웨어 구조가 팀 구조와 커뮤니케이션에 미치는 영향을 다룬다. 어느 정도의 규모를 가진 소프트웨어를 성공적으로 구축하려면 여러 개발자로 구성된 하나 이상의 팀이 서로 성공적인 커뮤니케이션과 협업이 활발해야 한다. 따라서 팀 구조와 커뮤니케이션 요소를 고려해야 한다. 또한 소프트웨어의 구조는 다양한 요소에 접근하는 방법에 엄청난 영향을 미칠 수 있기에 보안에 영향을 준다.

또한 1장에서는 이 책의 나머지 부분에서 소개할 다양한 패턴과 논의를 제시할 때 사용하는 시스템의 아키텍처 예를 간략하게 소개한다.

1장에서 다루는 내용은 다음과 같다.

- 시스템 구조 정의
- 더 작은 단위로 나누기

- 소프트웨어 아키텍처의 콘웨이 법칙
- 애플리케이션 예: 개요
- 소프트웨어 아키텍처의 보안 측면

이제 자세히 살펴보자.

시스템 구조 정의

본질적으로 소프트웨어 개발은 복잡한 시스템을 개발하고 유지보수를 잘하는 것이다.

컴퓨팅 초기에는 프로그램이 비교적 간단했다. 기껏해야 포물선 궤적을 계산하거나 숫자를 인수분해하는 수준이었다. 1843년 에이다 러브레이스[Ada Lovelace]가 설계한 최초의 컴퓨터 프로그램에서 베르누이[Bernoulli] 수[1]를 계산했다. 그로부터 100년 후, 2차 세계대전 중에 암호화 코드를 해독하기 위해 전자 컴퓨터가 발명됐다. 새로운 발명품을 연구하면서 점점 더 복잡한 작업과 시스템이 설계됐다. 더불어 컴파일러와 고급 언어 같은 툴을 통해 발명 가능성이 높아졌고 하드웨어의 급속한 발전은 점점 더 많은 작업을 수행할 수 있게 됐다. 이로 인해 증가하는 복잡성을 관리하고 일관된 엔지니어링 원칙을 소프트웨어 생성에 적용해야 할 필요성이 빠르게 일어났다.

컴퓨팅 산업이 탄생한 지 50년 이상이 지난 현재, 우리가 사용할 수 있는 소프트웨어 툴은 매우 다양하고 강력하다. 즉, 거인의 어깨 위에 서서 소프트웨어 개발을 쉽게 진행한다. 고급 언어와 API를 활용하거나 즉시 사용 가능한 모듈과 패키지를 통해 비교적 적은 노력으로 많은 기능을 빠르게 추가할 수 있다. 이런 큰 힘을 얻기 위해서는 소프트웨어가 만들어 내는 엄청난 복잡성을 관리해야 하는 막중한 책임이 따를 수밖에 없다.

소프트웨어 아키텍처를 간단하게 설명하자면 소프트웨어 시스템의 구조를 정의하는 것이다. 소프트웨어 아키텍처는 일반적으로 프로젝트 초기 단계에 유기적으로 발전할 수 있지만, 시스템 성장과 시스템 변경에 대한 요청을 받은 후에는 아키텍처 변경에 대해

---

[1] https://bit.ly/3K2qJYr 참고 – 옮긴이

신중하게 고민해야 할 필요성이 점점 높아진다. 시스템이 커질수록 시스템 구조 변경이 어려워지기 때문에 향후 어떤 노력을 하느냐에 따라 시스템 구조에 영향을 미친다. 소프트웨어 구조에 맞지 않는 변경보다 소프트웨어 구조에 맞게 변경하는 편이 훨씬 쉽다.

 변경을 어렵게 하는 것이 항상 나쁜 것은 아니다. 어렵게 만들어야 할 변경에는 여러 팀에서 관리해야 하는 요소 또는 외부 고객에게 영향을 줄 수 있는 요소가 포함될 수 있다. 소프트웨어 구조에 대한 주요 사안은 추후 변경하기 쉽고 효율적인 시스템을 만드는 것이지만, 뛰어난 아키텍처 설계는 요구사항에 따라 용이함과 어려움이 적절하게 균형을 이룬다. 1장 뒷부분에서 특정 작업을 구현할 때 어렵게 유지보수해야 하는 명확한 예시로 보안을 다룰 것이다.

소프트웨어 아키텍처의 핵심은 큰 그림을 보는 것이다. 즉, 미래에 시스템이 어디에 위치하게 될 것인지에 초점을 맞춰 소프트웨어 아키텍처 관점을 구체화하고 현재 상황을 돕기도 한다. 단기적으로 얻는 부분과 장기적인 운영 사이의 선택들은 개발에서 매우 중요하며 가장 일반적인 결과는 기술 부채다. 소프트웨어 아키텍처는 주로 장기적인 영향을 다룬다.

소프트웨어 아키텍처에 대한 고려사항은 상당히 많을 수 있고 해당 사항들 간의 균형이 필요하다. 예를 들면 다음과 같다.

- **비즈니스 비전**: 시스템이 상업적으로 이용되는 경우 비즈니스 비전에는 마케팅, 영업, 관리와 같은 이해관계자의 요구사항이 포함될 수 있다. 비즈니스 비전은 일반적으로 고객의 요구사항에 따라 간다.

- **기술 요구사항**: 시스템이 확장 가능한지, 특정 수의 사용자를 처리할 수 있는지, 시스템 사용 사례에서 충분히 빠른지 확인하는 등의 기술 요구사항을 의미한다. 뉴스 웹사이트는 실시간 거래 시스템과 다른 업데이트 시간이 필요하다.

- **보안 및 신뢰성 우려사항**: 보안 및 신뢰성에 대한 심각성은 애플리케이션과 저장된 데이터가 얼마나 위험성이 있는지 또는 중요한지에 따라 다르다.

- **작업 분할**: 여러 영역에 전문화되어 있는 팀들이 동일한 시스템에서 유연하게 동시 작업할 수 있게 한다. 시스템이 커지면서 시스템을 반자율적이고 더 작은 컴

포넌트로 나눌 필요성이 더욱 시급해진다. 작은 프로젝트는 '단일 블록single-block'
또는 '모노리스monolith' 접근 방식을 오랫동안 사용할 수 있다.

- **특정 기술 사용**: 예를 들어, 특정 기술을 사용해 다른 시스템과 통합하거나 팀의
  기존 지식을 활용한다.

어기까지 언급한 고려사항은 시스템 구조와 설계에 영향을 미친다. 어떤 의미에서 소
프트웨어 아키텍트는 애플리케이션 비전을 구현하고 애플리케이션 비전을 개발할 팀과
특정 기술을 잘 구성해야 할 책임이 있다. 따라서 소프트웨어 아키텍트는 비즈니스 팀
과 기술 팀, 여러 기술 팀 사이에 존재하는 중요한 중재자가 된다. 커뮤니케이션은 업무
를 하는 데 있어 중요한 요소다.

성공적인 커뮤니케이션을 지원하는 좋은 아키텍처가 되려면 서로 다른 측면 사이의 경
계를 정의하고 명확한 책임을 할당해야 한다. 소프트웨어 아키텍트는 명확한 경계를 정
의하는 것 외에 시스템 컴포넌트 간의 인터페이스 채널을 생성하는 것을 쉽게 만들고
구현 세부 내용에 대한 후속 조치를 취해야 한다.

아키텍처 설계는 이상적으로 시스템 설계 초기에 이뤄져야 하며 프로젝트 요구사항을
기반으로 한 신중함이 필요하다. 이는 다양한 옵션과 기술을 설명하는 가장 좋은 방법
이기 때문에 이 책에서 접근하는 일반적인 방식이다. 그러나 실제로 가장 일반적인 사
례는 아니다.

소프트웨어 아키텍트의 주요 과제 중 하나는 기존 시스템이 새로운 변경사항을 받아들
일 수 있도록 작업하는 것이다. 그래서 점진적으로 더 좋은 시스템으로 나아가면서 지
속적인 비즈니스 운영으로 일상적인 업무를 방해하지 않는 것이다.

더 작은 단위로 분할

소프트웨어 아키텍처의 주요 기술은 전체 시스템을 더 작은 단위로 나누고 서로 상호
작용하는 방식을 설명하는 것이다. 작은 개별 요소 또는 단위에는 명확한 기능과 인터
페이스가 있어야 한다.

예를 들어, 일반적인 시스템의 공통 아키텍처는 다음으로 구성된 웹 서비스 아키텍처
일 수 있다.

- 모든 데이터를 MySQL에 저장하는 데이터베이스
- PHP로 작성된 동적 HTML 콘텐츠를 제공하는 웹 워커web worker
- 모든 웹 요청을 처리하고, CSS/이미지와 같은 정적 파일을 리턴하며, 동적 요청
  을 웹 워커에게 전달하는 아파치Apache 웹 서버

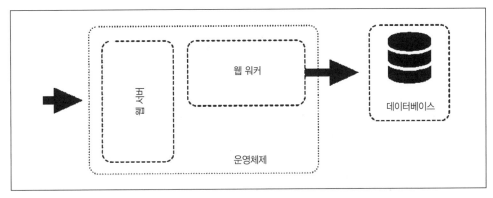

그림 1.1 일반적인 웹 아키텍처

> 일반적인 웹 아키텍처와 기술 스택은 2000년대 초반부터 매우 인기가 있었고 관련된 다양한 오
> 픈소스 프로젝트의 약어인 LAMP(리눅스(Linux) 운영체제의 앞글자 'L', 아파치(Apache) 서버의
> 앞글자 'A', Mysql 데이터베이스의 앞글자 'M', PHP의 앞글자 'P')라고 불렸다. 요즘에는 이 기술
> 이 다른 기술로 대체되고 있다. MySQL 대신 PostgreSQL을 사용하거나 아파치 대신 Nginx를 사
> 용하지만 여전히 LAMP 이름을 사용한다. LAMP 아키텍처는 HTTP를 사용해 웹 기반 클라이언
> 트/서버 시스템을 설계할 때 기본 시작점으로 사용하고 있어 LAMP 아키텍처를 사용해 견고하고
> 입증된 기반으로 복잡한 시스템 구축을 시작할 수 있다.

보다시피 모든 요소는 시스템에서 고유한 기능을 갖고 있으며 명확하게 정의된 방식으
로 서로 상호 작용한다. 이는 **단일 책임 원칙**Single-Responsibility principle으로 알려져 있다. 새
로운 기능이 시스템에 추가될 때 대부분의 사용 사례는 시스템의 요소 중 하나에 분명

히 속할 것이다. 모든 종류의 변경이 웹 서버에서 처리되는데, 이 중 동적 변경은 웹 워커에서 처리한다. 요소 간에 의존성이 있을 수 있는데, 동적 요청을 처리할 때 데이터베이스에 저장된 데이터를 변경해야 할 수도 있지만 사실은 웹 워커 프로세스에서 일찍 감지할 수 있다.

 웹 아키텍처는 9장에서 상세히 다루겠다.

각 요소에는 서로 다른 요구사항과 특성이 있다.

- 데이터베이스에 모든 데이터를 저장하기 때문에 신뢰성이 있어야 한다. 백업 및 복구 관련 작업과 같은 유지보수 작업이 중요하다. 데이터베이스는 안정적인 운영이 중요한 만큼 자주 업데이트하지 않는다. 만약 테이블 스키마를 변경하면 웹 워커를 재시작해 변경사항을 반영한다.

- 웹 워커는 확장 가능해야 하며 상태를 저장하지 않는다. 대신 모든 데이터가 데이터베이스에서 전송/수신된다. 데이터는 자주 업데이트된다. 수평 확장horizontal scalability을 허용하려면 동일 장비 또는 여러 장비에서 복사본을 실행할 수 있어야 한다.

- 웹 서버에 새로운 스타일을 적용하려면 변경이 필요하지만 그렇게 자주 발생하지는 않는다. 웹 서버 설정을 제대로 수행하면 웹 서버는 매우 안정적으로 유지된다. 여러 웹 워커 간에 로드 밸런싱load-balancing이 가능하므로 장비당 하나의 웹 서버만 필요하다.

살펴본 것처럼 웹 서버, 웹 워커, 데이터베이스 간의 작업 밸런스는 매우 다르다. 웹 워커가 대부분의 새로운 작업 처리에 초점을 맞추는 반면 데이터베이스, 웹 서버는 훨씬 안정적이다. 데이터베이스는 이 세 가지 중 가장 중요한 요소이기 때문에 좋은 상태인지 확인하려면 구체적인 작업을 진행해야 한다. 웹 서버와 웹 워커에서 문제가 발생하면 빠르게 복구할 수 있지만, 데이터베이스가 손상되면 많은 문제가 발생한다.

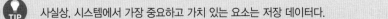 사실상, 시스템에서 가장 중요하고 가치 있는 요소는 저장 데이터다.

통신 프로토콜도 독특한데, 웹 워커는 SQL 문을 사용해 데이터베이스와 통신한다. 웹 서버는 전용 인터페이스, 일반적으로 FastCGI 또는 유사한 프로토콜을 사용해 웹 워커와 통신한다. 웹 서버는 HTTP 요청을 통해 외부 클라이언트와 통신한다. 웹 서버와 데이터베이스는 서로 통신하지 않는다.

세 프로토콜은 모두 다르다. 모든 시스템에서 항상 사용할 필요는 없으며, 여러 컴포넌트가 동일한 프로토콜을 공유할 수 있다. 예를 들어, 마이크로서비스에서 많이 사용하는 RESTful 인터페이스가 있다.

프로세스 간 통신

프로세스 간 통신에서 각 단위를 보는 일반적인 방법은 서로 다른 프로세스가 독립적으로 실행되는지 여부인데, 유일한 방법은 아니다. 동일 프로세스 내의 각기 다른 두 모듈은 여전히 단일 책임 원칙을 따를 수 있다.

 단일 책임 원칙은 여러 레벨에서 적용될 수 있으며 기능(function) 또는 다른 블록(block) 간의 구분을 정의하는 데 사용된다. 따라서 더 작은 범위에 적용할 수 있다. 기능 및 블록 밑에 또 다른 기능과 블록이 있는 셈이다. 그러나 아키텍처의 관점에서 볼 때 상위 레벨의 요소가 구조를 정의하는 레벨이기 때문에 가장 중요하다. 세부 내용 측면에서 볼 때 어디까지 알아야 하는지가 분명히 중요하지만 아키텍처 접근 방식에서는 '너무 많은 세부 사항'보다 '큰 그림' 측면에서 보는 것이 더 좋다.

이를테면 독립적으로 유지보수되는 라이브러리가 기반 코드의 특정 모듈일 수도 있다. 즉, 모든 외부 HTTP 호출을 수행하고 커넥션 유지, 재시도, 에러 처리 등의 모든 복잡성을 처리하는 모듈 및 파라미터를 기반으로 여러 포맷으로 보고서 생성 모듈을 개발할 수 있다.

중요한 특징으로 독립적인 요소를 만들기 위해서는 API를 명확하게 정의하고 책임을 잘 정의해야 한다. 모듈을 다른 저장소로 분리할 수 있고 외부 요소로 설치해 독립성을 확보해야 한다.

 모노리스 아키텍처에서 큰 컴포넌트를 내부 모듈로 분할하는 것은 잘 알려진 패턴이다. 위에서 설명한 LAMP 아키텍처는 대부분의 코드가 웹 워커 내부에 정의되어 있기 때문에 그 예로 들 수 있겠다. 모노리스 아키텍처로 개발하는 것이 사실상 일반적인 프로젝트의 시작이다. 보통은 초기에 큰 계획이 없기에 코드를 여러 컴포넌트로 엄격하게 나누는 것은 기반 코드가 많지 않으면 큰 장점이 없다. 기반 코드와 시스템이 점점 더 복잡해지면서 모노리스 시스템 내부 요소를 분할하는 것을 이해하려고 하고 추후 내부 요소를 여러 컴포넌트로 분할하는 것이 합리적일 수 있다. 모노리스 시스템에 대해서는 9장 '마이크로서비스 대 모노리스'에서 더 자세히 다룰 것이다.

동일한 컴포넌트 내에서 내부 API가 사용되는 만큼 통신은 간단하다. 대부분의 경우 동일한 프로그래밍 언어를 사용한다.

콘웨이 법칙: 소프트웨어 아키텍처에 미치는 영향

아키텍처를 설계할 때 항상 염두에 두어야 할 중요한 개념은 콘웨이 법칙Conway's Law이다. 콘웨이 법칙은 조직에 도입된 시스템이 조직 구조의 커뮤니케이션 패턴을 반영한다고 가정하는 잘 알려진 격언이다(https://www.thinkworks.com/insights/articles/demystifying-conways-law).

> 시스템(광범위하게 정의됨)을 설계하는 조직은 필연적으로 해당 조직의 커뮤니케이션 구조를 복제한 설계물을 생성한다.
>
> – 멜빈 E. 콘웨이Melvin E. Conway

콘웨이 법칙은 조직 내 사람들의 구조가 명시적이든 그렇지 않든 사람들의 구조가 복제되어 그 조직이 만든 소프트웨어 구조를 만들어 간다는 것이다. 아주 간단한 예로, 구매와 판매라는 2개의 큰 부서가 있는 회사라면 시스템 역시 2개로 만들고 싶어 할 것이다.

사람들이 일일이 소통해서 제품 단위를 구분하고 시스템을 구성할 것이 아니라 구매 부서는 구매에 집중하는 시스템을, 판매 부서는 판매에 집중하는 시스템을 만든다.

이런 시스템들이 당연하게 보일 것이다. 물론 팀 내의 커뮤니케이션보다 팀 간의 커뮤니케이션이 더 어렵다. 따라서 팀 간의 커뮤니케이션은 더 구조화되어야 하고 더 적극적인 작업이 필요하다. 단일 그룹 내부의 커뮤니케이션은 더 유연하고 덜 엄격할 것이다. 이런 요소가 좋은 소프트웨어 아키텍처 설계의 핵심이다.

모든 소프트웨어 아키텍처를 성공적으로 설계하는 데 가장 중요한 점은 팀 구조가 설계된 아키텍처와 상당히 밀접해야 한다는 것이다. 팀 구조에서 너무 많이 벗어나 있으면 사실상 모든 시스템이 그룹 분할에 따라 구조화되는 경향이 있기 때문에 난관이 예상된다. 같은 방식으로 시스템의 아키텍처를 변경하면 구조 조정이 필요할 수 있다. 조직 개편을 경험해 본 사람이라면 누구나 알겠지만 이는 어렵고 고통스러운 과정이다.

책임 분담도 중요한 부분이다. 단일 소프트웨어 요소에 명확한 책임자가 있어야 하고 책임자는 여러 팀에 분산되어 있으면 안 된다. 팀마다 목표와 중점 사항이 다르기 때문에 책임자가 여러 팀에 분산되면 장기적인 비전이 많아지고 팀 간의 긴장이 조성된다.

 TIP 반대로 하나의 팀이 여러 소프트웨어 요소에 책임을 갖는 것은 충분히 가능하지만, 이로 인해 팀에 과도한 스트레스를 주지 않도록 신중하게 고려해야 한다.

여러 팀에 작업 단위를 분산할 때 불균형이 클수록(예: 한 팀에 너무 많은 작업 단위를 갖고 있고 다른 팀에는 너무 적은 작업 단위를 갖는 경우) 시스템 아키텍처에 문제가 생길 수 있다.

원격 작업이 점점 보편화되고 팀도 세계 곳곳의 지역으로 배치할 수 있게 되면서 커뮤니케이션에도 영향이 있다. 그렇기 때문에 시스템의 여러 요소를 처리하고 지리적으로 먼 거리에 대한 물리적 장벽을 극복하려면 상세 API를 사용하도록 여러 브랜치 사무실을 운영하는 것이 가장 일반적인 방법이다. 또한 커뮤니케이션 개선은 협업 능력에 긍정적인 영향을 주고 더욱 효과적인 원격 작업으로 원격 팀들이 완전히 동일한 코드 기반에서 긴밀하게 협력할 수 있다.

콘웨이 법칙은 극복해야 할 장애물을 언급한 것이 아니라 조직 구조가 소프트웨어 구조에 영향을 준다는 사실을 언급한 것이다. 소프트웨어 아키텍처는 여러 팀에서 조정하고 책임이 나뉜 방식과 밀접하게 관련되어 있다. 따라서 소프트웨어 아키텍처는 사람의 커뮤니케이션 요소를 중요하게 다루고 있다.

이를 염두에 두면 소프트웨어 아키텍처를 설계할 때 커뮤니케이션 흐름이 항상 유동적이고 사전에 문제를 식별하게 할 수 있다. 물론 소프트웨어 아키텍처는 궁극적으로 엔지니어가 구현하고 유지 관리하기 때문에 인적 요소와 밀접한 관련이 있다.

애플리케이션 예: 개요

이 책에서는 애플리케이션을 예시로 다양한 요소와 패턴을 보여줄 것이다. 해당 애플리케이션은 간단하지만 데모 목적상 여러 요소로 나뉜다. 전체 코드 예시는 깃허브에서 찾아볼 수 있으며 코드의 여러 부분은 이후 장들에서 설명할 것이다. 예시는 파이썬의 잘 알려진 프레임워크와 모듈을 사용해 작성됐다.

애플리케이션 예시는 트위터Twitter와 매우 유사한 마이크로블로깅microblogging 웹 애플리케이션이다. 여기서 사용자는 다른 사용자가 읽을 수 있는 짧은 텍스트 메시지를 작성한다.

애플리케이션 시스템 아키텍처는 다음 다이어그램에 설명되어 있다.

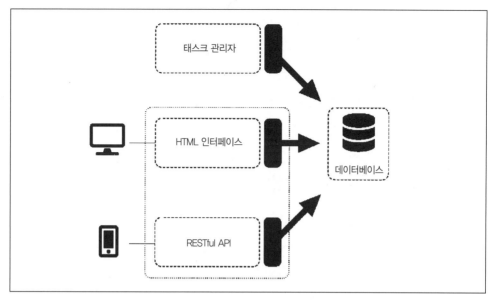

그림 1.2 아키텍처 예

다음과 같은 하이 레벨의 기능 요소가 있다.

- 접근할 수 있는 HTML 형태의 공개 웹사이트. HTML에는 로그인, 로그아웃, 새 마이크로 포스트 작성, 다른 사용자가 작성한 마이크로 포스트를 읽는 기능이 포함된다(로그인할 필요 없음).

- HTML 사이트가 아닌 다른 클라이언트(모바일, 자바스크립트^{JavaScript} 등)의 사용을 허용하는 공개 RESTful API. 이렇게 OAuth를 사용해 사용자를 인증하고 웹사이트와 유사한 작업을 수행한다.

> ⓘ 이 둘은 별개의 요소이지만 다이어그램에 표시된 것처럼 단일 애플리케이션으로 개발된다. LAMP 아키텍처 설명에서 본 것처럼 애플리케이션의 앞에 웹 서버가 포함된다. 1장에서는 웹 서버를 소개만 하고 자세히 설명하지는 않는다.

- 이벤트 기반 작업을 실행할 태스크 관리자^{task manager}. 일일 통계를 계산하고 마이크로 포스트에 이름이 지정된 사용자에게 이메일 알림을 보내는 정기적인 작

업을 추가할 것이다.

- 모든 정보를 저장하는 데이터베이스. 데이터베이스 접근 권한은 여러 요소에 공유된다.

- 모든 서비스에서는 내부적으로 데이터베이스에 제대로 접근할 수 있게 하는 공통 패키지를 사용한다. 공통 패키지는 별개의 요소로 자동한다.

소프트웨어 아키텍처의 보안 측면

아키텍처를 설계할 때 고려해야 할 중요한 요소는 보안이다. 모든 애플리케이션은 동일하지 않기에 보안 측면에서 보면 특정 애플리케이션은 다른 애플리케이션보다 완화된 경우가 있다. 예를 들어, 뱅킹banking 애플리케이션은 고양이에 대한 인터넷 토론 애플리케이션보다 100배는 더 안전해야 한다. 안전과 관련된 가장 일반적인 방법은 비밀번호 저장이다. 비밀번호를 가장 쉽게 저장하는 방식은 사용자 이름이나 이메일 주소와 연결된 일반 텍스트로 비밀번호를 저장하는 것이다. 이를테면 비밀번호를 파일이나 데이터베이스 테이블에 저장한다. 사용자가 로그인을 시도하면 입력된 비밀번호를 받아 이전에 저장한 비밀번호와 비교하고 동일하면 로그인을 허용한다. 맞는가?

이런 로그인 방식은 심각한 문제를 일으킬 수 있는 위험한 발상이다.

- 공격자가 애플리케이션의 저장소에 접근해 모든 사용자의 비밀번호를 읽을 수 있다. 사용자는 비밀번호를 재사용하는 경향이 있어서(나쁜 추론이라 해도) 이메일과 함께 사용하면 공격받은 애플리케이션뿐만 아니라 여러 애플리케이션에 대한 공격에 노출된다.

 해당 아이디어는 공격 가능성은 낮아 보여도 백업을 포함한 저장된 데이터의 모든 복사본이 공격받기 쉽다.

- 또 다른 현실적인 문제는 시스템에 합법적으로 접근할 수 있지만 악의적인 목적이나 실수로 데이터를 복사하는 내부자의 위협이다. 매우 민감한 데이터라면 내

부자 위협은 중요하게 다뤄야 할 보안 고려사항이 될 수 있다.

- 상태 로그에 사용자의 비밀번호를 출력하는 것은 문제가 될 수 있다.

보안성을 높이기 위해 데이터에 사용자의 실제 비밀번호를 노출하지 않게 하고 접근 또는 복사로부터 최대한 보호되는 방식으로 보안이 구조화되어야 한다. 이에 대한 일반적인 솔루션은 다음과 같은 보안 체계를 사용하는 것이다.

1. 비밀번호 자체는 저장되지 않는다. 대신 비밀번호에 대한 **암호화 해시**crypto-graphical hash가 저장된다. 암호화 해시에 수학 함수를 적용하면 복제 가능한 비트를 생성해도 역연산은 계산적으로 매우 어렵다.

2. 해시는 입력을 기반으로 결정적deterministic이어서 해시가 동일하다. 따라서 악의적인 침입자는 중복된 비밀번호를 알 수 있다. 해당 문제를 막기 위해 각 계정에 대해 **솔트**salt라고 하는 임의의 문자 시퀀스를 추가한다. 해시 함수를 적용하기 전에 비밀번호에 솔트가 추가된다. 즉, 비밀번호는 같아도 솔트가 다른 두 사용자는 해시가 다르다.

3. 해시와 솔트는 모두 저장된다.

4. 사용자가 로그인을 시도하면 입력한 비밀번호에 추가된 솔트에 대한 해시 값과 서버에 저장된 비밀번호에 대한 해시 값을 비교한다. 동일하면 해당 사용자가 로그인한 것이다.

이 설계에서 실제 비밀번호는 시스템에 저장되어 있지 않다. 비밀번호는 어디에도 저장되지 않고 처리된 후 예상 해시와 비교하기 위해 일시적으로만 허용된다.

 이 예시는 단순하다. 솔트를 사용하는 알고리듬 관련 방법들과 해시를 비교하는 여러 방법이 있다. 예를 들어, bcrypt 암호화를 여러 번 적용해 유효한 해시를 생성하는 데 필요한 시간을 증가시키면 무차별 대입 공격에 대한 저항력을 더욱 높일 수 있다.

이런 종류의 시스템은 시스템 운영자들도 사용자의 비밀번호를 알 수 없고 사용자의 비밀번호가 어디에도 저장되지 않기 때문에 비밀번호를 직접 저장하는 시스템보다 훨씬 안전하다.

어떤 경우에는 비밀번호와 동일한 접근 방식을 사용해 저장된 데이터를 암호화해 고객만이 자신의 데이터에 접근할 수 있다. 예를 들어, 통신 채널의 종단 간 암호화를 활성화할 수 있다.

보안은 시스템 아키텍처와 매우 밀접한 관계가 있다. 이전에 살펴본 것처럼 아키텍처는 변경하기 쉬운 측면과 어려운 측면을 정의하고, 사용자의 비밀번호를 알 수 있는 이전 예와 같이 일부 안전하지 않은 작업을 불가능하게 할 수 있다. 예를 들어, 개인 정보를 유지하기 위해 사용자의 데이터를 저장하지 않거나 내부 API에 노출되는 데이터를 줄이는 것도 포함된다. 소프트웨어 보안은 매우 어려운 문제이자 양날의 검이다. 시스템을 안전하게 하면 할수록 작업이 오래 걸리고 불편해지는 부작용이 발생할 수 있기 때문이다.

요약

1장에서는 소프트웨어 아키텍처가 무엇인지, 언제 필요한지 살펴봤다. 그리고 소프트웨어의 특징인 장기적인 접근 방식으로 소프트웨어에 초점을 두었다. 소프트웨어의 기본 구조는 변경하기 어렵고, 소프트웨어 시스템을 설계하고 변경할 때 기본 구조 측면에서 충분히 고려해야 한다는 것을 살펴봤다.

또한 복잡한 시스템을 작은 부분으로 나누고 각각 명확한 목표와 목적을 부여하는 것이 가장 중요한 방법임을 설명했다. 이런 작은 부분은 여러 프로그래밍 언어를 사용할 수 있고 다른 범위를 참조할 수 있다는 점을 염두에 두어야 한다. 또한 LAMP 아키텍처를 설명했으며, 간단한 웹 서비스 시스템을 생성할 때 LAMP 아키텍처를 사용하는 것이 얼마나 성공적인 출발점인지 살펴봤다.

팀 구조가 소프트웨어의 구현과 구조에 직접적인 영향을 미친다는 시스템 아키텍처, 콘웨이 법칙을 다뤘다. 결국 소프트웨어는 인간에 의해 운영되고 개발되는 만큼 성공적인 구현을 위해 사람의 커뮤니케이션이 충분히 고려되어야 한다.

또한 다양한 요소와 패턴이 이 책 전체에서 예시로 사용된다는 것과 소프트웨어 아키텍처의 보안 측면을 언급했고, 시스템 구조 설계의 일부로 데이터 접근 장벽을 생성해 보안 문제를 완화할 수 있는 방법을 설명했다.

이어지는 1부에서는 시스템 설계의 다양한 측면을 다뤄볼 것이다.

1부

설계

먼저 시스템 설계의 기본 단계를 설명할 것이다. 저자로서 내 제안은 다음과 같다. "설계는 성공적인 시스템을 구축하기 위한 첫 번째 단계이고, 구현을 시작하기 전에 진행하는 모든 것을 포함한다." 1부에서는 시스템 각 요소의 일반 원칙, 핵심에 중점을 둘 것이다.

시스템의 각 부분을 설계할 때는 두 가지 주요 핵심 요소인 인터페이스interface와 데이터 스토리지data storage를 염두에 둬야 한다. 인터페이스는 시스템 요소가 나머지 요소에 연결되는 방식이며, 데이터 스토리지는 이후에 검색할 수 있는 정보를 저장하는 방법이다.

둘 다 중요하다. 인터페이스는 모든 사용자의 관점에서 시스템과 기능을 정의한다. 잘 설계된 인터페이스는 구현 세부 사항은 숨기고, 작업을 수행하는 일관되고 포괄적인 방법을 허용하는 추상화를 제공한다.

사실상 모든 성공적인 작업 시스템의 핵심은 데이터다. 데이터는 바로 시스템의 가치다. 노련한 엔지니어라면 데이터를 생성하는 애플리케이션 코드가 손실되어도 조직에서 데이터를 사용할 수 있다면 시스템을 재구성할 수 있을 것이다. 하지만 애플리케이션 코드를 사용할 수 있다 하더라도 손실된 데이터 전체를 복구할 수는 없다.

따라서 데이터 스토리지는 시스템의 핵심이다. 데이터를 저장할 때 선택할 수 있는 많은 옵션이 있다. 어떤 종류의 데이터베이스인가? 데이터를 데이터 스토리지 하나에 저장할 것인가, 아니면 여러 개의 스토리지에 저장할 것인가? 일반 SQL 문에서 데이터베이스에 원시 액세스를 사용하는 기존 방식은 가장 효율적인 방법이 아니다. 복잡한 시스템과 연관됐다면 문제가 발생하기 쉽다. SQL을 사용하지 않는 데이터베이스들이 있다. 1부에서는 여러 데이터베이스의 장단점과 함께 특징을 살펴볼 것이다.

일단 시스템이 작동한다면 데이터를 시스템에 저장하는 방식을 변경하기는 어렵다. 불가능한 것은 아니지만 많은 작업이 필요하다. 스토리지 옵션은 새로운 시스템을 설계할 때 확실한 초석이 되므로 선택한 스토리지 옵션이 요구사항에 적합한지 확인해야 한다. 애플리케이션을 사용할수록 더 많은 데이터를 저장하므로 할당된 스토리지 공간의 확장이 필요하지만, 복잡하지 않다 해도 스토리지 설계를 변경하는 것은 어려운 일이다.

1부는 다음과 같은 장들로 구성되어 있다.

- 2장 'API 설계': 유용하면서도 유연한 인터페이스를 만드는 방법을 설명한다.
- 3장 '데이터 모델링': 설계 처음부터 중요한 측면이 고려되도록 데이터를 처리하고 표현하는 다양한 방법을 살펴본다.
- 4장 '데이터 계층': 저장된 데이터를 처리하는 코드 및 목적에 맞게 데이터를 생성하는 방법을 설명한다.

02

API 설계

2장에서는 기본 **애플리케이션 프로그래밍 인터페이스**API, Application Programming Interface 설계 원칙에 대해 설명한다. 설계의 기초가 되고 유용한 추상화를 정의해 설계를 시작하는 방법을 살펴보겠다.

이어서 설계를 진행할 때 도움이 될 확실한 학문적 정의와 좀 더 실용적인 정의를 모두 포함하는 RESTful 인터페이스 원칙을 소개한다. 표준 사례를 기반으로 유용한 API를 설계할 때 도움이 되는 설계 접근 방식과 기술을 살펴보겠다. 또한 대부분의 API에서 중요한 요소인 인증authentication도 설명할 것이다.

 현재 RESTful 인터페이스가 가장 일반적이기 때문에 이 책에서는 RESTful 인터페이스에 초점을 맞출 것이다. 1980년대에는 **RPC**(Remote Procedure Call)와 같은 원격 함수 호출 방식을 사용했고 2000년대 초반에는 원격 호출 포맷을 표준화한 **SOAP**(Single Object Access Protocol)를 사용했다. 현재 RESTful 인터페이스는 본질적으로 이전의 명세를 잠재적으로 통합했고 이미 표준화된 HTTP 사용으로 더 쉽게 읽고 더 강력하게 활용한다.

물론 지금도 RPC와 SOAP를 사용할 수 있지만 주로 오래된 시스템에서 사용하고 있다.

다양한 사용 사례를 살펴보면서 API 버전 관리 시스템을 생성하는 방법을 다룰 것이다.

프론트엔드와 백엔드의 차이점과 상호 작용을 살펴볼 텐데, 2장의 주요 목적은 API 인터페이스에 대해 이야기하는 것이다. 다만 프론트엔드와 백엔드의 차이점과 다른 API와 상호 작용하는 방식을 보기 위해 HTML 인터페이스에 대해서도 이야기할 것이다.

마지막으로 이 책의 뒷부분에서 사용할 예시의 설계를 소개한다.

2장에서 다루는 내용은 다음과 같다.

- 추상화
- RESTful 인터페이스
- 인증
- API 버전 관리
- 프론트엔드와 백엔드
- HTML 인터페이스
- 예시를 위한 API 설계

먼저 추상화를 살펴보자.

추상화

API를 사용할 때는 API 내부의 모든 단계를 완전히 이해하지 않고도 소프트웨어를 사용할 수 있다. 또한 실행될 작업의 명확한 메뉴를 제공해 작업의 복잡성을 이해하지 못한 외부 사용자가 효율적으로 작업할 수 있게 한다. 즉, 단순한 프로세스로 진행할 수 있다.

API 작업은 입력에만 관련된 순수한 출력 기능일 수 있다. 예로는 궤도와 질량이 주어지면 행성과 별의 무게중심을 계산하는 수학 함수를 들 수 있다.

또는 API는 두 번 반복되는 동일한 작업으로 각기 다른 효과가 발생하는 것과 같이 상태를 다룰 수 있다. 예를 들면, 시스템 시간을 검색하기 위해 API를 호출하는 경우가 그렇다. API를 한 번만 호출해 컴퓨터의 표준 시간대를 설정하고 이후에 시간을 검색하기 위해 두 번 연속으로 API를 호출하면 매우 다른 결과를 전달받는다.

두 경우 모두 API는 **추상화**abstraction를 정의한다. 하나의 오퍼레이션으로 시스템 시간을 얻는 것은 매우 간단하지만 세부 구현은 그리 쉽지 않을 것이다. 여기에는 시간을 저장하는 일부 하드웨어에서 특정 방식으로 읽는 것이 포함될 수 있다.

하드웨어마다 시간을 다르게 전달할 수 있지만 결과는 항상 표준 포맷으로 변환돼야 한다. 타임존timezone과 서머타임도 적용해야 한다. API 모듈 개발자는 API를 노출하고 모든 사용자에게 명확하고 이해할 수 있는 복잡성을 처리한다. "이 함수를 호출하면 ISO 포맷의 시간을 전달한다."

 여기에서는 API에 대해 주로 설명하는데, 이 책 전체에 걸쳐 온라인 서비스와 관련된 대부분을 다룬다. 추상화 개념은 실제로 모든 시스템에 적용될 수 있다. 사용자를 관리하는 웹 페이지는 '사용자 계정(user account)'의 개념과 관련 파라미터를 정의하기 때문에 추상화. 또 다른 예로 전자상거래를 위한 '장바구니'를 들 수 있다. 사용자에게 좀 더 명확하고 일관된 인터페이스를 만드는 데 도움이 되기 때문에 명확한 멘탈 이미지를 만드는 것이 좋다.

이는 물론 간단한 예시이지만, API는 인터페이스 내부의 많은 양의 복잡성을 숨길 수 있다. 생각할 만한 좋은 예로 curl 프로그램을 들 수 있다. URL에 HTTP 요청을 보내고 리턴된 헤더를 출력하는 경우에 로그가 많이 출력되어 복잡해 보인다.

```
$ curl -IL http://google.com
HTTP/1.1 301 Moved Permanently
Location: http://www.google.com/
Content-Type: text/html; charset=UTF-8
Date: Tue, 09 Mar 2021 20:39:09 GMT
Expires: Thu, 08 Apr 2021 20:39:09 GMT
Cache-Control: public, max-age=2592000
Server: gws
Content-Length: 219
X-XSS-Protection: 0
```

```
X-Frame-Options: SAMEORIGIN

HTTP/1.1 200 OK
Content-Type: text/html; charset=ISO-8859-1
P3P: CP="This is not a P3P policy! See g.co/p3phelp for more info."
Date: Tue, 09 Mar 2021 20:39:09 GMT
Server: gws
X-XSS-Protection: 0
X-Frame-Options: SAMEORIGIN
Transfer-Encoding: chunked
Expires: Tue, 09 Mar 2021 20:39:09 GMT
Cache-Control: private
Set-Cookie: NID=211=V-jsXV6z9PIpszplstSzABT9mOSk7wyucnPzeCz-TUSfOH9_
F-07V6-fJ5t9L2eeS1WI-p2G_1_zKa2Tl6nztNH-ur0xF4yIk7iT5CxCTSDsjAaasn4c6mfp3
fyYXMp7q1wA2qgmT_hlYScdeAMFkgXt1KaMFKIYmp0RGvpJ-jc; expires=Wed, 08-
Sep-2021 20:39:09 GMT; path=/; domain=.google.com; HttpOnly
```

위의 curl 예시를 보면 www.google.com을 호출하고 -I 플래그를 사용해 응답의 헤더를 표시한다. -L 플래그는 여기서 일어나는 모든 요청을 자동으로 리다이렉션redirection 하기 위해 추가된다.

서버에 원격으로 연결하려면 움직이는 여러 부분이 필요하다.

- 서버 주소 www.google.com을 실제 IP 주소로 변환하는 DNS에 접근한다.
- 지속적인 커넥션을 생성하고 데이터 수신을 보장하는 두 서버 간의 통신은 TCP 프로토콜을 사용한다.
- 서버에서 다른 URL을 가리키는 코드를 전달한다는 것은 첫 번째 요청에 대한 결과를 기반으로 리다이렉션한 것이다.
- 리다이렉션으로 HTTPS URL을 가리킨다는 것은 검증 및 암호화 계층을 추가해야 함을 의미한다.

또한 각 단계에서 API를 사용해 운영체제의 기능을 포함하거나 DNS와 같은 원격 서버를 호출해 데이터를 얻을 수 있는 오퍼레이션을 수행한다.

curl 인터페이스는 커맨드라인에서 사용된다. API 폐기에 대한 엄격한 정의는 최종 사용자가 정의하는 것으로 규정하지만, 실제로 큰 변화를 주지 않는다. 좋은 API는 사람이 쉽게 테스트할 수 있어야 한다. 또한 커맨드라인 인터페이스는 bash 스크립트 또는 다른 언어로 쉽게 자동화할 수 있다.

그러나 curl 사용자의 관점에서 보면 인터페이스 면에서는 거의 관련이 없다. 단일 커맨드라인에서 curl에 일부 플래그를 사용할 때 DNS에서 데이터를 가져오는 포맷이나 SSL을 사용해 요청을 암호화하는 방법에 대한 걱정 없이 잘 정의된 오퍼레이션을 수행할 수 있을 정도로 단순화됐다.

올바른 추상화 사용

인터페이스를 성공적으로 사용하려면 루트root 사용자는 일련의 추상화를 생성하고 사용자가 특정 작업을 수행할 수 있도록 인터페이스를 사용자에게 제공한다. 따라서 새로운 API를 설계할 때 가장 중요한 건 어떤 추상화가 가장 좋은지 결정하는 것이다.

프로세스가 자연스럽게 진행되면서 추상화는 대부분 개발/운영 중에 결정된다. 문제를 잘 이해하는 초기 아이디어로 시작해서 운영 이후에 수정된다.

예를 들어 사용자 관리 시스템에서 사용자마다 각각 다른 플래그로 시작하는 것은 매우 일반적이다. 즉, 사용자는 A 작업을 수행할 수 있는 권한이 있고 다음으로 B 작업을 수행하기 위한 플래그가 있는 방식이다. 한 번에 하나의 플래그를 추가한다고 가정하면, 열 번째 사용자는 열 번째 플래그를 두기 때문에 프로세스가 매우 혼란스러워진다.

그런 다음 새로운 추상화, 즉 역할role과 권한permission을 사용할 수 있다. 특정 유형의 사용자는 관리자admin 역할과 같은 다양한 작업을 수행할 수 있다. 사용자는 '역할'을 가질 수 있으며, 역할을 통해 '권한'을 설명한다.

역할과 권한을 이해하고 관리하기 쉬운 만큼 문제가 단순해진다. 그러나 '개별 플래그 모음'에서 '여러 역할'로 이전하는 것은 복잡한 프로세스일 수 있다. 가능한 플래그의 수는 감소하는데 아마도 기존 사용자 중 일부는 여러 플래그의 독특한 조합을 갖고 있을 것이다. 이 모든 것을 신중하게 처리해야 한다.

새로운 API를 설계할 때 API를 명확히 하려면 고유한 추상화를 최소한 높은 수준에서 명시적으로 설명하는 것이 좋다. 그러면 API 사용자가 해당 추상화를 생각하고 이해할 수 있다.

 소프트웨어 개발자의 작업에서 가장 유용한 관점 중 하나는 '내부 관점'에서 벗어나 소프트웨어를 사용하는 실제 사용자의 입장에서 보는 것이다. 해당 입장을 실천하기가 어렵지만 개발할 가치가 있는 기술임은 분명하다. 그리고 여러분을 더 나은 아키텍트로 만들어 줄 것이다. 친구나 동료에게 설계의 사각지대를 찾아달라고 요청하기를 주저하지 말자.

그러나 모든 추상화에는 한계가 있다.

누수 추상화

구현의 세부 정보가 누수되어 완벽하게 불투명한 이미지를 표시하지 않는 추상화를 누수 추상화leaky abstraction라고 한다.

좋은 API 설계를 위해서는 누수 추상화를 피해야 하지만 가끔 누수되는 일이 발생한다. 예를 들면 API를 제공하는 코드의 기본 버그로 인해 발생하거나 코드가 특정 오퍼레이션에서 작동하는 방식에서 발생할 수 있다.

누수 추상화는 일반적으로 관계형 데이터베이스에서 나타난다. SQL은 데이터베이스에 데이터를 저장하는 방식을 기반으로 데이터 검색 프로세스를 추상화한다. 복잡한 쿼리로 검색하고 결과를 얻기 때문에 데이터가 어떤 구조로 저장되어 있는지 알 필요가 없다. 그러나 종종 특정 쿼리가 느려지면서 해당 쿼리의 파라미터를 재구성할 때 큰 영향을 미친다는 것을 알게 된다. 이것이 바로 누수 추상화다.

 아주 일반적인 상황이며, 구현과 분리된 SQL 쿼리를 실행할 때 무슨 일이 일어나고 있는지 확인할 때 도움을 주는 중요한 툴이 있는 이유다. 주요 커맨드는 EXPLAIN이다.

운영체제는 대부분의 시간이 누수되지 않는 좋은 추상화를 생성하는 시스템이다. 예를 들면 다음과 같다. 저장장치 공간 부족으로 인해 파일을 읽거나 저장할 수 없는 경우 (30여 년 전보다는 덜 일반적인 문제임), 네트워크 문제로 인해 원격 서버와의 커넥션이 강제로 종료되는 경우, 열린 파일 디스크립터open file descriptor의 개수 제한으로 인해 새로운 커넥션을 생성할 수 없는 경우 등이 있다.

누수 추상화는 어느 정도는 피할 수 없으며 세상이 완벽하지 않기 때문에 발생한다. 소프트웨어에는 언제든지 이슈가 발생하는 만큼 해당 이슈를 이해하고 준비하는 것이 중요하다.

> "사소하지 않은 모든 추상화는 어느 정도 누수된다."
>
> – 조엘 스폴스키Joel Spolsky의 누수 추상화 법칙Law of Leaky Abstractions

API를 설계할 때 고려해야 할 중요 사항은 다음과 같다.

- **명확한 에러와 힌트를 외부에 표시한다.** 좋은 설계는 항상 상황을 예견하고 적절하게 에러를 처리하는 것으로 명확한 설계를 제시할 것이다.
- **내부에서 의존하는 서비스에서 발생할 수 있는 에러를 처리한다.** 의존 서비스에서 장애 또는 여러 종류의 문제가 발생할 수 있다. API는 에러를 어느 정도 추상화해 최대한 문제를 복구하고 그렇지 않으면 그대로 실패하고 복구가 불가능하다면 적절한 결과를 리턴해야 한다.

최고의 설계는 예상대로 작동할 수 있다는 기대뿐만 아니라 예상치 못한 문제를 대비하고 분석하고 수정할 수 있다는 확신이 포함된 설계다.

리소스와 액션 추상화

API를 설계할 때 고려하면 좋을 유용한 패턴은 액션을 수행할 수 있는 리소스를 생성하는 것이다. 리소스 생성 패턴은 **리소스**resource와 **액션**action이라는 두 가지 유형의 요소를 사용한다.

리소스는 참조되는 수동적인 요소이고, 액션은 리소스를 기반으로 수행된다.

예를 들어, 동전 던지기를 예상하는 간단한 게임을 개발하기 위해 매우 간단한 인터페이스를 정의할 것이다. 해당 게임은 세 번의 동전 던지기를 한다고 했을 때 3개의 추측으로 구성되며, 3개의 추측 중 2개 이상이 맞으면 사용자가 승리한다.

동전 던지기를 리소스와 액션으로 개념화하면 다음과 같다.

리소스	액션	상세 내용
앞(HEADS)	없음	동전 던지기 결과
뒤(TAILS)	없음	동전 던지기 결과
게임(GAME)	시작(START)	새로운 게임을 시작한다.
	읽기(READ)	현재 라운드(1~3)와 현재의 정확한 추측값을 리턴한다.
동전 던지기(COIN_TOSS)	던지기(TOSS)	동전을 던진다. GUESS가 생성되지 않으면 에러를 리턴한다.
	예상(GUESS)	HEADS 또는 TAILS를 예상으로 받아들인다.
	결과(RESULT)	HEADS 또는 TAILS를 리턴하며 GUESS가 올바른지 여부를 알 수 있다.

하나의 게임에서 가능한 순서는 다음과 같다.

```
GAME START
> (GAME 1)
GAME 1 COIN_TOSS GUESS HEAD
GAME 1 COIN_TOSS TOSS
GAME 1 COIN_TOSS RESULT
> (TAILS, INCORRECT)
GAME 1 COIN_TOSS GUESS HEAD
GAME 1 COIN_TOSS TOSS
GAME 1 COIN_TOSS RESULT
> (HEAD, CORRECT)
GAME 1 READ
> (ROUND 2, 1 CORRECT, IN PROCESS)
GAME 1 COIN_TOSS GUESS HEAD
GAME 1 COIN_TOSS TOSS
```

```
GAME 1 COIN_TOSS RESULT
> (HEAD, CORRECT)
GAME 1 READ
> (ROUND 3, 2 CORRECT, YOU WIN)
```

모든 리소스는 고유한 액션에서 사용될 수 있다. 리소스를 편리하게 사용할 수 있으면 액션을 반복할 수 있지만 필수는 아니다. 리소스는 계층적으로 결합될 수 있다(위 게임에서 COIN_TOSS는 상위 GAME 리소스에 의존적이다). 액션에 다른 리소스를 할당할 파라미터가 필요할 수 있다.

그러나 추상화는 일관된 리소스와 액션을 갖는 것을 중심으로 구성된다. API를 명시적으로 구성하는 이 방식은 무엇이 수동적이고 또 능동적인지 확실히 파악하는 데 용이하다.

객체 지향 프로그래밍(OOP, Object-Oriented Programming)에서는 모든 것이 어떤 액션을 수행하기 위해 메시지를 수신할 수 있는 객체여서 해당 추상화를 사용한다. 반면에 함수형 프로그래밍에서는 '액션'이 리소스처럼 작동할 수 있어서 함수형 프로그래밍의 해당 구조가 꼭 옳다고 할 수는 없다.

일관된 리소스와 액션을 갖는 추상화는 일반적인 패턴이며, 다음에 보게 될 RESTful 인터페이스에서 사용된다.

RESTful 인터페이스

RESTful 인터페이스는 요즘 많이 쓰이는데 그럴 만한 이유가 있다. 또한 애플리케이션을 제공하는 웹 서비스에서 사실상 표준이 됐다.

REST Representational State Transfer는 2000년 로이 필딩Roy Fielding 박사가 논문에서 정의한 것으로, HTTP 표준을 기반으로 소프트웨어 아키텍처 스타일을 정의했다.

시스템이 RESTful로 간주되려면 다음과 같은 특정 규칙을 따라야 한다.

- **클라이언트-서버 아키텍처**client-server architecture: RESTful은 원격 호출을 통해 작동한다.

- **상태 비저장**stateless: 요청 자체에 특정 요청과 관련된 모든 정보를 포함하고, 요청을 처리하는 서버와 독립적이어야 한다.

- **캐시 가능성**cacheability: 캐시 가능성과 상관없이 응답의 캐시 가능 여부를 명확히 해야 한다.

- **계층화된 시스템**layered system: 클라이언트는 최종 서버에 연결되어 있는지 또는 중간 서버가 존재하는지 알 수 없다.

- 4개의 전제 조건을 갖는 **일관된 인터페이스**uniform interface

  - **요청 내에서 리소스 식별**: 리소스가 명확하게 표현되고 표현이 독립적이다.

  - **표현을 통한 리소스 처리**: 클라이언트가 표현할 때 변경하는 데 필요한 모든 정보를 갖도록 허용한다.

  - **내용을 설명하는 메시지**: 메시지 자체로 완전하다.

  - **애플리케이션의 상태를 관리하기 위한 엔진으로 하이퍼미디어 사용**: 클라이언트가 참조된 하이퍼링크hyperlink를 사용해 시스템을 살펴볼 수 있다.

- **주문형 코드**code on demand: 이 요구사항은 선택사항으로, 많이 사용되지 않는다. 서버는 클라이언트에서 작업하거나 클라이언트를 개선하는 데 도움이 되는 응답 코드를 클라이언트로 전송할 수 있다. 예를 들어, 브라우저에서 실행할 자바스크립트를 서버에서 전송한다.

지금까지 가장 공식적인 정의를 설명했다. 다시 말하지만 반드시 HTTP 요청을 기반으로 하지는 않는다. 편리하게 사용하려면 가능성을 어느 정도 제한하고 공통 프레임워크를 설정해야 한다.

좀 더 실용적인 정의

사람들이 RESTful 인터페이스에 대해 이야기할 때 보면 대개는 JSON 포맷으로 요청하는 HTTP 리소스 기반의 인터페이스로 이해한다. 이는 앞서 살펴본 정의와 완전히 양립하지만 핵심 요소를 고려해야 한다.

 그러나 핵심 요소는 종종 무시되곤 해서 동일한 속성이 없는 가짜 RESTful 인터페이스로 이어진다.

가장 중요한 것은 URI[Uniform Resource Identifier]가 CRUD[Create Retrieve Update Delete] 접근 방식을 사용해 명확한 리소스와 HTTP 메소드 및 액션을 설명해야 한다는 점이다.

 CRUD 인터페이스는 생성(새 항목 저장), 읽기, 업데이트(덮어쓰기), 삭제와 같은 오퍼레이션의 성능을 용이하게 한다. 이는 모든 영구 스토리지 시스템의 기본 오퍼레이션이다.

다음 표와 같이 단일 리소스 또는 컬렉션 리소스를 설명하는 URI에는 두 가지 종류가 있다.

리소스	예	메소드	상세 설명
컬렉션	/books	GET	책 리스트를 나열하는 오퍼레이션. 컬렉션에서 사용할 수 있는 모든 요소(예: 모든 책)를 리턴한다.
		POST	책을 추가하는 오퍼레이션. 컬렉션에 새로운 요소를 생성한다. 새로 생성된 리소스를 리턴한다.
단일	/books/1	GET	책 정보를 읽는 오퍼레이션. 리소스에서 데이터를 리턴한다(예: ID가 1인 책).
		PUT	책 정보에 대한 설정(업데이트) 오퍼레이션. 리소스에 대한 새로운 데이터를 전송한다. 리소스가 존재하지 않으면 생성되고, 리소스가 존재하면 해당 리소스를 덮어쓴다.
		PATCH	부분 업데이트 오퍼레이션. 리소스에 대한 부분 값만 업데이트한다. 예를 들면 사용자 객체의 이메일만 작성하고 보낸다.
		DELETE	삭제 오퍼레이션. 리소스를 삭제한다.

이 설계의 핵심 요소는 모든 것을 리소스로 정의하는 것이다. 리소스는 리소스의 계층적 뷰를 포함하는 URI로 정의된다. 예를 들면 다음과 같다.

/books/1/cover는 ID가 1인 책의 표지 이미지 리소스를 정의한다.

 2장에서는 단순성 관점에서 정수(integer) ID를 정의해 리소스를 식별한다. 실제 오퍼레이션을 사용할 때는 권장되지 않으며, 정수 ID는 아무런 의미가 없다. 정수 ID 사용 시 단점은 시스템의 컬렉션 개수 또는 내부 순서에 대한 정보를 노출할 수 있다는 것이다. 예를 들어, 경쟁자는 매주 추가되는 새로운 항목 수를 추정할 수 있다. 내부적으로 ID 표현을 하지 않으려면 책의 ISBN 번호와 같이 최대한 외부의 자연키[1]를 항상 사용하거나 랜덤 UUID(Universally Unique Identifier)를 생성한다.

정수 ID를 순차적으로 사용할 때 발생하는 또 다른 문제라면 시스템이 동시에 2개의 ID를 생성할 수 없어서 빠른 생성에 어려움을 겪을 수 있다는 점이다. 이로써 시스템의 성장이 제한될 수 있다.

리소스의 입력 및 출력 대부분은 JSON 포맷으로 표시된다. 예를 들어, 다음은 사용자를 얻는 요청과 응답이다.

```
GET /books/1

HTTP/1.1 200 OK
Content-Type: application/json
{"name": "Frankenstein", "author": "Mary Shelley", "cover": "http://
library.lbr/books/1/cover"}
```

사용자를 얻는 응답 포맷은 Content-Type에서 지정된 JSON이다. Content-Type을 통해 자동으로 구문 분석 및 분석을 쉽게 수행할 수 있다. cover 필드는 리소스를 가리키는 하이퍼링크를 리턴한다. 해당 필드를 인터페이스 형태로 순회할 수 있고 클라이언트에서 요구하는 정보의 양을 줄일 수 있다.

---

1 데이터베이스 외부의 외부 세계, 즉 비즈니스 모델에서 자연스럽게 나오는 속성이며 테이블을 이루는 컬럼들 가운데 의미를 담고 있다. – 옮긴이

덮어쓸 새로운 값을 보낼 때는 포맷을 동일하게 사용해야 한다. cover와 같은 일부 요소는 읽기 전용일 수 있으며 필요치 않을 수 있다.

```
PUT /books/1
Content-Type: application/json
{"name": "Frankenstein or The Modern Prometheus", "author": "Mary Shelley"}
HTTP/1.1 200 OK
Content-Type: application/json
{"name": "Frankenstein or The Modern Prometheus", "author": "Mary Shelley",
"cover": "http://library.com/books/1/cover"}
```

입력과 출력에서 동일하게 표현해야 하므로 클라이언트는 리소스를 얻어서 수정하고, 다시 전송을 쉽게 수행할 수 있다.

리소스가 바이너리^{binary} 콘텐츠로 직접 표시될 경우 Content-Type 헤더에 지정된 포맷으로 리턴할 수 있다. 예를 들어, cover를 요청하면 이미지 파일이 리턴된다.

```
GET /books/1/cover

HTTP/1.1 200 OK
Content-Type: image/png
...
```

마찬가지로 새로운 cover를 생성하거나 수정할 때 적절한 포맷으로 전송해야 한다.

TIP RESTful 인터페이스의 원래 의도는 여러 포맷(예: XML, JSON)을 사용하도록 설계됐지만, 실제로 그렇게 사용하는 경우는 많지 않다. JSON은 대체로 오늘날 가장 표준적인 포맷이지만, 일부 시스템은 여러 포맷을 사용해 RESTful 인터페이스의 장점을 얻을 수 있다.

또 다른 중요한 속성은 일부 액션은 **멱등성**idempotent이지만 다른 액션은 그렇지 않음을 확인하는 것이다. 멱등성 액션은 여러 번 반복해도 동일한 결과를 생성할 수 있지만, 비멱등성 작업을 반복하면 다른 결과가 생성된다. 분명한 건 액션은 동일해야 한다는 것이다.

이에 대한 명확한 사례는 새로운 요소의 생성이다. 리소스 리스트에 새로운 요소에 대해 2개의 동일한 POST 생성을 전송하면 2개의 새로운 요소가 생성된다. 예를 들어, 이름과 저자가 같은 두 권의 책에 대한 생성 요청을 전송하면 두 권의 동일한 책이 각각 만들어진다.

TIP 이는 리소스의 내용에 제한이 없다고 가정한 것이다. 그렇다면 두 번째 요청은 실패하고, 어떤 경우에도 첫 번째 요청과 다른 결과를 생성한다.

반면에 2개의 GET 요청은 동일한 결과를 생성한다. PUT 또는 DELETE도 리소스를 덮어쓰거나 '다시 삭제'하기에 마찬가지다.

비멱등성 요청만 POST 액션으로 처리한다면, 문제를 다룰 때 다시 시도해야 할지 대처하는 설계를 대폭 단순화한다. 멱등성 요청은 언제든지 재시도해도 안전하기 때문에 네트워크 문제 같은 에러를 처리할 때 단순화한다.

HTTP 헤더와 상태 코드

때때로 간과될 수 있는 HTTP 프로토콜의 중요한 세부 사항은 각각 다른 헤더와 상태 코드다.

헤더에 요청 또는 응답에 대한 메타 데이터 정보를 포함한다. 요청 또는 응답 바디body의 크기와 같은 일부 정보는 자동으로 추가된다. 고려하면 좋을 몇 가지 헤더는 다음과 같다.

헤더	타입	상세 내용
Authorization	표준	요청을 인증하는 자격 증명(credential)이다.
Content-Type	표준	application/json 또는 text/html과 같은 요청에 대한 바디 타입이다.
Date	표준	메시지가 생성된 날짜 정보다.
If-Modified-Since	표준	보낸 사람은 보낸 시점에 리소스의 복사본을 갖고 있다. 그 이후로 리소스가 수정되지 않으면 304 Not Modified 응답(빈 바디 포함)이 리턴된다. 이는 데이터 캐싱을 허용하고 중복 정보를 리턴하지 않음으로써 시간과 대역폭을 절약한다. GET 요청에서도 사용할 수 있다.
X-Forwarded-From	사실상 표준	실제 메시지가 생성된 IP와 해당 메시지가 통과 프록시를 저장한다.
Forwarded	표준	X-Forwarded-From과 동일하다. X-Forwarded-From보다 최신 헤더이며 덜 사용되고 있다.

잘 설계한 API에 헤더를 사용해 적절한 정보를 전달한다. 예를 들어, Content-Type을 올바르게 설정하거나 가능하면 캐시cache 파라미터를 허용한다.

 헤더의 전체 리스트는 https://developer.mozilla.org/en-US/docs/Web/HTTP/Headers에서 확인할 수 있다.

또 다른 중요한 세부 사항은 HTTP 상태 코드를 잘 활용하는 것이다. HTTP 상태 코드는 진행된 작업에 대한 중요한 정보를 제공하며, 각 상황에 대해 가장 자세한 정보를 사용하면 더 나은 인터페이스를 제공할 수 있다.

일반적인 상태 코드는 다음과 같다.

상태 코드	설명
200 OK	리소스를 성공적으로 접근 또는 수정. 서버는 바디를 리턴해야 한다. 리소스 접근 또는 수정에 실패한다면 204 No Content를 사용한다.
201 Created	새로운 리소스를 생성하는 성공적인 POST 요청이다.
204 No Content	바디를 리턴하지 않는 성공적인 요청. 예: DELETE 요청이 성공한 경우
301 Moved Permanently	특정 리소스에 접근할 때 다른 URI로 영구적으로 이동. 새 URI와 함께 Location 헤더를 리턴해야 한다. 대부분의 라이브러리는 자동으로 GET 접근을 처리한다. 예: API에 HTTP로 접근했지만 HTTPS에서만 처리하는 경우
302 Found	접근한 리소스가 다른 URI로 일시적으로 이동. 예: 인증됐다면 로그인 페이지로 리다이렉션되는 경우
304 Not Modified	캐시된 리소스는 여전히 유효하다. 바디는 비어 있어야 한다. 해당 상태 코드는 예를 들어 If-Modified-Since 헤더를 사용해 클라이언트가 캐시된 정보를 요청한 경우에만 리턴된다.
400 Bad Request	요청에 대한 일반적인 에러. 해당 상태 코드는 서버에서 '뭔가 잘못됐음'을 의미한다. 바디에 설명 메시지를 더 추가해야 한다. 상태 코드에서 더욱 설명할 수 있다면 선호된다.
401 Unauthorized	요청이 제대로 인증되지 않기 때문에 요청이 허용되지 않는다. 요청 내 유효한 인증 헤더가 없을 것이다.
403 Forbidden	요청이 인증됐지만 리소스에 접근할 수 없다. 이는 요청이 이미 올바르게 인증됐지만 접근 권한이 없다는 점에서 401 Unauthorized 상태와 다르다.
404 Not Found	아마도 가장 유명한 상태 코드일 것이다. URI가 가리키는 리소스를 찾을 수 없다.
405 Method Not Allowed	요청 메소드를 사용할 수 없다. 예: 리소스를 삭제할 수 없다.
429 Too Many Requests	클라이언트가 실행할 수 있는 요청 수에 제한이 있다면 서버는 해당 상태 코드를 리턴한다. 바디에 설명이나 추가 정보를 리턴해야 하며, 이상적으로는 다음 재시도까지의 시간(초)을 나타내는 Retry-After 헤더를 리턴한다.
500 Server Error	서버의 일반적인 에러다. 해당 상태 코드는 서버에서 예기치 않은 에러가 발생한 경우에만 사용한다.
502 Bad Gateway	서버가 요청을 다른 서버로 리다이렉션하고 있고 커뮤니케이션에 문제가 있다. 해당 상태 코드 에러는 일반적으로 일부 백엔드 서비스를 사용할 수 없거나 잘못 설정된 경우에 발생한다.
503 Service Unavailable	현재 서버가 요청을 처리할 수 없다. 보통 부하 문제와 같은 일시적인 상황이다. 해당 상태 코드를 유지보수 중단 시간을 표시하는 데 사용할 수 있지만, 일반적으로 이렇게 사용하는 경우는 드물다.
504 Gateway Timeout	502 Bad Gateway와 비슷하지만 백엔드 서비스가 응답하지 않아 타임아웃이 발생했다.

일반적으로 400 Bad Request와 500 Server Error 같은 비설명적인 에러 코드는 일반적인 상황을 위해 남겨둬야 한다. 그러나 더 좋고 자세히 설명할 수 있는 상태 코드가 있다면 400 또는 500 에러 대신 해당 상태 코드를 사용해야 한다.

예를 들어, 파라미터를 덮어쓰는 PATCH 요청은 파라미터가 어떤 이유로든 올바르지 않은 경우 400 Bad Request를 리턴해야 하지만 리소스 URI를 찾을 수 없는 경우 404 Not Found를 리턴해야 한다.

 나열된 상태 코드 외의 상태 코드도 있다. 웹 페이지(https://httpstatuses.com/)에서 각각에 대한 세부 정보를 포함한 전체 리스트를 확인할 수 있다.

에러가 발생한다면 사용자에게 이유와 함께 추가 피드백을 일부 포함하는 것이 좋다. 일반적인 에러 설명 문구가 예기치 않은 경우를 처리하고 디버깅 문제를 단순화하는 데 도움이 된다.

 이는 API 사용자가 자체 버그를 수정하고 통합을 반복적으로 개선하는 데 도움이 되기 때문에 4XX 에러에 특히 유용하다.

예를 들어, PATCH의 결과로 다음 바디를 리턴할 수 있다.

```
{
    "message": "Field 'address' is unknown"
}
```

이는 문제에 대한 응답으로 구체적인 정보를 제공한다. 그 밖의 옵션으로 에러 코드 리턴, 발생할 에러가 여러 개 있는 경우 여러 메시지 포함, 바디에 상태 코드에 대한 복제가 포함될 수 있다.

리소스 설계

RESTful API에서 사용할 수 있는 액션은 CRUD 오퍼레이션으로 제한된다. 따라서 리소스는 API의 기본 구성 블록이다.

모든 것을 리소스로 생성하는 것은 매우 명시적인 API를 생성하는 데 도움이 되며 RESTful 인터페이스에 대한 상태 비저장stateless 요구사항에 도움이 된다.

상태 비저장 서비스는 요청을 처리하는 데 필요한 모든 정보가 호출자에 의해 제공되거나 일반적으로 데이터베이스에서 읽는 것처럼 서비스 외부에서 읽는다는 것을 의미한다. 동일한 서버의 로컬 하드 드라이브의 정보를 저장하는 것처럼 정보를 유지하는 방법은 제외한다. 상태 비저장 서비스는 모든 단일 요청을 처리할 수 있는 모든 서버를 만들고 확장성을 달성하는 데 중요하다.

여러 액션을 만들어 활성화할 수 있는 요소는 각각 리소스로 분리될 수 있다. 예를 들어, 펜을 시뮬레이션하는 인터페이스에는 다음 요소가 필요할 수 있다.

- 펜을 열고 닫는다.
- 뭔가를 작성한다. 연 펜만 쓸 수 있다.

객체 지향 API와 같은 일부 API에서는 펜 객체 생성 및 상태 변경이 포함될 수 있다.

```
pen = Pen()
pen.open()
pen.write("Something")
pen.close()
```

RESTful API에서는 펜과 펜 상태에 대해 서로 다른 리소스를 생성해야 한다.

```
# id가 1인 새로운 펜을 생성한다.
POST /pens
# id 1의 펜을 연다.
POST /pens/1/open
# id 1의 연 펜으로 새로운 텍스트를 변경한다.
PUT /pens/1/open/1/text
```

```
# 열려 있는 펜을 삭제하고 펜을 닫는다.
DELETE /pens/1/open/1
```

다소 번거로워 보일 수 있지만, RESTful API는 일반적인 객체 지향 API보다 높은 수준의 목표가 있어야 한다. 열기/닫기 오퍼레이션을 수행할 필요 없이 텍스트를 직접 생성하거나 펜을 생성한 후 텍스트를 작성한다.

 RESTful API는 원격 호출 컨텍스트로 사용된다는 점을 기억해야 한다. 즉, 호출(call)당 시간이 오퍼레이션의 민감한 부분이 되기 때문에 각 호출이 로컬 API에 비해 큰 투자인 만큼 낮은 수준이 될 수 없다.

또한 모든 단일 측면과 단계마다 등록되고, 고유한 식별자 집합이 있으며, 주소 지정이 가능하다. 이는 OOP에서 찾을 수 있는 내부 상태보다 더 명시적이다. 앞서 살펴봤듯이 내부가 상태 비저장^{stateless}이 되기를 원하지만 객체는 상태 저장^{stateful}이다.

 특정 리소스를 특정 데이터베이스 객체로 직접 변환할 필요가 없다. 스토리지에서 API에 이르기까지 모든 리소스를 변환하지 않아도 된다. 따라서 모든 스토리지와 API까지 변환해야 한다는 부담 없이 여러 소스에서 정보를 얻거나 직접 변환에 적합하지 않은 리소스를 정의할 수 있다. 3장에서 연관 예를 살펴볼 것이다.

리소스만 API로 처리하는 것은 기존의 OOP 관점에서는 조정이 필요할 수 있지만 매우 유연한 도구이며, 여러 작업을 수행하는 다양한 방법으로 구현할 수 있다.

리소스와 파라미터

모든 것이 리소스이지만 일부 요소는 리소스와 상호 작용하는 파라미터를 함께 사용하는 것이 더 적합하다. 이는 리소스를 수정할 때 나타나는 매우 자연스러운 현상이다. 리소스를 변경하려면 변경 내용을 전송해야 한다. 그러나 다른 경우에는 특별한 원인 때문에 일부 리소스가 수정될 수 있다. 가장 일반적인 경우는 검색이다.

일반적인 검색 엔드포인트는 search 리소스를 정의하고 결과를 얻는다. 그러나 필터링할 파라미터가 없는 검색은 실제로 유용하지 않아서 검색을 정의하려면 추가 파라미터가 필요하다. 예를 들면 다음과 같다.

```
# 시스템의 모든 펜을 리턴한다.
GET /pens/search

# 빨간색 펜만 리턴한다.
GET /pens/search?color=red

# 생성일 기준으로 정렬된 빨간색 펜만 리턴한다.
GET /pens/search?color=red&sort=creation_date
```

해당 파라미터는 쿼리query 파라미터에 저장되는데, 쿼리 파라미터를 검색하기 위한 자연스러운 확장이다.

 일반적으로 GET 요청에만 쿼리 파라미터가 있어야 한다. 다른 종류의 요청 메소드는 바디에 쿼리 파라미터를 포함해야 한다.

GET 요청은 쿼리 파라미터를 포함하는 경우 캐싱하기도 쉽다. 검색이 각 요청에 대해 동일한 값을 리턴(멱등성 요청)한다면 쿼리 파라미터를 포함한 전체 URI를 서비스 외부에서도 캐싱할 수 있다.

관례적으로 GET 요청을 저장하는 모든 로그에는 쿼리 파라미터도 저장하지만 헤더나 요청 바디로 전송되는 파라미터는 저장되지 않는다. 비밀번호와 같은 민감한 파라미터는 보안에 영향을 미칠 수 있기에 쿼리 파라미터로 전송되어서는 안 된다.

때로는 로그인 요청은 일반적으로 GET 메소드를 사용하지만 쿼리 파라미터 대신 요청 바디에 파라미터를 설정하는 POST 작업을 선호한다. HTTP 프로토콜에서 GET 요청 시 바디를 설정하는 것은 가능하지만 매우 특이한 경우다.

POST 요청을 사용하는 또 다른 이유는 GET 요청은 쿼리 파라미터를 포함한 전체 URL의 크기가 일반적으로 2K로 제한되지만, POST 요청은 바디의 크기 제한이 훨씬 덜해서 파라미터를 바디에 사용해 더 크게 활용할 수 있기 때문이다.

페이지네이션

RESTful 인터페이스에서 특정 수의 페이지네이션^{pagination}(페이지 매김)으로 LIST 요청에 전달하는 경우가 있다.

즉, 요청에서 페이지 수를 지정할 수 있으며 요소의 특정 페이지만 리턴한다. 이는 요청의 범위를 제한하고 전체 요소를 읽는 데 걸리는 매우 느린 응답 시간과 전송 데이터에 대한 낭비를 줄인다.

예를 들어, 다음과 같은 page 및 size 파라미터 사용이 포함될 수 있다.

```
# 첫 페이지의 10개의 요소만 리턴한다.
GET /pens/search?page=1&size=10
```

제대로 구성된 응답은 다음과 유사한 포맷을 갖는다.

```
{
    "next": "http://pens.pns/pens/search?page=2&size=10",
    "previous": null,
    "result": [
        # 요소
    ]
}
```

응답에는 결과 리스트가 포함된 result 필드, 다음 및 이전 페이지에 대한 하이퍼링크를 갖는 next 및 previous 필드(사용할 수 없는 경우라면 null 값을 가짐)가 포함된다. 응답을 통해 모든 결과를 쉽게 살펴볼 수 있다.

또한 페이지네이션 기술을 사용하면 여러 페이지를 병렬로 검색할 수 있다. 즉, 하나의 큰 요청 대신 여러 개의 작은 요청을 수행해 정보 다운로드 속도를 높일 수 있다. 그러나 페이지네이션의 목적은 일반적으로 너무 많은 정보를 리턴하지 않고 관련 정보만 검색할 수 있도록 충분한 필터filter 파라미터를 제공하는 것이다.

페이지네이션에 특히 많은 페이지를 검색하는 경우 컬렉션의 데이터가 여러 요청 간에 변경될 수 있다는 문제가 발생할 수 있다. 문제는 다음과 같다.

```
# 첫 페이지를 얻는다.
GET /pens/search?page=1&size=10&sort=name

# 첫 번째 페이지에 추가된 새로운 리소스를 생성한다.
POST /pens

# 두 번째 페이지를 얻는다.
GET /pens/search?page=2&size=10&sort=name
```

이제 두 번째 페이지는 첫 번째 페이지에 있는 반복 요소를 갖고 있지만 두 번째 페이지로 이동한 다음 리턴하지 않는 요소가 하나 있다. 일반적으로 새로운 리소스를 리턴하지 않는 것은 그다지 문제가 되지 않는다. 결국 정보 검색이 생성되기 전에 시작되기 때문이다. 그러나 동일한 리소스를 두 번 리턴할 수도 있다.

이런 종류의 문제를 피하려면 생성 날짜 또는 이와 비슷한 정렬 필드를 사용해 값에 기본 정렬을 수행할 수 있다. 정렬을 통해 페이지네이션 끝에 새로운 리소스가 추가되고 일관된 검색을 수행할 수 있다.

> **TIP** 알림(notification) 또는 이와 유사한 것과 같이 본질적으로 '새로운' 요소를 리턴하는 리소스의 경우, 가장 최근 접근 이후의 새로운 리소스만 검색하기 위해 updated_since 파라미터를 추가한다. 이를 통해 실용적인 방식으로 접근 속도가 빨라지고 관련 정보만 검색한다.

유연한 페이지네이션 시스템을 생성하면 모든 API의 유용성이 높아진다. 페이지네이션 정의가 모든 리소스에서 일관적인지 확인한다.

RESTful API 프로세스 설계

RESTful API 설계를 시작하는 가장 좋은 방법은 리소스를 다음과 같이 명확하게 설명하는 것이다.

- 설명: 작업 설명
- 리소스 URI: 여러 작업에 대해 공유될 수 있으며 메소드에 따라 구분된다(예를 들어 검색하려면 GET, 삭제하려면 DELETE를 사용).
- 적용할 수 있는 메소드: 엔드포인트에 정의된 액션에 사용할 HTTP 메소드
- (해당되는 경우에만) 입력 바디: 요청의 입력 바디
- 바디의 예상 결과: 결과
- 예상 가능한 에러: 특정 에러에 따라 상태 코드 리턴
- (해당되는 경우에만) 입력 쿼리 파라미터: 추가 기능을 위한 URI에 추가할 수 있는 쿼리 파라미터
- (해당되는 경우에만) 관련 헤더: 지원되는 모든 헤더
- (해당되는 경우에만) 비정상적인 상태 코드 리턴(정상 상태 코드: 200, 201): 성공으로 간주되는 비정상적인 상태 코드가 있지만, 일반적인 경우가 아니면 에러와 다르다. 예를 들어, 성공 응답은 리다이렉션을 리턴하는 경우가 있다.

위와 같이 하면 다른 엔지니어가 이해할 수 있고 인터페이스에서 작업할 수 있는 설계 문서를 만들 수 있다.

물론 다양한 URI 및 메소드를 초안으로 신속하게 잡고 바디 설명이나 에러와 같이 너무 많은 세부 정보를 지정하지 않고 시스템이 가진 모든 다양한 리소스를 빠르게 살펴보는 것이 좋다. 따라서 API에서 누락된 리소스를 찾거나 다양한 불일치를 감지하는 데 도움이 된다.

예를 들어, 2장에서 설명하는 API에는 다음과 같은 액션이 있다.

```
GET     /pens
POST    /pens
POST    /pens/<pen_id>/open
PUT     /pens/<pen_id>/open/<open_pen_id>/text
DELETE  /pens/<pen_id>/open/<open_pen_id>
GET     /pens/search
```

여기서 개선할 수 있는 세부 사항이 있다.

- 생성된 펜을 삭제하는 액션을 수행하는 것을 잊기도 한다.
- 추가 생성된 리소스에 대한 정보를 검색하기 위한 GET 액션이 여럿 있다.
- PUT 액션에서 /text를 추가해야 할 때 약간 중복된다는 느낌이 든다.

이 피드백을 통해 API를 다음처럼 설계할 수 있다(수정한 API 뒤에 화살표가 있음).

```
GET     /pens
POST    /pens
GET     /pens/<pen_id>
DELETE  /pens/<pen_id> ←
POST    /pens/<pen_id>/open
GET     /pens/<pen_id>/open/<open_pen_id> ←
PUT     /pens/<pen_id>/open/<open_pen_id> ←
DELETE  /pens/<pen_id>/open/<open_pen_id>
GET     /pens/search
```

구성 관점에서 계층 구조의 모든 요소를 자세히 살펴보면, 직관적이지 않은 간극이나 관계를 찾는 데 도움이 될 것이다.

그 후에 세부 사항을 다룰 수 있다. 섹션 시작 부분에 설명된 템플릿이나 여러분에게 적합한 다른 템플릿을 사용할 수 있다. 예를 들어 엔드포인트를 정의하여 새 펜을 만들고 시스템에서 펜을 읽을 수 있다.

[새로운 펜 생성하기]

- 설명: 지정한 색깔의 새로운 펜을 생성한다.

- 리소스 URI: /pens

- 메소드: POST

- 입력 바디

```
{
    "name": <펜 이름>,
    "color": (black|blue|red)
}
```

- 에러

```
400 Bad Request
```

인식할 수 없는 색깔, 중복된 이름, 잘못된 포맷과 같은 바디 에러를 의미한다.

[기존 펜 검색하기]

- 설명: 기존 펜을 검색한다.

- 리소스 URI: /pens/〈펜 ID〉

- 메소드: GET

- 리턴 바디

```
{
    "name": <펜 이름>,
    "color": (black|blue|red)
}
```

- 에러

```
404 Not Found 펜 ID를 찾을 수 없다
```

API 예를 사용한 주요 이유는 작은 템플릿이 유용하고 간단명료하기 때문이다. 예상대로 자유롭게 수정할 수 있으며, 에러나 세부 사항에 대해 너무 완벽하게 설계하지 않아도 된다. 가장 중요한 부분은 그것들이 **유용**하다는 것이다. 예를 들어, `405 Method Not Allowed` 메시지를 추가하는 것은 중복일 수 있다.

 기존 API를 설계 및 테스트/디버깅하는 데 사용하는 API 플랫폼인 Postman(www.postman.com)과 같은 툴을 사용해 API를 설계할 수도 있다. 이렇게 사용하는 것이 유용하긴 하지만, 필요하다면 외부 툴 없이 API를 설계하는 것이 좋을 수 있다. 툴 자체가 아니라 설계에 대해 생각해야 하기 때문이다. 또한 테스트 환경을 제공하기보다는 정의에 기반한 Open API를 사용하는 방법도 살펴볼 것이다.

API 설계와 정의를 통해 추후 툴을 활용하는 표준 방식을 구성할 수도 있다.

Open API 명세 사용

API를 구조화할 수 있는 대안으로 Open API(https://www.openapis.org/)와 같은 툴을 사용할 수 있다. Open API는 YAML 또는 JSON 문서를 통해 RESTful API를 정의하기 위한 명세다. Open API는 API 정의를 다른 툴과 상호 작용하여 API에 대한 자동 문서를 생성할 수 있다.

입력과 출력 모두에서 반복될 수 있는 컴포넌트에 대한 정의를 허용한다. 이렇게 함으로써 일관성 있고 재사용 가능한 객체를 쉽게 구축할 수 있다. 또한 컴포넌트를 서로 상속inheritance하거나 합성composition을 사용해 풍부한 인터페이스를 만들 수 있다.

예를 들어, 다음은 위에서 설명한 두 엔드포인트를 설명하는 YAML 파일이다. 해당 파일은 깃허브(https://github.com/PacktPublishing/Python-Architecture-Patterns/blob/main/pen_example.yaml)에서 다운로드할 수 있다.

```yaml
openapi: 3.0.0
info:
  version: "1.0.0"
  title: "Swagger Pens"
paths:
  /pens:
    post:
      tags:
      - "pens"
      summary: "Add a new pen"
      requestBody:
        description: "Pen object that needs to be added to the store"
        required: true
        content:
          application/json:
            schema:
              $ref: "#/components/schemas/Pen"
      responses:
        "201":
          description: "Created"
        "400":
          description: "Invalid input"
  /pens/{pen_id}:
    get:
      tags:
      - "pens"
      summary: "Retrieve an existing pen"
      parameters:
```

```
        - name: "pen_id"
          in: path
          description: "Pen ID"
          required: true
          schema:
            type: integer
            format: int64
      responses:
        "200":
          description: "OK"
          content:
            application/json:
              schema:
                $ref: "#/components/schemas/Pen"
        "404":
          description: "Not Found"
components:
  schemas:
    Pen:
      type: "object"
      properties:
        name:
          type: "string"
        color:
          type: "string"
          enum:
            - black
            - blue
            - red
```

components 부분에서 Pen 객체가 정의되고 두 엔드포인트에서 모두 사용된다. 두 엔드포인트(POST /pens, GET /pens/{pen_id})가 정의되고, 발생할 수 있는 다양한 에러를 고려하여 예상 입력과 출력을 설명한다.

Open API의 가장 흥미로운 측면 중 하나는 구현에 도움이 되는 모든 정보를 포함하는 문서 페이지를 자동으로 생성하는 기능이다. 생성된 문서는 그림 2.1과 같다.

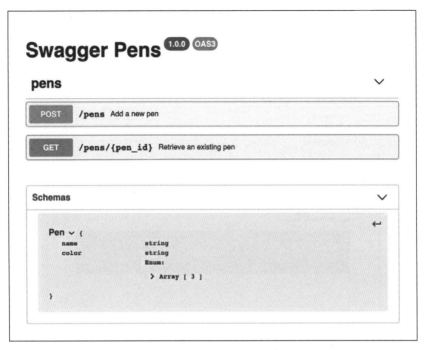

그림 2.1 Swagger Pens 문서

YAML 파일에서 인터페이스를 완전하고 제대로 설명한다면 정말 유용하다고 말할 수 있다. 어떤 경우에는 YAML에서 API로 작업하는 것이 유리할 수 있다. 먼저 YAML 파일을 생성하고 프론트엔드 방향과 백엔드 방향 모두에서 양방향으로 작업할 수 있다. API 우선 접근 방식의 경우에 의미가 있을 수 있다. 파이썬 플라스크Flask나 스프링Spring의 서버, 자바Java나 앵귤러Angular의 클라이언트와 같이 여러 프로그래밍 언어의 클라이언트 및 서버의 스켈레톤skeleton을 자동으로 생성하는 것도 가능하다.

 YAML 정의에 밀접하게 구현하는 것은 사용자에게 달려 있음을 명심하자. 스켈레톤이 올바르게 작동하려면 계속 작업이 필요하다. Open API는 프로세스를 단순화하지만 모든 통합 문제를 마술사처럼 해결하지는 못한다.

각 엔드포인트에는 추가 정보가 포함되어 있어 동일한 문서에서 테스트할 수도 있다. 따라서 그림 2.2에서 볼 수 있듯이 API를 사용하려는 외부 개발자에게 큰 도움이 된다.

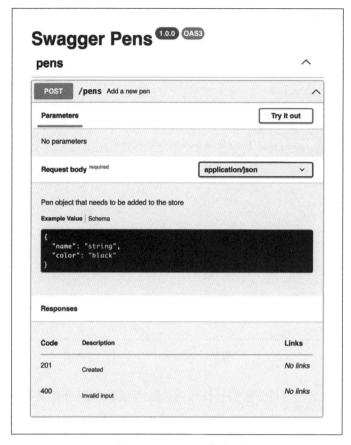

그림 2.2 Swagger Pen 확장 문서

Open API YAML 파일에서 설계를 시작하지 않더라도 서버에서 문서를 자동으로 생성하는 것이 매우 쉽다는 점을 감안한다면 자체 생성 문서를 생성할 수 있게 하는 것이 좋다.

인증

대부분의 API에서 중요한 부분은 승인된 접근과 승인되지 않은 접근을 구별하는 기능일 것이다. 사용자 정보를 적절하게 로그로 남길 수 있는 것이 중요하며, 보안 관점에서 매우 중요한 부분이다.

보안은 어렵기 때문에 표준을 기반으로 작업을 단순화하는 것이 좋다.

 이전에 말한 것처럼 이렇게 언급하는 것은 일반적인 팁일 뿐이지 보안 관행을 포함하는 것은 아니다. 이 책은 보안에 중점을 두지 않는다. 보안 분야는 항상 발전하는 분야이므로 보안 문제와 보안 솔루션을 계속 확인한다.

인증과 관련된 가장 중요한 보안 이슈를 해결하는 방법은 **프로덕션에서 항상 HTTPS 엔드포인트를 사용**하는 것이다. HTTPS를 통해 통신 채널이 도청으로부터 보호되고 통신이 비공개로 전환된다. 즉, HTTP 웹사이트가 비공개 통신이기 때문에 언제든 악의적인 사용자와도 통신할 수 있다. 그러나 API 사용자가 외부 사용자가 통신 정보를 낚아챌 염려 없이 비밀번호 및 기타 민감한 정보를 보낼 수 있도록 하는 것이 최소한의 보안 요구사항이다.

 일반적으로 대부분의 아키텍처에서는 요청이 데이터 센터나 보안 네트워크에 도달할 때까지 HTTPS를 사용하고 내부적으로는 HTTP를 사용한다. 따라서 내부에서 이동하는 데이터는 확인할 수 있지만 인터넷을 통해 이동하는 데이터는 보호할 수 있다. 요즘에는 덜 중요하긴 하지만, 이런 아키텍처가 HTTPS로 인코딩된 요청을 처리하는 데는 추가적인 성능이 필요하기 때문에 효율성도 향상된다.

HTTPS 엔드포인트는 모든 접근에 유효하지만, 그 밖의 세부 정보는 HTML 인터페이스인지 RESTful 인터페이스인지에 따라 다르다.

HTML 인터페이스 인증

HTML 웹 페이지에서 일반적으로 인증하는 흐름은 다음과 같다.

1. 로그인 화면이 사용자에게 표시된다.

2. 사용자는 로그인과 비밀번호를 입력하고 관련 정보는 서버로 전송된다.

3. 서버에서 비밀번호를 확인한다. 비밀번호가 맞다면 세션 ID를 포함하는 쿠키

를 리턴한다.

4. 브라우저에서 응답을 수신하고 쿠키를 저장한다.

5. 브라우저의 새로운 모든 요청은 쿠키를 서버에 전송한다. 서버는 쿠키를 확인하고 사용자를 적절하게 식별한다.

6. 사용자는 쿠키를 제거해 로그아웃할 수 있다. 로그아웃 작업이 명시적으로 수행되면 세션 ID를 삭제하라는 요청이 서버로 전송된다. 일반적으로 세션 ID에는 자체 정리에 대한 만료 시간이 있다. 해당 만료는 접근할 때마다 갱신되거나, 사용자가 때때로 다시 로그인하도록 할 수 있다.

쿠키를 Secure, HttpOnly, SameSite로 설정하는 것이 중요하다. Secure는 쿠키가 HTTP 엔드포인트가 아닌 HTTPS 엔드포인트로만 전송되게 한다. HttpOnly는 자바스크립트에서 쿠키에 접근할 수 없도록 하기에 악성 코드가 쿠키를 탈취하기 어렵게 한다. 쿠키는 쿠키를 설정한 호스트에게 자동으로 전송된다. SameSite는 소스의 출처가 동일한 호스트의 페이지인 경우에만 쿠키가 전송되게 한다. SameSite에는 Strict, Lax, None을 설정할 수 있다. Lax를 사용하면 다른 사이트에서 페이지로 이동하여 쿠키를 보낼 수 있지만, Strict는 허용하지 않는다.

 모질라(Mozilla) SameSite 쿠키 페이지(https://developer.mozilla.org/en-US/docs/Web/HTTP/Headers/Set-Cookie/SameSite)에서 자세한 정보를 얻을 수 있다.

XSSCross-Site Scripting, 교차 사이트 스크립팅 공격을 통해 쿠키가 잘못 사용될 수 있다. 손상된 스크립트에서 쿠키를 읽고 요청을 위조해 잘못된 요청을 인증된 사용자에게 보낸다.

또 다른 중요한 보안 문제는 CSRFCross-Site Request Forgery, 사이트 간 요청 위조이다. 이 경우 사용자가 외부 서비스에 로그인되어 있다는 사실이 손상된 다른 웹사이트에서 자동으로 실행될 URL을 보냄으로써 악용된다.

예를 들어, 특정 온라인 포럼에 접근하는 중에 일반 은행 이미지가 있는데 해당 이미지에는 해당 은행의 URL 링크가 있다. 사용자가 해당 이미지를 클릭해 해당 은행의 URL

을 호출할 경우, 사용자가 해당 은행에 로그인하면 오퍼레이션이 실행된다.

SameSite 애트리뷰트는 CSRF의 리스크를 크게 줄인다. 그러나 SameSite 애트리뷰트를 오래된 브라우저에서 이해하지 못하면 은행에서 사용자에게 랜덤 토큰을 전달해 사용자가 쿠키와 유효한 요청을 모두 보내도록 해야 한다. 외부 페이지에서는 유효한 랜덤 토큰을 알지 못하므로 외부자 공격을 훨씬 더 어렵게 만든다.

쿠키에 포함된 세션 ID는 데이터베이스에 저장될 수 있고, 랜덤 고유 식별자이거나 정보가 많은 토큰일 수도 있다.

랜덤 식별자는 데이터베이스에 관련 정보를 저장하는 랜덤 숫자다. 사용자가 랜덤 식별자를 통해 접근하고 세션이 만료된다. 사용자가 접근할 때마다 세션 ID가 서버에 쿼리되고 관련 정보가 검색된다. 접근이 많은 서비스에서 대규모 배포 작업 시 확장성이 떨어지므로 문제가 발생할 수 있다. 또한 모든 워커가 세션 ID가 저장된 데이터베이스에 접근할 때 병목 현상이 발생할 수 있다.

해당 이슈에 대한 가능한 해결책은 많은 데이터 토큰을 미리 생성하는 것이다. 필요한 모든 정보를 쿠키에 직접 추가한다. 예를 들어 사용자 ID, 만료 등을 쿠키에 저장한다. 이렇게 함으로써 데이터베이스 접근을 방지할 수 있지만 모든 정보가 공개되어 있으므로 쿠키를 위조할 수 있다. 위조를 방지하기 위해 쿠키에 서명한다.

쿠키 서명은 데이터를 신뢰할 수 있는 로그인 서버에서 발행되며 다른 서버에서 독립적으로 확인할 수 있음을 의미한다. 이를 통해 시스템은 더 확장 가능해지고 병목 현상이 방지된다. 콘텐츠를 읽지 않도록 암호화할 수도 있다.

이 시스템의 또 다른 장점은 토큰 생성이 일반 시스템과 독립적으로 수행될 수 있다는 점이다. 토큰을 독립적으로 검증할 수 있다면 로그인 서버가 일반 서버와 동일할 필요가 없다.

더욱이 하나의 토큰 서명자가 여러 서비스에 대한 토큰을 발행할 수 있다. 즉, SSO^{Single Sign-On}의 기반으로 토큰을 생성할 수 있다. 인증 공급자에서 로그인한 후, 관련된 여러 서비스에서 동일한 계정을 사용할 수 있다. 구글^{Google}, 페이스북^{Facebook}, 깃허브^{GitHub}와 같은 서비스에서 매우 일반적으로 사용되며 여러 웹 페이지에서 로그인하지 않아도 된다.

토큰 권한이 있는 해당 작업 모드는 OAuth 권한 부여 프레임워크의 기반이다.

RESTful 인터페이스 인증

OAuth는 API, 특히 RESTful API의 접근 인증에 대한 공통 표준이 됐다.

 인증(authentication)과 권한(authorization)은 차이점이 있는데, 본질적으로 OAuth는 권한 부여 시스템이다. OAuth는 scope(범위) 개념을 사용해 사용자의 기능을 리턴한다.

OpenID Connect와 같은 대부분의 OAuth 구현에서는 리턴되는 토큰에 사용자 정보도 포함해 사용자를 인증하고 사용자가 누구인지 알려준다.

OAuth는 사용자의 신원을 확인하는 권한 부여자authorizer가 있고 사용자가 로그인할 수 있는 정보를 포함한 토큰을 응답에 제공한다는 아이디어를 기반으로 한다. 서비스에서는 OAuth 토큰을 수신하고 사용자를 기록한다.

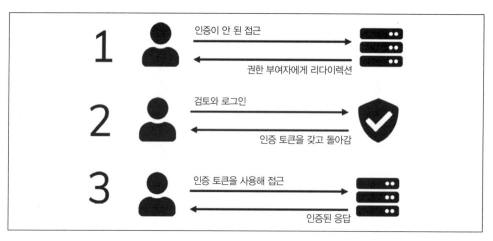

그림 2.3 인증 흐름

현재 가장 보편적으로 사용되는 OAuth 버전은 로깅과 흐름 측면에서 유연성을 허용하는 OAuth 2.0이다. OAuth는 정확히 프로토콜이 아니지만, 특정 사용 사례에 맞게 사용할 수 있는 아이디어를 제공한다.

 이는 OAuth를 구현할 수 있는 다양한 방법이 있으며 결정적으로 다른 권한 부여자가 이를 다르게 구현한다는 뜻이다. 통합할 때 문서를 주의해서 확인하자.

일반적으로 권한 부여자는 OAuth 기반의 OpenID Connect 프로토콜을 사용한다.

API에 접근하는 시스템이 최종 사용자인지 또는 사용자를 대신하여 접근하는지에 따라 중요한 차이가 있다. 후자의 예로는 트위터와 같은 서비스에 접근하기 위한 스마트폰 앱이나 코드 분석 툴처럼 깃허브에 사용자를 위해 저장된 데이터에 접근해야 하는 서비스가 있다. 서비스 애플리케이션 자체는 사용자 액션을 수행하는 것이 아니라 사용자 액션을 전달하는 것이다.

이 흐름을 권한 코드Authorization Code 부여grant라 한다. 주요 특징은 권한 공급자가 사용자에게 로그인 페이지를 표시하고 인증 토큰으로 API 접근 시스템으로 리다이렉션한다는 것이다.

예를 들어, 권한 코드에 대한 호출 시퀀스는 다음과 같다.

```
GET https://myservice.com/login
    authorizer.com에서 로그인하기 위한 폼(form)이 있는 페이지를 리턴한다.

로그인할 때까지 외부 권한의 흐름을 따라간다.

POST https://authorizer.com/authorize
  grant_type=권한_코드
  redirect_uri=https://myservice.com/redirect
  user=사용자_이름
  password=사용자_비밀번호
    302 Found를 리턴하면서 https://myservice.com/redirect?code=XXXXX 주소로 보낸다.

GET https://myservice.com/redirect?code=XXXXX
-> 시스템에 로그인하여 적절한 쿠키를 설정하고,
    https://myservice.com으로 302를 리턴한다.
```

API에 접근하는 시스템을 최종 사용자가 직접 호출한 경우에는 클라이언트 자격 증명Client Credentials 부여 타입grant type 흐름을 대신 사용할 수 있다. 아래 예시의 첫 번째 호출을 보면, 인증 토큰을 직접 검색하기 위해 client_id(사용자 ID)와 client_secret(비밀번호)을 전송한다. 인증 토큰은 새로운 요청의 헤더로 설정되고 서버에서 해당 요청을 인증받을 것이다.

이는 특정 단계를 건너뛰고 자동화하기 쉽다.

```
POST /token HTTP/1.1
  grant_type=권한_코드
  &client_id=XXXX
  &client_secret=YYYY
    Returns a JSON body with
    {
  "access_token":"ZZZZ",
  "token_type":"bearer",
  "expires_in":86400,
}

인증 토큰이 포함된 헤더를 포함한 새로운 요청을 생성한다.
Authorization: "Bearer ZZZZ"
```

OAuth를 사용하면 외부 서버를 사용해 접근 토큰access token을 검색할 수 있지만 반드시 필요한 것은 아니다. 나머지 동작은 다른 서버와 동일하다. OAuth는 이 예시의 마지막 흐름, 즉 외부 공급자(예: 페이스북이나 구글)를 통해 로그인이 유용하지 않을 때 유용하다. 예시 시스템은 클라이언트 자격 증명 흐름을 사용한다.

자체 인코딩 토큰

권한 부여 서버에서 리턴된 토큰에는 권한 부여자가 외부에서 확인할 필요가 없는 충분한 정보가 포함될 수 있다.

이전에 살펴본 것처럼 토큰에 사용자 정보가 포함되는 것은 사용자가 누구인지 판단하는 데 중요하다. 토큰에 사용자 정보가 포함되어 있지 않다면 사용자가 누구인지 알 수 없기에 작업을 수행할 수는 있지만 단순 요청으로 끝난다.

이를 위해 토큰은 일반적으로 JWT^{JSON Web Token}로 인코딩된다. JWT는 URL 안전 문자 시퀀스로 JSON 객체를 인코딩하는 표준이다.

JWT에는 다음 요소가 있다.

- **헤더**^{header}: 토큰 인코딩 방법에 대한 정보가 포함된다.
- **페이로드**^{payload}: 토큰의 바디다. 클레임^{claim}이라고 하는 이 객체의 일부 필드는 표준이지만 사용자 지정 클레임을 설정할 수도 있다. 표준 클레임은 필요하지 않으며 발행자(iss) 또는 토큰의 만료 시간과 같은 요소를 Unix Epoch(exp)로 설명할 수 있다.
- **서명**^{signature}: 토큰이 적절한 소스에 의해 생성됐는지 확인한다. 헤더 정보에 있는 알고리듬을 사용한다.

일반적으로 JWT는 인코딩되지만 암호화되지 않는다. 표준 JWT 라이브러리가 인코딩된 부분을 디코딩하고 서명이 올바른지 확인한다.

 대화형 툴(https://jwt.io/)에서 다양한 필드와 시스템을 테스트할 수 있다.

예를 들어, 파이썬의 경우는 pip를 사용해 PyJWT를 설치하고 pyjwt(https://pypi.org/project/PyJWT/)를 사용해 토큰을 생성할 수 있다.

```
$ pip install PyJWT
```

그런 다음 파이썬 인터프리터를 열어 사용자 ID를 포함하는 페이로드와 "secret" 시크릿 정보를 서명하는 HS256 알고리듬으로 토큰을 생성하려면 코드는 다음과 같다.

```
>>> import jwt
>>> token = jwt.encode({"user_id": "1234"}, "secret", algorithm="HS256")
>>> token
'eyJ0eXAiOiJKV1QiLCJhbGciOiJIUzI1NiJ9.eyJ1c2VyX2lkIjoiMTIzNCJ9.
vFn0prsLvRu00Kgy6M8s6S2Ddnuvz-FgtQ7nWz6NoC0'
```

그런 다음 JWT 토큰을 디코딩하고 페이로드를 추출할 수 있다. 시크릿이 올바르지 않으면 에러가 발생한다.

```
>>> jwt.decode(token,"secret", algorithms=['HS256'])
{'user_id': '1234'}
>>> jwt.decode(token,"badsecret", algorithms=['HS256'])
Traceback (most recent call last):
 …
  jwt.exceptions.InvalidSignatureError: Signature verification failed
```

사용할 알고리듬은 헤더에 저장되지만, 보안상의 이유로 헤더에 의존하지 않은 상태로 예상 알고리듬으로만 토큰의 유효성을 검사하는 것이 좋다. 웹 페이지(https://www.chosenplaintext.ca/2015/03/31/jwt-algorithm-confusion.html)에 설명된 것처럼 과거에 특정 JWT 구현, 토큰 위조와 관련되어 보안 문제가 발생했다.

그러나 가장 흥미로운 알고리듬은 인코딩 및 디코딩에 동일한 값이 추가되는 HS256과 같은 대칭 알고리듬이 아니라 RSA-256(RS256)과 같은 공개-개인 키다. 이를 통해 토큰을 개인 키private key로 인코딩하고 공개 키public key로 확인할 수 있다.

공개 키가 널리 배포될 수 있기 때문에 이 스키마가 매우 일반적이지만, 개인 키를 가진 적절한 권한 부여자만이 토큰 원본이 될 수 있다.

토큰에 사용자를 식별하는 데 사용되는 페이로드 정보가 포함되면 페이로드의 정보만 사용해 요청을 인증할 수 있다.

API 버전 관리

처음부터 인터페이스가 완전한 경우는 거의 없다. 새로운 기능이 추가된 후, 버그나 불일치는 수정되어 지속적으로 관리된다. 해당 변경사항을 제대로 전달하려면 이를 전송할 수 있는 버전 관리 기능이 있는 게 좋다.

왜 버전 관리를 하는가?

버전 관리의 주요 장점은 언제 어떤 사항이 포함되는지에 대한 정보를 생성한다는 것이다. 해당 정보는 버그 수정, 새로운 기능, 새로 발견된 버그일 수 있다.

현재 릴리스된 인터페이스가 버전 v1.2.3임을 알고 있고 버그 X를 수정한 v1.2.4 버전을 곧 릴리스할 예정이라면, 해당 관련 정보를 사용자에게 알리는 릴리스 노트를 더 쉽게 설명할 수 있다.

내부 및 외부 버전 관리

약간 혼동될 수 있는 두 종류의 버전이 있다. 첫 번째는 프로젝트 개발자에게 적합한 내부 버전이다. 첫 번째 버전은 일반적으로 Git과 같은 버전 제어 툴의 도움을 받아 진행하는 소프트웨어 버전과 관련이 있다.

또한 첫 번째 버전은 매우 상세하며 작은 버그 수정을 포함하여 매우 작은 변경사항을 포함할 수 있다. 해당 버전의 목표는 버그를 확인하거나 기능을 추가하는 소프트웨어 버전 간의 최소한의 변경사항도 알 수 있게 하는 것이다.

두 번째는 외부 버전이다. 외부 버전으로 외부 서비스를 사용하는 사람들이 알 수 있게 한다. 내부 버전만큼 상세하게 설명할 수 있지만, 일반적으로 사용자에게 그다지 도움이 되지 않으며 혼란스러울 수 있다.

예를 들어, 내부 버전에서는 2개의 버그 수정이 각각 다르기에 쉽게 설명이 가능하다. 외부 버전은 '여러 버그 수정 및 개선'이란 내용으로 2개의 버그를 한 번에 결합할 수 있다.

차이를 두는 것이 유용한 경우의 또 다른 좋은 예로, 인터페이스가 크게 변경되는 경우가 있다. 예를 들어 웹사이트의 모양과 느낌을 완전히 새롭게 개선하는 경우 '버전 2 인터페이스'를 사용할 수 있지만, 이는 내부적으로 또는 선택한 그룹(예: 베타 테스터)에서 테스트하는 여러 개의 새 내부 버전을 생성할 수 있다. 마지막으로 '버전 2 인터페이스'를 사용할 준비가 되면 모든 사용자에게 공유할 수 있다.

외부 버전을 다른 방식으로 '마케팅 버전'이라 부른다.

여기서는 오해의 소지가 있는 '릴리스 버전'이라는 용어를 사용하지 않는다. 외부 버전은 외부에서 정보를 전달하는 데만 사용된다.

외부 버전은 기술 구현보다 마케팅 노력에 더 의존적이다.

시맨틱 버전 관리

버전을 정의하는 일반적인 패턴은 시맨틱semantic 버전으로 관리하는 것이다. 시맨틱 버전 관리는 비호환성 내림차순으로 서로 다른 의미를 전달하는 3개의 증가하는 정수를 사용하는 방법을 설명한다.

vX.Y.Z

X는 **메이저**major 버전이라고 한다. 주요 버전의 변경으로, 이전 버전과 호환되지 않는 변

경을 의미한다.

Y는 **마이너**minor 버전이다. 사소한 변경으로, 새로운 기능이 추가될 수 있지만 모든 변경 사항은 이전 버전과 호환된다.

Z는 **패치**patch 버전이다. 버그 수정 및 보안 패치 같은 일부 변경만 할 뿐 인터페이스 자체는 변경하지 않는다.

 시작 부분의 v는 옵션이지만 버전 번호를 나타내는 데 도움을 준다.

예를 들어, v1.2.15에서 작동하도록 설계된 소프트웨어는 버전 v1.2.35와 v1.3.5에서 작동하지만 버전 v2.1.3 또는 버전 v1.1.4에서는 작동하지 않을 수 있다. 버전 v1.2.14에서 작동할 수 있지만 나중에 수정된 버그가 존재할 수 있다.

경우에 따라 v1.2.3-rc1(릴리스 후보 버전) 또는 v1.2.3-dev0(개발 버전)과 같이 준비되지 않은 인터페이스를 설명하기 위해 추가 세부 정보를 추가할 수 있다.

 일반적으로 소프트웨어가 릴리스될 준비가 되기 전에 주요 번호는 0으로 설정된다(예: v0.1.3). 공개적으로 사용할 수 있는 첫 번째 버전은 v1.0.0이다.

시맨틱 버전 관리는 매우 이해하기 쉽고 변경사항에 대한 좋은 정보를 제공한다. 시맨틱 버전 관리는 널리 사용되지만 특정 경우에 문제가 일부 있다.

- 이전 버전과의 호환성이 명확하지 않은 시스템에서 메이저 버전을 엄격하게 채택하는 것이 어려울 수 있다. 이것이 바로 리눅스 커널 관리자가 적절한 시맨틱 버전 관리 사용을 중단한 이유이기도 하다. 모든 단일 릴리스가 이전 버전과 호환되어야 하기 때문에 주 버전을 업데이트하지 않았다. 이 경우 메이저 버전은 몇 년 동안 동결될 수 있으며 유용한 참조가 되지 않는다. 리눅스 커널의 경우 버전 2.6.X에서 이런 일이 발생해 이전 버전과 호환되지 않는 2011년 버전 3.0이

릴리스될 때까지 8년 동안 유지됐다.

- 시맨틱 버전 관리에서는 인터페이스에 대한 매우 엄격한 정의가 필요하다. 일반적으로 온라인 서비스처럼 인터페이스가 새로운 기능으로 자주 변경되면 마이너 버전이 빠르게 증가되기에 패치 버전은 거의 유용하지 않다.

온라인 서비스의 경우 두 단점이 결합되면 하나의 숫자만 사용하는 것이 유용하기에 시맨틱 버전을 잘 사용하지 않는다. 시맨틱 버전은 여러 API 버전이 동시에 작동해야 하는 경우에 잘 작동한다. 예를 들면 다음과 같다.

- API는 매우 안정적이고 정기적인 보안 업데이트가 있지만 매우 드물게 변경된다. 2년마다 주요 업데이트가 있다. 좋은 예로 MySQL과 같은 데이터베이스가 있다. 또 다른 예로 운영체제를 들 수 있다.
- API는 지원되는 여러 환경에서 사용할 수 있는 소프트웨어 라이브러리에 속한다. 예를 들어, 특정 파이썬 라이브러리의 경우 파이썬 2에서는 v4 버전이, 파이썬 3에서는 v5가 호환된다. 필요하다면 이렇게 여러 버전을 관리할 수 있다.

시스템에서 동시에 단일 버전으로 제대로 운영하는 경우, 투자 관점에서 보면 단일 버전 운영에 대한 보상 가치가 없기 때문에 적절한 의미론적 버전 관리를 유지하기 위해 노력을 더 하지 않는 것이 좋다.

단순화한 버전 관리

엄격한 시맨틱 버전 대신 단순화한 버전으로 관리할 수 있다. 단순화한 버전은 시맨틱 버전의 의미를 전달하지 않지만 지속적으로 증가하는 카운터로 관리된다. 해당 버전이 필요하지는 않지만 팀을 균형감 있게 하는 데 효과가 있다.

단순화한 버전은 컴파일러에 의해 자동으로 생성될 수 있는 빌드 번호와 동일한 아이디어로, 한 버전을 다른 버전과 구별해 증가하는 번호다. 그러나 일반 빌드 번호로 사용하기에는 다소 매끄럽지 않을 수 있다.

모든 사람이 이해할 수 있는 시맨틱 버전과 유사한 구조를 사용하는 것이 좋다. 다만, 세부 규칙에 따라 사용하는 대신 다음과 같이 더 느슨한 구조를 갖는다.

- 일반적으로 새로운 버전의 경우 패치 버전을 올린다.
- 패치 버전이 너무 높아지면(즉, 100, 10 또는 다른 임의의 숫자) 마이너 버전을 올리고 패치 버전을 0으로 설정한다.
- 작업하는 사람들이 정의한 대로 프로젝트에 대한 특별한 이정표가 있는 경우 마이너 버전을 더 일찍 올린다.
- 메이저 버전 번호로 동일한 작업을 수행한다.

이렇게 함으로써 버전의 의미에 대해 너무 걱정하지 않고 숫자를 일관된 방식으로 늘릴 수 있다.

이 구조는 단일 버전이 동시에 배포되기 때문에 본질적으로 증가하는 카운터가 필요한 온라인 클라우드 서비스와 같은 것에 매우 잘 작동한다. 단순화한 버전의 가장 중요한 용도는 내부 사용이며 엄격한 시맨틱 버전 관리가 필요치 않다.

프론트엔드와 백엔드

서비스를 나누는 일반적인 방법은 '프론트엔드frontend'와 '백엔드backend'를 분류하는 것이다. 최종 사용자에게 더 가까운 계층이 프론트엔드이고 뒤에 있는 계층이 백엔드인 소프트웨어 계층을 설명한다.

전통적으로 프론트엔드는 사용자 옆에 있는 프레젠테이션 계층을 처리하는 계층이고 백엔드는 비즈니스 논리를 제공하는 데이터 접근 계층이다. 클라이언트-서버 아키텍처에서 클라이언트는 프론트엔드이고 서버는 백엔드다.

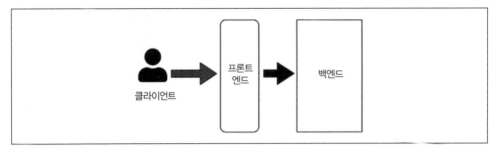

그림 2.4 클라이언트-서버 아키텍처

아키텍처가 점점 복잡해짐에 따라 프론트엔드, 백엔드라는 용어는 다소 다의어적이며 일반적으로 컨텍스트에 따라 이해된다. 프론트엔드는 거의 항상 사용자 인터페이스로 이해되지만, 백엔드는 여러 계층에 적용될 수 있으며, 이는 곧 설명할 시스템을 지원하는 다음 계층을 의미한다. 예를 들어, 클라우드 애플리케이션 내에서 웹 애플리케이션은 스토리지 백엔드로 MySQL과 같은 데이터베이스를 사용하거나 캐시 백엔드로 레디스Redis와 같은 인메모리in-memory 스토리지를 사용할 수 있다.

프론트엔드와 백엔드에 대한 일반적인 접근 방식은 상당히 다르다.

프론트엔드는 사용자 경험에 초점을 맞추므로 가장 중요한 요소는 사용성, 고객을 만족시키는 설계, 응답성 등이다. 그중 대부분이 '최종 모습'과 쉬운 사용성에 대한 안목을 필요로 한다. 프론트엔드 코드는 최종 사용자에서 실행되므로 서로 다른 유형의 하드웨어 간 호환성이 중요할 수 있다. 동시에 부하를 분산시키므로 사용자 인터페이스의 관점에서 성능이 가장 중요하다.

백엔드는 안정성에 더 중점을 둔다. 하드웨어를 엄격하게 제어하는 데 있어 부하가 분산되지 않을 수 있기에 사용되는 전체 리소스를 제어하는 측면에서 성능이 중요하다. 백엔드를 변경하면 모든 사용자가 동시에 변경되므로 백엔드를 수정하는 것도 더 쉽다. 그러나 특정 문제가 발생하면 모든 사용자에게 영향을 미칠 수 있으므로 위험하다. 백엔드 환경은 견고한 엔지니어링 프랙티스와 복제에 더 중점을 둔다.

풀 스택 엔지니어(full stack engineer)라는 용어는 일반적으로 프론트엔드 및 백엔드 작업을 모두 수행하는 데 익숙한 사람을 설명할 때 사용한다. 특정 측면에서 풀 스택 엔지니어가 효과가 있을 수 있지만, 프론트엔드 및 백엔드를 쉽게 다룰 수 있거나 장기적으로 작업할 수 있는 사람을 찾는 것은 실제로 매우 어렵다.

대부분의 엔지니어는 자연스럽게 프론트엔드 또는 백엔드 업무 중 한쪽에 집중하는 경향이 있고 대부분의 회사에서는 각각 전문 팀에서 업무를 수행한다. 프론트엔드 작업은 설계에 더 많은 집중력이 필요하고, 백엔드 작업은 안정성과 신뢰성 프랙틱스에 수월함을 느끼는 부분이 있기에 각 작업마다 개성이 있다.

프론트엔드에 사용되는 일반적인 기술은 다음과 같다.

- HTML, CSS와 같은 기술
- 제이쿼리^{jQuery}나 리액트^{React}처럼 상호 작용을 추가하는 데 필요한 자바스크립트, 라이브러리, 프레임워크
- 설계 툴

백엔드 기술은 프론트엔드 기술보다 직접적인 통제를 받기에 다음과 같이 다양할 수 있다.

- 파이썬^{Python}, PHP, 루비^{Ruby} 같은 스크립팅 언어, Node.js를 사용하는 자바스크립트, 또는 자바나 C#처럼 컴파일된 언어와 같은 프로그래밍 언어. 여러 언어가 혼합될 수도 있고 여러 언어로 여러 요소를 만들 수도 있다.
- MySQL, PostgreSQL 같은 관계형 데이터베이스 또는 MongoDB, 리악^{Riak}, 카산드라^{Cassandra} 같은 비관계형 데이터베이스
- 엔진엑스^{Nginx}, 아파치^{Apache} 같은 웹 서버
- 로드 밸런서^{load balancer} 같은 확장성 및 고가용성 툴
- AWS 서비스 같은 인프라 및 클라우드 기술
- 도커^{Docker}, 쿠버네티스^{Kubernetes} 같은 컨테이너 관련 기술

프론트엔드는 백엔드에서 정의한 인터페이스를 사용해 사용자 친화적인 작업을 진행한

다. 동일한 백엔드에 연결하는 여러 프론트엔드가 존재할 수 있다. 일반적인 예로 스마트폰을 들 수 있다. 스마트폰 플랫폼마다 각기 다른 스마트폰 인터페이스를 갖지만 스마트폰에서는 동일한 API를 사용해 백엔드와 통신한다.

프론트엔드와 백엔드는 개념적 구분이지만 반드시 서로 다른 프로세스나 저장소로 구분할 필요는 없다. 프론트엔드와 백엔드가 함께 존재하는 경우로, 데이터 접근 및 비즈니스 로직을 처리하는 백엔드 컨트롤러와 동시에 프론트엔드 HTML 인터페이스를 정의할 수 있는 루비 온 레일즈Ruby on Rails, 장고Django와 같은 웹 프레임워크를 들 수 있다. 해당 웹 프레임워크에서는 데이터 접근을 수행하는 프로세스에서 HTML 코드를 직접 생성한다. 해당 프로세스에서는 모델-뷰-컨트롤러 구조를 사용해 관심사를 분리한다.

모델-뷰-컨트롤러 구조

모델-뷰-컨트롤러Model-View-Controller(이하 MVC) 구조는 프로그램 로직을 3개의 개별 컴포넌트로 분리하는 설계다.

TIP — MVC 패턴은 그래픽 사용자 인터페이스 설계 초기부터 시작됐고 1980년대에 최초의 완전한 그래픽 대화형 인터페이스 이후 사용자 인터페이스에 사용됐다. 1990년대에 웹 애플리케이션을 처리하는 방법으로 도입되기 시작했다.

- MVC 구조는 명확한 개념 분리를 제공하기에 매우 성공적이다.
- 모델Model은 데이터를 관리한다.
- 컨트롤러Controller는 사용자의 입력을 받아 모델로 변환한다.
- 뷰View는 사용자가 이해할 수 있는 정보를 나타낸다.

본질적으로 모델은 데이터를 다루기 때문에 시스템의 핵심이다. 컨트롤러는 입력을 나타내고, 뷰는 데이터를 출력한다.

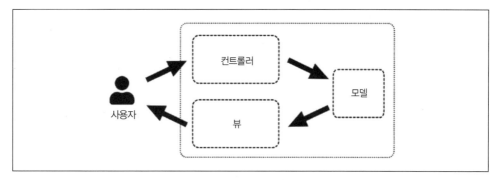

그림 2.5 MVC 패턴

MVC 구조는 여러 수준에서 고려될 수 있으며 프랙탈^{fractal}[2]로 간주될 수 있다. 여러 요소가 상호 작용한다면 고유한 MVC 구조를 가질 수 있고 시스템의 모델 부분은 정보를 제공하는 백엔드와 통신할 수 있다.

>
> **TIP**
> MVC 패턴은 다양한 방식으로 구현할 수 있다. 예를 들어, 장고(Django)의 경우 컨트롤러가 프레임워크 자체이기 때문에 모델-뷰-템플릿(Model View Template)이라고 주장한다. 그러나 해당 내용은 일반적인 설계와 모순되지 않는 사소한 세부 사항이다.

모델은 MVC 구조의 핵심 부분이며 세 가지 요소 중 가장 중요한 요소다. 또한 데이터 접근 정보를 포함할 뿐만 아니라 비즈니스 로직도 포함한다. 풍부한 모델 컴포넌트는 입력 및 출력에서 애플리케이션의 로직을 추상화함으로써 작동한다.

일반적으로 컨트롤러 간의 일부 경계가 약간 흐려진다. 컨트롤러에서 여러 입력을 처리할 때 모델을 생성하는데, 각기 다른 호출을 통해 모델이 생성될 수 있다. 동시에 뷰에 출력이 전달되기 전에 컨트롤러에서 조정할 수 있다. 명확하고 엄격한 경계를 적용하는 것은 항상 어렵지만, 명확성을 제공하기 위해 각 컴포넌트의 주요 목적이 무엇인지 염두에 두는 것이 좋다.

---

2 일부 작은 조각이 전체 구조와 비슷한 기하학적 형태를 의미한다. – 옮긴이

HTML 인터페이스

API를 엄격하게 정의한다면, 다른 프로그램에서 접근하도록 설계된 인터페이스라 말할 수 있다. API를 잘 이해하기 위해 성공적인 휴먼 인터페이스를 생성하는 기본 내용도 살펴보고자 한다. 여기서는 브라우저에서 최종 사용자가 사용하는 것을 목표로 하는 HTML 인터페이스에 대해 주로 다룰 것이다.

 TIP 여기서 다룰 대부분의 개념은 GUI나 모바일 애플리케이션 같은 종류의 휴먼 인터페이스에서도 적용된다.

인터넷 초기에 HTML 기술이 병렬로 개발됐기 때문에 RESTful 기술과 밀접한 관련이 있다. 일반적으로 최신 웹 애플리케이션에서는 밀접하게 연결되어 있다.

기존 HTML 인터페이스

기존 HTML 인터페이스의 작동은 GET, POST 메소드만 사용하는 HTTP 요청으로 이뤄졌다. GET 메소드는 서버에서 페이지를 얻을 수 있고, POST 메소드는 서버에 데이터를 제출하는 폼으로 쌍을 이룬다.

 이전 브라우저는 GET, POST 메소드만 구현했기 때문에 전제 조건이었다. 오늘날 대부분의 최신 브라우저는 요청으로 들어오는 모든 HTTP 메소드를 사용할 수 있지만 이전 브라우저와의 호환성을 제공하는 것은 여전히 일반적인 요구사항이다.

이는 사용 가능한 모든 옵션보다 확실히 더 제한적이지만, 간단한 웹사이트 인터페이스에서는 잘 작동할 수 있다.

예를 들어, 블로그는 글을 쓰기보다는 글이 읽히는 경우가 훨씬 많으므로 독자는 정보를 얻기 위해 많은 GET 요청을 사용하고 코멘트^{comment}를 서버에 전달하기 위해 POST 요청을 사용한다. 이전에는 코멘트를 삭제하거나 변경하는 사례가 매우 적었다. 그래서 POST 요청을 사용하는 다른 URL에서 해당 코멘트 삭제/변경 기능이 함께 사용되곤 했다.

 브라우저에서는 멱등성을 제공하지 않기 때문에 POST 요청을 재시도하기 전에 확인할 것이다.

HTML 인터페이스는 이런 제한 때문에 RESTful 인터페이스와 같은 방식으로 작동하지 않지만 추상화 및 리소스 집근 방식을 염두에 두는 설계로 개선할 수도 있다.

예를 들어, 블로그에 대한 일반적인 추상화는 다음과 같다.

- 관련 코멘트를 포함하는 각 게시물post
- 최신 게시물을 포함하는 메인 페이지
- 특정 단어나 태그tag를 포함하는 게시물을 포함할 수 있는 검색 페이지

블로그는 RESTful 방식으로 분리될 '코멘트'와 '게시물'의 두 리소스만 동일한 개념으로 결합되는 리소스 인터페이스와 매우 유사하다.

기존 HTML 인터페이스의 주요 제한사항은 모든 변경사항이 있을 때마다 전체 페이지 리프레시refresh가 발생해야 한다는 것이다. 블로그와 같은 간단한 애플리케이션의 경우 전체 리프레시 방법이 잘 작동할 수 있지만, 복잡한 애플리케이션에는 더욱 동적인 접근 방식이 필요할 수 있다.

동적 페이지

브라우저에 상호 작용을 추가하기 위해 브라우저에서 보여줄 때 직접 페이지를 변경하는 작업을 수행하는 자바스크립트 코드를 추가할 수 있다. 예를 들어, 드롭다운drop-down 셀렉터에서 인터페이스의 색상을 선택한다.

이를 **DOM**(Document Object Model) 조작이라고 하며, 여기에 HTML 또는 CSS에 의해 정의된 문서 표현이 포함된다. 자바스크립트는 DOM에 접근해 파라미터를 편집하거나 요소를 추가 또는 삭제함으로써 웹 페이지를 변경할 수 있다.

사바스크립트에서 독립적인 HTTP 요청도 수행할 수 있기에 이를 사용해 사용자 경험을 개선하기 위해 추가할 수 있는 세부 정보를 검색하는 특정 호출을 수행할 수 있다.

예를 들어, 주소를 입력하는 폼의 드롭다운 셀렉터dropdown selector 메뉴에서 국가를 선택할 수 있다. 선택할 때 서버 호출을 발생시켜 입력에 대응하는 적절한 국가 정보를 얻는다. 사용자가 미국United States을 선택하면 모든 주state 리스트가 검색되어 해당 드롭다운에서 사용할 수 있다. 사용자가 캐나다Canada를 선택하면 지역 및 주 리스트가 대신 사용된다.

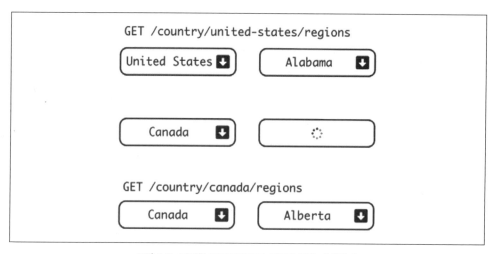

그림 2.6 적절한 드롭다운으로 사용자 경험 개선하기

또 다른 예로, 인터페이스를 약간 뒤집어 미국 우편 번호ZIP code로 주state를 자동으로 결정할 수 있다.

이런 종류의 호출을 AJAX^{Asynchronous JavaScript And XML}(비동기 자바스크립트 및 XML)라 한다. AJAX 이름에 XML이 언급되어 있지만 필수는 아니며 모든 포맷으로 얻을 수 있다. 요즘에는 JSON 또는 일반 텍스트를 사용하는 것이 매우 일반적이다. 이 외의 방법은 HTML을 사용하는 것으로서, 페이지 영역을 서버에서 받은 작은 스니펫^{snippet3}으로 바꿀 수 있다.

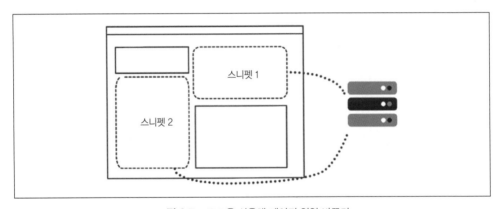

그림 2.7 HTML을 사용해 페이지 영역 바꾸기

원본 HTML은 다소 세련되지는 않지만 효과적일 수 있다. JSON으로 응답하는 RESTful API를 사용해 작은 요소에 대응하는 예상 데이터를 얻은 후 자바스크립트 코드를 통해 DOM을 수정하는 것이 매우 일반적이다. API의 목적은 HTML 인터페이스를 완전히 대체하는 것이 아니라 보완하는 것이기에 RESTful API는 불완전할 수 있다. RESTful API 호출만 사용해 사용자에게 완벽한 경험을 주는 것은 불가능하다.

여러 애플리케이션은 API 우선 접근 방식^{API-First Approach}을 생성하는 지점으로 직접 이동해 해당 지점에서 브라우저 경험을 만들어 낸다.

---

3 재사용 가능한 소스 코드나 텍스트의 작은 부분을 의미한다. – 옮긴이

싱글 페이지 애플리케이션

싱글 페이지 애플리케이션SPA, Single-Page Application의 아이디어는 간단하다. 특정 HTML 페이지를 열고 콘텐츠를 동적으로 변경한다. 새로운 데이터가 필요하면 특정(일반적으로 RESTful) API를 통해 접근한다.

SPA는 인간에게 정보를 표시하는 책임을 가진 요소로 이해되는 휴먼 인터페이스 human interface를 서비스에서 완전히 분리한다. 웹 서비스에서는 데이터 표현을 걱정하지 않도록 RESTful API를 독점적으로 제공한다.

 이런 종류의 접근 방식은 유기적인 서비스에서 생성되는 자연스러운 방식이 아닌 반대 방향으로 API를 통해 화면 표현까지 시스템을 설계하기 때문에 API 우선 방식(API-first approach)이라 한다.

리액트 또는 앵귤러JS^AngularJS처럼 SPA 구현이라는 목표를 염두에 두고 설계된 특정 프레임워크와 툴이 있지만, 해당 접근 방식에는 두 가지 주요 도전 과제가 있다.

- 한 페이지에 성공적인 휴먼 인터페이스를 만드는 데 필요한 기술 수준은 툴을 사용하더라도 상당히 높다. 유효한 인터페이스의 중요하지 않은 표현은 많은 상태를 유지하고 여러 호출을 처리해야 한다. 따라서 페이지의 안정성을 손상시키는 에러가 발생하기 쉽다. 반면 브라우저 페이지에 대한 기존 접근 방식은 각 단계의 범위를 제한하는 독립적인 페이지에서 작동하기에 처리하기가 훨씬 더 쉽다.

 예를 들어 브라우저에서 '뒤로 가기(back)' 버튼을 누르는 것처럼 피하거나 대체하기 어려울 수 있는 휴먼 인터페이스 기대치가 있음을 명심한다.

- API를 미리 설계하고 준비해야 하기에 프로젝트의 시작이 늦춰질 수 있다. API 설계와 휴먼 인터페이스 개발을 병행해 진행하더라도 많은 계획과 사전 약속이 필요할 뿐만 아니라 도전 과제가 남아 있다.

SPA 접근 방식은 일반적으로 처음부터 시작하는 새로운 애플리케이션에서 잘 실행됨을 보장한다. 그러나 스마트폰 애플리케이션 같은 종류의 사용자 인터페이스로 SPA를 시작한 경우 이미 존재하는 REST API를 활용해 기능을 복제한 HTML 인터페이스를 생성할 수 있다.

SPA 접근 방식의 주요 장점은 사용자 인터페이스와 애플리케이션을 분리한다는 것이다. 애플리케이션이 일반 HTML 인터페이스를 사용해 작은 프로젝트로 개발을 시작하는 경우 이후의 사용자 인터페이스는 HTML 인터페이스를 따르는 경향을 갖는 위험이 있다. 이는 사용되는 추상화가 가장 적절한 인터페이스 대신 기존 인터페이스를 따라갈 가능성이 높기 때문에 많은 기술적 부채를 빠르게 추가하고 API 설계를 손상시킬 수 있다.

전체 API 우선 접근 방식은 인터페이스를 크게 분리하기에 새로운 인터페이스를 만드는 것은 기존 API만큼 사용하기 쉽다. HTML 인터페이스와 같은 다중 인터페이스가 필요한 애플리케이션뿐만 아니라 iOS 또는 안드로이드^{Android} 같은 스마트폰 애플리케이션에서 사용하기 좋은 솔루션이 될 수 있다.

SPA는 전체 인터페이스를 제공한다는 측면에서 매우 혁신적일 수도 있다. 이는 게임이나 대화형 애플리케이션의 경우와 같이 '웹 페이지'로 이해될 수 있는 것과는 다른 풍부하고 복잡한 인터페이스를 생성할 수 있다.

하이브리드 접근

이전에 살펴본 것처럼 SPA에 올인하는 것은 상당히 어려울 수 있다. 브라우저를 사용해 기존 HTML과 함께 사용될 수 있다.

그렇기 때문에 일반적으로 설계가 기존을 많이 벗어나지 않고 좀 더 전통적인 인터페이스를 생성한다. 해당 인터페이스는 여전히 웹 애플리케이션으로 인식할 수 있지만 RESTful 인터페이스를 통해 정보를 얻을 수 있는 자바스크립트에 크게 의존한다. 이는 전통적인 HTML 인터페이스에서 SPA로 마이그레이션하는 자연스러운 단계로 발생할 수 있지만 의식적인 결정일 수도 있다.

이 접근 방식은 이전의 두 가지를 결합한다. 한편으로는 탐색할 명확한 페이지와 함께 일반적으로 접근할 수 있는 HTML 인터페이스가 여전히 필요하다. 다른 한편으로는 대부분의 정보를 채운 RESTful API를 생성하고 해당 RESTful API를 사용하는 자바스크립트를 사용한다.

 이 접근 방식은 동적 페이지와 유사하지만 HTML 인터페이스에 완전히 맞춤화되지 않고 사용할 수 있는 일관된 API를 생성하려는 의도라는 중요한 차이점이 있다. 따라서 접근 방식이 크게 달라진다.

실제로 이 방식은 일부 요소가 HTML 부분에 직접 추가될 수 있기에 덜 완전한 RESTful API를 생성하는 경향이 있다. 그러나 동시에, 시간이 가면서 더 많아질 수 있으나 특정 요소부터 시작해 API로 반복적으로 마이그레이션할 수 있다. 따라서 이 단계는 매우 유연하다.

API 설계 예시

1장의 '애플리케이션 예: 개요' 절에서 설명했듯이, 예를 통해 작업할 다양한 인터페이스에 대해 정의해야 한다. 예로 사용자가 텍스트 마이크로포스트를 작성해 다른 사람들이 읽을 수 있는 마이크로블로깅 애플리케이션을 사용했음을 기억하길 바란다.

예에는 두 가지 주요 인터페이스가 있다.

- 사용자가 브라우저를 사용해 서비스와 상호 작용할 수 있는 HTML 인터페이스
- 스마트폰 앱처럼 여러 클라이언트를 생성할 수 있는 RESTful 인터페이스

이번 장에서는 두 번째 인터페이스의 설계를 설명한다. 다양한 기본 정의와 리소스에 대한 설명으로 시작하겠다.

- **사용자**user: 애플리케이션을 사용하는 고객이다. 로그인하는 사용자 이름과 비밀번호로 정의된다.

- **마이크로포스트**micropost: 사용자가 게시한 최대 255자의 작은 텍스트다. 마이크로포스트에서는 선택적으로 사용자를 지정될 수 있다. 그리고 마이크로포스트가 생성된 시간도 있다.
- **컬렉션**collection: 사용자가 게시한 마이크로포스트를 표시한다.
- **팔로어**follower: 사용자는 다른 사용자를 팔로우할 수 있다.
- **타임라인**timeline: 팔로우한 사용자를 기반으로 정렬한 마이크로포스트 리스트다.
- **검색**search: 사용자 또는 마이크로포스트에 포함된 텍스트를 검색할 수 있다.

RESTful 방식으로 해당 요소를 리소스로 정의할 수 있다. 2장 앞부분에서 URI에 대한 간략한 설명으로 먼저 소개한 방식이다.

```
POST    /api/token
DELETE  /api/token
GET     /api/user/<사용자_이름>
GET     /api/user/<사용자_이름>/collection
POST    /api/user/<사용자_이름>/collection
GET     /api/user/<사용자_이름>/collection/<마이크로포스트_id>
PUT     /api/user/<사용자_이름>/collection/<마이크로포스트_id>
PATCH   /api/user/<사용자_이름>/collection/<마이크로포스트_id>
DELETE  /api/user/<사용자_이름>/collection/<마이크로포스트_id>
GET     /api/user/<사용자_이름>/timeline
GET     /api/user/<사용자_이름>/following
POST    /api/user/<사용자_이름>/following
DELETE  /api/user/<사용자_이름>/following/<사용자_이름>
GET     /api/user/<사용자_이름>/followers
GET     /api/search
```

 로그인과 로그아웃을 처리하기 위해 /token에 대한 POST 및 DELETE 리소스를 추가했다.

간단한 설계를 완료하면 각 엔드포인트의 정의를 구체화할 수 있다.

엔드포인트

2장 앞부분에서 소개한 템플릿을 따라 모든 API 엔드포인트를 좀 더 자세히 설명한다.

[로그인]

- 설명: 적절한 인증 자격 증명을 사용해 유효한 접근 토큰을 리턴한다. 토큰은 요청의 Authorization 헤더에 포함돼야 한다.

- 리소스 URI: /api/token

- 메소드: POST

- 요청 바디

```
{
    "grant_type": "authorization_code"
        "client_id": <클라이언트 id>,
        "client_secret": <클라이언트 시크릿>
}
```

- 리턴 바디

```
{
    "access_token": <접근 토큰>,
    "token_type":"bearer",
    "expires_in":86400,
}
```

- 에러

```
400 Bad Request 잘못된 바디
400 Bad Request 잘못된 자격 증명
```

[로그아웃]

- 설명: 베어러bearer 토큰을 무효화한다. 성공하면 204 No Content 에러를 리턴한다.

- 리소스 URI: /api/token

- 메소드: DELETE

- 헤더: Authentication: Bearer: <토큰>

- 에러

> 401 Unauthorized 제대로 인증되지 않은 상태에서 해당 URI에 접근하려 한다.

[사용자 검색]

- 설명: 사용자 이름을 리턴한다.

- 리소스 URI: /api/users/⟨사용자_이름⟩

- 메소드: GET

- 헤더: Authentication: Bearer: <토큰>

- 쿼리 파라미터

```
size - 한 페이지당 크기
page - 페이지 번호
```

- 리턴 바디

```
{
    "username": <사용자_이름>,
    "collection": /users/<사용자_이름>/collection,
}
```

- 에러:

> 401 Unauthorized 제대로 인증되지 않은 상태에서 해당 URI에 접근하려 한다.
> 404 Not Found 사용자 이름이 존재하지 않는다.

[사용자 컬렉션 검색]

- 설명: 사용자의 모든 마이크로포스트 컬렉션을 페이지가 매겨진 포맷으로 리턴한다.

- 리소스 URI: /api/users/⟨사용자_이름⟩/collection

- 메소드: GET

- 헤더: Authentication: Bearer: <토큰>

- 리턴 바디

```
{
    "next": <다음 페이지 또는 null>,
    "previous": <이전 페이지 또는 null>,
    "result": [
        {
            "id": <마이크로포스트 id>,
            "href": <마이크로포스트 url>,
            "user": <사용자 url>,
            "text": <마이크로포스트 텍스트>,
            "timestamp": <마이크로포스트가 생성된 ISO 8601 포맷의 타임스탬프>
        },
        ...
    ]
}
```

- 에러

```
401 Unauthorized 제대로 인증되지 않은 상태에서 해당 URI에 접근하려 한다.
404 Not Found 사용자 이름이 존재하지 않는다.
```

[새로운 마이크로포스트 생성]

- 설명: 새 마이크로포스트를 만든다.

- 리소스 URI: /api/users/<사용자_이름>/collection

- 메소드: POST

- 헤더: Authentication: Bearer: <토큰>

- 요청 바디

```
{
    "text": <마이크로포스트 텍스트>,
    "referenced": <참조된 사용자의 사용자 이름(옵션)>
}
```

- 에러

```
404 Not Found 사용자 이름이 존재하지 않는다.
400 Bad Request 잘못된 텍스트(예: 255자 이상)
400 Bad Request 참조된 사용자를 찾을 수 없다.
401 Unauthorized 인증 없이 이 URI에 접근하려 한다.
403 Forbidden 로그인한 사용자가 아닌 다른 사용자의 마이크로포스트를 만들려 한다.
```

[마이크로포스트 검색]

- 설명: 단일 마이크로포스트를 리턴한다.

- 리소스 URI: /api/users/〈사용자_이름〉/collection/〈마이크로포스트_id〉

- 메소드: GET

- 헤더: Authentication: Bearer: 〈토큰〉

- 리턴 바디

```
{
    "id": <마이크로포스트 id>,
    "href": <마이크로포스트 url>,
    "user": <사용자 url>,
    "text": <마이크로포스트 텍스트>,
    "timestamp": <마이크로포스트가 생성된 ISO 8601 포맷의 타임스탬프>,
    "referenced": <참조된 사용자의 사용자 이름(옵션)>
}
```

- 에러

```
401 Unauthorized 인증 없이 이 URI에 접근하려 한다.
404 Not Found 사용자 이름이 존재하지 않는다.
404 Not Found 마이크로포스트 ID가 존재하지 않는다.
```

[마이크로포스트 업데이트]

- 설명: 마이크로포스트의 텍스트를 업데이트한다.

- 리소스 URI: /api/users/〈사용자_이름〉/collection/〈마이크로포스트_id〉

- 메소드: PUT, PATCH

- 헤더: Authentication: Bearer: 〈토큰〉

- 리턴 바디

```
{
    "text": <마이크로포스트 텍스트>,
    "referenced": <참조된 사용자의 사용자 이름(옵션)>
}
```

- 에러

```
400 Bad Request 잘못된 바디
400 Bad Request 잘못된 텍스트(예: 255자 이상)
400 Bad Request 참조된 사용자를 찾을 수 없다.
401 Unauthorized 인증 없이 이 URI에 접근하려 한다.
403 Forbidden 로그인한 사용자가 아닌 다른 사용자의 마이크로포스트를 만들려 한다.
404 Not Found 사용자 이름이 존재하지 않는다.
404 Not Found 마이크로포스트 ID가 존재하지 않는다.
```

[마이크로포스트 삭제]

- 설명: 마이크로포스트를 삭제한다. 성공하면 204 No Content 에러를 리턴한다.

- 리소스 URI: /api/users/〈사용자_이름〉/collection/〈마이크로포스트_id〉

- 메소드: DELETE

- 헤더: Authentication: Bearer: 〈토큰〉

- 에러

```
401 Unauthorized 인증 없이 이 URI에 접근하려 한다.
403 Forbidden 로그인한 사용자가 아닌 다른 사용자의 마이크로포스트를 만들려 한다.
404 Not Found 사용자 이름이 존재하지 않는다.
404 Not Found 마이크로포스트 ID가 존재하지 않는다.
```

[사용자의 타임라인 검색]

- 설명: 사용자의 타임라인에 있는 모든 마이크로포스트 컬렉션을 페이지 포맷으로 리턴한다. 마이크로포스트는 타임스탬프 순서에 따라 리턴되며 가장 오래된 것이 먼저 리턴된다.

- 리소스 URI: /api/users/〈사용자_이름〉/timeline

- 메소드: GET

- 헤더: Authentication: Bearer: <token>

- 리턴 바디

```
{
    "next": <다음 페이지 또는 null>,
    "previous": <이전 페이지 또는 null>,
    "result": [
        {
            "id": <마이크로포스트 id>,
            "href": <마이크로포스트 url>,
            "user": <사용자 url>,
            "text": <마이크로포스트 텍스트>,
            "timestamp": <마이크로포스트가 생성된 ISO 8601 포맷의 타임스탬프>,
            "referenced": <참조된 사용자의 사용자 이름(옵션)>
        },
        ...
    ]
}
```

- 에러

```
401 Unauthorized 인증 없이 이 URI에 접근하려고 한다.
404 Not Found 사용자 이름이 존재하지 않는다.
```

[사용자가 팔로우하는 사용자 검색]

- 설명: 선택한 사용자가 팔로우하는 모든 사용자의 컬렉션을 리턴한다.

- 리소스 URI: /api/users/〈사용자_이름〉/following

- 메소드: GET

- 헤더: Authentication: Bearer: <token>

- 리턴 바디

```
{
    "next": <다음 페이지 또는 null>,
```

```
      "previous": <이전 페이지 또는 null>,
      "result": [
        {
            "username": <사용자_이름>,
            "collection": /users/<사용자_이름>/collection,
        },
        ...
      ]
  }
```

- 에러

```
401 Unauthorized 인증 없이 이 URI에 접근하려고 한다.
404 Not Found 사용자 이름이 존재하지 않는다.
```

[사용자 팔로우]

- 설명: 선택한 사용자가 다른 사용자를 팔로우한다.

- 리소스 URI: /api/users/⟨사용자_이름⟩/following

- 메소드: POST

- 헤드: Authentication: Bearer: ⟨토큰⟩

- 요청 바디

```
  {
      "username": <사용자_이름>
  }
```

- 에러

```
400 Bad Request 팔로우할 사용자 이름이 올바르지 않거나 존재하지 않는다.
exist.
400 Bad Request 잘못된 바디.
401 Unauthorized 인증 없이 이 URI에 접근하려고 한다.
404 Not Found 사용자 이름이 존재하지 않는다.
```

[사용자 팔로우 중지]

- 설명: 사용자 팔로우를 중지한다. 성공하면 204 No Content 에러를 리턴한다.

- 리소스 URI: /api/users/〈사용자_이름〉/following/〈사용자_이름〉

- 메소드: DELETE

- 헤더: Authentication: Bearer: <token>

- 에러

```
401 Unauthorized 인증 없이 이 URI에 접근하려고 한다.
403 Forbidden 인증되지 않은 사용자 팔로우를 중지하려고 한다.
404 Not Found 팔로우를 중지할 사용자 이름이 존재하지 않는다.
```

[사용자의 팔로어 검색]

- 설명: 이 사용자의 모든 팔로어를 페이지 포맷으로 리턴한다.

- 리소스 URI: /api/users/〈사용자_이름〉/followers

- 메소드: GET

- 헤더: Authentication: Bearer: <token>

- 리턴 바디

```
{
    "next": <다음 페이지 또는 null>,
    "previous": <이전 페이지 또는 null>,
    "result": [
      {
          "username": <사용자_이름>,
          "collection": /users/<사용자_이름>/collection,
      },
      ...
    ]
}
```

- 에러

```
401 Unauthorized 인증 없이 이 URI에 접근하려고 한다.
404 Not Found 사용자 이름이 존재하지 않는다.
```

[마이크로포스트 검색]

- 설명: 검색 쿼리를 수행하는 마이크로포스트를 페이지가 매겨진 포맷으로 리턴한다.

- 리소스 URI: /api/search

- 메소드: GET

- 헤더: Authentication: Bearer: <토큰>

- 쿼리 파라미터

```
username: (옵션) 검색할 사용자 이름이다. 부분적으로 일치할 때 사용자 이름을 리턴한다.
text: (필수) 검색 텍스트이며 최소 3자다. 부분적으로 일치할 때 사용자 이름을 리턴한다.
```

- 에러

```
400 Bad Request 필수 쿼리 파라미터가 없다.
400 Bad Request 쿼리 파라미터의 잘못된 값이다.
401 Unauthorized 인증 없이 이 URI에 접근하려고 한다.
```

설계 및 구현 검토

새로운 API를 제시하고 설계하는 2단계 접근 방식을 사용해 설계와 관련된 잘못된 부분을 빠르게 확인할 수 있다. 그런 다음 올바르게 고칠 때까지 반복할 수 있다. 다음 단계는 구현을 시작하는 것이다. 3장에서 구현을 다룰 것이다.

요약

2장에서는 API 기반 설계를 통해 사용자가 내부 세부 사항에 신경 쓰지 않고 작업을 수행할 수 있는 유용한 추상화 작업 방법을 설명했다. 이를 통해 리소스 및 작업으로 API를 정의하는 방법을 설명했다.

API 정의는 웹 서버 설계에 매우 흥미로운 속성을 가진 RESTful 인터페이스를 포함하며 진화하고 있다. OpenAPI 툴을 포함해 일관되고 완전한 인터페이스를 생성할 수 있도록 RESTful 인터페이스를 설계할 때 유용한 표준과 기술을 설명했다. API에서 매우 중요한 요소인 인증 세부 정보를 살펴봤다.

 외부에서 사용하는 API를 보호할 때는 각별히 주의해야 한다. 여기서 일반적인 아이디어와 전략을 살펴봤지만, 보안에 초점을 맞추지는 않았다. 보안은 모든 API 설계의 중요한 측면이며 신중하게 진행해야 한다.

버전 관리의 이면에 있는 아이디어와 API의 특정 사용 사례에 맞게 적절한 버전 관리 스키마를 생성하는 방법을 다뤘다. 또한 프론트엔드와 백엔드의 차이점과 일반화하는 방법을 비롯해, 소프트웨어를 구성하는 일반적인 방법인 MVC 패턴을 살펴봤다.

그리고 웹 서비스의 다양한 인터페이스에 대한 완전한 개요를 설명하기 위해 HTML 인터페이스의 다양한 옵션을 설명했다. HTML 서비스를 구성하고 다른 API와 상호 작용하는 방법과 관련해 다양한 옵션을 다뤘다.

마지막으로, 일반적인 설계와 엔드포인트를 살펴보면서 예를 통해 RESTful 인터페이스 설계를 제시했다.

설계의 또 다른 중요한 요소로 데이터 구조가 있는데, 이 내용은 3장에서 다룰 것이다.

03

데이터 모델링

모든 애플리케이션의 핵심은 데이터다. 모든 컴퓨터 애플리케이션은 정보를 처리, 수신, 변환하고 해당 정보에서 추출한 통찰력 있는 요소를 리턴하도록 설계된 시스템을 기반으로 두고 있다. 저장된 데이터는 이전에 전달된 정보를 사용할 수 있기 때문에 이 주기cycle에서 중요한 부분이다.

3장에서는 애플리케이션에서 저장된 데이터를 모델링하는 방법과 지속할 데이터를 저장하고 구조화하는 다양한 옵션을 설명하고자 한다.

다양한 애플리케이션을 이해하려면 사용할 수 있는 다양한 데이터베이스 옵션을 알아야 한다. 물론 이에 대한 설명을 하겠지만 3장에서는 가장 일반적인 유형인 관계형 데이터베이스에 주로 초점을 맞출 것이다. 다양한 변경사항이 한 번에 적용되도록 트랜잭션의 개념을 설명한다.

여러 서버를 사용해 관계형 데이터베이스의 범위를 늘릴 수 있는 다양한 방법과 각 옵션의 사용 사례를 설명한다.

그런 다음, 데이터가 가능한 한 최상의 방식으로 구조화되도록 스키마를 설계할 때 다양한 대안을 설명한다. 그리고 인덱스를 사용해 데이터에 빠르게 접근하는 방법을 설명할 것이다.

3장에서 다루는 내용은 다음과 같다.

- 데이터베이스 유형
- 데이터베이스 트랜잭션
- 분산 관계형 데이터베이스
- 스키마 설계
- 데이터 인덱싱

먼저 다양한 데이터베이스에 대한 소개부터 시작하겠다.

데이터베이스 유형

애플리케이션의 모든 영구 데이터는 데이터베이스에 있어야 한다. 이전에 살펴본 것처럼 데이터는 모든 애플리케이션의 가장 중요한 측면이며 프로젝트의 실행 가능성을 보장하려면 데이터를 적절하게 처리하는 것이 중요하다.

 기술적으로 데이터베이스는 데이터 자체의 모음이며 데이터의 입력 및 출력을 허용하는 소프트웨어인 **데이터베이스 관리 시스템**(DBMS, Database Management System)에 의해 처리된다. 일반적으로 '데이터베이스'라는 단어는 컨텍스트에 따라 수집 및 관리 시스템 모두에 사용된다. 대부분의 DBMS는 데이터를 논리적으로 분리할 수 있도록 데이터를 교차하지 않고도 동일한 종류의 여러 데이터베이스에 접근할 수 있다.

데이터베이스는 소프트웨어 시스템을 사용할 수 있는 대부분의 시간 동안 중요한 도구였으며, 하드웨어가 데이터를 구성하는 방식에 대한 큰 우려 없이 데이터에 접근할 수 있는 추상화 계층을 만든다. 대부분의 데이터베이스는 비밀리에 구현되는 방식에 대해 걱정할 필요 없이 데이터 구조를 정의할 수 있다.

2장 'API 설계'에서 살펴봤듯이 이 추상화는 완벽하지 않다. 따라서 성능을 향상하거나 '적절한 방식'으로 작업을 수행하려면 데이터베이스의 내부를 이해해야 한다.

DBMS는 소프트웨어에서 가장 많이 투자되고 성숙한 프로젝트 중 하나다. 각각의 DBMS는 '데이터베이스 전문가'인 **DBA**^{Database Administrator, 데이터베이스 관리자}의 특정 직무 역할이 있을 정도로 고유한 특성이 있다.

 DBA 역할은 오랫동안 인기가 많았고, 특정 DBMS를 전문으로 운영할 수 있는 DBA가 필요할 정도로 고도의 전문화된 엔지니어가 필요했다. DBA는 데이터베이스에 대한 접근 방법을 알고 데이터베이스에 대한 변경사항이 적절하게 작동하는지 확인하는 데이터베이스의 전문가다. 또한 일반적으로 데이터베이스에서 변경 또는 유지 관리 작업을 수행할 수 있는 유일한 권한을 갖는다.

데이터베이스 복잡성을 처리할 수 있는 하드웨어와 소프트웨어 및 외부 툴의 성능 향상 덕에 이 역할이 덜 일반적이 되었지만 일부 조직에서는 여전히 사용하고 있다. 이를테면 건축가가 어느 정도의 각 역할들을 감당할 수 있다 해도 감독 역할을 더 많이 하고 문지기 역할은 덜하듯이 말이다.

대부분의 사용 사례를 다루는 다양한 오픈소스 소프트웨어와 함께 여러 DBMS가 시중에 나와 있다. 대략적으로는 기존의 DBMS 대안을 다음과 같이 포괄적이지 않은 범주로 나눌 수 있다.

- **관계형 데이터베이스**: 데이터베이스의 기본 표준이다. SQL 쿼리 언어를 사용하고, 정의된 스키마가 있다. 예시로는 MySQL이나 PostgreSQL 같은 오픈소스 프로젝트나 Oracle이나 MS SQL Server와 같은 상용 프로젝트가 있다.

- **비관계형 데이터베이스**: 기존 데이터베이스에 대한 새로운 대안이다. 또한 여러 대안이 있는 다양한 그룹이며 MongoDB, 리악^{Riak}, 카산드라^{Cassandra}와 같은 매우 다양한 옵션을 포함한다.

- **소규모 데이터베이스**: 이 데이터베이스는 시스템에 내장되는 것이 목표이며 가장

유명한 예시는 SQLite이다.

좀 더 자세히 살펴보자.

관계형 데이터베이스

가장 일반적인 데이터베이스이자 데이터베이스에 대해 이야기할 때 가장 먼저 떠오르는 아이디어가 관계형 데이터베이스다. 데이터베이스의 관계형 모델은 1970년대에 개발됐고 서로 관련될 만한 일련의 테이블 생성을 기반으로 한다. 1980년대부터 크게 호응을 얻은 데이터베이스다.

정의된 각 테이블에는 고정된 여러 필드 또는 컬럼column이 있고, 데이터는 레코드 또는 로우row로 나타낸다. 테이블은 이론적으로 무한하므로 더 많은 로우를 추가할 수 있다. 컬럼 중 하나는 기본 키primary key로 정의되고 로우를 고유하게 나타내므로 고유성이 필요하다.

 고유하고 의미를 나타내는 값을 기본 키로 사용할 수 있다. 이것을 **자연 키**(natural key)라고 한다. 자연 키는 필드의 조합일 수도 있지만 그로 인해 편의성이 제한된다. 자연 키를 사용할 수 없는 경우 증가하는 카운터를 데이터베이스에서 직접 처리하여 로우별로 고유하게 만들 수 있다. 이를 **대리 키**(surrogate key)라고 한다.

기본 키는 필요한 경우 다른 테이블에서 해당 레코드를 참조하는 데 사용된다. 이것은 데이터베이스의 관계 측면을 생성한다. 테이블의 컬럼이 다른 테이블을 참조할 때 이를 외래 키foreign key라고 한다.

이러한 참조는 일대일 관계를 생성할 수 있다. 단일 로우가 다른 테이블의 여러 로우에서 참조될 수 있는 일대다one-to-many, 또는 데이터를 교차하는 중간 테이블이 필요한 다대다many-to-many도 있다.

이 모든 정보는 스키마에 기술되어 있어야 한다. 스키마는 각 테이블, 각 테이블의 필드 및 유형, 테이블 간의 관계를 보여준다.

관계형 데이터베이스에서 관계는 실제로 제약 조건이다. 이는 값이 여전히 어딘가에서 참조되고 있다면 삭제할 수 없음을 의미한다. 관계형 데이터베이스는 엄격한 수학적 배경에서 비롯되며 각기 다른 엄격도로부터 구현된다.

스키마를 정의하려면 미리 생각하고 수행할 수 있는 변경사항을 알고 있어야 한다. 데이터를 보유하기 전에 유형을 정의하려면 가능한 개선사항도 염두에 두어야 한다. 스키마는 변경할 수 있지만, 주의하지 않으면 한동안 데이터베이스를 사용할 수 없거나 최악의 경우 데이터가 변경되거나 일관성 없이 처리될 수도 있는 만만찮은 작업이다.

특정 조건을 충족하는 데이터를 검색하는 쿼리를 실행할 수도 있다. 따라서 관계를 기반으로 테이블을 조인join할 수 있다.

거의 모든 관계형 데이터베이스는 구조적 쿼리 언어 또는 SQL을 사용해 상호 작용한다. 이 언어는 관계형 데이터베이스에서 작동하는 표준이 되었고 이번 장에서 설명한 것과 동일한 개념을 따른다. 데이터베이스를 쿼리하는 방법과 데이터베이스에 포함된 데이터를 추가하거나 변경하는 방법을 모두 설명한다.

SQL의 가장 중요한 특징은 선언적 언어declarative language라는 것이다. 이는 명령형 언어imperative language에서 일반적으로 사용되는 것처럼 명령문은 결과를 얻기 위한 절차 대신 결과를 설명한다는 것을 의미한다. 이것은 '무엇'에 초점을 맞추는 '방법'에서 벗어나 내부 세부 사항을 추상화한다.

 명령형 언어는 제어 흐름을 설명하며 가장 일반적인 언어다. 명령형 언어 예시로 파이썬, 자바스크립트, C 언어, 자바가 있다. 선언적 언어는 일반적으로 결과를 더 간단한 용어로 설명할 수 있는 특정 도메인(도메인별 언어(Domain-Specific Languages)), 즉 DSL로 제한된 반면, 명령형 언어는 더 유연하다.

명령형 언어의 특징으로 시스템 간에 이식이 가능한데, 데이터베이스마다 '방법'의 내부가 다를 수 있어서 유용하다. 또한 특정 관계형 데이터베이스를 사용하다가 다른 데이터베이스를 사용하기 위해 마이그레이션 및 적용을 비교적 쉽게 진행할 수 있다.

관계형 데이터베이스는 매우 성숙하고 유연하며 꽤 다양한 시나리오에서 사용되지만 수습이 어려운 두 가지 주요 문제가 있다. 하나는 앞서 말했듯이 미리 정의된 스키마가 필요하다는 점이다. 다른 하나는 특정 스키마 정의 이후에 중요한 것인데, 규모를 다룬다는 것이다. 관계형 데이터베이스는 접근 가능한 중앙 접근 지점으로 간주할 수 있는데, 수직 확장의 한계에 도달하면 확장에 관한 몇 가지 기술이 필요하다.

먼저 이 기술들을 살펴보고, 이 장의 뒷부분에서는 관계형 데이터베이스의 확장성을 높이는 특정 기술에 대해 이야기할 것이다.

비관계형 데이터베이스

비관계형 데이터베이스는 관계형 패러다임에 맞지 않는 다양한 DBMS 그룹이다.

 비관계형 데이터베이스는 NoSQL이라고도 하는데, SQL 언어의 관계형 특성을 강조하며 'not SQL' 또는 'Not Only SQL'을 의미하며 가능성을 추가하고 제거하지 않는 것을 관계형 데이터베이스보다 더 잘 반영한다.

관계형 데이터베이스가 도입되기 전부터 비관계형 데이터베이스가 있었지만, 2000년대 이후에 대안을 모색하는 방법과 설계를 도입하거나 복구했다. 대부분은 관계형 데이터베이스의 주요 약점인 엄격성과 확장성 문제 해결을 목표로 한다.

비관계형 시스템은 매우 다양하고 각기 다른 구조를 갖고 있지만 가장 일반적인 종류는 다음과 같다.

- 키-값 저장소

- 도큐먼트 저장소
- 와이드 컬럼 데이터베이스
- 그래프 데이터베이스

각각에 대해 살펴보자.

키-값 저장소

키-값 저장소key-value store는 확실히 모든 데이터베이스 중 기능 면에서 가장 단순하다. 이 저장소는 값을 저장하는 단일 키를 정의한다. 값은 시스템에 완전히 불투명하며 어떤 방법으로도 쿼리할 수 없다. 더욱이 일부 구현에서는 시스템에서 키를 쿼리할 수 있는 방법이 없다. 대신 모든 오퍼레이션에 대한 입력이 필요하다.

이는 해시 테이블이나 사전과 매우 유사하지만 규모는 더 크다. 캐시 시스템은 일반적으로 이러한 종류의 데이터 저장소를 기반으로 한다.

 기술은 비슷해도 캐시와 데이터베이스 이 둘은 중요한 차이점이 있다. 캐시는 검색 속도를 높이기 위해 이미 계산된 데이터를 저장하는 시스템이고 데이터베이스는 원시 데이터를 저장한다. 데이터가 캐시에 없으면 다른 시스템에서 검색할 수 있지만, 데이터베이스에 없으면 데이터가 저장되지 않았거나 큰 문제가 발생한 것이다.

이런 이유로 캐시 시스템이 메모리에만 정보를 저장하는 경향이 있고 재시작이나 문제에 더 탄력적이어서 문제를 좀 더 쉽게 처리할 수 있다. 캐시가 없으면 시스템은 작동해도 속도가 느려진다. 적절한 스토리지로 백업되지 않은 캐시 시스템에 정보가 궁극적으로 저장되지 않는 것이 매우 중요하다. 예를 들어, 임시 데이터의 경우 가끔 실수라고 해도 잘못된 시기에 발생한 문제로 데이터가 손실될 위험이 있으므로 주의해야 한다.

한편 이 시스템의 주요 장점은 데이터를 빠르게 저장하고 검색할 수 있는 단순성이다. 또한 수평으로 크게 확장할 수 있다. 각각의 키는 독립적이어서 다른 서버에 저장할 수도 있다. 시스템에 중복성을 도입해 각 키와 값에 대한 여러 복사본을 만들 수 있지만, 이렇게 하면 데이터 손상 감지를 위해 여러 복사본을 비교해야 하므로 정보 검색이 느려진다.

키-값 데이터베이스의 예는 **리악** 및 **레디스**다(내구성이 활성화된 상태에서 사용되는 경우).

도큐먼트 저장소

도큐먼트 저장소document store는 관계형 데이터베이스의 '레코드'와 유사한 '문서' 개념을 중심으로 회전한다. 그러나 문서는 미리 정의된 포맷을 따를 필요가 없기 때문에 더 유연하다. 또한 대개는 관계형 데이터베이스가 일반적으로 수행하지 않는 하위 필드에 더 많은 데이터를 포함할 수 있다. 대신 관계를 생성하고 해당 데이터를 다른 테이블에 저장한다.

예를 들어 도큐먼트는 다음과 같을 수 있다. 여기서는 JSON으로 표시된다.

```
{
    "id": "ABCDEFG"
    "name": {
        "first": "Sherlock",
        "surname": "Holmes"
    }
    "address": {
        "country": "UK",
        "city": "London",
        "street": "Baker Street",
        "number": "221B",
        "postcode": "NW16XE"
    }
}
```

도큐먼트는 일반적으로 '테이블'과 유사한 컬렉션으로 그룹화된다. 대개는 기본 키로 작동하는 고유 ID로 검색되지만 도큐먼트에서 생성된 필드를 검색하도록 쿼리를 구성할 수도 있다.

키-값 저장소라면 키(ID) ABCDEFG를 검색할 수 있다. 또는 'address.country가 UK인 detectives 컬렉션의 모든 항목 가져오기'와 같은 더 풍부한 쿼리를 만들 수 있다.

기술적으로 완전히 독립적이고 다른 포맷의 도큐먼트로 컬렉션을 만드는 것이 가능하지만, 실제로 컬렉션의 모든 도큐먼트는 선택적 필드 또는 포함된 데이터와 함께 어느 정도 유사한 포맷을 따른다.

한 컬렉션의 도큐먼트는 ID로 다른 컬렉션의 도큐먼트와 관련되어 참조를 생성할 수 있지만, 일반적으로 이러한 데이터베이스에서는 조인 쿼리를 생성할 수 없다. 대신 애플리케이션 계층에서 이 연결된 정보를 검색할 수 있어야 한다.

일반적으로 문서에 참조가 생성되는 것보다 정보가 포함되는 편을 선호한다. 이로 인해 정보가 정규화되지 않으면 여러 위치에서 정보가 반복될 수 있다. 3장 뒷부분에서 비정규화(denormalization)에 대해 살펴볼 것이다.

도큐먼트 저장소의 예시로 MongoDB(https://www.mongodb.com/) 및 Elasticsearch(https://www.elastic.co/elasticsearch/)를 들 수 있다.

와이드 컬럼 데이터베이스

와이드 컬럼 데이터베이스wide-column database는 컬럼으로 구분된 데이터로 구성된다. 특정 컬럼이 있는 테이블을 생성하기도 하는데 이는 선택사항이다. 또한 기본적으로 한 테이블의 레코드를 다른 테이블과 연결할 수 없다.

이 데이터베이스가 순수한 키-값 저장소보다 쿼리할 수 있는 능력이 조금 더 높지만 시스템에서 어떤 종류의 쿼리가 가능한지에 대한 사전 설계 작업이 더 필요하다. 설계 완료 후에는 좀 더 유연하게 수행할 수 있는 도큐먼트 중심의 저장소보다 더 제한적이다.

일반적으로 컬럼은 서로 관련이 있고 특정 순서로만 쿼리할 수 있다. 예를 들어 컬럼 A, B, C가 있다면, 로우는 A 또는 A와 B 또는 A와 B와 C를 기반으로 쿼리할 수 있지만 C 또는 B와 C로만 쿼리할 수는 없다.

와이드 컬럼 데이터베이스는 고가용성 및 복제된 데이터를 포함하는 매우 큰 데이터베이스를 목표로 한다. 와이드 컬럼 데이터베이스의 예시로는 **아파치 카산드라**(https://cassandra.apache.org/)와 구글의 **빅테이블**(https://cloud.google.com/bigtable)을 들 수 있다.

그래프 데이터베이스

이전의 비관계형 데이터베이스는 다른 기능(예: 확장성 또는 유연성)을 얻기 위해 요소 간의 관계를 생성하는 기능을 포기하는 데 기반을 두고 있지만, 그래프 데이터베이스graph database는 반대 방향으로 이동한다. 그래프 데이터베이스는 복잡한 그래프를 생성하기 위해 요소의 관계 측면을 크게 향상한다.

또한 노드와 가장자리나 노드 간의 관계인 객체를 저장한다. 에지와 노드 모두 이에 대해 설명을 더 잘하는 속성을 가질 수 있다.

그래프 데이터베이스의 쿼리 기능은 관계를 기반으로 정보를 검색하는 것을 목표로 한다. 예를 들어 회사 및 공급자 리스트가 주어지면 특정 국가에 있는 특정 회사의 공급망에 공급자가 있는지, 있다면 몇 레벨까지 있는지, 이러한 질문이 관계형 데이터베이스의 첫 번째 수준(회사 및 해당 국가의 공급자 확인)에서 대답하기 쉬울 수 있지만 세 번째 수준의 관계에서는 상당히 복잡하고 소모적이다.

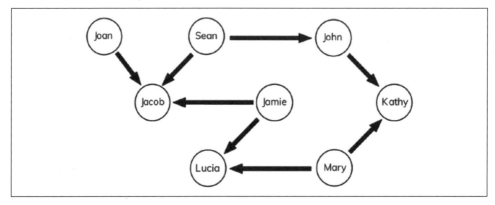

그림 3.1 그래프 데이터베이스의 일반적인 데이터 예시

일반적으로 사람이나 조직 간의 연결이 있는 소셜 그래프에 사용되는데, 예시로는 Neo4j (https://neo4j.com/) 또는 ArangoDB(https://www.arangodb.com/)가 있다.

소규모 데이터베이스

소규모 데이터베이스 그룹은 다른 그룹에 비해 조금 특별하다. 독립적인 프로세스의 구분이 아닌 데이터베이스 시스템으로 구성된 독립적인 클라이언트-서버 구조로 작동한다. 대신 하드 드라이브에서 직접 읽으면서 애플리케이션 코드에 포함된다. 대개는 단일 프로세스로 실행되고 정보를 구조화된 방식으로 유지하고자 하는 간단한 애플리케이션에 사용된다.

조잡하지만 이 방법을 보여주는 효과적인 방법은 정보를 JSON 객체로 파일에 저장하고 필요할 때 복구하는 것이다(예: 스마트폰 앱의 클라이언트 설정). 설정 파일은 애플리케이션이 메모리에서 시작될 때 로드되고, 변경사항이 있으면 저장된다.

예를 들어, 파이썬 코드에서는 다음과 같이 나타낼 수 있다.

```
>>> import json
>>> with open('settings.json') as fp:
...   settings = json.load(fp)
...
>>> settings
{'custom_parameter': 5}
>>> settings['custom_parameter'] = 3
>>> with open('settings.json', 'w') as fp:
...   json.dump(settings, fp)
```

소규모 데이터의 경우 이 구조가 작동할 수는 있지만 쿼리하기 어렵다는 한계가 있다. 가장 완벽한 대안은 SQLite이다. SQLite는 완전한 SQL 데이터베이스이지만 외부 호출 없이 시스템에 내장되어 있으며 데이터베이스는 바이너리 파일에 저장된다.

SQLite는 파이썬 표준 라이브러리와 같은 외부 모듈 없이도 많은 표준 라이브러리에서 지원될 정도로 인기가 있다.

```
>>> import sqlite3
>>> con = sqlite3.connect('database.db')
>>> cur = con.cursor()
>>> cur.execute('''CREATE TABLE pens (id INTEGER PRIMARY KEY DESC,
name, color)''')
<sqlite3.Cursor object at 0x10c484c70>
>>> con.commit()
>>> cur.execute('''INSERT INTO pens VALUES (1, 'Waldorf', 'blue')''')
<sqlite3.Cursor object at 0x10c484c70>
>>> con.commit()
>>> cur.execute('SELECT * FROM pens');
<sqlite3.Cursor object at 0x10c484c70>
>>> cur.fetchall()
[(1, 'Waldorf', 'blue')]
```

SQLite 모듈은 데이터베이스에 연결하기 위한 파이썬 표준인 DB-API 2.0 표준을 따른다. 다양한 데이터베이스 백엔드 접근을 표준화하는 것을 목표로 한다. 이를 통해 여러 SQL 데이터베이스에 접근하고 최소한의 변경으로 교체할 수 있는 상위 수준 모듈을 쉽게 생성할 수 있다.

 전체 DB-API 2.0 명세는 PEP-249(https://www.python.org/dev/peps/pep-0249/)에서 확인할 수 있다.

SQLite는 대부분의 SQL 표준을 구현한다.

데이터베이스 트랜잭션

데이터 저장은 데이터베이스 내부적으로 복잡한 오퍼레이션일 수 있다. 경우에 따라서는 단일 위치에서의 데이터 변경이 포함될 수 있지만, '이 타임스탬프 이전에 생성된 모든 레코드 업데이트'와 같이 단일 오퍼레이션으로 수백만 개의 레코드에 영향을 줄 수 있는 오퍼레이션도 있다.

이러한 오퍼레이션이 얼마나 광범위하고 가능한지는 데이터베이스에 따라 크게 달라지지만, 관계형 데이터베이스와 매우 유사하다. 이 경우에는 일반적으로 트랜잭션transaction의 개념이 있다.

트랜잭션은 한 번에 진행되는 오퍼레이션이다. 발생할 수도 있고 발생하지 않을 수도 있지만, 데이터베이스가 중간에 일관성 없는 상태로 남지는 않는다. 예를 들어, 앞에서 설명한 '이 타임스탬프 이전에 생성된 모든 레코드 업데이트' 오퍼레이션이 에러로 인해 레코드의 절반만 변경되는 효과를 생성할 수 있다면 이는 트랜잭션이 아니라 다중 독립 오퍼레이션이다.

 트랜잭션 중간에 에러가 발생할 수 있다. 이 경우 처음으로 되돌아가기 때문에 레코드가 변경되지 않는다.

이 특성은 일부 애플리케이션에서 데이터베이스에 대한 강력한 요구사항이 될 수 있다. 이를 원자성이라고 하며, 트랜잭션이 적용될 때 원자성이 적용된다는 것을 의미한다. 이는 이른바 ACID 속성의 주요 특성이다.

그 밖의 속성으로는 일관성, 격리, 내구성이 있다. 네 가지 속성은 다음과 같다.

- 원자성atomicity: 트랜잭션이 하나의 단위로 적용됨을 의미한다. 완전히 적용되거나 적용되지 않는다.
- 일관성consistency: 데이터베이스에 정의된 모든 제한사항을 고려하여 트랜잭션이 적용된다. 예를 들어, 외래 키foreign key 제약 조건이 적용되거나 적용된 데이터를 수정하는 저장된 트리거가 적용된다.
- 격리isolation: 병렬 트랜잭션이 차례로 실행되는 것과 동일한 방식으로 작동하여 한 트랜잭션이 다른 트랜잭션에 영향을 미치지 않도록 하는 것을 의미한다. 분명히 영향을 미칠 수 있는 실행 순서는 예외다.
- 내구성durability: 트랜잭션이 완료된 것으로 보고되고 나면, 데이터베이스 프로세스 충돌 같은 치명적인 에러가 발생해도 트랜잭션은 손실되지 않는다.

이러한 속성들은 데이터를 관리하는 표준이다. 즉, 데이터가 안전하고 일관성이 있음을 의미한다.

대부분의 관계형 데이터베이스에는 트랜잭션을 시작하고 여러 오퍼레이션을 수행한 다음 트랜잭션을 커밋하는 것으로 모든 변경사항이 한 번에 적용된다는 개념이 있다. 문제가 있으면 트랜잭션이 실패하고 이전 상태로 되돌아간다. 오퍼레이션 수행 중에 제약 조건 이슈와 같은 문제가 감지되면 트랜잭션이 중단될 수도 있다.

 TIP 이러한 작동 방식을 사용하면 트랜잭션 내에서 최종 커밋하기 전에 데이터를 쿼리하고 유효성을 검사할 수 있어서 추가 확인 단계를 생성할 수 있다.

ACID 트랜잭션은 성능, 특히 확장성 면에서 비용이 든다. 내구성이 필요하다는 것은 데이터가 트랜잭션에서 리턴되기 전에 디스크 또는 기타 영구 지원에 저장되어야 함을 의미한다. 격리 요구 요건은 열려 있는 각 트랜잭션이 새 업데이트를 볼 수 없는 방식으로 작동해야 하며 트랜잭션이 완료될 때까지 임시 데이터를 저장해야 할 수 있음을 의미한다. 일관성 역시 복잡한 검사가 필요할 수 있는 모든 제약 조건이 충족됐는지 확인하는 검사가 필요하다.

거의 모든 관계형 데이터베이스는 완전히 ACID를 준수하며 이는 해당 데이터베이스의 특징이 되었다. 비관계형 세계에서는 상황이 더 유연하다.

그러나 이러한 속성을 가진 여러 서버 또는 노드에 데이터베이스를 확장하는 것은 어려운 일이다. 해당 시스템은 동시에 여러 서버에서 실행되는 분산 트랜잭션을 생성한다. 두 대 이상의 서버를 포함하는 데이터베이스에서 전체 ACID 트랜잭션을 유지 관리하는 것은 매우 어렵고 성능 면에서 큰 패널티를 받는다. 즉, 한 노드에서 작업을 수행했지만 다른 노드 하나에서 장애가 발생하면 트랜잭션을 롤백하면서 발생하는 추가 지연이 발생할 수 있다. 또한 문제는 비선형 방식으로 증가하는데, 여러 서버를 보유할 때의 장점에 어긋나는 작업 부류다.

이런 제한사항은 많은 애플리케이션에서 해결이 가능하다. 이에 대한 유용한 패턴을 살펴보자.

분산 관계형 데이터베이스

이전에 살펴본 것처럼 관계형 데이터베이스는 확장성을 염두에 두고 설계되지 않았으며 ACID 트랜잭션을 포함하여 강력한 데이터 보증을 시행하는 데 적합하지만 선호하는 운영 방식은 단일 서버를 통하는 것이다.

따라서 애플리케이션이 관계형 데이터베이스를 사용할 수 있는 정도에 대한 제한을 부과할 수 있다.

 데이터베이스 서버가 수직 확장이 가능하다는 점에 주목해야 한다. 이는 더 좋은 하드웨어를 사용한다는 것을 의미한다. 서버 용량을 늘리거나 더 큰 서버로 교체하는 것이 이러한 기술 중 일부를 적용하는 것보다 수요가 많은 경우 더 쉬운 솔루션이지만 한계가 있다. 어쨌든 예상 크기가 충분히 큰지 다시 확인한다. 요즘에는 1TB 이상의 RAM에 도달하는 클라우드 공급자의 서버가 있다. 많은 경우를 다루기에 충분하다.

이러한 기술은 시스템 작동 및 실행 후에 시스템을 확장하는 데 유용하며 대부분의 관계형 데이터베이스 사용에 추가할 수 있다.

ACID 속성의 단점은 최종 일관성eventual consistency이다. 한 번에 처리되는 원자적 오퍼레이션 대신 시스템이 점차 원하는 시스템으로 변환된다. 시스템의 모든 부분이 동시에 동일한 상태를 갖는 것은 아니다. 대신 이 변경사항이 시스템에 전파되는 동안 특정 지연이 있다. 또 다른 큰 이점은 변경을 수행하는 단일 노드에 의존하지 않고, 사용할 수 없는 정보는 복구 후 따라잡을 수 있기 때문에 가용성을 높일 수 있다는 점이다. 클러스터의 분산된 특성으로 인해 여기에는 다른 소스를 참조하고 소스 간의 쿼럼quorum에 도달하려는 시도가 포함될 수 있다.

용량을 늘리려면 먼저 애플리케이션의 데이터 접근이 무엇인지 이해해야 한다.

원본/복제본

아주 일반적으로는 읽기 횟수가 쓰기 횟수보다 훨씬 많다. SQL 용어로 말하자면, SELECT 문의 수가 UPDATE 또는 DELETE보다 훨씬 많다. 이것은 정보에 대한 업데이트보다 접근이 훨씬 더 많은 애플리케이션의 전형이다. 이를테면 뉴스 기사를 읽을 수 있는 접근 권한은 많아도 상대적으로 새로운 기사가 적은 신문과 같다.

이러한 상황의 일반적인 패턴은 데이터베이스의 읽기 전용 복사본을 하나 이상 추가해 클러스터를 만든 후 다음과 유사한 상황에서 읽기를 분산시키는 것이다.

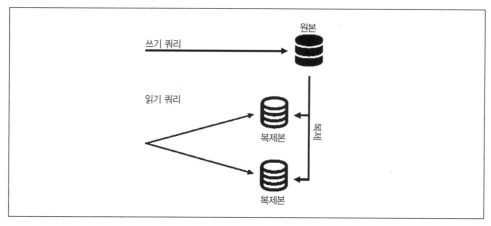

그림 3.2 다중 읽기 쿼리 다루기

모든 쓰기는 원본 노드로 이동한 다음 자동으로 복제본 노드로 전파된다. 복제본에는 전체 데이터베이스가 포함되고 유일한 쓰기 작업은 원본에서 발생하므로 시스템에서 동시에 실행할 수 있는 쿼리 수가 증가한다.

이 시스템은 기본적으로 대부분의 관계형 데이터베이스, 특히 가장 일반적인 데이터베이스인 MySQL 및 PostgreSQL에서 지원된다. 쓰기 노드는 원본 노드로 구성되고 복제본은 데이터 복사를 시작하기 위해 원본 노드를 가리킨다. 일정 시간이 지나면 최신 상태가 되고 원본과 동기화된다.

원본의 모든 새로운 변경사항은 자동으로 복제된다. 그러나 여기에 복제 지연replication lag이라고 하는 지연이 발생한다. 이는 방금 기록된 데이터를 보통 1초 미만 동안 읽을 수 없는 정도다.

복제 지연은 데이터베이스의 상태를 나타내는 좋은 지표다. 시간이 지나면서 지연이 증가하는 것은 클러스터가 트래픽 수준을 처리할 수 없다는 의미이므로 조정이 필요하다는 표시다. 이때 네트워크와 각 노드의 일반적인 성능은 시간에 크게 영향을 받는다.

따라서 피해야 할 오퍼레이션은 외부 오퍼레이션에서 동일하거나 관련된 데이터를 쓰고 즉시 읽는 것이다. 이는 일관성 없는 결과를 초래할 수 있기 때문이다. 이 문제는 쿼리가 필요하지 않도록 데이터를 일시적으로 유지하거나 원본 노드에 대한 특정 읽기 주소를 지정하여 데이터의 일관성을 보장하는 것으로 해결할 수 있다.

이러한 직접 읽기는 원본 노드에 대한 쿼리 수를 줄이는 것에 어긋나므로 필요한 경우에만 사용해야 한다. 그것이 여러 서버를 설치하는 이유였다!

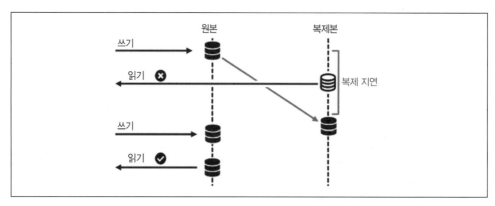

그림 3.3 원본 노드의 특정 읽기 쿼리

또한 이 시스템은 데이터가 항상 복제본으로 복사되기 때문에 데이터의 중복성을 허용한다. 장애가 발생하는 경우 복제본을 새로운 원본으로 승격할 수 있다.

 복제 노드는 백업과 정확히 동일한 역할을 수행하지는 않지만 유사한 목적으로 사용할 수 있다. 복제본은 빠른 액션을 수행하고 시스템 가용성을 유지하기 위한 것이다. 백업을 실행하는 것이 더 쉽고 저렴하며 데이터의 기록을 유지할 수 있다. 백업은 복제본과 전혀 다른 곳에 위치할 수 있는데 복제본은 원본과의 양호한 네트워크 연결이 필요하다.

언제든지 사용할 수 있는 복제본이 있더라도 백업을 건너뛰면 안 된다. 백업은 데이터베이스에 치명적인 에러가 발생하는 경우에 대한 보안 계층을 추가한다.

데이터베이스를 구조화해 모든 변경사항과 여러 데이터베이스 서버에 접근할 수 있도록 애플리케이션 수준을 조정해야 할 수 있다. 데이터 경로 중간에 머물면서 쿼리를 리다이렉션하는 Pgpool(PostgreSQL용) 또는 ProxySQL(MySQL용) 같은 기존 툴이 있다. 애플리케이션은 쿼리를 프록시에서 처리하게 해 해당 프록시가 설정에 따라 쿼리를 리다이렉션한다. 이전에 설명한 쓰기 및 읽기 패턴처럼 쉽게 다룰 수 없어서 애플리케이션 코드의 변경이 필요한 경우가 있다. 해당 프록시 툴의 작동 방법을 이해하고 애플리케이션에서 실행하기 전에 여러 테스트를 실행해 본다.

이 구조의 더 간단한 경우는 오프라인 복제본을 만드는 것이다. 복제본은 백업에서 생성할 수 있으며 상용 시스템으로부터 복구하지 않는다. 복제본이 일일 스냅샷으로 충분할 경우 최신 정보가 필요하지 않은 쿼리를 생성하는 데 유용할 수 있다. 통계 분석 또는 데이터 웨어하우징 같은 애플리케이션에서 일반적이다.

샤딩

애플리케이션의 쓰기가 많아지면 원본-복제본 구조로는 충분치 않을 수 있다. 너무 많은 쓰기가 단일 서버에 전달되면 병목 현상이 발생한다. 또는 시스템 트래픽이 높아지면 단일 서버에서 허용할 수 있는 쓰기 수에 제한을 걸 수 있다.

병목 현상을 해결하는 솔루션은 데이터를 수평으로 분할하는 것이다. 수평 분할은 특정 키에 따라 데이터를 서로 다른 여러 데이터베이스로 분할하여 관련된 모든 데이터가 동일 서버로 저장될 수 있음을 의미한다. 서로 다른 각 파티션을 샤드shard라고 한다.

 TIP '파티셔닝(partitioning)'과 '샤딩(sharding)'은 동의어로 여길 수 있지만, 실제로 샤딩은 파티션이 수평인 경우로서 단일 테이블을 서로 다른 여러 서버로 분리하는 것을 의미한다. 샤딩과 달리 파티셔닝은 테이블을 2개로 나누거나 서로 다른 컬럼으로 분리하는 것이 더 일반적이다.

파티션 키partition key를 샤드 키shard key라 한다. 그리고 샤드 키의 값을 기반으로 각 로우는 특정 샤드에 할당된다.

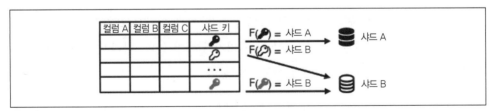

그림 3.4 샤드 키

샤드(shard)라는 이름은 1990년대 후반에 서로 다른 게임 유저가 서로 다른 서버에서 동일한 게임을 플레이할 수 있는 '멀티버스(multiverse)'를 만든 비디오 게임 〈울티마 온라인(Ultima Online)〉에서 따왔다. 게임 유저들이 같은 현실에 있는 것처럼 느끼게 하기에 '샤드'라 불렸다. 실제 샤드 안에 서로 다른 게임 유저들이 존재했다. 샤드라는 용어가 붙여졌고 그 이후로 아키텍처를 설명하는 데 사용됐다.

모든 쿼리는 적절한 샤드로 전달될 수 있어야 한다. 둘 이상의 샤드에 영향을 미치는 쿼리의 수행을 불가능하게 하거나 샤드들에 연달아 수행되게 할 수 있다. 물론 단일 트랜잭션에서 둘 이상의 샤드에 쿼리가 수행될 가능성은 배제한다. 어쨌든 단일 트랜잭션에서 쿼리가 실행되는 비용은 비싸고 가능한 한 피해야 한다. 샤딩으로 데이터가 자연스럽게 분할되는 것은 환상적인 아이디어이지만, 여러 샤드에 영향을 미치는 쿼리가 수행되는 것은 매우 좋지 않다.

 일부 NoSQL 데이터베이스는 이런 모든 옵션을 자동으로 처리하는 네이티브(native) 샤딩을 허용한다. 일반적인 예는 투명한 방식으로 여러 샤드에서 쿼리를 실행할 수 있는 MongoDB이다. 여러 샤드에 쿼리를 실행하면 어떤 경우에든 느리다.

또한 샤딩 키를 선택하는 것이 중요하다. 좋은 샤딩 키는 데이터 간의 자연스러운 파티션을 알 수 있기에 교차 샤드cross-shard 쿼리를 수행할 필요가 없다. 예를 들어, 사진 공유 애플리케이션에서 특정 사용자 데이터가 나머지 데이터와 독립적이라면 사용자 식별자user identifier는 좋은 샤드 키가 될 수 있다.

또 다른 중요한 품질은 쿼리를 처리할 샤드가 샤드 키를 기반으로 지정되어야 한다는 것이다. 즉, 모든 쿼리에는 사용 가능한 샤드 키가 있어야 한다. 따라서 샤드 키가 모든 오퍼레이션을 진행할 때 입력되어야 함을 의미한다.

샤드 키의 또 다른 속성은 샤드의 크기가 같거나 적어도 충분히 크기가 비슷해지도록 이상적으로 데이터를 분할해야 한다는 것이다. 샤드 하나가 나머지 샤드보다 훨씬 크면 데이터 불균형, 쿼리 분산 부족, 특정 샤드에서 발생하는 병목 현상 등 문제가 발생할 수 있다.

순수 샤딩

순수pure 샤드에서 데이터는 모두 샤드로 분할되며 샤드 키는 모든 오퍼레이션의 입력이다. 샤드 키에 따라 샤드가 결정된다.

샤드를 고르게 분포시키기 위해 각 샤드 키는 샤드 수에 균등하게 분산되는 방식으로 해시hash된다. 일반적인 경우는 모듈로modulo 오퍼레이션을 사용하는 것이다. 예를 들어, 샤드가 8개인 경우 균등하게 분포된 숫자를 기반으로 데이터를 분할할 샤드를 결정한다.

사용자 ID	오퍼레이션	샤드
1234	1234 mod 8	2
2347	2347 mod 8	3
7645	7645 mod 8	5
1235	1235 mod 8	3
4356	4356 mod 8	4
2345	2345 mod 8	1
2344	2344 mod 8	0

샤드 키가 숫자가 아니거나 고르게 분포되지 않은 경우 해시hash 함수를 적용할 수 있다. 예를 들어 다음 파이썬 코드를 살펴보자.

```
>>> import hashlib
>>> shard_key = 'ABCDEF'
>>> hashlib.md5(shard_key.encode()).hexdigest()[-6:]
'b9fcf6'
>>> int('b9fcf6', 16)  # 모듈 16으로 숫자 변환
12188918
>>> int('b9fcf6', 16) % 8
6
```

샤드 키 전략은 샤드 키를 모든 오퍼레이션에 대한 입력으로 항상 사용할 수 있는 경우에만 가능하다. 이 방법이 맞지 않으면 다른 방법을 살펴봐야 한다.

각 샤드 키의 목적지가 고정된 공식으로 결정되기 때문에 샤드 수를 변경하는 것은 쉬운 일이 아니다. 하지만 미리 약간의 준비를 통해 샤드 수를 늘리거나 줄일 수 있다.

동일한 서버를 가리키는 '가상 샤드virtual shard'를 생성할 수 있다. 예를 들어, 100개의 샤드를 생성하고 2개의 서버를 사용하려면 처음에 가상 샤드 배포는 다음과 같다.

가상 샤드	서버
0–49	서버 A
50–99	서버 B

서버의 수를 늘려야 한다면 가상 샤드 구조는 다음처럼 변경된다.

가상 샤드	서버
0–24	서버 A
25–49	서버 C
50–74	서버 B
75–99	서버 D

각 샤드에 해당하는 특정 서버에 대한 변경으로 코드 변경이 일부 필요할 수 있지만 샤드 키 계산이 변경되지 않았기에 처리하기가 더 쉽다. 같은 오퍼레이션을 반대로 할 때 불균형이 생길 수 있으니 주의가 필요하다.

가상 샤드	서버
0–24	서버 A
25–49	서버 C
50–99	서버 B

오퍼레이션을 진행할 때마다 샤드 키를 기반으로 데이터 위치를 변경해야 한다. 많은 데이터를 교환해야 한다면 비용이 많이 드는 오퍼레이션이다.

혼합 샤딩

순수 샤드를 생성하는 것이 불가능해서 샤드 키를 지정하기 위해 입력 데이터의 변환이 필요한 경우가 있다. 예를 들어, 샤드 키가 사용자 ID일 때 사용자가 로그인하는 경우다. 사용자는 이메일을 사용해 로그인하지만 정보를 검색할 수 있는 샤드를 지정하기 위해 사용자 ID로 변환해야 한다.

이 경우 외부 테이블을 사용해 특정 쿼리의 입력을 샤드 키로 변환할 수 있다.

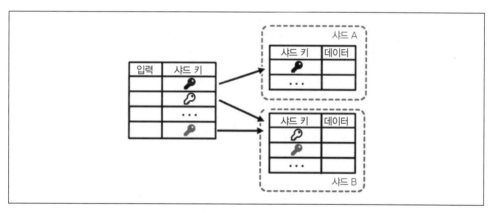

그림 3.5 샤드 키의 입력을 변환할 수 있는 외부 테이블

혼합 샤드는 단일 샤드가 해당 변환 계층을 담당한다. 해당 단일 샤드는 변환하는 용도로만 사용하거나 다른 샤드로 사용할 수도 있다.

혼합 샤드는 샤드 키가 아닌 각 입력 파라미터에 대한 변환 계층이 필요하며 모든 샤드의 모든 정보를 한 데이터베이스에 유지해야 한다는 점을 명심하자. 따라서 문제를 방지하려면 정보를 통제하고 가능한 한 적게 저장해야 한다.

혼합 샤딩 전략은 이전에 살펴본 것처럼 어느 샤드 키가 어느 샤드로 이동하는지 직접 저장하고, 직접 오퍼레이션하는 대신 쿼리를 수행하기도 한다.

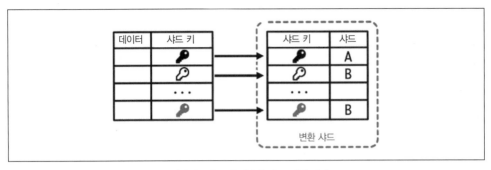

그림 3.6 샤드 테이블에 샤드 키를 저장

혼합 샤드에서 키를 기반으로 샤드를 지정할 때 데이터베이스, 특히 큰 데이터베이스에서 쿼리가 필요하다는 불편이 있다. 그러나 데이터의 샤드를 일관된 방식으로 변경할 수 있으므로 샤드 수를 늘리거나 줄이는 것과 같이 샤드 수를 조정하는 데 사용할 수 있다. 또한 다운타임downtime 시간 없이 수행할 수 있다.

변환 테이블에 샤드 키와 특정 샤드가 저장되어 있으면 샤드 키에 대한 샤드 할당이 하나씩 변경될 수 있을 뿐만 아니라 지속적으로 변경될 수 있다. 프로세스는 다음과 같다.

1. 참조 테이블의 서버 A에 샤드 키 X가 할당된다. 시작 상태다.

2. 샤드 키 X에 대한 서버 A의 데이터가 서버 B로 복사된다. 샤드 키 X와 관련된 쿼리는 아직 서버 B로 전달되지 않는다.

3. 모든 데이터가 복사되면 샤드 키 X에 대한 참조 테이블의 항목이 서버 B로 변경된다.

4. 샤드 키 X에 대한 모든 쿼리는 서버 B로 전달된다.

5. 서버 A에 있는 샤드 키 X의 데이터를 정리할 수 있다.

3단계는 매우 중요한 단계로서 모든 데이터가 복사된 후, 그리고 새로운 쓰기가 실행되기 전에만 수행돼야 한다. 따라서 3단계가 보장되는 방법은 오퍼레이션을 준비하는 동안 데이터 쓰기를 중지하거나 지연할 수 있는 참조 테이블에 플래그를 생성하는 것이다. 해당 플래그는 2단계 직전에 설정되고 3단계가 완료된 후에 제거된다.

이 프로세스는 시간이 지나면서 원활하게 마이그레이션이 수행되지만, 작업 시 충분한 디스크 공간이 필요하고 상당한 시간이 소요될 수 있다.

 다운스케일(downscale) 오퍼레이션은 업스케일(upscale)보다 더 복잡하다. 따라서 디스크 공간을 늘려 충분한 작업 공간이 확보될 수 있도록 한다. 다행히 대부분 애플리케이션의 디스크 공간은 시간이 지남에 따라 증가하므로 데이터베이스 클러스터를 축소해야 하는 경우는 드물다.

마이그레이션을 완료하는 데는 충분한 시간이 필요하다. 데이터의 크기와 복잡성에 따라 마이그레이션하는 데 많은 시간이 소요될 수 있다. 극단적인 경우 최대 몇 시간 또는 며칠이 소요될 수 있다.

테이블 샤딩

작은 클러스터의 경우 샤드 키로 분할하는 대신 서버별로 테이블이나 컬렉션을 분리하는 것이 좋다. 이는 테이블 X의 모든 쿼리가 특정 서버로 전달되고 나머지 쿼리는 다른 서버로 전달됨을 의미한다. 테이블 샤딩 전략은 서로 다른 서버의 테이블 간에 조인을 수행할 수 없기에 서로 관련 없는 테이블에만 적용된다.

 테이블 샤딩은 기존 샤딩과 유사해 보이지만 적절하게 샤딩된 것이 아니기 때문에 너무 세세한 방법으로 여겨질 수 있다는 점에 유의한다.

테이블 샤딩은 덜 복잡한 샤딩 대안으로 사용되지만 덜 유연하다. 예를 들어, 비교적 작은 클러스터에서 한 테이블이 나머지 데이터베이스보다 훨씬 크고 드물게 접근되는 로그 저장처럼 하나 또는 두 테이블과 나머지 테이블 간에 크기 불균형이 큰 경우에 권장된다.

샤딩의 장점과 단점

요약하자면 샤딩의 주요 장점은 다음과 같다.

- 여러 서버에 쓰기를 분산하여 시스템의 쓰기 처리량을 높일 수 있다.
- 데이터가 여러 대의 서버에 저장되므로 단일 서버에 저장할 수 있는 데이터의 제한 없이 방대한 양의 데이터를 저장할 수 있다.

기본적으로, 샤딩을 사용하면 크고 확장 가능한 시스템을 생성할 수 있다. 그러나 다음과 같은 단점도 있다.

- 샤딩 시스템은 운영이 복잡하고 다른 서버를 구성하는 등의 측면에서 약간의 오버헤드가 있다. 더 주의 깊게 유지보수 및 운영을 계획해야 하고 운영 시간이 오래 걸리기 때문에 대규모 배포에 문제가 있을 수 있으며 샤딩에는 원본-복제본 설정보다 더 많은 작업이 필요하다.
- 샤딩에 대한 기본 지원은 MongoDB와 같은 아주 일부 데이터베이스에서만 사용할 수 있지만 관계형 데이터베이스에는 기본적으로 샤딩 기능이 구현되어 있지 않다. 따라서 샤딩과 관련된 복잡성을 코드로 처리해야 하며 코드 개발에 투자해야 한다.
- 일부 쿼리는 데이터가 샤딩되면 수행하는 것이 불가능하다(또는 거의 불가능하다). 데이터 파티션 때문에 집계 및 조인이 불가능하다. 샤드 키는 어떤 쿼리가 가능한지 여부에 큰 영향을 미치므로 신중하게 선택해야 한다. 또한 일부 오퍼레이션에는 둘 이상의 샤드를 포함해야 할 수 있으므로 ACID 속성도 손실된다. 샤딩 데이터베이스는 덜 유연하다.

이전에 살펴본 것처럼 샤딩 데이터베이스를 설계, 운영, 유지보수하는 것은 매우 큰 시스템(데이터베이스의 작업 개수로 복잡한 시스템을 필요로 하는 경우)에서만 의미가 있다.

스키마 설계

스키마를 정의해야 하는 데이터베이스의 경우 사용할 특정 설계를 고려해야 한다.

 이 절에서는 엄격한 스키마를 적용하는 관계형 데이터베이스에 대해 구체적으로 설명한다. 관계형 데이터베이스 외의 데이터베이스는 변경이 더 유연하지만, 구조에 대해 생각하는 데 시간을 할애한다면 이점을 얻을 수도 있다.

스키마를 변경하는 것은 계획이 필요한 중요한 작업이며, 물론 장기적 관점이 설계에 적용되어야 한다.

 데이터베이스 스키마를 변경하는 방법에 대해서는 3장 뒷부분에서 이야기할 것이다. 데이터베이스 스키마를 변경하는 것은 시스템 구축 과정에서 피할 수 없다. 그럼에도 불구하고 발생할 수 있는 문제가 무엇인지 알고 이해하는 것이 좋다. 데이터베이스 스키마에 대한 설계를 적절하게 생각하고 확인하는 데 시간을 할애하는 것은 매우 좋은 생각이다.

스키마 설계를 시작하는 가장 좋은 방법은 다른 테이블을 가리키는 외래 키가 있는 경우 다른 테이블, 필드, 해당 관계를 그려보는 것이다.

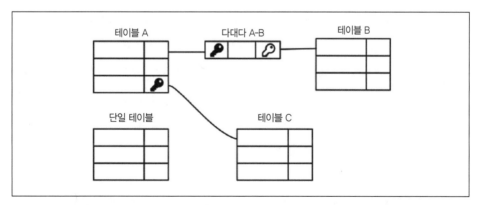

그림 3.7 스키마 그리기

데이터를 그려 발생할 수 있는 사각지대 또는 테이블의 반복을 알아챌 수 있어야 한다. 테이블 수가 너무 많으면 여러 그룹으로 나누어야 할 수도 있다.

 이 작업에 도움이 될 수 있는 툴이 있지만, 개인적으로 테이블 관계를 손으로 그려보는 게 도움이 된다. 다른 관계를 생각하고 설계의 멘탈 이미지를 구성하는 데 도움이 되기 때문이다.

각 테이블은 다른 종류의 테이블과 외래 키 관계를 가질 수 있다.

- **일대다**one-to-many: 다른 테이블의 여러 로우에 대한 단일 참조가 추가된다는 뜻이다. 예를 들어, 단일 저자는 그가 작성한 모든 책에서 참조된다. 따라서 Books 테이블에 Authors 테이블의 로우에 대한 외래 키가 있기에 간단한 외래 키 관계가 존재한다. 여러 책의 로우에 동일한 저자에 대한 참조가 존재할 수 있다.

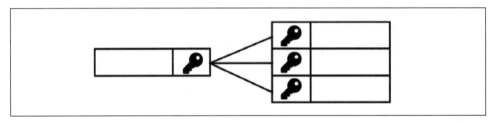

그림 3.8 첫 번째 테이블의 특정 키가 두 번째 테이블의 여러 로우를 참조한다.

- **일대일**one-to-one **또는 일대영**one-to-zero: 특정 테이블의 로우가 다른 테이블의 로우와만 관련될 수 있는 특별한 경우를 의미한다. 예를 들어, 편집자가 하나의 책(그리고 한 번에 한 책만)에 대해 작업할 수 있다고 가정하자. 편집자가 편집 중이 아니라면 Books 테이블의 편집자의 참조는 null로 설정할 수 있는 외래 키다. 반대로 책에 대한 또 다른 역참조로 편집자 관계가 고유함을 확인할 수 있다. 트랜잭션에서 두 참조를 모두 변경해야 한다.

 책과 제목처럼 항상 함께 관련되어 있는 엄격한 일대일 관계는 일반적으로 모든 정보를 단일 테이블에 추가하는 모델링이 좋다.

그림 3.9 해당 관계는 2개의 로우만 일치시킬 수 있다.

- **다대다**many-to-many: 양방향으로 여러 할당이 있을 수 있다. 예를 들어, 책은 다른 장르로 분류될 수 있다. 하나의 장르는 여러 책에 할당되며, 하나의 책은 여러 장르에 할당될 수 있다. 관계형 데이터 구조에서는 책과 장르 모두를 가리키는 관계를 만드는 중간 추가 테이블이 필요하다.

 추가 테이블로 책의 장르가 얼마나 정확한지와 같은 정보가 포함될 수 있다. 예를 들어, 책의 장르가 50%는 공포이고 90%는 모험인 책을 설명할 수 있다.

관계형 데이터 세상 밖에서는 다대다 관계를 생성할 필요가 없는 경우가 있지만 대신 태그 모음으로 직접 추가될 수 있다. 일부 관계형 데이터베이스는 이런 방식으로 사용할 수 있는 리스트 또는 JSON 객체인 필드를 허용해 설계를 단순화할 수 있는 유연성을 허용한다.

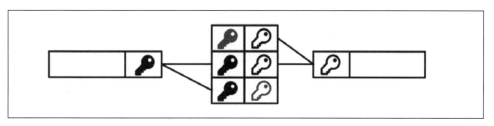

그림 3.10 중간 테이블은 여러 조합을 허용한다. 첫 번째 테이블은 두 번째 테이블의 여러 로우를 참조할 수 있고, 두 번째 테이블은 첫 번째 테이블의 여러 로우를 참조할 수 있다.

대부분의 경우, 각 테이블에 저장할 필드 타입은 간단하지만 다음과 같은 세부 사항을 고려해야 한다.

- **데이터 증가에 대비한 충분한 공간을 제공한다.** 문자열string과 같은 일부 타입 필드의 경우 저장할 최대 크기를 정의해야 한다. 예를 들어, 이메일 주소를 나타내는 문자열을 저장하려면 최대 254자가 필요하다. 그러나 고객의 이름을 저장하는 경

우라면 문자열 크기를 정하는 것이 명확하지 않다. 이런 경우 크기를 안전하게 정하고 제한을 늘려 에러가 발생하지 않도록 한다.

- **필드를 처리하는 모든 API 또는 UI가 항상 제대로 처리할 수 있도록 데이터베이스뿐만 아니라 어느 수준 이상의 제한을 적용해야 한다.**

숫자를 다룰 때 대부분의 경우 일반 정수^{integer}는 가장 많이 사용되는 숫자를 나타내기에 충분하다. 일부 데이터베이스는 2바이트를 smallint, 1바이트를 tinyint와 같은 범주를 허용하지만 사용하지 않는 것이 좋다. 데이터베이스에서 사용하는 타입 간 공간의 차이는 최소화한다.

- **내부 데이터베이스에서 타입을 정할 때는 외부에서 사용 가능한 것과 동일할 필요가 없다.** 예를 들어, 데이터베이스에 저장된 시간은 항상 UTC이지만 사용자의 표준 시간대로 변환되어야 한다.

시간을 항상 UTC 포맷으로 저장하면 특히 다른 시간대에 사용자가 있는 경우 서버에서 일관된 시간을 사용할 수 있다. 사용자의 시간대에 맞춰 시간을 저장하면 데이터베이스에서 비교할 수 없는 시간이 생성되고, 서버의 기본 시간대를 사용하면 서버의 위치에 따라 다른 결과가 생성될 수 있다. 따라서 둘 이상의 데이터들이 저장되면 일관성이 없을 것이다. 다른 시간대의 서버가 관련되어 있다. 모든 시간이 데이터베이스에 UTC로 저장되어 있는지 확인한다.

또 다른 예로, 가격이 저장되어 있다면 부동소수점 숫자를 피하기 위해 센트로 저장하고 값을 표현할 때는 달러와 센트로 나눠 보여주는 것이 좋다.

예를 들어, $99.95의 가격이라면 정수 9995로 저장함을 의미한다. 가격을 부동소수점(float) 산술로 처리하면 문제가 발생할 수 있기에 가격은 쉽게 처리할 수 있도록 센트로 변환될 수 있다.

어떤 이유로든 서로 다른 포맷으로 저장하는 것이 더 낫다면 데이터베이스의 내부적인 타입 표현은 동일한 규칙을 따를 필요가 없다.

- **동시에 데이터를 자연스럽게 표현하는 것이 좋다.** 전형적인 예로, 자연 키를 포함하는 로우를 표현하기 위해 짧은 문자열 대신 숫자 ID를 사용하거나 Enum(옵션 리스트를 표현하기 위해 할당된 작은 정수)을 사용하는 것은 과잉이다. 용량 및 처리 능력이 더 제한적이었던 과거에는 이런 선택이 의미가 있었지만 지금은 성능 향상이 미미하기에 쉽게 이해할 수 있는 방식으로 데이터를 저장하면 개발에 큰 도움이 된다.

>
> **TIP**
>
> 예를 들어, 정수 필드를 사용해 색상을 저장하는 방식 대신 짧은 문자열을 사용한다(예: 1은 RED, 2는 BLUE, 3은 YELLOW를 표현하는 Enum 대신 RED, BLUE, YELLOW 문자열을 사용). 수백만 개의 로우가 있더라도 용량 차이는 무시할 수 있으며 데이터베이스 검색이 훨씬 쉽다.

이 개념과 관련된 정규화 및 비정규화를 잠시 후에 살펴볼 것이다.

- **어떤 설계도 완벽하거나 완전할 수 없다.** 개발 중인 시스템에서 스키마는 항상 변경이 필요하다. 스키마 변경은 완전히 정상적이며 예상되는 일이기에 당연히 일반적이다. 완벽은 최선의 적이다. 설계는 시스템의 현재 요구사항에 맞게 조정될 수 있도록 최대한 단순해야 한다. 미래의 가능한 모든 요구사항을 만족시키기 위해 설계를 복잡하게 만드는 과잉 설계는 실현되지 않는 요구사항을 위한 기반을 마련하는 노력을 낭비하게 될 수 있는 실제 문제다. 설계를 단순하고 유연하게 유지하자.

스키마 정규화

이전에 살펴본 것처럼 관계형 데이터베이스에서 핵심 개념은 외래 키다. 데이터를 테이블에 저장하고 다른 테이블에 연결할 수 있다. 해당 데이터 분할은 제한된 데이터 집합이 단일 테이블에 저장되지 않고 2개의 테이블로 분할될 수 있음을 의미한다.

House(가문) 필드를 문자열로 사용한 테이블을 예로 살펴보겠다.

Characters 테이블

id	Name	House
1	Eddard Stark	Stark
2	Jon Snow	Stark
3	Daenerys Targaryen	Targaryen
4	Jaime Lannister	Lannister

데이터가 일관성이 있고 에러가 없는지 확인하기 위해 House 필드를 정규화할 수 있다. 이는 다른 테이블에 저장되고 이러한 방식으로 FOREIGN KEY 제약 조건이 적용됨을 의미한다.

Characters 테이블

id	Name	HouseId(FK)
1	Eddard Stark	1
2	Jon Snow	1
3	Daenerys Targaryen	3
4	Jaime Lannister	2

Houses 테이블

id	Name	Words
1	Stark	Winter is coming
2	Lannister	Hear me roar
3	Targaryen	Fire and blood

이런 작동 방식으로 데이터를 정규화normalization한다. Houses 테이블에 정보가 없으면 새로운 House를 추가해 새 항목으로 추가할 수 있다. 마찬가지로 Characters 테이블의 단일 항목에 참조가 포함될 때는 Houses의 기존 항목은 삭제할 수 없다. 이렇게 함으로써 데이터가 매우 일관성을 가질 수 있다. 또한 Houses 테이블에 오타가 있는 Lanister(n이 2개가 아니라 1개)와 같은 새로운 House 항목을 추가하는 것은 문제가 없지만 추후 쿼리가 복잡해질 수 있다.

또한 Houses 테이블의 각 항목에 대한 추가 정보를 추가할 수 있다는 장점이 있다. 이 경우 Houses 테이블에 Words(가언) 필드를 추가할 수 있다. 반복되는 정보가 한 번에 저장되기 때문에 데이터도 더 간결해진다.

반면에 몇 가지 문제가 있다. 먼저 Houses 테이블 정보를 알아야 하는 Characters 테이블에 대한 모든 참조를 알기 위해 JOIN 쿼리를 수행해야 한다. 첫 번째 Characters 테이블에서 다음과 같은 쿼리를 생성할 수 있다.

```sql
SELECT Name, House FROM Characters;
```

두 번째 스키마에서는 다음이 필요하다.

```sql
SELECT Characters.Name, Houses.Name
FROM Characters JOIN Houses ON Characters.HouseId = Houses.id;
```

이 쿼리는 2개의 테이블에서 정보를 조합해야 하므로 실행하는 데 시간이 더 오래 걸린다. 테이블이 크다면 쿼리 시간이 길어질 수 있다. 테이블이 추가되는 경우 다른 테이블의 JOIN이 필요할 수도 있다. 예를 들어, PreferredWeapon 필드와 각 Character (캐릭터)에 대한 Weapons(무기) 정규화 테이블이 있을 수 있다. 또는 Characters 테이블의 필드가 점점 많아지면서 더 많은 참고 테이블을 추가할 수 있다.

또한 더 많은 검사를 수행해야 하기에 데이터를 추가하고 삭제하는 데 시간이 더 오래 걸릴 것이다. 일반적으로 검사 오퍼레이션이 더 오래 걸린다.

또한 정규화된 데이터를 샤딩하기 어렵다. 자체 테이블 및 참조에 설명된 모든 요소를 유지하는 정규화 개념은 분할을 매우 어렵게 만들기 때문에 본질적으로 샤딩하기 어렵다.

또 다른 문제는 데이터베이스를 읽고 운영하기가 더 어렵다는 점이다. 삭제는 순서대로 이뤄져야 하며, 더 많은 필드가 추가되면서 따라가기가 더 어려워진다. 또한 간단한 오퍼레이션을 수행하기 위해 복잡한 JOIN 쿼리를 수행해야 한다. 해당 쿼리는 생성하기가 더 길고 복잡해진다.

숫자 식별자를 통해 외래 키를 생성하는 정규화 구조는 매우 일반적이지만 유일한 방법은 아니다.

데이터베이스의 명확성을 향상하기 위해 자연 키[natural key]를 사용해 이런 방식으로 데이터를 설명하여 단순화할 수 있다. 정수를 기본 키로 사용하는 대신 Houses 테이블의 Name(이름) 필드를 사용한다.

Characters 테이블

id	Name	House(FK)
1	Eddard Stark	Stark
2	Jon Snow	Stark
3	Daenerys Targaryen	Targaryen
4	Jaime Lannister	Lannister

Houses 테이블

Name(PK)	Words
Stark	Winter is coming
Lannister	Hear me roar
Targaryen	Fire and blood

이렇게 해서 추가 필드를 사용하지 않을 뿐만 아니라 참조로 설명 값을 만들 수도 있다. 데이터가 정규화되더라도 원래 쿼리를 복구한다.

 이전에 설명한 것처럼 단일 정수(integer) 대신 문자열(string)을 저장하는 추가 공간은 무시할 수 있다. 일부 개발자는 자연 키를 매우 반대하고 정숫값을 사용하는 것을 선호하지만 요즘에는 정 숫값으로 제한해야 할 확실한 기술적 이유가 없다.

Words 필드에서 정보를 얻으려는 경우에만 JOIN 쿼리를 수행해야 한다.

```
SELECT Name, House FROM Characters;
```

어쨌든 이 방법을 사용해 정상적인 오퍼레이션을 수행할 경우 JOIN 쿼리를 사용하지 않아도 된다. 아마도 많은 참조가 있고, 시스템에서 쿼리를 수행하는 데 걸리는 시간에 문제가 있을 수 있다. 이 경우 JOIN 테이블을 줄일 필요성이 있다.

비정규화

비정규화^{denormalization}는 정규화의 반대되는 개념이다. 데이터를 정규화하면 모든 데이터의 일관성을 보장하기 위해 다른 테이블로 분할되지만, 비정규화는 테이블을 조인할 필요가 없도록 정보를 단일 테이블로 다시 그룹핑한다.

이전 예시의 JOIN 쿼리는 다음과 같고 이를 대체할 것이다.

```
SELECT Characters.Name, Houses.Name, House.Words
FROM Characters JOIN Houses ON Characters.House = Houses.Name;
```

JOIN 쿼리는 다음 스키마를 따르다.

Characters 테이블

id	Name	House(FK)
1	Eddard Stark	Stark
2	Jon Snow	Stark
3	Daenerys Targaryen	Targaryen
4	Jaime Lannister	Lannister

Houses 테이블

Name(PK)	Words
Stark	Winter is coming
Lannister	Hear me roar
Targaryen	Fire and blood

이전 JOIN 쿼리의 경우 단일 테이블을 쿼리하려면 다음과 같이 사용한다.

```
SELECT Name, House, Words FROM Characters
```

이렇게 진행하려면 데이터를 단일 테이블로 구성해야 한다.

Characters 테이블

id	Name	House	Words
1	Eddard Stark	Stark	Winter is coming
2	Jon Snow	Stark	Winter is coming
3	Daenerys Targaryen	Targaryen	Fire and blood
4	Jaime Lannister	Lannister	Hear me roar

정보가 중복된다. 모든 Character에는 이전에는 필요하지 않은 House의 Words 사본이 있다. 이는 비정규화가 더 많은 공간을 사용한다는 것을 의미한다. 로우가 많은 큰 테이블에서 훨씬 더 많은 공간을 차지함을 의미한다.

또한 비정규화는 이전 값의 오타나 실수로 잘못된 Words가 다른 House에 추가된 새 값이 없음을 보장할 수 없기 때문에 일관성 없는 데이터의 위험을 증가시킨다.

그러나 다른 한편으로는 이제 테이블을 JOIN할 필요가 없다. 큰 테이블에서 읽기 및 쓰기 처리 속도를 상당히 높일 수 있다. 또한 이제 테이블은 편리하고 모든 정보를 포함할 모든 샤드 키에 대해 파티션될 수 있으므로 샤딩에 대한 우려를 제거한다.

비정규화는 일반적으로 JOIN 쿼리를 수행하는 기능을 제거하는 NoSQL 데이터베이스에 속하는 사용 사례에서 매우 일반적으로 사용된다. 예를 들어, 도큐먼트 데이터베이스는 데이터를 더 큰 엔티티에 하위 필드로 포함한다. 확실히 단점이 있지만 일부 오퍼레이션에서는 합리적인 절충안이다.

데이터 인덱싱

데이터가 증가함에 따라 데이터 접근이 느려지기 시작한다. 정보로 가득 찬 큰 테이블에서 적절한 데이터를 정확하게 검색하려면 더 많은 내부 오퍼레이션을 수행해야 한다.

 관계형 데이터베이스에서는 데이터 인덱싱(data indexing)을 설명하지만, 대부분의 기본적인 내용은 다른 데이터베이스에서도 적용할 수 있다.

데이터 인덱싱은 검색하기 쉬운 방식으로 데이터를 잘 구축해 빠르게 속도를 낼 수 있다. 인덱스를 생성해 데이터를 검색하여 매우 빠르게 데이터를 찾을 수 있다. 인덱스의 기본은 데이터베이스의 각 레코드의 하나 이상의 필드를 가리키는 외부 정렬 데이터 구조를 만드는 것이다. 해당 인덱스 구조는 테이블의 데이터가 변경될 때 항상 정렬된 상태로 유지된다.

예를 들어, 특정 테이블에 다음 정보가 포함될 수 있다.

id	Name	Height(cm)
1	Eddard	178
2	Jon	173
3	Daenerys	157
4	Jaime	188

인덱스가 없을 때 키가 가장 높은 순서대로 쿼리를 수행하려면 데이터베이스에서 각 로우를 개별적으로 확인하고 정렬해야 한다. 이를 **전체 테이블 스캔**full table scan이라고 한다. 테이블에 수백만 개의 로우가 있는 경우 전체 테이블 스캔은 비용이 매우 많이 들 수 있다.

Height(키) 필드에 대한 인덱스를 생성하면 항상 정렬되는 데이터 구조가 데이터와 동기화된 상태로 유지된다.

id	Name	Height(cm)		Height(cm)	id
1	Eddard	178		188	4
2	Jon	173		178	1
3	Daenerys	157		173	5
4	Jaime	188		157	3

항상 필드가 정렬되기 때문에 키와 관련된 모든 쿼리를 수행하기 쉽다. 예를 들어, 상위 3개의 키를 알고자 확인하는 것은 검사가 필요치 않으며 인덱스에서 처음 3개의 레코드를 검색하는 것이다. 또한 170~180cm인 키를 검색하는 것도 이진 검색binary search과 같은 정렬된 리스트의 검색 방법을 쉽게 사용한다. 다시 한번 말하자면, 키에 대한 인덱스가 없다면 이전 예시의 쿼리를 통해 키를 검색하는 유일한 방법은 테이블의 각 레코드를 일일이 확인하는 것이다.

인덱스가 모든 필드를 포함하지는 않는다. 예를 들어, Name 필드는 인덱싱되지 않는다. 다른 필드를 포함하려면 다른 인덱스가 필요할 수 있다. 동일한 테이블에서 여러 인덱스를 허용한다.

 테이블의 기본 키는 고유한 값이기에 항상 인덱싱된다.

인덱스를 결합해 둘 이상의 필드에 대한 인덱스를 생성할 수 있다. 복합 인덱스는 두 필드의 정렬된 조합을 기반으로 데이터를 정렬한다. 예를 들어, (Name, Height)의 복합 인덱스는 J로 시작하는 Name의 키를 빠르게 리턴한다. (Height, Name)의 복합 인덱스는 반대로 Height를 먼저 정렬하고 Name을 다음으로 정렬한다.

복합 인덱스 쿼리는 인덱스의 첫 번째 부분에 대해서만 가능하다. 이전 예에서 (Height, Name) 인덱스는 Height 쿼리에 항상 작동한다.

정보 검색을 위한 인덱스 사용 여부는 데이터베이스에서 자동으로 수행된다. SQL 쿼리는 전혀 변경되지 않는다. 내부적으로 데이터베이스는 쿼리를 실행하기 전에 쿼리 분석기query analyzer를 실행한다. 쿼리 분석기는 데이터 검색 방법과 사용할 인덱스(인덱스가 있는 경우)를 결정한다.

 쿼리 분석기는 정보를 검색하는 가장 좋은 방법을 결정한다. 따라서 원시적인 접근 방식을 실행한 후 데이터를 리턴하는 것은 많은 시간이 걸리기에 빠르게 실행하도록 설계되어 있다. 즉, 때때로 실수를 하기도 하지만 최적의 조합을 사용하지 않는다는 것을 의미한다. 다른 SQL 문 앞에 사용되는 SQL 커맨드 EXPLAIN은 쿼리가 해석되고 실행되는 방식을 표시하므로 쿼리를 이해하고 조정해 실행 시간을 개선할 수 있다.

동일한 쿼리를 사용할 때 서로 다른 독립적인 인덱스를 사용하는 것이 불가능할 수 있다. 때때로 데이터베이스는 두 인덱스를 결합해 더 빠른 쿼리를 수행하지 못할 수도 있는데, 이는 데이터가 두 인덱스 사이에 상관 관계가 있어야 하고 그러려면 비용이 많이 들 수 있기 때문이다.

인덱스는 특히 수천 또는 수백만 개의 로우를 포함하는 큰 테이블의 경우 인덱스를 사용하는 쿼리의 속도를 매우 높인다. 또한 자동으로 사용할 수 있기에 쿼리를 만들 때 복잡성이 추가되지 않는다. 인덱스가 그렇게 훌륭하다면 왜 모든 필드를 인덱싱하지 않을까? 사실 인덱스에 일부 문제가 있다.

- 각 인덱스마다 추가 공간이 필요하다. 각 인덱스가 최적화되는 동안 단일 테이블에 많은 인덱스를 추가하면 하드 드라이브와 RAM 모두 더 많은 공간을 사용한다.

- 테이블이 변경될 때마다 인덱스가 올바르게 정렬되도록 테이블의 모든 인덱스를 조정해야 한다. 즉, 레코드가 추가되거나 인덱싱된 필드가 업데이트되는 것처럼 기록되는 새로운 데이터에서 더욱 인덱스 조정이 두드러진다. 인덱스는 읽

기 속도를 높이기 위해 쓰기에 더 많은 시간이 소요되는 절충안이다. 쓰기 작업이 많은 테이블의 경우 많은 인덱스를 사용하는 것이 적절하지 않을 수 있으며 하나 이상의 인덱스를 유지하는 것이 비생산적일 수 있다.

- 작은 테이블은 실제로 인덱싱의 장점이 전혀 없다. 로우 수가 수천 개 이하라면 전체 테이블 스캔과 인덱싱된 검색의 차이가 거의 없다.

경험상, 필요할 때 인덱스를 생성하는 것이 좋다. 느린 쿼리가 발견될 때 인덱스가 상황을 개선할 수 있는지 분석한 후 개선의 여지가 있다면 인덱스를 생성한다.

카디널리티

인덱스 유용성의 중요한 특성은 **카디널리티**cardinality다. 카디널리티는 인덱스에 포함된 서로 다른 값의 개수를 의미한다.

예를 들어, 다음 테이블에서 Height 인덱스의 카디널리티는 4이다. 즉, 4개의 서로 다른 값이 존재한다.

id	Height(cm)
1	178
2	165
3	167
4	192

다음과 같은 테이블의 카디널리티는 2이다.

id	Height(cm)
1	178
2	165
3	178
4	165

카디널리티가 낮은 인덱스는 검색 속도를 예상한 만큼 높일 수 없기 때문에 품질이 낮다. 따라서 인덱스를 검색할 로우 수를 줄일 수 있는 필터로 이해할 수 있다. 인덱스를 적용한 후 쿼리 시간이 크게 줄어들지 않았다면 인덱스는 유용하지 않다. 극단적인 예를 들어 설명하겠다.

동일한 값을 가진 필드에 인덱스가 설정된 백만 개의 로우를 포함하는 테이블을 상상해 보자. 이제 인덱싱되지 않은 다른 필드에서 단일 로우를 찾는 쿼리를 만들자. 해당 인덱스를 사용하면 데이터베이스에서 모든 단일 로우를 리턴하므로 쿼리의 속도를 높일 수 없다.

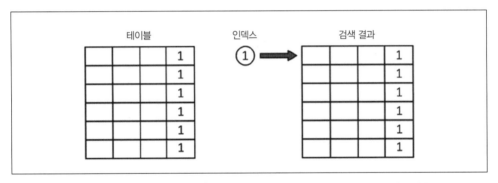

그림 3.11 도움이 되지 않는 인덱스를 사용해 쿼리에서 모든 단일 로우를 리턴하는 경우

이제 해당 필드에 2개의 값이 있다고 상상해 보자. 테이블 로우의 절반이 먼저 리턴된 다음 쿼리를 수행해야 한다. 이 방법이 더 좋아 보이지만, 전체 테이블 스캔보다 인덱스를 사용하는 것이 약간의 오버헤드가 발생하기에 실제로는 그다지 유리하지 않다.

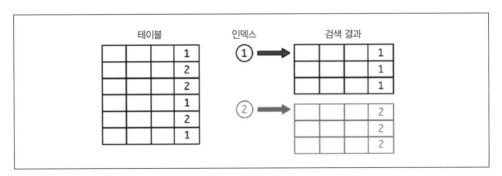

그림 3.12 2개의 값을 가진 인덱스를 사용해 로우 리턴하기

인덱스의 카디널리티가 커지도록 값을 더 많이 추가할수록 인덱스가 더 유용하다.

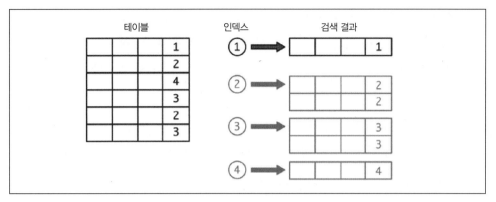

그림 3.13 4개의 값을 가진 인덱스를 사용해 로우 리턴하기

카디널리티가 높을수록 데이터베이스는 정보를 잘 식별하고 값의 작은 하위 부분을 알 수 있기에 데이터에 대한 접근 속도가 아주 빨라진다.

 일반적으로 인덱스의 카디널리티는 항상 10 이상이어야 한다. 10보다 낮으면 인덱스로 사용하기에 충분치 않다. 쿼리 분석기는 인덱스 사용 여부를 확인하기 위해 카디널리티 값을 고려한다.

Boolean, Enum과 같이 소수의 값만 허용하는 필드의 카디널리티는 항상 제한되어 있기에 적어도 인덱싱에 대한 나쁜 후보가 된다. 반면 고유한 값은 항상 가장 높은 카디널리티를 가지며 인덱싱에 적합한 후보다. 이런 이유로 기본 키는 항상 자동으로 인덱스로 처리된다.

요약

3장에서는 데이터베이스에서 사용할 수 있는 다양한 용량과 방법 관점, 애플리케이션 코드가 정보를 저장하고 검색하기 위해 상호 작용할 수 있는 방법을 통해 스토리지 계층을 처리하는 다양한 방법과 기술을 설명했다.

관계형 데이터베이스와 비관계형 데이터베이스의 다양한 종류, 각각의 차이점과 사용법, 관계형 데이터베이스의 기본 특성 중 하나인 트랜잭션 개념이 ACID 속성을 준수하는 방법을 설명했다. 일부 비관계형 데이터베이스는 대규모 데이터를 처리하는 것을 목표로 하고 분산을 기반으로 되어 있는 반면, 관계형 데이터베이스는 처음부터 여러 서버로 처리하도록 설계되지 않았기 때문에 관계형 시스템을 확장하는 일부 기술을 제시했다.

스키마 설계 방법과 데이터 정규화 및 비정규화의 장단점을 계속 다뤘다. 또한 필드를 인덱싱하는 이유와 인덱싱이 비생산적인 경우도 설명했다.

4장에서는 데이터 계층을 설계하는 방법을 살펴본다.

04

데이터 계층

애플리케이션 코드와 상호 작용하는 데이터 모델링은 데이터의 스토리지 저장 방법만큼 중요하다. 데이터 계층은 개발자가 가장 자주 상호 작용하는 계층이므로 생산적인 환경을 만들기 위해서는 좋은 인터페이스를 만드는 것이 중요하다.

4장에서는 데이터 저장에 대한 세부 사항을 추상화하기 위해 저장소와 상호 작용하는 소프트웨어 데이터 계층을 만드는 방법을 설명한다. DDD^{Domain-Driven Design}의 정의와 ORM^{Object-Relational Mapping} 프레임워크를 사용하는 방법, 그리고 CQRS^{Command Query Responsibility Segregation} 같은 고급 패턴을 살펴본다.

또한 애플리케이션이 발전함에 따른 데이터베이스 변경 방법을 살펴보고, 마지막으로 참여 전에 구조가 이미 정의됐다면 레거시 데이터베이스를 처리하는 기술에 대해서도 설명한다.

4장에서 다루는 내용은 다음과 같다.

- 모델 계층
- 데이터베이스 마이그레이션

- 레거시 데이터베이스 다루기

먼저 MVC^{Model-View-Controller} 패턴의 모델 일부로서 데이터 설계의 컨텍스트를 제공하는 것으로 시작하겠다.

모델 계층

2장 'API 설계'에서 MVC 아키텍처의 모델 계층을 살펴봤었다. 바로 이 모델 계층이 데이터와 밀접하게 관련된 저장 및 검색 부분이다.

모델은 모든 데이터 처리를 추상화한다. 여기에는 데이터베이스 접근뿐만 아니라 관련 비즈니스 로직도 포함된다. 다음과 같이 두 계층이 생성된다.

- 첫 번째는 데이터베이스에서 데이터를 저장하고 검색을 처리하는 내부 데이터 모델링 계층이다. 이 계층은 데이터가 데이터베이스에 저장되고 그에 따라 처리되는 방식을 이해해야 한다.
- 다음 계층은 비즈니스 로직을 생성하고, 이를 지원하기 위해 내부 데이터 모델링 계층을 사용한다. 이 계층은 저장할 데이터의 일관성을 보장하고 모든 관계 또는 제약 조건을 적용한다.

데이터 계층을 데이터베이스 설계의 순전한 확장으로 보고, 비즈니스 레벨을 제거하거나 컨트롤러 부분에 코드로 저장하는 것이 가장 일반적이다. 물론 가능하긴 하지만 명시적으로 비즈니스 계층을 맨 위에 추가하는 것이 좋을지 고려해 본다. 또한 비즈니스에 적합한 엔티티 모델과 데이터베이스 접근 방법에 대한 세부 정보가 포함된 데이터베이스 모델, 이렇게 두 모델 사이에 분리가 있는지 확인하는 것이 좋다.

도메인 주도 설계

도메인 주도 설계(이하 DDD)의 일부로 모델 계층이 일반적으로 사용됐다. DDD 도입 당시의 목표는 적절한 명명법을 사용하고자 주된 특정 애플리케이션과 이를 구현하는 기술 간의 격차를 줄이고, 코드 사용자가 사용할 실제 오퍼레이션과 코드가 동기화됐는지 확인하는 것이었다. 예를 들어, 은행 소프트웨어는 계좌에서 단순히 추가하고 빼는 대신 자금을 맡기고 인출하는 방법을 사용할 것이다.

 TIP DDD는 도메인의 적절한 전문 용어와 일치하도록 메소드와 애트리뷰트를 명명하고, 용도와 흐름을 복제한다.

OOPObject-Oriented Programming, 객체 지향 프로그래밍와 짝을 이룰 때, DDD 기술은 특정 도메인에 필요한 개념을 객체로 복제한다. 이전 예시를 이어보자. lodge()와 withdraw() 메소드를 허용하는 Account 객체를 가지고 자금 출처에서 적절한 균형을 유지하는 Transfer 객체를 수락할 것이다.

요즘 DDD는 모델 계층에서 비즈니스 지향 인터페이스의 생성으로 받아들여진다. 따라서 데이터베이스 접근에 매핑되는 방법에 대한 내부를 추상화하고 비즈니스 흐름을 복제하는 일관된 인터페이스를 제공할 수 있다.

 DDD에서는 비즈니스 활동을 이해하고 적절하게 모델링하는 인터페이스를 생성하기 위해 특정 도메인에 대한 깊이 있는 지식이 필요하다. 가능한 모든 격차를 해소하려면 비즈니스 전문가와의 긴밀한 커뮤니케이션과 협력이 필요하다.

다양한 개념에서 볼 때, 모델은 순전히 데이터베이스 스키마의 복제로 작동한다. 즉, 테이블이 있는 경우 해당 테이블에 접근하고 필드를 복제하는 등의 모델로 변환된다. 예를 들어 사용자 이름, 전체 이름, 구독, 비밀번호 필드가 있는 테이블에 사용자를 저장하는 것이다.

이것이 그리 어려운 요구사항은 아니다. 모델은 내부에 남아 있어야 하는 일부 필드를 노출하지 않더라도 비즈니스에 더 부합하도록 여러 테이블을 사용하거나 여러 필드를 결합할 수 있다.

대개는 가장 일반적인 데이터베이스인 SQL을 사용하는 관계형 데이터베이스를 기반으로 한다. 그러나 이제까지 다룬 내용은 다른 종류의 데이터베이스, 특히 문서 기반 데이터베이스에 매우 적합하다.

사용자 예의 경우, 데이터베이스의 다음 필드를 SQL 테이블의 컬럼으로 지정한다.

필드	타입	설명
Username	String	고유한 사용자 이름
Password	String	해시된 암호 문자열
Full name	String	사용자 이름
Subscription end	Datetime	구독이 종료되는 시간
Subscription type	Enum(Normal, Premium, NotSubscribed)	구독 종류

그러나 모델은 다음과 같이 노출할 수 있다.

애트리뷰트/메소드	타입	설명
username	문자열 애트리뷰트	username 컬럼을 변환한다.
full_name	문자열 애트리뷰트	full_name 컬럼을 변환한다.
subscription	읽기 전용 속성	구독 유형 컬럼을 리턴한다. 구독이 종료되면(구독 종료 컬럼에 표시된 대로) NotSubscribed를 리턴한다.
check_password(password)	메소드	password 입력이 유효한지 해시 비밀번호 컬럼과 비교하여 내부적으로 확인하고 올바른지 여부를 리턴한다.

내부 세부 정보는 데이터베이스 외부와 관련이 없기 때문에 비밀번호 자체를 숨긴다. 또한 내부 구독 필드를 숨기고 대신 모든 관련 검사를 수행하는 단일 애트리뷰트를 표시한다.

이 모델은 원시 데이터베이스 접근에서 데이터베이스 접근을 추상화하는 완전히 정의된 객체로 액션을 변환한다. 객체를 테이블이나 컬렉션에 매핑할 때 이러한 작동 방식을 ORM^{Object-Relational Mapping, 객체 관계형 매핑}이라고 한다.

ORM 사용

이전에 살펴본 것처럼 ORM은 본질적으로 데이터베이스의 컬렉션 또는 테이블 간의 매핑을 수행하고 OOP 환경에서 객체를 생성한다.

ORM 자체가 기술을 지칭한다면 일반적으로 이해되는 방식은 툴이다. SQL 테이블에서 파이썬 객체로의 변환을 수행하는 여러 ORM 툴이 있다. 즉, 클래스와 객체에 정의된 속성을 설정하면 ORM 툴에 의해 자동으로 변환되고 데이터베이스에 연결된다.

예를 들어, pens 테이블의 쿼리에 대한 하위 수준 접근은 다음과 같을 수 있다.

```
>>> cur = con.cursor()
>>> cur.execute('''CREATE TABLE pens (id INTEGER PRIMARY KEY DESC,
name, color)''')
<sqlite3.Cursor object at 0x10c484c70>
>>> con.commit()
>>> cur.execute('''INSERT INTO pens VALUES (1, 'Waldorf', 'blue')''')
<sqlite3.Cursor object at 0x10c484c70>
>>> con.commit()
>>> cur.execute('SELECT * FROM pens');
<sqlite3.Cursor object at 0x10c484c70>
>>> cur.fetchall()
[(1, 'Waldorf', 'blue')]
```

여러 데이터베이스 간의 차이점을 추상화하는 DB-API 2.0 표준 파이썬 인터페이스를 사용하고, 표준 fetchall() 메소드를 사용해 정보를 검색할 수 있다.

 파이썬과 SQL 데이터베이스를 연결하는 가장 일반적인 ORM은 장고 프레임워크(https://www.djangoproject.com/)와 SQLAlchemy(https://www.sqlalchemy.org/)에 포함된 ORM이다. 많이 사용되지는 않지만 더 간단하게 접근할 수 있는 옵션으로 Pony(https://ponyorm.org/) 또는 Peewee(https://github.com/coleifer/peewee)가 있다.

장고 프레임워크에서 사용한 ORM을 사용해 CREATE TABLE 문을 만드는 대신 코드에서 테이블을 클래스로 설명한다.

```
from django.db import models

class Pens(models.Model):
    name = models.CharField(max_length=140)
    color = models.CharField(max_length=30)
```

Pens 클래스를 사용해 요소를 검색하고 추가할 수 있다.

```
>>> new_pen = Pens(name='Waldorf', color='blue')
>>> new_pen.save()

>>> all_pens = Pens.objects.all()
>>> all_pens[0].name
'Waldorf'
```

원시 SQL의 INSERT 오퍼레이션은 새로운 객체를 만든 다음 .save() 메소드를 사용해 데이터를 데이터베이스에 유지하는 것이다. 같은 방식으로 SELECT 쿼리를 작성하는 대신 검색 API를 호출할 수 있다. 예를 들어 다음 코드와 같다.

```
>>> red_pens = Pens.objects.filter(color='red')
```

이 코드는 다음 코드와 동일하다.

```
SELECT * FROM Pens WHERE color = 'red;
```

ORM을 사용하면 SQL을 직접 사용하는 것에 비해 다음과 같은 장점이 있다.

- ORM을 사용하면 코드에서 데이터베이스가 분리된다.
- SQL 사용(또는 학습)의 필요성을 제거한다.
- 보안 문제와 같은 SQL 쿼리 작성에 관련된 문제를 제거한다.

위의 장점을 면밀히 살펴보고 한계도 들여다보자.

데이터베이스로부터의 독립성

우선, ORM을 사용하면 코드에서 데이터베이스 사용량이 분리된다. 즉, 특정 데이터베이스를 변경할 수 있으며 코드 변경 없이 실행된다. 따라서 다른 환경에서 코드를 실행하거나 다른 데이터베이스를 사용하기 위해 서둘러 변경해야 할 때 유용할 수 있다.

 가장 보편적인 사용 사례는 SQLite에서 테스트를 실행하고 코드가 프로덕션에 배포되면 MySQL 또는 PostgreSQL 같은 데이터베이스를 사용하는 것이다.

일부 옵션은 한 데이터베이스에서는 사용 가능하고 또 다른 데이터베이스에서는 사용할 수 없어서 이 접근 방식 자체는 문제가 없다. 새로운 프로젝트에서 실행할 수 있는 전술이지만 역시 가장 좋은 방법은 예기치 않은 호환성 문제를 피하도록 동일한 기술에서 테스트와 프로덕션을 실행하는 것이다.

SQL 및 저장소 패턴으로부터의 독립성

또 다른 장점은 데이터 작업을 위해 SQL(또는 데이터베이스 백엔드에서 사용되는 언어)을 배울 필요가 없다는 것이다. 대신 ORM은 직관적이고 OOP에 더 가까운 자체 API를 사용한다. 특히 SQL에 익숙하지 않은 개발자가 ORM 코드를 더 빨리 이해할 수 있어서 코드 작업의 진입장벽을 낮출 수 있다.

 데이터베이스를 사용할 때 영구 계층에 대한 접근을 클래스로 추상화하는 것을 **저장소 패턴**(Repository pattern)이라고 한다. ORM을 사용하면 데이터베이스에 대한 내부 지식이 없어도 프로그래밍 방식의 작업을 하기 때문에 저장소 패턴이 자동으로 사용된다.

한편, 일부 작업을 변환하는 데 있어 투박할 수 있고 매우 비효율적인 SQL 문을 생성할 수 있다는 우려가 있다. 여러 테이블을 조인해야 하는 복잡한 쿼리의 경우에는 특히 그렇다.

이에 대한 예는 다음 코드에서 볼 수 있다. Books 객체에는 다른 테이블에 저장되고 외래 키 참조로 저장되는 작성자에 대한 참조가 있다.

```
for book in Books.objects.find(publisher='packt'):
    author = book.author
    do_something(author)
```

이 코드는 다음과 같이 해석된다.

```
'packt' 출판사의 모든 책을 검색하는 쿼리를 생성한다.
각 책에 대해 저자를 검색하는 쿼리를 작성한다.
저자 정보로 검색 작업을 수행한다.
```

책이 많으면 모든 추가 쿼리에 많은 비용이 들 수 있다. 여기서 정말로 하고 싶은 것은 다음과 같다.

```
'packt' 출판사의 모든 책을 저자와 조인하고 검색하는 쿼리를 생성한다.
각 책에 대해 저자 정보로 검색하는 쿼리를 작성한다.
```

이렇게 조인을 사용하면 단일 쿼리만 생성되므로 첫 번째 경우 두 번 쿼리하는 것보다 훨씬 효율적이다.

조인은 다음과 같은 방식으로 API로 구현할 수 있다.

```
for book in Books.objects.find(publisher='packt').select_related('author'):
    author = book.author
    do_something(author)
```

 추가 정보에 대한 요구사항은 2장에서 다룬 것처럼 누수 추상화의 좋은 예다. 효율적인 코드를 작성하려면 데이터베이스의 세부 사항을 충분히 이해해야 한다.

ORM 프레임워크에 대한 이러한 균형은 직관적으로 작업하는 것과 때때로 기본 구현 세부 사항을 이해하는 것 사이에서 정의가 필요하다. 프레임워크 자체는 간편한 API

를 통해 사용된 특정 SQL 문을 추상화하는 방법에 따라 대체로 유연한 접근 방식을 취한다.

SQL 작성과 관련된 문제가 발행하지 않게 하기

개발자가 SQL을 잘 알고 있다 하더라도 SQL 작업 시 많은 번거로움이 존재한다. ORM을 사용할 때의 중요한 장점은 SQL 문의 직접 조작을 처리하는 문제를 피할 수 있다는 것이다. SQL을 직접 작성하면 원하는 쿼리 생성을 위해 순수하게 문자열을 조합하는데 이로 인해 많은 문제가 발생할 수 있다.

가장 분명한 요구사항은 적절한 SQL 문을 구성하고 유효하지 않은 SQL 구문은 생성하지 말아야 한다는 것이다. 예를 들면 다음과 같은 코드가 있다.

```
>>> color_list = ','.join(colors)
>>> query = 'SELECT * FROM Pens WHERE color IN (' + color_list + ')'
```

이 코드는 값을 포함하는 colors 값에 대해 작동하지만 colors 값이 비어 있으면 에러가 발생한다.

설상가상으로 직접 입력 파라미터를 사용해 쿼리를 구성하면 보안 문제가 발생할 수 있다. 정확히 이런 종류의 행동을 겨냥한 **SQL 주입 공격**SQL injection attack이 있다.

예를 들어, 사용자가 다른 색상으로 필터링할 수 있는 검색을 호출할 때 위에 제공된 쿼리가 생성된다고 가정해 보자. 사용자에게 직접 색상을 묻는다. 악의적인 사용자는 'red'; DROP TABLE users; 문자열을 요청할 수 있다. 이 결과로 쿼리가 순수 문자열로 포함되어 숨겨진 예기치 않은 오퍼레이션이 포함된 악성 문자열을 생성한다는 사실을 이용할 수 있다.

보안 문제를 방지하려면 SQL 쿼리(또는 다른 언어)의 일부로 사용될 수 있는 모든 입력을 확인해야 한다. 즉, 예상 쿼리의 동작에 영향을 줄 수 있는 문자를 제거하거나 이스케이프escape 처리하는 것을 의미한다.

문자를 이스케이프 처리한다는 것은 구문(syntax)의 일부가 아닌 일반 문자열로 이해되도록 적절하게 인코딩하는 것을 의미한다. 예를 들어, 파이썬에서 문자열 정의를 끝내지 않고 문자열에 포함되도록 " 문자를 이스케이프 처리하려면 \ 문자가 앞에 와야 한다. 물론 문자열에서 \ 문자를 사용해야 하는 경우에도 이스케이프 처리를 해야 하는데, 이때는 \\를 사용한다.

예를 들면, 다음과 같다.

"This string contains the double quote character \" and the backslash character \\."

SQL 문을 수동으로 만들면서 입력을 보정하는 특정 기술이 있지만 모든 ORM은 자동으로 삭제하므로 기본적으로 SQL 주입 위험이 크게 줄어든다. 따라서 보안 측면에서 큰 장점일 뿐만 아니라 아마도 ORM 프레임워크의 가장 큰 장점이 될 것이다. SQL 문을 수동으로 작성하는 것은 모든 입력이 안전함을 보장하는 간접적인 방법에 의존하기에 일반적으로 좋지 않은 방법으로 보인다.

이에 반해 ORM API를 잘 이해하고 있어도 특정 쿼리나 결과에 대해 요소를 읽는 방식에는 한계가 있어서 맞춤형 SQL 쿼리를 생성하는 것보다 ORM 프레임워크를 사용해 생성하는 것이 훨씬 더 복잡하거나 비효율적인 오퍼레이션이 될 수 있다.

이런 일은 일반적으로 복잡한 조인을 만들 때 발생한다. ORM에서 생성된 쿼리는 간단한 쿼리에 적합하지만, 관계가 너무 많으면 쿼리가 지나치게 복잡해져서 쿼리 생성에 어려움을 겪을 수 있다.

ORM 프레임워크는 적절한 SQL 쿼리를 작성하고 데이터를 인코딩 및 디코딩하고 기타 검사를 수행하는 데 시간이 필요한 만큼 성능 측면에서도 영향을 미친다. 대부분의 쿼리는 이 시간을 무시할 수 있어도 특정 쿼리의 경우 데이터 검색에 소요되는 시간이 크게 늘어날 수 있다. 불행히도 어느 시점에서 특정 액션에 대해 맞춤형 SQL 쿼리를 생성해야 할 가능성이 높다. ORM 프레임워크를 다룰 때에는 항상 편리하고 싶은 것과 당면한 작업에서 정확하게 올바른 쿼리를 생성하고자 하는 것 사이에 균형이 필요하다.

> ORM 프레임워크의 또 다른 한계는 SQL 접근으로 ORM 인터페이스에서 불가능한 오퍼레이션을 허용할 수 있다는 점이다. 이것은 사용 중인 데이터베이스에 고유한 특정 플러그인 또는 기능의 산물일 수 있다.

SQL을 사용해야 한다면 일반적인 접근 방식은 준비된 구문statement을 사용하는 것이다. 즉, 파라미터가 있는 변경할 수 없는 쿼리를 통해 DB API에서 실행의 일부로 대체되도록 한다. 예를 들어, 다음 코드는 print 문과 유사한 방식으로 작동한다.

```
db.execute('SELECT * FROM Pens WHERE color={color}', color=color_input)
```

위 코드는 입력을 안전하게 인코딩해 색상을 문제없이 대체할 것이다. 대체해야 할 요소들이 있다면 두 단계로 수행할 수 있다. 첫 번째는 입력당 하나의 파라미터를 사용해 적절한 템플릿을 준비하는 것이고, 두 번째는 대체물을 만드는 것이다. 다음의 예시를 보자.

```
# 입력 리스트
>>> color_list = ['red', 'green', 'blue']
# 파라미터(색상)별로 고유한 이름(color_X)과 값으로 파이썬 딕셔너리를 생성한다.
>>> parameters = {f'color_{index}': value for index, value in
enumerate(color_list)}
>>> parameters
{'color_0': 'red', 'color_1': 'green', 'color_2': 'blue'}
# 문자열 대체(string substitution)로 대체할 파라미터의 이름으로 절을 만든다.
# {{는 단일 {로 대체된다.
>>> query_params = ','.join(f'{{{param}}}' for param in  parameters.keys())
>>> query_params
'{color_0},{color_1},{color_2}'
# 준비된 문자열을 대체하여 전체 쿼리를 작성한다.
>>> query = f'SELECT * FROM Pens WHERE color IN ({query_params})'
>>> query
'SELECT * FROM Pens WHERE color IN ({color_0},{color_1},{color_2})'
# 실행하려면 딕셔너리 앞에 **를 사용해 모든 키를 입력 파라미터로 받는다.
>>> query.format(**parameters)
'SELECT * FROM Pens WHERE color IN (red,green,blue)'
```

```
# 비슷한 방식으로 쿼리를 실행하면 필요한 모든 인코딩과 문자열 입력 이스케이프를 처리한다.
>>> db.execute(query, **query_params)
```

위의 예시는 단순성을 위해 테이블의 모든 컬럼을 리턴하는 SELECT * 문을 사용하고 있는데 올바른 주소 지정 방법이 아니므로 피해야 한다. 문제는 모든 컬럼을 리턴하는 것이 안정적이지 않을 수 있다는 점이다.

새로운 컬럼을 테이블에 추가할 수 있으므로 모든 컬럼을 검색하면 검색된 데이터가 변경되어 포맷 에러 가능성이 높아진다. 다음 코드를 보자.

```
>>> cur.execute('SELECT * FROM pens');
<sqlite3.Cursor object at 0x10e640810>
# 한 로우를 리턴한다.
>>> cur.fetchone()
(1, 'Waldorf', 'blue')
>>> cur.execute('ALTER TABLE pens ADD brand')
<sqlite3.Cursor object at 0x10e640810>
>>> cur.execute('SELECT * FROM pens');
<sqlite3.Cursor object at 0x10e640810>
# 이는 이전과 같은 동일한 로우이지만 이제 추가 요소를 리턴한다.
>>> cur.fetchone()
(1, 'Waldorf', 'blue', None)
```

이 경우 ORM은 자동으로 처리하지만, 원시 SQL을 사용하려면 이에 대한 영향을 고려해야 한다. 후에 스키마 변경 시 문제가 발생하지 않도록 검색할 컬럼은 항상 명시적으로 포함해야 한다.

```
>>> cur.execute('SELECT name, color FROM pens');
<sqlite3.Cursor object at 0x10e640810>
>>> cur.fetchone()
('Waldorf', 'blue')
```

 저장된 데이터를 다룰 때는 이전 버전과의 호환성이 중요하다. 4장 뒷부분에서 좀 더 살펴볼 것이다.

원시 SQL을 사용할 때 프로그래밍 방식으로 생성된 쿼리를 **동적 쿼리**dynamic query라 한다. 기본적으로 준비된 명령문prepared statement을 선호하지만, 특정한 경우에는 여전히 동적 쿼리가 꽤 유용하다. 동적 쿼리가 포함되지 않으면 생성할 수 없는 수준의 사용자 정의customization가 있다.

 물론 동적 쿼리로 간주되는 항목은 환경에 따라 다르다. 어떤 경우에는 저장된 쿼리(데이터베이스 내부에 미리 저장되어 있고 일부 파라미터와 함께 호출되는 쿼리)가 아니라면 동적으로 간주될 수 있다. 여기서는 쿼리를 생성하기 위해 문자열 조작이 필요한 모든 쿼리를 동적 쿼리로 간주할 것이다.

데이터베이스에 접근하려고 선택한 방법이 원시 SQL 문인 경우에도 접근의 모든 특정 세부 정보를 처리하는 추상화 계층을 만드는 것이 좋다. 해당 계층은 비즈니스 로직 없이도 데이터베이스에 적절한 포맷으로 데이터를 저장해야 한다.

일반적으로 ORM 프레임워크는 약간의 추상화 작업을 수행하는데, 많은 복잡성을 처리할 수 있고 정의된 비즈니스 로직의 각 객체마다 오버로딩overloading[1]할 수 있다. 예를 들어, 사용자 객체와 같이 비즈니스 개념과 데이터베이스 테이블 간의 변환이 직접적이라면 괜찮다. 다만 분명한 것은 저장소와 의미 있는 비즈니스 객체 사이에 중간 계층을 추가로 생성할 수 있다는 점이다.

작업 단위 패턴 및 데이터 캡슐화

이전에 살펴본 것처럼 ORM 프레임워크는 데이터베이스의 테이블과 객체 사이를 직접 변환한다. 따라서 데이터베이스에 저장되는 방식으로 데이터 자체를 표현할 수 있다.

대부분의 데이터베이스 설계는 DDD 철학에서 도입한 비즈니스 엔티티와 밀접하다. 그러나 일부 엔티티는 데이터베이스 내부에 저장되므로 데이터의 내부 표현에서 분리될 수 있다. 따라서 해당 설계에 추가 단계가 필요할 수 있다.

---

1 같은 이름의 메소드를 중복하여 정의하는 것 – 옮긴이

액션을 표현하는 메소드 생성은 고유한 엔티티인데, 이를 **작업 단위 패턴**^{Unit of Work pattern}이라고도 한다. 즉, 내부적으로 여러 데이터베이스 작업이 구현되어 있어도 상위 수준 액션에서 발생하는 모든 오퍼레이션이 단일 단위로 수행됨을 의미한다. 오퍼레이션은 호출자 관점에서는 원자적^{atomic}으로 작동한다.

> 데이터베이스에서 작업 단위 패턴을 허용하면, 전체 오퍼레이션이 한 번에 완료되도록 오퍼레이션 단위의 모든 작업이 트랜잭션 내에서 생성되어야 한다. 작업 단위(Unit of Work)라는 명칭은 트랜잭션 및 관계형 데이터베이스와 매우 밀접하게 연관되어 있다. 또한 패턴을 개념적으로 사용할 수는 있어도 트랜잭션을 생성할 수 없는 데이터베이스에서는 일반적으로 사용되지 않는다.

예를 들어, .lodge()와 .withdraw() 메소드를 포함하는 Account 클래스의 예를 다시 생각해 보자. 자금을 나타내는 정숫값을 가진 Account 테이블을 직접 구현하는 것이 가능하지만, 시스템을 추적하는 복식부기 회계 시스템을 변경하면 자동으로 생성할 수도 있다.

> **TIP** Account는 데이터베이스 내부 자원 여부와 상관없는 **도메인 모델**(Domain Model)이라고 할 수 있다.

복식부기 회계 시스템의 각 Account(계정)에는 debit(차변)과 credit(대변) 내부 값이 있어야 한다. 자금의 움직임을 추적하기 위해 다른 테이블에 Log(로그) 항목을 추가하면 3개의 클래스로 구현할 수 있다. Account 클래스는 로그를 캡슐화하는 데 사용된다. InternalAccount 클래스와 Log 클래스는 데이터베이스의 테이블에 해당한다. 이어서 단일 .lodge() 또는 .withdraw() 호출은 데이터베이스에 대한 다중 접근을 생성한다.

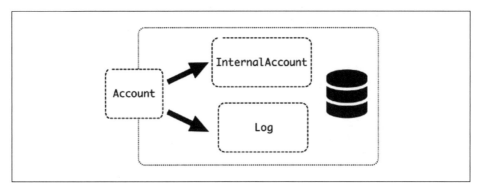

그림 4.1 Account 클래스의 설계

코드는 다음과 같을 수 있다.

```python
class InternalAccount(models.Model):
    ''' DB 테이블과 관련된 모델이다. '''
    account_number = models.IntegerField(unique=True)
    initial_amount = models.IntegerField(default=0)
    amount = models.IntegerField(default=0)


class Log(models.Model):
    ''' 이 모델은 오퍼레이션을 저장한다. '''
    source = models.ForeignKey('InternalAccount',
                               related_name='debit')
    destination = models.ForeignKey('InternalAccount',
                                    related_name='credit')
    amount = models.IntegerField()
    timestamp = models.DateTimeField(auto_now=True)


    def commit():
        ''' 오퍼레이션을 생성 '''
        with transaction.atomic():
            # 금액을 업데이트한다.
            self.source.amount -= self.amount
            self.destination.amount += self.amount
            # 모두 저장한다.
            self.source.save()
```

```
            self.destination.save()
            self.save()


class Account(object):
    ''' 이 모델은 오퍼레이션을 처리할 수 있게끔 노출된 객체다. '''

    def __init__(self, account_number, amount=0):
        # 계정을 검색하거나 생성한다.
        self.internal, _ = InternalAccount.objects.get_or_create(
            account_number=account_number,
            initial_amount=amount,
            amount=amount)

    @property
    def amount(self):
        return self.internal.amount

    def lodge(source_account, amount):
        '''
        이 오퍼레이션은 출처에서 자금을 추가한다.
        '''
        log = Log(source=source_account, destination=self,
                  amount=amount)
        log.commit()

    def withdraw(dest_account, amount):
        '''
        이 오퍼레이션은 자금을 목적지로 이체한다.
        '''
        log = Log(source=self, destination=dest_account,
                  amount=amount)
        log.commit()
```

Account 클래스는 예상되는 인터페이스다. Account 클래스는 데이터베이스의 어떤 항목 과도 직접 관련이 없지만 account_number의 고유 참조를 사용해 InternalAccount와의 관 계를 유지한다.

다른 요소를 저장하는 로직은 ORM 모델과 다른 클래스로 제공된다. 이는 ORM 모델 클래스가 **Repositories** 클래스이고 Account 모델이 **작업 단위** 클래스라는 방식으로 이해될 수 있다.

일부 매뉴얼에서는 다양한 컨텍스트의 클래스가 아닌 작업 단위의 클래스를 사용하는데, 즉 여러 요소를 저장하는 작업을 하는 컨테이너와 같다. 그렇지만 컨텍스트와 그 의미를 제공하려면 Account 클래스 뒤에 명확한 개념을 지정하는 것이 더 유용하다. 그리고 비즈니스 엔티티에 적합한 오퍼레이션이 추가될 수 있다.

매 오퍼레이션마다 다른 계정이 필요하고 새로운 Log가 생성된다. Log는 자금의 출처source, 목적지destination, 금액fund을 포함하고 단일 트랜잭션에서 오퍼레이션을 수행한다. 이는 commit 메소드에서 수행된다.

```python
def commit():
    ''' 이는 오퍼레이션을 생성한다. '''
    with transaction.atomic():
        # 금액을 업데이트한다.
        self.source.amount -= self.amount
        self.destination.amount += self.amount
        # 모두 저장한다.
        self.source.save()
        self.destination.save()
        self.save()
```

with transaction.atomic() 컨텍스트 관리자를 사용한 단일 트랜잭션을 보면, 계정에서 자금을 추가하거나 빼서 3개의 관련 로우, 즉 출처, 목적지, 금액을 저장한다.

 장고 ORM에서는 아토믹 데코레이터(atomic decorator)를 설정해야 하지만, 그 밖의 ORM은 다르게 작동할 수 있다. 예를 들어, SQLAlchemy는 큐에 오퍼레이션을 추가하고 배치 오퍼레이션에서 모든 오퍼레이션을 명시적으로 적용하게 해서 더 많은 오퍼레이션을 수행하기도 한다. 각 사례별로 사용 중인 특정 소프트웨어의 설명서를 확인해야 한다.

이 포맷을 사용하면 각 InternalAccount 클래스의 차변과 대변 모두에서 트랜잭션과 관련된 모든 Log를 검색할 수 있다. 즉, 현재 금액이 올바른시 확인할 수 있다. 이 코드는 로그를 기반으로 계정의 금액을 계산하고 금액이 정확한지 확인하는 데 사용할 수 있다.

```
class InternalAccount(models.Model):
    ...

    def recalculate(self):
        '''
        로그를 기반으로 합계를 다시 계산한다.
        '''
        total_credit = sum(log.amount for log in self.credit.all())
        total_debit = sum(log.amount for log in self.debit.all())
        return self.initial_amount + total_credit - total_debit
```

일단 초기 금액(initial_amount)이 필요하다. debit(차변) 및 credit(대변) 필드는 Log 클래스에 정의된 대로 Log에 대한 역참조다.

Account 객체를 다루는 것에만 관심이 있는 사용자라면 이런 모든 세부 정보를 알지 않아도 된다. Account 추가 계층을 사용해 데이터베이스 구현에서 명확한 추상화와 함께 관련 비즈니스 로직을 저장할 수 있다. 이는 노출된 도메인 모델의 비즈니스 모델 계층으로서, 적절한 로직과 명명법으로 관련 비즈니스 운영을 처리한다.

읽기와 쓰기에서 각기 다른 모델을 사용하는 CQRS

때때로 데이터베이스의 간단한 CRUD 모델이 시스템에서 데이터가 어떻게 흐르는지 설명하지 못하는 경우가 있다. 일부 복잡한 설정에서는 데이터를 읽고 쓰거나 상호 작용하기 위해 다른 방법이 필요할 수 있다.

데이터 전송 및 읽기가 파이프라인의 여러 부분에서 발생할 수도 있다. 예를 들어, 이는 데이터가 큐에 저장된 다음 나중에 처리되는 이벤트 기반 시스템에서 발생한다. 대부분 이 데이터는 다른 데이터베이스에서 처리되거나 집계된다.

좀 더 구체적인 예를 보자. 우선 제품에 대한 판매 정보를 저장한다. 판매 정보를 저장할 때 SKU(판매된 제품의 고유 식별자)와 가격이 포함된다. 그러나 제품의 구매는 시장의 변동성에 달려 있어서 판매 당시에는 판매가로부터 계산된 이익이 얼마인지 알 수 없다. 판매 정보 저장은 큐로 이동해 지불된 가격과 조정하는 프로세스를 시작한다. 마지막으로 관계형 데이터베이스는 구매 가격과 이익을 포함하는 최종 판매 항목을 저장한다.

정보의 흐름은 도메인 모델에서 큐로 이동하는 것으로 시작한다. 그런 다음, 외부 프로세스에 의해 관계형 데이터베이스로 이동하고 ORM 방식으로 관계형 모델로 표시된 후 다시 도메인 모델로 돌아간다.

이 구조를 CQRS(Command Query Responsibility Segregation, 커맨드 쿼리 책임 분리)라고 하며, 커맨드(쓰기 오퍼레이션)와 쿼리(읽기 오퍼레이션)가 분리된다는 의미를 갖는다. CQRS는 이벤트 기반 구조에 국한되지 않으며 특성 자체가 출력 데이터에서 입력 데이터를 분리하는 것이어서 일반적인 시스템에서 볼 수 있다.

도메인 모델은 정보를 처리하기 위해 다른 방법을 진행할 수 있다. 입력 데이터와 출력 데이터는 내부 표현이 달라서 명확하게 구분하는 것이 더 쉬울 수 있다. CQRS에 대해 명시적 도메인 모델 계층을 사용해 기능을 그룹화하고 전체로 처리하는 것은 분명 좋은 아이디어다. 경우에 따라서는 모델과 데이터가 읽기와 쓰기에서 상당히 다를 수 있다. 만약 집계된 결과가 생성되는 단계라면 읽기 부분에 작성되지 않은 추가 데이터가 생성될 수 있다.

읽기와 쓰기 부분이 연결되는 프로세스에 대한 설명은 이 예시에 해당되지 않는다. 이 예에서 해당 프로세스는 지불한 금액을 포함하는 데이터가 데이터베이스에 저장되는 방식이다.

다음 다이어그램은 CQRS 구조의 정보 흐름을 보여주고 있다.

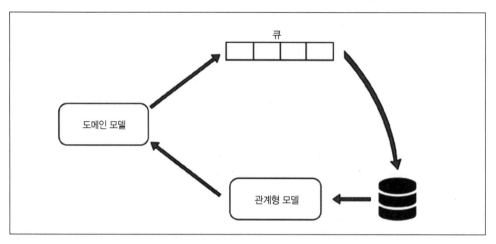

그림 4.2 CQRS 구조의 정보 흐름

모델을 다음과 같이 정의할 수 있다.

```
Class SaleModel(models.Model):
    ''' 이는 일반적인 ORM 모델이다. '''
    Sale_id = models.IntegerField(unique=True)
    sku = models.IntegerField()
    amount = models.IntegerField()
    price = models.IntegerField()

class Sale(object):
    '''
        오퍼레이션으로 처리될 노출된 도메인 모델이다.
        내부 정보를 노출하지 않고 도메인에서 의미 있는 방식으로 접근한다.
    '''

    def __init__(self, sale_id, sku, amount):
        self.sale_id = sale_id
        self.sku = sku
        self.amount = amount
        # 다음 속성은 새로운 값을 생성할 때까지 초기화하지 않는다.
        self._price = None
        self._profit = None

    @property
```

```python
    def price(self):
        if self._price is None:
            raise Exception('No price yet for this sale')
        return self._price

    @property
    def profit(self):
        if self._profit is None:
            raise Exception('No price yet for this sale')
        return self._profit


    def save(self):
        # 판매 정보를 큐로 보낸다.
        event = {
            'sale_id': self.sale_id,
            'sku': self.sku,
            'amount': self.amount,
        }
        # 이벤트를 외부 큐로 보낸다.
        Queue.send(event)

    @classmethod
    def get(cls, sale_id):
        # 판매가 가능하지 않은 경우 예외가 발생한다.
        sale = SaleModel.objects.get(sale_id=sale_id)
        full_sale = Sale(sale_id=sale_id, sku=sale.sku,
                         amount=sale.amount)
        # private 애트리뷰트를 채운다.
        full_sale._price = sale.price
        full_sale._profit = sale.amount - full_sale._price
        return full_sale
```

저장과 검색의 흐름이 어떻게 다른지 확인해 보자.

```python
# 판매 정보를 생성한다.
sale = Sale(sale_id=sale_id, sku=sale.sku, amount=sale.amount)
sale.save()
```

```
# 완전히 처리될 때까지 잠시 기다린다.
full_sale = Sale.get(sale_id=sale_id)
# 이익을 얻는다.          ·
full_sale.profit
```

CQRS 시스템은 데이터의 입력과 출력이 다르기에 복잡하다. 또한 일반적으로 정보를 다시 얻을 때 발생하는 지연 때문에 불편할 수 있다.

CQRS 시스템의 또 다른 중요한 문제는 여러 부분이 동기화되어야 한다는 점이다. 여기에는 읽기와 쓰기 모델뿐만 아니라 파이프라인 내에서 발생하는 모든 변환도 포함된다. 특히 시간이 지나면서 이전 버전과의 호환성을 유지해야 하는 경우 유지 관리 요구사항이 생긴다.

 이런 문제들이 CQRS 시스템을 복잡하게 만들기 때문에 꼭 필요한 경우에만 주의해서 사용해야 한다.

데이터베이스 마이그레이션

개발에서 피할 수 없는 사실은 소프트웨어 시스템이 항상 변화한다는 것이다. 데이터베이스의 변경 속도가 다른 영역보다 훨씬 빠른 것은 아니지만 변경사항은 늘 있으므로 신중하게 처리해야 한다.

데이터 변경사항은 대략 두 가지 유형으로 분류된다.

- **포맷 또는 스키마 변경**: 필드 또는 테이블 같은 새로운 요소가 추가되거나 제거된다. 또는 일부 필드의 포맷이 변경된다.

- **데이터 변경**: 포맷을 수정하지 않고 데이터 자체를 변경해야 한다. 예를 들어, 우편번호를 포함하는 주소 필드를 정규화하거나 문자열 필드를 대문자로 만든다.

하위 호환성

데이터베이스 변경과 관련된 기본 원칙은 이전 버전과의 호환성이다. 즉, 데이터베이스의 모든 단일 변경이 코드 변경 없이 작동해야 한다.

하위 호환성을 유지하면 서비스를 중단하지 않고 변경할 수 있다. 데이터베이스의 변경 내용을 이해하고자 코드를 변경해야 한다면 서비스는 중단되어야 한다. 두 변경사항을 동시에 적용할 수 없을뿐더러 코드를 실행하는 서버가 두 대 이상일 경우 동시 적용이 불가능하기 때문이다.

 물론 서비스를 중지하고 모든 변경 작업을 수행한 후, 재시작하는 또 다른 방법이 있다. 좋은 방법은 아니지만 소규모 서비스 또는 예정된 가동 중지 시간이 허용된다면 염두에 둘 만한 방법이 될 수 있다.

데이터베이스에 따라 데이터 변경에 대한 접근 방식이 다르다.

관계형 데이터베이스는 고정된 구조를 정의해야 하므로 스키마의 변경사항을 단일 오퍼레이션으로 전체 데이터베이스에 적용해야 한다.

스키마를 강제로 정의하지 않는 데이터베이스의 경우, 더 반복적으로 데이터베이스를 업데이트하는 방법이 있다.

다양한 접근 방식을 살펴보자.

관계형 스키마 변경

관계형 데이터베이스에서 각각의 개별 스키마 변경은 트랜잭션처럼 작동하는 SQL 문으로 적용된다. **마이그레이션**migration이라고 하는 스키마 변경은 데이터의 일부 변환(예: 정수를 문자열로 변환)과 함께 동시에 발생할 수 있다.

마이그레이션은 원자적으로 변경을 수행하는 SQL 커맨드다. 마이그레이션에 데이터베이스의 테이블 포맷 변경이 포함될 수 있지만 데이터 변경 또는 한 번에 여러 변경을 하는 추가 오퍼레이션도 포함될 수 있다. 변경사항을 그룹화해 단일 트랜잭션을 생성하여 작업할 수 있다. 대부분의 ORM 프레임워크에는 마이그레이션을 생성하고 이러한 오퍼레이션을 기본적으로 수행하기 위한 지원이 포함되어 있다.

예를 들어, 장고는 makemigrations 커맨드를 실행하여 마이그레이션 파일을 자동으로 생성한다. 해당 커맨드는 수동으로 실행해야 하지만 모델의 변경사항을 감지하고 적절하게 변경한다.

이전에 추가된 클래스에 추가 값 branch_id를 추가하면 다음과 같다.

```python
class InternalAccount(models.Model):
    ''' DB 테이블과 관련된 모델이다. '''
    account_number = models.IntegerField(unique=True)
    initial_amount = models.IntegerField(default=0)
    amount = models.IntegerField(default=0)
    branch_id = models.IntegerField()
```

makemigrations 커맨드를 실행하면 마이그레이션을 설명하는 적절한 파일이 생성된다.

```
$ python3 manage.py makemigrations
Migrations for 'example':
  example/migrations/0002_auto_20210501_1843.py
    - internalaccount에 branch_id 필드를 추가
```

장고는 모델의 상태를 추적하고 적절한 마이그레이션 파일을 생성하는 변경사항을 자동으로 실행한다. 잠깐 정지 중인 마이그레이션은 migrate 커맨드를 사용해 자동으로 적용할 수 있다.

```
$ python3 manage.py migrate
Operations to perform:
  Apply all migrations: admin, auth, contenttypes, example, sessions
Running migrations:
  Applying example.0002_auto_20210501_1843... OK
```

> 장고는 적용된 마이그레이션의 상태를 데이터베이스에 저장해 각 마이그레이션이 정확히 한 번만 적용되도록 한다.
>
> 장고를 통한 마이그레이션을 제대로 사용하려면 이 방법 이외의 변경사항이 없게 해야 한다. 혼란이나 충돌을 일으킬 수 있기 때문이다. 데이터 마이그레이션처럼 모델 변경과 함께 자동 복제가 안 되는 변경사항을 적용해야 하는 경우 빈 마이그레이션을 만들고 사용자 지정 SQL 문으로 채울 수 있다. 이렇게 하면 복잡한 사용자 정의 마이그레이션이 되겠지만 자동으로 생성된 나머지 장고 마이그레이션과 함께 적용되고 유지된다. 모델을 수동으로 관리하기 위해 장고에서 관리하지 않음을 명시적으로 표시할 수 있다.

장고 마이그레이션에 관한 자세한 내용은 웹 페이지(https://docs.djangoproject.com/en/3.2/topics/migrations/)에 있는 문서를 확인하자.

중단 없는 데이터베이스 변경

따라서 데이터를 마이그레이션하는 프로세스는 다음과 같은 순서로 이뤄져야 한다.

1. 오래된 코드와 오래된 데이터베이스 스키마는 작동 중이다. 여기가 출발점이다.

2. 데이터베이스에 이전 코드와 호환이 되는 마이그레이션을 적용한다. 데이터베이스는 작동 중에 변경사항을 적용할 수 있으며, 서비스는 중단되지 않는다.

3. 새로운 스키마를 활용하는 새로운 코드가 배포된다. 해당 배포에는 특별한 가동 중지 시간이 필요하지 않으며 프로세스 중단 없이 수행할 수 있다.

이 프로세스의 중요한 요소는 마이그레이션이 이전 코드와 호환되는지 확인하는 2단계다.

대부분의 일반적인 변경사항은 새 테이블이나 테이블에 컬럼을 추가하는 것과 같이 비교적 간단하며 문제가 없다. 이전 코드는 컬럼이나 테이블을 사용하지 않을 것이며 충분히 괜찮을 것이다. 그러나 다른 마이그레이션은 더 복잡할 수 있다.

예를 들어, 지금까지 정수였던 Field1 필드를 문자열로 변환해야 한다고 가정해 보자. 숫자가 저장되지만 데이터베이스에서 지원하지 않는 NaN 또는 Inf와 같은 일부 특수 값도 있을 것이다. 새로운 코드는 그것들을 디코딩하고 올바르게 처리한다.

그러나 이전 코드에서 정수를 문자열로 마이그레이션하는 변경사항을 고려하지 않는다면 에러가 발생할 것이다.

해당 문제를 해결하려면 다음과 같은 일련의 단계로 접근해야 한다.

1. 오래된 코드와 오래된 데이터베이스 스키마는 작동 중이다. 여기가 출발점이다.

2. 데이터베이스는 새로운 컬럼 Field2를 추가하는 마이그레이션을 적용한다. 마이그레이션에서 Field1의 값은 문자열로 변환하고 복사한다.

3. 코드의 새로운 버전인 중간 코드가 배포된다. 이 버전은 하나(Field2) 또는 2개의 컬럼(Field1, Field2)이 있을 수 있다. Field1의 값이 아닌 Field2의 값을 사용하지만, 쓰기가 있으면 둘 다 덮어써야 한다.

 마이그레이션 적용과 새 코드 사이에 업데이트 문제가 없게 하려면 코드에서 Field1 컬럼이 존재하는지 확인해야 한다. Field2와 다른 값이 있는 경우 작업을 수행하기 전에 후자를 업데이트해야 한다.

4. 현재 사용되지 않는 Field1을 제거하는 새로운 마이그레이션을 적용할 수 있다.

 동일한 마이그레이션을 진행할 때는 위와 동일한 주의사항이 적용되어야 한다. Field1의 값이 Field2의 값과 다른 경우 Field1로 덮어쓰는데 이것이 가능한 경우는 이전 코드로 업데이트됐을 때뿐이다.

5. 이제 Field2만 인식하는 새 코드를 안전하게 배포할 수 있다.

Field2가 허용 가능한 이름인지 여부에 따라 Field2에서 Field1로 이름을 변경하여 추가 마이그레이션이 배포될 수 있다. 이 경우 Field2나 Field1이 없다면 Field1을 사용할 수 있게 새로운 코드를 미리 준비해야 한다.

새로운 배포를 수행해서 Field1만 다시 사용할 수 있다.

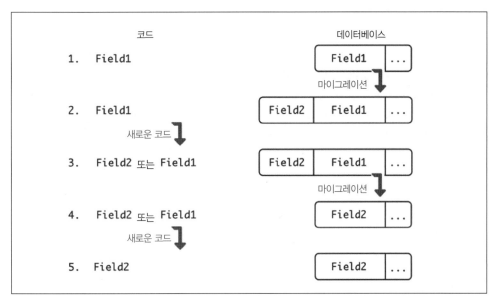

그림 4.3 Field1에서 Field2로 마이그레이션

물론 너무 번거로워 보일 수 있다. 원활한 운영을 수행하고 가동 중지 시간을 달성하려면 이 모든 단계가 필요하다. 대안은 이전 코드를 중지하고 Field1에서 포맷 변경으로 마이그레이션 후에 새 코드를 시작하는 것이다. 다만 문제가 일부 발생할 수 있다.

가장 분명한 것은 다운타임downtime이다. 적절한 유지보수 기간을 설정해 마이그레이션 영향을 최소화할 수 있다. 그러나 대부분의 최신 애플리케이션은 밤이든 낮이든 가리지 않고 항상 활용 가능한 상태라 여겨지기에 가동 중지 시간은 시스템 문제가 발생했다고 간주된다. 애플리케이션 사용자가 세계적으로 있다면, 피할 수 있는 유지보수 운영을 위한 서비스 중지는 받아들여지기 어려울 것이다.

마이그레이션을 진행하다 가동 중지 시간이 잠시 지속될 수도 있다. 일반적으로 나타나는 문제를 쉽게 해결하기 위해 프로덕션 데이터베이스보다 훨씬 작은 데이터베이스에서 마이그레이션을 테스트하는 것이다. 이런 테스트를 통해 프로덕션 환경에서 실행 시 예기치 못하고 예상보다 훨씬 오래 걸릴 수 있는 문제를 미리 알 수 있다. 문제는 데이터 크기가 크면 복잡한 마이그레이션을 완료하는 데 몇 시간이 걸릴 수 있다는 점이다. 그리고 마이그레이션이 트랜잭션으로서 실행된다는 점을 감안한다면 마이그레이션은 완전히 완료되어야 한다. 그렇지 않으면 롤백rollback된다.

가능하면 가장 대표적인 테스트 데이터베이스를 사용해 시스템 마이그레이션을 테스트한다. 일부 테스트 마이그레이션 작업은 비용이 많이 들 수 있다. 마이그레이션을 더 빠르게 실행되게 하거나, 마이그레이션이 적절한 시간에 실행되도록 자체 트랜잭션에서 실행하도록 더 작은 단계로 나누어야 할 수도 있다. 경우에 따라서는 적절한 시간 내에 마이그레이션할 수 있도록 데이터베이스에 더 많은 메모리가 필요할 수도 있다.

그러나 또 다른 문제가 있다. 새로운 코드를 작업할 때 마이그레이션 유무에 따른 문제와 버그가 생길 위험성이 있다는 것이다. 이 과정에서 마이그레이션이 적용되면 이전 코드를 사용할 가능성은 없다. 새로운 코드에 버그가 있으면 큰 문제가 발생할 수 있기 때문에 바로 수정하고 새로운 버전을 배포해야 한다.

마이그레이션을 하면 돌이킬 수 없기 때문에 마이그레이션 적용은 늘 위험성이 따른다. 그러나 마이그레이션은 코드를 안정적으로 유지할 수 있기 때문에 문제를 완화하는 데 도움이 된다. 둘 중 하나를 되돌릴 수 없는 상태에서는 둘을 변경하는 것보다 코드 하나만 변경하는 것이 덜 위험하다.

마이그레이션에 롤백 단계가 있다면 마이그레이션을 되돌릴 수 있다. 이론상으로는 롤백이 가능하지만 실제로 롤백하는 것은 사실상 어렵다. 마이그레이션은 마치 컬럼을 제거하는 것과 비슷하기에 데이터가 손실된다. 그래서 성공적으로 롤백하기 어렵다.
따라서 마이그레이션은 아주 신중해야 하며 단계별로 세밀하게 계획해야 한다.

이전에 살펴본 분산 데이터베이스 관련 기술과 상호 운용되는 마이그레이션 방식을 염두에 두자. 이를테면 분할된 각 데이터베이스는 독립적으로 각 분할에 적용해야 해서 많은 시간이 소요될 수 있다.

데이터 마이그레이션

데이터 마이그레이션은 필드의 포맷 및 값을 변경하는 데이터베이스 변경이다.

데이터베이스 마이그레이션은 일반적으로 인코딩 에러가 포함된 값을 저장하는 버그처럼 데이터의 에러를 수정하거나 오래된 레코드를 최신 포맷으로 변경한다. 예를 들어, 모든 주소에 우편번호를 포함시키거나(아직 존재하지 않는 경우) 측정 단위를 인치에서 센티미터로 변경하는 마이그레이션이 있다.

어느 경우든지 마이그레이션 작업은 모든 로우 또는 선택한 로우만 수행해야 할 수 있다. 관련된 하위 집합에만 적용할 수 있다면 큰 데이터베이스에서는 마이그레이션 처리 속도를 크게 높일 수 있다.

이전에 설명한 것처럼 코드에서 두 단위scale 값을 모두 처리하고 구별하려면 마이그레이션 처리 절차에 더 많은 단계가 필요할 수 있다. 예를 들어, 단위 값을 설명하는 필드 추가 마이그레이션 절차는 다음과 같다.

1. 모든 로우에 기본값이 inches인 새로운 컬럼 scale을 설정하는 마이그레이션을 생성한다. 이전 코드에서 도입된 모든 새로운 로우는 기본값을 사용해 자동으로 값을 올바르게 설정한다.

2. 새로운 컬럼 scale에서 인치와 센티미터 값을 읽을 수 있는 새로운 버전의 코드를 배포한다.

3. 측정값을 변경하기 위해 또 다른 마이그레이션을 진행한다. 각 로우의 scale에서 측정값을 모두 변경한다. scale 컬럼의 기본값을 centimeters로 설정한다.

4. 이제 데이터베이스의 모든 값은 센티미터 단위다.

5. 앞으로 두 측정값을 모두 사용하지 않고 센티미터만 읽기 때문에 센티미터만 이해하는 새로운 버전의 코드를 배포한다. 나중에 컬럼을 제거하는 새로운 마이그레이션도 진행할 수 있다.

여기서 5단계는 단지 선택사항이다. 추가 컬럼이 있음으로써 생기는 다용성은 향후 사용을 위해 보관할 가치가 있을 것이다.

종합해 보면 핵심 요소는 데이터베이스 값(기존 값과 새로운 값) 모두가 함께 작동하게 하고 해당 값을 이해할 수 있는 코드를 배포하는 것이다. 이를 통해 값 사이의 원활한 마이그레이션을 진행할 수 있다.

스키마를 적용하지 않는 변경

비관계형 데이터베이스의 유연한 점은 일반적으로 강제하는 스키마가 없다는 사실이다. 대신 저장된 문서는 여러 포맷을 허용한다.

즉, 관계형 데이터베이스에서 하는 것처럼 전부 변경 또는 아예 변경하지 않기보다는 지속적인 변경 작업과 여러 포맷을 처리하는 것이 좋다.

실제로 적용할 수 없는 마이그레이션을 수행하는 대신에 코드는 시간이 지나면 변경사항을 수행해야 한다. 이 경우 단계는 다음과 같다.

1. 이전 코드와 이전 데이터베이스 스키마는 그대로다. 이것이 출발점이다.

2. 데이터베이스의 각 문서에는 version 필드가 있다.

3. 새로운 코드에는 이전 버전에서 새로운 버전으로의 마이그레이션 설명이 포함된 모델 계층이 있다. 위의 예에서는 Field1 필드를 정수에서 문자열로 변환한다.

4. 특정 문서에 접근할 때마다 version 필드를 확인한다. 최신 버전이 아니면 Field1 컬럼을 문자열로 변환하고 version 필드를 업데이트한다. 보통은 오퍼레이션 수행 전에 발생하며 업데이트 후 오퍼레이션은 정상적으로 동작한다.

   해당 오퍼레이션은 시스템의 정상 작동과 함께 실행된다. 시간이 충분히 주어진 상태에서 전체 데이터베이스를 도큐먼트별로 마이그레이션한다.

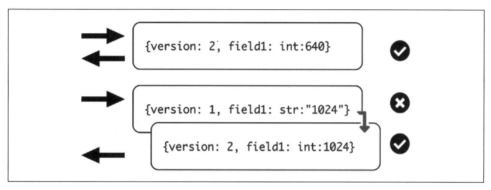

그림 4.4 시간 경과에 따른 변화

앞의 마이그레이션 절차는 매우 간단하지만, 접근하지 않는다고 데이터를 오래된 포맷으로 방치하는 것은 바람직하지 않다. 오래된 포맷을 처리하는 코드가 여전히 존재한다면 version 1은 2로, version 2는 3으로 마이그레이션할 수 있다. 함께 실행되는 추가 처리 작업에서 모든 도큐먼트를 처리하고 전체 데이터베이스를 마이그레이션할 때까지 도큐먼트를 업데이트하고 저장할 수 있다.

버전 변경 절차는 데이터 마이그레이션 처리 방식과 유사하지만, 스키마를 적용하는 데이터베이스에서 필드의 포맷을 변경하려면 마이그레이션을 수행해야 한다. 스키마 없는 데이터베이스에서는 필드의 값과 포맷을 동시에 변경할 수 있다.

이전에 살펴본 측정값을 변경하는 예처럼 데이터만 변경하는 것은 마이그레이션 없이 수행할 수 있기에 서두르지 말고 천천히 데이터베이스를 변경하도록 한다. 이 작업을 마이그레이션과 함께 수행하면 깔끔하게 데이터 변경은 물론 포맷 변경도 동시에 할 수 있다.

또한 이 기능이 내부 데이터베이스 접근 계층에 캡슐화^{encapsulation}되어 있으면 이전 마이그레이션은 이전 포맷과 상관없이 최신 기능을 사용할 수 있다.

데이터베이스에 이전 버전의 데이터가 있더라도 코드는 이를 해석할 수 있어야 한다. 이로 인해 이전 버전에서 사용된 기술이 남아 있을 수 있기에 백그라운드로 모든 데이터를 마이그레이션할 수도 있다. 모든 시스템이 작동하면서 이전 버전으로 필터링하고 도큐먼트 작업을 수행할 수 있기 때문이다. 백그라운드 마이그레이션이 완료되면 더 이상 사용하지 않는 버전을 제거하기 위해 코드를 리팩토링하고 정리한다.

레거시 데이터베이스 다루기

ORM 프레임워크는 데이터베이스 스키마를 생성하기 위한 적절한 SQL 커맨드를 생성할 수 있다. 이것은 애초에 데이터베이스를 설계하고 구현할 때 코드에서 ORM 모델을 생성할 수 있고 ORM 프레임워크가 적절하게 조정한다는 것을 의미한다.

 이렇게 코드에서 스키마를 설명하는 방식을 **선언적**(declarative)이라고 한다.

그러나 SQL 커맨드를 수동으로 실행해 이전에 생성된 기존 데이터베이스를 작업하는 경우도 있다. 다음은 그 두 가지 사용 사례다.

- **스키마는 ORM 프레임워크의 제어에 구애받지 않는다.** 따라서 기존 스키마를 감지해 사용할 수 있는 방법이 필요하다.
- **이 상황에서 ORM 프레임워크를 사용해 필드와 새로운 변경사항을 제어하려고 한다.** 이 시나리오에서는 현재 상황을 반영하는 모델을 생성해 선언적 상황으로 이동해야 한다.

이런 상황에서 어떻게 접근하면 좋을지 살펴보자.

데이터베이스에서 스키마 감지

특정 애플리케이션은 데이터베이스가 안정적이거나 간단하다면 그대로 사용할 수 있으며 코드를 최소화해서 처리할 수 있다. SQLAlchemy를 사용하면 데이터베이스의 스키마를 자동으로 감지하고 작업할 수 있다.

 SQLAlchemy는 매우 강력한 ORM 라이브러리이자 관계형 데이터베이스에 대해 복잡하고 맞춤화된 접근을 수행하는 최고의 솔루션이다. 또한 테이블 간의 관계를 정확하게 정의하고 쿼리를 조정해서 정확한 매핑을 생성할 수 있다. 다만 장고 ORM과 같은 ORM 프레임워크보다 더 복잡하고 사용하기 어려울 수 있다.

데이터베이스를 자동으로 감지하기 위해 테이블과 컬럼을 자동으로 감지할 수 있다.

```
>>> from sqlalchemy.ext.automap import automap_base
>>> from sqlalchemy.sql import select
>>> from sqlalchemy import create_engine

# 데이터베이스를 읽고 발견한다.
>>> engine = create_engine("sqlite:///database.db")
>>> Base = automap_base()
>>> Base.prepare(engine, reflect=True)

# Pens 클래스는 DB에서 "pens"라는 테이블로 매핑한다.
>>> Pens = Base.classes.pens

# 쿼리할 세션을 생성한다.
>>> session = Session(engine)

# select 쿼리를 생성한다.
>>> query = select(Pens).where(Pens.color=='blue')

# 쿼리를 실행한다.
>>> result = session.execute(query)
>>> for row, in result:
...     print(row.id, row.name, row.color)
```

```
...
1 Waldorf blue
```

pens 테이블, id, name, color 컬럼 이름이 자동으로 감지되는 방식에 주목한다. 쿼리 포맷도 SQL 구성과 매우 유사하다.

 TIP SQLAlchemy는 더 복잡한 사용법과 클래스 생성을 허용한다. 자세한 내용은 해당 설명서 (https://docs.sqlalchemy.org/)를 참고한다.

장고 ORM에는 inspectdb를 사용해 정의된 테이블과 관계의 정의를 덤프할 수 있는 커맨드도 있다.

```
$ python3 manage.py inspectdb > models.py
```

이렇게 하면 장고가 수행할 수 있는 탐색을 기반으로 하는 데이터베이스를 해석하는 models.py 파일이 생성된다. models.py 파일을 수정해야 할 수 있다.

간단한 상황에서는 이런 방식이 완벽하게 작동하는데, 중요한 것은 코드에서 스키마를 복제할 때 너무 많은 노력을 들이지 않아도 된다는 것이다. 스키마가 변경되고 코드를 더 잘 처리하고 제어해야 하는 다른 상황에서는 다른 접근 방식이 필요하다.

자세한 내용은 장고 설명서(https://docs.djangoproject.com/en/3.2/howto/legacy-databases/)를 확인하자.

기존 스키마를 ORM 정의에 동기화

복제가 불가능한 레거시 데이터베이스가 있다고 하자. 아마도 수동 커맨드로 복제할 수 있을 텐데 현재 코드는 데이터베이스를 사용할 수 있다. 그러나 코드를 마이그레이션하여 최신 상태를 유지하려 한다. 한편으로는 서로 다른 관계와 포맷을 정확히 이해하고 다른 한편으로는 ORM이 스키마를 호환 가능한 방식으로 제어된 변경을 수행할 수 있게 허용한다. 여기서 우리는 후자를 마이그레이션으로 볼 것이다.

여기서 할 일은 ORM 프레임워크에서 데이터베이스 정의에 따른 최신 모델을 생성하는 것이다. 말은 쉽지만 다음과 같은 여러 이유로 쉽지 않다.

- ORM에서 정확히 처리하지 못하는 데이터베이스 기능이 있을 수 있다. 예를 들어, ORM 프레임워크는 기본적으로 저장 프로시저stored procedure를 처리하지 않는다. 데이터베이스에 저장 프로시저가 있다면 제거하거나 소프트웨어 코드의 일부로 옮겨야 한다.

저장 프로시저는 데이터베이스를 수정하는 데이터베이스 내부의 코드 함수다. SQL 쿼리를 사용해 수동으로 호출할 수 있지만 대개는 새로운 로우를 추가한다거나 컬럼 변경과 같은 특정 작업에 의해 트리거된다. 저장 프로시저는 운영 시 혼란을 줄 수 있어서 요즘은 그다지 선호하지 않는다. 최근에는 대부분의 시스템 설계에서 데이터베이스를 저장된 데이터를 변경할 기능이 없는 스토리지 전용 장치로 보는 경향이 있다. 또한 저장 프로시저는 디버깅 및 외부 코드와의 동기화가 어려울 수 있기 때문에 저장 프로시저 관리가 복잡하다.

저장 프로시저는 작업이 트리거될 때 단일 작업 단위(Unit of Work)의 일부로 복잡성을 처리하는 코드로 복제할 수 있다. 이것은 요즘 가장 일반적인 접근 방식이다. 그러나 이미 있는 저장 프로시저를 외부 코드로 마이그레이션하는 것은 당연히 쉽지 않기 때문에 주의와 계획이 필요하다.

- ORM 프레임워크는 기존 데이터베이스와 호환되지 않는다는 문제가 발생할 수 있다. 이름 지정 방식을 예로 들자면, 장고 ORM에서는 인덱스 및 제약 조건에 대한 사용자 지정 이름을 설정할 수 없다. 한동안 제약 조건이 데이터베이스에만 남아서 ORM에는 '숨겨져' 있겠지만 장기적으로는 문제의 요인이 될 수 있다. 즉, 어느 시점이 되면 인덱스 이름은 외부에서도 호환되는 이름으로 변경해야 함을 의미한다.

- 또 다른 예로 장고 ORM에서 복합 기본 키를 지원하지 않는 경우도 있는데, 이때 대리 키surrogate key를 생성하려면 새로운 숫자 컬럼을 생성해야 할 수 있다.

이런 제한사항으로 인해 모델을 신중하게 생성해야 하고, 모델이 현재 스키마에서 예상대로 작동하는지 확인하는 검사가 필요하다. ORM 프레임워크의 모델 코드를 기반으로 생성된 스키마를 만들고, 동등해지거나 충분히 가까워질 때까지 실제 스키마와 비교할 수 있다.

이를테면 장고는 다음과 같은 절차를 사용한다.

1. 데이터베이스 스키마의 덤프를 생성한다. 이는 참조로 사용될 것이다.

2. 적절한 모델 파일을 생성한다. 시작점은 위에서 설명한 inspectdb 커맨드의 출력일 수 있다.

> inspectdb는 데이터베이스의 변경사항을 추적하지 않도록 설정된 메타데이터로 모델을 생성한다. 즉, 장고는 마이그레이션으로 변경사항을 추적하지 않는 모델로 레이블을 지정한다. 모델을 확인하면서 모델을 변경할 수도 있다.

3. 데이터베이스에 필요한 모든 변경사항을 포함하는 마이그레이션을 생성한다. 이 마이그레이션은 makemigrations를 사용해 정상적으로 생성된다.

4. sqlmigrate 커맨드를 사용해 마이그레이션으로 적용될 SQL 문의 SQL 덤프를 생성한다. 이렇게 원본과 비교할 수 있는 데이터베이스 스키마가 생성된다.

5. 차이를 조정하고 2단계부터 반복한다. 마이그레이션을 처음부터 진행하려면 매번 마이그레이션 파일을 삭제해야 한다.

   현재 적용된 결과를 정확하게 생성하도록 마이그레이션을 조정하면 --fake 또는 -fake-initial 파라미터를 사용해 해당 마이그레이션을 적용할 수 있다. 해당 파라미터를 적용해도 마이그레이션에 등록되지만 SQL은 실행되지 않는다.

> 이는 매우 단순화된 방법이다. 이전에 살펴본 것처럼 복제하기 어려운 몇 가지 요소가 있다. 비호환성 문제를 해결하려면 외부 데이터베이스 변경도 고려해야 한다.
>
> 반면, 문제를 일으키지 않는 작은 차이점 정도는 포함하고 있는 것이 때로는 괜찮을 수 있다. 예를 들어, 기본 키 인덱스를 다른 이름의 인덱스로 설정하는 수용할 수 있으며 나중에 수정될 수 있다. 이런 종류의 오퍼레이션 대부분은 복잡한 스키마에서 완전히 완료되기까지 오랜 시간이 걸린다. 따라서 그에 따른 계획을 세우고 조금씩 수행해 나가도록 한다.

그리고 모델을 변경한 후에 마이그레이션을 자동 생성하여 변경사항을 정상적으로 적용할 수 있다.

요약

4장에서는 데이터 저장의 추상화 방향을 설정하고 비즈니스 원칙을 따라 풍부한 객체를 사용하는 DDD 설계 원칙을 설명했다. 또한 ORM 프레임워크가 스토리지 계층과 함께 작동하도록 특정 라이브러리와 낮은 수준의 상호 작용 필요성을 제거하는 유용한 방법들도 살펴봤다. 트랜잭션 개념과 관련된 작업 단위 패턴, 쓰기 및 읽기가 여러 백엔드로 처리되는 고급 사례의 CQRS 등, 코드가 데이터베이스와 상호 작용하는 다양하고 유용한 기술을 다뤘다.

또한 스키마를 변경하는 명시적 마이그레이션과 애플리케이션이 실행 중에 데이터를 부드럽게 변경하는 마이그레이션으로 데이터베이스 변경을 처리하는 방법을 설명했다.

마지막으로, 레거시 데이터베이스를 처리하는 다양한 방법과 데이터의 현재 스키마를 제어할 수 없을 때 어떻게 적절한 소프트웨어 추상화를 생성하는 모델을 만들 수 있는지 살펴봤다.

2부

아키텍처 패턴

성공적인 아키텍처를 설계하려면 굳이 바닥부터 시작할 필요는 없다. 대신 공통 아키텍처 패턴 중에 어떤 패턴이 성공적인지 파악해 두는 것이 좋다.

2부에서는 수많은 성공적인 시스템에서 공통적으로 나타나는 다양한 아이디어를 살펴볼 것이다. 모든 요소는 특정 상황에서 유용하며, 각 요소마다 어떤 강점과 한계가 있는지 다음 장들에서 볼 것이다.

- 5장 'Twelve-Factor 앱 방법론': 이 방법론을 설명한다.
- 6장 '웹 서버 구조': 요청-응답 서비스를 효과적으로 처리하는 방법을 설명한다.
- 7장 '이벤트 기반 구조': 이벤트 처리 방법, 이벤트를 통한 여러 서비스 간의 통신 방법을 소개한다.
- 8장 '고급 이벤트 기반 구조': 정보, 우선순위, CQRS의 복잡한 흐름을 생성한다.
- 9장 '마이크로서비스 대 모노리스: 마이크로서비스와 모노리스의 차이점과 이 둘을 다루는 툴을 살펴본다.

Twelve-Factor 앱 방법론에 포함된 서비스의 세부 사항을 처리하는 유용한 제안 리스트를 소개한다. 또한 일반적으로 서버의 기초가 되는 웹 서버 요청-응답 구조의 구체적인 내용을 다룬다.

이어서 이벤트 처리의 기본 및 고급 용도를 확실히 알기 위해 2개의 장에서 이벤트 기반 시스템을 다룰 것이다. 이벤트 기반 시스템은 본질적으로 비동기식이다. 즉, 호출하는 시스템은 처리가 완료될 때까지 기다리지 않으며 대부분의 경우 응답을 받지 않을 것이다. 이벤트 기반 시스템은 동일한 입력으로 여러 서비스를 트리거하거나 프로세스에 오랜 시간이 걸리는 결과를 생성할 때 매우 유용하다.

마지막으로, 마이크로서비스를 모노리스 시스템과 비교하고 마이그레이션을 포함해 두 경우 모두 사용할 수 있는 다양한 툴과 기술에 대해 살펴본다.

05

Twelve-Factor 앱 방법론

소프트웨어 시스템을 설계할 때, 매번 새로운 프로젝트를 진행할 때마다 소프트웨어를 새로 만드는 것은 좋은 생각이 아니다. 소프트웨어의 특정 부분은 웹 서비스 프로젝트 대부분의 공통 모듈이다. 시간이 지나서 언제든 쉽게 고쳐지는 일이 없도록 성공적으로 입증된 알려진 프랙티스를 배우는 것이 중요하다.

5장에서는 Twelve-Factor 앱 방법론에 중점을 둘 것이다. Twelve-Factor 앱 방법론은 웹 서비스에 대해 잘 입증된 권장사항이다.

 Twelve-Factor 앱은 배포에 쉽게 접근할 수 있는 회사인 헤로쿠(Heroku)에서 시작됐다. 일부 요소는 다른 요소보다 더 일반적이고, 모든 요소가 일반적인 조언으로 간주되지만 반드시 해야 하는 것은 아니다. Twelve-Factor 앱 방법론은 웹 클라우드 서비스 외부에서는 덜 적용되지만, 이를 검토하고 유용한 정보를 추출하는 것은 여전히 좋은 아이디어다.

5장에서는 Twelve-Factor 앱 방법론에 대한 기본 세부 사항을 제시하고, 해당 방법론이 다루는 가장 중요한 요소 중 일부를 더 자세히 설명하는 데 시간을 할애할 것이다.

5장에서 다루는 내용은 다음과 같다.

- Twelve-Factor 앱 소개
- 지속적인 통합
- 확장성
- 설정
- Twelve-Factor 앱의 요소
- Twelve-Factor 앱 컨테이너화

먼저 Twelve-Factor 앱의 기본 개념부터 소개한다.

Twelve-Factor 앱 소개

Twelve-Factor 앱은 웹 시스템을 설계하는 동안 따라야 할 베스트 프랙티스를 다루는 12 가지 측면 또는 요소를 포함하는 방법론이다. 또한 명확성을 제공하고 가능성을 단순화 하는 것을 목표로 하며 잘 작동하는 것으로 알려진 패턴을 자세히 설명한다.

Twelve-Factor 앱의 모든 요소는 구현 방법이나 특정 툴을 사용하도록 강요하지 않을 만큼 충분히 일반적이며, 동시에 명확한 방향을 제시한다. Twelve-Factor 앱 방법론은 확장 가능한 방식으로 클라우드 서비스를 다루는 것을 목표로 하며, 작업 관점에서 중 요한 측면으로 CI^Continuous Integration, 지속적인 통합 아이디어를 촉진한다. 또한 로컬^local, 개 발^development, 프로덕션^production 환경 간의 차이를 줄여준다.

로컬과 프로덕션 배포 사이의 일관성 그리고 CI라는 두 가지 측면이 상호 작동하는데, 이를 통해 개발 환경과 CI 시스템에서 테스트를 실행할 때 일관된 방식으로 시스템을 테스트할 수 있다.

확장성은 또 다른 핵심 요소다. 클라우드 서비스는 다양한 작업 부하 상황에서도 운영 중이어야 하므로 서비스가 확장될 수 있고 시스템으로 들어오는 더 많은 요청을 문제없 이 처리할 수 있어야 한다.

Twelve-Factor 앱의 핵심으로 다룰 세 번째 일반적인 문제는 설정이다. 설정을 통해 동일한 코드를 다양한 환경에서 구성할 수 있고 특정 상황에서 일부 기능을 조정할 수도 있다.

지속적인 통합(CI)

지속적인 통합, 즉 CI는 새로운 코드가 중앙 저장소에 푸시될 때 테스트 실행을 자동화하는 방식이다. 1991년에 처음 도입됐을 때 테스트를 실행하는 데 시간과 비용이 많이 들어서 '야간 빌드'를 실행하는 것으로 이해했다. 요즘에는 일반적으로 새로운 코드를 푸시할 때마다 테스트를 실행하는 것으로 이해한다.

테스트 코드의 목표는 항상 작동 가능한 코드를 생성하는 것이다. 결국 작동 가능하지 않은 코드가 생성되면 테스트가 실패해 빠르게 감지된다. 빠른 개발 피드백 루프는 개발자가 속도를 높여 구현 중인 기능에 집중해 전체 테스트를 실행하게 하고 CI 시스템에 테스트를 맡길 수 있는 안전망 생성에 도움을 준다. 모든 단일 테스트에서 테스트를 자동으로 실행하는 원칙은 에러를 빨리 감지할 수 있기에 높은 품질의 코드를 보장하는 데 큰 도움을 준다.

또한 코드의 품질은 테스트의 품질에 달려 있기에 좋은 CI 시스템을 갖기 위해서는 좋은 테스트의 중요성을 이해하고 테스트 절차를 정기적으로 개선해 적절한 수준의 신뢰와 문제를 일으키지 않을 정도의 빠른 실행이 필요하다.

CI 시스템이 매우 빠르다면 상황이 달라질 수 있다. 보통은 CI 시스템의 테스트가 개발자의 개입 없이 자동으로 백그라운드에서 실행되기에 문제를 디버깅할 때 개발자가 예상하는 빠른 피드백과 비교해 결과를 확인하는 데 시간이 걸린다. 매우 일반적인 근사치로, 가능하면 테스트 파이프라인은 약 20분 이내에 테스트 실행 결과를 볼 수 있는 것을 목표로 한다.

CI는 코드의 중앙 저장소를 기반으로 동작하는 시스템 자동화 기능이기에 개발자가 새로운 변경이 발생할 때마다 바로 테스트를 시작한다. CI는 git과 같은 소스 제어 시스템을 사용하고, 테스트를 자동으로 실행하는 훅^{hook}을 추가하는 것은 매우 일반적이다.

더 실용적인 접근 방식으로, git은 일반적으로 깃허브(https://github.com/) 또는 깃랩 ^{GitLab}(https://about.gitlab.com/)과 같은 클라우드 시스템에서 사용된다. 둘 다 다른 서비스와 통합할 수 있고 설정을 통해 자동으로 작업이 실행되도록 하는 서비스를 포함한다. 예로는 TravisCI(https://www.travis-ci.com/) 및 CircleCI(https://circleci.com/)가 있다. 깃허브의 경우 GitHub Actions라는 자체 기본 시스템이 있다. 이 모든 것은 서비스에서 CI 시스템을 구축하기 위해 특수 파일을 추가해 파이프라인의 설정 및 실행을 단순화한다는 아이디어를 기반으로 한다.

CI 파이프라인은 순서대로 실행되는 일련의 단계다. 에러가 발생하면 CI 파이프라인 실행을 중지하고 감지된 문제를 알려 개발자가 조기에 감지하거나 피드백을 받을 수 있도록 허용한다. 일반적으로 소프트웨어를 테스트 가능한 상태로 만든 후에 테스트를 실행한다. 단위 테스트와 통합 테스트 같은 종류의 테스트가 있다면 차례로 또는 병렬로 둘 다 실행한다.

테스트를 실행하는 일반적인 파이프라인은 다음을 수행할 수 있다.

1. 비어 있는 새로운 환경에서 시작할 때, 필요한 의존성 툴을 설치해 테스트를 실행한다. 예를 들어 특정 버전의 파이썬, 컴파일러, 정적 분석 툴(3단계에서 사용)을 설치한다.

2. 컴파일 또는 패킷화와 같은 빌드 커맨드를 수행해 코드를 준비한다.

3. flake8과 같은 정적 분석 툴을 실행하여 코드 스타일 문제를 감지한다. 결과에 문제가 있으면 여기에서 멈추고 보고한다.

4. 단위 테스트를 실행한다. 결과가 올바르지 않으면 여기에서 멈추고 에러를 표시한다.

5. 통합 테스트 또는 시스템 테스트와 같은 테스트를 준비하고 실행한다.

이 단계들은 경우에 따라 병렬로 실행될 수 있다. 예를 들어 3단계와 4단계는 사례 간에 의존성이 없기 때문에 동시에 실행될 수 있지만, 2단계는 3단계로 이동하기 전에 완료되어야 한다. 이 단계는 일부 CI 시스템에서 설명해 더 빠른 실행을 허용할 수 있다.

CI 파이프라인의 키워드는 **자동화**automation다. 파이프라인을 실행하려면 모든 단계를 수동 개입 없이 자동으로 실행할 수 있어야 한다. 또한 모든 의존성을 자동으로 구성할 수 있어야 한다. 예를 들어, 테스트에 필요하다면 데이터베이스 또는 기타 의존성과 같은 요소를 구성해야 한다.

 일반적인 패턴은 CI 툴이 MySQL, PostgreSQL, MongoDB와 같은 데이터베이스를 CI 환경에서 사용할 수 있도록 가상 머신을 할당하는 것이다. 데이터베이스는 비어 있는 상태로 시작되며, 테스트 데이터를 저장해야 한다면 CI 환경을 설정하는 동안 초기 데이터를 저장해야 한다. 더 자세한 내용은 여러분 툴의 설명서를 확인한다.

한 가지 가능성은 도커를 사용해 프로세스를 표준화하고 빌드 프로세스에서 모든 의존성을 명시적으로 만드는 하나 이상의 컨테이너를 빌드하는 것이다. 이런 방법은 점점 더 일반적으로 사용되고 있다.

 8장 '고급 이벤트 기반 구조'에서 도커에 대해 더 자세히 설명한다.

Twelve-Factor 앱의 일부 요소는 테스트 또는 운영/설정을 배포할 수 있도록, 빌드하기 쉬운 코드를 목표로 하기 때문에 CI 파이프라인 설정에 중요한 역할을 한다.

확장성

일반적으로 클라우드 시스템에 기대하는 것은 높은 부하를 받는 상황에서도 올바르게 작동하고 여러 곳에서 발생하는 부하를 바로잡을 수 있는 능력이다. 기대에 부응하려면 소프트웨어는 **확장성**scalability이 있어야 한다. 소프트웨어의 확장성은 주로 리소스를 늘려 더 많은 요청을 수용하고 확장할 수 있는 성질이다.

확장성에는 두 가지 유형이 있다.

- 수직 확장성: 각 노드에 대한 리소스를 늘려 성능을 더 좋게 한다. 이는 더 강력한 컴퓨터를 구입하는 것과 같다. 더 많은 RAM, 더 많은 하드 드라이브 공간, 더 빠른 CPU 추가…
- 수평 확장성: 성능이 반드시 더 좋지는 않더라도 시스템에 더 많은 노드를 추가한다. 예를 들어, 2대의 웹 서버 대신 5대로 늘리는 것을 의미한다.

일반적으로 수평 확장성이 더 바람직한 것으로 간주된다. 클라우드 시스템에서는 노드 추가 및 제거 기능을 자동화할 수 있기에 시스템에 유입되는 현재 요청량에 따라 배포가 자동으로 조정된다. 시스템의 최대 부하가 발생하는 순간에 시스템 크기를 지정해야 했던 기존의 운영 방식과 비교한다면, 대부분의 경우 기존 운영 시스템이 충분히 활용되지 않기 때문에 클라우드 시스템이 비용을 크게 절감할 수 있다.

예를 들어, 대부분의 고객이 접속된 정오에 시스템에 11대의 서버가 필요한 상황을 비교해 보겠다. 자정에 시스템은 가장 낮은 활용도를 유지하며 2대의 서버만 필요하다.

그림 5.1의 다이어그램은 부하에 따라 서버 수가 증가하는 일반적인 상황을 보여준다.

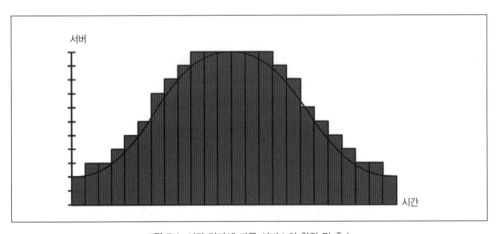

그림 5.1 시간 경과에 따른 서비스의 확장 및 축소

기존 상황에서는 264 비용 단위(서버 11개 × 24시간)를 사용하는 반면 자동 확장은 약 166

비용 단위를 사용해 상당한 리소스를 절약한다.

더욱이 기존 시스템에서 발생할 수 있는 예기치 않은 높은 트래픽을 허용하기 위해 여유 리소스가 추가적으로 있어야 한다. 일반적으로 시스템은 최소 30%의 추가 부하를 허용할 수 있도록 설정된다. 이 경우는 추가 비용이 영구적으로 추가된다.

시스템을 수평으로 확장하려면 상태 비저장stateless 시스템이 필요하다. 즉, 각 노드를 구별할 수 없다. 각 요청은 일종의 순환 방식으로 노드에 할당되기에 모든 노드에 부하를 분산한다. 각 요청의 모든 상태는 요청 자체(입력 파라미터) 또는 외부 저장소 소스에서 가져와야 한다. 애플리케이션의 관점에서 볼 때, 각 요청은 빈 공간에 들어오며 어떤 경우에도 기존 요청과의 연계성은 없다. 이는 요청들 사이에 로컬 하드 드라이브나 로컬 메모리에 아무것도 저장하지 않음을 의미한다.

 요청 내부에 정보를 저장하는 것(예를 들어, 리턴받기 위해 데이터베이스 정보로 파일을 설정하는 것)은 문제없지만, 가능하면 하드 드라이브를 사용하는 것보다 메모리에 저장하는 것이 빠를 것이다.

외부 스토리지 소스는 일반적으로 데이터베이스이지만 파일 또는 기타 바이너리 데이터의 큰 데이터(예: AWS S3)를 저장하는 데 더 중점을 둔 스토리지 서비스를 사용하는 것도 일반적이다.

 AWS S3는 URL에서 파일을 저장하고 검색할 수 있는 웹 서비스다. 여러 키 또는 경로를 포함하는 버킷(bucket)을 생성할 수 있다. 예를 들어, 이 웹 페이지(https://s3.amazonaws.com/mybucket/path/to/file)와과 유사한 URL에 접근해 파일과 비슷한 객체를 업로드 및 다운로드할 수 있다. 파이썬 boto3 라이브러리는 서비스를 처리하는 데 도움이 된다.

AWS S3 서비스는 확장 가능한 방식으로 파일 작업을 하기에 매우 유용하며 읽기 접근을 공개적으로 수행하는 방식을 설정할 수 있다. 따라서 시스템을 통해 데이터를 저장한 다음 사용자가 읽을 수 있게 하는 패턴을 가능케 한다. 공개 URL에서 시스템을 단순화한다.

자세한 내용은 AWS 설명서(https://aws.amazon.com/s3/)를 참고한다.

캐시는 리악^{Riak} 또는 멤캐시드^{memcached} 같은 툴을 사용해 각 개별 노드의 외부에 저장해야 한다. 로컬 메모리를 사용하는 내부 캐시는 다음 관련 요청이 시스템의 다른 노드에서 제공될 가능성이 높기에 사용되지 않을 가능성이 있다는 문제가 있다. 외부 캐시 서비스를 사용하면 모든 노드가 캐시에 접근할 수 있고 시스템의 성능이 향상된다.

전체 시스템이 상대 비지장이 될 수는 없다. 특히 데이터베이스, 캐시와 같은 스토리지 요소는 데이터를 저장하는 요소이기 때문에 다른 작동 방식이 필요하다. 3장 '데이터 모델링'에서 스토리지 시스템을 확장하는 방법을 다뤘다.

설정

Twelve-Factor 앱의 기본 아이디어 중 하나는 코드가 고유하지만 설정을 통해 조정할 수 있다는 것이다. 이를 통해 동일한 코드를 다른 환경에서 사용하고 배포할 수 있다.

다양한 환경을 사용하면, 프로덕션 데이터에 영향을 주지 않는 테스트 환경을 설정할 수 있다. 샌드박스^{sandbox} 환경은 프로덕션 환경의 문제를 실험하거나 복제해 확인할 수 있는 더 통제된 공간이다. 또한 일반적으로 그렇게 생각되지 않는 또 다른 환경이 있는데, 로컬^{local} 개발 환경은 개발자가 시스템이 작동하는지 확인할 수 있는 공간이다.

> 포괄적이고 사용하기 쉬운 로컬 환경을 만드는 것은 개발자 생산성을 높이는 중요한 측면이다. 웹 서버와 같은 단일 서비스 또는 프로세스로 작업할 때는 대부분의 프로젝트가 개발 모드에서 시작할 수 있기 때문에 설정하기가 비교적 쉽지만, 관련 요소가 많아지면 설정하기가 더 어려워진다.
>
> 복잡한 설정은 수년 동안 꽤 일반적이었다. 비교적 최근에는 처음부터 설정할 수 있는 가상 머신을 사용하려는 움직임이 있었고, 더 최근에는 알려진 지점에서 쉽게 시작할 수 있도록 하는 컨테이너화(containerization)도 있었다.

시스템 설정은 보기와 달리 어렵다. 처리해야 할 파라미터의 수가 항상 증가하고 있기 때문이다. 복잡한 시스템에서 파라미터를 좀 더 관리하기 쉬운 부분으로 나눌 수 있도록 특정 방식으로 파라미터를 구조화하는 것이 중요하다.

설정 파라미터는 두 가지 주요 범주로 나눌 수 있다.

- **운영 설정**operational configuration: 운영 설정은 시스템의 다양한 부분을 연결하거나 모니터링과 관련된 파라미터다. 예를 들어 데이터베이스의 주소, 자격 증명, 외부 API에 접근하는 데 사용할 URL, 로깅 수준을 INFO로 설정하는 것들이다. 운영 설정 파라미터는 클러스터에 변경이 있는 경우에만 변경되지만 애플리케이션의 외부 동작은 변경되지 않는다. 예를 들어 WARNING 로그 이상만 저장하도록 변경하거나, 데이터베이스의 자격 증명을 교체할 때 로그를 새로 생성하는 등의 변경이 있을 수 있다.

  해당 파라미터는 운영 제어하에 있으며 일반적으로 투명하게 변경하거나 유지보수 중에 변경된다. 해당 파라미터를 잘못 설정하면 시스템 기능에 영향을 줄 수 있기에 심각한 문제가 될 수 있다.

- **기능 설정**feature configuration: 기능 설정은 외부 동작을 변경하여 기능을 활성화 또는 비활성화해 소프트웨어 측면을 변경한다. 예를 들어 색상 및 헤더 이미지를 설정하기 위한 테마 파라미터, 프리미엄 요금을 허용하는 프리미엄 기능의 활성화, 궤도의 내부 계산이 수행되는 방식을 변경하는 수학적 모델의 파라미터 변경 등이 있다.

  해당 파라미터는 소프트웨어 작동과 관련이 없다. 여기서 해당 파라미터를 변경하더라도 정상적으로 작동하므로 문제를 일으키지 않을 것이다. 특정 시점에 기능을 활성화하기 위해 개발자 또는 비즈니스 관리자가 더 많이 변경함으로써 소프트웨어를 제어할 수 있다.

 전체 기능을 활성화하거나 비활성화하는 것을 목표로 하는 설정 파라미터를 **기능 플래그**(feature flag)라 한다. 기능이 내부적으로 작업되는 동안 특정 시간에 '비즈니스 릴리스(business release)'를 생성하고 기능이 없는 프로덕션 환경에 새 코드를 배포하는 데 사용된다.

기능을 릴리스할 준비가 되면 철저히 테스트한 후 코드를 프로덕션에 미리 배포할 수 있으며 적절한 설정 파라미터를 변경함으로써 전체 기능을 활성화할 수 있다.

사용자 인터페이스 개선과 같은 큰 기능을 위해 조금씩 큰 작업을 계속 진행하면서 동시에 작은 증가분을 자주 빌드 및 릴리스할 수 있다. 기능이 릴리스되면 코드를 리팩토링하여 파라미터를 제거할 수 있다.

운영 설정과 기능 설정의 목적은 다르며 일반적으로 각각 다른 사람이 관리한다. 운영 설정 파라미터는 단일 환경과 밀접하게 관련되어 있고 환경마다 올바른 파라미터가 필요하지만, 기능 설정은 일반적으로 동일한 값으로 프로덕션 환경에서 변경될 때까지 로컬 개발 환경과 테스트 환경 사이에서 테스트가 진행된다.

기존에는 일반적으로 설정을 환경별로 그룹화된 하나 이상의 파일에 저장했다. 이렇게 코드에 production.cnf 파일과 staging.cnf 파일이 추가되어 개발 환경에 따라 사용된다. 환경별 설정은 다음과 같은 문제가 발생한다.

- 설정 변경은 사실상 코드 변경이다. 따라서 수행할 수 있는 변경 속도가 제한되고 범위 문제가 발생한다.

- 환경이 증가할수록 파일의 수도 동시에 증가한다. 중복으로 인해 에러가 발생할 수 있다. 예를 들어, 실수로 설정 파일을 잘못 변경했을 때 나중에 예기치 않게 배포된다. 오래된 파일도 제거되지 않을 수 있다.

- 개발자의 제어를 중앙 집중화한다. 이전에 살펴본 대로 해당 파라미터 중 일부는 반드시 개발자가 아닌 운영 팀의 통제하에 있는 경우가 있다. 모든 데이터를 코드 저장소에 저장하면 작업 간의 구분이 더 어려워 두 팀이 동일한 파일에 접근해야 한다. 소규모 팀에서는 이것이 문제가 되지 않지만 시간이 지나면서 큰 그룹의 사람들이 동일한 파일에 접근해 파일의 절반만 처리하게 함으로써 변경 필요성을 줄이는 것이 좋다.

- 비밀번호와 같은 민감한 파라미터를 파일에 저장하고 코드 저장소에 저장하는 것은 명백한 보안 위험이다. 저장소에 접근할 수 있는 사람은 누구나 저장소 자격 증명을 사용해 프로덕션을 포함한 모든 환경에 접근할 수 있다.

이런 문제로 인해 설정을 코드 저장소 내부에 파일로 직접 저장하는 것은 바람직하지 않다. Twelve-Factor 앱의 설정^{Configuration} 요소에서 구체적으로 어떻게 처리하는지 살펴보자.

Twelve-Factor 앱의 요소

Twelve-Factor 앱의 요소는 다음과 같다.

1. **코드 저장소**^{code base} : 코드는 한 곳의 저장소에 저장되어야 하고 설정의 경우는 다른 저장소에 저장하게 해 차별화한다.

2. **의존성**^{dependency} : 명시적이고 명확하게 선언한다.

3. **설정**^{config} : 환경별로 설정을 구성한다.

4. **백업 서비스**^{backing service} : 모든 지원 서비스는 연결된 리소스로 처리되어야 한다.

5. **빌드**^{build}, **릴리스**^{release}, **실행**^{run} : 빌드 상태와 실행 상태를 구분한다.

6. **프로세스**^{process} : 앱을 상태 비저장 프로세스로 실행한다.

7. **포트 바인딩**^{port binding} : 포트를 통해 서비스를 노출한다.

8. **동시성**^{concurrency} : 서비스를 프로세스로 설정한다.

9. **일회성**^{disposability} : 빠른 시작 및 부드러운 종료

10. **개발/프로덕션 환경의 동등성**^{dev/prod parity} : 모든 환경은 가능한 한 유사해야 한다.

11. **로그**^{log} : 스트리밍 이벤트에 로그를 보낸다.

12. **어드민 프로세스**^{admin process} : 일회성 어드민 프로세스를 독립적으로 실행한다.

Twelve-Factor 앱의 요소를 다양한 개념으로 그룹화할 수 있다.

- '코드 저장소', '빌드, 릴리스, 실행', '개발/프로덕션 환경의 동등성'은 설정을 통해서만 차별화되어 서로 다른 환경에서 실행되는 단일 애플리케이션을 생성한다는 아이디어를 중심으로 작동한다.

- '설정', '의존성', '포트 바인딩', '백업 서비스'는 서로 다른 서비스의 설정과 연결을 중심으로 작동한다.

- '프로세스', '일회성', '동시성'은 확장성 개념과 관련이 있다.

- '로그', '어드민 프로세스'는 모니터링 및 일회성 프로세스와 관련된 실용적인 아

이디어다.

이제 네 가지 그룹을 모두 살펴보자.

한 번 빌드, 여러 번 실행

Twelve-Factor 앱의 핵심 개념 중 하나는 구축 및 관리가 쉬운 동시에 통합 시스템이라는 점이다. 즉, 한 버전에서 다른 버전으로 변경되는 임시 코드가 없으며 설정 가능한 옵션만 있다.

코드 저장소는 앱의 모든 소프트웨어가 각 고객마다 특별한 브랜치를 생성하지 않아도 되는 단일 상태 또는 특정 환경에서만 사용할 수 있는 특별한 기능이 없는 단일 저장소를 목표로 한다.

 매우 특정한 환경을 일반적으로 **눈송이 환경**(snowflake environment)이라 한다. 특정한 환경을 다뤄본 사람이라면 환경의 유지보수가 얼마나 힘든지 알고 있다. 그렇기 때문에 Twelve-Factor 앱의 목표는 특정한 환경을 제거하거나 최소한 설정에 따라 변경하게 하는 것이다.

이는 배포할 코드가 항상 동일하고 설정만 변경됨을 의미한다. 이를 통해 모든 설정 변경사항을 쉽게 테스트할 수 있으며 사각지대가 발생하지 않는다.

단일 시스템에는 Twelve-Factor 앱을 개별적으로 수행하고 함께 작동하는 여러 저장소에 있는 여러 프로젝트가 있을 수 있다. 그 밖의 요소는 애플리케이션의 상호 운용성에 대해 이야기한다.

> API를 조정해 여러 애플리케이션을 함께 작동하도록 유지하는 것은 항상 어려운 일이며 팀 간에 적절한 조정이 필요하다. 전체 시스템을 한 번에 보고 싶어 할 뿐만 아니라 전체 조직에 대한 단일 상태를 확인하고 싶어 하는 일부 회사는 단일 저장소에서 회사의 모든 프로젝트를 하위 디렉토리로 관리하는 모노레포(monorepo) 접근 방식을 채택한다.
>
> 이는 자체적인 도전 과제를 갖고 있으며 팀 간의 더 큰 조정이 필요하며 큰 저장소이기에 큰 과제를 제시할 수 있다.

단일 코드 기반으로 '빌드, 릴리스, 실행' 요소의 단계를 엄격하게 구분할 수 있다. 이 요소는 세 가지 별개의 단계가 있음을 확인한다.

- 빌드 단계에서는 코드 저장소의 콘텐츠를 추후 실행될 패키지나 실행 파일로 변환한다.
- 릴리스 단계에서는 빌드된 패키지를 사용해 선택한 환경에 대한 적절한 설정과 결합하고 실행할 준비가 되게 한다.
- 실행 단계에서는 최종적으로 선택한 환경에서 패키지를 실행한다.

> 이전에 살펴본 것처럼 설정은 개발 코드와 다른 위치에 있다. 개발과 설정을 분리하는 것은 의미가 있으며 설정을 소스 제어 시스템으로 관리할 수도 있다. 파일로 저장될 수 있지만 프로덕션과 같은 일부 환경은 그 어떤 여러 환경보다 더 중요하므로 접근을 환경별로 분리할 수 있다. 설정을 개발 코드의 일부로 저장하면 개발 및 설정 분리를 수행하기 어렵다.
>
> 둘 이상의 파일을 결합할 수 있으므로 파라미터를 기능 및 운영 설정으로 분리할 수 있다.

배포 단계마다 엄격하게 구분되어 있어서 코드 배포 후에는 설정이나 코드를 변경할 수 없다. 어떤 경우에도 새 릴리스가 필요하다. 이는 릴리스를 매우 명시적으로 만들고 각 릴리스는 독립적으로 실행해야 한다. 새 서버가 있거나 서버가 충돌하는 경우 실행 단계를 다시 실행해야 할 수 있으므로 가능한 한 쉽게 수행하는 것이 목표여야 한다. 보다시피 Twelve-Factor 앱의 공통 특징은 엄격한 분리다. 그래서 각 요소를 쉽게 인식하고 운영할 수 있다. 다른 요소에서 설정을 정의하는 방법을 확인한다.

TIP 빌드 단계 후에 테스트를 수행하면 테스트, 릴리스, 작업 사이에 변경사항 없이 코드가 유지된다.

특히 빌드 단계에서 엄격한 분리로 인해 '개발/프로덕션 환경의 동등성'을 따르기가 쉽다. 본질적으로 개발 환경은 동일한 구축 난계를 사용하는 섯처럼 프로넉션 환경과 동일하다. 그러나 로컬 환경에서 실행하기에 적절한 설정이 있다. 또한 '개발/프로덕션 환경의 동등성' 요소는 데이터베이스 또는 큐와 같은 동일한(또는 가능한 가까운) 지원 서비스를 사용해 로컬 개발이 프로덕션 환경과 아주 유사한지 확인한다. 도커와 같은 컨테이너 툴 또는 셰프Chef나 퍼핏Puppet 같은 프로비저닝 툴도 필요한 모든 의존성을 포함하는 환경을 자동으로 설정하는 데 도움이 될 수 있다.

개발, 구축, 배포를 위한 빠르고 쉬운 프로세스를 확보하는 것은 주기를 가속화하고 신속하게 조정하는 데 있어 중요하다.

의존성과 설정

Twelve-Factor 앱은 의존성과 설정에 대한 명시적인 정의를 지지하는 동시에, 이를 수행하는 방법에 대해 분명하며 입증된 견고한 표준을 제공한다.

이는 '설정' 요소에서 시스템의 모든 설정을 **환경 변수**environment variable에 저장하는 것에 대해 이야기하는 이유다. 환경 변수는 코드와 독립적이기에 '빌드, 릴리스, 실행' 요소에서 설명한 엄격한 차별화를 유지하고 이전에 코드 기반 내부의 파일에 저장할 때 설명한 문제를 피할 수 있다. 또한 언어와 OS에 독립적이며 작업하기 쉽다. 환경 변수를 새로운 환경에 주입하는 것도 쉽다.

이는 staging이나 production 같은 환경을 설명하는 코드에 여러 파일을 설정하는 것과 같은 대안보다 선호된다. 왜냐하면 세분화를 더 허용하고 이런 종류의 처리로 인해 너무 많은 파일이 생성되기에 영향받지 않는 환경에 대한 코드가 변경되어야 하기 때문이다. 예를 들어, 짧게 진행되는 demo 환경에 대한 코드 기반도 변경해야 한다.

Twelve-Factor 앱은 변수 독립적인 방식으로 설정을 처리하도록 권장하지만 현실상 작업은 제한된 수의 환경이 있고 해당 설정을 어딘가에 저장해야 한다는 것을 의미한다. 핵심 요소는 '릴리스' 단계에서만 관리되는 코드와 다른 위치에 저장하는 것이다. 이는 많은 유연성을 허용한다. 로컬 개발의 경우 이런 환경 변수를 독립적으로 변경해 여러 기능을 테스트하거나 디버깅할 수 있다.

표준 라이브러리를 사용해 환경으로부터 직접 설정 파일에서 설정을 얻을 수 있다. 예를 들어 다음 파이썬 코드를 살펴보자.

```
import os
PARAMETER = os.environ['PATH']
```

이 코드는 PATH 환경 변수의 값을 상수 PARAMETER에 저장한다. PATH 환경 변수가 없으면 environ 딕셔너리에도 존재하지 않기에 KeyError가 생성되므로 주의한다.

 다음 예시에서 정의된 환경 변수는 사용자 환경에서 정의되어야 한다는 점에 유의한다. 설명을 단순화하기 위해 환경 변수 정의를 포함하지 않는다. $ MYENVVAR=VALUE python3를 실행해 로컬 환경을 추가한 파이썬 코드를 실행할 수 있다.

옵션 환경 변수를 허용하고 해당 환경이 누락되지 않도록 보호하려면 .get 함수를 사용해 기본값을 설정한다.

```
PARAMETER = os.environ.get('MYENVVAR', 'DEFAULT VALUE')
```

 일반적으로 기본 파라미터를 계속 사용하는 것보다는 설정 변수가 누락됐기 때문에 예외를 발생시키는 것을 권장한다. 프로세스가 시작될 때 프로세스가 중지되기에 설정 변수 문제를 더 쉽게 발견할 수 있기 때문이다. Twelve-Factor 앱의 철학에 따르면, 문제를 탐지하지 않고 통과하는 것이 아니라 올바르게 고칠 수 있도록 가능한 한 문제가 빨리 나타나 실패해서 명시적으로 설명할 수 있기를 원한다는 것을 기억해 두자.

환경 변수는 항상 텍스트로 정의된다. 값이 다른 포맷이어야 한다면 다음과 같이 변환해야 한다.

```
NUMBER_PARAMETER = int(os.environ['ENVINTEGERPARAMETER'])
```

이는 Boolean 값을 정의할 때 일반적인 문제가 있다. 해당 코드를 다음과 같이 정의하는 것은 올바르지 않다.

```
BOOL_PARAMETER = bool(os.environ['ENVBOOLPARAMETER'])
```

ENVPARAMETER의 값이 "TRUE"이면 BOOL_PARAMETER의 값은 True(불린 타입)이다. 그러나 ENVPARAMETER 값이 "FALSE"일 때도 BOOL_PARAMETER 값은 True이다. "FALSE" 문자열은 빈 값이 아니므로 True로 변환되기 때문이다. 대신 표준 라이브러리 패키지인 distutils를 사용할 수 있다.

```
import os
from distutils.util import strtobool
BOOL_PARAMETER = strtobool(os.environ['ENVBOOLPARAMETER'])
```

> **TIP** strtobool은 True 또는 False를 불린으로 리턴하지 않고 0 또는 1을 정수로 리턴한다. strtobool은 일반적으로 올바르게 작동하지만 엄격한 불린 값이 필요한 경우 다음과 같이 bool을 추가한다.
> ```
> bool(strtobool(os.environ['ENVPARAMETER']))
> ```

환경 변수를 사용하면 코드에 저장하지 않고 시크릿 정보와 같은 민감한 값을 주입할 수도 있다. 시크릿 정보를 실행 환경에서 검사할 수 있지만, 일반적으로 권한이 있는 팀원만 실행 환경에서 ssh 또는 ssh와 비슷한 툴을 통해 접근할 수 있도록 보호한다.

이 설정의 일부를 모든 '백업 서비스'와 환경 변수에 정의해야 한다. 백업 서비스는 앱이 네트워크를 통해 사용하는 외부 서비스로 데이터베이스, 큐queue, 캐싱 시스템 등이 될 수 있다. 또는 외부 회사에서 관리되는 API 또는 AWS 서비스일 수도 있고 동일한 네트워크의 내부 시스템일 수도 있다.

앱의 관점에서 이런 차이는 무의미할 수 있다. 리소스는 URI와 자격 증명으로 접근해야 하며 설정의 일부이기에 환경에 따라 변경될 수 있다. 이는 리소스를 느슨하게 연결하고 쉽게 교체할 수 있음을 의미한다. 마이그레이션 작업으로 두 네트워크 간에 데이터베이스를 이동해야 하는 경우 새로운 데이터베이스를 시작하고 설정 변경으로 새 릴리스를 수행해야 한다. 앱은 새로운 데이터베이스를 가리킨다. 설정 변경 작업은 코드 변경 없이 수행할 수 있다.

여러 애플리케이션을 결합할 수 있는 '포트 바인딩' 요소는 노출된 모든 서비스가 포트와 관련됨을 보장한다. 해당 포트는 서비스에 따라 다를 수 있다. 포트 바인딩은 각 앱의 백업 서비스를 쉽게 고려할 수 있다. HTTP 커넥션은 표준이 되기 때문에 포트를 HTTP로 노출하는 것이 좋다.

 애플리케이션의 경우 가능하면 80 포트의 HTTP를 사용한다. HTTP는 http://service-a.local/과 같은 URL로 모든 연결을 쉽게 생성한다.

일부 애플리케이션은 여러 프로세스의 조합을 통해 함께 작동해야 한다. 예를 들어 장고와 같은 파이썬 애플리케이션용 웹 서버는 uWSGI와 같은 애플리케이션 서버를 사용해 실행한다. 그런 다음 엔진엑스 또는 아파치와 같은 웹 서버에서는 애플리케이션 서버를 연동하고 정적 파일을 일반적으로 제공한다.

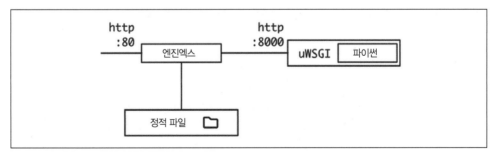

그림 5.2 웹 서버와 애플리케이션 서버 연결

웹 서버와 애플리케이션 서버는 모두 알려진 포트와 프로토콜을 노출 및 연결하기에 설정이 쉽다.

동일한 참고사항으로, 모든 '의존성' 라이브러리는 명시적으로 명확하게 설정되어야 하며 기존 운영체제에서 사전에 설치된 특정 패키지에 의존하지 않아야 한다. 의존성은 파이썬용 requisites.txt pip 파일과 같은 의존성 선언을 작성해야 한다.

그런 다음 pip install -r requirements.txt와 같은 커맨드를 사용해 빌드 단계의 일부로 의존성을 설치해야 한다.

 특정 파이썬 버전도 엄격하게 제어해야 하는 의존성임을 명심해야 한다. 다른 필수 OS 의존성도 마찬가지다. 이상적으로 OS 환경은 지정된 의존성을 사용해 처음부터 생성해야 한다.

추가로, 엄격하게 제어되지 않는 암시적인 의존성이 없도록 의존성을 격리해야 한다. 새로운 버전이 업스트림에 릴리스될 때 의도치 않게 의존성의 다른 버전이 설치되는 문제가 생기지 않으려면 의존성을 최대한 엄격하게 정의해야 한다.

예를 들어, pip 파일에서 의존성을 다양한 방식으로 작성할 수 있다.

```
requests
requests>=v2.22.0
requests==v2.25.1
```

첫 번째 방법은 모든 버전을 허용한다는 의미로 일반적으로 최신 버전을 사용한다. 두 번째는 사용할 최소(반대로 말하면 사용할 수 있는 최대) 버전을 설명한다. 세 번째 버전은 특정 버전으로 고정한다.

 이는 우분투(Ubuntu)의 apt처럼 운영체제의 다른 패키지 관리 시스템과 동일하다. apt-get install dependency=<버전>을 사용해 특정 버전을 설치할 수 있다.

매우 명시적인 의존성을 사용하면 빌드를 반복할 수 있고 결정적이게 할 수 있다. 새로운 버전이 릴리스되면 빌드 단계에서 알 수 없는 변경사항이 없는지 확인한다. 대부분의 새로운 패키지는 호환되지만, 종종 시스템 동작에 영향을 주는 변경사항이 추가될 수도 있다. 설상가상으로 새로운 버전의 새로운 변경사항이 의도치 않게 심각한 문제를 일으킬 수 있다.

확장성

5장의 앞부분에서 확장성을 진행하는 이유를 설명했다. 또한 Twelve-Factor 앱은 시스템을 성공적으로 확장하거나 축소하는 방법을 설명한다.

'프로세스' 요소는 실행 단계가 하나 이상의 프로세스 시작되는지 확인하는 방법을 설명한다. 해당 프로세스는 상태 비저장stateless이어야 하며 아무것도 공유하지 않아야 한다. 즉, 모든 데이터는 데이터베이스와 같은 외부 백업 서비스에서 검색해야 한다. 로컬 디스크를 임시적으로 사용하는 것을 최소화해야 하지만 동일한 요청을 처리하는 부분에서는 로컬 디스크 데이터를 임시적으로 사용할 수 있다.

> 예를 들어, 파일 업로드는 로컬 하드 드라이브를 사용해 임시 사본을 저장한 다음 데이터를 처리할 수 있다. 데이터가 처리된 후 디스크에서 파일을 삭제해야 한다.
>
> 가능하다면 임시적으로 사용한다는 것을 좀 더 엄격하게 할 수 있는데, 임시 저장소로 메모리를 사용하는 것도 좋다.

프로세스가 충족해야 하는 다음 속성은 '일회성'이다. 프로세스는 언제라도 빨리 시작 및 중지할 수 있어야 한다.

프로세스를 빨리 시작한다는 것은 릴리스 또는 재시작 시 시스템에서 빠르게 반응할 수 있음을 의미한다. 따라서 프로세스를 시작하고 실행하는 데 몇 초 이상 걸리지 않게 한다는 목표를 세우는 것이다. 또한 확장scale하기 위해 더 많은 프로세스를 추가하는 경우, 빠른 프로세스 처리는 시스템을 빠르게 성장시키는 데 중요하다.

그 반대는 유예 시간을 주며 프로세스를 종료하는 것이다. 종료 중에 들어온 요청이 중단되지 않으면서 프로세스를 줄이는 정리 상황이 필요할 수 있다. 일반적으로 SIGTERM 신호를 보내 프로세스를 중지시킨다.

 도거 컨테이너를 중지하려면 도커 킨테이니의 주요 프로세스에 SIGTERM 신호를 보내 자동으로 종료시킨다. 즉, 프로세스가 유예 시간 후에 자체적으로 중지되지 않으면 대신 종료된다. 필요한 경우 유예 시간을 설정할 수 있다.

컨테이너의 주요 프로세스가 SIGTERM을 받고 컨테이너를 정상적으로 중지하고 적절하게 처리할 수 있는지 확인한다.

예를 들어, 웹 요청의 경우 정상적인 종료graceful shutdown는 먼저 새로운 요청의 수락을 제한하고 큐의 모든 요청을 완료한 후 최종적으로 프로세스를 종료한다. 웹 요청은 일반적으로 빨리 응답하지만, 긴 비동기 작업과 같은 프로세스의 경우는 진행 중인 작업을 완료하고 중지하는 데 처리 시간이 오래 걸릴 수 있다.

대신, 긴 작업을 수행하는 워커는 작업을 큐에 리턴하고 실행을 취소해야 한다. 이런 방식으로 작업은 다시 수행될 것이며 작업이 중복되지 않아야 한다. 따라서 결과를 저장하기 위해 작업이 끝날 때까지 기다렸다가 트랜잭션(또는 이와 비슷한 형태로 래핑 코드)으로 모든 작업을 취소할 수 있게 해야 한다.

 경우에 따라서는 작업을 '대량의 준비 작업'과 '대량 작업의 결과를 저장하는 작업'으로 구분해야 한다. 종료 시 작업이 결과를 저장하는 경우 기다리거나 실행을 중지하고 작업을 큐로 리턴한다. 일부 저장 작업에는 트랜잭션을 허용하지 않는 호출 시스템이 필요할 수 있다. 오래 실행되는 프로세스를 종료하는 데 허용되는 시간이 웹 서버 종료 시간보다 더 길 수 있다.

또한 프로세스는 예기치 않은 중단을 잘 처리해야 한다. 버그, 하드웨어 에러 또는 일반적으로 소프트웨어에 항상 나타나는 예상치 못한 놀라움으로 인해 중단이 발생할 수 있다. 작업이 중단되더라도 재시도할 수 있는 탄력적인 큐 시스템을 만드는 것은 큰 도움이 된다.

시스템은 프로세스를 통해 생성되기에 프로세스를 추가해 수평 확장할 수 있다. 프로세스는 독립적이며 동일한 서버 또는 다른 서버에서 프로세스를 동시에 실행할 수 있다. 이것이 '동시성' 요소의 기반이다.

동일한 애플리케이션에서 서로 다른 작업을 처리할 때 조정하는 프로세스를 사용할 수 있으며, 각 프로세스마다 복사본 수가 다를 수 있다. 이전 예의 경우, 엔진엑스 서버와 uWSGI 서버를 사용한다면 최적의 프로세스 수는 uWSGI 워커 수의 몇 배에 대응하는 단일 엔진엑스 프로세스를 갖는 것일 수 있다.

기존 배포 프로세스는 노드에 대한 물리적 서버(또는 가상 머신)를 구성하고, 하드웨어를 적절하게 사용하기 위해 최적의 수를 찾을 때까지 워커 수를 조정하는 것을 포함하는 여러 요소를 최적화하는 것이었다.

컨테이너를 사용하면 최적화하는 과정이 달라진다. 컨테이너는 더 많이 생성할 수 있고 더 가벼운 경향이 있다. 컨테이너의 경우 최적화 과정이 여전히 필요하지만 컨테이너를 노드 사이에서 더 쉽게 이동할 수 있고 컨테이너 애플리케이션이 더 작아지는 경향이 있기 때문에 컨테이너를 사용해 특정 단위를 생성한 다음, 단일 노드에 몇 개의 단위가 들어갈 수 있는지 확인하는 것이 더 중요하다. 특정 서버에서 애플리케이션의 적절한 크기를 찾는 것이 아니라, 여러 서버의 크기를 활용하거나 쉽게 더 많은 서버를 추가할 수 있음을 알 수 있기에 특정 서버에서 실행할 수 있는 작은 애플리케이션의 복사본 수를 파악한다.

노드는 독립적이고 상태 비저장이기에 더 많은 노드를 추가하면 Twelve-Factor 앱을 기반으로 운영이 쉬워진다. 따라서 전체 작업의 크기를 시스템 부하에 맞게 조정할 수 있다. 시스템의 부하 및 요청이 증가할 때 새로운 노드를 천천히 추가하는 수동 작업으로 수행할 수도 있고, 5장 앞부분에서 설명한 것처럼 자동으로 수행할 수도 있다.

Twelve-Factor 앱은 자동 확장을 요구하지 않지만 확실히 용이하게 한다. 자동 확장을 자동화하는 것은 시스템 부하에 대한 세밀한 측정이 필요하기에 주의해서 다뤄야 한다. 적절하게 자동 확장할 수 있도록 테스트 수행 시간이 있어야 한다.

또한 Twelve-factor 앱 프로세스는 upstart 또는 systemd와 같은 운영체제 프로세스 관리자를 통해 실행되어야 한다. 프로세스 관리자는 비정상 종료가 발생한 경우에도 프로세스가 계속 실행되게 하고 정상적인 수동 재시작을 처리하며 출력 스트림을 정상적으로 관리한다. 추후 로그의 일부로 출력 스트림에 대해 더 자세히 설명하겠다.

 킨테이니로 작업할 때는 약간 다르다. 운영체제 프로세스 관리자와 비슷한 툴이 대부분 프로세스보다 컨테이너를 더 많이 처리하기 때문에 약간 변경된다. 운영체제 프로세스 관리자 대신 컨테이너 오케스트레이터(container orchestrator)가 작업을 수행해 컨테이너가 제대로 실행되게 하고 출력 스트림을 얻는다. 컨테이너 내부에서는 관리자의 제어 없이 프로세스를 시작할 수 있다. 프로세스가 중지되면 컨테이너도 중지된다.

빠른 시작 및 종료 상황의 탄력성으로 프로세스를 자동으로 재시작할 때 프로세스 비정상 종료와 같은 예기치 않은 문제가 발생하는 경우 애플리케이션을 동적으로 만들고 자가 복구할 수 있다. 또한 오래 실행되는 프로세스를 방지하고 메모리 누수memory leak 또는 기타 오랫동안 겪고 있는 문제로 인해 발생할 수 있는 불의의 사태에 대한 사전 대책을 세우기 위해 제어가 가능한 종료 작업을 운영의 일부로 적용할 수 있다.

 이는 전원을 껐다가 다시 켜는 오래된 방식과 동일하다. 빨리 작업할 수 있다면 많은 상황이 좋아질 수 있다.

모니터링과 어드민

종합 모니터링 시스템은 문제를 감지하고 시스템의 작동 상황을 분석하는 데 중요하다. 유일한 모니터링 툴은 아니지만 로그는 모든 모니터링 시스템의 중요한 부분이다.

로그는 실행 중인 애플리케이션 작동에 대한 가시성visibility을 제공하는 텍스트 문자열이다. 로그에는 작동 중에 생성된 타임스탬프timestamp를 항상 포함해야 한다. 코드가 실행될 때 생성되며, 발생하는 다양한 작업에 대한 정보를 제공한다. 기록할 항목에 대한 세부 사항은 애플리케이션에 따라 크게 다를 수 있지만 프레임워크는 일반적인 관행에 따라 자동으로 로그를 생성한다.

예를 들어, 모든 웹 소프트웨어는 다음과 같이 수신된 요청을 저장한다.

```
[16/May/2021 13:32:16] "GET /path HTTP/1.1" 200 10697
```

로그에는 다음이 포함된다.

- 생성된 시간의 타임스탬프: [16/May/2021 13:32:16]
- HTTP GET 메소드와 HTTP/1.1 프로토콜
- 접근 경로: /path
- 리턴된 상태 코드: 200
- 요청 크기: 10697

해당 로그를 접근 로그access log라 하며 다양한 포맷으로 생성된다. 로그는 최소한 타임 스탬프, HTTP 메소드, 경로, 상태 코드status code를 항상 포함해야 하지만 요청을 하는 클라이언트 IP 또는 요청을 처리하는 데 걸린 시간과 같은 추가 정보가 보이도록 설정할 수 있다.

 접근 로그는 엔진엑스와 아파치를 포함한 웹 서버에서도 생성된다. 운영을 잘하기 위해서는 생성된 정보를 제대로 설정하는 것이 중요하다.

접근 로그만 유용한 것은 아니다. 애플리케이션 로그도 매우 유용하다. 애플리케이션 로그는 코드 내에서 생성되며, 중요한 이정표 또는 에러를 전달하는 데 사용할 수 있다. 웹 프레임워크는 로그를 준비하므로 새로운 로그를 쉽게 생성할 수 있다. 예를 들어, 장고에서는 다음과 같이 로그를 생성할 수 있다.

```
import logging
logger = logging.getLogger(__name__)
...
```

```
def view(request, arg):

    logger.info('Testing condition')
    if something_bad:
        logger.warning('Something bad happened')
```

이제 다음과 같은 로그가 생성된다.

```
2021-05-16 14:01:37,269 INFO Testing condition
2021-05-16 14:01:37,269 WARNING Something bad happened
```

 로그에 관한 자세한 내용은 12장 '로깅'에서 다룰 것이다.

'로그' 요소는 로그가 프로세스 자체에 의해 관리되어서는 안 된다고 제안한다. 대신 로그는 중간 단계 없이 자체 표준 출력으로 출력되어야 한다. '동시성' 요소에 설명된 운영 체제 프로세스 관리자와 같은 프로세스를 둘러싼 환경은 로그를 수신 및 결합하고, 장기 보관 및 모니터링 시스템으로 적절하게 라우팅해야 한다. 이런 설정은 애플리케이션의 제어를 완전히 벗어난 것이다.

 로컬 개발의 경우, 터미널에 로그를 표시하는 것만으로도 개발 목적에 맞다.

이는 로그를 하드 드라이브에 로그 파일로 저장하는 것과 대조된다. 로그 파일이 지속적으로 하나의 파일에 쌓이지 않도록 재갱신되어야 하고 저장 공간이 충분한지 확인해야 한다는 문제가 있다. 또한 다른 프로세스에서 로그의 재갱신 및 저장에 대한 유사한 정책을 갖도록 조정하는 것이 필요하다. 대신 표준 출력이 결합될 수 있고, 단일 프로세스가 아닌 시스템 전체 이미지의 로그가 집계될 수 있다.

로그는 ELK 스택(Elasticsearch, Kibana, Logstash, https://www.elastic.co/products/)과 같은 외부 로그 인덱싱 시스템으로 전달할 수도 있다. ELK 스택은 로그를 수집하고 검색을 위

한 분석 툴을 제공한다. 유지보수를 하지 않도록 Loggly(https://www.loggly.com/) 또는 Splunk(https://www.splunk.com/)를 포함한 외부 툴도 사용할 수 있다. 이런 모든 툴을 사용하면 표준 출력 로그를 수집하고 해당 툴의 솔루션으로 리다이렉션할 수 있다.

 컨테이너 세계에서는 이 권장사항이 훨씬 더 합리적이다. 도커 오케스트레이션 툴은 컨테이너에서 표준 출력을 쉽게 수집한 다음 다른 곳으로 리다이렉션할 수 있다.

기타 툴은 특정 타임 윈도^{time window}에서 특정 이벤트 탐색 및 검색, 시간당 요청 수 변화와 같은 추세 관찰, 그리고 예를 들어 일정 기간 동안 ERROR 로그 개수가 특정 값 이상으로 증가하는 것처럼 특정 규칙에 따라 자동 경고 알림과 같은 기능을 제공할 수 있다. 특정 값 이상으로 일정 기간 동안 저장된다.

'어드민 프로세스' 요소는 특정 작업을 수행해야 하는 경우가 있을 때 사용되지만 애플리케이션의 일반 작업에는 포함되지 않는 일부 프로세스를 다룬다. 어드민 프로세스 요소는 다음 예를 포함한다.

- 데이터베이스 마이그레이션
- 특정 매출에 대한 일회성 보고서 생성 또는 버그의 영향을 받는 레코드 수 감지와 같은 임시 보고서 생성
- 디버깅 목적으로 콘솔 실행

 프로덕션 환경의 콘솔에서 커맨드를 실행하는 것은 다른 대안이 없을 때만 사용해야 하며 반복 작업용 스크립트를 생성하지 않기 위해 사용해서는 안 된다. 따라서 각별한 주의가 필요하다. 프로덕션 환경에서 에러가 발생하면 심각한 문제가 발생할 수 있다. 프로덕션 환경에서 함부로 사용해서는 안 된다.

프로덕션 환경의 콘솔에서 커맨드를 실행하는 작업은 일상적인 운영 업무 중 하나가 아니지만 실행해야 할 수도 있다. 인터페이스가 확실히 다르다. 스크립트를 실행하려면

동일한 코드 기반 및 설정을 사용해 일반 프로세스와 동일한 환경에서 실행되어야 한다. 해당 어드민 작업은 일치하지 않는 코드로 인한 문제를 방지하기 위해 코드의 일부로 포함되어야 한다.

기존 환경에서는 프로세스를 실행하려면 ssh를 통해 서버에 로그인해야 실행할 수 있었다. 컨테이너 환경에서 전체 컨테이너는 프로세스를 실행하기 위해 독점적으로 시작될 수 있다.

이는 마이그레이션의 경우에 매우 일반적이다. 준비 커맨드는 마이그레이션을 실행하기 위해 빌드하는 것으로 이뤄질 수 있다.

 데이터베이스가 마이그레이션됐는지 확인하기 위해 실제 릴리스 전에 수행되어야 한다. 마이그레이션에 관한 자세한 내용은 4장을 참고한다.

컨테이너에서 어드민 커맨드를 실행하려면 컨테이너 이미지가 애플리케이션을 실행하는 것과 동일해야 하지만 다른 커맨드로 호출되어야 하므로 코드와 환경은 실행 중인 애플리케이션과 동일해야 한다.

Twelve-Factor 앱 컨테이너화

Twelve-Factor 앱 방법론은 도커 및 관련 툴을 사용해 컨테이너화하는 현재 추세보다 오래됐지만 매우 일치한다. 두 툴 모두 클라우드에서 확장 가능한 서비스를 지향하며 컨테이너는 Twelve-Factor 앱 방법론에 설명된 패턴과 일치하는 패턴을 생성하는 데 도움을 준다.

 8장 '고급 이벤트 기반 구조'에서 도커 컨테이너에 관해 더 자세히 설명한다.

틀림없이 가장 중요한 것은 실행되는 불변 컨테이너 이미지의 생성이 '빌드, 릴리스, 실행' 요소와 이미지에서 사용할 특정 OS와 모든 라이브러리를 포함하는 명시적인 '의존성' 요소에 매우 잘 작동한다는 사실이다. 빌드 프로세스를 저장소의 일부로 포함하는 것도 '코드 저장소' 요소의 구현에 도움이 된다.

각 컨테이너는 '동시성' 모델을 사용해 동일한 컨테이너의 여러 복사본을 생성해 확장할 수 있는 '프로세스' 요소로도 작동한다.

 컨테이너는 일반적으로 개념적으로 가벼운 가상 머신으로 생각되지만, 자체 파일 시스템에 래핑된 프로세스로 생각하는 편이 좋다. 컨테이너는 운영 방식에 더 가깝다.

컨테이너의 개념은 프로세스의 시작과 중지를 쉽게 하고 '일회성' 요소를 받아들인다. 그리고 쿠버네티스와 같은 오케스트레이션 툴을 통해 서로 연결하면 '백업 서비스' 요소도 쉽게 설정할 수 있고 '포트 바인딩' 요소를 따르는 컨테이너의 특정 포트를 바인딩하는 서비스를 공유하기도 쉽다. 그러나 대부분의 경우 표준 80 포트에서 웹 인터페이스로 공유한다.

쿠버네티스와 같은 도커 및 오케스트레이터 툴에서는 환경 변수를 주입하여 다양한 환경을 설정하는 것이 매우 쉽기에 '설정' 요소를 충족한다. 환경 설정과 클러스터 설명을 파일로 저장할 수 있어 여러 환경을 쉽게 생성할 수 있다. 또한 적절한 비밀을 처리하기 위한 툴을 포함하기에 비밀을 적절하게 암호화하고 비밀 누출을 방지하기 위해 설정 파일에 저장되지 않는다.

컨테이너의 또 다른 중요한 이점은 프로덕션 환경에서 실행하는 동일한 이미지를 로컬 환경에서 실행할 수 있도록 약간만 변경하면 로컬 환경에서 실행할 수 있는 것처럼 클러스터를 로컬로 쉽게 복제할 수 있다는 것이다. 따라서 '개발/프로덕션 환경의 동등성' 요소에서 요구하는 대로, 다양한 환경을 최신 상태로 유지하는 데 큰 도움이 된다.

일반적으로 컨테이너 접근 방식은 클러스터를 정의하고 일관된 방식으로 여러 서비스와 컨테이너를 명확하게 분리하는 방향으로 진행한다. 이는 개발 환경이 소규모로 프로덕션 설정을 복제할 수 있기 때문에 서로 다른 환경을 함께 제공한다.

'로그' 요소에 따라 정보를 표준 출력으로 보내는 것은 컨테이너 툴이 로그를 적절하게 받거나 처리하거나 리다이렉션할 수 있기에 로그를 저장하는 좋은 방법이다.

마지막으로, 특정 어드민 커맨드를 실행하는 여러 커맨드로 동일한 컨테이너 이미지를 실행해 '어드민 프로세스'를 처리할 수 있다. 이는 배포 전에 마이그레이션을 수행하는 것처럼 정기적으로 발생해야 하거나 주기적 작업인 경우라면 오케스트레이터에서 처리할 수 있다.

보다시피 컨테이너 작업은 컨테이너 툴이 Twelve-Factor 앱에 대한 권장사항의 방향으로 작동하기 때문에 Twelve-Factor 앱에 대한 권장사항을 따른다. 이는 무료로 수행된다는 의미가 아니라 Twelve-Factor 앱 방법론과 컨테이너 내부의 아이디어가 상당한 수준으로 일치함을 의미한다.

Twelve-Factor 앱과 컨테이너 앱 모두는 클라우드 환경에서 실행되어야 하는 웹 서비스를 다루는 배경을 비슷하게 갖고 있기 때문에 일치한다고 해서 놀랄 일은 아니다.

요약

5장에서는 견고하고 신뢰할 수 있는 패턴을 기반으로 소프트웨어를 구축하는 것이 좋다는 것을 살펴봤다. 이는 검증된 결정을 바탕으로 새로운 설계를 구축할 수 있음을 확신하기 위함이다. 클라우드에서 작동 중인 웹 서비스의 경우, Twelve-Factor 앱 방법론의 많은 유용한 조언을 지침으로 사용할 수 있다.

Twelve-Factor 앱이 CI와 확장성이라는 두 가지 주요 아이디어와 어떻게 연계되는지 설명했다.

CI는 코드가 공유된 이후에 자동으로 테스트를 실행하여 새로운 코드를 지속적으로 검증하는 방식이다. 따라서 새로운 기능을 개발할 때마다 자동화 테스트를 적절하게 추가하기 위한 훈련이 필요하지만 개발자가 신속하게 작업할 수 있는 안전망을 만든다.

또한 확장성 개념, 즉 더 많은 리소스를 추가해 더 많은 부하를 허용하는 소프트웨어의 용량에 대해서도 논의했다. 동적으로 용량을 조정할 수 있을 정도로 소프트웨어가 부하에 따라 확장 및 축소되도록 하는 것이 중요한 이유에 대해 이야기했다. 또한 시스템을 '상태 비저장' 상태로 만드는 것이 확장 가능한 소프트웨어를 구축하는 부분에서 시스템의 핵심이 되는지 확인했다.

또한 Twelve-Factor 앱이 다루는 설정에 대한 도전 과제, 그리고 모든 설정 파라미터가 동일하지 않다는 사실을 확인했다. 설정을 운영 설정operational configuration과 기능 설정feature configuration으로 나눌 수 있는 방법을 설명했는데, 이를 통해 각 파라미터에 대한 적절한 컨텍스트를 제공하고 나눌 수 있다.

Twelve-Factor 앱의 각 요소를 살펴본 다음 4개의 다른 그룹으로 나누고 관련시키고 다른 요소들이 서로를 지원하는 방법을 설명했다. 요소를 다음과 같은 그룹으로 나누었다.

- 여러 환경에서 실행되는 단일 패키지를 생성하는 아이디어를 기반으로 한 번 또는 여러 번의 빌드 실행
- 애플리케이션의 설정, 소프트웨어, 서비스 의존성과 관련된 의존성 및 설정
- 이전에 설명한 확장 기능을 달성하기 위한 확장성
- 운영 중 소프트웨어 작동을 처리하기 위한 여러 요소의 모니터링 및 어드민 관리

마지막으로 Twelve-Factor 앱 아이디어가 컨테이너화와 얼마나 일치하는지, 그리고 다양한 도커 기능과 개념을 통해 Twelve-Factor 앱을 쉽게 만들 수 있는 방법에 대해 이야기했다.

06

웹 서버 구조

현재 웹 서버는 원격 접근이 가능한 가장 일반적인 서버다. HTTP 기반 웹 서비스는 유연하고 강력하다.

6장에서는 웹 서버가 어떻게 구성되어 있는지 살펴본다. 먼저 기본 요청-응답 아키텍처의 작동 방식을 설명한 다음, 3개의 계층으로 구성된 LAMP 스타일 아키텍처를 자세히 살펴본다. 여기서 3개의 계층은 웹 서버, 코드를 실행하는 워커, 해당 워커를 제어하고 웹 서버의 표준화된 연결을 담당하는 중간 계층이다.

웹 서버 엔진엑스, 중간 계층 uWSGI, 워커 내부의 특정 코드를 실행하는 파이썬 장고 프레임워크와 같은 특정 툴을 보면서 각 계층을 자세히 살펴볼 것이다.

그리고 장고를 기반으로 RESTful API 인터페이스를 생성할 수 있는 장고 REST 프레임워크 툴을 함께 볼 예정이다.

마지막으로 유연성, 확장성, 성능을 높일 수 있도록 웹 서버 상단에 계층을 추가하는 방법을 살펴보겠다.

6장에서 다루는 내용은 다음과 같다.

- 요청-응답
- 웹 아키텍처
- 웹 서버
- uWSGI
- 파이썬 워커
- 외부 계층

먼저 요청-응답 아키텍처의 기초부터 설명하겠다.

요청-응답

기존의 서버 아키텍처는 요청-응답 통신을 기반으로 한다. 클라이언트는 원격 서버에 요청을 보내고 원격 서버는 요청을 처리하고 요청에 대한 응답을 리턴한다.

요청-응답 통신 패턴은 메인프레임 시대부터 널리 퍼져온 것이다. 소프트웨어가 내부적으로 라이브러리와 통신해도 네트워크를 통해 통신하듯이 아날로그 방식으로 작동한다. 소프트웨어는 라이브러리를 호출하고 해당 라이브러리로부터 응답을 받는다.

중요한 요소는 요청 전송과 응답 수신 사이의 시간 지연이다. 내부적으로 호출에 몇 밀리초 이상 걸리는 경우는 드물지만 네트워크는 아주 흔하게 수백 밀리초 및 초 단위로 측정될 수 있다.

 네트워크 호출은 서버의 위치에 따라 크게 달라진다. 동일한 데이터 센터 내에서 호출하면 빠른데, 호출 시간은 대략 100밀리초 미만이다. 외부 API에 대한 연결은 거의 1초 또는 그 이상이 소요될 수 있다.

또한 네트워크 조건이 크게 영향을 미칠 수 있으므로 시간도 매우 가변적이다. 따라서 이러한 시간 차를 적절하게 처리하는 것이 중요하다.

요청할 때 일반적인 전략은 요청을 동기화하는 것이다. 즉, 요청 코드는 중지되어 응답이 준비될 때까지 대기하는데, 코드가 간단하기 때문에 편리하다. 반면 서버가 응답을 계산하고 네트워크를 통해 전송되는 동안 컴퓨터는 아무 작업을 하지 않기 때문에 비효율적이다.

 클라이언트는 여러 요청을 동시에 수행할 수 있도록 개선할 수 있다. 요청이 서로 독립적일 때 수행되어 병렬로 요청을 생성할 수 있다. 병렬 요청을 쉽게 생성하려면 멀티 스레드(multithread) 시스템을 사용해 프로세스 속도를 높일 수 있다.

요청을 병렬로 처리할 수 있는 기능. 요청에 대한 응답을 받을 때까지 기다리는 기능에는 일반적으로 어떤 흐름이 필요하다. 예를 들어, 웹 페이지 검색을 하려면 일반적으로 페이지를 검색하기 위한 하나의 요청을 만들고 나중에 웹 페이지에서 참조하는 여러 파일(예: 헤더 파일 또는 이미지)을 병렬로 다운로드한다.

이번 장의 뒷부분에서 웹 페이지의 응답성을 높일 수 있는 설계 방법을 살펴볼 것이다.

네트워크의 호출을 로컬 호출보다 더 신뢰할 수 없다는 사실을 이해한다면 더 나은 에러 처리가 필요하다. 모든 요청-응답 시스템에서 네트워크 문제는 대개는 일시적이고 대기 후 재시도하면 복구될 수 있기에 네트워크 에러를 수집하거나 시스템에서 재시도할 때는 각별한 주의를 기울여야 한다.

 2장 'API 설계'에서 살펴봤듯이 HTTP의 여러 상태 코드를 통해 자세한 정보를 제공할 수 있다.

요청-응답 패턴의 또 다른 특징은 서버가 클라이언트를 사전에 호출할 수 없고 응답 정보만 리턴한다는 것이다. 따라서 완전히 양방향이 아니기에 통신을 단순화한다. 클라이언트는 요청을 시작해야 하며 서버는 들어오는 새로운 요청만 수신한다. 그리고 클라이언트, 서버 두 역할을 비대칭으로 만들고 클라이언트가 일반적으로 DNS 주소와 접근할 포트(기본적으로 HTTP의 경우 포트 80, HTTPS의 경우 443)로 서버의 위치를 알아야 한다.

이런 특성이 양방향 통신 패턴을 달성하기 어렵게 만든다. 예를 들어, 메시지 전송 시작을 위한 두 부분의 완전한 양방향 통신은 요청-응답 패턴으로는 달성하기 어렵다.

대략적인 예시를 들자면 요청-응답 패턴에서만 구현된 메시지 서버인데, 두 클라이언트는 중간 서버를 사용해야 한다.

 이 기본 구조는 사용자가 다른 사용자와 일종의 직접 메시징을 할 수 있는 포럼이나 소셜 네트워크 같은 애플리케이션에서 일반적이다.

각 사용자는 두 가지 작업을 수행할 수 있다.

- 주소가 지정된 애플리케이션에 새로운 메시지를 요청한다.
- 다른 사용자에게 새로운 메시지 보내기

사용자는 폴링^{polling}[1]을 통해 사용할 수 있는 새로운 메시지가 있는지 주기적으로 확인해야 한다. 언제든지 새로운 메시지가 생성될 수 있기에 매번 '사용 가능한 새로운 메시지 없음'을 리턴하는 확인 절차를 갖기에 폴링은 비효율적이다. 게다가 계속 폴링하지 않으면 새로운 메시지가 있다는 사실을 알지도 못한 상태가 되고 결국 상당한 지연이 발생할 수 있다.

 실제 애플리케이션에서는 능동적인 방식으로 알림을 클라이언트에 전송하는 방식으로 폴링이 사용되지는 않는다. 예를 들어, 모바일 OS에는 알림을 전달하는 시스템이 있어서 서버가 모바일 OS에서 제공하는 외부 API로 알림을 보내 사용자에게 새로운 메시지를 알릴 수 있다. 이전 알림의 대안은 이메일을 보내는 것이었다.

물론 다른 대안으로 P2P가 있다. P2P는 두 클라이언트가 서로 연결할 수 있도록 열린 상태로 웹 소켓을 통해 서버와 연결되어 서버가 사용자에게 새로운 정보를 알릴 수 있다. 둘 다 요청-응답 아키텍처에서 벗어나 있다.

---

1 특정 소프트웨어가 동기화 처리 등을 목적으로 다른 프로그램의 상태/결과를 주기적으로 확인해 일정한 조건을 만족할 때 송수신 등의 자료 처리를 하는 방식을 말한다. – 옮긴이

이런 한계가 있지만 요청-응답 아키텍처는 웹 서비스의 기초이며 수십 년 동안 매우 신뢰할 수 있는 것으로 입증됐다. 통신을 제어하고 새로운 요청 수락 시 수동적인 역할이 가능한 중앙 서버를 가질 가능성으로 아키텍처를 구현하기 쉽고 빠르게 발전시키며 클라이언트의 작업을 단순화한다. 중앙 집중식 양상으로 많은 제어가 가능하다.

웹 아키텍처

이 장의 도입부에서 웹 서버 아키텍처의 기반이 되는 LAMP 아키텍처에 대해 소개했다.

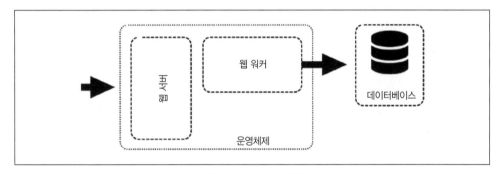

그림 6.1 LAMP 아키텍처

LAMP 아키텍처가 더 일반적이지만, 웹 서버와 웹 워커에 대해 자세히 살펴보고자 한다. 보통은 파이썬 생태계를 기반으로 하는 툴을 사용하지만 이번 절에서는 가능한 대안에 대해 다룰 것이다.

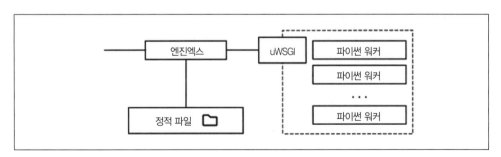

그림 6.2 파이썬 환경의 상세한 웹 아키텍처

유입되는 요청 관점에서 보면, 웹 요청은 여러 컴포넌트에 접근한다.

웹 서버

웹 서버^{web server}는 HTTP 포트를 노출하고 들어오는 연결을 수락한 후 백엔드로 리다이렉션한다. 한 가지 일반적인 옵션은 엔진엑스(https://www.nginx.com/)이고, 또 다른 일반적인 옵션은 아파치(https://httpd.apache.org/)다. 이를테면 웹 서버는 정적 파일, 영구 리다이렉션 또는 유사한 단순 요청을 직접 리턴하여 요청을 직접 제공할 수 있다. 요청에 더 많은 계산이 필요하면 리버스 프록시^{reverse proxy} 역할을 하는 백엔드로 전달된다.

웹 아키텍처에서 웹 서버의 주요 목표는 HTTP 요청을 수락하고 데이터 입력을 안정화하고 들어온 요청을 큐에 전달하는 리버스 프록시로 작동하게 하는 것이다.

엔진엑스의 기본 설정은 다음과 같으며 코드는 깃허브(https://github.com/PacktPublishing/Python-Architecture-Patterns/blob/main/chapter_06_web_server/nginx_example.conf)에서 다운로드할 수 있다.

```
server {
    listen 80 default_server;
    listen [::]:80 default_server;

    error_log /dev/stdout;
    access_log /dev/stdout;

        root /opt/;

    location /static/ {
        autoindex on;
        try_files $uri $uri/ =404;
    }

    location / {
        proxy_set_header Host $host;
        proxy_set_header X-Real-IP $remote_addr;
         uwsgi_pass unix:///tmp/uwsgi.sock;
```

```
        include uwsgi_params;
    }

}
```

server 지시자는 데이터 제공 방법을 정의하는 기본 블록을 열고 닫는다. 각 라인은 세미콜론으로 끝이 난다.

 엔진엑스에서는 각각의 server 지시자에서 가상 서버를 정의한다. 일반적으로 server 지시자는 하나이지만 주소가 지정된 DNS를 여러 개로 정의할 수도 있다.

server 지시자 내부에 서비스 포트를 정의하는 기본 설정이 있다. 우리 예의 경우, 포트 80과 IPv4 및 IPv6 주소가 있는데 default_server 절은 이것이 기본적으로 사용되는 서버임을 의미한다.

```
listen 80 default_server;
listen [::]:80 default_server;
```

 IPv4는 127.0.0.1과 같이 4개의 숫자가 있는 공통 주소다. IPv6은 더 길며 IPv4를 대체하기 위한 것이다. 예를 들어 IPv6 주소는 2001:0db8:0000:0000:0000:ff00:0042:7879로 표현할 수 있다. IPv4 주소는 이미 소진되어서 사용할 수 있는 새 주소가 없다. IPv6은 장기적으로 이 문제를 피할 수 있을 만큼 충분히 제공하겠지만, IPv4는 여전히 널리 사용되고 있으며 앞으로도 계속 사용될 것이다.

다음으로 외부 URL 측면에서 정적 파일의 위치와 하드 드라이브의 일부 섹션과의 매핑을 면밀히 살펴보자.

정적 위치는 리버스 프록시 이전에 정의해야 한다.

```
root /opt/;
```

```
location /static/ {
    autoindex on;
    try_files $uri $uri/ =404;
}
```

root는 시작점을 정의한다. 반면 location 지시자는 하드 드라이브에 있는 /opt/static/
file1.txt 파일에 대응하는 /static/file1.txt URL을 제공한다.

try_files 지시자는 URI에서 파일을 검색하고 파일이 없으면 404 에러를 발생시킨다.

autoindex 지시자는 디렉토리의 내용을 확인하기 위해 인덱스 페이지를 자동으로 생성
한다.

 autoindex 지시자는 일반적으로 프로덕션 서버에서는 비활성화되어 있지만, 테스트 환경에서
사용하면 정적 파일의 문제를 감지하는 데 매우 편리하다.

프로덕션 환경에서는 파이썬 워커와 함께 더 많은 작업을 하는 대신 웹 서버에서 직접
정적 파일을 제공하는 것이 중요하다. 이것은 개발 환경에서 작업할 때 흔히 볼 수 있는
경우이지만 매우 비효율적이다. 웹 서버는 정적 파일을 제공하도록 최적화되어 있는 반
면 속도와 메모리 사용량은 훨씬 더 커질 것이다. 프로덕션에서는 웹 서버를 통해 정적
파일을 제공한다는 것을 꼭 기억하자.

외부의 정적 파일 서비스

대안은 정적 파일을 제공할 수 있는 AWS S3와 같은 파일을 처리하기 위해 외부 서비
스를 사용하는 것이다. 그렇다면 정적 파일은 서비스와 다른 URL 아래에 있게 되는데,
예를 들면 다음과 같다.

- 서비스 URL은 https://example.com/index이다.
- 정적 파일은 https://mybucket.external-service/static/에 있다.

그리고 서비스 웹 페이지 내의 모든 참조는 외부 서비스 엔드포인트를 가리키게 한다.

따라서 개발의 일부로서 외부 서비스에 정적 파일을 푸시하고 배포해야 한다. 중단 없는 배포를 진행하려면 먼저 정적 파일을 사용할 수 있어야 한다. 또한 서로 다른 경로로 업로드하여 배포 시 정적 파일을 혼동하지 않게 하는 것이 중요하다.

중단 없는 배포는 여러 루트 경로를 사용하여 쉽게 수행할 수 있다. 다음 예를 보자.

1. 서비스 버전 v1이 배포된다. 이것이 출발점이다. 정적 파일은 https://mybucket. external-service/static/v1/에서 제공된다.

   https://example.com/index와 같은 서비스 호출은 버전 v1을 가리키는 모든 정적 파일을 리턴한다.

2. 서비스의 v2가 준비되면 가장 먼저 해야 할 일은 외부 서비스로 푸시하여 https:// mybucket.external-service/static/v2/에서 사용할 수 있도록 하는 것이다. 이 시점에서 사용자는 /static/v2에 접근하지 않는다. 서비스가 여전히 /static/v1을 리턴하고 있다.

   새로운 서비스를 배포한다. 배포 후부터 사용자는 https://example.com/index 를 호출할 때 /static/v2에 접근하기 시작한다.

이전에 살펴본 것처럼, 원활한 배포의 핵심은 작업을 점진적으로 수행하는 것이다. 또한 각 단계는 언제든지 되돌릴 수 있고, 필요한 작업은 바로 수행될 수 있도록 준비되어 있어야 한다.

이 접근 방식은 대규모 작업에 사용할 수 있다. 단일 페이지 애플리케이션과 같이 자바스크립트가 많은 인터페이스에서 정적 파일을 효과적으로 변경하는 것은 새로운 배포가 될 수 있다. 기본 서비스 API는 그대로 유지될 수 있지만 모든 자바스크립트 코드와 기타 정적 파일에 대해 다운로드된 버전을 변경하면 사실상 새로운 버전이 배포된다.

 2장에서 단일 페이지 애플리케이션(SPA)을 다뤘다.

이 구조는 두 버전의 정적 파일을 동시에 사용할 수 있으며, 테스트를 하거나 베타 버전을 릴리스하는 데도 사용할 수 있다. 서비스에서 버전 A나 B의 사용 여부를 리턴하므로 동적으로 설정할 수 있다.

예를 들면, 모든 호출마다 선택적 파라미터를 추가해 리턴된 버전을 덮어써 새로운 파일을 읽게 할 수 있다.

- https://example.com/index를 호출하면 기본 버전(예: v2)이 리턴된다.

- https://example.com/index?overwrite_static=v3을 호출하면 v3와 같이 지정된 버전이 대신 리턴된다.

다른 방법은 베타 테스터나 내부 직원 같은 특정 사용자를 위해 v3를 리턴하는 것이다. v3가 올바른 버전으로 판단되면 서비스를 약간 변경해 v3를 새로운 기본값으로 변경할 수 있다.

이 접근 방식은 소스 제어에 대한 단일 커밋을 공개 S3 버킷으로 푸시하고, 프로덕션을 포함한 모든 환경에서 테스트하도록 변경할 수 있다. 이로써 QA 또는 제품 소유자가 배포나 특별한 환경 없이도 자신의 브라우저에서 변경사항을 신속하게 파악할 수 있도록 피드백 루프를 매우 빠르게 구성할 수 있다. 즉, 피드백 루프 생성에 도움을 준다.

버전 번호를 고유한 정수로 제한하지 않아도 된다. 자동으로 생성된 파일의 임의 UUID 또는 SHA에서도 작동할 수 있기 때문이다. 웹 스토리지는 저렴해서 굳이 비용을 걱정하려면 꽤나 큰 파일이 들어 있는 많은 버전이 필요하다. 그리고 이전 버전은 주기적으로 삭제할 수 있다.

이 접근 방식은 과하게 적극적이고 모든 애플리케이션에서 실행 가능하지는 않을 수도 있다. 다만 풍부한 자바스크립트 인터페이스에서 많은 변경이 필요하거나, 외관이나 느낌 면에서 획기적으로 달라져야 하는 애플리케이션이라면 적합할 것이다.

여기서 외부 서비스는 다중 지역 프록시에 대한 CDN^{Content Delivery Network, 파일 전달 네트워크} 지원과 결합될 수 있다. 이렇게 하면 전 세계에 파일을 배포해서 사용자에게 더 빠르게 사본을 제공할 수 있다.

> **TIP** CDN을 서비스를 제공하는 회사의 내부 캐시로 생각하자. 예를 들어, 서버는 유럽에 있고 사용자는 일본에서 접근하는 서비스가 있다면 회사는 일본에 정적 파일 사본을 저장하는 서버를 보유하고 있을 것이다. 이로써 사용자의 요청은 8,000km 이상 떨어진 유럽의 서버에 도달할 필요 없이 확연히 짧아진 대기 시간으로 파일 접근이 가능해진다.

CDN을 사용하는 것은 전 세계 사용자들에게 더욱 강력하다. 실시간에 가까운 비디오 방송과 같이 짧은 대기 시간이 중요한 데이터를 전 세계적으로 제공할 때 특히 유용한 것이 CDN이다.

> **TIP** 온라인 비디오 방송은 일반적으로 몇 초의 작은 비디오 청크로 전송된다. 인덱스 파일은 가장 최근에 생성된 청크를 추적하므로 클라이언트가 최신 상태로 유지될 수 있다. 비디오 청크는 **HTTP 라이브 스트리밍**(HLS, HTTP Live Streaming) 포맷의 기본이며, HTTP를 통해 데이터가 전달되는 것이 일반적이다.

외부 네트워크를 사용하지 않고 전용 네트워크를 사용하면 CDN 서비스를 제공하는 회사의 다른 서버 간에 데이터를 내부적으로 신속하게 배포할 수 있다.

어떤 경우라도 외부 서비스를 사용해 정적 파일을 저장하면 해당 파일에 대한 웹 서버 설정은 할 필요가 없다.

리버스 프록시

계속해서 웹 서버 설정에 대해 살펴볼 것이다. 정적 파일을 설명하고 리버스 프록시 역할을 하는 백엔드 연결 부분을 정의할 것이다.

리버스 프록시는 수신된 요청을 하나 이상의 정의된 백엔드로 리다이렉션할 수 있는 프록시 서버다. 여기서 백엔드는 uWSGI 프로세스다.

리버스 프록시는 로드 밸런서와 유사한 방식으로 작동하지만 로드 밸런서는 더 많은 프로토콜과 함께 작동할 수 있다. 반면에 리버스 프록시는 웹 요청으로만 작동할 수 있다. 여러 서버에 요청을 분산하는 것 외에도 캐싱, 보안, SSL 종료(HTTPS에서 요청 수신 및 HTTP를 사용해 다른 서버에 연결)와 같은 일부 기능을 추가하거나, 특별한 경우에는 웹 요청을 수신하고 WSGI의 커넥션 객체를 통해 응답을 전송한다.

웹 서버는 다양한 방식으로 백엔드와 통신할 수 있는 유연성이 있다. 이것은 FastCGI, SCGI, 순수 프록시를 위한 스트레이트 HTTP와 같은 프로토콜을 사용하거나 우리 예의 경우 uWSGI 프로토콜에 직접 연결할 수 있다. TCP 소켓 또는 유닉스^{UNIX} 소켓을 통해 연결하도록 정의해야 한다. 여기서는 유닉스 소켓을 사용할 것이다.

TCP 소켓은 서로 다른 서버 간의 통신을 허용하도록 설계됐고 유닉스 소켓은 로컬에서 프로세스 통신하도록 설계됐다. 유닉스 소켓은 동일한 호스트 내에서 통신하기 때문에 더 가볍고 파일처럼 작동한다. 따라서 어떤 프로세스가 어떤 소켓에 접근할 수 있는지 제어하는 권한을 할당할 수 있다.

소켓은 uWSGI에서 설정한 방식으로 조정되어야 한다. 이어서 보겠지만 uWSGI 프로세스는 다음을 생성한다.

```
location / {
    proxy_set_header Host $host;
    proxy_set_header X-Real-IP $remote_addr;
    include uwsgi_params;
     uwsgi_pass unix:///tmp/uwsgi.sock;
}
```

먼저, 서버의 루트는 / URL에 있다. 엔진엑스는 위치를 순서대로 확인하므로 리버스 프록시 앞에 정적 파일을 만드는 것이 중요하다. 따라서 /를 확인하기 전에 /static 요청에 대한 모든 요청이 감지되고 제대로 처리된다.

리버스 프록시 설정의 핵심은 `uwsgi_pass` 절이다. 요청을 리다이렉션할 위치를 지정하고, `include uwgi_params`는 다음 단계로 전달할 표준 설정을 추가한다.

 uwsgi_params는 실제로 많은 uwsgi_param 문을 엔진엑스 설정에 기본으로 포함한 정의된 파일이다. uwsgi_param 문은 SERVER_NAME, REMOTE_ADDRESS 등과 같은 요소를 포함하고 있다. 필요하다면 헤더와 유사한 방법으로 더 많은 uwsgi_param을 추가할 수 있다.

HTTP 헤더에 여러 요소를 추가할 수 있다. 요청에 여러 HTTP 헤더를 추가할 수 있고, 요청에 추가되므로 요청을 받는 서비스에서 해당 헤더를 사용할 수 있다.

```
proxy_set_header Host $host;
proxy_set_header X-Real-IP $remote_addr;
```

이 경우 요청된 호스트 정보를 알려주는 Host 헤더를 추가한다. $host는 엔진엑스에게 요청이 전달되는 호스트로 값을 채우도록 요청하는 지시자다. 마찬가지로 X-Real-IP 헤더에 원격 주소의 IP 주소가 추가된다.

 TIP 전달할 헤더를 올바르게 설정하는 것은 누가 알아주지 않지만 문제를 제대로 모니터링하기 위해서는 중요하다. 헤더 설정을 여러 단계에서 걸쳐 진행해야 할 수 있다. 뒤에서 살펴보겠지만 단일 요청은 여러 프록시를 통과할 수 있으며 각 프록시에서는 헤더를 적절하게 전달해야 한다.

uWSGI는 여러 워커 간에 균형을 유지하므로 설정에서는 단일 백엔드만 사용한다. 그러나 필요한 경우 유닉스 및 TCP 소켓을 혼합하여 클러스터를 정의하는 것으로 여러 백엔드를 정의할 수 있다.

```
upstream uwsgibackends {
  server unix:///tmp/uwsgi.sock;
  server 192.168.1.117:8080;
  server 10.0.0.6:8000;
}
```

클러스터를 사용할 `uwsgi_pass`를 정의한다. 요청은 여러 백엔드에 균등하게 분산된다.

```
uwsgi_pass uwsgibackends;
```

로그 저장

엔진엑스(및 기타 웹 서버)에서 에러나 접근을 추적하기 위해 생성하는 두 가지 로그는 다음과 같다.

- **에러 로그**error log: 에러 로그는 웹 서버 자체에서 발생할 수 있는 문제(예: 시작조차 못 하거나 설정 문제 등)를 추적한다.
- **접근 로그**access log: 접근 로그는 시스템에 접근하는 모든 요청을 보고하는 시스템 흐름에 대한 기본 정보다. 백엔드를 연결할 수 없거나 이미 집계된 것으로 처리될 때 발생하는 502 에러와 같이 특정 문제를 찾을 때 접근 로그를 사용해 해결할 수 있다. 또한 비정상적인 에러 상태 코드 숫자(4xx 또는 5xx)와 같은 문제를 감지한다.

 로그에 관한 자세한 내용은 12장에서 다루겠다.

두 로그 모두 제대로 알고 있어야 하는 중요한 정보다. Twelve-Factor 앱 방법론을 따라 데이터 스트림으로 처리해야 하며, 가장 쉬운 방법은 둘 다 표준 출력으로 리다이렉션하는 것이다.

```
access_log /dev/stdout;
error_log /dev/stdout;
```

이 방식을 사용하려면 엔진엑스가 데몬 프로세스로 시작되지 않아야 하며, 그렇지 않으면 표준 출력을 올바르게 얻어야 한다.

또 다른 옵션은 적절한 프로토콜을 사용해 로그를 중앙 집중식 로그 기능으로 리다이렉션하는 것이다. 이렇게 하면 모든 로그는 정보를 캡처하는 중앙 집중식 서버로 전달된다. 이 예시에서는 syslog_host의 syslog 호스트로 보낸다.

```
error_log syslog:server=syslog_host:514;
access_log syslog:server=syslog_host:514,tag=nginx;
```

이전 예의 로그 프로토콜을 사용하면 추후 각 로그의 출처 구분에 도움을 되는 태그와 추가 정보를 포함할 수 있다.

 각 로그의 소스를 구별하는 것은 매우 중요하며 어느 정도의 조정은 필요하다. 로그를 쉽게 검색할 수 있도록 시간을 할애하자. 프로덕션에서 에러가 발생해 정보 수집이 필요할 때 작업을 확연히 단순화해 줄 것이다.

고급 사용법

웹 서버는 매우 강력하기에 과소평가해서는 안 된다. 순전히 프록시로 작동하는 것 외에도 사용자 지정 리다이렉션, 유지보수 기간을 보여주기 위해 정적 페이지를 사용해 프록시 덮어쓰기, 변경사항을 조정할 수 있는 URL 재작성rewrite, SSL 종단 간 암호화(일반 HTTP로 들어온 요청을 해독된 요청을 전달하기 위해 수신 중인 HTTPS 요청을 해독하고 해당 결과를 다시 암호화), 요청 캐싱, A/B 테스트 비율에 따른 요청 분할, 요청자의 지리적 위치에 따른 백엔드 서버 선택 등 많은 기능이 있다.

엔진엑스 문서(http://nginx.org/en/docs/)에서 모든 기능을 읽을 수 있다.

uWSGI

웹 아키텍처 체인의 다음 컴포넌트는 uWSGI 애플리케이션이다. uWSGI 애플리케이션은 엔진엑스에서 요청을 수신하고 WSGI 포맷의 독립 파이썬 워커로 리다이렉션한다.

WSGI(Web Server Gateway Interface)는 웹 요청을 처리하기 위한 파이썬 표준이다. WSGI는 전송 측(엔진엑스, 아파치, Gunicorn과 같은 웹 서버)과 수신 측(장고, 플라스크(Flask), 피라미드(Pyramid)와 같은 거의 모든 파이썬 웹 프레임워크) 모두에서 매우 인기 있고 많은 소프트웨어에서 지원한다.

또한 uWSGI는 다양한 프로세스들을 시작하고 조정하면서 각 프로세스의 생명주기를 처리한다. 애플리케이션은 중개자로 작동하여, 요청을 받는 일련의 작업 그룹을 시작한다.

uWSGI는 uwsgi.ini 파일을 통해 설정된다. 깃허브 예(https://github.com/PacktPublishing/Python-Architecture-Patterns/blob/main/chapter_06_web_server/uwsgi_example.uni)를 살펴보자.

```
[uwsgi]
chdir=/root/directory
wsgi-file = webapplication/wsgi.py
master=True
socket=/tmp/uwsgi.sock
vacuum=True
processes=1
max-requests=5000
# uWSGI에 커맨드에 보내는 데 사용된다.
master-fifo=/tmp/uwsgi-fifo
```

첫 번째 라인을 보면 작업 디렉토리가 어디인지 정의한다. 애플리케이션은 해당 작업 디렉토리에서 시작되고 그 밖의 파일 참조도 해당 디렉토리에서 작동한다.

```
chdir=/root/directory
```

그런 다음 애플리케이션을 설명하는 wsgi.py 파일 위치를 알려준다.

WSGI 애플리케이션

wsgi.py 파일 안에는 uWSGI가 제어된 방식으로 내부 파이썬 코드를 처리하는 데 사용할 수 있는 애플리케이션 함수의 정의가 있다.

예를 들면 다음과 같다.

```python
def application(environ, start_response):
    start_response('200 OK', [('Content-Type', 'text/plain')])
    return [b'Body of the response\n']
```

첫 번째 파라미터 environ은 요청을 상세히 설명하는 사전 정의된 변수(예: METHOD, PATH_INFO, CONTENT_TYPE 등)와 프로토콜 또는 환경과 관련된 파라미터(예: wsgi.version)를 포함하는 딕셔너리다.

두 번째 파라미터인 start_response는 리턴 상태와 모든 헤더를 설정할 수 있는 호출 가능 항목이다.

start_response 함수는 본문을 리턴한다. 바이트 스트림byte stream 포맷으로 리턴되는 방식을 유의한다.

텍스트 스트림(또는 문자열)과 바이트 스트림의 차이는 파이썬 3에 소개된 큰 차이점 중 하나다. 즉, 바이트 스트림은 원시 이진 데이터인 반면 텍스트 스트림은 특정 인코딩을 통해 해당 데이터를 해석하여 의미를 포함한다.

텍스트 스트림과 바이트 스트림의 구분이 때때로 당혹스러울 수 있다. 파이썬 3에서는 둘의 차이를 명시적으로 구분해서 구현했다. 특히 동일한 방식으로 표현하는 ASCII 파일을 다뤘던 파이썬의 느슨한 관행과 충돌하기 때문이다.

텍스트 스트림을 바이트 스트림으로 변환하려면 인코딩(encoding)해야 하고 바이트 스트림을 텍스트 스트림으로 디코딩(decoding)해야 한다. 인코딩은 텍스트의 추상적인 표현에서 바이너리의 정확한 표현으로 변경하는 것이다.

예를 들어, 스페인어 'cañón'에는 ASCII에 없는 두 문자 ñ 및 ó가 있다. UTF8로 해당 단어를 인코딩하면 UTF8의 특정 이진 요소로 변경되는 것을 확인할 수 있다.

```
>>> 'cañón'.encode('utf-8')
b'ca\xc3\xb1\xc3\xb3n'
>>> b'ca\xc3\xb1\xc3\xb3n'.decode('utf-8')
'cañón'
```

또한 encode 함수는 생성기로 작동할 수 있으며, 리턴 본문을 스트리밍해야 할 때 return 대신 yield 키워드를 사용할 수 있다.

 yield를 사용하는 모든 함수는 파이썬의 생성기다. 즉, 호출될 때 일반적으로 루프에서 사용되는 요소를 하나씩 리턴하는 이터레이터(iterator) 객체를 리턴한다.

이터레이터 객체는 루프의 각 요소를 처리하는 데 시간이 걸리는 상황에서 매우 유용하다. 다만 모든 요소를 메모리에서 관리할 필요가 없기 때문에 모든 항목을 계산하지 않고 리턴되어서 대기 시간과 메모리 사용량을 줄일 수 있다.

```
>>> def mygenerator():
...     yield 1
...     yield 2
...     yield 3
>>> for i in mygenerator():
...     print(i)
...
1
2
3
```

어떤 경우든 WSGI 파일은 일반적으로 사용되는 프레임워크에 따라 기본적으로 생성된다. 예를 들어 장고가 만든 wsgi.py 파일은 다음과 같다.

```
import os

from django.core.wsgi import get_wsgi_application

os.environ.setdefault("DJANGO_SETTINGS_MODULE", "webapplication.settings")

application = get_wsgi_application()
```

get_wsgi_application 함수가 어떻게 자동으로 적절한 애플리케이션 기능을 설정하고 정의된 코드와 연결하는지 살펴본다. 이것이 기존 프레임워크를 사용하면서 얻는 큰 장점이다.

웹 서버와의 상호 작용

계속해서 소켓 설정을 사용한 uwsgi.ini 설정을 살펴보자.

```
socket=/tmp/uwsgi.sock
vacuum=True
```

socket 파라미터는 웹 서버가 연결할 유닉스 소켓을 생성한다. 이전에 다뤘듯이 웹 서버가 제대로 연결되도록 양쪽에서 조정해야 한다.

uWSGI를 사용하면 http-socket 옵션을 사용해 기본 HTTP 소켓을 사용할 수도 있다. 예를 들어, http-socket = 0.0.0.0:8000은 포트 8000의 모든 주소를 제공한다. 웹 서버가 동일한 서버에 있지 않기에 네트워크로 통신해야 할 때 http-socket 옵션을 사용할 수 있다.

가능하면 인터넷으로 uWSGI를 공개적으로 노출하지 않는다. 웹 서버가 더 안전하고 효율적이며 정적 파일을 훨씬 더 효율적으로 제공한다. 웹 서버를 건너뛰어야 한다면 특정 수준의 보호가 포함된 http-socket 대신 http 옵션을 사용한다.

vacuum 옵션은 서버가 닫힐 때 소켓을 정리한다.

프로세스

다음 파라미터는 프로세스의 개수와 프로세스 제어 방법을 제어한다.

```
master=True
processes=1
```

master 파라미터는 워커 수가 정확한지 확인하고 그렇지 않다면 재시작해서 다른 작업 중에서 프로세스 수명 주기를 처리하는 마스터 프로세스를 생성한다. 원활한 작동을 위해 프로덕션에서 항상 활성화해야 한다.

processes 파라미터는 매우 간단해서 얼마나 많은 파이썬 워커를 시작해야 하는지 설명한다. 수신된 요청은 파이썬 워커로 부하가 분산된다.

uWSGI가 새로운 프로세스를 생성하는 방식은 사전 포크pre-forking를 통해 이뤄진다. 즉, 단일 프로세스가 시작되고 애플리케이션이 로드된 후(다소 시간이 걸릴 수 있음) 포크 프로세스를 통해 복제된다. 이로 인해 새로운 프로세스의 시작 시간이 단축되는 동시에 애플리케이션 설정이 복제될 수 있음을 알 수 있다.

 드문 경우이긴 하지만 사전 포크를 사용하다 특정 라이브러리에서 문제가 발생할 수 있다. 예를 들어, 초기화 중에 안전하게 공유할 수 없는 파일 디스크립터(file descriptor)를 열 때 발생하는 문제가 그렇다. 문제가 발생한다면 lazy-apps 파라미터를 사용해 각 워커가 처음부터 독립적으로 시작하도록 한다. 비록 느릴 수는 있어도 더 일관된 결과를 생성한다.

적절한 수의 프로세스를 선택하는 것은 애플리케이션 자체와 이를 지원하는 하드웨어에 따라 크게 달라진다. 멀티 코어가 있는 CPU가 더 많은 프로세스를 효율적으로 실행할 수 있는 만큼 하드웨어는 중요하다. 애플리케이션의 IO 대 CPU 사용량에 따라 CPU 코어에서 실행할 수 있는 프로세스 수가 결정된다.

 이론적으로 IO를 사용하지 않고 수치 계산만 처리하는 프로세스는 대기 시간 없이 전체 코어를 사용하기 때문에 코어가 다른 프로세스에서 처리되는 것을 허용하지 않는다. 데이터베이스 및 외부 서비스의 결과를 기다리는 동안 코어가 유휴 상태인 IO가 높은 프로세스는 더 많은 컨텍스트 스위칭(context switch)을 수행해 효율성을 높인다. 최상의 결과를 얻으려면 이 숫자를 테스트해야 한다. 일반적인 시작점은 코어 수의 2배이지만 시스템을 조정해 최상의 결과를 얻을 수 있도록 모니터링하는 것을 잊지 말자.

생성된 프로세스에 대한 핵심 세부 정보는 기본적으로 새로운 스레드를 생성하는 것을 비활성화한다는 것이다. 이는 최적의 선택이다. 대부분의 웹 애플리케이션에서는 각 워커 내부에 독립적인 스레드를 생성할 필요가 없으며 이를 통해 파이썬 GIL을 비활성화하여 코드 속도를 높일 수 있다.

> **ⓘ** **GIL**(Global Interpreter Lock)은 단일 스레드만 파이썬 프로세스를 제어할 수 있는 뮤텍스 락
> (mutex lock)이다. 뮤텍스 락은 단일 프로세스 내에서 2개의 스레드가 동시에 실행될 수 없음을
> 의미하기에 멀티 코어(multi-core) CPU 아키텍처가 가능해진다. 애플리케이션의 일반적인 상황에
> 서 다른 스레드가 실행되는 동안 여러 스레드가 IO 결과를 기다리고 있을 수 있다. GIL은 일반적
> 으로 각 작업에서 먼저 GIL을 보유하고 있다가 마지막에 해제하므로 지속적으로 유지되고 해제
> 된다.
>
> GIL이 비효율성의 원인으로 지목되지만 네이티브 파이썬(넘파이(NumPy)와 같은 최적화된 라이
> 브러리를 사용하는 것과 반대로)의 높은 CPU 멀티 스레드 작업에서만 그 효과가 나타나며 이는
> 일반적이지 않고 이미 시작 속도가 느리다.
>
> GIL과의 이러한 상호 작용은 스레드가 실행되지 않을 때만 낭비되므로 기본적으로 uWSGI를 비
> 활성화한다.

스레드를 사용하고 싶다면, enable-threads 옵션으로 스레드를 활성화할 수 있다.

프로세스 수명 주기

운영 중에 프로세스는 정적이지 않다. 작동하는 모든 웹 애플리케이션은 정기적으로 새
로운 코드 변경사항으로 리로드reload해야 한다. 다음 파라미터는 프로세스가 생성되고
소멸되는 방식과 관련이 있다.

```
max-requests=5000
# uWSGI에 커맨드를 보내는 데 사용된다.
master-fifo=/tmp/uwsgi-fifo
```

max-requests는 워커가 재시작하기 전에 단일 워커가 처리할 요청 수를 지정한다. 워커
가 이 max-requests 요청 수에 도달하면 uWSGI는 일반적인 프로세스(기본적으로 포크fork
또는 lazy-apps를 설정했다면 lazy-apps를 사용)에 따라 워커를 제거하고 처음부터 다른 워커
를 생성한다.

이런 방식은 시간이 지나면서 워커의 성능이 저하되는 메모리 누수 또는 오래된 다른 종
류의 문제를 방지하는 데 유용하다. 워커를 재활용하는 것은 선점형pre-emptive으로 취할
수 있는 보호 조치이므로 문제가 있어도 이슈 발생 전에 바로잡을 수 있다.

Twelve-Factor 앱에 따르면, 웹 워커는 언제든지 중지하고 시작할 수 있어야 하므로 웹 워커 재활용이 힘들지 않음을 기억할 필요가 있다.

또한 uWSGI는 5,000번째 요청을 처리한 후 유휴 상태일 때 워커를 재활용하므로 제어되고 있는 운영이 된다.

 웹 워커 재활용이 다른 운영을 방해할 수 있다. 시작 시간에 따라 워커 시작 시간이 몇 초 이상 더 걸릴 수 있으며(특히 lazy-apps 사용 시) 잠재적으로 요청이 쌓일 수 있다. uWSGI는 들어오는 요청을 큐에 저장한다. 설정 예에서는 processes에 정의된 단일 워커만 있다. 워커가 많으면 이 문제는 충분히 완화할 수 있다. 나머지 워커가 추가 부하를 처리할 수 있기 때문이다.

여러 워커를 사용하고 있다면, 5,000번째 요청 후 각각 워커가 재시작될 경우 모든 워커가 차례로 재활용되는 스탬피드stampede 문제(일부 워커로 처리량이 몰리는 문제)가 발생할 수 있다. 부하가 워커를 통해 균등하게 분산되므로 여러 워커에서 max-requests 개수를 동기화한다. 예를 들어, 16개의 워커가 있다면 그중 최소 15개가 사용 가능할 것으로 예상되지만 실제로는 모든 워커가 동시에 재활용되고 있음을 알 수 있다.

스탬피드 문제를 방지하려면 max-requests-delta 파라미터를 사용한다. max-requests-delta 파라미터는 각 워커에 대한 변수 번호를 추가한다. 워커 ID에 델타를 곱한다(1부터 시작하는 각 워커의 고유한 연속 번호). 따라서 델타를 200으로 설정하면 각 워커는 다음을 갖게 된다.

워커	기본 max-requests 값	델타(delta)	재사용할 전체 요청
워커 1	5,000	1 * 200	5,200
워커 2	5,000	2 * 200	5,400
워커 3	5,000	3 * 200	5,600
...			
워커 16	5,000	16 * 200	8,200

이렇게 하면 워커 재활용이 여러 시간대에 발생하기에 동시에 재시작하지 않게 된다.

따라서 동시에 사용할 수 있는 워커 수가 증가한다.

 스탬피드 문제는 캐시 스탬피드(cache stampede)라고 불리는 것과 같은 종류다. 캐시 스탬피드는 여러 캐시 값이 동시에 무효화되어 동시에 값을 재생성하는 경우에 발생한다. 시스템은 일부 캐시 정보 생성이 가속화된다고 예상하기 때문에 갑자기 캐시의 상당 부분을 다시 생성하다가 시스템이 완전히 붕괴될 정도의 심각한 성능 문제가 발생할 수 있다.

성능 문제가 일어나지 않게 하려면 캐시가 만료되는 시간을 특정 시간으로 설정하지 않아야 한다. 예를 들어, 백엔드가 자정에 해당 날짜의 뉴스를 업데이트하려 할 때 이때에 맞춰서 캐시를 만료시키려고 할 경우 캐시 스탬피드 문제가 발생할 수 있다. 대신, 여러 키를 각각 다른 시간에 만료되도록 해서 이 문제를 방지할 수 있다. 또한 각 키의 만료 시간에 약간의 임의 시간을 추가하면 안정적으로 캐시를 새로 고칠 수 있다.

master-fifo 파라미터는 uWSGI와 통신하고 커맨드를 전송하는 방법을 생성한다.

```
# uWSGI에 커맨드를 보내는 데 사용된다.
master-fifo=/tmp/uwsgi-fifo
```

라인은 /tmp/uwsgi-fifo에 리다이렉션된 문자 형식으로 커맨드를 수신할 수 있는 유닉스 소켓을 생성하는데, 예를 들면 다음과 같다.

```
# 안전한 리로드 커맨드를 보낸다.
echo r >> /tmp/uwsgi-fifo

# 안전한 중지 커맨드를 보낸다.
echo q >> /tmp/uwsgi-fifo
```

이 방법을 사용하면 사용 가능한 커맨드가 더 많아지고 프로세스와 전체 uWSGI를 매우 세부적으로 제어할 수 있어서 신호를 보내는 것보다 상황을 더 잘 처리할 수 있다.

예를 들어 Q를 전송하면 uWSGI는 바로 종료되고, q를 전송하면 uWSGI는 안전하게 종료된다. 안전한 종료는 uWSGI에서 새 요청 수락을 중지하는 것으로 시작한다. 그런 다음 내부 uWSGI 큐의 요청이 처리될 때까지 대기하다가 워커가 요청을 완료하면 순서대로 중지한다. 마지막으로 모든 워커가 완료되면 uWSGI 마스터 프로세스를 중지한다.

비슷한 방식으로 r을 전송하면 안전한 리로드가 진행된다. 즉, 유사한 접근 방식으로 내부 큐에 요청을 유지하고 워커가 요청을 중지하면 다시 시작할 때까지 대기한다. 또한 uWSGI 자체와 관련된 모든 새로운 설정을 로드한다. 작업 중 내부 uWSGI 수신 큐가 가득 차면 문제가 발생할 수 있다.

 수신 큐의 크기는 listen 파라미터로 조정할 수 있지만 리눅스에서 설정한 제한이 있으므로 변경해야 할 수도 있다. listen 파라미터의 기본값은 100이지만 리눅스에서는 128이다.
큰 값으로 변경하기 전에 테스트를 수행하길 바란다. 많은 양의 작업을 수행하다가 문제가 발생할 수 있다.

포크fork 프로세스로 프로세스 로딩이 완료되면 첫 번째 프로세스 시작 후 나머지는 복사본이 되므로 매우 빠르게 로드된다. 이에 비해 lazy-apps를 사용하면 개별 워커가 처음부터 각각 시작해야 하므로 전체 용량 달성이 지연될 수 있다. 이렇게 하면 워커 수와 시작 절차에 따라 서버에 추가 부하가 발생할 수 있다.

 lazy-apps의 대안은 c 옵션을 사용해 체인 방식으로 워커를 리로드하는 것이다. c 옵션을 사용하면 각 워커가 독립적으로 리로드되고, 단일 워커가 완전히 리로드될 때까지 대기하면서 다음 워커로 이동한다. 이 절차는 uWSGI 설정을 리로드하지 않지만 워커의 코드 변경과 함께 수행된다. 시간이 더 걸리지만 컨트롤러 속도로 작동한다.

부하를 받는 중에 서버 리로드를 수행하면 복잡할 수 있다. 여러 uWSGI 서버를 사용하면 리로드 프로세스를 간소화할 수 있다. 그리고 부하를 분산할 수 있도록 여러 시간에 리로드해야 한다.

클러스터 스타일의 접근 방식은 여러 서버를 사용하고 각 서버에 uWSGI 설정의 복사본을 생성한 다음, 한 번에 하나씩 재활용할 수 있다. 하나의 워커를 리로드하는 동안 다른 워커가 추가된 부하를 처리할 수 있다. 극단적인 상황에서는 추가된 서버가 리로드되면서 용량이 추가된다.

이 방식은 추가된 서버를 사용한 후에 언제든지 서버를 폐기할 수 있는 클라우드 환경에서는 일반적이다. 도커에서는 추가 용량을 제공하기 위해 새로운 컨테이너를 추가하기도 한다.

인스턴스를 일시중지하고 재개하는 방법, 기타 실험적인 작업이 포함된 `master-fifo`와 `master-fifo` 관련 커맨드에 관한 자세한 내용은 uWSGI 설명서(https://uwsgi-docs.readthedocs.io/en/latest/MasterFIFO.html)를 참고한다.

 uWSGI는 설정에 대한 무한한 가능성을 지닌 매우 강력한 애플리케이션이다. uWSGI 문서는 세부 내용이 굉장히 많아 압도적이지만 굉장히 포괄적이고 통찰력이 있다. 따라서 uWSGI뿐만 아니라 전체 웹 스택이 작동하는 방식에 대해서도 많은 것을 배울 수 있으니 천천히 확실하게 제대로 알아가기를 강력히 추천한다. 웹 페이지(https://uwsgi-docs.readthedocs.io/)에서 설명서를 확인할 수 있다.

파이썬 워커

시스템의 핵심은 파이썬 WSGI 워커다. 이 워커는 외부 웹 서버에 의해 라우팅된 후 uWSGI에서 HTTP 요청을 수신한다.

여기서 마법이 발생하는데, 애플리케이션에 따라 다르게 나타난다. 이는 체인의 나머지 링크보다 더 빠르게 반복되는 요소다.

각 프레임워크는 요청과 약간 다른 방식으로 상호 작용하지만 대개는 비슷한 패턴을 따른다. 예시로 장고를 살펴보자.

장고 MVT 아키텍처

장고는 MVC 구조를 많이 참고하지만, MVT^{Model-View-Template} 구조를 사용하는 편이다.

- 모델^{Model}은 기존과 동일하며 데이터의 표현과 스토리지와의 상호 작용을 표현한다.
- 뷰^{View}는 HTTP 요청을 수신하고 처리하며 필요로 하는 다양한 모델과 상호 작용한다.
- 템플릿^{Template}은 전달된 값에서 HTML 파일을 생성하는 시스템이다.

MVT 결과는 MVC 결과와 비슷하지만 MVT 구조는 MVC에서 약간 변경된다.

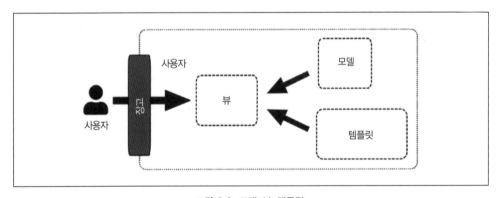

그림 6.3 모델-뷰-템플릿

모델은 두 시스템에서 동일하게 작동한다. 장고 뷰는 뷰와 컨트롤러의 조합으로 작동하며 템플릿은 장고 뷰의 뷰 컴포넌트를 돕는 시스템이다.

모든 장고 인터페이스에서 HTML 페이지가 필수는 아니므로 템플릿 시스템을 반드시 사용해야 하는 것은 아니다.

> 장고는 HTML 인터페이스를 생성하도록 설계됐지만 다른 타입의 인터페이스를 생성하는 방법이 있다. 특히 RESTful 인터페이스의 경우 장고 REST 프레임워크(https://www.django-rest-framework.org)를 사용하면 기능 확장은 물론 자체 문서화된 RESTful 인터페이스를 쉽게 생성할 수 있다.
> 이 장의 뒷부분에서 장고 REST 프레임워크를 살펴보겠다.

장고는 강력하고 포괄적인 프레임워크이지만 장고를 사용하는 개발자가 장고 ORM을 사용하거나 장고 템플릿 시스템을 사용하는 것처럼 시스템 작동을 어떻게 실행할 수 있는지에 대한 가정을 갖고 있다. 해당 가정을 참고하는 것이 '대세를 따르는 것'이 될 수 있다. 한편 다른 접근 방식을 취할 수 있고 시스템의 모든 부분을 조정할 수 있다. 그래서 템플릿을 사용하지 않고 다른 템플릿 시스템을 사용할 수 있으며, SQLAlchemy와 같은 ORM 라이브러리를 사용할 수 있고, 장고에서 기본적으로 지원하지 않는 라이브러리(예: NoSQL 데이터베이스)를 포함해 여러 데이터베이스에 연결하기 위한 추가 라이브러리와 같은 요소가 포함될 수 있다. 시스템 제약이 목표를 달성하는 데 방해가 되어서는 안 된다.

> 장고는 특정한 가정으로 작동하는 많은 툴을 제공한다는 점에서 독선적이라는 의견이 있다. 장고와 장고에서 사용하는 내부 툴은 서로 밀접하게 관련되어 있다. 예를 들어, 확연히 다른 툴을 사용하느라 일에 지장이 있다면 유연성을 보장하고 고유한 툴 조합을 구축하도록 설계된 파이썬 웹 프레임워크인 피라미드(https://trypyramid.com)가 좋은 대안이 될 수 있다.

뷰로 요청 라우팅

장고는 특정 URL에서 특정 뷰로 적절한 라우팅을 수행하는 툴을 제공한다.

이는 urls.py 파일에서 수행된다. 다음 예를 보자.

```
from django.urls import path
from views import first_view, second_view

urlpatterns = [
    path('example/', first_view)
    path('example/<int:parameter>/<slug:other_parameter>', second_view)
]
```

필요한 뷰(일반적으로 함수로 선언됨)는 모든 모듈 파일에서 임포트한다.

urlpatterns 리스트는 입력 URL에 대해 테스트할 URL 패턴의 정렬된 리스트를 정의한다.

첫 번째 path 정의는 매우 간단하다. URL이 example/이면 first_view 뷰를 호출한다.

두 번째 path 정의는 파라미터 정의를 포함한다. 정의된 파라미터를 적절하게 변환하고 뷰로 전달한다. 예를 들어, example/15/example-slug URL은 다음과 같은 파라미터를 생성한다.

- parameter=int(15)

- other_parameter=str("example-slug")

설정할 수 있는 다양한 타입의 파라미터가 있다. int는 따로 설명할 필요가 없이 분명하지만, slug는 .과 같은 문자나 기타 기호를 제외하고 영숫자, _(밑줄) 및 -(대시) 기호만 포함하는 제한된 문자열이다.

 파라미터를 정의할 때 많은 타입이 존재하고 너무 광범위한 str 타입도 있다. 문자 /는 URL에서 특수한 문자로 읽히기 때문에 파라미터가 파싱될 때 항상 제외된다. 그래서 웹 서버에서 파라미터를 쉽게 분리할 수 있다. slug 타입을 사용하면 URL 내부의 파라미터에 대한 일반적인 사용 사례를 포함한다.

또 다른 옵션은 URL 경로를 정규식으로 직접 생성하는 것이다. regex 포맷이 익숙하다면 매우 강력하고 많은 제어가 가능할 것이다. 다만 정규식은 아주 복잡해질 수 있고, 읽고 사용하기가 어려울 수 있다.

```
from django.urls import re_path

urlpatterns = [
    re_path('example/(?P<parameter>\d+)/', view)
]
```

 이전에 장고에서 사용하던 유일한 방법이었다. 예에서 볼 수 있듯이 example/<int:parameter>/와 동일한 새 경로 정의 URL 패턴은 읽기 쉽고 다루기 수월하다.

중간 옵션은 타입을 정의해 특정 값과 일치하는지 확인하는 것이다. 예를 들어, Apr 또는 Jun과 같은 달에만 일치하는 타입을 생성한다. 타입이 이러한 방식으로 정의되면 Jen과 같은 잘못된 패턴은 자동으로 404를 리턴한다. 내부적으로 어떻게든 적절한 문자열과 일치하도록 정규식을 작성하겠지만 그 이후에는 값을 변환할 수 있다. 예를 들어, Jun을 숫자 1로 변환하려면 JUNE 또는 나중에 의미가 있을 다른 값으로 정규화한다. 정규식의 복잡성은 타입별로 추상화된다.

패턴은 순서대로 확인된다. 즉, 패턴이 2개의 경로를 충족할 수 있으면 첫 번째 경로를 선택한다. 이전 경로가 다음 경로를 '숨길' 때 의도하지 않은 영향을 줄 수 있기 때문에 제한이 가장 적은 패턴은 나중에 배치해야 한다.

예를 들면 다음과 같다.

```
from django.urls import path

urlpatterns = [
    path('example/<str:parameter>/', first_view)
    path('example/<int:parameter>/', second_view)
]
```

정수인 파라미터가 먼저 캡처되므로 URL이 second_view에 전달되지 않는다.

 이런 종류의 에러는 거의 패턴 기반이기 때문에 일반적으로 웹 프레임워크의 URL 라우터 대부분에서 발생할 수 있다. 코드에 영향을 줄 수 있으니 주의하자.

뷰 내부에서 흥미로운 일이 발생할 수 있다.

뷰

뷰는 장고의 핵심 요소로서 요청 정보와 URL에서 파라미터를 수신하고 처리한다. 일반적으로 뷰는 여러 모델을 사용해 정보를 구성하고 최종적으로 응답을 리턴한다.

또한 뷰는 요청에 따라 동작에 변화가 있는지 판단하는 역할을 한다. 뷰에 대한 라우팅은 서로 다른 경로만 구분하지만, HTTP 메소드나 파라미터 같은 구분은 뷰에서 구별해야 한다.

따라서 동일한 URL에 대한 POST 요청 및 GET 요청을 구별하는 아주 일반적인 패턴이다. 웹 페이지에서 일반적으로 사용하는 방법은 빈 폼form을 표시하도록 폼 페이지를 생성한 다음 동일한 URL에 POST하는 것이다. 예를 들어, 단일 파라미터가 있는 폼에서의 구조는 다음과 유사하다.

 복잡해지지 않도록 의사코드(pseudo-code)로 작성한다.

```
def example_view(request):
    # 빈 폼을 생성한다.
    form_content = Form()

    if request.method == 'POST':
        # 값을 얻는다.
        value = request.POST['my-value']
```

```
        if validate(value):
            # 값에 따라 작업을 수행한다.
            do_stuff()
            content = 'Thanks for your answer'
        else:
            content = 'Sorry, this is incorrect' + form_content

    elif request.method == 'GET':
        content = form_content

    return render(content)
```

장고에 폼의 유효성 검사와 보고를 간소화하는 시스템이 포함되어 있는 것은 사실이지
만 해당 시스템 구조를 사용할 때 많이 번거로워질 수 있다. 특히 여러 개의 중첩된 if
블록은 보기 혼란스럽다.

 장고의 폼 시스템을 굳이 자세히 다루지는 않을 것이다. 장고의 폼 시스템은 매우 완벽하며 유효
성을 검사하고 사용자에게 발생 가능한 에러를 표시하는 풍부한 HTML 폼을 렌더링할 수 있기
때문이다. 자세한 내용은 장고 문서를 참고한다.

그 대신 2개의 하위 기능으로 뷰로 나누는 것이 더 명확할 수 있다.

```
def display_form(form_content, message=''):
    content = message + form_content
    return content


def process_data(parameters, form_content):
    # 값을 얻는다.
    if validate(parameters):
        # 값에 따라 작업을 수행한다.
        do_stuff()
        content = 'Thanks for your answer'
    else:
        message = 'Sorry, this is incorrect'
```

```
            content = display_form(form_content , message)

        return content


    def example_view(request):
        # 빈 폼을 생성한다.
        form_content = Form()

        if request.method == 'POST':
            content = process_data(request.POST, form_content)
        elif request.method == 'GET':
            content = display_form(form_content)

        return render(content)
```

여기서 문제는 파라미터가 올바르지 않으면 폼을 다시 렌더링해야 한다는 사실이다. DRY^{Don't Repeat Yourself} 원칙에 따라 해당 코드를 한 곳에서 찾아야 하는데, 이 예에서는 display_form 함수다. 데이터가 올바르지 않은 경우 메시지의 일부 사용자 지정을 허용 해 추가 콘텐츠를 추가할 수 있다.

 더 완전한 예를 구현하려면 특정 에러를 표시하도록 폼을 변경한다. 장고 폼은 유효성 검사 작업 을 자동으로 실행할 수 있다. 프로세스는 요청의 파라미터를 사용해 폼을 생성하여 유효성 검사 후에 출력하는 것이다. 사용자 정의 타입을 포함해 각 필드 타입을 기반으로 적절한 에러 메시지 를 자동으로 생성한다. 이에 대한 자세한 정보는 장고 문서를 참고한다.

display_form 함수는 example_view와 process_data 내부에서 모두 호출된다.

HttpRequest

정보 전달의 핵심 요소는 request 파라미터다. request 파라미터 타입은 HttpRequest이며 사용자가 요청으로 보내는 모든 정보를 포함한다.

가장 중요한 애트리뷰트는 다음과 같다.

- 사용된 HTTP 메소드인 method

- 메소드가 GET이면 요청의 모든 쿼리 파라미터를 포함하는 QueryDict(딕셔너리 하위 클래스)가 있는 GET 애트리뷰트가 포함된다. 예를 들어 다음과 같은 요청이다.

```
/example?param1=1&param2=text&param1=2
```

다음과 같이 request.GET 값을 생성한다.

```
<QueryDict: {'param1': ['1', '2'], 'param2': ['text']}>
```

일반적인 것은 아니지만 쿼리 파라미터는 동일한 키를 가진 여러 파라미터를 허용하기 때문에 파라미터는 내부적으로 값 리스트로 저장된다. 일단 쿼리가 있다면 고유한 값을 리턴한다.

```
>>> request.GET['param1']
2
>>> request.GET['param2']
text
```

 예를 보면, 최신 값을 리턴하며 순서대로 모두 출력된다. 모든 값에 접근해야 한다면 getlist 메소드를 사용한다.

```
>>> request.GET.getlist('param1')
['1', '2']
```

모든 파라미터는 문자열로 정의되므로 필요하다면 다른 타입으로 변환해야 한다.

- 메소드가 POST인 경우 POST 애트리뷰트가 생성된다. 이 경우 폼 게시물의 인코딩을 허용하기 위해 POST 요청 바디가 먼저 채워진다. POST 요청 바디가 비어 있으

면 GET 경우와 같은 쿼리 파라미터로 값을 채운다.

 POST 다중 값은 일반적으로 다중 선택 폼에서 사용된다.

- 요청의 MIME 타입이 있는 content_type
- 특정 POST 요청의 경우로서 요청에 업로드된 파일 데이터를 포함한 FILES
- 요청 및 헤더의 모든 HTTP 헤더를 포함하는 딕셔너리인 headers. 또 다른 딕셔너리인 META에는 SERVER_NAME과 같이 도입될 수 있고, HTTP 기반일 필요가 없는 헤더 추가 정보가 포함될 수도 있다. 보통은 headers 애트리뷰트에서 정보를 얻는 것이 좋다.

요청에서 요청 정보를 검색하는 유용한 메소드가 있는데, 예를 들면 다음과 같다.

- .get_host()에서 호스트 이름을 가져온다. 해당 메소드를 사용하는 것이 적절한 호스트를 결정하기 위해 다른 헤더를 해석하기 때문에 HTTP_HOST 헤더를 직접 읽는 것보다 더 안정적이다.
- .build_absolute_uri(location)을 사용해 호스트, 포트 등을 포함한 전체 URI를 생성한다. 해당 메소드는 전체 URI를 생성하여 리턴한다.

요청에 설명된 파라미터와 결합된 이러한 애트리뷰트 및 메소드를 사용하면 요청을 처리하는 데 필요한 모든 관련 정보를 검색하고 요구되는 모델을 호출할 수 있다.

HttpResponse

HttpResponse 클래스는 뷰에서 웹 서버로 리턴되는 정보를 처리한다. 뷰 함수의 리턴은 HttpResponse 객체여야 한다.

```
from django.http import HttpResponse
def my_view(request):
    return HttpResponse(content="example text", status_code=200)
```

응답 코드를 따로 지정하지 않으면 기본 HTTP 상태 값(status_code)인 200을 리턴한다.

응답을 여러 단계로 작성해야 하는 경우 .write() 메소드를 통해 추가할 수 있다.

```
response = HttpResponse()
response.write('First part of the body')
response.write('Second part of the body')
```

바디 내용을 이터러블iterable2로 설정할 수도 있다.

```
body= ['Multiple ', 'data ', 'that ', 'will ', 'be ', 'composed']
response = HttpResponse(content=body)
```

 HttpResponse의 모든 응답은 완전히 채운 다음 리턴된다. 스트리밍 방식으로 응답을 리턴할 수 있는데, 이는 상태 코드가 먼저 리턴되고 시간이 지나면서 바디 청크(body chunk)가 전송되는 방식이다. 이를 위해 StreamingHttpResponse라는 클래스가 있는데, 같은 방식으로 작동하며 시간이 지나면서 많은 응답을 보내야 할 때 유용할 수 있다.

정수를 사용해 상태 코드를 정의하는 대신 파이썬에서 사용할 수 있는 정의된 상수를 사용하는 것이 좋다. 예를 들면 다음과 같다.

```
from django.http import HttpResponse
from http import HTTPStatus

def my_view(request):
    return HttpResponse(content="example text", status_code=HTTPStatus.OK)
```

이렇게 하면 각 상태 코드 사용이 더 명확해지고 코드의 가독성을 높여 명시적인 HTTPStatus 객체가 된다.

---

2 파이썬에서 반복 가능한 객체를 의미한다. – 옮긴이

content 파라미터는 요청의 바디를 정의한다. 파이썬 문자열로 설명할 수 있지만 응답이 일반 텍스트가 아니면 이진 데이터도 허용한다. 이 경우 적절한 MIME 타입으로 데이터에 제대로 레이블을 지정하려면 content_type 파라미터를 추가해야 한다.

```
HttpResponse(content=img_data, content_type="image/png")
```

 리턴된 Content-Type이 바디 포맷과 일치해야 브라우저가 콘텐츠를 적절하게 해석할 수 있다.

headers 파라미터를 사용하면 응답에 헤더를 추가할 수도 있다.

```
headers = {
    'Content-Type': 'application/pdf',
    'Content-Disposition': 'attachment; filename="report.pdf"',
}
response = HttpResponse(content=img_data, headers=header)
```

 Content-Disposition은 하드 드라이브에 다운로드해야 하는 첨부 파일로서 응답에 레이블을 지정하는 데 사용할 수 있다.

또한 headers 파라미터 또는 content_type 파라미터를 통해 Content-Type 헤더를 직접 설정할 수 있다.

응답에도 헤더를 저장하며 응답을 딕셔너리로 접근할 수 있다.

```
response['Content-Disposition'] = 'attachment; filename="myreport.pdf"'
del response['Content-Disposition']
```

일반적인 경우에 대한 특수한 하위 클래스가 있다. JSON으로 인코딩된 요청이 사용됐다면 일반 HttpResponse를 사용하는 대신 Content-Type을 JSON으로 지정하고 인코딩할 수 있는 JsonResponse를 사용하는 것이 좋다.

```
from django.http import JsonResponse
response = JsonResponse({'example': 1, 'key': 'body'})
```

동일한 방식으로 FileResponse를 사용하면 파일을 직접 다운로드할 수 있다. 또한 파일과 유사한 객체를 제공하고 첨부 파일이 필요한 경우를 포함해 헤더 및 콘텐츠 타입을 직접 채울 수 있다.

```
from django.http import FileResponse
file_object = open('report.pdf', 'rb')
response = FileResponse(file_object, is_attachment=True)
```

템플릿을 출력해 응답을 생성할 수도 있다. 템플릿은 장고가 원래 설계된 HTML 인터페이스에 대해 일반적으로 사용되는 방법이다. render 함수는 자동으로 HttpResponse 객체를 리턴할 것이다.

```
from django.shortcuts import render

def my_view(request):
    ...
    return render(request, 'mytemplate.html')
```

미들웨어

WSGI 요청의 핵심 개념은 연결될 수 있다는 것이다. 즉, 요청이 여러 단계를 거쳐 각 단계에서 원본 주위에 새 요청을 래핑하여 기능을 추가할 수 있다는 뜻이다.

여러 단계에 걸쳐 요청을 래핑한다는 것은 미들웨어의 개념이다. 미들웨어는 요청의 여러 측면 처리를 단순화하고 기능을 추가하거나 사용을 단순화하여 시스템 간의 처리를 개선한다.

대표적인 미들웨어의 예는 수신된 각 요청을 표준 방식으로 저장하는 것이다. 미들웨어는 요청을 수신하고, 로그를 생성하고, 요청을 다음 레벨로 전달한다.

또 다른 예는 사용자의 로그인 정보를 관리하는 것이다. 쿠키에 저장된 세션을 감지하고 데이터베이스에서 관련 사용자를 검색하는 표준 장고 미들웨어가 있다. 그런 다음 request.user 객체를 적절한 사용자로 채운다.

장고에서 기본적으로 사용할 수 있는 또 다른 예는, POST 요청에서 CSRF 토큰을 확인하는 것이다. CSRF 토큰이 없거나 올바르지 않으면 뷰 코드에 접근하기 전에 요청이 즉시 차단되고 403 FORBIDDEN을 리턴한다.

 2장에서 CSRF와 토큰의 개념을 소개했다.

미들웨어는 요청을 받았을 때와 준비가 됐을 때 둘 다 응답에 접근할 수 있으므로 어느 한쪽이나 양쪽이 조정해서 작업할 수 있다.

- 수신된 요청의 경로와 메소드에 대한 로그를 생성하는 로그 저장 미들웨어는 요청을 뷰로 전송하기 전에 로그를 생성할 수 있다.

- 또한 로그 저장 미들웨어에서 상태 코드를 저장하기에 상태 코드 정보가 있어야 하므로 서버에서 뷰가 완료되고 응답 준비 상태가 되면 로그를 저장할 수 있어야 한다.

- 요청을 생성하는 데 걸린 시간을 저장하는 로그 저장 미들웨어는 먼저 요청을 수신한 시간과 응답이 준비된 시간을 등록해서 그 차이를 로그로 저장해야 한다. 뷰 실행 전후에 코드를 추가한다.

미들웨어는 다음과 같이 정의된다.

```python
def example_middleware(get_response):
    # example_middleware는 실제 미들웨어를 래핑한다.

    def middleware(request):
        # 뷰를 실행하기 전에 실행할 코드는 여기에 있어야 한다.

        response = get_response(request)

        # 뷰를 실행한 후에 실행할 코드는 여기에 있어야 한다.

        return response

    return middleware
```

함수 리턴 구조에서 연결된 요소들을 초기화할 수 있다. 입력 get_response는 또 다른 미들웨어 함수이거나 마지막 뷰일 수 있다. 이렇게 다음과 같은 구조를 구현할 수 있다.

```python
chain = middleware_one(middleware_two(my_view))
final_response = chain(request)
```

또한 미들웨어의 순서가 중요하다. 예를 들어, 요청을 중지할 수 있는 미들웨어 앞부분에 로그가 발생해야 한다. 마치 역순으로 수행되는 것처럼, 거부된 요청(예: 적절한 CSRF를 추가하지 않음)은 로그로 남지 않는다.

 일반적으로 미들웨어 기능이 어디에 위치해야 하는지에 대한 권장사항이 있다. 어떤 개발자는 다른 개발자들보다 미들웨어 기능 위치에 관해 더 민감할 수 있다. 따라서 이 부분을 생각하면서 미들웨어 문서를 확인한다.

사용자 지정 또는 외부사 솔루션을 사용해 미들웨어에 기능을 쉽게 추가할 수 있다. 장고의 유용한 기능으로 활용할 수 있고 미들웨어 기능을 생성하는 패키지가 많이 있다. 따라서 새로운 기능을 추가하기 전에, 이미 사용 가능한 기능인지 여부를 충분히 알아보는 것이 먼저다.

장고 REST 프레임워크

장고는 원래 HTML 인터페이스를 지원하도록 설계됐지만 장고 프로젝트 자체 내부의 새로운 기능과 장고를 향상시키는 기다 외부 프로젝트로 기능이 확장됐다.

특히 흥미로운 것은 장고 REST 프레임워크다. 여기서 장고 REST 프레임워크를 이용하는 예를 사용한다.

 장고 REST 프레임워크는 대중적이고 강력한 모듈이며, 다양한 프로그래밍 언어의 REST 프레임워크에서 공통적으로 사용되는 많은 규칙을 사용한다.

예를 들어, 2장에서 정의한 엔드포인트 중 일부를 구현할 것이다. 또한 다음과 같은 엔드포인트를 사용해 마이크로포스트의 전체 수명 주기를 따를 것이다.

엔드포인트	메소드	액션
/api/users/⟨username⟩/collection	GET	사용자의 모든 마이크로포스트를 검색한다.
/api/users/⟨username⟩/collection	POST	사용자를 위한 새 마이크로포스트를 생성한다.
/api/users/⟨username⟩/collection/⟨micropost_id⟩	GET	사용자의 특정 마이크로포스트를 검색한다.
/api/users/⟨username⟩/collection/⟨micropost_id⟩	PUT, PATCH	사용자의 특정 마이크로포스트를 업데이트한다.
/api/users/⟨username⟩/collection/⟨micropost_id⟩	DELETE	사용자의 특정 마이크로포스트를 삭제한다.

장고 REST 프레임워크의 기본 원칙은 노출된 리소스를 URL로 캡슐화하는 다양한 클래스를 만드는 것이다.

추가 개념은 객체가 시리얼라이저serializer를 통해 내부 모델에서 외부 JSON 객체로 또는 그 반대로 변환된다는 것이다. 시리얼라이저는 생성을 처리하고 외부 데이터가 올바른지 확인한다.

> 시리얼라이저는 모델 객체뿐만 아니라 모든 종류의 내부 파이썬 클래스를 변환할 수 있다. 이를 통해 여러 모델에서 정보를 가져올 수 있는 '가상 객체'를 만들 수 있다.
>
> 장고 REST 프레임워크의 특징은 시리얼라이저의 입력과 출력이 동일하다는 것이다. 다른 프레임워크는 입력과 출력 모듈이 따로 존재한다.

모델

먼저 정보를 저장하는 모델을 도입해야 한다. 여기서는 사용자를 모델링한 Usr 모델과 Micropost 모델을 사용할 것이다.

```python
from django.db import models
class Usr(models.Model):
    username = models.CharField(max_length=50)


class Micropost(models.Model):
    user = models.ForeignKey(Usr, on_delete=models.CASCADE,
                             related_name='owner')
    text = models.CharField(max_length=300)
    referenced = models.ForeignKey(Usr, null=True,
                                   on_delete=models.CASCADE,
                                   related_name='reference')
    timestamp = models.DateTimeField(auto_now=True)
```

Usr 모델은 매우 간단하며 사용자 이름만 저장한다. Micropost 모델은 텍스트 문자열과 마이크로포스트를 생성한 Usr 모델을 저장한다. 선택적으로 Micropost 모델에서 참고하는 사용자를 저장할 수 있다.

URL 라우팅

이 정보를 사용해 생성해야 하는 각 URL마다 하나씩 2개의 서로 다른 뷰를 생성한다. 뷰 이름은 MicropostsListView와 MicropostView이다. 먼저 urls.py 파일에서 URL이 어떻게 정의되는지 살펴본다.

```python
from django.urls import path

from . import views

urlpatterns = [
    path('users/<username>/collection', views.MicropostsListView.as_view(),
        name='user-collection'),
    path('users/<username>/collection/<pk>', views.MicropostView.as_view(),
        name='micropost-detail'),
]
```

코드에 따르면 정의에 해당하는 2개의 URL이 있다.

```
/api/users/<username>/collection
/api/users/<username>/collection/<micropost_id>
```

그리고 각 뷰에 매핑된다.

뷰

각 뷰는 LIST(GET)와 CREATE(POST) 작업을 정의하는 ListCreateAPIView 컬렉션, 공통 API 엔드포인트를 상속한다.

```python
from rest_framework.generics import ListCreateAPIView
from .models import Micropost, Usr
from .serializers import MicropostSerializer


class MicropostsListView(ListCreateAPIView):
    serializer_class = MicropostSerializer

    def get_queryset(self):
        result = Micropost.objects.filter(
            user__username=self.kwargs['username']
        )
        return result

    def perform_create(self, serializer):
        user = Usr.objects.get(username=self.kwargs['username'])
        serializer.save(user=user)
```

이후에 시리얼라이저를 확인할 것이다. 두 클래스는 클래스의 LIST 부분이 호출될 때 정보를 검색하는 쿼리들을 정의해야 한다. URL에는 사용자 이름이 포함되므로 다음과 같이 식별해야 한다.

```python
def get_queryset(self):
    result = Micropost.objects.filter(
        user__username=self.kwargs['username']
    )
    return result
```

self.kwargs['username']은 URL에서 정의된 사용자 이름을 검색한다.

CREATE 부분의 경우 perform_create 메소드를 덮어써야overwrite 한다. perform_create 메소드는 문제가 없는 파라미터가 포함된 시리얼라이저 파라미터를 얻는다.

self.kwargs에서 사용자 이름으로 사용자 정보를 가져와 Micropost 객체를 생성하는 데 필요한 사용자 정보를 추가한다.

```python
def perform_create(self, serializer):
    user = Usr.objects.get(username=self.kwargs['username'])
    serializer.save(user=user)
```

새로운 객체는 사용자와 나머지 데이터를 결합해 생성하며 시리얼라이저의 save 메소드로 해당 객체를 추가한다.

개별 뷰는 유사한 패턴을 따르지만 생성 코드를 덮어쓸 필요는 없다.

```python
from rest_framework.generics import ListCreateAPIView
from .models import Micropost, Usr
from .serializers import MicropostSerializer

class MicropostView(RetrieveUpdateDestroyAPIView):
    serializer_class = MicropostSerializer

    def get_queryset(self):
        result = Micropost.objects.filter(
            user__username=self.kwargs['username']
        )
        return result
```

그리고 RETRIEVE(GET), UPDATE(PUT, PATCH), DESTROY(DELETE) 작업을 추가할 수 있다.

시리얼라이저

시리얼라이저는 모델의 파이썬 객체에서 JSON으로 변환하고 그 반대로 JSON에서 파이썬 객체로 변환할 수 있다. 시리얼라이저는 다음과 같이 정의한다.

```python
from .models import Micropost, Usr
from rest_framework import serializers

class MicropostSerializer(serializers.ModelSerializer):
```

```
        href = MicropostHyperlink(source='*', read_only=True)
        text = serializers.CharField(max_length=255)
        referenced = serializers.SlugRelatedField(queryset=Usr.objects.all(),
                                                  slug_field='username',
                                                  allow_null=True)
        user = serializers.CharField(source='user.username', read_only=True)

        class Meta:
            model = Micropost
            fields = ['href', 'id', 'text', 'referenced', 'timestamp', 'user']
```

ModelSerializer는 Meta 하위 클래스로 정의된 모델의 필드를 자동으로 감지한다. fields 섹션에 포함될 필드를 지정했다. 바로 변환된 필드(id, timestamp) 외에도 변경될 다른 필드(user, text, referenced), 추가 필드(href)가 포함된다. 바로 변환된 정보는 딱히 할 것이 없을 정도로 간단하다.

text 필드는 다시 CharField로 정의되지만 이번에는 최대 문자 수를 제한한다.

user 필드도 CharField로 재정의되지만 입력 파라미터를 사용해 참고된 사용자의 사용자 이름으로 정의한다. 필드는 read_only로 정의한다.

referenced는 user와 비슷하지만 SlugRelatedField로 정의해야 하는 참조 속성이다. 슬러그^{slug}는 값을 참고하는 문자열이다. slug_field가 참조하는 사용자 이름인 것을 정의하고, 검색을 허용하는 쿼리들을 추가한다.

href 필드에 적절한 URL 참조를 생성하려면 추가로 정의된 클래스가 필요하다. 해당 클래스를 자세히 살펴보겠다.

```
from .models import Micropost, Usr
from rest_framework import serializers
from rest_framework.reverse import reverse

class MicropostHyperlink(serializers.HyperlinkedRelatedField):
    view_name = 'micropost-detail'

    def get_url(self, obj, view_name, request, format):
```

```
        url_kwargs = {
            'pk': obj.pk,
            'username': obj.user.username,
        }
        result = reverse(view_name, kwargs=url_kwargs, request=request,
                         format=format)
        return result

class MicropostSerializer(serializers.ModelSerializer):
    href = MicropostHyperlink(source='*', read_only=True)
    ...
```

view_name은 사용될 URL을 정의한다. reverse 호출은 파라미터를 변환해 전체 URL로 변환한다. get_url 메소드에서 reverse를 래핑한다. get_url 메소드는 주로 전체 객체와 함께 obj 파라미터를 받는다. 전체 객체는 시리얼라이저 MicropostHyperlink 클래스의 source='*' 호출에 정의되어 있다.

모든 요소가 조합되어야 인터페이스가 올바르게 작동한다. 또한 장고 REST 프레임워크는 전체 인터페이스를 시각화하고 사용할 수 있게 도움을 주는 인터페이스를 생성할 수 있다.

예를 들어, 그림 6.4와 같은 마이크로포스트 리스트가 있다.

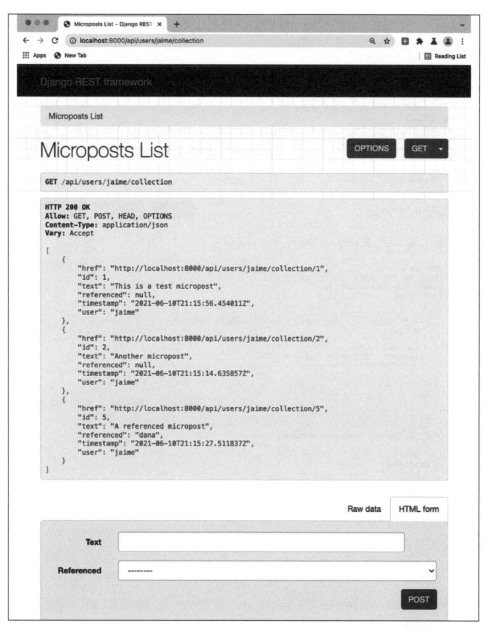

그림 6.4 마이크로포스트 리스트

그리고 마이크로포스트 페이지는 그림 6.5와 같을 것이다. PUT, PATCH, DELETE, GET과 같은 다양한 작업을 테스트할 수 있다.

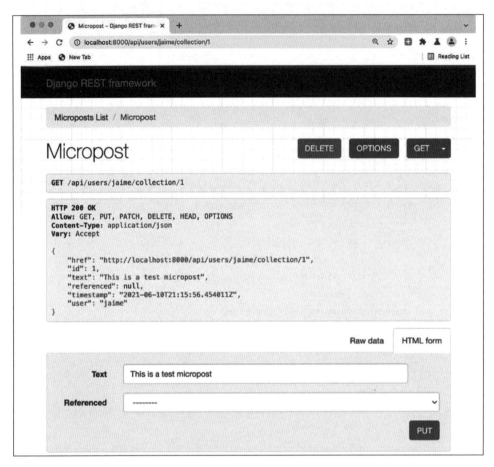

그림 6.5 마이크로포스트 페이지

장고 REST 프레임워크는 매우 강력하며, 예상대로 정확하게 동작하는지 확인할 수 있는 방식을 제공한다. 또한 고유한 특성이 있으며 모든 것이 제대로 구성될 때까지 파라미터에 대해 조금은 변덕스러운 경향이 있다. 동시에 모든 측면에서 인터페이스를 사용자 정의할 수 있다. 설명서를 주의 깊게 읽어보자.

전체 문서는 웹 페이지(https://www.django-rest-framework.org/)에서 볼 수 있다.

외부 계층

웹 서버 상단에는 HTTP 계층에서 작동하는 계층을 추가해 링크를 계속 처리할 수 있다. 예를 들면, 로드 밸런서를 사용해 여러 서버에서 부하를 균등하게 분배하고 시스템의 총 처리량을 늘릴 수 있다. 필요하면 여러 계층으로 연결할 수 있다.

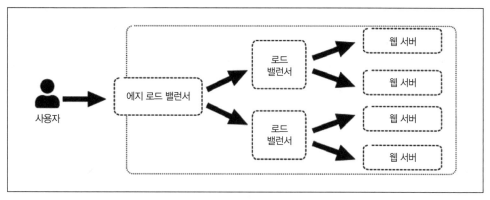

그림 6.6 연결된 로드 밸런서

사용자의 요청 에지edge 로드 밸런서로 가는 경로를 인터넷에서 처리하지만 일단 에지 로드 밸런서에 도달하면 시스템 내부로 요청이 전달된다. 에지 로드 밸런서는 외부 네트워크와 당사 네트워크의 제어된 환경 간의 게이트웨이 역할을 한다.

 에지 로드 밸런서는 일반적으로 HTTPS 연결만 처리하기 때문에 내부의 나머지 시스템은 HTTP만 사용할 수 있다. 내부의 HTTP 요청을 캐시하고 처리하는 것은 쉽고 편리하다. 반면 HTTPS 요청은 엔드 투 엔드로 인코딩되기에 제대로 캐시하거나 분석할 수 없다. 내부 트래픽은 외부 접근으로부터 보호되고, 승인된 엔지니어만 접근할 수 있으며, 접근 감사(audit) 로그에 접근할 수 있는 강력한 정책이 있어야 한다. 그래도 동시에 쉽게 디버깅할 수 있으며 모든 트래픽 문제도 훨씬 수월하게 해결할 수 있다.

네트워크 설정은 매우 다양하고 대부분은 여러 로드 밸런서가 필요하지 않다. 에지 로드 밸런서는 여러 웹 서버를 직접 처리할 수 있다. 로드 밸런서는 처리할 수 있는 요청

수에 제한이 있기 때문에 사용할 경우에는 용량 계산이 중요하다.

 주요 로드 밸런서는 필요한 수만큼 요청을 처리할 수 있는 용량을 갖도록 특수 하드웨어로 설정할 수 있다.

이런 다층 구조를 사용하면 시스템의 모든 지점에서 캐싱을 도입할 수 있다. 이로 인해 시스템의 성능이 향상될 수 있지만 적절한지 확인하려면 주의해서 처리해야 한다. 결국 소프트웨어 개발에서 가장 어려운 문제 중 하나는 캐시의 적절한 처리와 무효화다.

요약

6장에서는 웹 서버가 작동하는 방식과 관련된 다양한 계층을 자세히 살펴봤다.

요청-응답 및 웹 서버 아키텍처의 기본적인 세부 사항을 살펴본 후 엔진엑스를 전면 웹 서버로 사용하고 uWSGI를 통해 장고 코드를 실행하는 여러 파이썬 워커를 처리하는 세 계층으로 시스템을 설명했다.

HTTP를 제공하고, 파일에 저장된 정적 콘텐츠를 직접 리턴하고, 다음 계층으로 라우팅할 수 있는 웹 서버 자체에서 시작해 헤더 전달과 로그 활성화를 포함한 다양한 요소를 분석했다.

이어서 uWSGI가 작동하는 방식과 파이썬에서 WSGI 프로토콜을 통해 상호 작용하는 다양한 프로세스를 만들고 설정할 수 있는 방법을 살펴봤다. 이전 수준(엔진엑스 웹 서버)과 다음 수준(파이썬 코드)의 상호 작용을 설정하는 방법을 본 후 워커를 순서대로 다시 시작하는 방법과 주기적인 자동 재활용을 통해 특정 종류의 문제를 완화하는 방법에 대해서도 설명했다.

장고가 웹 애플리케이션을 정의하기 위해 어떻게 작동하는지, 미들웨어를 사용해 흐름의 요소를 연결하는 방법과 요청 및 응답이 코드에서 흐르는 방식을 설명했다. 또한 RESTful API를 생성하는 방법으로 장고 REST 프레임워크를 소개했고, 2장에서 소개한 예를 장고 REST 프레임워크에서 제공하는 뷰와 시리얼라이저로 어떻게 구현할 수 있는지 살펴봤다.

마지막으로, 여러 서버에 부하를 분산하고 시스템을 확장하기 위해 상단 구조를 확장하는 방법을 설명했다.

7장에서는 이벤트 기반 시스템을 살펴볼 것이다.

07

이벤트 기반 구조

요청-응답 구조 아키텍처가 시스템에서 사용할 수 있는 유일한 소프트웨어 아키텍처는 아니다. 즉각적인 응답이 필요하지 않은 요청도 있을 수 있다. 아마도 호출자가 즉각적인 응답에 대한 관심이 없을 수 있다. 왜냐하면 호출자가 기다릴 필요 없이 작업이 수행될 수 있기 때문이다. 또는 아마도 작업이 오랜 시간이 걸리기에 호출자가 응답을 기다리고 싶지 않을 수 있다. 어쨌든 호출자의 관점에서 봤을 때 호출자가 계속 메시지를 보내기만 하는 옵션이 있을 수 있다.

이 메시지를 이벤트event라고 한다. 이벤트 기반 시스템에는 여러 용도가 있다. 7장에서는 개념을 소개하고 가장 널리 사용되는 용도 중 하나를 자세히 설명한다. 즉, 호출자가 중단 없이 실행을 계속 진행하는 동안 백그라운드에서 실행되는 비동기 작업을 만드는 것이다.

7장에서는 큐 시스템의 세부 사항과 자동으로 스케줄 작업을 생성하는 방법을 포함하여 비동기 작업의 기본 사항을 설명한다.

비동기 기능을 갖고 있는 인기 있는 작업 관리자의 예로 Celery를 사용할 것이다. 일반적인 작업을 수행하는 방법에 대한 구체적인 예를 소개한다. 또한 Celery를 모니터링하고 제어할 수 있는 웹 인터페이스를 생성하며, 실행할 새 작업을 보낼 수 있고 웹 인터페이스를 제어할 수 있는 HTTP API를 제공하는 Celery Flower 툴을 살펴본다.

7장에서 다루는 내용은 다음과 같다.

- 이벤트 전달
- 비동기 작업
- 작업 세분화
- 스케줄 작업
- 큐의 효과
- Celery

먼저 이벤트 기반 시스템의 기본 내용을 설명하는 것으로 시작한다.

이벤트 전달

이벤트 기반event-driven 구조는 실행 후 무시 원칙fire-and-forget principle을 기반으로 한다. 이벤트 기반 구조에서는 데이터를 전달하고 응답이 리턴될 때까지 기다리는 대신 데이터를 보내고 계속 실행한다.

이벤트 기반 구조는 6장에서 살펴본 요청-응답 아키텍처와 다르다. 요청-응답 프로세스는 응답이 리턴될 때까지 기다린다. 한편, 외부 시스템에서 생성된 새로운 데이터를 받을 때까지 기다려야 하기에 많은 코드의 실행이 중지된다.

이벤트 기반 시스템에서는 적어도 요청-응답 아키텍처와 같은 의미에서의 응답 데이터가 없다. 대신 요청이 포함된 이벤트가 전달되고 작업은 계속된다. 추후 이벤트를 추적할 수 있도록 일부 최소한의 요청 정보가 리턴될 수 있다.

이벤트 기반 시스템은 요청-응답 서버로 구현될 수 있다. 하지만 이벤트 기반 시스템이 순수한 요청-응답 시스템을 기반으로 구축하는 것은 아니다. 예를 들어, 이벤트를 생성하고 이벤트 ID를 리턴하는 RESTful API가 있다. 아직 작업이 완료되지 않았으며 리턴되는 유일한 세부 정보는 후속 작업의 상태를 확인할 수 있는 식별자다.

이벤트 ID는 로컬에서 생성되거나 전혀 생성되지 않을 수 있기에 꼭 사용돼야 하는 것은 아니다.

차이점은 작업 자체가 같은 순간에 완료되지 않으므로 이벤트 생성 시점으로 복귀하는 것이 매우 빠르다는 것이다. 이벤트가 생성되면 다른 시스템으로 전달되고 목적지로 전달된다.

이런 시스템을 버스bus라고 부르며, 시스템을 통해 메시지가 흐르게 한다. 아키텍처는 시스템 간에 메시지를 보내는 중앙 집중 역할을 하는 단일 버스를 사용하거나 여러 버스를 사용할 수 있다.

일반적으로 단일 버스를 사용해 모든 시스템과 통신하는 것이 좋다. 여러 논리 파티션을 구현할 수 있는 여러 툴이 있기에 메시지가 올바른 목적지로 라우팅된다.

이벤트는 큐queue에 추가된다. 큐는 진입점에서 정의된 다음 단계로 이벤트를 전달하는 논리적 FIFOFirst In First Out1 시스템이다. 이벤트가 전달되는 시점에 다른 모듈이 이벤트를 수신하고 처리한다.

이 새로운 시스템은 큐를 수신하고 수신된 모든 이벤트를 추출하고 처리한다. 시스템 워커worker는 동일한 채널을 통해 이벤트 발신자와 직접 통신할 수는 없지만, 공유 데이터베이스 또는 노출된 엔드포인트 같은 요소와 상호 작용할 수 있으며 더 많은 이벤트를 큐에 보내 결과를 추가로 처리할 수도 있다.

---

1 가장 먼저 메모리에 올라온 페이지를 가장 먼저 내보내는 알고리듬 - 옮긴이

큐의 두 엔드포인트를 각각 **게시자**(publisher) 및 **구독자**(subscriber)라고 한다.

여러 구독자가 동일한 큐를 처리할 수 있으며 동시에 이벤트를 추출한다. 여러 게시자가 동일한 큐에 이벤트를 생성할 수도 있다. 큐의 용량은 처리할 수 있는 이벤트 수로 정의할 수 있으며, 큐가 빨리 처리되려면 구독자가 충분히 있어야 한다.

버스로 사용되는 일반적인 툴로 래빗MQ^{RabbitMQ}, 레디스^{Redis}, 아파치 카프카^{Apache Kafka}가 있다. 해당 툴을 '있는 그대로' 버스로 사용할 수 있지만, 해당 툴로 메시지 전달을 처리하며 고유하게 사용할 수 있으며 도움이 되는 여러 라이브러리가 존재한다.

비동기 작업

간단한 이벤트 기반 시스템은 비동기 작업을 실행할 수 있는 시스템이다.

이벤트 기반 시스템에서 생성된 이벤트는 실행할 특정 작업을 설명한다. 일반적으로 각 작업마다 약간의 실행 시간이 필요하다. 따라서 게시자의 일부 코드에서 직접 실행하는 것은 비현실적이다.

일반적인 예로, 빠른 시간 내에 사용자에게 응답해야 하는 웹 서버를 들 수 있다. HTTP 요청에 대한 응답이 너무 오래 걸리면 HTTP 타임아웃 에러가 발생할 수 있기에 일반적으로 1~2초 이내로 응답하는 것이 좋다.

 시간이 오래 걸리는 작업의 예로, 비디오를 다른 해상도로 인코딩하고, 복잡한 알고리듬으로 이미지를 분석하며, 고객에게 1,000개의 이메일을 보내고, 백만 개의 레지스터를 대량으로 삭제하며, 외부 데이터베이스에서 로컬 데이터베이스로 데이터를 복사하고, 보고서를 작성하거나 여러 소스에서 데이터를 가져오는 경우가 있다.

시간이 오래 걸리는 작업을 처리하는 해결책은 이벤트를 보내고 해당 이벤트에 대한 작업 ID를 생성한 다음 즉시 작업 ID를 리턴하는 것이다. 백엔드 시스템에 전달할 메시지 큐에 이벤트를 전달한다. 그런 다음 백엔드 시스템은 이벤트를 처리하는 작업을 실행하는데, 실행이 완료할 때까지 시간이 오래 걸릴 수 있다.

한편, 작업 ID는 실행 진행 상황을 모니터링하는 데 사용할 수 있다. 백엔드 작업은 데이터베이스와 같은 공유 스토리지의 실행 상태를 업데이트한다. 작업이 완료되면 웹 프론트엔드에서 사용자에게 알릴 수 있다. 공유 스토리지는 흥미로운 결과를 생성할 수도 있다.

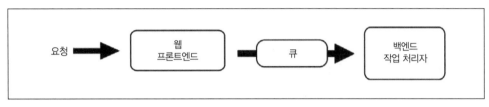

그림 7.1 이벤트 흐름

작업 상태는 프론트엔드 웹 서버에서 접근하는 데이터베이스에 저장되므로 사용자는 작업 ID를 통해 식별하기에 언제든지 작업 상태를 요청할 수 있다.

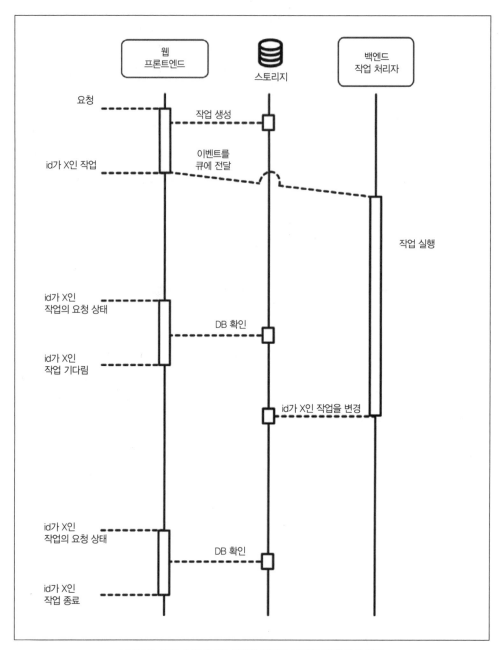

그림 7.2 공유 스토리지를 사용해 비동기 작업의 진행 상황 확인

필요하다면 백엔드 시스템은 작업의 25% 또는 50%가 완료됐음을 알리는 중간 업데이트를 생성할 수 있다. 동일한 공유 스토리지에 해당 업데이트를 저장해야 한다.

이 프로세스는 단순화됐다. 큐는 일반적으로 작업이 완료됐는지 여부를 리턴하는 기능이 있다. 작업에서 일부 데이터를 리턴해야 하는 경우에만 공유 스토리지/데이터베이스가 필요하다. 데이터베이스에서 작은 결과를 저장할 때는 잘 작동하지만 도큐먼트와 같은 큰 요소가 작업의 일부로 생성된다면 데이터베이스에 결과를 저장하는 것이 좋은 방법이 아닐 수 있으며 다른 종류의 스토리지가 필요할 수 있다.

 예를 들어, 작업의 결과가 보고서를 생성하는 것이라면 백엔드는 AWS S3와 같은 도큐먼트 스토리지에 보고서를 저장하고, 추후 사용자가 해당 보고서를 다운로드하도록 가이드를 줄 수 있다.

공유 데이터베이스가 웹 서버 프런트엔드에서 정보를 수신할 수 있는지 확인하는 유일한 방법은 아니다. 웹 서버는 백엔드가 정보를 되돌려 보낼 수 있는 내부 API를 노출할수 있다. 즉, 데이터를 다른 외부 서비스로 보내는 것과 같다. 백엔드에서는 API에 접근할 수 있어야 하고 설정할 수 있고 인증을 받을 수 있어야 한다. API는 백엔드 전용으로 생성되거나 백엔드 시스템이 생성할 특정 데이터도 받을 수 있는 일반적인 용도일 수도 있다.

 데이터베이스가 서로 다른 두 시스템에서 동기화되어야 하기 때문에 시스템 간 데이터베이스에 대한 접근을 공유하는 것은 어려울 수 있다. 이전 버전과의 호환성을 손상시키지 않고 독립적으로 배포할 수 있도록 시스템을 분리해야 한다. 스키마가 변경되더라도 시스템의 중단 없이 언제든지 실행할 수 있도록 각별한 주의가 필요하다. API를 노출하고 프론트엔드 서비스의 전체 제어하에 데이터베이스를 유지하는 것은 좋은 방법이지만 백엔드에서 시작된 요청은 외부 요청을 처리해야 하기에 프론트엔드, 백엔드 모두 충분한 용량이 필요하다.

이 경우에 모든 정보, 작업 ID, 상태, 결과가 웹 서버의 내부 스토리지에 남아 있을 수 있다.

큐는 작업 ID와 작업 상태를 저장할 가능성이 높다는 점을 기억하자. 편의상, 큐 정보가 내부 스토리지에 복제될 수 있다.

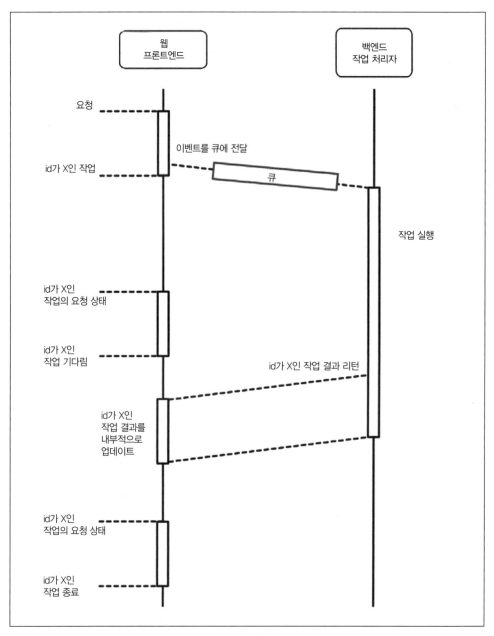

그림 7.3 백엔드에서 원래 서비스에 정보를 다시 보내기

이 API는 동일한 프론트엔드에 보내도록 지정할 필요가 없다. 또한 내부 또는 외부의 다른 서비스를 호출해 요소 간에 복잡한 흐름을 생성할 수 있을 뿐만 아니라 다른 작업을 생성하기 위해 큐에 추가될 자체 이벤트도 생성한다.

작업 세분화

처음에 작업을 진행하면서, 많은 작업으로 세분화해 생성하는 것이 가능하다. 따라서 작업 내부에 올바른 이벤트를 생성하고 해당 이벤트를 올바른 큐로 전달할 수 있다.

그래서 단일 작업의 부하를 분산하고 실행하는 작업을 병렬화할 수 있다. 예를 들어 작업에서 보고서를 생성해 수신자 그룹에게 이메일로 보내는 경우, 작업은 먼저 보고서를 생성한 다음, 이메일을 생성해 보고서를 첨부하는 데만 집중하는 새로운 작업을 생성하는 방식을 통해 이메일을 병렬로 생성할 수 있다.

이는 여러 워커로 부하를 분산시켜 프로세스 속도를 높인다. 또 다른 장점은 개별 작업이 더 짧아져 제어, 모니터링, 운영이 더 쉬워진다는 것이다.

> 일부 작업 관리자는 작업을 분산시켜 분산된 작업의 결과를 리턴 및 결합하는 워크플로를 생성할 수 있다. 분산 워크플로는 특정 상황에서는 사용할 수 있지만 실제로는 추가 대기 시간이 발생하고 작업 시간이 더 오래 걸릴 수 있기 때문에 처음에 소개한 것보다 유용하지 않을 수 있다.
>
> 그러나 가장 좋은 방법은 결과를 결합할 필요 없이 여러 요소에 대한 유사한 작업을 수행하는 대량 작업이다. 대량 작업은 일반적으로 많이 발생한다.

> 대량 작업은 초기 작업을 일찍 완료하기에 초기 작업의 ID 상태는 완료됐는지 여부를 확인하는 나쁜 방법이 된다는 것을 알 필요가 있다. 초기 작업은 모니터링이 필요한 경우 새로운 작업의 ID를 리턴할 수 있다.

필요하다면, 하위 작업으로부터 자체 하위 작업을 생성해 프로세스를 반복할 수 있다. 일부 작업은 백그라운드에서 엄청난 양의 정보를 생성해야 할 수 있으므로 세분화하는 것이 의미가 있을 수 있지만, 코드 흐름을 따르는 복잡성도 증가시키기에 작업 세분화 기술은 분명한 이점이 있을 때만 사용하는 것이 좋다.

스케줄 작업

비동기 작업은 프론트엔드에서 직접 생성하거나 사용자가 직접 작업할 필요는 없지만, 스케줄을 통해 특정 시간에 실행할 수 있도록 설정할 수 있다.

스케줄 작업scheduled task의 예로는 야간 시간에 일일 보고서 생성하기, 외부 API를 통해 매시간 정보 업데이트하기, 추후 빠르게 사용할 수 있도록 미리 캐시하기, 주 초에 다음 주 스케줄 생성하기, 매시간 미리 알림 이메일 보내기 등이 있다.

대부분의 작업 큐는 스케줄 작업에서 생성할 수 있고, 스케줄 작업을 정의할 때 명확하게 지정하기에 자동으로 트리거링될 것이다.

 Celery에서 스케줄 작업을 생성하는 방법은 이번 장의 뒷부분에서 살펴볼 것이다.

매일 밤 이메일을 수천 명의 이메일 수신자에게 보내는 것처럼 특정 스케줄 작업은 상당히 클 수 있다. 스케줄 작업을 개별로 분리하면 매우 유용하다. 따라서 나중에 처리될 모든 개별 작업을 큐에 추가하기 위해 작은 스케줄 작업이 실행된다. 이렇게 함으로써 부하가 분산되고 작업을 더 일찍 완료할 수 있기에 시스템을 최대한 활용할 수 있다.

이메일 전달의 예에서 매일 밤 특정 작업이 실행되어 설정을 읽고 보낼 이메일을 발견할 때마다 새로운 작업을 생성한다. 그리고 새로운 작업은 보낼 이메일 정보를 수신하고 외부 정보를 가져와 본문을 작성한 후 이메일로 전달한다.

큐의 효과

비동기 작업의 중요한 요소는 큐의 도입이 미칠 수 있는 효과다. 이전에 살펴본 것처럼 백그라운드 작업은 느리며, 이는 백그라운드 작업을 실행하는 모든 워커는 바쁘게 작동한다는 것을 의미한다.

그 사이에 많은 작업이 큐에 들어올 수 있는데, 큐에 데이터가 쌓이기 시작한다는 의미일 수 있다.

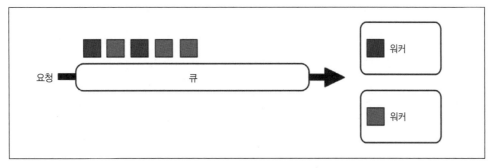

그림 7.4 단일 큐

한편으로는 용량 문제일 수 있다. 워커 수가 큐에 도입된 평균 작업 수를 처리하기에 충분치 않은 경우 큐는 한계에 도달할 때까지 누적되고 새로운 작업은 거부된다.

그러나 일반적으로 부하는 작업이 지속적으로 유입되는 것처럼 작동하지 않는다. 실행할 작업이 없는 경우도 있고, 실행할 작업의 수가 갑자기 급증해 큐가 차는 경우도 있다. 모든 워커가 바빠지면서 큐는 차고 작업이 지연되는 상황에서 대기 시간을 확인하기 위해 실행할 수 있는 워커 수를 계산할 필요가 있다.

 워커의 '적절한' 수를 계산하는 것이 어려울 수 있지만 약간의 시행착오를 통해 '충분히 좋은' 숫자를 얻을 수 있다. 이를 처리할 수 있는 수학적 툴이 있는데, 큐 이론(queueing theory)은 여러 파라미터를 기반으로 계산한다.

어쨌든, 요즘에는 각 워커에 대한 리소스가 저렴하고 큐가 차는 상황에서 합리적인 시간 내에 워커에서 처리될 수 있다면 정확한 워커 수를 생성할 필요가 없다.

큐 이론에 관한 자세한 내용은 웹 페이지(http://people.brunel.ac.uk/~mastjib/jeb/or/queue.html)에서 확인할 수 있다.

스케줄 작업에서 발생할 수 있는 또 다른 어려움은 특정 시간에 상당한 수의 작업이 동시에 실행될 수 있다는 것이다. 따라서 특정 시간에 큐가 차는 상태로 만들 수 있다. 예를 들어 일일 보고서 생성, 4시간마다 외부 API에서 새로운 업데이트 수집, 매주 데이터 집계와 같은 모든 작업을 수행하고 요약하는 데 1시간이나 걸릴 수 있다.

즉, 예를 들어 백그라운드로 보고서를 생성하는 100개의 작업이 추가되면 사용자가 보낸 보고서를 생성하는 작업이 차단되는 나쁜 경험을 할 수 있다. 스케줄 작업이 실행된 지 몇 분 후에 보고서를 요청하면 사용자가 너무 오래 기다려야 한다.

오래 기다리지 않고 빨리 처리되게 하려면 여러 큐를 사용하고 여러 워커가 해당 큐에서 가져와서 처리하게 하면 된다.

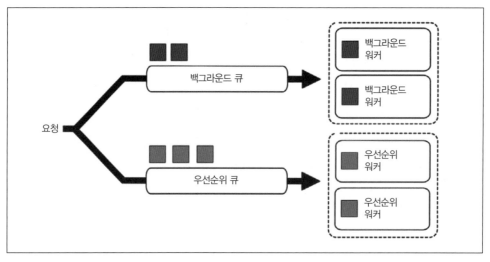

그림 7.5 우선순위 큐와 백그라운드 큐

이렇게 하면 서로 다른 작업이 여러 워커에게 전달되어 특정 작업을 중단하는 일 없이 실행되도록 용량을 예약할 수 있다. 백그라운드로 생성하는 보고서 예에서는 해당 생성 작업이 전용 워커에게 갈 수 있고 사용자 보고서를 생성하는 데 사용되는 자체 워커도 있다. 그러나 이 방식은 시스템 용량을 낭비한다. 백그라운드로 생성하는 보고서가 하루에 한 번만 실행되고 100개의 작업이 처리되면 사용자 보고서를 생성하는 워커에 큰 큐가 있더라도 관련 전용 워커는 하루 종일 유휴 상태가 된다.

따라서 혼합 접근 방식을 사용할 수 있다.

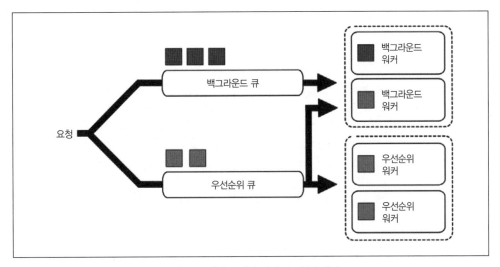

그림 7.6 여러 큐에서 가져오는 일반 워커

이 경우 사용자 보고서를 생성하는 워커는 동일한 접근 방식으로 계속 진행하지만 백그라운드로 보고서를 생성하는 워커는 두 큐에서 작업을 가져온다. 이 경우 백그라운드로 보고서를 생성하는 워커에 대한 용량을 제한하지만, 동시에 사용 가능한 용량이 있을 때에는 사용자 보고서를 생성하는 워커에 대한 용량을 늘린다.

우선순위가 높은 사용자 보고서 작업을 진행할 수 있도록 워커 용량을 예약해서 처리하게 한다. 그리고 나머지 워커에서 우선순위가 높은 작업과 우선순위가 높지 않은 작업들을 처리하게 한다.

작업을 2개의 큐로 분리하려면 작업을 신중하게 분할해야 한다.

- **우선순위 작업**priority task: 사용자를 위해 시작되는 작업이다. 사용자는 시간에 민감

하다. 실행 속도가 빠르기에 대기 시간이 중요하다.

- 백그라운드 작업^{background task}: 일반적으로 자동화 시스템 및 스케줄 작업에 의해 시작된다. 시간에 덜 민감하다. 오랫동안 실행될 수 있기에 긴 대기 시간을 허용한다.

우선순위 작업과 백그라운드 작업 사이의 균형이 유지되어야 한다. 너무 많은 작업이 우선순위 작업으로 지정되면 큐가 빠르게 채워지기에 작업을 분리하는 것이 무의미해진다.

 여러 큐를 생성해 작업의 우선순위를 설정하고 각 큐에 대한 용량을 예약하고 싶은 유혹이 항상 존재한다. 이 유혹은 일반적으로 용량을 낭비하므로 좋은 생각이 아니다. 가장 효율적인 시스템은 하나의 큐를 사용하는 시스템이다. 모든 용량을 항상 사용하기 때문이다. 그러나 일부 작업의 처리 시간이 너무 오래 걸리기에 우선순위 문제가 있다. 둘 이상의 큐를 사용하면 너무 복잡하며 다른 큐가 찬 상태에서 많은 워커가 많은 시간 동안 유휴 상태로 있게 되면서 용량을 낭비할 위험이 있다. 두 큐를 사용하는 것은 단순하기 때문에 두 가지 옵션 중 하나만 결정하는 규칙을 정하는 데 도움이 되며, 여러 큐가 필요한 이유를 쉽게 이해할 수 있다.

우선순위 워커의 수는 큐가 채워지는 빈도와 예상 처리 시간을 기반으로 조정할 수 있다. 백그라운드 작업이 급증하는 시간에는 일반 트래픽을 처리할 수 있는 충분한 우선순위 워커만 있으면 된다.

 좋은 메트릭(metric)은 큐의 동작을 모니터링하고 이해하는 데 중요하다. 13장 '메트릭'에서 메트릭에 대해 자세히 설명할 것이다.

대안은 숫자를 사용한 우선순위를 기반으로 우선순위 시스템을 생성하는 것이다. 이런 식으로 우선순위 3인 작업은 우선순위 2인 작업보다 먼저 실행되고 우선순위 1인 작업보다 먼저 실행되는 방식이다. 우선순위를 갖는 방식의 가장 큰 장점은 워커가 용량을 낭비하지 않고 항상 작업할 수 있다는 것이다.

그러나 우선순위 접근 방식에도 문제가 있다.

- 많은 큐 백엔드가 우선순위 접근 방식을 효율적으로 지원하지 않는다. 큐를 우선순위별로 정렬된 상태로 유지하려면 일반 큐에 작업을 할당하는 것보다 더 많은 비용이 든다. 실제로 많은 조정이 필요하므로 기대한 만큼 좋은 결과를 얻지 못할 수 있다.

- 즉, 높은 우선순위가 넘치게 되는 인플레이션에 대처해야 함을 의미한다. 특히 여러 팀이 관련된 경우 팀이 시간이 지남에 따라 작업의 우선순위를 높이는 것은 매우 쉽다. 어떤 작업을 먼저 리턴해야 하는지에 대한 결정은 복잡해질 수 있으며 시간이 지남에 따라 우선순위가 높아질 수 있다.

정렬된 큐가 이상적인 것처럼 보일 수 있지만, 두 가지 수준(우선순위와 백그라운드)으로 운영하는 단순성으로 인해 시스템을 매우 쉽게 이해할 수 있으며 새로운 작업을 개발하고 생성할 때 쉽게 예상할 수 있다. 조정과 이해가 훨씬 쉽고 적은 수고를 통해 더 좋은 결과를 만들어 낸다.

모든 워커의 단일 코드

다양한 큐에서 작업을 가져오는 워커마다 코드 기반이 동일하지 않을 수 있다. 아마도 우선순위 작업의 코드 기반과 백그라운드 작업의 코드 기반일 것이다.

 코드를 기반으로 워커가 동작하려면 엄격한 작업 분리가 필요하다. 이에 대한 자세한 내용은 잠시 뒤에 설명할 것이다.

우선순위 작업 코드와 백그라운드 작업 코드를 분리한다면 2개의 코드를 병렬로 유지해야 하기 때문에 일반적으로 이슈가 있기에 권장하지 않는다.

- 어떤 시스템이나 사용자가 작업을 실행하는지에 따라 우선순위 또는 백그라운드가 될 수 있다. 예를 들어, 사용자에게 바로 생성해서 보여주거나 메일을 최종

적으로 보내기 위한 배치 처리의 일부로 매일 보고서를 생성할 수 있다. 보고서 생성은 공통으로 유지되어야 하기에 변경사항이 둘 다에 적용된다.

- 하나의 코드가 아닌 두 코드로 처리하는 것이 더 불편하다. 보통 코드의 많은 부분이 공유되므로 매번 업데이트를 진행할 때마다 각각 진행해야 한다.
- 공통 코드를 사용하면 모든 종류의 작업을 처리할 수 있다. 해당 코드에 우선순위 및 백그라운드 작업을 모두 처리하는 워커를 포함할 수 있다. 두 코드를 사용하면 우선순위 작업을 돕기 위해 백그라운드 워커에서 사용할 수 있는 추가 용량을 사용하지 않아야 하기에 엄격한 작업 분리가 필요하다.

구축할 때는 단일 워커를 사용하는 것이 좋으며, 설정을 통해 하나의 큐 또는 두 큐에서 메시지를 수신하도록 결정한다. 이는 로컬 개발 및 테스트 환경을 위한 아키텍처를 단순화한다.

 작업의 특성이 충돌을 일으킬 수 있는 경우에는 단일 코드가 적절하지 않을 수 있다. 예를 들어, 일부 작업에는 큰 의존성 또는 특수 하드웨어(AI 관련 작업의 경우)가 필요하다면 특정 작업은 전용 워커에서 실행되어야 하므로 동일한 코드를 공유하는 것이 비현실적일 수 있다. 이런 경우는 드물다. 보통 이런 경우는 드물기 때문에 모든 작업에 동일한 워커를 통합하여 사용하는 것이 좋다.

클라우드 큐와 워커

클라우드 컴퓨팅의 주요 특징은 서비스를 동적으로 시작 및 중지할 수 있기에 특정 순간에 필요한 리소스를 사용할 수 있다는 것이다. 이런 특징으로 시스템의 용량을 빠르게 늘리거나 줄일 수 있다.

클라우드 환경에서는 큐에서 이벤트를 추출하는 워커의 수를 조정할 수 있다. 이는 이전에 다뤘던 리소스 문제를 완화한다. 큐가 찼는가? 바로 워커 수를 늘린다! 이상적으로는 작업을 생성하는 각 이벤트에 대해 단일 워커를 생성하여 시스템을 무한대로 확장할 수 있다.

실제로 워커를 동적으로 생성하는 데는 몇 가지 문제가 있기 때문에 말처럼 쉽지는 않다.

- 워커 시작 시간이 작업 자체의 실행 시간보다 길다는 점에서 작업 실행 시간이 상당히 늘어날 수 있다. 워커를 생성할 때 얼마나 무거운지에 따라 시작하는 데 상당한 시간이 걸릴 수 있다.

  기존 클라우드 설정에서는 비교적 무거운 새로운 가상 서버를 시작하는 데 최소 몇 분 정도 걸린다. 컨테이너와 같은 새로운 툴을 사용하면 시작 시간을 줄일 수 있지만, 어떤 시점에서는 새로운 가상 서버를 생성해야 하기 때문에 클라우드 기본 원칙은 그대로 유지된다.

- 신규 가상 워커는 워커에 비해 너무 크다. 따라서 각 작업당 하나의 워커를 생성하는 것이 비효율적일 수 있다. 다시 말하지만, 컨테이너화된 솔루션은 새로운 컨테이너를 생성하는 것과 클라우드 서비스에서 새로운 가상 서버를 가동해야 하는 것을 더 쉽게 구분할 수 있게 함으로써 도움이 될 수 있다.

- 모든 클라우드 서비스에는 제약이 있다. 새로 생성되는 각 워커는 비용이 들며, 제어 없이 확장할 경우 클라우드 서비스의 비용이 매우 커질 수 있다. 비용 측면에 대한 통제가 없으면 예상치 못한 높은 비용으로 인해 비용 문제가 커질 수 있다. 일반적으로 확장은 시스템의 일부 문제로 인해 워커가 폭발적으로 늘어나는 등 우연히 발생할 수 있지만, 캐시 오버플로Cash Overflow라는 보안 공격도 있다. 이 보안 공격은 서비스 소유자가 서비스 운영을 못 하게 하거나 심지어 파산시키기 위해 가능한 한 많은 비용을 들여 서비스를 실행하게 한다.

이런 문제의 일반적인 해결책은 배치 처리 방식으로 큐를 꼭 줄여야 할 때만 추가 가상 서버를 생성해 용량을 추가하는 것이다. 마찬가지로, 추가 용량이 더 이상 필요하지 않으면 가상 서버를 제거한다.

동일한 가상 서버에 있는 모든 워커를 중지하기 전에 유휴 상태인지 확인하기 위해 각별한 주의를 기울여야 한다. 서버를 정상적으로 중지한다면 자동으로 워커도 중지되기에 워커는 새로운 작업을 시작하지 않고 처리 중인 나머지 작업을 완료한다. 서버는 워커의 모든 작업이 완료되어야 중지된다.

프로세스는 그림 7.7과 비슷해야 한다.

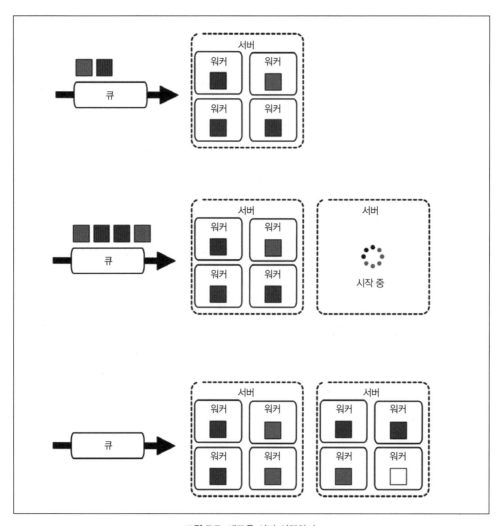

그림 7.7 새로운 서버 시작하기

새로운 서버를 생성해야 하는 시기를 정확히 아는 것은 대기 시간^{latency}, 트래픽 그리고 새로운 서버를 생성하는 데 걸리는 속도에 대한 요구사항에 따라 크게 달라진다(서버가 빨리 시작되면 확장하는 데 덜 적극적일 수 있음).

 확장을 수행하는 좋은 출발점은 큐에 단일 서버의 워커 수와 같거나 더 많은 작업이 있을 때마다 새로운 서버를 생성하는 것이다. 즉, 작업을 처리할 수 있는 새로운 서버가 실행된다. 큐에 많은 작업이 있을 때 새로운 서버를 생성하는데, 큐가 차지 않을 때까지 서버가 생성된다. 새로운 서버의 시작 시간이 매우 길다면 큐가 차기 전에 서버의 시작 시간을 줄여 큐를 처리할 수 있도록 해야 한다. 따라서 확장 시스템에 대한 실험과 테스트가 필요하다.

Celery

Celery는 파이썬에서 가장 인기 있는 작업 큐다. Celery는 새로운 작업을 쉽게 생성하고 새로운 작업을 트리거하는 새로운 이벤트를 받아 처리할 수 있다.

Celery는 메시지 처리 큐로 사용될 브로커^{broker}를 설정할 수 있다.

 Celery 용어에서 브로커는 메시지 큐(message queue)이고 백엔드는 스토리지 시스템과 상호 작용해 정보를 리턴한다.

코드에서 메시지를 생성한 후 브로커에 추가하고, 브로커는 연결된 워커 중 하나에게 메시지를 전달한다. 파이썬 환경에서 celery 패키지를 설치할 수 있고 해당 패키지를 사용할 수 있다면 운영은 간단해진다. 다른 경우에는 어떻게 작동하는지 나중에 살펴보겠다.

Celery는 여러 시스템을 브로커로 사용할 수 있다. 가장 인기 있는 것은 레디스와 래빗MQ이다.

작업은 리턴 값을 정의할 필요가 없기 때문에 백엔드를 사용하는 것은 선택사항이며, 비동기 작업은 작업 상태 이외의 응답 데이터를 직접 리턴하지 않는 것이 매우 일반적이다. 여기서 키워드는 '직접'이다. 때때로 작업은 접근할 수 있는 외부 결과를 생성하지만 Celery 시스템을 통해서는 외부 결과를 생성하지 않는다.

비동기 작업의 예를 들면, 스토리지에 저장할 수 있는 보고서, 작업 처리 중에 보낸 이메일, 직접적인 결과는 없지만 다른 장소에 생성 및 저장되는 새로운 데이터를 사전에 캐싱하기 등이 있다.

리턴 값은 백엔드 시스템에 저장할 수 있을 만큼 작아야 한다. 또한 강한 지속성^{persistence}이 필요하다면 백엔드로 데이터베이스를 사용하는 것이 좋다.

깃허브에 있는 예(https://github.com/PacktPublishing/Python-Architecture-Patterns/tree/main/chapter_07_event_driven/celery_example)를 사용한다. 깃허브 예를 사용해 외부 API에서 사용자의 보류 중인 TODO 작업을 검색하고 알림용 이메일을 생성하는 작업을 생성할 것이다.

코드를 살펴보자.

Celery 설정

코드는 작업을 설명하는 celery_tasks.py와 큐에 연결하고 작업을 큐에 넣는 start_task.py라는 두 파일로 나누어져 있다.

각각의 파이썬 코드를 시작할 때 사용할 브로커를 설정해야 한다. 이 경우 로컬 호스트 localhost에서 실행되는 레디스 서버를 사용한다.

```python
from celery import Celery

app = Celery('tasks', broker='redis://localhost')
```

전제 조건으로, 로컬 호스트 주소에서 실행되는 레디스 서버를 설정해야 한다. 쉽게 진행하는 방법으로 도커가 설치되어 있다면 도커 컨테이너를 시작한다.

```
$ docker run -d -p 6379:6379 redis
```

그러면 레디스 컨테이너가 6379 포트에서 시작된다. 이전 코드에서 브로커 URL로 설정된 redis://localhost로 자동으로 연결된다.

지금까지 필요한 모든 설정을 설명했다. 이제 게시자와 구독자 양쪽 모두가 큐에 연결할 수 있다.

Celery 워커

웹 페이지(https://jsonplaceholder.typicode.com/)에서 외부 API 호출을 시뮬레이션한다. 해당 사이트는 접근 가능한 REST 엔드포인트를 노출해 목킹 정보를 검색할 수 있다. API 정의를 볼 수 있지만 기본적으로 /todos, /users 엔드포인트에 접근한다. /todos 엔드포인트는 사용자가 저장한 보류 중인 TODO 리스트의 검색을 허용하고 /users 엔드포인트의 정보와 결합한다.

celery_tasks.py 워커는 기본 작업인 obtain_info와 보조 작업인 send_email을 정의한다. obtain_info는 API에서 정보를 가져와 어떤 이메일을 보내야 하는지 결정한다. send_email은 이메일을 전달한다.

 이메일을 전달하는 복잡한 코드는 구현하지 않았다. 이는 독자를 위한 연습문제로 남겨두겠다.

파이썬 파일은 다음과 같이 임포트 문을 추가하고 큐를 설정한다.

```
from celery import Celery
import requests
from collections import defaultdict

app = Celery('tasks', broker='redis://localhost')
logger = app.log.get_default_logger()
BASE_URL = 'https://jsonplaceholder.typicode.com'
```

logger 정의는 로그에 대한 Celery 설정으로 스트리밍으로 처리될 기본 Celery 로그를 사용한다. Celery의 내부 로그 설정은 표준 출력이다.

obtain_info 작업을 살펴본다. 함수를 Celery 작업으로 정의하는 @app.task에 유의한다.

```
@app.task
def obtain_info():
    logger.info('Stating task')
    users = {}
    task_reminders = defaultdict(list)
    # /todos 엔드포인트를 호출해 모든 TODO 리스트를 검색한다.
    response = requests.get(f'{BASE_URL}/todos')
    for task in response.json():
        # 완료된 작업 건너뛰기
        if task['completed'] is True:
            continue

        # 사용자 정보를 검색한다. 사용자당 한 번만 요청하고 사용자 정보는 캐시된다.
        user_id = task['userId']
        if user_id not in users:
            users[user_id] = obtain_user_info(user_id)

        info = users[user_id]

        # 작업 정보를 task_reminders에 추가해 사용자별로 집계한다.
        task_data = (info, task)
        task_reminders[user_id].append(task_data)

    # 데이터를 처리할 준비가 됐다. 각 사용자별 이메일을 생성한다.
```

```
    for user_id, reminders in task_reminders.items():
        compose_email(reminders)


    logger.info('End task')
```

작업 실행에 대한 컨텍스트를 알기 위해 INFO 로그를 출력한다. 먼저 이 라인에서 /todos 엔드포인트를 호출한 다음, 완료된 작업은 건너뛰고 각 작업을 독립적으로 수행한다.

```
response = requests.get(f'{BASE_URL}/todos')
for task in response.json():
    if task['completed'] is True:
        continue
```

그리고 사용자 정보를 확인하고 info 변수에 저장한다. 사용자 정보는 동일한 루프에서 여러 번 사용할 수 있으므로 users 딕셔너리에 캐시된다. 사용자 정보가 캐시되면 다시 요청하지 않는다.

```
user_id = task['userId']
if user_id not in users:
    users[user_id] = obtain_user_info(user_id)

info = users[user_id]
```

개별 작업 데이터는 사용자의 모든 작업을 저장하기 위해 생성된 사용자 리스트에 추가된다. task_reminders 딕셔너리는 defaultdict(list)로 생성된다. 즉, 특정 user_id에 처음 접근할 때 존재하지 않으면 비어 있는 리스트로 초기화되고 새로운 요소가 추가될수 있다.

```
task_data = (info, task)
task_reminders[user_id].append(task_data)
```

마지막으로, task_reminders에 저장된 요소가 반복해서 루프를 돌며 이메일을 구성한다.

```
for user_id, reminders in task_reminders.items():
    compose_email(reminders)
```

다음으로, obtain_user_info 함수와 compose_email 함수가 호출된다.

obtain_user_info는 /users/{사용자_ID} 엔드포인트에서 직접 사용자 정보를 검색하고 리턴한다.

```
def obtain_user_info(user_id):
    logger.info(f'Retrieving info for user {user_id}')
    response = requests.get(f'{BASE_URL}/users/{user_id}')
    data = response.json()
    logger.info(f'Info for user {user_id} retrieved')
    return data
```

compose_email은 user_info, task_info 그룹을 포함하는 작업 리스트의 정보를 취하고 각 task_info에 대한 제목 정보를 추출한 다음 일치하는 user_info에서 이메일을 추출한 후 send_email 작업을 호출한다.

```
def compose_email(remainders):
    # remainders는 (user_info, task_info) 리스트다.

    # 각 task_info에서 모든 제목을 검색한다.
    titles = [task['title'] for _, task in remainders]

    # 첫 번째 요소에서 user_info를 얻는다.
    # user_info는 각 요소에서 반복되고 동일하다.
    user_info, _ = remainders[0]
    email = user_info['email']
    # 적절한 정보로 send_email 작업을 시작한다.
    send_email.delay(email, titles)
```

이전에 설명한 것처럼 send_email 작업에는 적절한 파라미터를 사용해 이메일 전달 작업을 큐에 넣는 .delay 함수가 포함되어 있다. send_email은 또 다른 Celery 작업이다. 이메일을 전달하는 부분은 실제로 전달하지 않기에 매우 간단하다. 파라미터만 로그로 출력한다.

```
@app.task
def send_email(email, remainders):
```

```
        logger.info(f'Send an email to {email}')
        logger.info(f'Reminders {remainders}')
```

트리거 작업

start_task.py 파일에는 작업을 실행하는 모든 코드가 포함되어 있다. start_task.py는 다른 파일에서 작업을 가져오는 간단한 스크립트다.

```
from celery_tasks import obtain_info

obtain_info.delay()
```

임포트를 수행할 때 celery_tasks.py에서 모든 설정을 상속한다.

중요한 것은 .delay()를 사용해 작업을 호출한다는 점이다. 즉, 워커가 큐에서 작업을 꺼내 실행할 수 있도록 작업을 큐로 보낸다.

 obtain_info()를 사용해 작업을 직접 호출하면 작업을 큐에 제출하는 대신 코드를 직접 실행한다.

이제 두 파일, start_task.py와 celery_tasks.py가 어떻게 상호 작용하는지 살펴본다.

작업, 워커들을 연결하기

게시자publisher와 소비자consumer를 모두 설정하려면 먼저 워커를 호출한다.

```
$ celery -A celery_tasks worker --loglevel=INFO -c 3
```

Celery와 같은 모듈은 윈도우(Windows) 시스템과 호환되지 않을 수 있다. 자세한 내용은 웹 페이지(https://docs.celeryproject.org/en/stable/faq.html#does-celery-support-windows)에서 확인할 수 있다.

워커 호출은 celery_tasks 모듈(celery_tasks.py 파일)에 -A 파라미터를 사용해 시작한다. 로그 수준을 INFO로 설정하고 -c 3 파라미터를 사용해 3개의 워커를 시작한다. 다음과 유사한 시작 로그가 표시될 것이다.

```
$ celery -A celery_tasks worker --loglevel=INFO -c 3


   v5.1.1 (sun-harmonics)

macOS-10.15.7-x86_64-i386-64bit 2021-06-22 20:14:09

[config]
.> app:         tasks:0x110b45760
.> transport:   redis://localhost:6379//
.> results:     disabled://
.> concurrency: 3 (prefork)
.> task events: OFF (enable -E to monitor tasks in this worker)

[queues]
.> celery           exchange=celery(direct) key=celery


[tasks]
  . celery_tasks.obtain_info
  . celery_tasks.send_email

[2021-06-22 20:14:09,613: INFO/MainProcess] Connected to redis://
localhost:6379//
[2021-06-22 20:14:09,628: INFO/MainProcess] mingle: searching for neighbors
[2021-06-22 20:14:10,666: INFO/MainProcess] mingle: all alone
```

워커 호출 시 사용하는 두 가지 작업인 obtain_info 및 send_email이 표시된다. 또 다른 윈도에서 start_task.py 스크립트를 호출하는 작업을 보낼 수 있다.

```
$ python3 start_task.py
```

start_task.py를 실행하면 Celery 워커에서 작업을 실행하고 다음과 같은 로그가 생성된다(명확성과 간결성을 위해 편집됨). 다음 단락에서 로그에 대해 설명한다.

```
[2021-06-22 20:30:52,627: INFO/MainProcess] Task celery_tasks.obtain_
[2021-06-22 20:30:52,627: INFO/MainProcess] Task celery_tasks.obtain_
info[5f6c9441-9dda-40df-b456-91100a92d42c] received
[2021-06-22 20:30:52,632: INFO/ForkPoolWorker-2] Stating task
[2021-06-22 20:30:52,899: INFO/ForkPoolWorker-2] Retrieving info for user 1
...
[2021-06-22 20:30:54,128: INFO/MainProcess] Task celery_tasks.send_
email[08b9ed75-0f33-48f8-8b55-1f917cfdeae8] received
[2021-06-22 20:30:54,133: INFO/MainProcess] Task celery_tasks.send_
email[d1f6c6a0-a416-4565-b085-6b0a180cad37] received
[2021-06-22 20:30:54,132: INFO/ForkPoolWorker-1] Send an email to
Sincere@april.biz
[2021-06-22 20:30:54,134: INFO/ForkPoolWorker-1] Reminders ['delectus
aut autem', 'quis ut nam facilis et officia qui', 'fugiat veniam minus',
'laboriosam mollitia et enim quasi adipisci quia provident illum', 'qui
ullam ratione quibusdam voluptatem quia omnis', 'illo expedita consequatur
quia in', 'molestiae perspiciatis ipsa', 'et doloremque nulla', 'dolorum
est consequatur ea mollitia in culpa']
[2021-06-22 20:30:54,135: INFO/ForkPoolWorker-1] Task celery_tasks.
send_email[08b9ed75-0f33-48f8-8b55-1f917cfdeae8] succeeded in
0.0040464510000021989s: None
[2021-06-22 20:30:54,137: INFO/ForkPoolWorker-3] Send an email to
Shanna@melissa.tv
[2021-06-22 20:30:54,181: INFO/ForkPoolWorker-2] Task celery_tasks.
obtain_info[5f6c9441-9dda-40df-b456-91100a92d42c] succeeded in
1.5507660419999638s: None
...
[2021-06-22 20:30:54,141: INFO/ForkPoolWorker-3] Task celery_tasks.
send_email[d1f6c6a0-a416-4565-b085-6b0a180cad37] succeeded in
0.004405897999959052s: None
[2021-06-22 20:30:54,192: INFO/ForkPoolWorker-2] Task celery_tasks.
send_email[aff6dfc9-3e9d-4c2d-9aa0-9f91f2b35f87] succeeded in
0.0012900159999844618s: None
```

3개의 워커를 시작했기 때문에 로그가 서로 얽혀 있다. obtain_info에 해당하는 첫 번째 작업을 자세히 살펴본다. 첫 번째 작업은 워커 ForkPoolWorker-2에서 실행됐다.

```
[2021-06-22 20:30:52,627: INFO/MainProcess] Task celery_tasks.obtain_
info[5f6c9441-9dda-40df-b456-91100a92d42c] received
[2021-06-22 20:30:52,632: INFO/ForkPoolWorker-2] Stating task
[2021-06-22 20:30:52,899: INFO/ForkPoolWorker-2] Retrieving info for user 1
...
[2021-06-22 20:30:54,181: INFO/ForkPoolWorker-2] Task celery_tasks.
obtain_info[5f6c9441-9dda-40df-b456-91100a92d42c] succeeded in
1.5507660419999638s: None
```

obtain_info 작업이 실행되는 동안 send_email 작업도 큐에 추가되어 워커에 의해 실행된다.

예를 들면 다음과 같다.

```
[2021-06-22 20:30:54,133: INFO/MainProcess] Task celery_tasks.send_
email[d1f6c6a0-a416-4565-b085-6b0a180cad37] received
[2021-06-22 20:30:54,132: INFO/ForkPoolWorker-1] Send an email to
Sincere@april.biz
[2021-06-22 20:30:54,134: INFO/ForkPoolWorker-1] Reminders ['delectus
aut autem', 'quis ut nam facilis et officia qui', 'fugiat veniam minus',
'laboriosam mollitia et enim quasi adipisci quia provident illum',
'qui ullam ratione quibusdam voluptatem quia omnis',
'illo expedita consequatur quia in', 'molestiae perspiciatis ipsa',
'et doloremque nulla', 'dolorum est consequatur ea mollitia in culpa']
[2021-06-22 20:30:54,135: INFO/ForkPoolWorker-1] Task celery_tasks.
send_email[08b9ed75-0f33-48f8-8b55-1f917cfdeae8] succeeded in
0.004046451000021989s: None
```

send_email 작업의 실행이 끝나면 소요된 시간을 초 단위로 보여주는 로그가 있다.

 워커 하나만 참여하면 작업들이 연속적으로 실행되기에 작업이 무엇인지 쉽게 구분할 수 있다.

obtain_info 작업이 끝나기 전에 send_email 작업이 시작되는 로그, obtain_info 작업이 끝난 후에도 여전히 send_email 작업이 실행되는 로그를 보면서, 작업이 어떻게 독립적으로 실행되고 있는지 확인할 수 있다.

스케줄 작업

Celery에서 특정 스케줄 작업을 생성해 적절한 시간에 자동으로 해당 작업을 실행할 수도 있다.

그렇게 하려면 하나의 작업과 하나의 스케줄을 정의해야 한다. celery_scheduled_tasks. py 파일에 정의했다. 한번 살펴보자.

```python
from celery import Celery
from celery.schedules import crontab

app = Celery('tasks', broker='redis://localhost')

logger = app.log.get_default_logger()


@app.task
def scheduled_task(timing):
    logger.info(f'Scheduled task executed {timing}')


app.conf.beat_schedule = {
    # 15초마다 실행한다.
    'every-15-seconds': {
        'task': 'celery_scheduled_tasks.scheduled_task',
        'schedule': 15,
        'args': ('every 15 seconds',),
    },

    # 다음 crontab을 실행한다.
    'every-2-minutes': {
        'task': 'celery_scheduled_tasks.scheduled_task',
        'schedule': crontab(minute='*/2'),
```

```
            'args': ('crontab every 2 minutes',),
        },
    }
```

celery_scheduled_tasks.py 파일은 이전 예와 동일한 설정으로 시작하고, 실행될 때 표시되는 간단한 작업을 정의한다.

```
@app.task
def scheduled_task(timing):
    logger.info(f'Scheduled task executed {timing}')
```

app.conf.beat_schedule 파라미터에서 스케쥴이 설정되기 때문에 흥미로운 부분은 나중에 나온다. 해당 파라미터에서 2개의 항목을 생성했다.

```
app.conf.beat_schedule = {
    # 15초마다 실행한다.
    'every-15-seconds': {
        'task': 'celery_scheduled_tasks.scheduled_task',
        'schedule': 15,
        'args': ('every 15 seconds',),
    },
```

task 설정은 15초마다 실행되는 작업을 정의한다. 작업에는 모듈 이름(celery_scheduled_tasks)을 포함한다. schedule 파라미터는 초 단위로 정의된다. args 파라미터에는 실행을 위해 전달할 파라미터를 포함한다. 파라미터 리스트로 정의된다는 점을 기억한다. 이 경우, 파라미터가 하나뿐이므로 단일 항목의 튜플^{tuple}을 생성한다.

schedule 파라미터에 숫자 대신 대신 crontab 항목으로 스케쥴을 정의할 수 있다.

```
    # 다음 crontab을 실행한다.
    'every-2-minutes': {
        'task': 'celery_scheduled_tasks.scheduled_task',
        'schedule': crontab(minute='*/2'),
        'args': ('crontab every 2 minutes',),
    },
```

schedule 파라미터로 전달되는 crontab 항목을 살펴보면 2분에 한 번씩 작업을 실행한다. crontab 항목은 매우 유연하며 다양한 작업을 허용한다.

crontab의 일부 예는 다음과 같다.

crontab 항목	설명
crontab()	1분마다 실행, 사용할 수 있는 가장 낮은 스케줄
crontab(minute=0)	매시간 0분에 실행
crontab(minute=15)	매시간 15분에 실행
crontab(hour=0, minute=0)	매일 자정에 실행(타임존 기준)
crontab(hour=6, minute=30, day_of_week='monday')	매주 월요일 6시 30분에 실행
crontab(hour='*/8', minute=0)	8로 나눠서 나머지가 0이 되는 모든 시(0, 8, 16)의 0분에 실행. 하루에 세 번씩 실행
crontab(day_of_month=1, hour=0, minute=0)	매월 1일 자정에 실행
crontab(minute='*/2')	2로 나눠서 나머지가 0이 되는 분마다 실행. 2분마다 한 번 실행

스케줄 작업을 진행하기 위해 새벽과 황혼 같은 태양 시간 또는 사용자 지정 스케줄러 scheduler와 같이 시간과 관련된 많은 방법이 있을 수 있겠지만, 대부분의 스케줄 사용 사례는 X초마다 한 번씩 또는 crontab 정의를 사용하기에 완벽히 충분할 것이다.

전체 문서는 웹 페이지(https://docs.celeryproject.org/en/stable/userguide/periodic-tasks.html#starting-the-scheduler)에서 확인할 수 있다.

스케줄러를 시작하기 위해서는 특별한 beat 워커를 시작해야 한다.

```
$ celery -A celery_scheduled_tasks beat
celery beat v4.4.7 (cliffs) is starting.
__    -    ... __    -        _
LocalTime -> 2021-06-28 13:53:23
Configuration ->
```

```
    . broker -> redis://localhost:6379//
    . loader -> celery.loaders.app.AppLoader
    . scheduler -> celery.beat.PersistentScheduler
    . db -> celerybeat-schedule
    . logfile -> [stderr]@%WARNING
    . maxinterval -> 5.00 minutes (300s)
```

일반적으로 celery_scheduled_tasks 워커를 다음과 같이 시작한다.

```
$ celery -A celery_scheduled_tasks worker --loglevel=INFO -c 3
```

그러나 아직 들어오는 작업이 없음을 알 수 있다. 큐에 작업을 추가하는 특별한 워커인 celery beat를 시작해야 한다.

```
$ celery -A celery_scheduled_tasks beat
celery beat v4.4.7 (cliffs) is starting.
__    -    ... __    -        _
LocalTime -> 2021-06-28 15:13:06
Configuration ->
    . broker -> redis://localhost:6379//
    . loader -> celery.loaders.app.AppLoader
    . scheduler -> celery.beat.PersistentScheduler
    . db -> celerybeat-schedule
    . logfile -> [stderr]@%WARNING
    . maxinterval -> 5.00 minutes (300s)
```

celery beat 워커가 시작되면 예상대로 작업이 스케줄링되고 실행되는 것을 볼 수 있다.

```
[2021-06-28 15:13:06,504: INFO/MainProcess] Received task: celery_
scheduled_tasks.scheduled_task[42ed6155-4978-4c39-b307-852561fdafa8]
[2021-06-28 15:13:06,509: INFO/MainProcess] Received task: celery_
scheduled_tasks.scheduled_task[517d38b0-f276-4c42-9738-80ca844b8e77]
[2021-06-28 15:13:06,510: INFO/ForkPoolWorker-2] Scheduled task
executed every 15 seconds
[2021-06-28 15:13:06,510: INFO/ForkPoolWorker-1] Scheduled task
executed crontab every 2 minutes
[2021-06-28 15:13:06,511: INFO/ForkPoolWorker-2] Task celery_scheduled_
tasks.scheduled_task[42ed6155-4978-4c39-b307-852561fdafa8] succeeded in
```

```
0.001669090999965697s: None
[2021-06-28 15:13:06,512: INFO/ForkPoolWorker-1] Task celery_scheduled_
tasks.scheduled_task[517d38b0-f276-4c42-9738-80ca844b8e77] succeeded in
0.0014504210000154671s: None
[2021-06-28 15:13:21,486: INFO/MainProcess] Received task: celery_
scheduled_tasks.scheduled_task[4d77b138-283c-44c8-a8ce-9183cf0480a7]
[2021-06-28 15:13:21,488: INFO/ForkPoolWorker-2] Scheduled task executed
every 15 seconds
[2021-06-28 15:13:21,489: INFO/ForkPoolWorker-2] Task celery_scheduled_
tasks.scheduled_task[4d77b138-283c-44c8-a8ce-9183cf0480a7] succeeded in
0.0005252540000242334s: None
[2021-06-28 15:13:36,486: INFO/MainProcess] Received task: celery_
scheduled_tasks.scheduled_task[2eb2ee30-2bcd-45af-8ee2-437868be22e4]
[2021-06-28 15:13:36,489: INFO/ForkPoolWorker-2] Scheduled task executed
every 15 seconds
[2021-06-28 15:13:36,489: INFO/ForkPoolWorker-2] Task celery_scheduled_
tasks.scheduled_task[2eb2ee30-2bcd-45af-8ee2-437868be22e4] succeeded in
0.000493534999975509s: None
[2021-06-28 15:13:51,486: INFO/MainProcess] Received task: celery_
scheduled_tasks.scheduled_task[c7c0616c-857a-4f7b-ae7a-dd967f9498fb]
[2021-06-28 15:13:51,488: INFO/ForkPoolWorker-2] Scheduled task executed
every 15 seconds
[2021-06-28 15:13:51,489: INFO/ForkPoolWorker-2] Task celery_scheduled_
tasks.scheduled_task[c7c0616c-857a-4f7b-ae7a-dd967f9498fb] succeeded in
0.0004461000000333115s: None
[2021-06-28 15:14:00,004: INFO/MainProcess] Received task: celery_
scheduled_tasks.scheduled_task[59f6a323-4d9f-4ac4-b831-39ca6b342296]
[2021-06-28 15:14:00,006: INFO/ForkPoolWorker-2] Scheduled task executed
crontab every 2 minutes
[2021-06-28 15:14:00,006: INFO/ForkPoolWorker-2] Task celery_scheduled_
tasks.scheduled_task[59f6a323-4d9f-4ac4-b831-39ca6b342296] succeeded in
0.0004902660000425385s: None
```

두 종류의 작업이 스케줄링된 것을 볼 수 있다. 로그에서 시간을 확인해 15초 차이가
나는지 확인한다.

```
[2021-06-28 15:13:06,510: INFO/ForkPoolWorker-2] Scheduled task executed
every 15 seconds
[2021-06-28 15:13:21,488: INFO/ForkPoolWorker-2] Scheduled task executed
```

```
every 15 seconds
[2021-06-28 15:13:36,489: INFO/ForkPoolWorker-2] Scheduled task executed
every 15 seconds
[2021-06-28 15:13:51,488: INFO/ForkPoolWorker-2] Scheduled task executed
every 15 seconds
```

다른 작업은 정확히 2분마다 발생한다. 첫 번째 실행은 완전히 2분이 되지 않을 수 있다. 이 경우 일정은 15:12의 후반 초에 실행됐지만 그 이후에는 2분마다 실행됐다. 어쨌든 crontab의 1분 내다.

```
[2021-06-28 15:13:06,510: INFO/ForkPoolWorker-1] Scheduled task executed
crontab every 2 minutes
[2021-06-28 15:14:00,006: INFO/ForkPoolWorker-2] Scheduled task executed
crontab every 2 minutes
```

주기적인 작업을 생성할 때는 앞서 설명한 것처럼 우선순위를 염두에 둬야 한다.

 TIP 주기적 작업의 경우 '하트비트(heartbeat)'로 사용해 시스템이 올바르게 작동하는지 확인하는 것이 좋다. 하트비트를 사용해 시스템의 작업이 큰 지연이나 문제 없이 예상대로 흐르고 있는지 모니터링할 수 있다.

이는 단순히 로그를 확인하는 것보다 더 좋은 방법으로, 다양한 작업이 어떻게 실행되고 있는지 모니터링하는 방법으로 이어진다.

Celery Flower

실행된 작업을 이해하고 작업에서 발생한 문제를 찾아 수정하려면 Celery를 잘 모니터링하는 것이 중요하다. 좋은 모니터링 툴은 웹 페이지와 HTTP API를 통해 Celery를 제어할 수 있고 실시간 모니터링 웹 페이지를 포함하는 Celery Flower이다.

Celery Flower에 관한 문서는 웹 페이지(https://flower.readthedocs.io/en/latest/)에서 확인할 수 있다.

Celery를 설정하고 통합하는 것도 매우 쉽다. 먼저 flower 패키지가 설치되어 있는지 확인해야 한다. 패키지는 이전 단계 이후의 requirements.txt에 포함되어 있지만, 그렇지 않은 경우 pip3를 사용해 독립적으로 설치할 수 있다.

```
$ pip3 install flower
```

설치가 완료되면 다음 커맨드로 flower를 시작할 수 있다.

```
$ celery --broker=redis://localhost flower -A celery_tasks  --port=5555
[I 210624 19:23:01 command:135] Visit me at http://localhost:5555
[I 210624 19:23:01 command:142] Broker: redis://localhost:6379//
[I 210624 19:23:01 command:143] Registered tasks:
    ['celery.accumulate',
     'celery.backend_cleanup',
     'celery.chain',
     'celery.chord',
     'celery.chord_unlock',
     'celery.chunks',
     'celery.group',
     'celery.map',
     'celery.starmap',
     'celery_tasks.obtain_info',
     'celery_tasks.send_email']
[I 210624 19:23:01 mixins:229] Connected to redis://localhost:6379//
```

해당 커맨드는 Celery 워커를 시작하는 것과 매우 비슷하지만 이전에 살펴본 것처럼 --broker=redis://localhost로 레디스를 사용하고, 노출할 포트를 지정하는 --port=5555로 브로커 정의를 포함한다.

웹 인터페이스는 http://localhost:5555로 노출된다.

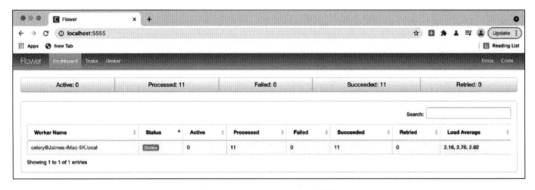

그림 7.8 Celery Flower 인터페이스

첫 페이지에서는 시스템의 워커 정보를 보여준다. 동작 중인 작업 수와 처리된 작업을 표시한다. 이 경우 start_task.py의 전체 실행에 해당하는 11개의 작업이 있다. Tasks 탭으로 이동해 그림 7.9와 같이 실행된 각 작업의 세부 정보를 볼 수 있다.

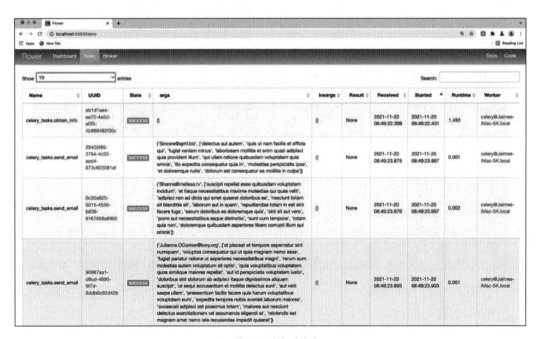

그림 7.9 작업 페이지

입력 파라미터, 작업 상태, 작업 이름, 실행 시간과 같은 정보를 볼 수 있다.

각 Celery 프로세스는 여러 워커를 실행할 수 있는 경우에도 독립적으로 보여준다. Worker 페이지에서 파라미터를 확인할 수 있다. Max concurrency 파라미터를 참고한다.

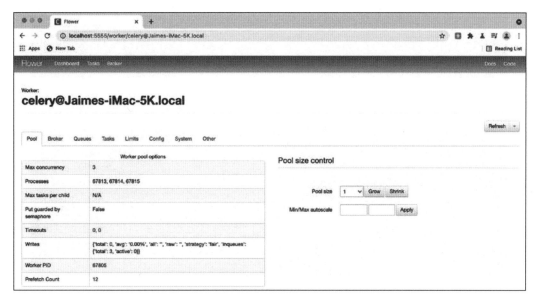

그림 7.10 Worker 페이지

여기에 Celery 프로세스마다 워커 개수를 얼마나 지정할지 검토 및 변경하고 속도 제한 rate limit을 설정하는 등의 작업을 수행할 수도 있다.

Flower HTTP API

Flower의 훌륭한 기능은 HTTP API인데, HTTP API로 Flower를 제어할 수 있다. 즉, 시스템을 자동으로 제어할 수 있으며 HTTP 요청으로 직접 작업을 실행할 수 있다. 따라서 모든 프로그래밍 언어로 작업을 호출하는 데 사용할 수 있으며, Celery의 유연성이 크게 향상된다.

작업을 비동기적으로 호출하는 URL은 다음과 같다.

```
POST /api/task/async-apply/{작업}
```

작업을 호출하려면 POST 메소드를 사용하며 파라미터가 HTTP 본문에 포함되어야 한다. 예를 들어 curl로 다음처럼 호출할 수 있다.

```
$ curl -X POST -d '{"args":["example@email.com",["msg1", "msg2"]]}'
http://localhost:5555/api/task/async-apply/celery_tasks.send_email
{"task-id": "79258153-0bdf-4d67-882c-30405d9a36f0"}
```

작업은 워커에서 실행된다.

```
[2021-06-24 22:35:33,052: INFO/MainProcess] Received task: celery_
tasks.send_email[79258153-0bdf-4d67-882c-30405d9a36f0]
[2021-06-24 22:35:33,054: INFO/ForkPoolWorker-2] Send an email to
example@email.com
[2021-06-24 22:35:33,055: INFO/ForkPoolWorker-2] Reminders ['msg1', 'msg2']
[2021-06-24 22:35:33,056: INFO/ForkPoolWorker-2] Task celery_tasks.
send_email[79258153-0bdf-4d67-882c-30405d9a36f0] succeeded in
0.0021811629999999305s: None
```

동일한 API를 사용해 GET 요청으로 작업 상태를 확인할 수 있다.

```
GET /api/task/info/{작업_id}
```

예를 들면 다음과 같다.

```
$ curl  http://localhost:5555/api/task/info/79258153-0bdf-4d67-882c-
30405d9a36f0
{"uuid": "79258153-0bdf-4d67-882c-30405d9a36f0", "name": "celery_tasks.
send_email", "state": "SUCCESS", "received": 1624571191.674537, "sent":
null, "started": 1624571191.676534, "rejected": null, "succeeded":
1624571191.679662, "failed": null, "retried": null, "revoked": null,
"args": "['example@email.com', ['msg1', 'msg2']]", "kwargs": "{}",
"eta": null, "expires": null, "retries": 0, "worker": "celery@Jaimes-
iMac-5K.local", "result": "None", "exception": null, "timestamp":
```

```
1624571191.679662, "runtime": 0.0007789200000161145, "traceback":
null, "exchange": null, "routing_key": null, "clock": 807, "client":
null, "root": "79258153-0bdf-4d67-882c-30405d9a36f0", "root_id":
"79258153-0bdf-4d67-882c-30405d9a36f0", "parent": null, "parent_id":
null, "children": []}
```

여기서 state 파라미터는 작업이 성공적으로 완료됐음을 보여주지만, 아직 완료되지 않았다면 PENDING을 리턴할 것이다.

7장 앞부분에서 설명한 것처럼 state 파라미터에서 완료 또는 에러를 표시할 때까지 작업 상태를 폴링하는 데 state 파라미터를 사용할 수 있다.

요약

7장에서는 이벤트 기반 구조가 무엇인지 살펴봤다. 이벤트를 사용해 기존 요청-응답 구조와 다른 흐름을 생성하는 방법에 대한 일반적인 논의로 시작했다. 이벤트가 여러 시스템으로 전송될 큐에 어떻게 전달되는지 설명했으며, 큐에서 게시자와 구독자가 이벤트를 전달하거나 얻는 방법에 대해서도 설명했다.

이벤트 기반 구조를 사용해 비동기 작업, 즉 백그라운드로 실행하고 인터페이스의 여러 요소가 빠르게 응답할 수 있는 작업을 수행하는 방법을 설명했다. 비동기 작업을 더 작은 작업으로 분리하면 이러한 작은 작업을 실행할 수 있는 여러 구독자를 활용해 처리량을 높이는 데 어떻게 도움이 될 수 있는지 설명했다. 스케줄 작업이 주기적으로 실행될 수 있도록 특정 시간에 작업을 자동으로 추가하는 방법을 설명했다.

작업의 도입은 매우 다양하게 발생할 수 있다. 따라서 큐의 작동 방식, 발생할 수 있는 다양한 문제 및 문제를 처리하는 전략에 관한 중요한 세부 정보를 논의했다. 대부분의 시나리오에서 백그라운드 큐와 우선순위 큐를 사용한 간단한 전략이 어떻게 작동하는지 설명하고, 해당 전략이 지나치게 복잡하게 만들 수 있는 부분에 대해 경고했다. 또한 같은 컨텍스트에서 큐가 다를 수 있는 경우에도 모든 워커 간에 코드를 동기화해서 유지하는 것이 더 좋다고 설명했다. 또한 비동기 워커에게 적용되는 클라우드 컴퓨팅의 기능에 대해서도 간략하게 설명했다.

인기 있는 작업 관리자인 Celery를 사용해 비동기 작업을 생성하는 방법을 설명했다. 또한 백엔드 브로커를 포함한 다양한 요소를 설정하고 적절한 워커를 정의하는 방법과 서비스에서 작업을 생성하는 방법을 다뤘다. Celery에서 스케줄 작업을 생성하는 방법도 살펴봤다.

Celery를 모니터링하고 제어할 수 있는 웹 인터페이스가 포함된 Celery를 보완하는 Celery Flower를 소개했다. Flower에는 HTTP 요청을 전송해 작업을 생성할 수 있는 HTTP API도 포함되어 있어 모든 프로그래밍 언어가 Celery 시스템과 상호 작용할 수 있다.

08

고급 이벤트 기반 구조

7장에서 살펴본 것처럼 이벤트 기반 아키텍처는 매우 유연하고 복잡한 시나리오를 생성할 수 있다. 8장에서는 고급 사용 사례를 다룰 수 있는 이벤트 기반 구조와 그 복잡성을 처리하는 방법을 알아본다.

로그와 메트릭 같은 일반적인 애플리케이션을 이벤트 기반 시스템으로 어떻게 생각할 수 있는지 살펴보고, 이를 사용해 이벤트를 생성하는 시스템에 피드백을 제공하는 제어 시스템을 생성할 것이다.

또한 다양한 이벤트가 생성되고 여러 시스템에서 이벤트를 처리하는 복잡한 파이프라인을 생성하는 방법을 예로 설명할 것이다. 이후 일반적인 개요로 넘어가서 모든 이벤트 기반 컴포넌트를 상호 연결하는 개념으로 버스를 소개하고자 한다.

여러 모듈에서 정보를 검색하기 위해 CQRS 기술이 필요하듯이 이러한 종류의 대규모 이벤트 기반 시스템이 생성할 수 있는 도전 과제를 살펴보기 위해 더 복잡한 시스템에 대한 일반적인 아이디어들을 소개한다.

마지막으로, 다양한 테스트 레벨을 유의하면서 시스템 테스트 방법에 대한 참고사항도 제공할 것이다.

8장에서 다루는 내용은 다음과 같다.

- 스트리밍 이벤트
- 파이프라인
- 버스 정의하기
- 더 복잡한 시스템
- 이벤트 기반 시스템 테스트

먼저 스트리밍 이벤트를 살펴보는 것부터 시작하자.

스트리밍 이벤트

스트리밍 이벤트streaming event의 목적은 정보를 수집하고 나중에 접근할 수 있도록 저장하는 이벤트를 생성하는 것이다. 스트리밍 이벤트의 구조는 일반적으로 계측instrumentation에 사용되는데, 예를 들어 에러가 발생할 때마다 이벤트를 생성할 때 주로 쓰인다. 스트리밍 이벤트에는 에러가 발생한 위치, 에러를 이해할 수 있는 디버깅 세부 사항 등의 정보가 포함된다. 그런 다음 이벤트가 전송되고 애플리케이션의 에러를 계속 수정할 수 있도록 돕는다.

코드의 특정 부분에 대해서도 동일한 작업을 수행할 수 있다. 이를테면 데이터베이스 접근 시간을 캡처하기 위해 타이밍과 관련 데이터(예: 특정 쿼리)를 캡처하고 이벤트로 보낼 수 있다.

모든 스트리밍 이벤트는 검색 및 집계할 수 있는 위치로 적재되어야 한다.

대부분의 경우 스트리밍 이벤트는 이벤트 기반 프로세스로 간주되지 않지만, 로그와 메트릭이 작동하는 방식은 거의 비슷하다. 로그의 경우 이벤트는 일반적으로 코드에서 이벤트를 생성하기로 결정할 때마다 발생하는 텍스트 문자열이다. 로그는 나중에 검색할 수 있도록 목적지로 전달된다.

> 로그는 다양한 포맷으로 저장할 수 있다. 또한 검색을 잘하기 위해 JSON으로 생성하기도 한다.

로그 이벤트는 간단해 보여도 프로덕션 시스템에서는 프로그램이 실행 중임을 알게 해주기 때문에 아주 강력하다.

특정 조건이 일치할 때 제어하거나 경고를 활성화할 때 계측을 사용할 수도 있다. 예를 들어 로그에서 캡처한 에러 수가 특정 임곗값을 초과하면 경고하는 것이다.

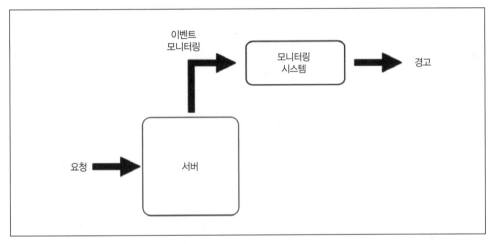

그림 8.1 이벤트 흐름 모니터링

피드백 시스템을 생성할 때도 사용할 수 있는데, 시스템 모니터링 계측을 통해 시스템 자체에서 무언가의 변경 여부를 결정할 수 있다. 예를 들어 메트릭을 수집해 시스템의 확장이나 축소 여부를 결정하고, 요청 또는 기타 파라미터의 양에 따라 사용할 수 있는 서버 수를 변경해야 한다.

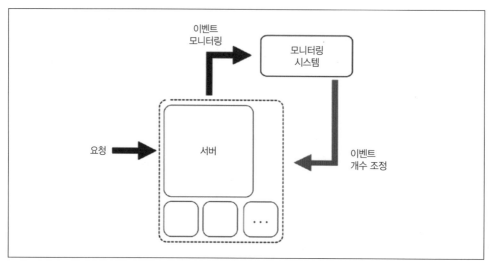

그림 8.2 이벤트 개수 조정 피드백

그러나 이벤트 개수 조정 피드백이 시스템을 모니터링할 수 있는 유일한 방법은 아니다. 해당 작동 방법은 할당량을 감지하는 방법으로도 사용할 수 있다. 예를 들어, 이벤트 할당량이 초과되면 수신 요청 처리를 조정하는 것이다.

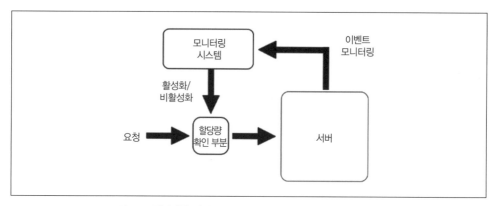

그림 8.3 할당량을 감지하고 추가 요청을 중지할 수 있는 모니터링

이 구조는 시스템 제어 모듈을 이용하는 이벤트 개수 조정 피드백 접근 방식과 다르며, 대신 임곗값을 넘을 때만 백그라운드에서 계산한다. 따라서 사전에 필요한 처리량을 줄

일 수 있다.

예를 들어, 분당 최대 요청 수의 할당량인 경우에 프로세스는 다음 의사 코드와 같다.

```python
def process_request(request):
    # 요청 소유자를 검색한다.
    owner = request.owner
    info = retrieve_owner_info_from_db(owner)
    if check_quota_info(info):
        return process_request(request)
    else:
        return 'Quota exceeded'
```

check_quota_info는 두 경우 모두 다르다. 이벤트 개수 조정 피드백 접근 방식을 사용하려면 이전 요청에 대한 정보를 유지 관리하고 저장해야 한다.

```python
def check_quota_info(info):
    current_minute = get_current_minute()
    if current_minute != info.minute:
        # 새로운 분, 할당량 시작
        info.requests = 0
        info.minute = current_minute
    else:
        info.requests += 1

    # 정보를 업데이트한다.
    info.save()

    if info.requests > info.quota:
        # 할당량 초과
        return False

    # 할당량 유효
    return False
```

생성된 이벤트를 기반으로 외부 시스템에서 유효성 검사가 수행되면 check_quota_info
는 정보를 저장할 필요가 없으며 할당량 초과 여부만 확인하면 된다.

```
def check_quota_info(info):
    # 새로운 이벤트에 맞는 이벤트 생성
    generate_event('request', info.owner)

    if info.quota_exceeded:
        return False

    # 할당량 유효
    return False
```

생성된 이벤트를 기반으로 전체 할당량 확인 부분은 백엔드 모니터링 시스템에서 수행된 후 info에 저장된다. 이렇게 할당량 확인 부분에서 할당량 적용 여부에 대한 로직이 분리되어 지연 시간이 줄어든다. 반대로 초과된 할당량 감지가 지연될 수 있고, 할당량에 상관없이 일부 요청을 처리할 수도 있다.

이상적으로, 생성된 이벤트가 수신된 요청을 모니터링하려면 이미 사용되어야 한다. 이 작업은 다른 용도로 생성된 이벤트를 사용할 수 있기에 추가 데이터를 수집할 필요를 줄여주므로 꽤 유용할 수 있다.

이와 동시에 할당량 확인 모듈이 더 복잡할 수 있는데 새로운 요청이 올 때마다 확인할 필요가 없다. 예를 들어, 매초 여러 요청이 수신되는 시간당 할당량에 대해 1분마다 확인하는 것만으로도 할당량 준수 여부를 확인하는 데 충분할 것이다. 또한 요청을 받을 때마다 조건을 확인하는 것보다 처리 능력을 크게 절약할 수 있다.

물론, 할당량 확인 모듈은 여러 시스템과 관련된 규모, 특성, 요청에 크게 의존한다. 일부 시스템의 경우, 구현이 훨씬 쉽고 모니터링 시스템이 필요하지 않기 때문에 동기 방식이 더 나을 수 있다. 구현하기 전에 적용할 구조가 시스템에 적합한지 항상 확인해야 한다.

로그와 메트릭은 12장 '로깅', 13장 '메트릭'에서 상세하게 살펴본다.

파이프라인

이벤트의 흐름이 단일 시스템에서만 포함되게 할 필요는 없다. 시스템의 수신 측에서 다른 시스템으로 향하는 자체 이벤트를 생성할 수 있다. 이벤트는 여러 시스템으로 전달되면서 프로세스를 생성한다.

이전에 설명한 상황과 유사하지만, 이 경우에는 시스템 간의 흐름이 트리거되고 처리되는 특정 데이터 파이프라인을 생성하는 것을 목표로 하는 신중한 프로세스다.

이를테면 비디오를 다양한 크기와 포맷으로 재조정하는 시스템이 있다. 비디오가 시스템에 업로드되면 다양한 상황에서 사용할 수 있도록 여러 버전으로 변환해야 한다. 비디오 재생 전에 비디오의 첫 번째 프레임을 표시할 썸네일도 생성해야 한다.

이 과정을 3단계로 나누면, 먼저 큐는 이벤트를 수신하여 처리를 시작한다. 이렇게 해서 2개의 큐에서 2개의 이벤트가 실행되어 크기 조정과 썸네일 생성을 독립적으로 처리할 것이다. 바로 파이프라인이다.

비디오 및 이미지의 입력, 출력 데이터를 저장하기 위한 외부 저장소가 필요하다. 따라서 AWS S3, 즉 S3용 목킹 서비스를 사용하겠다.

 AWS S3는 클라우드에서 아마존(Amazon)이 제공하는 객체 스토리지 서비스인데 사용하기 쉽고 상당히 안정적이어서 매우 인기가 있다. 이제 S3처럼 동작하는 로컬 서비스를 시작할 수 있는 S3 목킹 서비스를 사용해 예시를 단순화해 보겠다.

그림 8.4는 시스템의 상위 수준 다이어그램이다.

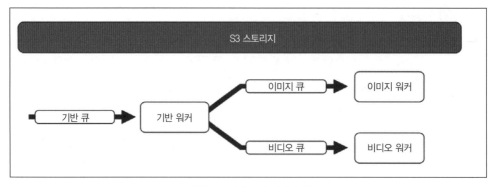

그림 8.4 비디오 및 이미지 큐

코드를 작업하려면 소스 비디오를 S3 목킹에 업로드한 후 작업을 시작해야 한다. 결과를 확인하는 방법도 필요한데, 2개의 스크립트를 사용할 수 있다.

 해당 코드는 깃허브(https://github.com/PacktPublishing/Python-Architecture-Patterns/tree/main/chapter_08_advanced_event_driven)에서 다운로드할 수 있다.

우선 설정부터 시작해 보겠다.

준비

이전에 살펴본 것처럼 큐 백엔드와 S3 목킹 스토리지라는 두 가지 주요 전제 조건이 있다.

큐 백엔드는 레디스를 다시 사용한다. 레디스는 여러 큐를 매우 쉽게 구성할 수 있다. 자세한 방법은 추후 살펴보겠다. 레디스 큐를 시작하려면 다시 도커를 사용해 공식 이미지를 다운로드하고 실행한다.

```
$ docker run -d -p 6379:6379 redis
```

이렇게 해서 표준 포트 6379에 노출된 레디스 컨테이너를 시작한다. -d 옵션은 컨테이너를 백그라운드에서 계속 실행하게 한다.

S3 목킹 서비스는 동일한 접근 방식을 사용할 것이다. S3 API를 복제하지만 파일은 로컬에 저장하는 S3 목킹 서비스를 시작하는 컨테이너를 시작한다.

 TIP S3 목킹 서비스는 S3와 실제로 연결하지 않아도 S3 스토리지 개발 테스트를 위한 훌륭한 옵션이다. 추후 표준 모듈을 사용해 S3 목킹 서비스에 연결할 것이다. 전체 설명서는 웹 페이지(https://github.com/adobe/S3Mock)에서 확인할 수 있다.

또한 S3 목킹 스토리지를 시작하기 위해 도커를 사용해 실행한다.

```
$ docker run -d -p 9090:9090 -t adobe/s3mock
```

컨테이너는 포트 9090의 엔드포인트를 노출한다. 해당 9090 로컬 포트로 S3 요청을 보내고 모든 데이터를 저장하기 위해 비디오 버킷을 사용할 것이다.

기본 작업, 이미지와 비디오 작업 각각을 수행할 세 가지 Celery 워커를 정의한다. 각각 다른 큐에서 이벤트를 가져온다.

 TIP 쉽게 설명하기 위해, 여러 워커들이 수행하는 작업을 의도적으로 구분했다. 이 예에서는 모든 작업이 동일한 워커에서 실행될 수 있고 새 이벤트가 동일한 큐에 다시 도입될 수 있다. 따라서 굳이 이런 구분에 대한 명분이 없을 수 있는데 7장에서 봤듯이 권장되고 있다. 그러나 때로는 접근 방식의 변경이 필요한 다른 조건들이 있다.

예를 들어, 일부 작업에는 AI 처리를 위한 특정 하드웨어가 필요할 수 있다. 또한 더 많은 RAM이나 CPU 성능을 사용해 모든 워커를 동일하게 만드는 것이 비현실적인데 워커를 분리해야 한다는 등의 이유들이 있을 것이다. 그렇더라도 분할을 하는 타당한 이유가 있는지 확인해야 한다. 시스템의 작동과 성능을 복잡하게 만들 것이기 때문이다.

또한 일부는 외부 라이브러리를 사용할 텐데, 7장에서 살펴봤듯이 Celery뿐만 아니라 boto3, click, MoviePy와 같은 라이브러리가 포함될 수 있다. 필요한 모든 라이브러리는 requirements.txt 파일에서 사용할 수 있고, 다음 커맨드로 설치하면 된다.

```
$ pip3 install -r requirements.txt
```

프로세스의 첫 번째 단계, 즉 다른 두 단계로 리다이렉션되는 기본 작업부터 시작하겠다.

기본 작업

기본 작업은 이미지가 포함된 경로를 받은 다음에 비디오 크기 조정 및 축소판 추출을 위한 두 가지 작업을 만든다.

base_tasks.py 코드는 다음과 같다.

```python
from celery import Celery


app = Celery(broker='redis://localhost/0')
images_app = Celery(broker='redis://localhost/1')
videos_app = Celery(broker='redis://localhost/2')


logger = app.log.get_default_logger()


@app.task
def process_file(path):
    logger.info('Stating task')

    logger.info('The file is a video, needs to extract thumbnail and '
                'create resized version')
    videos_app.send_task('video_tasks.process_video', [path])
    images_app.send_task('image_tasks.process_video', [path])

    logger.info('End task')
```

3개의 다른 큐를 생성한다.

```
app = Celery(broker='redis://localhost/0')
images_app = Celery(broker='redis://localhost/1')
videos_app = Celery(broker='redis://localhost/2')
```

레디스를 사용하면 데이터베이스를 정수로 참조하여 다른 데이터베이스를 쉽게 생성할 수 있다. 따라서 기본 큐는 데이터베이스 0, 이미지 큐 데이터베이스 1, 비디오 큐 데이터베이스 2를 각각 생성한다.

.send_task 함수를 사용해 각 큐에서 이벤트를 생성한다. 각 큐에서 적절한 작업을 보내고, 경로는 파라미터로 포함한다.

 작업에 대한 모든 파라미터는 .send_task의 두 번째 파라미터에 정의되어 있다. 해당 파라미터는 리스트 타입이어야 한다. 이 예의 경우 [path]가 있는 리스트로 설명해야 하는 단일 파라미터만 있다.

작업이 실행되면 다음 작업을 큐에 넣는다. 이제 이미지 작업을 살펴보자.

이미지 작업

비디오의 썸네일을 생성하려면 2개의 외부 모듈이 필요하다.

- boto3: 이 공통 라이브러리는 AWS 서비스에 연결하는 데 도움이 된다. 여기서는 boto3를 S3 서비스에 다운로드하고 업로드하는 데 사용할 것이다.

   boto3 문서(https://boto3.amazonaws.com/v1/documentation/api/latest/index.html)에서 확인할 수 있다. 모든 AWS API를 제어하는 데 사용할 수 있다.

- MoviePy: 비디오 작업을 위한 라이브러리다. MoviePy 라이브러리를 사용해 첫 번째 프레임을 독립 파일로 추출한다.

전체 MoviePy 문서는 https://zulko.github.io/moviepy/에서 볼 수 있다.

두 라이브러리 모두 8장 앞부분에서 설명한 requirements.txt 파일과 깃허브 저장소에 포함되어 있다.

이제 image_tasks.py를 살펴보겠다.

```python
from celery import Celery
import boto3
import moviepy.editor as mp
import tempfile


MOCK_S3 = 'http://localhost:9090/'
BUCKET = 'videos'


videos_app = Celery(broker='redis://localhost/1')


logger = videos_app.log.get_default_logger()



@videos_app.task
def process_video(path):
    logger.info(f'Stating process video {path} for image thumbnail')

    client = boto3.client('s3', endpoint_url=MOCK_S3)
    # 주어진 파일을 임시 파일로 다운로드한다.
    with tempfile.NamedTemporaryFile(suffix='.mp4') as tmp_file:
        client.download_fileobj(BUCKET, path, tmp_file)

        # moviepy를 사용해 첫 번째 프레임을 추출한다.
        video = mp.VideoFileClip(tmp_file.name)
        with tempfile.NamedTemporaryFile(suffix='.png') as output_file:
            video.save_frame(output_file.name)
            client.upload_fileobj(output_file, BUCKET, path + '.png')

    logger.info('Finish image thumbnails')
```

Celery 애플리케이션을 정의할 때 사용할 데이터베이스를 선택한다. 여러 단계로 나누어 보겠다. 먼저 path에 정의된 소스 파일(mp4)을 임시 파일로 다운로드한다.

```
client = boto3.client('s3', endpoint_url=MOCK_S3)
# 주어진 파일을 임시 파일로 다운로드한다.
with tempfile.NamedTemporaryFile(suffix='.mp4') as tmp_file:
    client.download_fileobj(BUCKET, path, tmp_file)
```

이전에 설명한 대로 http://localhost:9090/에 노출된 S3 목킹 컨테이너인 MOCK_S3에 엔드포인트를 정의한다.

바로 다음에, 다운로드한 비디오를 저장할 임시 파일을 생성한다. 임시 파일의 확장자를 .mp4로 지정하면 VideoPy 모듈이 임시 파일이 비디오임을 감지할 수 있다.

 다음 단계는 임시 파일을 정의하는 with 블록 안에 있다. with 블록 외부에서 임시 파일을 정의하면 파일은 닫혀 있기에 사용할 수 없다.

다음 단계는 MoviePy에서 파일을 읽은 다음, 첫 번째 프레임을 다른 임시 파일로 추출하는 것이다. 두 번째 임시 파일의 확장자는 .png로 해서 이미지 파일임을 알 수 있게 한다.

```
video = mp.VideoFileClip(tmp_file.name)
with tempfile.NamedTemporaryFile(suffix='.png') as output_file:
    video.save_frame(output_file.name)
```

마지막으로, 해당 이미지 파일을 S3 목킹 스토리지에 업로드하고 원래 파일 이름 끝에 .png를 추가한다.

```
client.upload_fileobj(output_file, BUCKET, path + '.png')
```

다시 한번, 들여쓰기 코드를 주의하면서 임시 파일을 다른 단계에서 사용할 수 있는지 확인한다.

비디오 크기를 조정하는 작업도 비슷한 패턴을 따른다. 다음을 살펴보자.

비디오 작업

비디오 Celery 워커는 비디오 큐에서 가져오고 이미지 작업과 유사한 단계를 수행한다.

```python
from celery import Celery
import boto3
import moviepy.editor as mp
import tempfile

MOCK_S3 = 'http://localhost:9090/'
BUCKET = 'videos'
SIZE = 720

videos_app = Celery(broker='redis://localhost/2')


logger = videos_app.log.get_default_logger()


@videos_app.task
def process_video(path):
    logger.info(f'Starting process video {path} for image resize')

    client = boto3.client('s3', endpoint_url=MOCK_S3)
    # 주어진 파일을 임시 파일로 다운로드한다.
    with tempfile.NamedTemporaryFile(suffix='.mp4') as tmp_file:
        client.download_fileobj(BUCKET, path, tmp_file)

        # moviepy를 사용해 크기를 조정한다.
        video = mp.VideoFileClip(tmp_file.name)
        video_resized = video.resize(height=SIZE)
        with tempfile.NamedTemporaryFile(suffix='.mp4') as output_file:
            video_resized.write_videofile(output_file.name)
            client.upload_fileobj(output_file, BUCKET, path +
f'x{SIZE}.mp4')

    logger.info('Finish video resize')
```

이미지 작업 대비 유일한 차이점은 비디오의 높이를 720픽셀로 조정하고 결과를 업로
드한다는 것이다.

```
# moviepy를 사용해 크기를 조정한다.
video = mp.VideoFileClip(tmp_file.name)
video_resized = video.resize(height=SIZE)
with tempfile.NamedTemporaryFile(suffix='.mp4') as output_file:
    video_resized.write_videofile(output_file.name)
```

그러나 대체적으로 흐름은 거의 유사하다. 레디스의 비디오 큐 데이터베이스에서 가져
온다.

작업 연결

시스템을 테스트하려면 다른 모든 요소를 시작해야 한다. 각각 다른 터미널에서 시작되
므로 여러 로그를 볼 수 있다.

```
$ celery -A base_tasks worker --loglevel=INFO
$ celery -A video_tasks worker --loglevel=INFO
$ celery -A image_tasks worker --loglevel=INFO
```

프로세스를 시작하려면 시스템에서 처리할 비디오가 필요하다.

 테스트하기 좋은 무료 비디오를 찾으려면 무료 콘텐츠가 있는 Pexels(https://www.pexels.com/)를 추천한다. 우리 예를 실행하기 위해 4K 비디오(https://www.pexels.com/video/waves-rushing-and-splashing-to-the-shore-1409899/)를 다운로드한다.

다음 스크립트를 사용해 비디오를 S3 목킹 스토리지에 업로드하고 작업을 시작한다.

```
import click
import boto3
from celery import Celery
```

```python
celery_app = Celery(broker='redis://localhost/0')


MOCK_S3 = 'http://localhost:9090/'
BUCKET = 'videos'
SOURCE_VIDEO_PATH = '/source_video.mp4'
@click.command()


@click.argument('video_to_upload')
def main(video_to_upload):
# boto3를 사용할 때는 자격 증명(credential)이 필요하지만,
# 자격 증명이 필요하지 않은 S3 목킹 서비스를 사용하기에 자격 증명은 가짜다.


    client = boto3.client('s3', endpoint_url=MOCK_S3,
                          aws_access_key_id='FAKE_ACCESS_ID',
                          aws_secret_access_key='FAKE_ACCESS_KEY')
    # 설정하지 않은 경우 버킷을 생성한다.
    client.create_bucket(Bucket=BUCKET)

    # 파일을 업로드한다.
    client.upload_file(video_to_upload, BUCKET, SOURCE_VIDEO_PATH)

    # 작업을 실행한다.
    celery_app.send_task('base_tasks.process_file', [SOURCE_VIDEO_PATH])


if __name__ == '__main__':
    main()
```

스크립트의 시작은 파이프라인의 시작이 될 기본 큐인 Celery 큐부터 설명한다. 이전 작업에서 본 것처럼 관련된 여러 값을 정의한다. 유일한 추가사항은 S3 목킹 서비스에서 비디오를 호스팅할 SOURCE_VIDEO_PATH이다.

TIP 이 스크립트에서는 동일한 이름으로 모든 파일을 업로드하고, 스크립트가 다시 실행되면 덮어쓴다. 합리적인 다른 방법이 있다면 얼마든지 변경해도 좋다.

click 라이브러리를 사용해 쉬운 CLI^Command-Line Interface를 생성한다. 다음 라인에서는 업로드할 비디오의 이름을 함수의 파라미터로 요청하는 간단한 인터페이스를 생성한다.

```
@click.command()
@click.argument('video_to_upload')
def main(video_to_upload):
    ….
```

click은 CLI를 빠르게 생성할 수 있는 훌륭한 옵션이다. 자세한 설명은 웹 페이지(https://click.palletsprojects.com/)에서 확인할 수 있다.

메인 함수는 간단하다. S3 목킹 서비스에 연결하고, 아직 설정되지 않았다면 버킷을 생성한다. 그리고 파일을 SOURCE_VIDEO_PATH에 업로드한 다음, 프로세스를 시작하기 위해 큐로 작업을 보낸다.

```
client = boto3.client('s3', endpoint_url=MOCK_S3)
# 설정하지 않은 경우 버킷을 생성한다.
client.create_bucket(Bucket=BUCKET)

# 파일을 업로드한다.
client.upload_file(video_to_upload, BUCKET, SOURCE_VIDEO_PATH)

# 작업을 실행한다.
celery_app.send_task('base_tasks.process_file', [SOURCE_VIDEO_PATH])
```

실행하고 결과를 살펴보자.

태스크 실행

업로드할 비디오의 이름을 추가해야 스크립트를 실행할 수 있다. requirements.txt의 모든 라이브러리를 설치해야 한다.

```
$ python3 upload_video_and_start.py source_video.mp4
```

파일을 S3 목킹 스토리지에 업로드하려면 시간이 좀 걸린다. 호출되면 가장 먼저 반응하는 워커가 기본 워커다. 이 워커는 2개의 새로운 작업을 생성한다.

```
[2021-07-08 20:37:57,219: INFO/MainProcess] Received task: base_tasks.
process_file[8410980a-d443-4408-8f17-48e89f935325]
[2021-07-08 20:37:57,309: INFO/ForkPoolWorker-2] Stating task
[2021-07-08 20:37:57,660: INFO/ForkPoolWorker-2] The file is a video,
needs to extract thumbnail and create resized version
[2021-07-08 20:37:58,163: INFO/ForkPoolWorker-2] End task
[2021-07-08 20:37:58,163: INFO/ForkPoolWorker-2] Task base_tasks.process_
file[8410980a-d443-4408-8f17-48e89f935325] succeeded in
0.8547832089971052s: None
```

나머지 2개는 곧 시작되고, 이미지 워커는 썸네일 생성을 시작으로 새로운 로그를 출력한다.

```
[2021-07-08 20:37:58,251: INFO/MainProcess] Received task: image_tasks.
process_video[5960846f-f385-45ba-9f78-c8c5b6c37987]
[2021-07-08 20:37:58,532: INFO/ForkPoolWorker-2] Stating process video
/source_video.mp4 for image thumbnail
[2021-07-08 20:38:41,055: INFO/ForkPoolWorker-2] Finish image thumbnails
[2021-07-08 20:38:41,182: INFO/ForkPoolWorker-2] Task image_tasks.
process_video[5960846f-f385-45ba-9f78-c8c5b6c37987] succeeded in
42.650344008012326s: None
```

비디오 워커는 비디오 크기를 조정하기 때문에 시간이 더 소요된다.

```
[2021-07-08 20:37:57,813: INFO/MainProcess] Received task: video_tasks.
process_video[34085562-08d6-4b50-ac2c-73e991dbb58a]
[2021-07-08 20:37:57,982: INFO/ForkPoolWorker-2] Starting process video
```

```
/source_video.mp4 for image resize
[2021-07-08 20:38:15,384: WARNING/ForkPoolWorker-2] Moviepy - Building
video /var/folders/yx/k970yrd11hb4lmrq4rg5brq80000gn/T/tmp0deg6k8e.mp4.
[2021-07-08 20:38:15,385: WARNING/ForkPoolWorker-2] Moviepy - Writing
video /var/folders/yx/k970yrd11hb4lmrq4rg5brq80000gn/T/tmp0deg6k8e.mp4
[2021-07-08 20:38:15,429: WARNING/ForkPoolWorker-2] t:    0%|          |
0/528 [00:00<?, ?it/s, now=None]
[2021-07-08 20:38:16,816: WARNING/ForkPoolWorker-2] t:    0%|          |
2/528 [00:01<06:04,  1.44it/s, now=None]
[2021-07-08 20:38:17,021: WARNING/ForkPoolWorker-2] t:    1%|          |
3/528 [00:01<04:17,  2.04it/s, now=None]
...
[2021-07-08 20:39:49,400: WARNING/ForkPoolWorker-2] t:   99%|#########9|
524/528 [01:33<00:00,  6.29it/s, now=None]
[2021-07-08 20:39:49,570: WARNING/ForkPoolWorker-2] t:   99%|#########9|
525/528 [01:34<00:00,  6.16it/s, now=None]
[2021-07-08 20:39:49,874: WARNING/ForkPoolWorker-2] t:  100%|#########9|
527/528 [01:34<00:00,  6.36it/s, now=None]
[2021-07-08 20:39:50,027: WARNING/ForkPoolWorker-2] t:  100%|##########|
528/528 [01:34<00:00,  6.42it/s, now=None]
[2021-07-08 20:39:50,723: WARNING/ForkPoolWorker-2] Moviepy - Done !
[2021-07-08 20:39:50,723: WARNING/ForkPoolWorker-2] Moviepy - video
ready /var/folders/yx/k970yrd11hb4lmrq4rg5brq80000gn/T/tmp0deg6k8e.mp4
[2021-07-08 20:39:51,170: INFO/ForkPoolWorker-2] Finish video resize
[2021-07-08 20:39:51,171: INFO/ForkPoolWorker-2] Task video_tasks.
process_video[34085562-08d6-4b50-ac2c-73e991dbb58a] succeeded in
113.18933968200872s: None
```

결과를 검색하려면 S3 목킹 스토리지의 콘텐츠를 다운로드하는 check_results.py 스크립트를 사용한다.

```python
import boto3

MOCK_S3 = 'http://localhost:9090/'
BUCKET = 'videos'

client = boto3.client('s3', endpoint_url=MOCK_S3)

for path in client.list_objects(Bucket=BUCKET)['Contents']:
```

```
    print(f'file {path["Key"]:25} size {path["Size"]}')

    filename = path['Key'][1:]

    client.download_file(BUCKET, path['Key'], filename)
```

이를 실행하여 파일을 로컬 디렉토리에 다운로드한다.

```
$ python3 check_results.py
file /source_video.mp4         size 56807332
file /source_video.mp4.png      size 6939007
file /source_video.mp4x720.mp4 size 8525077
```

결과 파일을 확인하면 올바르게 생성됐는지 알 수 있다. source_video.mp4는 입력 비디오와 동일하다.

이 예는 여러 큐와 워커가 조정된 방식으로 작동되는 것으로 파이프라인을 설정하는 방법을 보여준다. 비교적 복잡한 방법이긴 하다. Celery를 직접 사용해 작업을 큐로 보내는 동안 Celery Flower와 HTTP 요청을 사용해 이를 수행할 수도 있다.

버스 정의하기

큐 백엔드 시스템에 대해 이야기했지만 버스 개념으로 확장되지는 않았다. 버스라는 용어는 하드웨어 시스템에서 여러 컴포넌트 간에 데이터를 전송하는 하드웨어 버스에서 유래했다. 따라서 여러 컴포넌트를 중앙 시스템, 다중 소스, 다중 목적지 부분으로 정의한다.

소프트웨어 버스는 여러 논리적 컴포넌트를 상호 연결할 수 있게 하는 개념의 일반화다.

 본질적으로 버스는 데이터 전송에 특화된 컴포넌트다. 이것은 중간 컴포넌트 없이 네트워크를 통해 서비스에 직접 연결하는 일반적인 대안과 비교하면 정렬된 통신이다.

버스는 데이터 전송 담당이기 때문에 발신자는 전송할 메시지와 전송할 큐 외에는 알 필요가 없다. 버스 자체에서 목적지로 전송한다.

버스의 개념은 메시지 브로커message broker 개념과 밀접한 관련이 있다. 그러나 메시지 브로커는 일반적으로 메시지를 변환하고 여러 프로토콜을 사용하는 등 순수한 버스보다 더 많은 용량을 포함한다. 메시지 브로커는 매우 복잡할 수 있고, 상당한 양의 사용자 정의 및 서비스 분리를 허용한다. 일반적으로 버스 사용을 지원하는 대부분의 툴은 메시지 브로커로 분류되는데, 일부 툴은 다른 툴보다 매우 강력하다.

 '버스'라는 용어를 사용하지만 일부 툴은 기능과 더 밀접하게 관련되어 있다. 이를테면 메시지 브로커로 간주되는 툴이 필요한 라우팅 메시지와 같은 기능이다. 특정 사용 사례의 요구사항을 분석하고 이를 충족할 수 있는 툴을 사용하자.

버스는 모든 이벤트 관련 통신이 전달되는 중심 지점으로 정의된다. 따라서 다른 엔드포인트 없이 이벤트를 적절한 목적지로 라우팅할 수 있어서 구성이 간단해진다.

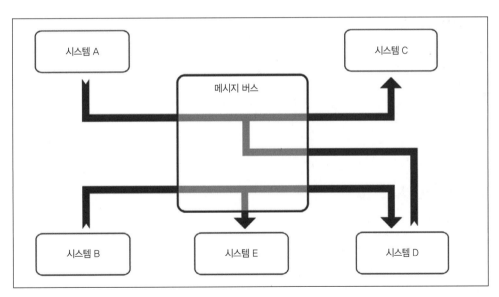

그림 8.5 메시지 버스

그러나 내부적으로 버스는 메시지의 적절한 라우팅을 허용하는 다양한 논리적 구분을 포함한다. 이것이 큐다.

 버스에서 엔드포인트를 허용하면 라우팅이 복잡해질 수 있다. 예를 들면 다음과 같다.

이전 예에서는 레디스를 버스로 사용했다. 연결 URL이 조금 다르지만 좀 더 명확하게 리팩토링할 수 있다.

```
# 데이터베이스 0이 기본 큐다.
BASE_BROKER = 'redis://localhost/0'
Base_app = Celery(broker=BROKER)

# base_app을 버스 형태로 처리하기 위해 리팩토링한다.
BROKER_ROOT = 'redis://localhost'
BROKER_BASE_QUEUE = 0
base_app = Celery(broker=f'{BASE_BROKER}/{BROKER_BASE_QUEUE}')

# 이미지 큐를 처리하려면 다음과 같은 설정을 사용한다.
BROKER_ROOT = 'redis://localhost'
BROKER_IMAGE_QUEUE = 1
image_app = Celery(broker=f'{BASE_BROKER}/{BROKER_IMAGE_QUEUE}')
```

이렇게 전역으로 큐를 설정하면 이벤트를 큐로 푸시하고 큐에서 가져올 수 있는 다양한 모든 서비스의 설정을 쉽게 할 수 있다.

더 복잡한 시스템

이벤트가 여러 단계를 거치도록 하고, 동일한 큐에서 작동하는 쉬운 플러그인 시스템에서 사용될 수 있도록 설계되는 더 복잡한 시스템을 생성할 수 있다.

그리고 데이터가 복잡한 파이프라인을 통해 처리되고 독립적인 모듈에 의해 처리되는 복잡한 설정을 생성할 수 있다. 이런 경우는 보통 대량의 데이터를 분석하고 처리해 패턴과 동작을 감지하는 것을 목표로 하는 계측에서 볼 수 있다.

여행사 예약 시스템을 예를 들어보자. 차량 대여, 수하물 가방, 음식 등 관련 구매와 함께 시스템에서 발생하는 수많은 검색과 예약 요청이 있을 것이다. 각 작업은 일반 응답(검색, 예약, 구매 등)을 생성하지만 작업을 설명하는 이벤트는 백그라운드에서 처리될 큐에 추가된다. 다른 모듈은 다양한 목표를 염두에 두고 사용자 행동을 분석한다.

이러한 시스템에 다음 모듈을 추가할 수 있다.

- 시간별로 경제적 결과치를 집계하여 서비스가 시간이 지나면서 어떻게 작동하는지 전체적으로 파악한다. 여기에는 일별 구매, 매출, 수익 등과 같은 세부 정보가 포함될 수 있다.

- 일반 사용자의 행동을 분석한다. 사용자를 따라 패턴을 알아낸다. 예약하기 전에 무엇을 검색하는가? 제안사항을 사용하는가? 얼마나 자주 항공편을 이용하는가? 평균 여행 시간은 어느 정도인가? 특이점이 있는가? 등등

- 구매할 수 있는 충분한 재고가 있는지 확인한다. 시스템에서 구매하는 항목에 따라 필수 요소는 이월 주문backorder한다. 여기에는 사전 구매를 기반으로 항공편에 충분한 음식을 예약하는 것도 포함된다.

- 검색을 기반으로 사용자가 선호하는 목적지에 대한 정보를 수집한다.

- 희망하는 날짜에 더 많은 비행기를 예약할 수 있도록 만석 항공편에 대한 알람을 사용자에게 띄운다.

이러한 모듈은 근본적으로 서로 다르며 시스템에 대한 다른 관점을 제시한다. 일부는 사용자의 행동과 마케팅에 더 중점을 둔 반면 다른 일부는 물류와 관련이 있다. 시스템의 크기에 따라 각 모듈을 독립적으로 관리하려면 별도의 전담 팀이 필요하다고 결정할 수 있다.

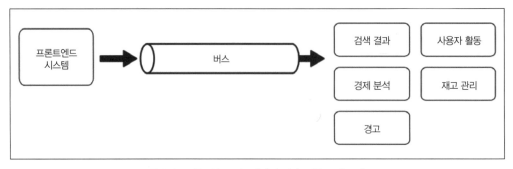

그림 8.6 프론트엔드 시스템에서 여러 모듈로 가는 버스

각 시스템에는 정보를 저장할 수 있는 자체 저장소가 있을 텐데, 이는 수집된 정보에 접근할 수 있는 자체 API를 생성하게 할 수 있다.

 정보를 검색하려면 시스템은 데이터가 저장된 모듈의 데이터베이스를 검색해야 한다. 이것은 독립적인 서비스일 수 있지만 대개는 모든 외부 인터페이스와 권한 처리를 포함하므로 동일한 시스템의 프론트엔드일 가능성이 높다.

따라서 프론트엔드 시스템은 데이터베이스에 직접 접근하거나 API를 사용해 접근하는 방법으로 저장된 정보에 접근해야 한다. 프론트엔드 시스템은 3장 '데이터 모델링'에서 살펴본 것처럼 데이터에 대한 접근을 모델링해야 하며, 데이터에 대한 복잡한 접근을 추상화하는 모델 정의가 필요할 것이다.

동일한 이벤트가 버스로 전송된 다음에 다른 서비스에서 수신한다. 그렇게 하려면 여러 시스템에서 구독을 수락하고 모든 구독 시스템에 동일한 메시지를 전달하는 버스가 필요하다.

 이 패턴을 **게시/구독**(publish/subscribe), 즉 **pub/sub**이라고 한다. 이벤트 소비자는 **토픽**(topic)을 구독해야 하는데 이는 pub/sub 큐에 해당한다. 대부분의 버스는 이 시스템을 허용하지만, 설정하려면 어느 정도의 작업은 필요할 것이다.

예를 들어, 깃허브(https://github.com/Mulugruntz/celery-pubsub)에는 Celery가 이 시스템에서 작동하도록 허용하는 라이브러리가 있다.

이 경우 워커는 새로운 이벤트를 더 많이 생성할 수 있다. 예를 들어, 모든 모듈은 경고를 생성할 수 있으며 경고 시스템에 알림이 표시될 것이다. 또한 재고가 너무 적으면 이월 주문과 동시에 신속한 조치를 위해 빠른 경고 알림을 보낼 필요가 있다.

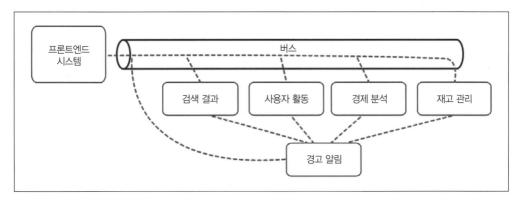

그림 8.7 모듈과 경고 알림 사이의 통신도 버스를 통해 이뤄진다.

복잡한 이벤트 기반 시스템은 여러 컴포넌트 간에 작업을 분산하는 데 도움이 될 수 있다. 이 예를 통해, 장기적인 계획에서 사용될 수 있는 백그라운드 형태의 즉각적인 응답(항공편 예약)이 상세 분석과는 완전히 무관하다는 사실을 확인할 수 있다. 요청이 처리되는 동안 컴포넌트가 모두 추가되면 성능이 저하될 수 있다. 프론트엔드 시스템이 영향을 받지 않을 때 백엔드 컴포넌트를 교체해 업그레이드할 수 있다.

복잡한 이벤트 기반 시스템을 제대로 구현하려면 이벤트를 수신하는 모든 모듈을 신속하게 탐색하고 필요치 않으면 모듈을 폐기할 수 있도록 조정과 확장이 쉬운 표준 포맷을 사용해야 한다.

다음과 같이 간단한 JSON 구조를 사용하는 것이 좋다.

```
{
    "type": string defining the event type,
    "data": subevent content
}
```

예를 들어, 검색이 생성되면 다음과 같은 이벤트가 생긴다.

```
{
  "type": "SEARCH",
  "data": {
    "from": "Dublin",
    "to": "New York",
    "depart_date": 2021-12-31,
    "return_date": null,
    "user": null
  }
}
```

type 필드를 사용하면 모듈과 관계없는 이벤트를 쉽게 삭제할 수 있다. 예를 들어, 경제 분석economic analysis 모듈은 SEARCH 이벤트를 폐기한다. 따라서 다른 모듈은 추가 처리가 필요할 수 있다. 이를테면 사용자 행동user behavior 모듈은 데이터의 user 필드가 설정된 SEARCH 이벤트를 분석할 것이다.

이벤트 기반 시스템의 중요한 요소는 스토리지가 모든 사용자에게 공통적이지 않을 수 있다는 점이다. 아마도 각 독립 모듈에는 자체 데이터베이스가 있을 것이다. 이 모듈에서 데이터를 모델링하려면 3장 '데이터 모델링'에서 논의한 CQRS 기술을 사용해야 한다. 본질적으로 새 데이터를 작성하려면 이벤트 생성이 필요하고, 새 데이터를 읽고 저장하는 방법을 다르게 지정해야 한다. 그리고 비즈니스 단위로 모델링해야 한다. 경우에 따라 모델은 여러 모듈의 정보를 병합해야 할 수도 있다. 예를 들어 시스템에서 사용자에 대한 경제적 정보를 가져와야 한다면, 사용자 행동 모듈과 경제 분석 모듈을 모두 검색하면서 해당 정보를 EconomicInfoUser의 고유한 모델로 제시해야 한다.

 정보에 자주 접근한다면 여러 스토리지에 정보를 복제하는 것이 좋다. 이것은 단일 책임 원칙(모든 기능은 단일 모듈의 단독 책임이어야 함)에 위배되지만, 대안은 일반적으로 사용되는 정보를 얻기 위해 복잡한 접근 방법을 만드는 것이다. 단일 책임 원칙 문제를 피하려면 시스템을 설계하고 나눌 때 주의해야 한다.

유연한 데이터 구조는 새로운 이벤트를 생성할 수 있게 한다. 따라서 더 많은 정보를 추가하고 변경사항의 이전 버전과의 호환성을 적용하여 모듈 전체에 제어된 변경사항을 허용한다. 그러면 다른 팀들이 병행해서 작업하게 되어 서로에게 너무 많은 부담을 주지 않고 시스템을 개선할 수 있다.

그러나 서로 상호 작용하는 컴포넌트가 많이 존재한다면 컴포넌트가 제대로 작동하는지 확인하는 일은 복잡할 수 있다.

이벤트 기반 시스템 테스트

이벤트 기반 시스템은 매우 유연하며 특정 상황에서 다양한 요소를 분리하는 데 매우 유용할 것이다. 그러나 이런 점 때문에 모든 것이 예상대로 작동하는지 테스트하기가 어려울 수 있다.

일반적으로 단위 테스트는 가장 빨리 만들어 낼 수 있는 테스트이지만 이벤트 기반 시스템의 분리된 특성 때문에 제대로 이벤트 수신을 테스트하는 데는 적절치 않다. 물론 이벤트를 시뮬레이션하고 이벤트를 수신하는 일반적인 동작은 테스트할 수 있다. 그러나 문제는 이벤트가 정확한 순간에 제대로 생성됐는지 확인할 수 없다는 점이다.

유일한 방법은 통합 테스트를 사용해 시스템의 동작을 확인하는 것인데, 이를 설계하고 실행하는 비용이 더 많이 든다.

 단위 테스트가 정확히 무엇인지 통합 테스트, 시스템 테스트, 승인 테스트 등과 비교해 테스트 이름 지정에 대한 끝없는 논쟁이 있어왔다. 이 책에서는 이러한 논쟁을 피하고자 다음과 같이 정리한다. 단위 테스트는 단일 모듈에서만 실행할 수 있는 테스트이고, 통합 테스트는 2개 이상의 모듈이 상호 작용해야 성공하는 테스트다. 단위 테스트는 모든 의존성을 염두에 두지 않지만, 통합 테스트는 실제로 의존성을 호출하여 모듈 간의 연결이 올바르게 작동하는지 확인한다.

이 두 레벨은 작성된 각 테스트의 비용 면에서 상당히 다르다. 같은 기간에 통합 테스트보다 훨씬 더 많은 단위 테스트를 작성하고 실행할 수 있다.

예를 들어, 이전 예의 식품 구매에서 제대로 경고가 작동하는지 테스트하려면 다음을 수행해야 한다.

1. 식료품 구매를 위해 호출을 생성한다.

2. 적절한 이벤트를 생성한다.

3. 재고 관리 시스템에서 이벤트를 처리한다. 현재 재고가 낮아지면 경고 알림 이벤트를 생성한다.

4. 경고 알림 이벤트를 올바르게 처리한다.

이 모든 단계는 세 가지 시스템(프론트엔드 시스템, 재고 관리 모듈, 경고 모듈)에서 설정해야하고 이들을 연결하기 위한 버스도 설정한다. 이상적으로 이 테스트는 테스트를 자동화하는 자동화 시스템으로 시스템을 시작할 수 있어야 한다.

보다시피 이것은 테스트를 설정하고 실행하는 데 있어 높은 기준이지만 여전히 수행할 가치가 있다. 통합 테스트와 단위 테스트 사이의 올바른 균형을 위해 둘 다 합리적인 적용 범위를 가질 수 있게 테스트를 성장시키고 몇 가지 전략을 적용해야 한다.

단위 테스트는 비용이 낮기에 외부 모듈을 목킹해서 실행해 볼 수 있는 만큼 모든 사례는 단위 테스트에 의해 건실하게 보장되어야 한다. 여기에는 다른 입력 포맷, 다른 설정, 모든 흐름, 에러 등이 포함된다. 좋은 단위 테스트는 데이터 입력과 전송된 이벤트를 목킹해 보면서 격리 관점에서 대부분의 가능성을 다뤄야 한다.

계속해서 재고 관리 예를 보면, 많은 단위 테스트는 입력 요청을 변경하여 다음 요구사항을 모두 제어할 수 있다.

- 재고가 많은 상품 구매
- 재고가 적은 상품 구매. 이 경우 경고 이벤트를 생성해야 한다.
- 존재하지 않는 상품 구매. 에러가 발생해야 한다.
- 포맷이 잘못된 이벤트. 에러가 발생해야 한다.
- 재고가 없는 상품 구매. 이 경우 경고 이벤트를 생성해야 한다.
- 다양한 종류의 구매, 포맷 등과 같은 더 많은 사례

반면에 통합 테스트는 '행복한 경로'를 주로 다루는 테스트만 있어야 한다. 여기서 '행복

한 경로'는 대표 이벤트가 규칙적으로 전송되고 처리되지만 예상하는 에러는 발생하지 않음을 의미한다. 통합 테스트의 목적은 모든 부분이 예상대로 연결되고 작동하는지 확인하는 것이다. 통합 테스트를 실행하고 운영하는 데 더 많은 비용이 든다는 점을 감안할 때 가장 중요한 테스트만 구현하는 것을 목표로 하고, 유지할 가치가 없고 제거해도 되는 테스트가 있는지 주의 깊게 살펴본다.

 앞에서 다룬 통합 테스트에 대한 행복한 경로 시나리오를 설명했다. 이벤트는 재고 처리를 실행하고 또한 처리되는 경고를 생성한다. 통합 테스트는 시스템에 더 많은 스트레스를 주기 때문에 경고를 생성하지 않는 것보다 이 방법이 더 선호된다.

시스템에 따라 다르지만 단위 테스트 대비 통합 테스트의 비율을 보면 단위 테스트에 20배 이상(20개의 단위 테스트에 대한 1개의 통합 테스트를 의미)으로 가중치를 둬야 한다.

요약

8장에서는 설계할 수 있는 다양한 고급 기능과 복잡한 아키텍처를 가진 이벤트 기반 시스템을 살펴봤다. 또한 이벤트 기반 설계가 설계에 가져올 수 있는 유연성과 영향력뿐만 아니라 이벤트 기반 설계에 관련된 도전 과제도 제시했다.

로그, 메트릭과 같은 일반적인 시스템을 있는 그대로 이벤트 기반 시스템으로 제시하는 것으로 시작했다. 그리고 해당 시스템에서 이벤트를 검토해 이벤트 소스를 제어하는 데 사용할 수 있는 경고와 피드백 시스템을 생성하는 방법을 고려했다.

이어서 비디오 크기 조정, 썸네일 추출과 같은 다양한 조정 작업을 할 수 있도록 여러 큐와 공유 스토리지 사용을 포함한 복잡한 파이프라인의 Celery 사용 예를 설명했다.

그리고 시스템의 모든 이벤트가 공유 접근 포인트인 버스를 통해 여러 시스템에 전달되고 복잡한 작업으로 계속 이어지는 복잡한 시스템을 생성하는 방법을 살펴봤다. 또한 CQRS 기술을 사용해 이벤트를 통해 쓰기가 생성된 후 읽을 수 있는 정보 모델링 및 단위 테스트와 통합 테스트를 통해 다양한 수준의 테스트를 해야 한다는 요구사항을 다루면서 복잡한 상호 작용을 해결하는 데 따르는 어려움에 대해서도 다뤘다.

9장에서는 복잡한 시스템의 두 가지 주요 아키텍처인 모노리스와 마이크로서비스를 살펴볼 것이다.

09

마이크로서비스 대 모노리스

9장에서는 복잡한 시스템을 구현할 수 있는 가장 일반적인 두 아키텍처를 제시하고 각각을 설명한다. 모노리스monolithic 아키텍처는 전체 시스템이 하나의 단일 블록으로 생성되며 운영이 간단하다. 반면에 마이크로서비스 아키텍처는 시스템을 서로 통신하는 더 작은 마이크로서비스로 분리해 서로 다른 팀이 서로 다른 시스템 컴포넌트의 오너십ownership을 가질 수 있도록 하며 큰 팀에서 병렬로 서비스를 작업할 수 있도록 지원한다.

특성이 각기 다르기 때문에 무엇을 선택해야 하는지 논의할 것이다. 또한 작업을 어떻게 구성해야 하는지에 대한 요구사항이 다르기 때문에 팀워크 측면도 살펴보겠다.

 아키텍처는 기술뿐만 아니라 커뮤니케이션이 구조화되는 방식과도 상당한 관련이 있음을 기억할 필요가 있다. 1장 '소프트웨어 아키텍처 소개'에서 콘웨이 법칙을 자세히 살펴봤다.

일반적인 패턴은 오래된 모노리스 아키텍처에서 마이크로서비스 아키텍처로 마이그레이선하는 것이다. 9장에서 마이그레이션과 관련된 단계를 설명할 것이다.

또한 도커를 사용해 서비스를 컨테이너화하는 방법으로 소개할 것이다. 컨테이너화는 마이크로서비스를 생성할 때 매우 유용하지만 모노리스에도 적용될 수 있다. 5장 'Twelve-Factor 앱 방법론'에서 제시된 웹 애플리케이션을 컨테이너화할 것이다.

마지막으로, 오케스트레이션 툴을 사용해 여러 킨테이너를 배포 및 운영하는 방법을 간략하게 설명하고 요즘 가장 인기 있는 쿠버네티스에 대해 설명한다.

9장에서 다루는 내용은 다음과 같다.

- 모노리스 아키텍처
- 마이크로서비스 아키텍처
- 아키텍처 선택
- 모노리스에서 마이크로서비스로의 마이그레이션
- 서비스 컨테이너화
- 오케스트레이션과 쿠버네티스

먼저 모노리스 아키텍처에 대해 자세히 알아보자.

모노리스 아키텍처

시스템을 유기적인 구조로 설계할 때, 시스템의 전체 기능을 단일 소프트웨어 블록으로 생성하는 경향이 있다.

단일 소프트웨어 블록을 생성하는 것은 논리적인 진행이다. 소프트웨어 시스템을 설계할 때는 일반적으로 단순한 기능부터 작게 시작한다. 그러나 소프트웨어를 사용하면서 사용량이 증가하고 기존 기능을 보완할 새로운 기능에 대한 요청이 시작된다. 소프트웨어 성장을 구조화할 수 있는 충분한 리소스와 계획이 없는 한, 할 수 있는 최소한의 작업은 모든 코드를 모듈화 없이 기존과 동일한 코드 구조에 계속 추가하는 것이다.

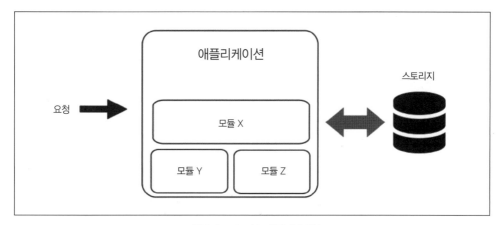

그림 9.1 모노리스 애플리케이션

이 프로세스는 모든 코드와 기능이 단일 블록에 함께 있기에 이름이 모노리스 아키텍처 monolithic architecture다.

 그리고 확장하여 모노리스 패턴을 따르는 소프트웨어를 모노리스(monolith)라고 한다.

단일 소프트웨어 블록 구조는 매우 일반적이지만 일반적으로 모노리스 구조가 더 나은 모듈성과 내부 구조를 갖고 있다. 소프트웨어가 단일 블록으로 구성되어 있더라도 논리 적으로 다른 부분으로 나눠 다른 모듈에 다른 책임을 할당할 수 있다.

 예를 들어, 이전 여러 장에서 MVC 아키텍처에 대해 설명했다. MVC 아키텍처는 모노리스 아키 텍처다. 모델, 뷰, 컨트롤러는 모두 동일한 프로세스 아래에 있지만 책임과 기능을 구분하는 명확 한 구조를 갖는다.

모노리스 아키텍처는 '구조가 없는 소프트웨어'와 동의어가 아니다.

모노리스를 정의하는 특징은 모듈 간의 모든 호출이 동일한 프로세스 내에서 내부 API 를 통해 이뤄진다는 것이다. 그래서 모노리스가 매우 유연하다는 장점을 제공한다. 또 한 모노리스의 새 버전을 배포하는 전략이 쉽다. 프로세스를 다시 시작한다는 것은 전체 배포를 의미한다.

> 모노리스 애플리케이션에는 여러 복사본이 실행될 수 있다. 예를 들어, 모노리스 웹 애플리케이션은 동일한 소프트웨어의 여러 사본을 병렬로 실행하고 로드 밸런서가 모든 사본에 요청을 보낼 수 있다. 이 경우 재시작은 여러 단계로 진행된다.

모든 코드가 동일한 구조의 일부이기 때문에 모노리스 버전을 쉽게 알 수 있다. 소스 코드를 제어하고 싶다면 모두 동일한 저장소에 둔다.

마이크로서비스 아키텍처

마이크로서비스 아키텍처는 모든 코드를 포함하는 단일 블록의 대안으로 개발됐다.

마이크로서비스 아키텍처를 따르는 시스템은 포괄적인 서비스를 제공하기 위해 조화롭게 작동하는 느슨하게 결합된 특화된 서비스의 집합체다. 좀 더 명확하게 정의하겠다.

1. **특화된 서비스 집합체**: 다양하고 잘 정의된 모듈이 있음을 의미한다.
2. **느슨한 결합**: 각 마이크로서비스를 독립적으로 배포 및 개발할 수 있다.
3. **조화로운 작동**: 각 마이크로서비스는 다른 시스템과 통신해야 한다.
4. **포괄적인 서비스 제공**: 전체 시스템이 명확한 동기와 기능을 가진 전체 시스템을 만드는 것을 의미한다.

모노리스와 비교해, 전체 소프트웨어를 동일한 프로세스로 그룹화하는 대신 잘 정의된 API를 통해 통신하는 여러 개의 분리된 기능 부분(각 마이크로서비스)을 사용한다. 각각의 마이크로서비스는 다른 프로세스 안에 존재할 수 있으며, 일반적으로 시스템을 적절하게 확장할 수 있도록 서버에서 제거된다.

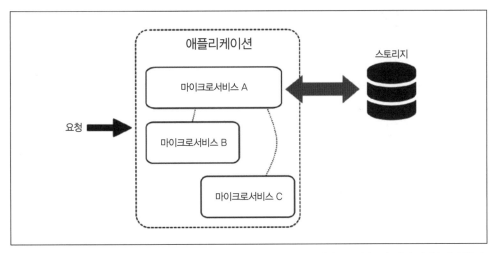

그림 9.2 모든 마이크로서비스가 스토리지에 연결되는 것은 아니다. 각 마이크로서비스에 개별 저장소가 있을 수 있다.

마이크로서비스를 정의하는 특징은 서로 다른 서비스 간의 호출이 모두 외부 API를 통해 이뤄진다는 것이다. 외부 API는 기능 간에 명확하고 정의된 장벽 역할을 한다. 이 때문에 마이크로서비스 아키텍처는 발전적 계획이 필요하고 컴포넌트 간의 차이점을 명확하게 정의해야 한다.

 특히, 마이크로서비스 아키텍처에 서로 다른 컴포넌트가 함께 올바르게 연결될 수 있는 선행 설계가 필요하다.

마이크로서비스 아키텍처를 따르는 시스템은 유기적으로 발생하는 것이 아니라 사전에 계획을 세우고 신중하게 실행한 결과다. 마이크로서비스 아키텍처는 일반적으로 시스템을 처음부터 시작하는 것이 아니라 기존의 성공적인 모노리스 아키텍처에서 마이그레이션된다.

아키텍처 선택

마이크로서비스 아키텍처와 같이 발전된 아키텍처가 더 좋다고 생각하는 경향이 있지만 이는 매우 단순한 생각이다. 각 아키텍처는 저마다의 강점과 약점이 있다.

먼저, 대부분의 소규모 애플리케이션은 모노리스 애플리케이션으로 시작된다. 시스템을 시작하는 가장 자연스러운 방법이기 때문이다. 모든 것이 준비되어 있고 모듈 수가 거의 없어서 쉽게 시작할 수 있다.

반면, 마이크로서비스는 기능을 여러 모듈로 신중하게 분리하는 계획을 세워야 한다. 추후 일부 모듈 설계가 부적절할 수 있다고 판명될 수 있기에 모듈 분리 작업은 복잡할 수 있다.

 어떤 설계도 미래를 완전히 보장할 수는 없음을 명심한다. 완벽하게 잘 동작하는 아키텍처를 결정했다고 해도 1~2년 후에 시스템 변경 작업 시 잘못된 것으로 판명될 수 있다. 미래를 생각하는 것은 좋은 시도이지만 모든 가능성을 다루려고 하는 것은 무의미하다. 현재의 기능 설계와 시스템의 미래 비전을 위한 설계 사이의 적절한 균형은 소프트웨어 아키텍처에서 끊임없는 도전 과제다.

따라서 사전에 수행해야 할 많은 작업이 필요하며, 마이크로서비스 아키텍처에 대한 투자가 필요하다.

즉, 모노리스가 점점 커져가면서 코드의 크기만으로 모듈 분리 이슈를 제시할 수 있다. 모노리스 아키텍처의 주요 특징은 모든 코드를 개발자가 함께 볼 수 있지만 개발자를 혼란스럽게 할 수 있는 많은 연결점을 제시할 수 있다는 점이다. 좋은 내부 구조를 보장하려면 좋은 사례와 지속적인 관심을 통해 복잡성을 줄일 수 있지만, 결국 기존 개발자는 시스템이 좋은 내부 구조를 가질 수 있도록 많은 노력을 기울여야 한다. 크고 복잡한 시스템을 다룰 때 서로 다른 영역을 서로 다른 프로세스로 나누는 것만으로도 명확하고 엄격한 경계를 제시하기가 더 쉬울 수 있다.

또한 모듈을 개발하려면 다양한 지식이 필요할 수 있기에 팀 구성원을 여러 영역에 할당하는 것이 자연스럽다. 팀 구성원이 모듈 담당자가 될 수 있기에 코드 표준, 작업에 적합한 프로그래밍 언어, 작업 수행 방법 등에 대해 다양한 의견을 가질 수 있다. 예를 들어, 사진을 업로드할 수 있는 인터페이스와 사진을 분류할 수 있는 AI 시스템을 가진 포토시스템이 있다. 첫 번째 모듈은 웹 서비스로 작동하지만 데이터를 분류하는 AI 모델은 훈련시키고 처리하는 데 필요한 기능이 매우 다르기 때문에 모듈 분리가 자연스럽고 생산적이다. 동일한 코드 저장소에서 둘 다 동시에 작업하려고 하면 문제가 발생할 수 있다.

모노리스 애플리케이션의 또 다른 문제는 모노리스 애플리케이션을 배포할 때마다 모든 모듈의 모든 복사본이 모든 서버에 전달되기 때문에 리소스를 비효율적으로 사용한다는 점이다. 예를 들어, RAM이 더 필요한지 여부는 다양한 모듈이 사용되는 최악의 시나리오에 따라 결정된다. 모노리스의 복사본이 여럿 있는 경우, 드물게 볼 수 있는 최악의 시나리오는 많은 RAM이 사용되는 만큼 리소스가 낭비된다는 것이다. 또 다른 예로, 모든 모듈에 데이터베이스 연결이 필요하면 사용 여부에 관계없이 배포할 때마다 새로운 연결이 생성된다는 사실이다.

반면, 마이크로서비스를 사용하면 최악의 사용 사례에 따라 각 서비스를 조정할 수 있고 각각의 복제본 수를 독립적으로 제어할 수 있다. 전체적으로 볼 때 대규모 배포에서 리소스를 크게 절약할 수 있다.

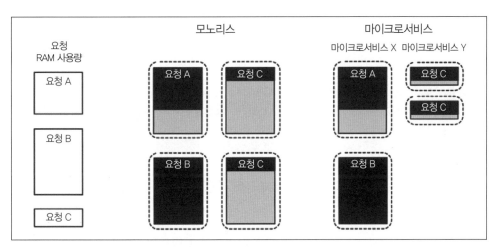

그림 9.3 마이크로서비스를 사용하면 요청을 여러 마이크로서비스로 분산해 RAM 사용량을 줄일 수 있는 반면, 모노리스 애플리케이션의 최악의 시나리오는 높은 RAM 사용률이다.

또한 배포의 작동은 모노리스 애플리케이션과 마이크로서비스 간에 매우 다르다. 모노리스 애플리케이션은 한 번에 배포해야 하므로 모든 배포는 사실상 전체 팀 작업이다. 팀이 작은 경우 새로운 배포를 생성하고 새로운 기능이 모듈 간에 적절하게 조정되고 잘못 간섭하지 않는지 확인하는 일은 그리 복잡하지 않다. 그러나 팀이 커질수록 엄격하게 코드를 구조화하지 않으면 심각한 문제가 될 수 있다. 특히 모노리스 애플리케이션에서 발생하는 치명적인 에러가 전체 코드에 영향을 미치기 때문에 시스템의 작은 부분의 버그로 인해 전체 시스템이 완전히 다운될 수 있다.

모노리스 배포에는 모듈 간의 조정이 필요하다. 즉, 서로 협력해야 하기에 일반적으로 기능 출시가 준비될 때까지 팀이 긴밀하게 협력하고 배포가 준비될 때까지 감독이 필요하다. 이런 일은 여러 팀이 동일한 코드를 기반으로 경쟁 목표를 가지고 작업할 때 두드러진다. 여러 팀이 같이 배포하다 보니 오너십과 책임이 흐려질 수 있다.

이에 비해 마이크로서비스는 각각 독립적으로 배포된다. API는 안정적이고 이전 릴리스와 호환성을 유지해야 하며 이는 마이크로서비스를 운영하는 강력한 요구사항 중 하나다. 그러나 마이크로서비스 간 경계는 매우 명확하기에 특정 마이크로서비스에서 치명적인 버그로 인해 벌어지는 최악의 상황은 특정 마이크로서비스가 다운되고 다른 관련 없는 마이크로서비스는 영향을 받지 않고 계속 동작하는 것이다.

이렇게 모노리스의 '전부 아니면 전무' 접근 방식에 비해 시스템이 '저하된 상태'에서 작동하게 한다. 따라서 마이크로서비스는 치명적인 장애의 범위를 제한한다.

 물론, 특정 마이크로서비스는 여타 마이크로서비스보다 더 중요할 수 있다. 그래서 안정성에 더 많은 관심과 주의를 기울일 가치가 있다. 그러나 그런 경우에는 마이크로서비스에 더 엄격한 안정성 규칙을 적용하고 미리 중요 항목으로 정의할 수 있다.

물론 두 경우 모두, 견고한 테스트 기술을 적용해 릴리스된 소프트웨어의 품질을 높일 수 있다.

마이크로서비스는 모노리스와 비교해 여러 서비스와 긴밀하게 조정하지 않고 독립적으로 배포할 수 있다. 독립 배포를 통해 작업 팀에 독립성이 부여되고 중앙 조직에서의 조정이 덜 필요하게 되어 더 빠르고 지속적인 배포가 가능하다.

 여기에서 주목할 것은 중앙 조직의 조정이 '덜' 필요하다는 점이다. 중앙 조직에서의 조정은 여전히 필요하지만 마이크로서비스 아키텍처의 목표는 반드시 각 마이크로서비스를 특정 팀에서 독립적으로 배포하고 담당할 수 있게 해서 다른 팀에 배포를 알리는 절차 없이도 마이크로서비스 담당 팀이 대부분의 변경사항을 독점적으로 지시할 수 있도록 하는 것이다.

모노리스 애플리케이션은 외부 API와 통신하지 않고 내부 모듈을 호출하기 때문에 훨씬 빠르다. 따라서 상당한 성능 비용을 지불하지 않고도 모듈 간에 매우 높은 수준의 상호 작용을 허용한다.

마이크로서비스에는 외부 API 사용 및 네트워크 통신과 관련된 오버헤드가 있기에 특히 다른 마이크로서비스에 대한 내부 요청이 너무 많은 경우 눈에 띄는 지연이 발생할 수 있다. 외부 호출을 반복하지 않게 하고 단일 작업에서 연결할 수 있는 서비스 수를 제한하는 세심한 고려가 필요하다.

 경우에 따라서는 여러 마이크로서비스와의 연결을 추상화하는 툴을 사용하다 절대적으로 필요한 호출이 추가될 수 있다. 예를 들어, 문서를 처리하는 작업은 여러 마이크로서비스를 호출해야 하는 일부 사용자 정보를 얻어야 한다. 이름은 문서 시작 부분에, 이메일은 문서 끝부분에 입력해야 한다. 쉽게 구현하려면 정보를 얻기 위해 한 번에 모든 정보를 요청하는 대신 이름과 이메일을 따로 요청할 수 있다.

마이크로서비스의 또 다른 흥미로운 장점은 기술 요구사항의 독립성이다. 모노리스 애플리케이션에서 다양한 모듈이 각기 다른 버전의 라이브러리를 필요로 하는 경우가 있는데, 이때 문제가 발생할 수 있다. 예를 들어, 파이썬 버전을 업데이트하려면 전체 코드 저장소를 준비해야 한다. 파이썬 라이브러리 업데이트는 서로 다른 모듈이 서로 다른 요구사항을 가질 수 있다. 두 모듈에서 사용하는 특정 라이브러리가 있는데, 특정 라이브러리 버전이 업그레이드되면서 한 모듈이 다른 모듈과 다른 라이브러리 버전을 사용하는 혼용 경우가 있다.

반면에 마이크로서비스에는 고유한 기술 요구사항이 포함되어 있기에 혼용 버전에 대한 제약이 없다. 외부 API가 사용되기 때문에 다른 마이크로서비스를 다른 프로그래밍 언어로 프로그래밍할 수도 있다. 따라서 다양한 마이크로서비스에 특별한 툴을 사용할 수 있고 각 목적에 맞게 툴을 조정하여 충돌을 피할 수 있다.

> 다른 마이크로서비스를 다른 언어로 프로그래밍할 수 있다고 해서 반드시 그래야 하는 것은 아니다. 마이크로서비스 아키텍처에서 너무 많은 프로그래밍 언어를 사용한다면 유지보수가 복잡해지고 다른 팀 구성원이 도움을 줄 수 없어서 팀이 더 고립될 수 있으므로 피해야 한다.
> 하나 또는 2개의 기본 프로그래밍 언어와 프레임워크를 사용할 수 있도록 가이드를 주어, 특별한 경우에 정당한 사유가 있을 때에만 허용하는 것이 현명한 방법이다.

마이크로서비스의 특성 대부분은 개발자의 수가 충분히 많아 다른 팀으로 분리해야 하고 조정이 더 명확해야 하는 큰 작업에 더 적합하다. 대규모 애플리케이션의 급격한 변화에는 일반적으로 독립적으로 배포하고 작업할 수 있는 더 나은 방법이 필요하다.

소규모 팀은 변화에 따라 자체적으로 매우 잘 조정할 수 있으며 모노리스에서 빠르고 효율적으로 작업할 수 있다.

이는 모노리스의 장점이 매우 클 수 있다는 말은 아니다. 일부 조직에서는 모노리스가 장점이 있다. 그러나 일반적으로 마이크로서비스 아키텍처는 여러 팀이 동일한 시스템에서 작업하고 팀 사이에 적절한 수준의 독립성을 달성해야 하는 만큼 개발자가 충분한 경우에만 의미가 있다.

유사한 설계에 대한 참고

모노리스 대 마이크로서비스 간의 결정은 일반적으로 웹 서비스의 컨텍스트에서 다뤄지지만 이는 완전히 새로운 아이디어가 아니며 유사한 아이디어와 구조가 있는 유일한 환경도 아니다.

OS의 커널은 모노리스일 수도 있다. 커널 구조가 모두 커널 공간에서 작동하는 경우 모노리스라고 한다. 컴퓨터의 커널 공간에서 실행되는 프로그램은 전체 메모리와 하드웨어에 직접 접근할 수 있는데, 이는 OS의 사용에 매우 중요한 부분인 동시에 보안과 안전에 큰 영향을 미치기 때문에 위험하다. 커널 공간의 코드는 하드웨어와 매우 밀접하게 작동하기 때문에 커널에서 에러가 발생하면 시스템의 전체 에러(커널 패닉kernel panic)가 발생할 수 있다. 대안은 프로그램이 자체 데이터에만 접근할 수 있고 정보를 검색하기 위해 OS와 명시적으로 상호 작용해야 하는 영역인 사용자 공간에서 실행하는 것이다.

예를 들어, 사용자 공간에 있는 프로그램이 파일을 읽으려면 OS를 호출해야 하고 커널 공간에 있는 OS는 파일에 접근해 정보를 검색한 다음, 프로그램이 접근할 수 있는 메모리에 복사해 요청한 프로그램에 리턴한다.

모노리스 커널의 아이디어는 라이브러리나 하드웨어 드라이버hardware driver와 같은 서로 다른 커널 요소 간의 이동 및 컨텍스트 스위치context switch를 최소화할 수 있다는 것이다.

모노리스 커널에 대한 대안을 마이크로커널microkernel이라 한다. 마이크로커널 구조에서는 커널 부분이 크게 줄어들고 파일 시스템, 하드웨어 드라이버, 네트워크 스택과 같은 요소가 커널 공간이 아닌 사용자 공간에서 실행된다. 해당 요소가 마이크로커널을 통해 메시지를 전달해 통신해야 하므로 효율성이 떨어진다.

동시에 사용자 공간의 충돌이 쉽게 다시 발생할 수 있기에 해당 요소의 모듈성과 보안을 향상할 수 있다.

앤드류 타넨바움Andrew S. Tanenbaum과 리누스 토르발스Linus Torvalds 사이에는 리눅스가 모노리스 커널로 만들어졌다는 점을 감안할 때 어떤 아키텍처가 더 나은지에 대한 유명한 논쟁이 있었다. 장기적으로 커널은 유연성을 위해 기존 모노리스 커널에 마이크로커널 아이디어를 통합하여 두 요소의 측면을 모두 취하는 하이브리드 모델로 발전했다.

관련된 아키텍처 아이디어를 발견하고 분석하면 훌륭한 아키텍트가 사용할 수 있는 툴을 개선하고 아키텍처에 대한 이해와 지식을 향상하는 데 도움이 될 수 있다.

핵심 요소: 팀 커뮤니케이션

마이크로서비스와 모노리스 아키텍처 간 차이점의 핵심 요소는 통신 기능 구조의 차이다.

모노리스 애플리케이션이 소규모 프로젝트에서 유기적으로 성장했다면 일반적으로 내부 구조가 지저분해질 수 있고 시스템에 대한 경험이 있고 변경사항에 맞게 변경할 수 있는 개발자가 필요하다. 나쁜 경우에는 코드가 매우 혼란스러워지고 작업하기가 점점 더 복잡해질 수 있다.

개발 팀의 엔지니어가 많은 컨텍스트 정보를 필요로 하고 코드 탐색 방법을 배우기가 어렵기 때문에 개발 팀의 규모를 늘리는 것이 한계에 봉착한다. 나이 많은 팀 구성원이 새로운 팀 구성원을 교육하면 도움이 될 수 있지만 병목 현상이 발생한다. 멘토링은 제한이 있는 느린 프로세스다. 팀의 새로운 구성원은 버그를 수정하고 새로운 기능을 추가하는 데 생산성을 발휘할 수 있을 때까지 상당한 교육 시간이 필요하다.

또한 팀의 크기를 늘릴 수 있는 최대 자연 크기가 있다. 구성원이 굉장히 많은 팀을 더 작은 그룹으로 나누지 않고 관리하는 것은 어렵다.

> **TIP** 팀의 이상적인 크기는 다양한 요인에 따라 다르지만 일반적으로 5~9명이 효율적으로 작업하는 데 이상적인 크기로 간주된다.
>
> 10명 이상의 큰 팀은 자체적으로 더 작은 그룹들로 조직화하는 경향이 있으며, 한 단위로서의 초점을 잃고 팀의 일부가 무슨 일이 일어나고 있는지 알지 못하는 작은 정보 사일로(silo)를 만든다. 구성원 수가 적은 팀은 관리 및 다른 팀과의 커뮤니케이션 측면에서 너무 많은 오버헤드를 생성한다. 그래서 팀 구성원 수를 약간 더 늘린다면 더 빠르게 작업할 수 있다.

코드의 크기가 점점 커져간다면 이 책에서 설명하는 모든 기술을 사용해 더 많은 구조를 생성하고 시스템을 설계해야 할 때다. 명확한 책임과 명확한 경계가 있는 모듈을 정의하는 작업을 함께 진행해야 한다. 모듈 분리를 통해 팀을 그룹으로 나눌 수 있으며 각 팀에 대한 오너십과 명확한 목표를 생성하는 작업을 할 수 있다.

모듈 분리를 통해 팀들은 서로 간의 많은 간섭 없이 병렬로 작업할 수 있으므로 추가 구성원은 기능 측면에서 처리량을 늘릴 수 있다. 이전에 설명한 것처럼 명확한 경계는 각 팀의 작업을 정의하는 데 도움이 된다.

그러나 모노리스에서는 전체 시스템에 접근할 수 있으므로 경계에 대한 제한이 부드럽다. 물론, 특정 영역에 초점을 맞추는 측면에서 특정 원칙이 있으며 한 팀에서 모든 코드에 접근할 수 있고 내부 API를 조정하고 수정하는 경향이 있다.

 모노리스 특징이 소규모에서 반드시 꼭 나쁜 것은 아니다. 소규모 팀에서 집중적으로 작업하는 방식은 소프트웨어의 모든 관련 부분을 빨리 조정할 수 있기 때문에 환상적인 결과를 얻을 수 있다. 단점은 팀 구성원이 경험이 풍부해야 하고 일반적으로 시간이 지남에 따라 점점 더 어려워지는 소프트웨어 사용 방법을 알아야 한다는 것이다.

마이크로서비스 아키텍처로 이전할 경우 작업 분리가 훨씬 더 명확해진다. 팀 간 API 조정은 빡빡한 제약이 되고, 팀 간의 커뮤니케이션을 잘 진행하기 위해 더 많은 선행 작업이 필요하다. 그러나 개발 팀이 다음과 같이 훨씬 더 독립적이다.

- 동일한 코드 저장소에서 다른 개발 팀이 코딩에 관여하지 않는 마이크로서비스를 완전히 담당
- 다른 개발 팀과 독립적으로 배포

코드가 작아질수록 팀에 들어온 새로운 구성원은 코드를 더 빨리 배우고 생산성을 높일 수 있다. 다른 마이크로서비스와 상호 작용할 수 있는 외부 API가 명시적으로 정의되기 때문에 더 높은 수준의 추상화가 적용되어 더 쉽게 상호 작용할 수 있다.

 반면 마이크로서비스의 특정 개발 팀이 모노리스 애플리케이션과 비교해 다른 개발 팀의 마이크로서비스 내부 지식을 갖고 있지 않음을 알 수 있다. 따라서 마이크로서비스의 특정 팀에서 다른 팀으로 사람들이 이동할 때 약간의 저항이 발생할 수 있다.

1장에서 살펴본 것처럼 '콘웨이 법칙'은 조직 내 커뮤니케이션에 영향을 미치는 아키텍

처 결정을 내릴 때 염두에 두어야 할 사항이다. 콘웨이 법칙은 소프트웨어의 구조가 조직의 커뮤니케이션 구조를 모사한다는 것을 명시하고 있음을 기억할 필요가 있다.

콘웨이 법칙의 좋은 예는 데브옵스DevOps 사례를 만드는 것이다. 작업을 분담하는 이전 방식은 새로운 기능 개발과 관련된 팀과 소프트웨어 배포 및 운영을 담당하는 팀을 구성하는 것이었다. 결국 각 작업에 필요한 능력은 다르다.

마이크로서비스 구조의 위험은 '나는 그것이 무엇인지 모른다 / 그것이 어디에서 실행되고 있는지 모른다'라는 생각에서 비롯되며, 이로 인해 새로운 기능 개발을 담당하는 팀이 소프트웨어 운영과 관련된 버그 및 문제를 인식하지 못할 수 있다. 반면에 운영 팀은 별다른 준비 없이도 짧은 반응 시간으로 변경사항을 발견하고, 소프트웨어의 내부 운영에 대한 이해 없이 버그를 식별한다는 것이다.

개발과 운영의 분리는 여전히 많은 회사에서 시행하고 있다. 그러나 데브옵스의 이면에는 소프트웨어를 개발하는 동일한 팀이 소프트웨어 배포를 담당하여 개발자가 배포의 복잡성을 인식하고 대응하면서 프로덕션의 버그를 수정하고 소프트웨어의 작동을 개선한다는 뜻이 담겨 있다.

보통 데브옵스 팀을 만들 때는 운영과 개발을 모두 이해하는 사람들로 구성해 여러 기능을 갖춘 하나의 팀을 조직하지만, 모든 구성원이 동일할 필요는 없다는 점에 유의해야 한다. 때로는 여러 팀이 운영상 사용할 공통 툴을 만드는 책임을 외부 팀이 갖기도 한다.

이는 큰 변화이며 이전 구조에서 데브옵스 구조로 변경하는 것은 기업 문화에 매우 파괴적인 방식으로 팀을 혼합하는 것을 포함한다. 여기서 강조하려고 했던 것처럼, 사람의 변화가 포함되며 느리고 상당한 고통을 수반한다. 예를 들어, 지식을 공유하고 함께 즐거운 시간을 보낼 수 있는 좋은 운영 문화가 있을 수 있다. 이제 운영 팀을 해체하고 새로운 사람들과 통합해야 한다.

데브옵스 구조로 변경하는 프로세스는 어려우며, 인간과 사회적 규모를 모두 이해하고 신중하게 계획해야 한다.

같은 팀 내의 커뮤니케이션은 다른 팀 간의 커뮤니케이션과 다르다. 다른 팀과 의사소통하는 것은 항상 더 어렵고 비용이 많이 든다. 말하기는 쉽지만 팀워크에 미치는 영향은 크다. 다음과 같은 예를 살펴보자.

- 팀 외부에서 사용될 API는 내부에 대한 전문지식 수준이 동일하지 않은 엔지니어들이 사용할 것이기에, API를 일반적이고 사용하기 쉽게 만드는 것이 합리적이다. 그리고 활용하기 쉽도록 문서를 작성하는 것도 중요하다.

- 새로운 설계가 이미 존재하는 팀의 구조를 따른다면 다른 방식보다 구현하기가 더 쉬울 것이다. 팀 사이에 위치한 아키텍처를 변경할 때는 조직 변경이 필요하다. 조직의 구조를 바꾸는 것은 길고 고통스러운 과정이다. 회사 개편에 관여한 사람이라면 누구나 이를 증명할 수 있다. 이런 조직적 변경사항은 소프트웨어에 자연스럽게 반영되므로 이상적으로는 이를 허용하는 계획이 생성된다.

- 동일한 서비스를 기반으로 일하는 두 팀은 각 팀이 자신의 목표를 달성하려고 하기 때문에 문제를 일으킬 것이다. 즉, 일부 공통 라이브러리 또는 여러 팀에서 사용하는 '핵심' 마이크로서비스에서 발생할 수 있는 상황이다. 하나의 팀이 변경사항을 담당하도록 명확하게 담당 팀을 지정한다.

> 역할이 분명한 담당자는 변경사항 및 새로운 기능의 책임이 누구에게 있는지 명확하게 한다. 다른 사람이 구현한 것이더라도 담당자는 해당 구현을 승인하고 방향과 피드백을 제공할 책임이 있다. 또한 장기적인 비전을 갖고 기술 부채를 처리할 준비가 되어 있어야 한다.

- 물리적으로나 시간대가 떨어져 있는 담당자는 자연스럽게 자신만의 커뮤니케이션 장벽을 설정한다. 따라서 이 점을 감안해 서로 다른 시간대의 조직원을 팀으로 구성하고 API 정의와 같은 자체 구조화된 커뮤니케이션을 설명하는 팀이 되게 한다.

COVID-19 위기의 결과로 원격 근무가 크게 증가하면서 같은 방에서 함께 일하는 팀과 달리 커뮤니케이션을 잘 구축해야 할 필요성이 생겼다. 이는 커뮤니케이션 기술을 개발하고 개선하여 작업을 더 잘 조직화하는 방법으로 이어질 수 있다. 어쨌든 팀 분리는 물리적으로 같은 장소에 위치하는 것이 아니라 하나의 팀으로 작동할 수 있는 유대감과 구조를 만드는 문제다.

개발의 커뮤니케이션 측면은 업무의 중요한 부분이며 과소평가되어서는 안 된다. 개발의 커뮤니케이션 변경은 기술 변경보다 구현하기가 더 어려운 '사람의 태도/행동을 변경시키는 것'임을 명심하자.

모노리스에서 마이크로서비스로의 마이그레이션

일반적으로는 기존의 모노리스 아키텍처에서 새로운 마이크로서비스 아키텍처로 마이그레이션해야 한다.

모노리스 아키텍처에서 새로운 마이크로서비스 아키텍처로 마이그레이션하려는 주된 이유는 시스템의 크기 때문이다. 이전에 살펴봤듯이, 마이크로서비스 시스템의 주요 장점은 병렬로 개발할 수 있는 여러 개의 독립적인 부분을 생성하여 더 많은 엔지니어가 동시에 작업할 수 있게 해서 개발을 확장하고 속도를 높일 수 있다는 것이다.

이는 모노리스가 관리 가능한 크기를 초과하는 성장을 이뤘고 릴리스, 기능 간섭, 간섭으로 인해 감정이 상하는 등 문제가 생길 때 의미가 있는 조치다. 그러나 수행하기에 매우 거대하고 고통스러운 마이그레이션이기도 하다.

마이그레이션 도전 과제

마이그레이션의 최종 결과가 기존 모노리스 애플리케이션보다 훨씬 나을 수 있지만 새로운 아키텍처로 마이그레이션하는 것은 큰 작업이다. 마이그레이션 과정에서 예상할 수 있는 도전 과제와 문제를 살펴보겠다.

- 마이크로서비스로 마이그레이션하려면 조직 운영 방식을 적극적으로 변경하고 성과를 내기 시작할 때까지 막대한 선행 투자와 엄청난 노력이 필요하다. 마이그레이션을 완전히 중지할 수 없기에 마이그레이션 시간은 고통스럽고 마이그레이션 속도와 서비스의 일반 작업 사이에 절충안이 필요하다. 마이그레이션을 계획하고 모든 사람에게 전달하려면 많은 회의와 문서가 필요하다. 마이그레이션을 왜 하고 있는지에 대한 명확한 이해와 함께 완수하겠다는 확실한 의지를 보장하기 위해 경영진 수준에서 적극적인 지원이 필요하다.

- 또한 엄청난 문화적 변화가 필요하다. 이전에 살펴본 것처럼 마이크로서비스의 핵심 요소는 팀 간의 상호 작용이기에 모노리스 아키텍처에서 운영하는 방식과 비교할 때 문화적으로도 크게 달라진다. 여기에는 팀 변경과 툴 변경이 포함될 수 있다. 팀은 외부 API의 사용 및 문서화에서 더 엄격해야 한다.

  다른 팀과의 상호 작용에서는 좀 더 공식적이어야 하며 이전에는 없었던 권한을 받아들여야 할 수도 있다. 대체적으로 사람들은 문화적 변화를 좋아하지 않으므로 일부 팀 구성원의 저항이 발생할 수 있다. 해당 요소가 충분히 고려됐는지 확인하자.

- 또 다른 도전 과제는 훈련 측면이다. 새로운 툴을 반드시 도입하고 사용할 것이기에(9장 뒷부분에서 도커와 쿠버네티스를 다룰 것이다), 일부 팀은 새로운 툴을 사용하기 위해 적응해야 할 것이다. 서비스 클러스터를 관리하는 일은 복잡할 수 있으며 이전에 사용된 것과 다른 툴이 필요할 수 있다. 예를 들어, 도메인 개발자는 기존 개발 방식과는 매우 다르다는 것을 느낄 것이다. 컨테이너를 다루고 작업하는 방법을 배우는 데는 시간이 걸릴 것이다. 따라서 계획이 필요하고 팀 구성원이 새로운 시스템에 익숙해질 때까지 지원해야 한다.

> **TIP**
> 이에 대한 명확한 예는 시스템에 들어오는 요청을 디버깅하는 데 추가적인 복잡성이 발생한다는 것이다. 요청은 다른 마이크로서비스 사이를 이동할 수 있기 때문이다. 이전에 모노리스에서는 요청을 추적하기가 더 쉬웠다. 마이크로서비스에서는 요청이 어떻게 이동하는지 이해하고 요청으로 생성된 미묘한 버그를 찾기가 어려울 수 있다. 버그를 확실히 수정하려면 로컬 개발 환경에서 재현하고 수정할 수 있어야 한다. 이전에 살펴본 것처럼 여러 툴과 시스템을 사용해야 한다.

- 기존 모노리스를 여러 서비스로 분리하려면 신중한 계획이 필요하다. 서비스 간의 잘못된 분리는 두 서비스를 밀접하게 결합할 수 있고 독립적인 배포를 허용하지 않을 수 있다. 이로 인해 이론적으로는 독립적으로 수행될 수 있어도 한 서비스를 변경하기 위해 다른 서비스를 변경해야 하는 상황이 발생할 수 있다. 일반적으로 특정 기능을 변경하려면 여러 마이크로서비스를 변경하고 배포해야 하기 때문에 작업이 중복될 수 있다. 마이크로서비스는 나중에 변경될 수 있고 경계가 재정의될 수 있지만 변경과 관련된 비용이 높을 수 있다. 나중에 새로운 서비스를 추가할 때도 동일한 주의를 기울여야 한다.

- 각 서비스에서 복제된 일부 작업으로 인해 마이크로서비스를 생성하는 데 오버헤드가 존재한다. 해당 오버헤드는 독립적이고 병렬적인 개발을 허용함으로써 극복할 수 있다. 그러나 병렬성을 최대로 높이려면 인원이 필요하다. 최대 10명으로 구성된 소규모 개발 팀은 모노리스를 매우 효율적으로 조정하고 처리할 수 있다. 규모가 커지고 독립적인 팀이 구성될 때만 사람들이 마이크로서비스로의 마이그레이션을 이해하기 시작한다. 회사가 클수록 더 의미가 있다.

- 각 팀이 스스로 결정을 내릴 수 있도록 하는 것과 일부 공통 요소 및 결정을 표준화하는 작업 간의 균형이 필요하다. 팀의 방향성이 너무 흐릿하면 계속 동일한 모듈을 개발할 수밖에 없다. 또한 회사 내 일부 팀의 지식이 다른 팀으로 전달되지 않는 소위 지식 사일로가 생성돼서 조직 내에서 함께 배우고 성장할 교훈을 얻기가 어려워진다. 공감대를 형성하고 공통 솔루션의 재사용을 원활하게 하려면 팀 간의 견고한 커뮤니케이션이 필요하다. 통제된 실험을 허용하고, 해당

실험에 대한 정보를 공유해서 다른 팀들이 도움을 받도록 하는 것이 좋다. 물론 아이디어를 공유하고 재사용하는 아이디어와 독립적이고 다양한 아이디어 사이에 긴장감이 존재할 수 있다.

 서비스 간에 공유 코드를 도입할 때는 주의가 필요하다. 코드가 커지면 서비스 간에 의존성이 커진다. 이는 마이크로서비스의 독립성을 감소시킬 수 있다.

- 애자일 원칙에 따라 작동하는 소프트웨어가 광범위한 문서보다 더 중요하다는 사실을 알고 있다. 그러나 마이크로서비스에서는 각 개별 마이크로서비스의 사용성을 극대화하여 팀 간의 지원 양을 줄이는 것이 중요하다. 여기에는 어느 정도의 문서화가 포함된다. 가장 좋은 방법은 자체 문서화 서비스를 만드는 것이다.
- 이전에 살펴본 것처럼 여러 계층이 관련되기 때문에 여러 마이크로서비스에 대한 각 호출은 응답 지연을 증가시킬 수 있다. 이로 인해 외부 응답이 더 오래 걸리는 대기 시간 문제가 발생할 수 있다. 또한 마이크로서비스를 연결하는 내부 네트워크의 성능과 용량에 영향을 받는다.

마이크로서비스로의 마이그레이션은 장단점을 신중하게 분석한 후 진행되어야 한다. 성숙한 시스템에서 마이크로서비스로의 마이그레이션을 완료하는 데는 몇 년이 걸릴 수 있다. 그러나 큰 시스템의 경우 결과 시스템은 훨씬 더 민첩하고 쉽게 변경할 수 있으므로 기술 부채를 효과적으로 해결하고 개발자가 완전한 오너십을 갖고 혁신할 수 있도록 권한을 부여하여 커뮤니케이션을 구조화하고 고품질의 안정적인 서비스를 제공할 수 있다.

마이그레이션 진행 시 네 가지 고려사항

한 아키텍처에서 다른 아키텍처로의 마이그레이션을 진행할 때는 다음과 같이 4단계로 고려해야 한다.

1. 기존 시스템을 주의 깊게 **분석**한다.

2. 원하는 용도가 무엇인지 결정하도록 **설계**한다.

3. 현재 시스템에서 1단계에서 설계한 방향으로 단계적으로 이동할 수 있는 경로를 **계획**한다.

4. 계획을 **실행**한다. 실행 단계는 천천히 신중하게 수행해야 하며 각 단계에서 설계와 계획을 재평가해야 한다.

각 단계를 더 자세히 살펴보겠다.

1. 분석

가장 첫 번째 단계는 기존 모노리스의 시작점을 잘 이해하는 것이다. 이해하는 것은 사소해 보일 수 있지만 사실은 누구도 시스템의 모든 세부 사항에 대해 잘 이해하지 못하는 것이 현실이다. 시스템의 복잡성을 이해하려면 정보 수집, 편집, 심층 분석이 필요할 수 있다.

 기존 코드는 **레거시 코드**(legacy code)로 설명할 수 있다. 정확히 어떤 코드를 레거시로 분류할 수 있는지에 대한 논쟁이 현재 진행 중이지만 레거시 코드의 주요 속성은 이미 존재하는 코드이며 새로운 코드가 갖고 있는 가장 좋고 새로운 프랙티스를 따르지 않는다.

즉, 레거시 코드는 시간이 좀 된 오래된 코드이며 현재 프랙티스의 최신 상태가 아닐 가능성이 높다. 그러나 레거시 코드는 사용되고 있는 중이고 조직의 일상적인 운영에 있어 핵심일 가능성이 높기에 중요하게 다뤄야 한다.

분석 단계의 주요 목표는 마이크로서비스로의 전환이 실제로 유익한지 여부를 결정하고 마이그레이션으로 인해 어느 마이크로서비스가 생겨날 것인지에 대한 예비 아이디어를 얻는 것이다. 마이그레이션을 진행하는 데는 큰 노력이 필요하기에 가시적인 장점을 얻을 수 있는지 항상 다시 확인하는 것이 좋다. 분석 단계에서는 필요한 노력 크기를 예측할 수 없더라도 작업의 크기를 대략 정하기 시작할 것이다.

> **TIP** 이 분석은 시스템에서 실제로 생성되는 요청 및 상호 작용의 수를 보여주는 좋은 메트릭과 실제 데이터를 통해 큰 장점을 얻을 것이다. 즉, 좋은 모니터링 그리고 시스템에 메트릭과 로그를 추가하여 현재 시스템 작동을 측정할 수 있다. 그래서 일반적으로 사용되는 코드, 더 나아가 거의 사용되지 않고 더 이상 사용되지 않거나 제거될 수 있는 코드에 대한 통찰력을 얻을 수 있다. 모니터링은 계속해서 프로세스가 계획대로 진행되고 있는지 확인하는 데 사용할 수 있다.
>
> 11장 '패키지 관리'와 12장 '로깅'에서 모니터링에 대해 자세히 설명한다.

이 분석은 모노리스가 이미 잘 설계되고 적절하게 유지보수된 경우 거의 결과가 바로 나올 수 있지만, 혼란스러운 코드라면 몇 개월간의 회의와 깊은 코드 분석으로 이어질 수 있다. 그러나 분석 단계에서는 현재 시스템이 무엇인지 아는 견고한 기반을 구축할 수 있다.

2. 설계

프로세스의 다음 단계는 모노리스를 여러 마이크로서비스로 분리한 후 시스템이 어떻게 보일지에 대한 비전을 생성하는 것이다.

각 마이크로서비스는 별개로 분리되어야 하고 나머지의 일부로 고려되어야 한다. 분리하는 것이 어떤 의미를 갖는지 생각해 보자. 설계를 진행하는 데 도움이 될 수 있는 질문은 다음과 같다.

- 어떤 마이크로서비스를 만들어야 하는가? 명확한 목표와 통제할 영역으로 각 마이크로서비스를 설명할 수 있을까?
- 더 많은 주의나 특별한 요구사항(예: 더 높은 보안 또는 성능 요구사항)이 있어야 하는 핵심 마이크로서비스가 있는가?
- 마이크로서비스를 다룰 팀은 어떻게 구성하는가? 유지보수하는 팀이 너무 많은가? 이 경우 여러 요청이나 영역을 동일한 마이크로서비스의 일부로 결합할 수 있을까?
- 각 마이크로서비스의 전제 조건은 무엇인가?

- 어떤 신기술이 도입될까? 어떤 훈련이 필요한가?

- 마이크로서비스는 독립적인가? 마이크로서비스 간의 의존성은 무엇인가? 다른 마이크로서비스보다 더 많이 접근되는 마이크로서비스가 있는가?

- 마이크로서비스를 서로 독립적으로 배포할 수 있는가? 의존성을 업데이트해야 하는 새로운 변경사항이 들어오면 처리하는 절차는 무엇인가?

- 어떤 마이크로서비스가 외부에 노출될 것인가? 내부에서만 노출되는 마이크로서비스는 무엇인가?

- 필수 API 제한사항에 대한 전제 조건이 있는가? 예를 들어, SOAP 연결과 같은 특정 API가 필요한 서비스가 있는가?

설계를 공유할 때 유용한 방법은 서비스 간의 예상 이동을 분석하기 위해 여러 마이크로서비스와 상호 작용해야 하는 요청의 예상 흐름 다이어그램을 그리는 것이다.

각 마이크로서비스에 대해 결정된 스토리지에는 특별한 주의를 기울여야 한다. 일반적으로 데이터를 격리하기 위해 한 마이크로서비스의 스토리지를 다른 마이크로서비스와 공유해서는 안 된다.

2개 이상의 마이크로서비스에서 직접 데이터베이스나 여러 종류의 원시 스토리지에 접근하지 않는 애플리케이션을 갖고 있는 경우가 있다. 그렇다면 하나의 마이크로서비스에서 데이터의 포맷을 제어하고 데이터를 노출한 후 접근 가능한 API를 통해 데이터를 변경할 수 있도록 해야 한다.

예를 들어, 보고서 마이크로서비스와 사용자 마이크로서비스가 있다고 가정하자. 특정 보고서에서 보고서를 생성한 사용자의 이름과 이메일 등을 가져오기 위해 사용자 정보에 접근해야 하는 경우가 있다. 보고서 마이크로서비스가 사용자 정보가 포함된 데이터베이스에 직접 접근할 수 있게 해서 마이크로서비스의 책임을 깰 수 있다.

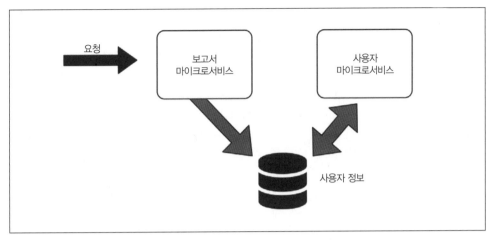

그림 9.4 스토리지에서 직접 스토리지에 접근하는 잘못된 사용의 예

대신, 보고서 마이크로서비스는 API를 통해 사용자 마이크로서비스에 접근하고 데이터를 가져와야 한다. 이렇게 하면 각 마이크로서비스가 자체 스토리지와 포맷을 담당한다.

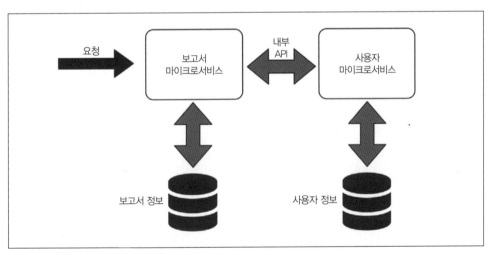

그림 9.5 이 그림이 올바르게 변경된 구조다. 각 마이크로서비스는 자체 독립 스토리지를 유지한다. 이 방식으로 모든 정보는 잘 정의된 API를 통해서만 공유된다.

이전에 살펴본 것처럼, 요청의 흐름도를 생성하면 마이크로서비스를 분리하고 가능한 개선점(예: 프로세스에서 필요하지 않은 API에서 데이터를 리턴받는 것)을 찾는 데 도움이 된다.

 전제 조건은 스토리지를 혼합해서 사용하지 않고 분리를 유지하는 것이지만 동일한 백엔드 서비스를 사용해 다양한 마이크로서비스에 대한 지원을 제공할 수 있다. 동일한 데이터베이스 서버는 서로 다른 정보를 저장할 수 있는 둘 이상의 논리 데이터베이스를 처리할 수 있다.

그러나 일반적으로 대부분의 마이크로서비스는 자체 데이터를 저장할 필요가 없으며, 데이터를 저장하는 대신 다른 마이크로서비스에 의존해 완전한 상태 비저장 방식으로 작동할 수 있다.

이 단계에서는 마이크로서비스 간에 세부 API를 설계할 필요가 없지만, 어떤 서비스가 어떤 데이터를 처리하고 마이크로서비스 간에 필요한 흐름이 무엇인지에 대한 일반적인 아이디어가 도움이 될 것이다.

3. 계획

설계를 통해 일반적인 영역이 명확해지면 더 자세히 살펴보고 시작부터 끝까지 시스템이 어떻게 변경될 것인지 계획을 시작할 때다.

여기서 과제는 기존 시스템을 제대로 운영하면서 새로운 시스템으로 전진적으로 마이그레이션하는 것이다. 새로운 기능이 도입될 가능성이 높지만 잠시 보류하고 마이그레이션 자체에 대해서만 이야기하겠다.

기존 시스템이 항상 제대로 작동하면서 새로운 시스템으로 점진적으로 마이그레이션하려면 **스트랭글러 패턴**strangler pattern이라는 알려진 방식을 사용해야 한다. 스트랭글러 패턴은 이전 시스템 전체를 '교살strangle'해 안전하게 제거할 수 있을 때까지 시스템의 일부를 새것으로 점진적으로 교체하는 것을 목표로 한다. 스트랭글러 패턴은 점진적으로 천천히 적용되며 기능을 기존 시스템에서 새로운 시스템으로 조금씩 증분하여 마이그레이션한다.

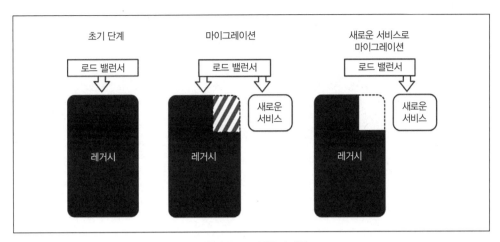

초기 단계 | 마이그레이션 | 새로운 서비스로 마이그레이션

그림 9.6 스트랭글러 패턴

새로운 마이크로서비스를 생성하기 위해 세 가지 가능한 전략이 있다.

- 이전 코드를 대체하는 새로운 코드를 교체해 기능적으로 동일한 결과를 생성한
  다. 외부에서 봤을 때는 코드가 외부 요청에 정확히 동일하게 반응하지만, 내부
  에서 봤을 때는 새로운 구현이다. 이 방식을 사용하면 처음부터 시작하여 이전
  코드의 이상한 부분을 수정할 수 있다. 프레임워크 또는 프로그래밍 언어와 같
  은 최신 툴에서도 수행할 수 있다.

  동시에, 이 방식을 사용하면 시간이 많이 소요될 수 있다. 레거시 시스템이 문서
  화되지 않았거나 테스트되지 않은 경우 동일한 기능을 보장하기 어려울 수 있다.
  또한 특정 마이크로서비스가 다루는 기능이 빠르게 변경되면 새로운 기능을 복
  제할 시간이 없는 새로운 시스템과 기존 시스템 간의 간격이 벌어지고 해당 간
  격을 줄이는 작업이 진행될 것이다.

이 접근 방식은 더 이상 사용되지 않는 것으로 여기는 기술 스택을 사용하는 것처럼 마
이그레이션할 레거시 코드가 작고 더 이상 사용되지 않는 경우에 가장 적합하다.

- 기능을 분할한다. 모노리스의 모든 코드를 복사하여 새로운 마이크로서비스 구

조로 붙여 넣는다. 기존 코드가 양호한 상태이고 구조화된 경우 이 접근 방식은 비교적 빠르며 일부 내부 호출을 외부 API 호출로 교체하면 된다.

> 새로운 마이크로서비스가 일부 정보를 얻기 위해 콜백(call back)할 수 있도록 모노리스에 새로운 접근 포인트를 포함해야 할 수도 있다.
>
> 코드를 명확히 하고 새로운 시스템에 더 적합한 구조로 분할하기 위해 모노리스를 리팩토링해야 할 수도 있다.

이 프로세스는 먼저 새로운 마이크로서비스로 마이그레이션된 단일 기능으로 시작해 해당 기능이 완전히 마이그레이션될 때까지 코드를 하나씩 이동하여 점진적으로 수행할 수도 있다. 이 시점에 이전 시스템에서 코드를 삭제하는 것이 안전하다.

- 분리와 교체의 **조합**combination이다. 동일한 기능을 직접 복사할 수 있지만 동일하지 않은 기능에 대해서는 새로운 접근 방식이 선호된다.

이렇게 각 마이크로서비스 계획을 공지할 수 있지만, 어떤 마이크로서비스를 어떤 순서로 만들지 결정하기 위해 크게 볼 수 있는 맵을 생성해야 한다.

다음은 최선의 조치를 결정하기 위해 고려해야 할 유용한 사항이다.

- 생성될 의존성을 고려해 먼저 사용해야 하는 마이크로서비스

- 가장 큰 문제점이 무엇인지, 그리고 해당 문제점을 해결하는 것이 우선순위인지 여부에 대한 아이디어. 문제점은 자주 변경되는 코드 또는 다른 요소가 될 수 있다. 현재 모노리스에서 해당 문제점을 처리하는 방식으로 인해 어려움이 있었을 것이다. 이 부분은 마이그레이션 후에 큰 장점을 얻을 수 있다.

- 어려운 부분과 복잡한 문제는 무엇인가? 아마 일부 존재할 것이다. 어려운 부분과 복잡한 문제가 있음을 인정하고 다른 서비스에 미치는 영향을 최소화한다. 문제점과 동일할 수도 있고 다를 수도 있다. 예를 들어, 이 정의에 따르면 매우 오래된 안정적인 시스템은 어려운 부분이지만 변경하지 않는다면 고통스럽지 않다.

- 이제 프로젝트의 추진력을 유지할 수 있는 빠른 성공을 위해 팀과 이해관계자에게 장점을 빠르게 보여준다. 또한 모든 사람이 마이그레이션하려는 새로운 작동 모드를 이해하고 해당 방식으로 작업을 시작할 수 있게 한다.

- 팀에서 필요로 하는 교육과 도입하고자 하는 신규 요소에 대한 아이디어. 또한 팀에 부족한 기술 부분을 미리 점검하면, 추후 채용 계획을 세우는 데 도움이 될 것이다.

- 새로운 서비스를 담당하는 모든 팀의 변경. 계획을 세우면서 모든 실수에 대한 우려를 표현할 수 있도록 팀의 피드백을 고려하는 것이 중요하다. 팀을 참여시키고 팀 구성원의 피드백을 소중히 여긴다.

어떻게 진행할 것인지 계획이 있다면 이제 실행할 때다.

4. 실행

마지막으로, 오래된 모노리스에서 새롭고 경이로운 마이크로서비스로의 마이그레이션을 시작하는 계획에 맞춰 실행해야 한다.

실제로 실행 단계는 4단계 중 가장 길고 틀림없이 가장 어려운 단계가 될 것이다. 이전에 얘기한 것처럼, 목표는 프로세스 전체에서 마이크로서비스를 계속 실행하는 것이다.

성공적인 전환을 위한 핵심 요소는 이전 버전과의 **하위 호환성**backward compatibility을 유지하는 것이다. 하위 호환성은 시스템이 외부 관점에서 모노리스 시스템처럼 계속 작동한다는 것을 의미한다. 따라서 고객에게 영향을 주지 않으면서 시스템이 작동하는 방식의 관점에서만 내부를 변경할 수 있다.

 이상적으로는 새로운 아키텍처를 통해 더 빠르게 작업할 수 있다. 즉, 시스템이 더 빠르게 반응할 수 있다는 것만 인식할 수 있다.

사실 말은 쉽지만 실제로 실행하기는 어렵다. 프로덕션 환경에서 소프트웨어 개발은 마치 '포드 T'를 타고 자동차 경주를 시작해 '페라리'를 몰면서 결승선을 통과하는 것처럼 일사천리로 모든 부분을 변경할 수 있는 것으로 비유되었다. 다행히도 소프트웨어는 논의할 만한 정도로 유연하다.

모노리스에서 동일한 기능을 처리하는 새로운 마이크로서비스 또는 마이크로서비스로 변경할 수 있도록 하기 위한 핵심 툴은 요청 수신 즉시 최상위 수준에서 로드 밸런서를 사용하는 것이다. 이는 새 마이크로서비스가 요청을 직접 교체하는 경우에 특히 유용하다. 로드 밸런서는 제어된 방식으로 요청을 받고, 적절하게 서비스로 리다이렉션한다.

 들어오는 모든 요청이 HTTP 요청이라고 가정한다. 로드 밸런서는 여러 종류의 요청을 처리할 수 있지만 HTTP가 가장 일반적이다.

로드 밸런서는 모노리스로 들어오는 요청을 새 마이크로서비스로 천천히 전달해 마이그레이션하는 데 사용할 수 있다. 로드 밸런서는 요청을 다른 서비스로 보내도록 다른 URL로 구성할 수 있으므로 작은 단위를 사용해 여러 서비스에 로드를 적절하게 분배할 수 있다.

트래픽 분배 과정은 대략 이렇다. 첫째, 로드 밸런서는 모든 요청을 기존 모노리스로 보낸다. 새로운 마이크로서비스가 배포되면 새로운 마이크로서비스를 도입하여 요청의 부하를 분산할 수 있다. 처음에는 로드 밸런서가 일부 요청만 새로운 마이크로서비스 시스템으로 전달해 기존 동작과 동일한지 확인한다.

천천히, 시간이 지나면서 모든 요청에 대한 마이그레이션이 진행될 때까지 요청은 점점 많아질 수 있다. 예를 들어 첫 번째 주는 요청의 10%만 전달할 수 있고, 두 번째 주는 30%, 세 번째 주는 50%, 그다음 주에는 모든 요청의 100%를 전달할 수 있다.

 마이그레이션 기간은 4주다. 그 시간 동안에는 인터페이스가 레거시 모노리스와 새 마이크로서비스 간에 안정적이어야 하므로 새로운 기능과 변경사항을 도입해서는 안 된다. 관련된 모든 당사자가 계획과 각 단계를 알고 있는지 확인한다.

이 시점에 레거시 모노리스의 요청 처리는 사용되지 않으며 이것이 의미가 있는 경우 정리를 위해 제거할 수 있다.

요청 마이그레이션 절차는 이전에 논의한 스트랭글러 패턴과 유사하지만 이 경우는 개별 요청에 적용된다. 로드 밸런서는 점차 증가하는 패턴을 완전한 형태로 구현하고 절차를 확장하는 데 귀중한 툴이 될 것이다. 문제를 조기에 감지할 수 있도록 마이크로서비스에 많은 기능을 추가하고, 많은 요청으로 큰 영향을 미치지 않도록 천천히 마이그레이션하려는 의도를 갖는다.

실행 단계

전체 실행 계획은 세 단계로 구성된다.

1. **파일럿 단계**pilot phase: 모든 계획은 신중하게 테스트되어야 한다. 파일럿 단계는 실행 가능성 및 테스트 툴 측면에서 계획이 확인될 때다. 단일 팀에서는 집중하고 빠르게 배우고 공유할 수 있도록 노력해야 한다. 작은 서비스와 성과가 적은 것부터 시작하여 팀의 개선이 분명하도록 한다. 파일럿 단계이기에 좋은 후보로는 중요하지 않은 서비스가 될 것이다. 문제가 발생해도 큰 영향을 미치지 않는다. 이 단계에서 마이그레이션을 준비하고 코드를 개선하면서 피할 수 없는 실수로부터 배운다.

2. **통합 단계**consolidation phase: 이 시점에서 마이그레이션의 기본 사항은 이해했지만 마이그레이션할 코드가 여전히 많다. 다음으로 파일럿 팀은 다른 팀 교육을 시작하고 지식을 전파할 수 있으므로 모든 사람이 진행 방법을 이해할 수 있다. 이쯤이면 기본 인프라가 구축될 것이며 가장 명백한 문제가 수정됐거나 최소한 문제를 처리하는 방법이 잘 이해될 것이다.

   지식이 퍼질 수 있도록 문서를 표준화함으로써 여러 팀에서 적용할 수 있게 한다. 동일한 질문이 줄어드는 데도 도움이 된다. 새로운 마이크로서비스를 배포하고 프로덕션 환경에서 실행하기 위한 전제 조건 리스트를 적용하면 필요한 것이 무엇인지 명확하게 알 수 있다. 또한 피드백을 받을 수 있도록 해서 새로운 팀이 결과를 공유하고 프로세스를 개선할 수 있게 한다.

통합 단계에서는 미리 계획된 계획이 무엇이든 결국 극복할 것이기 때문에 계획이 일부 변경될 수 있다. 문제를 탐색하고 분석하면서 목표를 달성하기 위해 노력한다.

통합 단계에서는 더 많은 코드가 마이그레이션됨에 따라 불확실성이 줄어들기 때문에 속도가 빨라질 것이다. 언젠가는 새로운 마이크로서비스를 만들고 마이그레이션하는 것이 팀의 일상이 될 것이다.

3. **최종 단계**final phase: 최종 단계에서는 모노리스 아키텍처가 분할되고 모든 새로운 개발은 마이크로서비스에서 수행된다. 중요하지 않거나 낮은 우선순위로 여겨지는 모노리스 코드가 여전히 남아 있을 수 있다. 이 경우 기존 방식을 포함하도록 경계가 명확해야 한다.

이제 팀에서 마이크로서비스를 완전히 담당하게 되고 다른 프로그래밍 언어로 동등한 마이크로서비스를 생성하여 마이크로서비스를 완전히 교체하거나 마이크로서비스를 병합 또는 분할하는 등 아키텍처를 변경하는 야심 찬 작업을 시작할 수 있다. 지금부터 마이크로서비스 아키텍처에 참여하게 되는 마지막 단계다. 그러니 팀과 함께 축하하자.

대략적인 과정을 살펴봤다. 물론 마이그레이션은 몇 달 또는 몇 년이 걸릴 수 있는 길고 힘든 과정이 될 수 있다. 목표에 도달할 때까지 계속 마이그레이션을 진행할 수 있도록 목표에 대한 지속 가능한 속도와 장기적인 관점을 유지한다.

서비스 컨테이너화

서비스를 운영하는 전통적인 방법은 리눅스와 같은 OS를 사용하는 서버를 사용한 다음, 필요한 모든 패키지(예: 파이썬 또는 PHP)와 서비스(예: 엔진엑스, uWSGI)를 설치하는 것이다. 서버는 단위 역할을 수행하기에 각 물리 시스템을 독립적으로 유지보수해야 한다. 또한 하드웨어 활용률 관점에서 최적이 아닐 수도 있다.

이는 물리 서버를 가상 머신으로 교체해 개선할 수 있기에 단일 물리 서버가 여러 VM
을 처리할 수 있다. 이는 하드웨어 활용률과 유연성에 도움이 되지만 여전히 각 서버를
독립적인 물리 시스템으로 관리해야 한다.

 셰프(Chef)나 퍼핏(Puppet) 같은 설정 관리 툴을 사용하면 서버 운영 관리에 도움이 된다. 여러
서버를 관리하고 적절한 버전을 설치하고 적절한 서비스를 실행하고 있는지 확인할 수 있다.

컨테이너는 서버 운영 영역에 대한 여러 접근 방식을 제공한다. OS, 패키지, 의존성이
설치된 완성된 서버를 사용하고 그 위에 소프트웨어를 설치하는 대신 기본 시스템보다
자주 변경되고 모든 것이 들어간 패키지(컨테이너 이미지)를 생성한다.

컨테이너에는 OS, 의존성, 패키지, 코드를 포함한 자체 파일 시스템이 있고 전부 배포
된다. 안정적인 플랫폼과 해당 플랫폼 기반에서 서비스를 실행하는 대신, 컨테이너는
필요한 모든 것을 자체적으로 포함해 전체적으로 실행된다. 플랫폼(호스트 머신)은 컨테
이너를 실행할 수만 있으면 되는 얇은 계층이다. 컨테이너는 호스트와 동일한 커널을
공유하므로 전체 서버를 시뮬레이션해야 할지도 모르는 VM에 비해 매우 효율적으로
실행할 수 있다.

예를 들어, 여러 컨테이너가 동일한 물리 시스템에서 실행되고 각 컨테이너가 서로 다
른 패키지와 다른 버전의 코드를 사용해 서로 다른 OS를 실행할 수 있다.

 때때로 컨테이너는 '경량 가상 머신'으로 간주되는데, 이는 옳지 않다. 대신 '자체 파일 시스템에
래핑된 프로세스'로 생각하자. 해당 프로세스는 컨테이너의 주요 프로세스이며 완료되면 컨테이
너가 실행을 멈춘다.

컨테이너를 구축하고 실행하는 데 가장 널리 사용되는 툴은 도커(https://www.docker.
com/)다. 이제 어떻게 작동하는지 살펴보겠다.

도커를 설치하려면 웹 페이지(https://docs.docker.com/get-docker/)의 설명서 지침을 따른다.
도커 20.10.7 이상 버전을 사용한다.

도커 설치가 완료된 후 실행 중인 버전을 확인하면 다음과 비슷한 항목을 볼 수 있다.

```
$ docker version
Client:
 Cloud integration: 1.0.17
 Version:           20.10.7
 API version:       1.41
 Go version:        go1.16.4
 Git commit:        f0df350
 Built:             Wed Jun  2 11:56:22 2021
 OS/Arch:           darwin/amd64
 Context:           desktop-linux
 Experimental:      true

Server: Docker Engine - Community
 Engine:
  Version:          20.10.7
  API version:      1.41 (minimum version 1.12)
  Go version:       go1.13.15
  Git commit:       b0f5bc3
  Built:            Wed Jun  2 11:54:58 2021
  OS/Arch:          linux/amd64
  Experimental:     false
 containerd:
  Version:          1.4.6
  GitCommit:        d71fcd7d8303cbf684402823e425e9dd2e99285d
 runc:
  Version:          1.0.0-rc95
  GitCommit:        b9ee9c6314599f1b4a7f497e1f1f856fe433d3b7
 docker-init:
  Version:          0.19.0
  GitCommit:        de40ad0
```

이제 실행할 수 있는 컨테이너 이미지를 빌드해야 한다.

이미지 빌드와 실행

컨테이너 이미지는 파일 시스템 전체와 컨테이너 이미지가 실행될 때 필요한 실행 커맨드로 구성된다. 컨테이너를 사용하려면 시스템의 기초를 형성하는 이미지를 적절히 빌드해야 한다.

 컨테이너는 자체 파일 시스템 기반의 프로세스라고 했던 이전의 설명을 상기하자. 이미지를 빌드하면 파일 시스템이 생성된다.

여러 계층을 하나씩 실행하여 이미지를 생성하는 구성 파일은 Dockerfile을 적용해 이미지를 생성한다.

간단한 Dockerfile을 살펴보자. 텍스트가 조금 들어 있는 sometext.txt라는 파일과 다음 텍스트가 포함된 Dockerfile.simple이라는 파일을 생성한다.

```
FROM ubuntu
RUN mkdir -p /opt/
COPY sometext.txt /opt/sometext.txt
CMD cat /opt/sometext.txt
```

첫 번째 라인 FROM은 우분투^Ubuntu 이미지를 사용해 도커 이미지를 시작한다.

 시작점으로 사용할 수 있는 도커 기본 이미지가 많이 있다. 우분투(Ubuntu), 데비안(Debian), 페도라(Fedora)와 같은 일반적인 리눅스 배포판은 모두 있지만 스토리지 시스템(MySQL, PostgreSQL, Redis)과 같은 완전한 시스템용 이미지, 파이썬, Node.js, 루비와 같은 특정 툴과 함께 작동하는 이미지도 있다. 사용할 수 있는 모든 이미지는 도커 허브(Docker Hub, https://hub.docker.com)에서 확인할 수 있다.

흥미로운 출발점은 작고 보안에 중점을 두도록 설계된 알파인 리눅스(Alpine Linux) 배포판을 사용하는 것이다. 자세한 내용은 웹 페이지(https://www.alpinelinux.org)를 확인하길 바란다.

컨테이너의 주요 장점 중 하나는 이미 생성된 컨테이너를 직접 사용하거나 컨테이너를 향상하기 위한 시작점으로 사용하고 공유할 수 있다는 것이다. 요즘에는 컨테이너를 생성하고 도커 허브에 푸시해 다른 사람들이 직접 사용할 수 있도록 공개하는 것이 가장 일반적이다. 도커 허브를 통해 공유하는 것이 컨테이너의 좋은 점 중 하나다. 공유 및 사용이 매우 쉽다.

두 번째 라인은 컨테이너 내부에서 /opt라는 새로운 하위 디렉터리를 생성한다.

```
RUN mkdir -p /opt/
```

다음으로, 현재 sometext.txt 파일을 컨테이너 내부의 새로운 하위 디렉토리 /opt에 복사한다.

```
COPY sometext.txt /opt/sometext.txt
```

마지막으로, 이미지가 실행될 때 실행할 커맨드를 정의한다.

```
CMD cat /opt/sometext.txt
```

이미지를 빌드하려면 다음 커맨드를 실행한다.

```
docker build -f <Dockerfile> --tag <태그_이름> <컨텍스트>
```

정의된 Dockerfile과 example 태그를 사용하는 예를 소개한다. 컨텍스트는 '.'(현재 디렉토리)으로, 모든 COPY 커맨드를 참조할 위치와 관련하여 루트 지점을 정의한다.

```
$ docker build -f Dockerfile.sample --tag example .
[+] Building 1.9s (8/8) FINISHED
 => [internal] load build definition from Dockerfile.sample
 => => transferring dockerfile: 92B
 => [internal] load .dockerignore
 => => transferring context: 2B
 => [internal] load metadata for docker.io/library/ubuntu:latest
 => [1/3] FROM docker.io/library/ubuntu@sha256:82becede498899ec668628e7
cb0ad87b6e1c371cb8a1e597d83a47fac21d6af3
 => [internal] load build context
```

```
=> => transferring context: 82B
=> CACHED [2/3] RUN mkdir -p /opt/
=> CACHED [3/3] COPY sometext.txt /opt/sometext.txt
=> exporting to image
=> => exporting layers
=> => writing image sha256:e4a5342b531e68dfdb4d640f57165b704b1132cd18b
5e2ba1220e2d800d066cb
```

사용할 수 있는 컨테이너 이미지를 나열하는 커맨드를 사용하면 example 태그를 볼 수
있다.

```
$ docker images
REPOSITORY      TAG        IMAGE ID       CREATED        SIZE
example         latest     e4a5342b531e   2 hours ago    72.8MB
ubuntu          latest     1318b700e415   47 hours ago   72.8MB
```

이제 컨테이너 내부에서 cat 커맨드를 실행할 컨테이너를 실행할 수 있다.

```
$ docker run example
Some example text
```

커맨드가 종료되면 컨테이너 실행이 중지된다. docker ps -a 커맨드를 사용해 중지된 컨
테이너를 볼 수 있지만, 중지된 컨테이너는 일반적으로 그다지 흥미롭지 않다.

 이에 대한 일반적인 예외는 결과 파일 시스템이 디스크에 저장되므로 중지된 컨테이너에 커맨드
TIP 실행 후 생성된 흥미로운 파일이 존재할 수 있다는 것이다.

이러한 컨테이너 실행 방법은 바이너리를 컴파일하거나 비슷한 종류의 다른 작업을 컴
파일하는 데 유용할 수 있지만, 보통은 항상 실행되는 RUN 커맨드를 만드는 것이 더 일
반적이다. 이 경우 커맨드가 영원히 실행되기에 외부에서 중지될 때까지 실행된다.

웹 서비스 빌드와 실행

웹 서비스 컨테이너는 지금까지 살펴본 것처럼 가장 일반적인 유형의 마이크로서비스다. 웹 서비스 컨테이너를 빌드하고 실행할 수 있으려면 다음 부분이 필요하다.

- 컨테이너의 포트에서 웹 서비스를 실행할 수 있는 직질한 인프라
- 실행할 코드

이전의 여러 장에서 제시한 일반적인 아키텍처에 따라 다음 기술 스택을 사용한다.

- 코드는 파이썬으로 개발하고 장고를 웹 프레임워크로 사용한다.
- 파이썬 코드는 uWSGI를 통해 실행된다.
- 서비스는 엔진엑스 웹 서버를 사용해 8000 포트에 노출된다.

다양한 요소를 살펴보겠다.

 코드는 깃허브(https://github.com/PacktPublishing/Python-Architecture-Patterns/tree/main/chapter_09_monolith_microservices/web_service)에서 다운로드할 수 있다.

코드는 2개의 기본 디렉토리와 하나의 파일로 설정된다.

- docker: 이 하위 디렉토리에 도커 및 기타 인프라 작업과 관련된 파일이 포함되어 있다.
- src: 웹 서비스 자체의 소스 코드. 소스 코드는 5장 'Twelve-Factor 앱 방법론'에서 본 것과 동일하다.
- requirements.txt: 소스 코드를 실행하기 위한 파이썬 요구사항이 포함된 파일

Dockerfile 이미지는 ./docker 하위 디렉토리에 있다. 다른 파일과 어떻게 연결되는지 설명한다.

```
FROM ubuntu AS runtime-image

# 파이썬, uwsgi, nginx를 설치한다.
RUN apt-get update && apt-get install -y python3 nginx uwsgi uwsgi-
plugin-python3
RUN apt-get install -y python3-pip

# 시작 스크립트와 설정을 추가한다.
RUN mkdir -p /opt/server
ADD ./docker/uwsgi.ini /opt/server
ADD ./docker/nginx.conf /etc/nginx/conf.d/default.conf
ADD ./docker/start_server.sh /opt/server

# requirements.txt 파일을 추가하고 설치한다.
ADD requirements.txt /opt/server
RUN pip3 install -r /opt/server/requirements.txt

# 소스 코드를 추가한다.
RUN mkdir -p /opt/code
ADD ./src/ /opt/code

WORKDIR /opt/code

# 정적 파일을 컴파일한다.
RUN python3 manage.py collectstatic --noinput

EXPOSE 8000
CMD ["/bin/sh", "/opt/server/start_server.sh"]
```

Dockerfile 파일의 첫 번째 라인은 표준 우분투 도커 이미지에서 컨테이너를 시작하고 파이썬 인터프리터, 엔진엑스, uWSGI, 추가 패키지(python3 코드를 실행하는 uWSGI 플러그인, 파이썬 패키지를 설치할 수 있는 pip)와 같은 기본 요구사항을 설치한다.

```
FROM ubuntu AS runtime-image

# 파이썬, uwsgi, nginx를 설치한다.
RUN apt-get update && apt-get install -y python3 nginx uwsgi uwsgi-
plugin-python3
RUN apt-get install -y python3-pip
```

다음 단계는 서버를 시작하고 uWSGI와 엔진엑스를 설정하는 데 필요한 모든 스크립트와 설정 파일을 추가하는 것이다. 모든 파일은 ./docker 하위 디렉토리에 존재하며 /opt/server의 컨테이너 내부에 저장된다(기본 /etc/nginx 하위 디렉토리에 저장된 엔진엑스 설정 제외).

시작 스크립트를 실행할 수 있게 한다.

```
# 시작 스크립트와 설정을 추가한다.
RUN mkdir -p /opt/server
ADD ./docker/uwsgi.ini /opt/server
ADD ./docker/nginx.conf /etc/nginx/conf.d/default.conf
ADD ./docker/start_server.sh /opt/server
RUN chmod +x /opt/server/start_server.sh
```

파이썬 requirements.txt 파일이 다음으로 설치된다. requirements.txt 파일이 추가된 다음 pip3 커맨드를 통해 설치된다.

```
# requirements.txt 파일을 추가하고 설치한다.
ADD requirements.txt /opt/server
RUN pip3 install -r /opt/server/requirements.txt
```

 일부 파이썬 패키지는 일부 툴을 사용할 수 있는지 확인하기 위해 첫 번째 단계에서 컨테이너에 특정 패키지를 설치할 수 있다. 예를 들어, 특정 데이터베이스 연결 모듈을 설치하려면 데이터베이스에 맞는 적절한 클라이언트 라이브러리를 설치해야 한다.

그런 다음, 소스 코드를 /opt/code에 추가한다. WORKDIR 커맨드를 사용해 /opt/code 디렉터리에서 RUN 커맨드를 실행한다. 장고 manage.py 커맨드에 collectstatic 파라미터를 포함해 실행한다면 적절한 하위 디렉토리에 정적 파일을 생성한다.

```
# 소스 코드를 추가한다.
RUN mkdir -p /opt/code
ADD ./src/ /opt/code
```

```
WORKDIR /opt/code

# 정적 파일을 컴파일한다.
RUN python3 manage.py collectstatic --noinput
```

마지막으로, 컨테이너를 시작할 수 있도록 포트(8000)를 노출하고 CMD를 통해 이전에 복사한 start_server.sh 스크립트가 실행되게 한다.

```
EXPOSE 8000
CMD ["/bin/bash", "/opt/server/start_server.sh"]
```

uWSGI 설정

uWSGI 설정은 5장 'Twelve-Factor 앱 방법론'에서 제시한 것과 매우 비슷하다.

```
[uwsgi]
plugins=python3
chdir=/opt/code
wsgi-file = microposts/wsgi.py
master=True
socket=/tmp/uwsgi.sock
vacuum=True
processes=1
max-requests=5000
uid=www-data
# uWSGI에 커맨드를 보내는 데 사용된다.
master-fifo=/tmp/uwsgi-fifo
```

유일한 차이점은 python3 플러그인을 실행한다고 알려주기 위해 plugins 파라미터를 포함해야 한다는 것이다(우분투에 설치된 uwsgi 패키지에 기본적으로 활성화되어 있지 않기 때문이다). 또한 엔진엑스에 동일한 사용자로 프로세스를 실행해 /tmp/uwsgi.sock 소켓으로 통신할 수 있게 한다. uid=www-data를 추가해 기본 엔진엑스 사용자로 www-data를 지정한다.

엔진엑스 설정

엔진엑스 설정은 5장 'Twelve-Factor 앱 방법론'에서 제시한 것과 매우 비슷하다.

```
server {
    listen 8000 default_server;
    listen [::]:8000 default_server;



    root /opt/code/;

    location /static/ {
        autoindex on;
        try_files $uri $uri/ =404;
    }

    location / {
        proxy_set_header Host $host;
        proxy_set_header X-Real-IP $remote_addr;
        uwsgi_pass unix:///tmp/uwsgi.sock;
        include uwsgi_params;
    }

}
```

유일한 차이점은 노출 포트인 8000이다. 루트 디렉토리는 /opt/code이기에 정적 파일 디렉토리는 /opt/code/static으로 지정한다. 해당 정적 파일 디렉토리는 장고의 설정과 동기화되어야 한다.

스크립트 시작

서비스를 시작하는 스크립트인 start_script.sh를 살펴보겠다.

```bash
#!/bin/bash

_term() {
  # uwsgi.ini 파일의 상세 내용을 살펴본다.
```

```
    # http://uwsgi-docs.readthedocs.io/en/latest/MasterFIFO.html에 따르면
    # q는 '안전한 중지'를 의미한다.
    echo q > /tmp/uwsgi-fifo
}


trap _term TERM


nginx
uwsgi --ini /opt/server/uwsgi.ini &

# 시그널이 제대로 도착할 때까지 기다려야 한다.
# 이것이 바로 uWSGI가 백그라운드에서 시작되는 이유다.
# $!은 uWSGI의 PID이다.
wait $!
# 컨테이너는 코드 143으로 종료되는데 이는 'SIGTERM 때문에 종료됨'을 의미한다.
# 128 + 15 (SIGTERM)
# http://www.tldp.org/LDP/abs/html/exitcodes.html
# http://tldp.org/LDP/Bash-Beginners-Guide/html/sect_12_02.html
echo "Exiting, bye!"
```

주요 부분은 라인 중간에 위치한 nginx 부분이다.

```
uwsgi --ini /opt/server/uwsgi.ini &
wait $!
```

이는 nginx와 uwsgi를 모두 시작하고 uwsgi 프로세스가 실행되지 않을 때까지 기다린다. 배시^{bash}에서 $!는 마지막 프로세스(uwsgi 프로세스)의 PID이다.

도커가 컨테이너를 중지하려 하면 먼저 컨테이너에 SIGTERM 신호를 보낸다. 이것이 우리가 SIGTERM 신호를 포착하고 _term() 함수를 실행하는 trap 커맨드를 만드는 이유다. _term() 함수는 5장 'Twelve-Factor 앱 방법론'에서 설명한 대로 uwsgi 큐에 안전한 중지 커맨드를 보내고 프로세스를 안전한 방식으로 종료한다.

```
_term() {
  echo q > /tmp/uwsgi-fifo
}

trap _term TERM
```

처음 SIGTERM 신호가 성공적이지 못하면, 도커는 유예 기간 후에 컨테이너를 종료하는 것을 중지하지만 프로세스가 비정상적으로 종료될 위험이 있다.

빌드와 실행

이제 노커 이미지를 빌드하고 실행할 수 있다. 도커 이미지를 빌드하려면 이전과 유사한 도커 커맨드(docker build)를 수행한다.

```
$ docker build -f docker/Dockerfile --tag example .
[+] Building 0.2s (19/19) FINISHED
 => [internal] load build definition from Dockerfile
 => => transferring dockerfile: 85B
 => [internal] load .dockerignore
 => => transferring context: 2B
 => [internal] load metadata for docker.io/library/ubuntu:latest
 => [ 1/14] FROM docker.io/library/ubuntu
 => [internal] load build context
 => => transferring context: 4.02kB
 => CACHED [ 2/14] RUN apt-get update && apt-get install -y python3
nginx uwsgi uwsgi-plugin-pytho
 => CACHED [ 3/14] RUN apt-get install -y python3-pip
 => CACHED [ 4/14] RUN mkdir -p /opt/server
 => CACHED [ 5/14] ADD ./docker/uwsgi.ini /opt/server
 => CACHED [ 6/14] ADD ./docker/nginx.conf /etc/nginx/conf.d/default.conf
 => CACHED [ 7/14] ADD ./docker/start_server.sh /opt/server
 => CACHED [ 8/14] RUN chmod +x /opt/server/start_server.sh
 => CACHED [ 9/14] ADD requirements.txt /opt/server
 => CACHED [10/14] RUN pip3 install -r /opt/server/requirements.txt
 => CACHED [11/14] RUN mkdir -p /opt/code
 => CACHED [12/14] ADD ./src/ /opt/code
 => CACHED [13/14] WORKDIR /opt/code
 => CACHED [14/14] RUN python3 manage.py collectstatic --noinput
 => exporting to image
 => => exporting layers
 => => writing image sha256:7be9ae2ab0e16547480aef6d32a11c2ccaa3da4aa5e
fbfddedb888681b8e10fa
 => => naming to docker.io/library/example
```

서비스를 실행하려면 컨테이너를 시작하고 컨테이너 포트 8000을 로컬 포트(예: 로컬 8000)에 매핑한다.

```
$ docker run -p 8000:8000 example
[uWSGI] getting INI configuration from /opt/server/uwsgi.ini
*** Starting uWSGI 2.0.18-debian (64bit) on [Sat Jul 31 20:07:20 2021] ***
compiled with version: 10.0.1 20200405 (experimental) [master revision
0be9efad938:fcb98e4978a:705510a708d3642c9c962beb663c476167e4e8a4] on 11
April 2020 11:15:55
os: Linux-5.10.25-linuxkit #1 SMP Tue Mar 23 09:27:39 UTC 2021
nodename: b01ce0d2a335
machine: x86_64
clock source: unix
pcre jit disabled
detected number of CPU cores: 2
current working directory: /opt/code
detected binary path: /usr/bin/uwsgi-core
setuid() to 33
chdir() to /opt/code
your memory page size is 4096 bytes
detected max file descriptor number: 1048576
lock engine: pthread robust mutexes
thunder lock: disabled (you can enable it with --thunder-lock)
uwsgi socket 0 bound to UNIX address /tmp/uwsgi.sock fd 3
Python version: 3.8.10 (default, Jun  2 2021, 10:49:15)  [GCC 9.4.0]
*** Python threads support is disabled. You can enable it with
--enable-threads ***
Python main interpreter initialized at 0x55a60f8c2a40
your server socket listen backlog is limited to 100 connections
your mercy for graceful operations on workers is 60 seconds
mapped 145840 bytes (142 KB) for 1 cores
*** Operational MODE: single process ***
WSGI app 0 (mountpoint='') ready in 1 seconds on interpreter
0x55a60f8c2a40 pid: 11 (default app)
*** uWSGI is running in multiple interpreter mode ***
spawned uWSGI master process (pid: 11)
spawned uWSGI worker 1 (pid: 13, cores: 1)
```

도커 이미지를 실행한 후, 로컬 주소 http://localhost:8000에 접근해 서비스에 접근할 수 있다. 예를 들어, http://localhost:8000/api/users/jaime/collection URL에 접근한다.

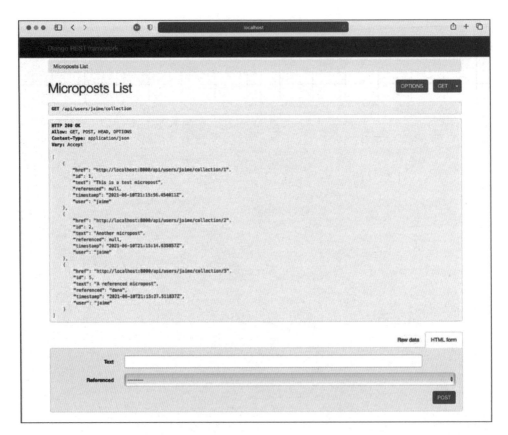

그림 9.7 마이크로포스트 리스트

컨테이너를 시작한 스크린 화면에서 접근 로그를 표시한다.

```
[pid: 13|app: 0|req: 2/2] 172.17.0.1 () {42 vars in 769 bytes} [Sat Jul 31
20:28:56 2021] GET /api/users/jaime/collection => generated 10375 bytes
in 173 msecs (HTTP/1.1 200) 8 headers in 391 bytes (1 switches on core 0)
```

docker stop 커맨드를 사용해 컨테이너를 안전하게 중지할 수 있다. 먼저 docker ps 커맨드를 사용해 컨테이너 ID를 검색해야 한다.

```
$ docker ps
CONTAINER ID    IMAGE        COMMAND                 CREATED
STATUS          PORTS                                        NAMES
b01ce0d2a335    example      "/bin/bash /opt/serv…"   23 minutes ago    Up
23 minutes      0.0.0.0:8000->8000/tcp, :::8000->8000/tcp    hardcore_chaum
$ docker stop b01ce0d2a335
b01ce0d2a335
```

컨테이너 로그는 도커에서 보낸 SIGTERM 신호를 포착할 때 세부 정보를 출력한 다음 종료된다.

```
Caught SIGTERM signal! Sending graceful stop to uWSGI through the
master-fifo
Exiting, bye!
```

이 예를 보여주기 위해, 일반적인 서비스와 비교해 작업을 단순화할 수 있도록 몇 가지 의도적인 결정을 했다.

주의사항

정의된 API를 보고 잘 이해하고 싶다면 5장 'Twelve-Factor 앱 방법론'을 확인하는 것을 잊지 않길 바란다.

장고 settings.py 파일의 DEBUG 파라미터는 True로 설정되어 있어, 404 에러 또는 500 에러가 발생할 때 더 많은 정보를 볼 수 있다. 프로덕션 환경에서는 DEBUG 파라미터가 True로 설정되어 있으면 중요한 정보를 놓칠 수 있기에 False로 설정해야 한다.

STATIC_ROOT와 STATIC_URL 파라미터는 동일한 경로를 가리키도록 장고와 엔진엑스에서 각각 설정되어야 한다. 그래서 collectstatic 커맨드는 엔진엑스에서 데이터를 가져올 동일한 경로에서 데이터를 저장할 것이다.

가장 중요한 세부 사항은 내부 데이터베이스 대신 SQLite 데이터베이스를 사용하는 것이다. SQLite 데이터베이스는 컨테이너의 파일 시스템에 있는 src/db.sqlite3 파일에 저장된다. 즉, 컨테이너를 중지했다가 재시작하면 변경사항이 모두 삭제된다.

편의를 위해 깃허브의 db.sqlite3 파일에 저장된 정보가 포함되어 있다. jaime와 dana 사용자는 각자의 마이크로포스트를 갖고 있다. 지금까지 새로운 사용자를 생성하는 API를 정의하지 않았기 때문에 장고 툴을 사용해 사용자를 생성하거나 SQL을 직접 실행하는 방식으로 중계해야 한다. 사용자 정보는 데모용으로 추가된다.

 연습을 위해, 빌드 프로세스의 일부로 사용자 정보가 포함된 데이터베이스를 저장하는 스크립트를 생성해 보길 바란다.

일반적으로 SQLite 데이터베이스를 사용하는 것은 프로덕션 환경에서 사용하기에 적합하지 않으며 컨테이너 외부의 데이터베이스에 연결해야 한다. 따라서 복잡한 설정을 가진 외부 데이터베이스가 필요하다.

이제 컨테이너 사용 방법을 알았으니, 더 나은 데이터베이스를 구성하기 위해 MySQL 같은 데이터베이스를 사용해 도커 컨테이너를 사용할 수 있다.

 프로덕션에서 데이터베이스를 컨테이너화하는 것은 좋은 아이디어가 아니다. 일반적으로 컨테이너는 쉽게 시작하고 중지할 수 있기에 자주 변경되는 상태 비저장 서비스에 적합하다. 데이터베이스는 매우 안정적인 경향이 있으며 관리되는 데이터베이스를 제공하는 서비스가 많이 있다. 일반 데이터베이스를 컨테이너해서 얻는 장점이 없다.

그렇다고 해서 프로덕션 이외의 용도가 있다는 뜻은 아니다. 예를 들어, 복제 가능한 로컬 환경을 쉽게 생성할 수 있어서 로컬 환경에서 개발할 수 있기에 훌륭하다.

웹 서버와 데이터를 저장하기 위한 백엔드 역할을 수행하는 데이터베이스처럼, 하나 이상의 컨테이너를 생성하고 연결하려면 모든 컨테이너를 개별적으로 시작하는 대신 오케스트레이션 툴을 사용할 수 있다.

오케스트레이션과 쿠버네티스

여러 컨테이너를 관리하고 연결하는 것을 오케스트레이션orchestration이라 한다. 컨테이너에 배포된 마이크로서비스는 여러 마이크로서비스가 상호 연결할 수 있게 오케스트레이션해야 한다.

오케스트레이션 개념에는 여러 컨테이너의 위치 탐색, 서비스 간의 의존성, 동일한 컨테이너의 여러 복사본의 생성과 같은 세부 정보가 포함된다.

 오케스트레이션 툴은 매우 강력할 뿐만 아니라 복잡하므로 많은 용어에 익숙해져야 한다. 오케스트레이션 툴을 완전히 설명하는 것은 이 책의 지면상 한계가 있어서 힘들지만, 여기서 몇 가지를 지적하고 간략하게 소개할 것이다. 자세한 내용은 다음에 나오는 박스의 링크된 설명서를 참조한다.

오케스트레이션을 수행할 수 있는 여러 툴이 존재하는데, 가장 일반적인 툴은 docker-compose와 쿠버네티스다.

docker-compose는 도커가 제공하는 제품군의 일부다. 소규모 배포 또는 로컬 개발에 매우 적합하다. 여러 서비스의 정의와 사용할 수 있는 서비스 이름이 포함된 단일 YAML 파일을 정의한다. YAML 파일에 모든 파라미터를 정의할 수 있으므로 많은 docker build와 docker run 커맨드를 대체하는 데 사용할 수 있다.

 도커 컴포즈(Docker Compose)에 대한 설명서는 웹 페이지(https://docs.docker.com/compose/)에서 확인할 수 있다.

쿠버네티스는 도커 컴포즈보다 더 큰 규모의 배포 및 클러스터를 목표로 하며, 컨테이너가 서로 연결하는 방법을 정의해 전체 논리 구조를 생성하여 기본 인프라에 대한 추상화를 허용한다.

쿠버네티스로 운영 중인 모든 물리(또는 가상) 서버를 **노드**node라고 한다. 모든 노드는 클러스터를 정의한다. 쿠버네티스에서 노드를 처리하는데, 쿠버네티스는 노드 간에 네트워크를 생성하고 여유 자원을 주시하면서 각 노드에 서로 다른 컨테이너를 할당한다. 즉, 서비스에서는 노드의 수, 위치, 종류를 처리할 필요가 없음을 의미한다.

쿠버네티스는 더 큰 규모의 배포와 클러스터를 목표로 하며 컨테이너가 서로 연결하는 방법을 정의하고, 전체 논리 구조를 생성해 기본 인프라에 대한 추상화를 허용한다.

- **파드**Pod: 파드는 쿠버네티스에서 정의된 최소 단위이며 단위로 실행되는 컨테이너 그룹으로 정의된다. 일반적으로 파드는 하나의 컨테이너로 구성되지만 경우에 따라 여러 컨테이너로 구성할 수 있다. 쿠버네티스의 모든 것은 파드에서 실행된다.

- **디플로이먼트**Deployment: 파드 집합이다. 디플로이먼트는 필요한 복제본의 수를 정의하고 적절한 수의 파드를 생성한다. 디플로이먼트의 각 파드가 다른 노드에 있을 수 있지만 쿠버네티스의 제어하에 있다.

  디플로이먼트는 파드의 수를 제어하기 때문에 파드가 비정상 종료되면 디플로이먼트가 파드를 재시작할 것이다. 또한 예를 들어, 오토스케일러autoscaler를 생성해 디플로이먼트를 조정해 파드의 숫자를 변경할 수 있다. 파드에 배포할 이미지가 변경되면 디플로이먼트는 롤링 업데이트 또는 기타 전략에 따라 올바른 이미지로 새로운 파드를 생성하고 이전 파드를 제거한다.

- **서비스**Service: DNS 이름 역할을 하며, 특정 파드로 요청을 라우팅하는 데 사용할 수 있는 레이블이다. 일반적으로 서비스는 배포용으로 생성된 파드를 가리킨다. 따라서 시스템 내의 다른 파드가 알려진 위치로 요청을 보낼 수 있다. 요청은 서로 다른 파드 간에 로드 밸런싱된다.

- **인그레스**Ingress: 서비스에 대한 외부 접근. 인그레스는 유입된 DNS를 서비스에 매핑한다. 인그레스를 통해 애플리케이션을 외부에 노출할 수 있다. 외부 요청은 인그레스를 통해 들어와 서비스로 연결되고 특정 파드에서 처리되는 과정을 거친다.

일부 컴포넌트는 쿠버네티스 클러스터에서 서술하는 용도를 갖고 있다. 예를 들어,

ConfigMaps는 설정 목적으로 사용할 수 있는 키-값 쌍을 정의한다. 또한 파드 간에 스토리지를 공유하기 위한 Volumes, 파드에 주입할 수 있는 비밀 값을 정의하는 Secrets 등이 있다.

쿠버네티스는 수백 개의 노드와 수천 개의 파드가 있는 꽤 큰 클러스터를 처리할 수 있는 환상적인 툴이다. 또한 사용 방법을 배워야 하고 학습 곡선이 높은 복잡한 툴이다. 요즘 꽤 인기가 있으며 관련 문서가 많이 있다. 공식 문서는 https://kubernetes.io/docs/home/에서 볼 수 있다.

요약

9장에서는 모노리스 아키텍처와 마이크로서비스 아키텍처를 모두 설명했다. 모노리스 아키텍처와 애플리케이션을 설계할 때 자연스럽게 생성되는 '기본 아키텍처'의 경향을 설명하는 것으로 시작했다. 모노리스는 단일 블록 내에 모든 코드를 포함하도록 생성된다.

이에 비해, 마이크로서비스 아키텍처는 전체 애플리케이션의 기능을 병렬로 작업할 수 있도록 더 작은 부분으로 나눈다. 마이크로서비스 전략이 작동하려면 명확한 경계를 정의하고 서로 다른 서비스를 상호 연결하는 방법을 문서화해야 한다. 모노리스 아키텍처와 비교할 때 마이크로서비스는 좀 더 구조화된 코드를 생성하고 큰 코드 기반을 더 작고 관리하기 쉬운 시스템으로 나누어 제어하는 것을 목표로 한다.

9장에서 최고의 아키텍처가 무엇인지, 시스템을 모노리스로 설계할지 아니면 마이크로서비스로 설계할지 선택하는 방법을 설명했다. 각 접근 방식에는 장단점이 있지만 일반적으로 시스템은 모노리스로 시작하고, 코드 기반을 더 작은 마이크로서비스로 나누는 움직임은 코드 기반과 해당 작업을 수행하는 개발자 수가 일정 규모에 도달한 후에 이뤄진다.

두 아키텍처의 차이점은 기술적인 것만이 아니라. 시스템에서 작업하는 개발자가 팀과 커뮤니케이션하고 분할해야 하는 방법이 포함된다. 팀의 구조와 규모를 포함해 고려해야 할 다양한 측면에 대해 논의했다.

오래된 모노리스 아키텍처에서 새로운 마이크로서비스 아키텍처로 마이그레이션하는 것은 매우 일반적인 경우다. 분석, 설계, 계획, 실행의 4단계 로드맵을 사용해 작업 접근 방식, 분석 방법, 수행 방법을 설명했다.

그리고 서비스(특히 마이크로서비스)를 컨테이너화하는 것이 얼마나 도움이 될 수 있는지 살펴봤다. 도커를 툴로 사용해 서비스를 컨테이너화하는 방법과 여러 장점과 용도를 다뤘다. 5장 'Twelve-Factor 앱 방법론'에 설명된 대로 웹 서비스를 컨테이너화하는 예시를 포함했다.

마지막으로, 여러 컨테이너와 가장 널리 사용되는 쿠버네티스 간의 조정, 상호 통신을 위한 오케스트레이션 툴의 사용법을 간략하게 설명했다. 그런 다음 쿠버네티스를 간략하게 소개했다.

 마이크로서비스에 대한 자세한 정보와 모노리스 아키텍처에서 마이크로서비스로 마이그레이션을 수행하는 방법을 잘 알고 싶다면 이 책의 저자가 쓴 책 『Hands-On Docker for Microservices with Python』(Packt, 2019)을 참고하길 바란다. 이 책은 마이크로서비스와 모노리스 아키텍처의 개념을 확장하고 깊이 다뤘다.

3부

구현

설계는 실행 계획을 세우는 중요한 단계이지만 실제로 개발 프로세스의 핵심은 구현에 있다.

일반적인 아키텍처를 설계하려면 코드 구조 및 개발 방법 관점에서 작더라도 다양한 설계 요소를 결정해야 한다. 설계가 얼마나 우수한지는 중요치 않으며, 설계대로 실행하는 것이 중요하고 준비된 계획을 검증하거나 조정한다.

그리고 설계한 대로 구현하려면 스스로의 코딩 능력을 자신해서는 안 되며 코드가 '완료'되기 전까지 철저히 테스트를 해야 한다. 이렇게 진행하는 것이 정상적인 작업이며 테스트를 지속할수록 코드 품질을 향상하고 문제를 현저히 줄일 수 있다. 또한 팀의 약점을 예측하고 팀을 강화시키는 능력을 키울 수 있어서 긍정적인 캐스케이드 효과를 기대할 수 있다. 또한 테스트가 잘 수행된 소프트웨어는 안정적이고 문제는 되도록 적은 상태로 잘 작동할 수 있다.

테스트를 개발 프로세스의 중심에 두는 프랙티스인 TDD^{Test-Driven Design}를 사용하는 테스트 접근 방법을 살펴볼 것이다.

때로는 일부 코드는 재사용되어야 할 것이다. 파이썬 세계의 강력한 툴은 구현할 수 있는 모듈을 쉽게 만들고 공유하는 것이다. 파이썬 패키지의 표준 저장소인 PyPI에 업로드하는 것을 포함해 표준 파이썬 모듈을 구성, 생성, 유지보수하는 방법을 살펴볼 것이다.

3부는 다음과 같은 장들로 구성되어 있다.

- 10장 '테스트와 TDD': 테스트에 대한 다양한 접근 방식, 테스트 주도 설계 방법론, 테스트를 쉽게 작성하기 위한 툴을 설명한다.
- 11장 '패키지 관리': 시스템의 여러 부분에서 사용하거나 폭넓게 커뮤니티와 공유하는 코드 개발 방법을 설명한다.

10

테스트와 TDD

아무리 개발자가 훌륭하더라도 코드가 늘 완벽한 것은 아니다. 개발자도 사람이기 때문이다. 그러나 기대한 결과가 코딩에 몰두하면서 생각한 결과와 달라서 생기는 일이기도 하다.

설계가 예상대로 진행되는 경우는 거의 없다. 설계를 구현하는 동안 충분히 개선해서 수정할 때까지 논의는 계속된다.

> 누구나 계획은 있다. 한 방 얻어맞기 전까지는.
>
> – 마이크 타이슨

소프트웨어를 작성하는 것은 극단적인 가소성plasticity 때문에 악명이 높지만, 이와 동시에 소프트웨어를 통해 코드가 할 일을 제대로 하고 있는지 더블체크할 수 있다.

 다른 코드와 마찬가지로 테스트에도 버그가 있을 수 있다.

테스트를 작성하면 최신 코드에서 문제를 감지할 수 있고 예상 결과가 실제 결과인지 확인할 때는 어느 정도 회의론의 관점이 있기도 한다. 10장에서는 테스트를 쉽게 작성하는 방법과 다양한 종류의 문제를 포착하도록 각양각생의 테스트를 작성하는 전략들을 볼 것이다.

유효성 검사가 실제 코드 구현에서 독립적인지 확인하기 위해 먼저 테스트를 정의하고 TDD 방법론에 대해 설명한다.

그리고 공통 단위 테스트 프레임워크, 표준 unittest 모듈과 더 강력해진 pytest 모듈로 파이썬에서 테스트를 생성하는 방법을 보여줄 것이다.

 특히 10장은 예시 코드와 함께 설명하기 때문에 다른 장보다 다소 길 수 있다.

10장에서 다루는 내용은 다음과 같다.

- 코드 테스트
- 다양한 레벨의 테스트
- 테스트 철학
- 테스트 주도 개발
- 파이썬의 단위 테스트 소개
- 외부 의존성 테스트
- pytest 고급 기능

먼저 테스트에 대한 기본 개념부터 설명한다.

코드 테스트

코드 테스트를 생각할 때 떠오르는 첫 질문은 간단하다. 코드를 테스트한다는 것은 정확히 무엇을 의미할까?

답은 여러 가지가 있겠지만 가장 넓은 의미로는 '최종 사용자가 애플리케이션을 사용하기 전에 제대로 작동하는지 애플리케이션을 확인하는 모든 절차'라고 볼 수 있다. 이러한 의미에서 모든 공식 또는 비공식 테스트 절차는 정의를 충족해야 한다.

 한두 명의 개발자가 있는 소규모 애플리케이션에서 볼 수 있는 가장 익숙한 방식은 특정 테스트를 생성하지 않아도 새로 구현된 기능이 예상대로 작동하는지 확인할 수 있는 비공식 '전체 애플리케이션 실행'을 수행하는 것이다.
이 접근 방식은 작고 간단한 애플리케이션에서 적합할 수 있는데 관건은 이전 기능이 안정적으로 유지되도록 하는 것이다.

하지만 거대하고 복잡한 고품질 소프트웨어라면 테스트에 신경을 더 써야 한다. 이에 따라 테스트에 대한 정확한 정의를 해보자면 다음과 같다. 테스트는 최종 사용자가 애플리케이션을 사용하기 전에 알려진 설정과 다양한 요소가 제대로 작동하는지 확인하는 것으로, 문서화된 절차를 따르며 가급적이면 자동화를 사용한다.

테스트에 대한 2개의 정의와 그 차이점을 살펴보면 눈에 띄는 키워드가 있을 것이다. 이 키워드를 토대로 각 세부 사항을 살펴본다.

- **문서화**: 이전 버전과 비교하여 테스트를 문서화하는 것이 목표여야 한다. 문서화가 잘되면 필요시 문제를 정확히 재현할 수 있고 놓치기 쉬운 사각지대를 발견할 수 있다. 실행 단계 목록과 예상 결과를 명시할 수 있고, 테스트 실행 코드를 작성하는 등 테스트를 문서화하는 방법은 다양하다. 핵심은 테스트를 분석할 수 있고, 여러 사람이 몇 번이고 실행할 수 있고, 필요하다면 변경할 수 있으며, 명확한 설계와 결과를 얻을 수 있다는 것이다.
- **가급적 자동화**: 테스트는 가능하면 사람의 개입 없이 자동으로 실행할 수 있어야

한다. 그러면 지속적인 통합 기술을 작동해서 많은 테스트를 반복하고 실행하면 예상하지 못한 에러를 최대한 빨리 포착할 수 있는 '안전망'을 만들 수 있다. 일부 테스트는 완전히 자동화하는 것이 불가능하거나 비용이 많이 들기 때문에 '가급적'이라고 말하곤 한다. 분명한 것은 테스트 대부분을 자동화해서 방대한 양의 테스트는 컴퓨터가 수행하고 사람들의 소중한 시간을 절약하는 것이 목표다. 또한 테스트를 실행할 수 있는 다양한 소프트웨어 툴이 있으며, 충분히 도움이 될 것이다.

- **기존의 설정**: 개별 테스트를 실행하려면 테스트 전에 시스템의 상태를 알아야 한다. 그러면 테스트 결과가 다음 테스트에 영향을 줄 수 있는 특정한 상태를 만들지 않도록 보장할 수 있다. 테스트 전후에 확실한 정리가 필요할 것이다.

  물론 테스트 처음 상태 또는 종료 상태를 걱정하지 않아도 되는 반면에 배치 테스트 실행 속도가 느려질 수 있지만, 문제를 방지하고 견고한 기반을 만들 수 있다.

일반적으로, 특히 자동화 테스트에서 에러가 이어지는 것을 방지하려면 테스트 순서와 무관하게 실행될 수 있어야 한다. 말처럼 쉽지는 않아서 어떨 때는 테스트 순서 때문에 문제가 생기기도 한다. 예를 들어 테스트 A는 테스트 B가 읽는 항목을 만든다고 할 때, 테스트 B가 단독 실행되면 A가 생성한 항목을 예상하기 때문에 테스트 결과는 실패가 된다. 이러한 경우는 디버깅이 꽤 복잡해지기 때문에 수정해야 한다. 또한 테스트를 독립적으로 실행할 수 있다는 것을 염두에 두고 테스트를 병렬화한다.

- **애플리케이션의 다양한 요소**: 사실 테스트는 전체가 아니라 애플리케이션의 작은 부분을 다뤄야 한다. 다양한 테스트 레벨에 대해 추후 상세히 살펴보겠지만, 테스트는 많은 비용이 들기 때문에 무엇을 테스트하고 다른 요소를 다루고 있는지 구체적이어야 한다.

테스트의 핵심 요소는 투자 대비 좋은 수익률을 내는 것이다. 테스트를 설계하고 실행하는 데는 시간이 걸리는데 이 시간을 잘 사용해야 한다. 모든 테스트는 유지보수해야 하는 가치가 있다. 이 책의 모든 장에서 테스트의 중요한 측면을 언급할 것이다.

앞서 테스트를 정의할 때 다루지 않았던 중요한 테스트 종류가 있다. 바로 **탐색적 테스트**(exploratory test)다. 대개는 QA 엔지니어가 테스트를 하는데, 미리 예상하거나 선입견 없이 최종 애플리케이션을 사용하면서 문제를 찾아낸다. 애플리케이션에 사용자 대면 UI가 있다면 탐색적 테스트는 설계 단계에서 감지하지 못한 문제들을 찾아내는 데 매우 유용할 수 있다.

예를 들어 노련한 QA 엔지니어라면 X 페이지의 버튼 색상이 Y 페이지의 버튼과 같지 않다거나, 버튼이 작업을 수행하기에 충분하지 않다거나 또는 특정 작업을 하려면 새 인터페이스에서 명확하지 않거나 가능하지 않은 전제 조건이 있어야 한다고 말할 수 있다. 모든 **사용자 경험**(UX, User Experience) 검사가 이 범주에 속할 것이다.

본질적으로 탐색적 테스트와 같은 테스트는 '설계'하거나 '문서화'할 수 없다. 결국은 애플리케이션이 제대로 작동하는지 볼 수 있는 좋은 눈과 해석에 달려 있기 때문이다. 물론 문제를 발견하면 이를 방지하기 위해 문서화할 수 있다.

이 방법이 확실히 유용해서 권장하고 싶지만, 이런 스타일의 테스트가 아무래도 즉흥적인 부분이 있기 때문에 더 이상 다루지는 않을 것이다.

이 일반적인 정의는 논의를 시작하는 데 도움이 되지만, 각 테스트를 실행하는 동안 각 테스트에서 시스템의 양에 따라 정의된 여러 테스트에 대해 더 구체적으로 설명할 수 있다.

다양한 레벨의 테스트

이전에 설명한 것처럼 테스트는 시스템의 다양한 요소를 다뤄야 한다. 즉, 테스트가 시스템(또는 전체 시스템)의 작은 부분 또는 큰 부분을 검증해 작업의 범위를 줄일 수 있음을 의미한다.

시스템의 작은 부분을 테스트할 때는 테스트와 범위의 복잡성을 줄인다. 시스템의 작은 부분만 호출하면 되고 설정을 시작하는 것은 더 쉽다. 일반적으로 테스트할 요소가 작을수록 더 빠르고 쉽게 테스트할 수 있다.

작은 범위에서 큰 범위에 이르기까지 세 가지 테스트를 정의한다.

- **단위 테스트**: 서비스의 일부만 확인하는 테스트

- **통합 테스트**: 단일 서비스를 전체적으로 확인하는 테스트
- **시스템 테스트**: 여러 서비스가 함께 작동하는지 확인하는 테스트

테스트 이름은 실제로 상당히 다를 수 있다. 이 책에서는 정의를 매우 엄격하게 하지는 않을 것이다. 대신 나름의 한계를 정의하고 특정 프로젝트에 적합한 균형을 찾는 것을 제안한다. 긱 테스트에 대해 적절한 레벨에서 결정을 내리고 여러분의 테스트 명명법을 정의하는 것을 부끄러워하지 말고 항상 가치가 있는지 확인하길 바란다. 테스트를 생성하는 데 얼마나 많은 노력이 필요한지 항상 염두에 두길 바란다.

 테스트 레벨의 정의가 다소 흐려질 수 있다. 예를 들어 통합 및 단위 테스트를 나란히 두고 얘기할 수 있는 만큼, 이 둘의 차이를 굳이 설명한다는 것은 실무보다는 이론적 접근이 목적일 것이다.

각 테스트를 더 자세히 알아보자.

단위 테스트

가장 작은 테스트는 단위 테스트^{unit test}로 일반적으로 가장 많은 노력을 기울이는 테스트이기도 하다. 이렇게 단위 테스트는 전체 시스템이 아닌 작은 코드 단위의 작동을 확인한다. 코드 단위는 단일 함수만큼 작거나 단일 API 엔드포인트 등을 테스트할 수 있다.

 앞서 설명한 것처럼 '단위(unit)'가 무엇이며 실제로 단위인지 여부에 따라 단위 테스트가 실제로 얼마나 커야 하는지에 대해 많은 논쟁이 있다. 예를 들어, 어떤 경우에는 단일 함수나 클래스가 포함된 테스트만 단위 테스트라고 부르는 경우가 있다.

단위 테스트는 기능의 작은 부분을 검사하기 때문에 설정이 매우 쉽고 빠르게 실행할 수 있다. 새로운 단위 테스트를 빨리 만들고 시스템을 철저히 테스트할 수 있으며, 전체 시

스템을 구성하는 작은 개별 코드들이 예상대로 작동하는지 확인할 수 있다.

단위 테스트의 목적은 서비스에 정의된 기능의 작동을 심층적으로 확인하는 것이다. 모든 외부 요청이나 요소는 시뮬레이션해야 한다. 즉, 테스트의 일부로 정의된다. 단위 테스트는 TDD 접근 방식의 핵심 요소이기 때문에 이번 장의 뒷부분에서 더 자세히 다룰 것이다.

통합 테스트

다음 단계는 통합 테스트integration test다. 통합 테스트는 서비스 또는 여러 서비스의 전체 작동을 확인하는 것이다.

통합 테스트의 주요 목표는 동일한 서비스 내의 여러 서비스 또는 여러 모듈이 서로 작동할 수 있는지 확인하는 것이다. 단위 테스트에서 외부 요청이 시뮬레이션되는 동안 통합 테스트는 실제 서비스를 사용한다.

 여전히 외부 API를 시뮬레이션해야 할 수 있다. 예를 들어, 테스트를 위해 외부 결제 프로바이더를 시뮬레이션한다. 그러나 일반적으로 테스트 포인트는 여러 서비스가 함께 작동하는지 테스트하는 것이므로 통합 테스트에는 가능한 한 많은 실제 서비스를 사용해야 한다.

일반적으로 여러 서비스는 개발자들 또는 여러 팀에서 개발되기 때문에 잘 정의된 명세라 하더라도 API 구현에 대한 이해가 서로 다를 수 있다.

더 많은 요소를 적절하게 설정해야 하므로 통합 테스트의 설정은 단위 테스트보다 복잡하다. 따라서 통합 테스트는 단위 테스트보다 느리고 비용이 많이 든다.

통합 테스트는 여러 서비스가 함께 작동하는지 확인하는 데 유용하지만 제한사항이 있다.

통합 테스트는 일반적으로 기본 기능을 확인하고 행복한 경로happy path를 따르는 데 중점을 두기 때문에 단위 테스트만큼 철저하지 않다. 행복한 경로는 테스트 사례에서 에러나 예외가 발생하지 않아야 함을 의미하는 테스트의 개념이다.

예상할 수 있는 에러와 예외는 실패 요소이기 때문에 일반적으로 단위 테스트에서 진행된다. 그렇다고 해서 모든 단일 통합 테스트가 행복한 경로를 따라야 한다는 의미는 아니다. 일부 통합 테스트 에러는 확인해야 할 필요가 있지만, 일반적으로 행복한 경로는 특정 기능의 예상되는 일반저인 작동을 테스트한다. 따라서 행복한 경로는 통합 테스트의 대부분을 구성할 것이다.

시스템 테스트

마지막은 시스템 레벨이다. 시스템 테스트는 모든 서비스가 함께 올바르게 작동하는지 확인한다.

시스템 테스트에 대한 요구사항은 시스템에 실제로 여러 서비스가 있다는 것이다. 여러 서비스가 존재하지 않으면 하위 레벨의 테스트와 다르지 않다. 시스템 테스트의 주요 목적은 서로 다른 서비스가 협력할 수 있고 구성이 올바른지 확인하는 것이다.

시스템 테스트는 느리고 구현하기 어렵다. 모든 서비스가 제대로 구성된 전체 시스템이 필요하다. 모든 서비스가 작동하는 환경을 만드는 것은 복잡할 수 있다. 때때로 시스템 테스트를 실제로 수행하는 유일한 방법이 프로덕션 환경에서 테스트를 실행하는 것인 경우가 있다.

 환경 구성은 시스템 테스트에서 확인하는 중요한 부분이다. 따라서 프로덕션 환경을 포함하여 테스트 중인 각 환경에서 실행하는 것이 중요할 수 있다.

시스템 테스트는 이상적이지는 않지만 때로는 불가피하며, 배포 후 새로운 코드가 올바르게 작동하는지 확인하기 위해 자신감을 높이는 데 도움이 될 수 있다. 이 경우 제약조건이 주어지면 프로덕션 환경이 중요하므로 최소한의 테스트만 실행해야 한다. 또한 실행할 테스트는 중요한 문제를 가능한 한 빨리 감지할 수 있도록 공통 기능과 서비스를 최대한 활용해야 한다. 그래서 인수 테스트acceptance test 또는 스모크 테스트smoke test라고
도 한다. 모든 작동이 올바른지 확인하기 위해 수동으로 실행할 수 있다.

 물론 스모크 테스트는 프로덕션 환경에서만 실행되는 것이 아니라 여러 환경에서 올바르게 작동
하는지 확인하는 방법이다.

스모크 테스트는 매우 명확하고 잘 문서화되어야 하며 전체 시스템의 가장 중요한 부분
을 다루도록 신중하게 설계되어야 한다. 이상적으로는 읽기 전용이어야 하며 실행 후
쓸모없는 데이터가 남지 않는다.

테스트 철학

테스트와 관련된 모든 것의 핵심 요소는 "테스트를 하는 이유는 무엇인가?"라는 또 다
른 질문이다. 테스트를 수행해 무엇을 얻으려고 하는가?

이전에 살펴본 것처럼 테스트는 코드의 작동이 예상한 작동인지 확인하는 방법이다. 테
스트의 목적은 코드가 배포되어 실제 사용자가 해당 코드를 사용하기 전에 가능한 문제
(결함defect이라고도 함)를 감지하는 것이다.

 결함(defect)과 **버그**(bug) 사이에는 미묘한 차이가 있다. 버그는 소프트웨어가 예상하지 못한 방
식으로 작동하는 일종의 결함이다. 예를 들어, 어떤 입력은 예기치 않은 에러를 발생시킬 수 있
다. 결함은 좀 더 일반적이다. 버튼이 충분히 보이지 않거나 페이지 로고가 올바르지 않은 것이
결함일 수 있다. 일반적으로 테스트는 다른 결함보다 버그를 더 잘 감지하지만, 탐색 테스트에 대
해 설명한 것을 기억하자.

감지되지 않은 채 프로덕션 시스템에 배포되는 결함은 수리하는 데 비용이 많이 든다.
따라서 가장 빨리 결함이 감지되어야 한다. 수많은 작업을 계속 처리하는 프로덕션 애

플리케이션에서 문제를 감지하는 것은 어려울 수 있지만(16장 '지속적인 아키텍처'에서 이에 대해 이야기할 예정), 더 나쁜 것은 일반적으로 애플리케이션을 사용하는 사용자가 결함을 감지한다는 것이다. 사용자가 해당 결함을 전달하지 않는 이상, 이 결함은 시스템에 여전히 존재하여 문제를 일으키거나 정상적인 활동에 제한이 생길 수 있다. 또한 결함을 탐지한 사용자는 시스템 사용을 포기하거나 최소한 시스템에 대한 신뢰도가 낮아질 것이다.

시스템 평판이 좋지 않을 뿐만 아니라 사용자로부터 정확한 상황과 해결 방법을 알 수 있는 정보를 추출하는 것도 어려울 수 있다. 따라서 문제 감지와 수정 사이의 주기가 길어진다.

모든 테스트 시스템은 결함을 조기에 수정할 수 있는 능력을 가능케 한다. 정확히 동일한 문제를 시뮬레이션하는 특정 테스트를 생성할 수 있을 뿐만 아니라, 테스트를 정기적으로 실행해 문제를 감지하고 수정하는 방법에 대한 명확한 접근 방식을 갖는 프레임워크를 생성할 수도 있다.

테스트 레벨은 비용에 영향을 미친다. 일반적으로 단위 테스트 레벨에서 감지할 수 있는 문제는 단위 테스트 레벨에서 수정하는 비용이 다른 테스트 레벨에서 수정하는 비용보다는 더 저렴하며 단위 테스트 레벨의 비용이 증가한다. 단위 테스트를 설계하고 실행하는 것은 통합 테스트로 동일한 작업을 수행하는 것보다 쉽고 빠르다. 통합 테스트의 비용은 시스템 테스트 비용보다 저렴하다.

여러 테스트 레벨은 발생할 수 있는 문제를 포착하는 여러 계층으로 이해할 수 있다. 각 계층은 문제가 나타날 경우 다양한 문제를 포착한다. 프로세스 시작에 가까울수록(코딩하는 동안 설계 및 단위 테스트) 문제를 감지하고 경고하는 세밀한 테스트를 생성하는 것이 더 저렴하다. 문제 해결 비용은 프로세스 시작 시 통제된 환경에서 멀어질수록 증가한다.

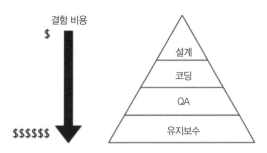

그림 10.1 결함을 수정하는 비용은 결함이 발견된 이후부터 증가한다.

여러 부분의 통합과 같은 일부 결함은 단위 테스트 레벨에서 감지할 수 없다. 여기서 다음 단계가 시작된다. 이전에 살펴본 것처럼 최악의 시나리오는 문제를 감지하지 못하고 프로덕션 시스템을 사용하는 실제 사용자에게 영향을 미치는 것이다.

그러나 테스트를 수행한다는 것은 문제를 한 번에 포착하려는 의도로 사용하기에는 좋은 툴이 아니다. 테스트는 계속 존재하기에 새로운 코드 변경사항에 대해 테스트가 실행됨으로써 새로운 코드를 생성하거나 코드를 수정해도 이전 기능에 해당 코드가 영향을 미치지 않도록 안전망을 생성하는 역할도 한다.

 지속적인 통합(Continuous Integration) 방식으로 테스트를 자동으로 지속적으로 실행할 수 있다. 개발자는 개발 중인 기능에 집중할 수 있으며 지속적인 통합 툴은 모든 테스트를 실행해 테스트에 문제가 발생한다는 것을 조기에 경고한다. 이전에 도입한 기능으로 인해 문제가 해결되지 않는 것을 **회귀**(regression)라고 한다.

회귀 문제는 매우 일반적이므로 테스트 커버리지(test coverage)[1]를 잘 유지하면 문제가 감지되지 않도록 방지할 수 있다. 예상대로 계속 실행되는지 확인하기 위해 이전 기능을 다루는 특정 테스트를 도입할 수 있다. 이러한 테스트를 회귀 테스트라 한다. 회귀 문제를 감지한 후에 해당 테스트를 추가한다.

시스템 작동을 검사하는 좋은 테스트의 또 다른 장점은 코드가 크게 변경될 수 있어도 테스트는 여전히 동일하게 유지된다는 점이다. 코드 변경은 코드 재구성, 코드 정리, 개선이다. 이런 코드 변경을 코드 **리팩토링**refactoring이라고 하며 예상되는 작동을 변경하지

---

1 테스트 대상 코드의 전체 범위에서 테스트를 수행한 범위를 의미한다. – 옮긴이

않고 코드 작성 방법을 변경한다.

이제 "좋은 테스트란 무엇인가?"라는 질문에 답해야 한다. 이전에 살펴본 것처럼 테스트 작성은 무료가 아니며 테스트를 작성하는 노력이 필요하고 그만한 가치가 있는지 확인해야 한다. 좋은 테스트를 어떻게 만들 수 있을까?

훌륭한 테스트를 설계하는 방법

좋은 테스트를 설계하려면 견고한 사고방식이 필요하다. 특정 기능을 갖는 코드를 설계하는 목표는 코드가 해당 기능을 수행하는 동시에 효율적이며 훌륭하다고 설명되는 명확한 코드를 작성하는 것이다.

테스트의 목적은 기능이 예상한 대로 제대로 작동하고, 발생할 수 있는 모든 다양한 문제가 의미 있는 결과를 생성하는지 확인하는 것이다.

기능을 테스트할 때는 가능한 한 코드에 최대한의 스트레스를 넣어서 진행해야 한다. 예를 들어 −100과 100 사이의 두 정수를 나누는 함수, 즉 A를 B로 나누는 함수 divide(A, B)를 생각해 보자.

테스트하면서, 함수가 예상대로 작동하고 제대로 수행되는지 확인하려면 함수의 한계를 알아야 한다. 예를 들어, 다음과 같은 테스트를 생성할 수 있다.

액션	기댓값	설명
divide(10, 2)	5 리턴	기본적인 사항
divide(-20, 4)	−5 리턴	음수 하나와 양수 하나로 나누기
divide(-10, -5)	2 리턴	2개의 음수로 나누기
divide(12, 2)	5 리턴	정확하게 나눠지지 않게 하기
divide(100, 50)	2 리턴	A에 최댓값을 지정
divide(101, 50)	입력 에러 발생	최댓값을 초과하는 A 값
divide(50, 100)	0 리턴	B에 최댓값을 지정
divide(50, 101)	입력 에러 발생	최댓값을 초과하는 B 값
divide(10, 0)	예외 발생	0으로 나누기

(계속)

액션	기댓값	설명
divide('10', 2)	입력 에러 발생	잘못된 포맷의 파라미터 A
divide(10, '2')	입력 에러 발생	잘못된 포맷의 파라미터 B

다음과 같이 다양한 테스트 방법이 있다.

- 모든 파라미터를 제대로 입력하면 나누는 함수는 올바르게 작동한다. 여기에는 양수와 음수, 정확한 나누기, 부정확한 나누기 테스트가 모두 포함된다.
- 최댓값과 최솟값 이내의 값: 파라미터의 최댓값에 맞는지 확인하고 최댓값의 다음 값이 입력될 때 제대로 감지되는지 확인한다.
- 0으로 나누기: 예상한 대로 미리 결정된 결과(예외)를 발생시키는 제약을 확인한다.
- 잘못된 입력 포맷을 확인한다.

단순한 기능으로 많은 테스트 케이스를 만들 수 있다. 즉, 각각의 모든 테스트 케이스를 확장할 수 있다. 예를 들어, divide(-100, 50), divide(100, -50) 테스트 케이스를 추가할 수 있다. 모든 경우에 질문은 동일하다. 테스트를 통해 문제를 더욱 잘 감지하게 되었나?

가장 좋은 테스트는 코드에 스트레스를 주고 코드가 예상대로 작동하는지 확인하며 가장 까다로운 사용 사례를 매우 강하게 검사하는 테스트다. 테스트 중인 코드에 대해 어려운 질문을 테스트로 만들어 내는 것이 실제 동작 중인 코드를 확인할 수 있는 가장 좋은 방법이다. 부하가 있는 시스템에서는 모든 종류의 조합을 볼 수 있기에 최선의 테스트 준비는 다음 단계로 이동하기 전에 문제를 찾고 해결할 수 있도록 가능한 한 강하게 검사하는 테스트를 생성하는 것이다.

테스트는 축구 훈련생이 나중에 선수가 되어 경기에서 뛸 수 있도록 매우 까다로운 연습이 제공되는 축구 훈련과 유사하다. 훈련 체제가 까다로운 경기를 적절하게 준비할 수 있을 만큼 충분히 단단한지 확인한다.

기존 테스트에서 시스템의 기능을 다루는 테스트 수와 시스템의 기능을 다루지 못한 테스트 수 사이의 적절한 균형(예: 숫자를 나눠서 많은 분할 구분을 갖는 빅 테이블 생성하기)은 테스트 중인 코드와 조직의 테스트 프랙티스에 따라 크게 달라질 수 있다. 중요한 영역에서는 다른 영역보다 중요한 실패가 발생할 수 있기에 더 철저한 테스트가 필요할 수 있다.

 예를 들어, 외부 API는 모든 입력을 신중하게 테스트해야 하며 외부 사용자가 외부 API를 남용할 수 있기에 코드가 방어적이어야 한다. 예를 들어 정수 필드에 문자열이 입력되거나, 무한대 또는 NaN(Not a Number, 표현 불가능한 수치) 값이 전달되거나, 전송되는 데이터의 용량 제한을 초과하거나, 리스트 또는 페이지의 최대 크기를 초과하는 경우 등을 테스트한다.

이에 비해, 내부 코드가 API를 남용할 가능성이 적기 때문에 대부분 내부 인터페이스라면 외부 API보다는 테스트가 덜 필요하다. 예를 들어, divide 함수가 내부에만 있는 경우 제한이 준수되는지 확인하기 위해 입력 포맷이 올바르지 않은지 테스트할 필요가 없다.

테스트는 코드 구현과 독립적으로 수행된다. 내부에 무엇이 있는지 알 필요 없이 테스트할 함수를 외부에서 보는 관점으로 순수하게 수행되는데, 이를 블랙박스 테스트black-box test라 한다. 정상적인 테스트 스위트test suite2는 항상 블랙박스 테스트 접근 방식으로 시작한다.

테스트를 작성하는 개발자로 발전하는 데 있어 중요한 능력은 코드 자체에 대한 지식에서 벗어나 독립적으로 테스트에 접근하는 것이다.

 테스트 작업은 테스트를 수행하는 QA 팀처럼 테스트 생성하는 일을 독립적으로 수행하도록 사람들을 분리해서 진행할 수 있다. 불행히도, 단위 테스트에는 거의 해당되지 않는다. 단위 테스트는 코드를 작성한 개발자가 직접 테스트를 생성하는 경우가 많다.

경우에 따라, 외부 접근 방식으로는 충분하지 않다. 개발자가 문제가 발생할 만한 특정 영역을 감지했다면, 외부 관점에서 명확하지 않은 기능을 확인하는 테스트를 진행해 기능의 안정성을 보완하는 것이 좋다.

---

2 테스트를 실행할 목적으로 그룹화된 테스트 케이스 컬렉션/집합을 의미한다. – 옮긴이

예를 들어, 입력을 기반으로 결과를 계산하는 함수에 알고리듬이 다른 모델을 사용해 계산하도록 변경되는 내부 코드가 있을 것이다. 이 정보는 외부 사용자가 알 필요는 없지만 전환이 올바르게 작동하는지 검사를 추가하는 것이 좋다.

앞서 설명한 블랙박스 테스트 접근 방식과 비교해, 내부 테스트를 화이트박스 테스트^{white-box test}라고 한다.

> 테스트 스위트를 수행할 때 화이트박스 테스트는 항상 블랙박스 테스트에 비해 부차적이어야 함을 기억해야 한다. 테스트 스위트의 주요 목표는 외부 관점에서 기능을 테스트하는 것이다. 따라서 화이트박스 테스트는 일부 측면에서 매우 좋은 기능일 수 있지만 우선순위는 더 낮아야 한다.
> 좋은 블랙박스 테스트를 생성할 수 있는 능력을 개발하는 것이 중요하다. 따라서 테스트 검사 팀에 테스트 생성 능력을 높이는 역량 개선 방안이 전달되어야 한다.

블랙박스 테스트에서는 동일한 개발자가 코드와 테스트를 모두 작성한 다음, 코드에서 구현된 기능이 예상대로 작동하는지 확인하는 작업을 하지 않아도 된다. 따라서 블랙박스 테스트는 해당 테스트가 작동하는지 확인하는 것이 아니라 외부 엔드포인트에서 코드를 바라본다. 그래서 코드를 작성하기 전에 테스트를 작성해 구현을 염두에 두지 않고 테스트가 생성되도록 하는 TDD에 대해서는 나중에 살펴보겠다.

구조화 테스트

구조 측면에서, 특히 단위 테스트의 경우 테스트를 구조화하는 좋은 방법은 AAA^{Arrange Act Assert} 패턴을 사용하는 것이 있다.

AAA 패턴은 테스트가 다음과 같은 세 가지 단계 중에 존재하고 있음을 의미한다.

- Arrange: 테스트 수행 환경을 준비한다. 준비 단계에는 안정적으로 다음 단계를 수행하기 전의 시점에서 시스템을 바로잡기 위한 모든 설정이 포함된다.
- Act: 테스트의 목적인 테스트가 진행된다.
- Assert: 테스트 수행 결과가 예상한 결과인지 확인한다.

AAA 테스트는 다음과 같은 문장으로 구성된다.

GIVEN(Arrange) 환경에서 ACTION(Act)은 지정된 RESULT(Assert)를 생성한다.

 이 패턴은 각 단계를 해당 용어로 설명할 수 있으므로 GIVEN, WHEN, THEN이라고도 한다.

세 단계의 구조는 모든 테스트가 독립적이고 각각이 단일 항목을 테스트하는 것을 목표로 한다.

 일반적인 패턴은 테스트에서 행동 단계를 그룹화하여 단일 테스트에서 여러 기능을 테스트하는 것이다. 예를 들어 값 저장이 올바른지 테스트한 다음, 값 검색에서 적절한 값을 리턴하는지 확인한다. 이는 AAA 패턴을 따르지 않는다. 대신, AAA 패턴을 따르려면 2개의 테스트를 생성해야 한다. 첫 번째는 값 쓰기가 올바르게 작동하는지 검사하는 테스트이고, 두 번째는 값 검색을 수행하기 전에 Arrange 단계에서 설정의 일부로 값이 생성되는 테스트다.

이 구조는 코드에서 테스트가 실행되거나 수동으로 테스트가 실행되는지 여부에 관계없이 사용할 수 있지만 자동화 테스트에 더 많이 사용된다. 수동으로 실행할 때 Arrange 단계는 각 테스트를 생성하는 데 오랜 시간이 걸리므로 많은 시간이 소요될 수 있다. 대신 수동 테스트는 일반적으로 위에서 설명한 패턴으로 그룹화해 일련의 Act, Assert를 실행하고 이전 단계의 입력을 다음 설정으로 사용한다. 따라서 특정 순서로 테스트를 실행해야 하는 의존성을 생성한다. 이는 단위 테스트 스위트에서는 적합하지 않지만 Arrange 단계가 매우 비싼 스모크 테스트 또는 기타 환경에 더 좋을 수 있다.

 같은 방식으로, 테스트 코드가 순수하게 기능적이면(위의 divide 예와 같이 입력 파라미터만 상태를 결정하는 파라미터임) Arrange 단계가 필요하지 않다.

이 구조로 생성된 코드의 예를 살펴보겠다. 테스트하려는 method_to_test라는 메소드가 있다고 가정해 보자. 해당 메소드는 ClassToTest라는 클래스의 일부다.

```python
def test_example():
    # Arrange 단계
    # 테스트할 클래스의 인스턴스 생성하기
    object_to_test = ClassToTest(paramA='some init param',
                                 paramB='another init param')



    # Act 단계
    response = object_to_test.method_to_test(param='execution_param')

    # Assert 단계
    assert response == 'expected result'
```

각 단계는 매우 명확하게 정의되어 있다. Arrange 단계는 테스트할 클래스 객체를 준비한다. 다음 단계가 예상대로 작동할 수 있도록 객체가 알려진 시작점에서 파라미터를 추가하거나 또는 어떤 준비를 진행해야 할 수도 있다.

Act 단계는 테스트할 작업을 생성한다. 적절한 파라미터를 사용해 준비된 객체에 대한 method_to_test 메소드를 호출한다.

마지막으로 Assert 단계는 매우 간단하며 결과가 예상된 값인지 확인한다.

 일반적으로 Act 단계 및 Assert 단계를 모두 간단하게 정의하고 작성할 수 있다. Arrange 단계는 테스트 작성에 대한 대부분의 노력을 기울이는 단계다.

AAA 패턴을 사용하는 일반적인 테스트 패턴은 Arrange 단계에서 테스트를 위한 공통 기능을 생성하는 것이다. 예를 들어, 복잡한 설정이 필요할 수 있는 기본 테스트 환경을 구축한다. 반면 Act 단계와 Assert 단계는 각각 다르다. AAA 패턴을 통해 반복적인 코드를 줄일 수 있다.

예를 들면 다음과 같다.

```python
def create_basic_environment():
    object_to_test = ClassToTest(paramA='some init param',
                                 paramB='another init param')
    # 테스트 기본 환경에는 많은 설정이 필요하기 때문에
    # 코드 예보다 훨씬 더 복잡할 수 있고
    # 아마도 100줄 이상의 코드가 있을 수 있다.
    return object_to_test


def test_exampleA():
    # Arrange 단계
    object_to_test = create_basic_environment()

    # Act 단계
    response = object_to_test.method_to_test(param='execution_param')

    # Assert 단계
    assert response == 'expected result B'

def test_exampleB():
    # Arrange 단계
    object_to_test = create_basic_environment()

    # Act 단계
    response = object_to_test.method_to_test(param='execution_param')

    # Assert 단계
    assert response == 'expected result B'
```

대규모 테스트 스위트에서 발생하는 반복 코드를 피하려면, 매우 비슷한 테스트들을 구조화하는 방법을 추후 살펴볼 것이다. 이전에 살펴본 것처럼 대규모 테스트 스위트를 갖는 것은 좋은 테스트 커버리지를 만드는 데 중요하다.

 테스트의 반복은 어느 정도까지는 피할 수 없지만 어느 정도는 괜찮다. 코드 변경사항이 있기 때문에 코드의 일부 작동을 변경할 때, 테스트는 해당 코드에 대한 변경사항을 수용하기 위해 그에 따라 변경되어야 한다. 따라서 이런 테스트는 변경의 크기를 측정하는 데 도움이 되며, 테스트는 영향을 받는 기능에 대해 알려주기에 큰 변경을 가볍게 여기지 않도록 도와준다.

그럼에도 무의식적인 반복 코드를 추가하는 것은 좋지 않다. 추후 반복할 코드의 양을 줄일 수 있는 방법을 살펴볼 것이다.

테스트 주도 개발

프로그래밍에 접근하는 매우 인기 있는 기술은 **테스트 주도 개발**(이하 TDD)이다. TDD는 개발 경험의 중심에 테스트를 두는 것으로 구성된다.

10장의 앞부분에서 설명한 아이디어를 기반으로 하지만 더 일관된 관점에서 작업한다.

소프트웨어 개발을 위한 TDD 흐름은 다음과 같이 작동한다.

1. 코드에 새로운 기능을 추가하기로 결정했다.

2. 새로운 기능을 정의하기 위해 새로운 테스트가 작성된다. 즉, 코드 작성 전에 테스트 작업이 수행된다는 점에 유의한다.

3. 테스트 스위트는 코드가 실패임을 보여주기 위해 실행된다.

4. 그런 다음 단순성에 중점을 두고 새로운 기능을 기본 코드에 추가한다. 추가 세부 사항 없이 필요한 기능만 추가한다.

5. 테스트 스위트는 새로운 테스트가 작동 중임을 보여주기 위해 실행된다. 코드가 준비될 때까지 해당 작업을 여러 번 수행한다.

6. 새로운 기능이 준비됐다. 이제 코드를 리팩토링해서 중복을 제거하고 요소를 재정렬해서 이전에 존재하는 코드와 그룹화하는 등 코드를 개선한다.

테스트 주기는 새로운 기능이 추가될 때마다 다시 시작할 수 있다.

TDD는 다음과 같은 주요한 세 가지 아이디어를 기반으로 한다.

- **코드를 작성하기 전에 테스트 작성**: 현재 구현과 너무 밀접하게 결합된 테스트를 작성하는 문제를 방지한다. 개발자가 코드 작성을 시작하기 전에 테스트와 기능을 생각할 수 있다. 또한 개발자는 기능이 작성되기 전에 테스트가 실제로 실패했는지 확인해 나중에 문제가 감지되도록 한다. 이는 앞서 '훌륭한 테스트를 설계하는 방법' 절에서 설명한 블랙박스 테스트 접근 방식과 유사하다.

- **지속적으로 테스트 실행**: 프로세스의 중요한 부분은 전체 테스트 스위트를 실행해 시스템의 모든 기능이 올바른지 확인하는 것이다. 즉, 새로운 테스트가 생성될

때마다 반복적으로 수행할 뿐만 아니라 기능이 작성되는 동안에도 수행하게 한다. 테스트를 실행하는 것은 TDD에서 개발하는 데 필수적인 부분이다. 지속적으로 테스트를 실행함으로써 모든 기능이 항상 확인되고 코드가 늘 예상대로 작동하므로 버그나 불일치를 신속하게 해결할 수 있다.

- **증분식으로 작게 진행:** 당면한 작업에 집중해 각 단계마다 코드의 전체 기능을 심층적으로 다루는 대규모 테스트 스위트를 구축하고 점진적으로 작은 테스트를 추가한다.

큰 테스트 스위트는 크고 작은 코드를 자주 리팩토링해 코드를 지속적으로 개선할 수 있는 안전망을 생성한다. 작은 증분은 코드를 추가하기 전에 생각해야 하는 특정한 작은 테스트를 의미한다.

 이 아이디어를 확장하면, 현재 작업에 필요한 테스트 코드만 작성하고 그 이상의 테스트 코드는 작성하지 않는 것에 초점을 맞추는 것이다. 이는 때때로 YAGNI(You Ain't Gonna Need It) 원칙이라고도 한다. YAGNI 원칙의 의도는 '추후 예측할 수 있는 요청'에 대응하는 기능을 과도하게 설계하거나 생성하는 것을 방지하는 것이다. 해당 기능은 실제로 실현되지 않을 가능성이 높고 더 나아가 코드를 다른 방향으로 변경하기 더 어렵게 만든다. 소프트웨어 개발은 사전에 계획하기가 매우 어렵기로 악명이 높다는 점을 감안할 때, 일을 작게 유지하고 너무 앞서가지 않는 데 중점을 두어야 한다.

TDD에 대한 세 가지 아이디어는 개발 주기 동안 지속적으로 상호 작용하며, 테스트 개발 프로세스의 중심에 두게 한다. 그래서 TDD라는 프랙티스의 이름이 생기게 되었다.

TDD의 또 다른 중요한 장점은 테스트에 깊이 집중한다는 것은 코드를 어떻게 테스트할 것인지를 처음부터 고려한다는 것을 의미하며 이는 쉽게 테스트할 수 있는 코드를 설계하는 데 도움이 된다는 점이다. 또한 작성해야 할 코드의 양을 줄이고 테스트를 통과하기 위해 엄격하게 요구되는 코드에 집중하면 과설계 가능성이 줄어든다. 작은 테스트를 만들고 증분으로 작업해야 하는 요구사항은 함께 결합되지만, 독립적으로 테스트할 수 있는 작은 단위로 모듈 단위 코드를 생성하는 경향이 있다.

일반적인 흐름은 실패한 테스트가 새로 나타나면 꾸준히 작업해 테스트를 통과시키고 리팩토링하는 것으로, 때때로 '빨간색/녹색/리팩터red/green/refactor' 패턴이라고도 한다. 테스트가 실패하면 빨간색이고 모든 테스트가 통과하면 녹색이다.

리팩토링은 TDD 프로세스의 중요한 측면이다. 기존 코드의 품질을 지속적으로 개선하는 것이 좋다. 리팩토링의 가장 좋은 결과 중 하나는 기능 코드의 각 세부 내용을 다루는 매우 광범위한 테스트 스위트를 생성한다는 것이다. 즉, 코드를 리팩토링한다는 것은 코드 변경으로 인해 버그가 추가되는 모든 문제를 발견할 수 있는 견고한 기반을 알 수 있다는 뜻이다.

리팩토링을 통해 코드의 가독성, 사용성 등을 개선하는 것은 코드를 좋은 상태로 유지해 개발자의 사기를 높일 뿐만 아니라 변경사항이 도입될 수 있는 속도를 높인다는 측면에서 좋은 영향을 미치는 것으로 알려져 있다.

> 일반적으로 TDD뿐만 아니라 개발자에게 오래된 이전 코드를 정리하고 개선할 시간을 허용하는 것은 변경사항에 대한 적절한 속도를 유지할 수 있기에 중요하다. 오래되고 생산적이지 못한 코드는 작업하기가 점점 더 어려워지는 경향이 있으며 시간이 지남에 따라 더 많은 변경을 위해 변경해야 하는 노력이 훨씬 더 많이 필요하다. 코드의 현재 상태를 관리하는 건강한 습관을 장려하고 유지 관리 개선을 수행할 시간을 허용해 모든 소프트웨어 시스템의 장기적인 지속 가능성을 높이는 것이 매우 중요하다.

TDD의 또 다른 중요한 측면은 빠른 테스트가 필요하다는 것이다. 테스트는 항상 TDD 방식에 따라 실행되기 때문에 총 실행 시간은 매우 중요하다. 테스트 스위트의 크기가 커질수록 실행하는 데 시간이 더 오래 걸리기에 각 테스트에 걸리는 시간을 신중하게 고려해야 한다.

테스트 초점을 잃는 일반적인 임곗값이 있다. 10초 이상 걸리는 테스트는 테스트가 '동일한 작업의 일부'가 아닌 것으로 간주되면서, 개발자가 다른 테스트 항목으로 생각할 위험성이 있다.

전체 테스트 스위트를 10초 이내에 실행하는 것은 당연히 어려운 일이며, 특히 테스트

수가 늘어날수록 더욱 힘들 것이다. 복잡한 애플리케이션의 전체 단위 테스트 스위트는 10,000개 이상의 테스트로 구성될 수 있다. 실제로 테스트 스위트를 10초 이내로 줄이는 데 도움이 될 만한 여러 전략이 있다.

전체 테스트 스위트를 항상 실행할 필요는 없다. 대신, 모든 테스트 러너는 실행할 테스트 범위를 선택할 수 있게 해서 기능이 개발되는 동안 기능 실행 시에만 동작할 테스트 수를 줄일 수 있다. 예를 들어, 동일한 모듈과 관련된 테스트만 실행하는 것이다. 어떤 경우에는 테스트 결과를 빨리 얻기 위해 단일 테스트를 실행하는 것을 의미할 수도 있다.

 물론 어느 시점에서는 전체 테스트 스위트가 실행되어야 한다. TDD는 실제로 실행 중인 테스트를 기반으로 하기 때문에 지속적인 통합과 함께 나란히 사용된다. 즉, 코드 리포지터리로부터 코드를 체크아웃해 자동으로 전체 테스트 스위트를 실행한다. 따라서 코드가 리포지터리에 커밋되면 올바르게 작동하는지 확인하기 위해 백그라운드에서 전체 테스트 스위트가 실행되게 하고, 로컬에서는 해당 코드 관련 테스트를 실행하는 테스트 조합을 사용하는 것이 좋다.

어쨌든 TDD에서는 테스트 실행 시간이 중요하기 때문에 테스트 소요 시간을 관찰하는 것이 중요하고 빠르게 실행할 수 있는 테스트를 생성하는 것이 TDD 방식으로 작업할 수 있는 핵심이다. 이는 주로 코드의 작은 부분을 다루는 테스트를 생성해 테스트 소요 시간을 줄일 수 있기에 설정 시간을 제어할 수 있다.

 TDD 프랙티스는 단위 테스트에서 가장 잘 작동한다. 통합 테스트와 시스템 테스트에는 TDD 가 작동하는 데 필요한 속도, 긴밀한 피드백 루프와 호환되지 않는 매우 많은 설정이 필요할 수 있다.
다행히도, 이전에 살펴본 것처럼 단위 테스트는 일반적으로 대부분의 프로젝트에서 테스트의 대부분이 집중되고 있다.

신규 팀에 TDD 소개

조직에서 TDD 프랙티스를 도입하기가 힘들 수 있다. 기존의 기본 개발 방식을 변경해야 하고 일반적인 작업 방식(코드를 작성한 후 테스트 작성)과는 다소 어긋나기 때문이다.

신규 팀에 TDD를 도입하려 할 때는 팀의 연락 창구 역할을 하고 테스트를 생성할 때 나올 만한 질문과 문제를 해결할 수 있는 TDD 지지자를 두는 것이 좋다.

TDD는 짝 프로그래밍pair programming이 일반적인 환경에서 매우 인기가 있다. 그래서 여러 개발자를 교육하고 프랙티스를 소개하면서 누군가가 세션을 주도하려 할 때 TDD 지지자를 활용할 수 있을 것이다.

 TDD의 핵심 요소는 개발자가 구현을 생각하기 전에 특정 기능을 테스트하는 방법에 대해 먼저 생각하는 마음가짐을 갖는 것이다. 이러한 마음가짐은 저절로 생기는 것이 아니라 훈련과 연습이 필요하다.

기존 코드에 TDD 기술을 적용하는 것은 어려울 수 있다. 특히 개발자가 TDD를 처음 접할 때는 기존 코드를 TDD로 테스트하기 어려울 수 있기 때문이다. 하지만 TDD는 새로운 코드에 대한 테스트 스위트가 코드와 동시에 생성되므로 새로운 프로젝트에 적합하다. 기존 프로젝트 내에서 새로운 모듈을 시작하는 혼합 접근 방식은 대부분의 코드가 새것이고 TDD 기술을 사용해 설계할 수 있으므로 기존 코드를 처리하는 문제를 줄일 수 있다.

새로운 코드에서 TDD가 효과적인지 확인하려면 소규모 팀과 함께 소규모 프로젝트를 사용해 작게 시작해 전체적으로 프로젝트 진행에 너무 방해가 되지 않으며 TDD 원칙이 적절하게 소화되고 적용될 수 있는지 확인한다. TDD 원칙을 정말 좋아하는 개발자가 있는데, TDD 원칙이 해당 개발자의 성격과 개발 프로세스에 접근하는 방식에 적합한 경우에 그렇다. 그러나 반드시 모든 개발자가 그렇게 느끼는 것은 아니며, TDD 프랙티스로 시작하는 데 시간이 필요하고 이전 코드가 제한할 수 있으므로 100% 적용하는 것은 불가능할 수 있음을 기억하자.

문제 및 제한사항

TDD 프랙티스는 한계가 있기는 하지만 IT 업계에서 꽤 인기 있고 널리 사용되고 있다. 문제 중 하나는 테스트를 실행하는 데 너무 오래 걸린다는 점이다. 특정 상황에서는 오래 걸리는 테스트가 불가피할 수 있다.

또 다른 문제는 코드 일부가 이미 작성되어 있다면, 새로운 테스트를 추가해야 하는 상황이 생길 수 있다는 점이다. 이는 코드 작성 전에 테스트를 생성한다는 TDD의 규칙을 위반하는 것이다. 따라서 처음부터 수행하지 않으면 TDD 접근 방식을 완전히 취하기가 어렵다는 점이다.

또 다른 문제는 구현할 기능이 유동적이고 완전히 정의되지 않은 상태에서 새로운 코드를 설계한다는 점이다. 예를 들어 사용자가 선택할 수 있는 색상 테마를 기반으로 대비 색상을 표시하는 기능, 입력 색상과 대비되는 색상을 리턴하는 기능을 설계하는 등의 실험이 필요하다. 기능이 '괜찮아 보이는지' 확인하기 위해 검사가 필요할 수 있고, 미리 설정한 단위 테스트로는 달성하기 어렵기에 조정이 필요할 수 있다.

특별히 TDD의 문제는 아니지만, 주의해야 할 사항은 테스트 간의 의존성을 피해야 한다는 점이다. 의존성은 모든 테스트 스위트에서 발생할 수 있지만, 새로운 테스트를 생성하는 것에 중점을 두었다면 팀에서 TDD 프랙티스를 시작하는 경우 문제가 될 수 있다. 테스트가 환경을 오염시킬 수 있기에 특정 순서로 테스트를 실행하도록 하는 의존성을 도입할 수 있다. 일반적으로는 의존성을 의도적으로 설정하는 게 아니라 테스트를 여럿 작성하면서 실수로 추가하는 경우가 있다.

 의존성이 주는 일반적인 영향은 테스트가 독립적으로 실행될 때 의존성이 실행되지 않기 때문에 실패할 수 있다는 점이다.

어떤 경우든 TDD는 전부 아니면 무all or nothing가 아니라 테스트를 잘 수행하고 고품질인 코드를 설계하는 데 도움이 될 수 있는 아이디어와 프랙티스의 연속이라는 사실을 기억해야 한다. 시스템의 모든 단일 테스트가 TDD를 사용해 설계되어야 하는 것은 아니지만 많은 테스트는 TDD를 사용할 수 있다.

TDD 프로세스 예

다음과 같은 함수를 생성해야 한다고 가정하자.

- 0보다 작은 값이면 0을 리턴한다.

- 10보다 큰 값이면 100을 리턴한다.

- 0~10 사이의 값이라면 해당 값의 2의 거듭제곱을 리턴한다. 0과 10이면 입력값의 2의 거듭제곱을 리턴한다(0은 0, 10은 100).

TDD 방식으로 코드를 작성하려면 가능한 가장 작은 테스트부터 시작한다. 다음과 같이 가장 작은 스켈레톤 코드와 첫 번째 테스트를 생성한다.

```
def parameter_tdd(value):
    pass



assert parameter_tdd(5) == 25
```

테스트를 실행할 때마다 실패하는 에러가 발생할 것이다. 지금은 순수한 파이썬 코드를 사용하지만 이번 장의 뒷부분에서 테스트를 더욱 효율적으로 실행하는 방법을 살펴볼 것이다.

```
$ python3 tdd_example.py
Traceback (most recent call last):
  File ".../tdd_example.py", line 6, in <module>
    assert parameter_tdd(5) == 25
AssertionError
```

사용 사례의 구현은 매우 간단하다.

```
def parameter_tdd(value):
    return 25
```

함수에서 하드코딩 값을 리턴하고 있다. 그러나 첫 번째 테스트를 통과하는 데 필요한 것은 이게 전부다. 이제 테스트를 실행하면 에러가 표시되지 않을 것이다.

```
$ python3 tdd_example.py
```

그러나 낮은 가장자리 입력값에 대한 대한 테스트를 추가한다. 두 라인의 테스트이지만 낮은 가장자리 입력값이 올바른지 확인하는 동일한 테스트로 간주할 수 있다.

```
assert parameter_tdd(-1) == 0
assert parameter_tdd(0) == 0
assert parameter_tdd(5) == 25
```

테스트를 다시 실행해 보겠다.

```
$ python3 tdd_example.py
Traceback (most recent call last):
  File ".../tdd_example.py", line 6, in <module>
    assert parameter_tdd(-1) == 0
AssertionError
```

아래쪽 낮은 가장자리 입력값을 처리하는 코드를 추가해야 한다.

```
def parameter_tdd(value):
    if value <= 0:
        return 0

    return 25
```

테스트를 실행할 때 테스트가 올바르게 실행되고 있음을 알 수 있다. 이제 높은 가장자리 입력값을 처리하기 위해 파라미터를 추가한다.

```
assert parameter_tdd(-1) == 0
assert parameter_tdd(0) == 0
assert parameter_tdd(5) == 25
assert parameter_tdd(10) == 100
assert parameter_tdd(11) == 100
```

그러면 다음 에러가 발생한다.

```
$ python3 tdd_example.py
Traceback (most recent call last):
  File ".../tdd_example.py", line 12, in <module>
    assert parameter_tdd(10) == 100
AssertionError
```

이제, 높은 가장자리 값을 처리하는 코드를 추가한다.

```python
def parameter_tdd(value):
    if value <= 0:
        return 0

    if value >= 10:
        return 100

    return 25
```

이제 올바르게 실행된다. 모든 코드가 정상인지 확신할 수 없으며 중간 값이 올바른지 확인하는 테스트를 추가한다.

```python
assert parameter_tdd(-1) == 0
assert parameter_tdd(0) == 0
assert parameter_tdd(5) == 25
assert parameter_tdd(7) == 49
assert parameter_tdd(10) == 100
assert parameter_tdd(11) == 100
```

이제 하드코딩으로 인해 에러가 출력된다.

```
$ python3 tdd_example.py
Traceback (most recent call last):
  File "/.../tdd_example.py", line 15, in <module>
    assert parameter_tdd(7) == 49
AssertionError
```

다음처럼 수정하겠다.

```
def parameter_tdd(value):
    if value <= 0:
        return 0

    if value >= 10:
        return 100

    return value ** 2
```

이렇게 모든 테스트가 올바르게 실행된다. 이제 테스트의 안전망을 사용해 코드를 약간 리팩토링하여 정리한다.

```
def parameter_tdd(value):
    if value < 0:
        return 0

    if value < 10:
        return value ** 2

    return 100
```

모든 프로세스에서 테스트를 실행할 수 있고 테스트를 통해 코드가 올바른지 확인할 수 있다. 팀에서 좋은 코드로 여기는 것 또는 더 명확한 코드에 따라 TDD 최종 결과는 다를 수 있다. 하지만 테스트가 일관되고 작동이 올바른지 보장할 테스트 스위트를 갖고 있다.

여기서 사용된 함수는 아주 작지만, TDD 스타일을 사용해 코드를 개발할 때의 흐름을 보여준다.

파이썬의 단위 테스트 소개

파이썬에서 테스트를 실행하는 방법에 여러 가지가 있다. 그중 하나는 앞서 살펴본 것처럼 약간 조잡하게 보일 수 있지만 여러 assert로 코드를 실행하는 것이다. 일반적인 표준 라이브러리 unittest가 있다.

파이썬 unittest

unittest는 파이썬 표준 라이브러리에 포함된 모듈이다. unittest는 여러 테스트 메소드를 그룹화한 테스트 클래스를 생성하는 개념을 갖고 있다. test_unittest_example.py라는 새로운 파일을 생성해 적정한 포맷으로 작성된 테스트를 작성하자.

```python
import unittest
from tdd_example import parameter_tdd

class TestTDDExample(unittest.TestCase):

    def test_negative(self):
        self.assertEqual(parameter_tdd(-1), 0)

    def test_zero(self):
        self.assertEqual(parameter_tdd(0), 0)

    def test_five(self):
        self.assertEqual(parameter_tdd(5), 25)

    def test_seven(self):
        # 이 테스트는 올바르지 않다.
        self.assertEqual(parameter_tdd(7), 0)

    def test_ten(self):
        self.assertEqual(parameter_tdd(10), 100)

    def test_eleven(self):
        self.assertEqual(parameter_tdd(11), 100)


if __name__ == '__main__':
    unittest.main()
```

다양한 요소를 분석해 보자. 첫 번째는 코드 맨 위에 위치한 임포트 문이다.

```python
import unittest
from tdd_example import parameter_tdd
```

unittest 모듈과 테스트할 함수를 임포트한다. 그다음엔 가장 중요한 부분인, 테스트를 정의하는 부분이다.

```
class TestTDDExample(unittest.TestCase):

    def test_negative(self):
        self.assertEqual(parameter_tdd(-1), 0)
```

TestTDDExample 클래스는 여러 테스트를 그룹화한다. TestTDDExample이 unittest.TestCase 를 상속한다는 것에 유의한다. 그런 다음 test_로 시작하는 메소드는 독립적인 테스트 다. 여기에서 하나를 설명한다. 내부적으로 함수를 호출하고 self.assertEqual 함수를 사 용해 결과를 0과 비교한다.

 test_seven 메소드는 잘못 정의되어 있다. 실행할 때 에러를 생성하기 위해서다.

마지막으로 다음 코드를 추가한다.

```
if __name__ == '__main__':
    unittest.main()
```

파일을 실행하면 테스트가 자동으로 실행된다. 이제 파일을 실행하자.

```
$ python3 test_unittest_example.py
...F..
======================================================================
FAIL: test_seven (__main__.TestTDDExample)
----------------------------------------------------------------------
Traceback (most recent call last):
  File ".../unittest_example.py", line 17, in test_seven
    self.assertEqual(parameter_tdd(7), 0)
AssertionError: 49 != 0


----------------------------------------------------------------------
Ran 6 tests in 0.001s
```

428

```
FAILED (failures=1)
```

보다시피 6개의 테스트 모두 실행했고 에러가 출력된다. 여기서 문제를 분명히 볼 수 있다. -v 옵션을 사용해 각 테스트별로 테스트 실행을 출력해 문제에 대한 더 자세한 정보를 얻는다.

```
$ python3 test_unittest_example.py -v
test_eleven (__main__.TestTDDExample) ... ok
test_five (__main__.TestTDDExample) ... ok
test_negative (__main__.TestTDDExample) ... ok
test_seven (__main__.TestTDDExample) ... FAIL
test_ten (__main__.TestTDDExample) ... ok
test_zero (__main__.TestTDDExample) ... ok


======================================================================
FAIL: test_seven (__main__.TestTDDExample)
----------------------------------------------------------------------
Traceback (most recent call last):
  File ".../unittest_example.py", line 17, in test_seven
    self.assertEqual(parameter_tdd(7), 0)
AssertionError: 49 != 0


----------------------------------------------------------------------
Ran 6 tests in 0.001s

FAILED (failures=1)
```

-k 옵션을 사용해 주어진 테스트 메소드와 일치하는 테스트 메소드를 검색할 수 있으며, 단일 테스트 또는 테스트 조합을 실행할 수 있다.

```
$ python3 test_unittest_example.py -v -k test_ten
test_ten (__main__.TestTDDExample) ... ok


----------------------------------------------------------------------
Ran 1 test in 0.000s

OK
```

unittest는 매우 대중적이며 많은 옵션을 허용하고 파이썬의 거의 모든 프레임워크와 호환된다. 테스트 실행 측면에서도 매우 유연하다. 예를 들어, assertNotEqual 및 assertGreater와 같이 값을 비교하는 여러 방법이 있다.

 TIP assertRaises는 다르게 작동하는 특정 assert 기능을 갖고 있는데, 코드가 예외를 생성할 때 감지하는 데 사용된다. 나중에 외부 목킹 호출을 테스트할 때 살펴볼 것이다.

또한 클래스의 각 테스트 실행 전후에 코드를 실행하는 setUp 메소드와 tearDown 메소드가 있다.

 unittest 공식 문서(https://docs.python.org/3/library/unittest.html)를 살펴보길 바란다.

unittest는 가장 인기 있는 테스트 프레임워크이지만 가장 강력하지는 않다. 다른 테스트 프레임워크를 살펴보자.

pytest

pytest는 테스트를 작성할 때 단순성을 지원한다. unittest에 대한 일반적인 불만 중 하나는 명확하지 않은 assertCompare 호출을 많이 사용하도록 강요받는다는 것이다. 또한 test 클래스와 같은 약간의 상용구 코드를 추가해 테스트를 구성해야 한다. 그 밖의 문제는 명확하지 않지만, 대규모 테스트 스위트를 생성할 때 다른 테스트 설정을 시작하려 할 경우 복잡해질 수 있다.

 TIP 일반적인 패턴은 여러 테스트 클래스에서 상속받는 부모 클래스를 생성하는 것이다. 부모 클래스는 시간이 지나면서 저절로 공통 코드가 추가될 것이다.

pytest는 unittest에 비해 테스트 실행과 정의를 단순화하고 읽기와 인식이 더 쉬운 표준 assert 문을 사용해 모든 정보를 수집한다.

 이 절에서는 가장 간단하게 pytest를 사용한다. 10장 뒷부분에서는 더 흥미로운 사례를 다룰 것이다.

pip를 사용해 사용자 환경에 pytest를 설치해야 한다.

```
$ pip3 install pytest
```

test_pytest_example.py 파일에서는 unittest에서 정의된 테스트를 어떻게 실행하는지 살펴보자.

```python
from tdd_example import parameter_tdd

def test_negative():
    assert parameter_tdd(-1) == 0

def test_zero():
    assert parameter_tdd(0) == 0

def test_five():
    assert parameter_tdd(5) == 25

def test_seven():
    # 이 테스트는 의도적으로 실패하도록 설정되어 있다.
    assert parameter_tdd(7) == 0

def test_ten():
    assert parameter_tdd(10) == 100

def test_eleven():
    assert parameter_tdd(11) == 100
```

pytest를 사용한 코드는 test_unittest_example.py 코드에 비해 훨씬 더 간결하다. pytest 로 실행하면 자세한 정보와 색상 정보도 출력한다.

```
$ pytest test_unittest_example.py
================ test session starts ================
platform darwin -- Python 3.9.5, pytest-6.2.4, py-1.10.0, pluggy-0.13.1
collected 6 items

test_unittest_example.py ...F..                    [100%]

==================== FAILURES ====================
_____ TestTDDExample.test_seven _____

self = <test_unittest_example.TestTDDExample testMethod=test_seven>

    def test_seven(self):
>       self.assertEqual(parameter_tdd(7), 0)
E       AssertionError: 49 != 0

test_unittest_example.py:17: AssertionError
=============== short test summary info ===============
FAILED test_unittest_example.py::TestTDDExample::test_seven
============= 1 failed, 5 passed in 0.10s =============
```

unittest와 마찬가지로 -v 옵션을 사용하면 더 많은 정보를 볼 수 있고, -k 옵션을 사용
하면 선택한 테스트를 실행할 수 있다.

```
$ pytest -v test_unittest_example.py
========================= test session starts =========================
platform darwin -- Python 3.9.5, pytest-6.2.4, py-1.10.0, pluggy-0.13.1
-- /usr/local/opt/python@3.9/bin/python3.9
cachedir: .pytest_cache
collected 6 items

test_unittest_example.py::TestTDDExample::test_eleven PASSED     [16%]
test_unittest_example.py::TestTDDExample::test_five PASSED       [33%]
test_unittest_example.py::TestTDDExample::test_negative PASSED   [50%]
test_unittest_example.py::TestTDDExample::test_seven FAILED      [66%]
test_unittest_example.py::TestTDDExample::test_ten PASSED        [83%]
test_unittest_example.py::TestTDDExample::test_zero PASSED       [100%]


============================== FAILURES ==============================
```

```
_____ TestTDDExample.test_seven _____
self = <test_unittest_example.TestTDDExample testMethod=test_seven>

    def test_seven(self):
>       self.assertEqual(parameter_tdd(7), 0)
E       AssertionError: 49 != 0

test_unittest_example.py:17: AssertionError
===================== short test summary info =====================
FAILED test_unittest_example.py::TestTDDExample::test_seven -
AssertionErr...
===================== 1 failed, 5 passed in 0.08s =====================


$ pytest test_pytest_example.py -v -k test_ten
===================== test session starts =====================
platform darwin -- Python 3.9.5, pytest-6.2.4, py-1.10.0, pluggy-0.13.1
-- /usr/local/opt/python@3.9/bin/python3.9
cachedir: .pytest_cache
collected 6 items / 5 deselected / 1 selected

test_pytest_example.py::test_ten PASSED                     [100%]


===================== 1 passed, 5 deselected in 0.02s =====================
```

그리고 unittest로 정의한 테스트와 완전히 호환되기에 unittest, pytest 두 스타일을 결합하거나 마이그레이션할 수 있다.

```
$ pytest test_unittest_example.py
===================== test session starts =====================
platform darwin -- Python 3.9.5, pytest-6.2.4, py-1.10.0, pluggy-0.13.1
collected 6 items

test_unittest_example.py ...F..                            [100%]


============================== FAILURES ==============================
_____ TestTDDExample.test_seven _____

self = <test_unittest_example.TestTDDExample testMethod=test_seven>
```

```
    def test_seven(self):
>       self.assertEqual(parameter_tdd(7), 0)
E       AssertionError: 49 != 0

test_unittest_example.py:17: AssertionError
======================= short test summary info =======================
FAILED test_unittest_example.py::TestTDDExample::test_seven -
AssertionErr...
===================== 1 failed, 5 passed in 0.08s =====================
```

pytest의 훌륭한 기능 중 하나는 test_로 시작하는 테스트 파일을 쉽게 자동으로 검색하
고 해당 테스트를 모두 실행한다는 점이다. pytest를 실행할 때 현재 디렉토리(.)를 옵
션으로 사용하면 test_unittest_example.py와 test_pytest_example.py가 모두 실행되는
것을 볼 수 있다.

```
$ pytest .
========================= test session starts =========================
platform darwin -- Python 3.9.5, pytest-6.2.4, py-1.10.0, pluggy-0.13.1
collected 12 items

test_pytest_example.py ...F..                              [50%]
test_unittest_example.py ...F..                            [100%]


============================== FAILURES ===============================
_____ test_seven _____

    def test_seven():
        # 이 테스트는 의도적으로 실패하도록 설정되어 있음을 주의한다.
>       assert parameter_tdd(7) == 0
E       assert 49 == 0
E        +  where 49 = parameter_tdd(7)

test_pytest_example.py:18: AssertionError
_____ TestTDDExample.test_seven _____

self = <test_unittest_example.TestTDDExample testMethod=test_seven>

    def test_seven(self):
```

434

```
>       self.assertEqual(parameter_tdd(7), 0)
E           AssertionError: 49 != 0

test_unittest_example.py:17: AssertionError
====================== short test summary info =======================
FAILED test_pytest_example.py::test_seven - assert 49 == 0
FAILED test_unittest_example.py::TestTDDExample::test_seven -
AssertionErr...
=================== 2 failed, 10 passed in 0.23s =====================
```

이번 장에서 pytest의 많은 기능에 대해 계속 설명할 텐데, 코드에 의존성이 있을 때 테스트를 정의하는 방법을 먼저 살펴볼 것이다.

외부 의존성 테스트

단위 테스트를 빌드할 때, 코드를 단위로 분리하는 개념을 기반으로 독립적으로 단위 테스트하는 방법을 설명했다.

격리 개념이 핵심이다. 작고 명확한 테스트를 생성하기 위해 코드의 작은 부분에 집중하는 구조다. 또한 크기가 작은 테스트를 생성하는 것은 빠른 테스트 실행에 도움이 된다.

이전 예에서는 의존성이 전혀 없는 함수 parameter_tdd를 테스트했다. 외부 라이브러리 또는 다른 함수를 사용하지 않았다. 그러나 불가피하게 어떨 때는 다른 함수에 의존적인 함수를 테스트해야 할 필요가 있을 것이다.

이 경우, 질문은 테스트에 의존적인 컴포넌트가 테스트의 일부로 포함돼야 하는지의 여부다.

이 질문은 대답하기가 쉽지 않다. 일부 개발자는 모든 단위 테스트가 순전히 단일 함수 또는 메소드에 관한 것이어야 하기에 의존성이 테스트의 일부가 되어서는 안 된다고 생각한다. 그러나 실용적인 수준에서는 개별적으로 테스트하기보다는 함께 테스트하는 것이 더 쉬운 단위로 구성되는 코드가 있다.

예를 들어, 다음과 같은 함수에 대해 생각해 보자.

- 0보다 작은 값이면 0을 리턴한다.

- 10보다 큰 값이면 100을 리턴한다.

- 0~10 사이의 값이라면 해당 값의 제곱근을 리턴한다. 0과 10이면 입력값의 제곱근을 리턴한다(0은 0, 100은 10).

이전 함수 parameter_tdd와 매우 비슷하지만 이번에는 숫자의 제곱근을 생성하는 외부 라이브러리의 도움이 필요하다. 코드를 살펴보겠다.

2개의 파일로 나누어져 있다. dependent.py에서 함수 정의를 포함한다.

```python
import math


def parameter_dependent(value):
    if value < 0:
        return 0

    if value <= 100:
        return math.sqrt(value)

    return 10
```

코드는 이전 parameter_tdd 코드와 매우 비슷하다. math.sqrt 모듈은 숫자의 제곱근을 리턴한다.

그리고 테스트는 test_dependent.py에 있다.

```python
from dependent import parameter_dependent


def test_negative():
    assert parameter_dependent(-1) == 0


def test_zero():
```

```
        assert parameter_dependent(0) == 0


    def test_twenty_five():
        assert parameter_dependent(25) == 5


    def test_hundred():
        assert parameter_dependent(100) == 10


    def test_hundred_and_one():
        assert parameter_dependent(101) == 10
```

이 경우, 코드를 테스트하는 동시에 외부 라이브러리를 사용하고 테스트한다. 간단한 예에서는 완벽하게 유효하지만 다른 경우에는 그렇지 않을 수 있다.

 코드는 깃허브(https://github.com/PacktPublishing/Python-Architecture-Patterns/tree/main/chapter_10_testing_and_tdd)에서 다운로드할 수 있다.

예를 들어 외부 의존성은 테스트를 실행하는 동안 외부 HTTP 호출을 생성하지 않고 리턴된 값에 대한 제어를 갖기 위해 외부 HTTP 호출을 생성할 수 있거나, 고립된 환경에서 테스트해야 하는 큰 기능의 부분이 될 수 있다.

의존성에서 함수를 분리하려면 두 가지 접근 방식이 있는데, parameter_dependent를 기준으로 보여준다.

 다시 말하지만, 이 경우 테스트는 포함된 의존성과 함께 완벽하게 작동한다. 해당 테스트는 간단해서 외부 호출로 인해 부작용을 일으키지 않기 때문이다.

다음으로 외부 호출을 목킹하는 방법을 살펴보겠다.

목킹

목킹mocking은 테스트 자체의 통제하에 둔, 내부적으로 의존성을 대체하고 가짜 호출로 대체하는 프랙티스다. 목킹을 사용하면 실제 코드를 호출하지 않고 외부 의존성의 응답으로 미리 정한 값을 리턴한다.

 내부적으로 목킹은 기존 라이브러리를 동적으로 대체하는 **몽키 패칭**(monkey-patching)이라는 방식을 사용해 구현된다. 몽키 패칭은 다양한 프로그래밍 언어에서 다양한 방식으로 구현할 수 있지만 파이썬이나 루비 같은 동적 언어에서 특히 인기가 많다. 몽키 패칭은 테스트 이외의 목적으로 사용될 수 있지만, 라이브러리의 동작을 변경할 수 있고 디버깅을 상당히 어렵게 할 수 있기에 주의해서 사용해야 한다.

코드를 목킹하려면 테스트 코드에서 Arrange 단계의 일부로 목킹을 준비해야 한다. 다양한 목킹 호출 라이브러리가 있지만 사용하기 가장 쉬운 방법은 표준 라이브러리의 일부로 포함된 unittest.mock 라이브러리를 사용하는 것이다.

unittest.mock을 사용하는 가장 쉬운 사용법은 외부 라이브러리를 패치하는 것이다.

```
from unittest.mock import patch
from dependent import parameter_dependent



@patch('math.sqrt')
def test_twenty_five(mock_sqrt):
    mock_sqrt.return_value = 5
    assert parameter_dependent(25) == 5
    mock_sqrt.assert_called_once_with(25)
```

patch 데코레이터(@patch)는 정의된 라이브러리인 math.sqrt 호출을 가로채서 함수에 전달되는 목킹 객체(여기서는 mock_sqrt라고 함)로 대체한다.

목킹 객체는 조금 특별하다. 기본적으로 모든 호출을 허용하고 거의 모든 메소드 또는 애트리뷰트(미리 정의된 항목 제외)에 접근해 목킹 객체를 계속 리턴한다. 즉, 어느 코드에든 적응할 수 있는 정말 유연한 목킹 객체를 생성한다. 필요한 경우 첫 번째 라인에서 볼 수 있듯이 .return_value를 호출해 리턴 값을 설정할 수 있다.

실제로 mock_sqrt에 대한 호출의 응답이 5를 리턴한다. 따라서 외부 호출의 결과를 미리 제어할 수 있다.

마지막으로, assert_called_once_with 메소드를 사용해 입력(25)을 전달해 mock_sqrt를 한 번 호출했는지 확인한다.

실제 코드를 설명하면 다음과 같다.

- math.sqrt를 대체하기 위한 목킹 준비
- math.sqrt가 호출될 때 리턴할 값 설정
- 호출이 예상대로 작동하는지 확인
- 목킹이 올바른 값으로 호출됐는지 다시 확인

예를 들어 테스트에서 목킹이 호출되지 않았는지, 즉 외부 의존성이 호출되지 않았는지 확인할 수 있다.

```
@patch('math.sqrt')
def test_hundred_and_one(mock_sqrt):
    assert parameter_dependent(101) == 10
    mock_sqrt.assert_not_called()
```

목킹이 어떻게 사용됐는지 확인할 수 있는 assert 함수가 있다. 예를 들면 다음과 같다.

- 목킹 호출 여부에 따라 True 또는 False를 리턴하는 called 애트리뷰트를 사용해 다음 코드를 작성할 수 있다.

    assert mock_sqrt.called is True

- call_count 애트리뷰트는 목킹이 호출된 횟수를 리턴한다.
- assert_called_with() 메소드는 호출된 횟수를 확인한다. 마지막 호출이 지정된 방식으로 생성되지 않으면 예외가 발생한다.

- assert_any_call() 메소드는 지정된 방식으로 호출이 생성됐는지 확인한다.

목킹을 이용한 전체 파일 test_dependent_mocked_test.py는 다음과 같다.

```python
from unittest.mock import patch
from dependent import parameter_dependent


@patch('math.sqrt')
def test_negative(mock_sqrt):
    assert parameter_dependent(-1) == 0
    mock_sqrt.assert_not_called()


@patch('math.sqrt')
def test_zero(mock_sqrt):
    mock_sqrt.return_value = 0
    assert parameter_dependent(0) == 0
    mock_sqrt.assert_called_once_with(0)


@patch('math.sqrt')
def test_twenty_five(mock_sqrt):
    mock_sqrt.return_value = 5
    assert parameter_dependent(25) == 5
    mock_sqrt.assert_called_with(25)


@patch('math.sqrt')
def test_hundred(mock_sqrt):
    mock_sqrt.return_value = 10
    assert parameter_dependent(100) == 10
    mock_sqrt.assert_called_with(100)


@patch('math.sqrt')
def test_hundred_and_one(mock_sqrt):
    assert parameter_dependent(101) == 10
    mock_sqrt.assert_not_called()
```

목킹이 다른 값을 리턴해야 하는 경우, 목킹의 side_effect 애트리뷰트를 리스트 또는 튜플로 정의할 수 있다. side_effect는 return_value와 비슷하지만 차이점이 있다.

```python
@patch('math.sqrt')
def test_multiple_returns_mock(mock_sqrt):
    mock_sqrt.side_effect = (5, 10)
    assert parameter_dependent(25) == 5
    assert parameter_dependent(100) == 10
```

필요하다면 side_effect를 사용해 예외를 발생시킬 수도 있다.

```python
import pytest
from unittest.mock import patch
from dependent import parameter_dependent

@patch('math.sqrt')
def test_exception_raised_mock(mock_sqrt):
    mock_sqrt.side_effect = ValueError('Error on the external library')
    with pytest.raises(ValueError):
        parameter_dependent(25)
```

with 절에서는 코드에서 예상된 예외가 발생된다고 예상한다. 그렇지 않은 경우 에러를 발생시킨다.

TIP unittest에서는 with 블록을 사용하는 것과 비슷하게 발생한 예외를 확인할 수 있다.
```python
with self.assertRaises(ValueError):
    parameter_dependent(25)
```

목킹이 테스트에 대한 의존성을 처리하는 유일한 방법은 아니다. 목킹 외의 접근 방식을 살펴보자.

의존성 주입

목킹은 원본 코드에서 눈치채지 못한 채 의존성을 대체하지만, 의존성 주입dependency injection은 테스트 중인 함수를 호출할 때 해당 의존성을 명시적으로 만드는 기술이므로 테스트 대체물로 대체할 수 있다.

실제로, 의존성 주입은 의존성을 입력 파라미터로 요구받아 의존성을 명시적으로 생성하는 코드를 설계하는 방법이다.

 의존성 주입은 테스트에 유용하지만 목적이 꼭 테스트만은 아니다. 의존성을 명시적으로 추가하면 함수에서 의존성의 인터페이스에 의존하는 대신 특정 의존성을 초기화하는 방법을 알아야 할 필요성도 줄어든다. 의존성은 '초기화'(외부적으로 처리해야 함)와 '사용'(의존 코드가 수행하는 유일한 부분) 사이에 분리를 생성한다. 해당 분리는 추후 OOP 예를 살펴볼 때 더 명확해질 것이다.

의존성 주입이 테스트 코드를 어떻게 변경하는지 살펴보자.

```
def parameter_dependent(value, sqrt_func):
    if value < 0:
        return 0

    if value <= 100:
        return sqrt_func(value)

    return 10
```

이제 sqrt 함수는 입력 파라미터다.

예를 들어, 일반적인 시나리오에서 parameter_dependent 함수를 사용하려면 의존성을 생성해야 한다.

```
import math

def test_good_dependency():
    assert parameter_dependent(25, math.sqrt) == 5
```

그리고 테스트를 수행하려면 math.sqrt 함수를 특정 함수로 대체한 다음 사용한다. 예를 들면 다음과 같다.

```python
def test_twenty_five():

    def good_dependency(number):
        return 5

    assert parameter_dependent(25, good_dependency) == 5
```

일부 테스트에서는 의존성이 사용되지 않게 하려고 의존성을 호출하는 경우 에러를 발생시킬 수도 있다.

```python
def test_negative():

    def bad_dependency(number):
        raise Exception('Function called')

    assert parameter_dependent(-1, bad_dependency) == 0
```

의존성 주입은 목킹보다 더 명시적이라는 점에 유의한다. 테스트 코드는 본질적으로 외부 의존성이 없기 때문에 완전히 기능적이다.

OOP에서의 의존성 주입

OOP와 함께 의존성 주입을 사용할 수 있다. 이 경우 다음과 같은 코드로 시작할 수 있다.

```python
class Writer:

    def __init__(self):
        self.path = settings.WRITER_PATH

    def write(self, filename, data):
        with open(self.path + filename, 'w') as fp:
            fp.write(data)
```

```
class Model:

    def __init__(self, data):
        self.data = data
        self.filename = settings.MODEL_FILE
        self.writer = Writer()

    def save(self):
        self.writer.write(self.filename, self.data)
```

보다시피, settings 클래스는 데이터가 저장될 경로에 필요한 다양한 요소를 저장한다. 모델은 데이터를 수신한 후 저장한다. 작동 중인 코드라면 최소한 Model 클래스의 초기화가 필요하다.

```
model = Model('test')
model.save()
```

모델은 데이터를 수신한 후 저장한다. 작동 중인 코드는 최소한의 초기화가 필요하지만, 동시에 명시적이지 않다.

의존성 주입 원칙을 사용하려면 코드를 다음과 같이 작성해야 한다.

```
class WriterInjection:

    def __init__(self, path):
        self.path = path

    def write(self, filename, data):
        with open(self.path + filename, 'w') as fp:
            fp.write(data)

class ModelInjection:

    def __init__(self, data, filename, writer):
```

```
        self.data = data
        self.filename = filename
        self.writer = writer

    def save(self):
        self.writer.write(self.filename, self.data)
```

이 경우 의존성인 모든 값을 명시적으로 제공해야 한다. 코드 정의에서 settings 모듈은 어디에도 존재하지 않지만 클래스가 인스턴스화될 때 settings가 지정된다. 이제 코드에서 설정을 직접 정의해야 한다.

```
writer = WriterInjection('./')
model = ModelInjection('test', 'model_injection.txt', writer)
model.save()
```

test_dependency_injection_test.py 파일에서 살펴본 것처럼 두 경우 모두를 테스트하는 방법을 비교할 수 있다. 첫 번째 테스트는 Writer 클래스의 write 메소드가 올바르게 호출됐는지 확인하기 위해 목킹하는 것이다.

```
@patch('class_injection.Writer.write')
def test_model(mock_write):

    model = Model('test_model')
    model.save()

    mock_write.assert_called_with('model.txt', 'test_model')
```

이에 반해, 의존성 주입 예는 몽키 패칭을 이용한 목킹이 필요치 않다. 인터페이스를 시뮬레이션하는 자체 Writer를 생성한다.

```
def test_modelinjection():

    EXPECTED_DATA = 'test_modelinjection'
    EXPECTED_FILENAME = 'model_injection.txt'

    class MockWriter:
```

```
    def write(self, filename, data):
        self.filename = filename
        self.data = data

writer = MockWriter()
model = ModelInjection(EXPECTED_DATA, EXPECTED_FILENAME,
                       writer)
model.save()

assert writer.data == EXPECTED_DATA
assert writer.filename == EXPECTED_FILENAME
```

두 번째 코드가 첫 번째 코드보다 더 장황한데, 두 번째 코드와 같은 스타일로 작성할 때 다음과 같은 차이점이 존재한다.

- 몽키 패칭 목킹은 필요치 않다. 몽키 패칭은 노출이 되지 않는 내부 코드에 관여하기 때문에 많이 취약하다. 테스트에서 몽키 패칭 목킹은 일반 코드가 실행하는 것과 똑같지 않지만 특히 내부 코드가 예상치 못한 방식으로 변경되면 골치가 아프고 의도하지 않은 부작용이 발생할 수 있다.

  특정 시점에서 목킹은 두 번째 수준 의존성과 관련된 이슈가 발생할 수 있으며, 해당 이슈로 인해 복잡한 환경이 되거나 추가 복잡성을 처리하는 데 시간을 소비해야 할 수 있다.

- 코드를 작성하는 방법 자체가 다르다. 의존성 주입으로 생성된 코드는 더 모듈화되고 더 작은 요소로 구성된다. 의존성 주입은 항상 명시적이기 때문에 잘 모르는 의존성이 적으며, 기존 코드와 함께 작동할 수 있고 결합 가능하며 더 작은 모듈을 생성하는 경향이 있다.

- 그러나 실제로 느슨하게 결합된 모듈을 생성하려면 어느 정도의 훈련과 멘탈 모델을 구축할 수 있는 능력이 있어야 한다. 인터페이스를 설계할 때 해당 요소를 고려하지 않으면 결과 코드가 느슨하게 결합된 형태로 분리되지 않고 서로 다른 모듈에 걸쳐 긴밀하게 연결된 코드가 생성된다. 따라서 모듈을 제대로 개발하려면 어느 정도의 훈련이 필요하다. 모든 개발자에게 느슨하게 결합된 모듈 개발

능력이 자연스럽게 생기는 것을 기대하지 않길 바란다.

- 설정이 코드와 분리되어 코드의 흐름을 이해하기 어렵게 만들 수 있기 때문에 코드를 디버깅하기가 어려울 수 있다. 복잡성은 클래스의 상호 작용에서 생성될 수 있어서 코드를 이해하고 테스트하기가 어려울 수 있다. 일반적으로 두 번째 코드 스타일로 코드를 개발하기 위해서는 선행하는 노력이 더 필요하다.

의존성 주입은 특정 소프트웨어 분야 및 프로그래밍 언어에서 매우 인기 있는 기술이다. 목킹은 파이썬보다 동적이지 않은 언어에서는 사용하기가 더 어렵다. 또한 프로그래밍 언어마다 코드를 구조화하는 방법에 대한 고유한 아이디어가 있다. 예를 들어, 자바에서는 의존성 주입을 사용하는 특정 프레임워크가 존재하며 의존성 주입이 매우 인기가 있다.

pytest 고급 기능

이전에 pytest의 기본 기능을 설명했지만, 테스트 코드를 생성하는 데 도움이 될 만한 고급 기능을 가볍게라도 설명한다.

 TIP pytest는 크고 포괄적인 툴이며 사용하는 방법을 배울 만한 가치가 있다. 여기서는 가볍게 설명할 것이다. pytest 공식 문서(https://docs.pytest.org/)를 확인하자.

pytest의 모든 것을 다루지는 않겠지만, pytest의 유용한 정보를 살펴본다.

그룹 테스트

테스트를 그룹화하여 모듈처럼 특정 항목과 관련시키거나 동시에 실행하는 것이 유용할 때가 많다. 테스트를 그룹화하는 가장 간단한 방법은 테스트를 단일 클래스로 결합하는 것이다.

예를 들어, 이전 테스트 예시로 돌아가서 test_group_classes.py에서 볼 수 있는 것처럼 테스트를 2개의 클래스로 구성할 수 있다.

```python
from tdd_example import parameter_tdd


class TestEdgesCases():

    def test_negative(self):
        assert parameter_tdd(-1) == 0

    def test_zero(self):
        assert parameter_tdd(0) == 0

    def test_ten(self):
        assert parameter_tdd(10) == 100

    def test_eleven(self):
        assert parameter_tdd(11) == 100


class TestRegularCases():

    def test_five(self):
        assert parameter_tdd(5) == 25

    def test_seven(self):
        assert parameter_tdd(7) == 49
```

테스트를 독립적으로 실행할 수 있는 2개의 클래스로 분리하는 것은 쉽다.

```
$ pytest -v test_group_classes.py
========================= test session starts =========================
platform darwin -- Python 3.9.5, pytest-6.2.4, py-1.10.0, pluggy-0.13.1 --
/usr/local/opt/python@3.9/bin/python3.9
collected 6 items

test_group_classes.py::TestEdgesCases::test_negative PASSED      [16%]
test_group_classes.py::TestEdgesCases::test_zero PASSED          [33%]
```

```
test_group_classes.py::TestEdgesCases::test_ten PASSED          [50%]
test_group_classes.py::TestEdgesCases::test_eleven PASSED       [66%]
test_group_classes.py::TestRegularCases::test_five PASSED       [83%]
test_group_classes.py::TestRegularCases::test_seven PASSED      [100%]


========================= 6 passed in 0.02s =========================

$ pytest -k TestRegularCases -v test_group_classes.py
========================= test session starts =========================
platform darwin -- Python 3.9.5, pytest-6.2.4, py-1.10.0, pluggy-0.13.1
-- /usr/local/opt/python@3.9/bin/python3.9
collected 6 items / 4 deselected / 2 selected
test_group_classes.py::TestRegularCases::test_five PASSED       [50%]
test_group_classes.py::TestRegularCases::test_seven PASSED      [100%]


================== 2 passed, 4 deselected in 0.02s ==================
$ pytest -v test_group_classes.py::TestRegularCases
========================= test session starts =========================
platform darwin -- Python 3.9.5, pytest-6.2.4, py-1.10.0, pluggy-0.13.1
-- /usr/local/opt/python@3.9/bin/python3.9
cachedir: .pytest_cache
rootdir: /Users/jaime/Dropbox/Packt/architecture_book/chapter_09_testing_
and_tdd/advanced_pytest
plugins: celery-4.4.7
collected 2 items

test_group_classes.py::TestRegularCases::test_five PASSED       [50%]
test_group_classes.py::TestRegularCases::test_seven PASSED      [100%]


========================= 2 passed in 0.02s =========================
```

또 다른 가능성은 마커marker를 사용하는 것이다. 마커는 테스트에서 데코레이터를 통해
추가될 수 있는 지시자다. 예를 들어 아래의 test_markers.py와 같다.

```
import pytest
from tdd_example import parameter_tdd

@pytest.mark.edge
def test_negative():
```

```
    assert parameter_tdd(-1) == 0

@pytest.mark.edge
def test_zero():
    assert parameter_tdd(0) == 0

def test_five():
    assert parameter_tdd(5) == 25

def test_seven():
    assert parameter_tdd(7) == 49

@pytest.mark.edge
def test_ten():
    assert parameter_tdd(10) == 100

@pytest.mark.edge
def test_eleven():
    assert parameter_tdd(11) == 100
```

값의 가장자리를 확인하는 모든 테스트에서 @pytest.mark.edge 데코레이터를 정의하고 있음을 확인한다.

테스트를 실행하면 -m 파라미터를 사용해 특정 태그가 포함된 테스트만 실행할 수 있다.

```
$ pytest -m edge -v test_markers.py
========================= test session starts =========================
platform darwin -- Python 3.9.5, pytest-6.2.4, py-1.10.0, pluggy-0.13.1
-- /usr/local/opt/python@3.9/bin/python3.9
collected 6 items / 2 deselected / 4 selected

test_markers.py::test_negative PASSED                        [ 25%]
test_markers.py::test_zero PASSED                            [ 50%]
test_markers.py::test_ten PASSED                             [ 75%]
test_markers.py::test_eleven PASSED                          [100%]

========================= warnings summary =========================
test_markers.py:5
  test_markers.py:5: PytestUnknownMarkWarning: Unknown pytest.mark.edge
```

```
- is this a typo?  You can register custom marks to avoid this warning
- for details, see https://docs.pytest.org/en/stable/mark.html
   @pytest.mark.edge

test_markers.py:10
...

-- Docs: https://docs.pytest.org/en/stable/warnings.html
============= 4 passed, 2 deselected, 4 warnings in 0.02s =============
```

마커 edge가 등록되지 않으면 PytestUnknownMarkWarning: Unknown pytest.mark.edge 경고
가 발생한다.

 깃허브에는 pytest.ini 코드가 포함되어 있다. 예를 들어, 전체 리포지터리를 복제하는 경우와 같
이 pytest.ini 파일이 있으면 경고가 표시되지 않는다.

실수로 egde 또는 이와 비슷한 오타를 찾으려 할 때 매우 유용하다. 해당 경고를 피하려
면 다음과 같이 마커 정의가 포함된 pytest.ini 설정 파일을 추가해야 한다.

```
[pytest]
markers =
      edge: tests related to edges in intervals
```

이제 테스트를 실행해도 경고가 표시되지 않는다.

```
$ pytest -m edge -v test_markers.py
========================= test session starts =========================
platform darwin -- Python 3.9.5, pytest-6.2.4, py-1.10.0, pluggy-0.13.1
-- /usr/local/opt/python@3.9/bin/python3.9
cachedir: .pytest_cache
rootdir: /Users/jaime/Dropbox/Packt/architecture_book/chapter_09_testing_
and_tdd/advanced_pytest, configfile: pytest.ini
plugins: celery-4.4.7
collected 6 items / 2 deselected / 4 selected
```

```
test_markers.py::test_negative PASSED                            [25%]
test_markers.py::test_zero PASSED                                [50%]
test_markers.py::test_ten PASSED                                 [75%]
test_markers.py::test_eleven PASSED                              [100%]


=================== 4 passed, 2 deselected in 0.02s ====================
```

마커는 여러 파일을 포함하는 전체 테스트 스위트에서 사용할 수 있다. 따라서 마커가 테스트 전반에서 공통 패턴을 식별할 수 있다. 예를 들어, 마커 basic으로 실행하는 가장 중요한 테스트가 포함된 빠른 테스트 스위트를 생성할 수 있다.

일부 내장 기능을 갖는 사전에 정의된 마커도 있다. 가장 일반적인 것은 skip(테스트를 건너뜀)과 xfail(테스트를 뒤집는 것. 즉 테스트가 실패할 것으로 예상함)이다.

픽스처 사용

픽스처fixture를 사용하는 것은 pytest에서 테스트를 생성할 때 많이 선호하는 방법이다. 본질적으로 픽스처는 테스트를 설정할 때 생성하는 문맥이다.

픽스처는 테스트 함수의 입력으로 사용된다. 따라서 테스트가 생성될 특정 환경을 설정하고 생성할 수 있다.

예를 들어, 문자열에서 특정 문자의 개수를 계산하는 간단한 함수를 살펴보자.

```python
def count_characters(char_to_count, string_to_count):
    number = 0
    for char in string_to_count:
        if char == char_to_count:
            number += 1

    return number
```

count_characters 함수에는 문자열을 반복iterate하면서 일치하는 문자를 계산하는 매우 간단한 루프가 포함된다.

452

TIP count_characters 함수는 문자열의 .count() 함수와 동일한 기능을 수행하지만 예를 보여주기
위해 사용됐다. 나중에 리팩토링할 수 있다.

기능을 확인하는 테스트는 다음과 같다.

```
def test_counting():
    assert count_characters('a', 'Barbara Ann') == 3
```

상당히 간단하다. 이제 설정을 복제하려는 경우, 설정을 정의하기 위해 픽스처를 정의
하는 방법을 살펴본다.

```
import pytest

@pytest.fixture()
def prepare_string():
    # 리턴할 값을 설정한다.
    prepared_string = 'Ba, ba, ba, Barbara Ann'

    # 값을 리턴한다.
    yield prepared_string

    # 모든 값을 정리한다.
    del prepared_string
```

우선, 픽스처는 pytest.fixture 데코레이션으로 사용하고 마커로 사용한다. 픽스처는 세
단계로 나뉜다.

- **설정**(또는 셋업): 예에서는 단순히 문자열을 정의했지만 값을 준비하는 가장 큰
  부분이다.

- **값을 리턴**: yield 함수를 사용하면 다음 단계로 이동할 수 있다. 그렇지 않으면 픽
  스처는 여기에서 완료된다.

- **모든 값을 정리**: 예에서는 변수를 삭제하기만 하면 되지만 나중에 자동으로 수행
  된다.

이렇게 픽스처를 정의하면 이름을 입력 파라미터로 사용해 테스트 함수에서 쉽게 재사용할 수 있다.

```python
def test_counting_fixture(prepare_string):
    assert count_characters('a', prepare_string) == 6

def test_counting_fixture2(prepare_string):
    assert count_characters('r', prepare_string) == 2
```

prepare_string 파라미터가 yield로 정의한 값을 자동으로 제공하는 방법에 유의한다. 테스트를 실행하면 효과를 볼 수 있다. 게다가 --setup-show 파라미터를 사용해 설정을 확인할 수 있고, 모든 픽스처를 정리할 수 있다.

```
$ pytest -v test_fixtures.py -k counting_fixture --setup-show
======================== test session starts ========================
platform darwin -- Python 3.9.5, pytest-6.2.4, py-1.10.0, pluggy-0.13.1
-- /usr/local/opt/python@3.9/bin/python3.9
plugins: celery-4.4.7
collected 3 items / 1 deselected / 2 selected

test_fixtures.py::test_counting_fixture
        SETUP    F prepare_string
        test_fixtures.py::test_counting_fixture (fixtures used: prepare_
string)PASSED
        TEARDOWN F prepare_string
test_fixtures.py::test_counting_fixture2
        SETUP    F prepare_string
        test_fixtures.py::test_counting_fixture2 (fixtures used: prepare_
string)PASSED
        TEARDOWN F prepare_string

==================== 2 passed, 1 deselected in 0.02s ====================
```

이전 픽스처 사용 예를 보면 매우 간단하며 문자열 정의와 같은 작업은 하지 않았다. 하지만 픽스처를 사용해 데이터베이스에 연결하거나 파일을 준비할 수 있고 마지막에 정리할 수 있다는 점을 고려한다.

이전 예보다 약간 복잡한 또 다른 예를 소개한다. 문자열을 기반으로 문자 개수를 계산하는 것이 아닌, 파일에서 텍스트를 읽어 문자를 계산하는 함수다. 함수는 다음과 같다.

```python
def count_characters_from_file(char_to_count, file_to_count):
    '''
    파일을 열고 파일에 포함된 텍스트의 문자 개수를 계산한다.
    '''
    number = 0
    with open(file_to_count) as fp:
        for line in fp:
            for char in line:
                if char == char_to_count:
                    number += 1

    return number
```

그런 다음, 픽스처는 파일을 생성하고 해당 파일을 리턴한 후 정리 작업 시 해당 파일을 제거해야 한다. 테스트를 살펴보자.

```python
import os
import time
import pytest


@pytest.fixture()
def prepare_file():
    data = [
        'Ba, ba, ba, Barbara Ann',
        'Ba, ba, ba, Barbara Ann',
        'Barbara Ann',
        'take my hand',
    ]
    filename = f'./test_file_{time.time()}.txt'
```

```
    # 리턴할 값을 설정한다.
    with open(filename, 'w') as fp:
        for line in data:
            fp.write(line)

    # 값을 리턴한다.
    yield filename

    # 모든 값을 정리한다.
    os.remove(filename)
```

파일을 생성할 때 파일 이름에 타임스탬프가 추가된 이름을 정의한다. 픽스처에 의해 생성되는 모든 파일이 유일함을 의미한다.

```
    filename = f'./test_file_{time.time()}.txt'
```

파일이 생성되고 해당 파일에 데이터가 저장된다.

```
    with open(filename, 'w') as fp:
        for line in data:
            fp.write(line)
```

이전에 살펴본 것처럼 고유한 파일 이름으로 파일이 생성된다. 마지막으로 정리 작업에서 생성된 파일이 삭제된다.

테스트는 대부분의 복잡성이 픽스처에 저장되므로 이전 테스트와 유사하다.

```
    def test_counting_fixture(prepare_file):
        assert count_characters_from_file('a', prepare_file) == 17


    def test_counting_fixture2(prepare_file):
        assert count_characters_from_file('r', prepare_file) == 6
```

테스트를 실행하면 예상대로 작동하는 것을 볼 수 있고, 정리 작업 단계에서 각 테스트 후에 테스트에서 생성된 파일이 삭제되는지 확인할 수 있다.

```
$ pytest -v test_fixtures2.py
========================= test session starts =========================
platform darwin -- Python 3.9.5, pytest-6.2.4, py-1.10.0, pluggy-0.13.1
-- /usr/local/opt/python@3.9/bin/python3.9
collected 2 items

test_fixtures2.py::test_counting_fixture PASSED                    [50%]
test_fixtures2.py::test_counting_fixture2 PASSED                  [100%]

========================= 2 passed in 0.02s =========================
```

픽스처를 꼭 동일한 파일에서 정의할 필요는 없다. 또한 모든 테스트에서는 pytest가 자동으로 공유하는 conftest.py라는 특수 파일에 픽스처를 저장할 수도 있다.

> **TIP**
>
> 픽스처끼리 결합할 수 있고 자동으로 픽스처끼리 사용되도록 구성할 수도 있으며 임시 데이터 및 디렉토리로 작업하거나 출력을 수집할 수 있는 내장 픽스처가 이미 존재한다. 또한 데이터베이스에 연결하거나 여러 외부 리소스와 상호 작용하는 기능을 포함하는 타사 모듈로 설치할 수 있는 PyPI에 유용한 픽스처 플러그인이 많이 있다. pytest 문서(https://docs.pytest.org/en/latest/explanation/fixtures.html#about-fixtures)를 살펴보면서 픽스처를 구현하기 전에 기존의 픽스처 모듈을 활용할 수 있는지 검색해 보길 바란다.

이번 장에서는 pytest의 고급 기능을 가볍게 살펴봤다. pytest는 훌륭한 툴이며 이 책을 보는 독자들도 배우도록 추천하고 싶은 툴이다. pytest는 테스트를 효율적으로 실행하고 최상의 방식으로 설계할 때 큰 성과를 거두게 해줄 것이다. 테스트는 프로젝트의 중요한 부분이며, 개발자가 대부분의 시간을 보내는 개발 단계 중 하나다.

요약

10장에서는 왜 테스트를 수행해야 하는지, 어떻게 테스트를 수행해야 하는지를 통해 고객이 코드를 사용할 때 발생할 수 있는 문제를 예방하고 고품질의 소프트웨어를 만들기 위해 무엇이 좋은 테스트 전략인지를 설명했다.

테스트 이면의 일반 원칙, 비용보다 더 많은 가치를 제공하는 테스트를 생성하는 방법, 품질을 보장하기 위한 다양한 테스트 레벨을 설명하는 것으로 시작했다. 단위 테스트(단일 컴포넌트의 일부), 시스템 테스트(전체 시스템), 단위 테스트와 시스템 테스트 중간에 위치한 통합 테스트(전체 컴포넌트 또는 전체가 아닌 여러 컴포넌트)라고 하는 세 가지 주요 테스트 레벨을 설명했다.

테스트가 훌륭한지 확인할 수 있는 다양한 전략을 비롯해, 테스트를 작성한 후 쉽게 작성하고 이해할 수 있는 Arrange-Act-Assert 패턴을 구성하고 사용하는 방법을 계속 설명했다.

그리고 테스트를 개발의 중심에 두는 기술인 테스트 주도 개발 원리에 대해 자세히 다뤘다. TDD는 코드보다 먼저 테스트를 작성하고, 작은 증분식으로 작업하며, 테스트를 반복해서 실행함으로써 예기치 않은 작동으로부터 시스템을 보호하는 테스트 스위트 작성을 요구한다.

계속해서 표준 unittest 모듈을 설명했고, unittest보다 더 강력한 pytest를 도입하여 파이썬에서 단위 테스트를 생성하는 방법을 소개했다. 그리고 훌륭한 외부 모듈로 무엇을 할 수 있는지 보여주기 위해 pytest의 고급 사용법을 소개했다.

기능을 분리하기 위해 단위 테스트를 작성할 때 매우 중요한 외부 의존성을 테스트하는 방법을 설명했다. 또한 의존성을 목킹하는 방법과 의존성 주입 원칙에 따라 작업하는 방법을 설명했다.

11

패키지 관리

복잡한 시스템, 특히 마이크로서비스 또는 마이크로서비스와 유사한 아키텍처에서 작업할 때, 때로는 상관없는 시스템 일부분에서 코드를 공유해야 하는 경우가 있다. 일반적으로 보안(예: 서명을 확인해야 하는 여러 시스템에서 이해할 수 있는 서명 계산)상 데이터베이스 또는 외부 API에 연결에 이르기까지 매우 다양한 일부 기능을 추상화하는 데 도움이 되는 공통 코드를 사용해야 하는 경우가 있다. 또는 시스템을 일관되게 모니터링하는 경우에 사용된다.

동일한 기능을 수행하는 모듈을 매번 개발하는 대신, 동일한 코드를 재사용할 수 있도록 적절하게 테스트 및 검증된 모듈을 통해 전체 시스템에서 일관성을 유지할 수 있다. 일부 모듈은 조직 전체뿐만 아니라 외부에서도 공유해 여러 사람이 활용할 수 있는 표준 모듈을 만들 수 있다.

이전부터 사람들은 공통 코드를 공유했으며 기존 데이터베이스에 연결하기, 네트워크 리소스 사용하기, OS 기능 접근하기, 모든 종류의 포맷으로 파일 이해하기, 모든 도메인에서 공통 알고리듬과 공식 계산하기, AI 모델 생성 및 운영하기 등 그 외 다양한 사례가 있다.

이런 모든 기능의 공유와 활용을 향상하기 위해, 현대 프로그래밍 언어에는 패키지 생성 및 공유를 위한 고유한 방법이 있기에 프로그래밍 언어의 유용성이 크게 배가된다.

11장에서는 파이썬 관점에서 파이썬 패키지를 생성하기로 결정하는 시기와 방법을 다룰 것이다. 간단한 구조에서 특정 작업에 최적화할 수 있는 컴파일 코드를 포함하는 패키지에 이르기까지 사용 가능한 다양한 방법을 살펴볼 것이다.

11장에서 다루는 내용은 다음과 같다.

- 새로운 패키지의 생성
- 파이썬의 일반적인 패키징
- 파이썬 패키지 생태계
- 패키지 생성하기
- 사이썬Cython
- 바이너리 코드가 포함된 파이썬 패키지
- PyPI에 패키지 업로드하기
- 자체 사설 인덱스 생성하기

먼저 패키지를 생성하는 코드를 정의하는 것으로 시작한다.

새로운 패키지의 생성

모든 소프트웨어에는 코드의 여러 부분에서 공유할 수 있는 코드가 있다. 작은 모노리스 애플리케이션으로 작업할 때 새로운 패키지의 생성은 직접 호출해 기능을 공유하는 내부 모듈이나 함수를 생성하는 것만큼 쉬울 수 있다.

시간이 지나면서 공통 기능은 모듈 아래 함께 그룹화해 애플리케이션 전체에서 사용될 수 있다.

> 여러 코드에서 사용될 것으로 예상되는 공통 코드 모듈을 utils라는 이름으로 사용하고 싶은 유혹을 피해야 한다. utils 사용은 매우 일반적이지만, 설명이 자세하지 않고 다소 성의가 없는 느낌이다. utils 모듈에 어떤 기능이 있는지 어떻게 알 수 있을까? 대신, 기능 이름에 설명을 넣길 바란다.
>
> 기능 이름에 설명을 넣을 수 없다면 하위 모듈로 나누어 utils.communication이나 utils.math 같은 이름으로 생성해 기능을 알 수 있게 한다.

이렇게 진행하면 특정 크기까지 잘 작동한다. 코드가 커지고 복잡해지면서 발생할 수 있는 문제는 다음과 같다.

- 모듈 활용 측면에서 유연성을 높이기 위해 모듈과 상호 작용할 수 있는 일반적인 API를 생성한다. 따라서 모듈이 예상대로 사용되고 적절한 에러를 리턴할 수 있도록 방어적인 프로그래밍 스타일로 개발하는 것이 포함될 수 있다.

- 모듈에 익숙하지 않은 개발자가 사용할 수 있도록 모듈에 대한 문서를 제공해야 한다.

- 모듈의 소유권을 명확히 하고 유지보수 관리자를 지정해야 한다. 즉, 코드를 변경하기 전에 더 엄격하게 코드 리뷰의 형태를 취할 수 있으며, 일부 개발자는 모듈의 연락 창구로 지정된다.

- 가장 중요한 모듈의 기능은 둘 이상의 독립적인 서비스 또는 코드에서 사용되어야 한다. 중복 코드를 여기서 저기로 복사/붙여넣기 하는 대신 임포트할 수 있는 독립 모듈을 생성하는 것이 좋다. 이는 특정 작업을 표준화하기 위한 사전의 의도적인 옵션(예: 여러 서비스에서 서명된 메시지 생성 및 확인)일 수도 있고, 하나의 서비스 코드에서 기능을 성공적으로 구현한 후 시스템의 여러 서비스 코드에서 사용하는 것이 편리한 사후 고려사항일 수도 있다. 예를 들어, 통신 메시지를 계측할 때 로그가 생성된다. 해당 로그는 다른 서비스에서 유용할 수 있으므로 원래 서비스에서 다른 서비스로 마이그레이션될 때 사용될 수 있다.

일반적으로 모듈은 공유할 코드를 통합하기 위한 공유된 위치뿐만 아니라 자체 엔티티entity를 가져오기 시작한다. 그때 특정 코드에서 사용된 모듈보다 독립적인 라이브러리로 취급하는 것이 합리적이다.

코드를 독립 패키지로 생성하기로 결정한 후에는 다음과 같은 측면을 고려해야 한다.

- 이전에 살펴본 것처럼, 가장 중요한 것은 새로운 패키지의 담당자다. 패키지는 여러 팀과 그룹에서 사용하기에 여러 팀과 그룹 사이의 경계에 존재한다. 가능한 모든 문의와 자체 유지 관리 설정 모두에서 모듈을 책임지고 있는 팀에 연락할 수 있도록 모든 패키지에 대한 명확한 담당자를 알려줘야 한다.

- 새로운 기능과 조정을 개발하는 데 시간이 필요한 새로운 패키지는, 특히 해당 패키지가 사용 중일 때, 여러 서비스와 더 많은 곳에서 사용되고 있기 때문에 해당 패키지의 한계를 확장할 것이다. 이를 고려해 담당 팀의 부하를 조정해야 한다. 패키지가 얼마나 성숙한지, 얼마나 많은 새로운 기능이 필요한지에 따라 패키지의 한계가 크게 달라진다.

- 동일한 방법으로, 패키지를 유지보수하는 시간을 투자한다. 새로운 기능이 없더라도 버그 감지, 보안 수정사항, 새로운 OS 버전과의 호환성을 위해 의존성 업데이트와 같은 기타 일반 유지보수가 계속되어야 한다.

이런 모든 요소를 고려해야 한다. 일반적으로 패키지 담당 팀은 목표와 달성 시간을 정의할 수 있는 로드맵을 만드는 것이 좋다.

 결론은 새로운 패키지는 새로운 프로젝트라는 것이다. 즉, 프로젝트처럼 동일하게 다뤄야 한다.

파이썬으로 새로운 패키지를 만드는 데 중점을 두겠지만, 기본적인 내용은 다른 언어로 다른 패키지를 생성할 때도 비슷하다.

파이썬의 일반적인 패키징

파이썬에서는 코드에 하위 디렉토리를 추가하기만 하면 가져올 패키지를 쉽게 생성할 수 있다. 패키지 생성은 간단하지만 하위 디렉토리를 복사할 수 있으므로 처음에는 적절할 수 있다. 예를 들어, 코드를 소스 제어 시스템에 직접 추가하거나 코드를 압축하고 제자리에 압축을 풀어 설치할 수도 있다.

 이는 여러 버전, 의존성 등을 처리하지 않으므로 장기적인 솔루션은 아니지만 경우에 따라 첫 번째 단계로 작동할 수 있다. 적어도 초기에는 모듈화할 모든 코드를 동일한 하위 디렉토리에 저장해야 한다.

파이썬의 모듈에 대한 코드 구조는 단일 진입점이 있는 하위 디렉토리로 작업할 수 있다. 예를 들어, 다음 구조로 naive_package라는 모듈을 생성한다.

```
└── naive_package
    ├── __init__.py
    ├── module.py
    └── submodule
        ├── __init__.py
        └── submodule.py
```

모듈에 submodule 하위 모듈이 포함되어 있음을 알 수 있다. submodule 하위 모듈 디렉토리에는 코드가 있는 submodule.py 파일과 다른 파일을 임포트할 빈 __init__.py 파일이 있다. __init__.py 파일에 대해서는 추후 설명할 것이다.

 __init__.py는 디렉토리에 파이썬 코드를 포함하고 있고 외부에서 파이썬 코드를 임포트할 수 있음을 나타내는 특수 파이썬 파일이다. 나중에 살펴보겠지만 __init__.py는 디렉토리 자체를 상징한다.

다음은 submodule.py 파일의 함수다.

```
def subfunction():
    return 'calling subfunction'
```

최상위 레벨은 모듈이다. 하위 모듈을 호출하는 some_function 함수를 정의하는 module.py 파일이 있나.

```
from .submodule.submodule import subfunction


def some_function():
    result = subfunction()
    return f'some function {result}'
```

import 라인에 동일한 디렉토리에 위치한 하위 모듈 형태를 점(.)으로 표현한다. 점은 임포트할 때 더 정확하게 표현하기 위한 파이썬 3의 특정 구문이다. 점 대신 라이브러리에서 임포트를 할 수 있다.

 PEP-328 문서(https://www.python.org/dev/peps/pep-0328/)에서 상대적 임포트(relative import)를 자세히 살펴볼 수 있다. **PEP**(Python Enhancement Proposals)는 파이썬 언어와 관련된 새로운 기능 또는 커뮤니티와 관련된 정보를 설명하는 문서다. 변화를 제안하고 언어를 발전시키는 공식 채널이다.

나머지 함수에서 subfunction을 호출하고 결과를 결합하여 텍스트 문자열을 리턴한다.

이 경우 __init__.py 파일은 비어 있지 않지만 대신 some_function 함수를 임포트한다.

```
from .module import some_function
```

이전에 점으로 표시된 상대적 import를 다시 주목한다. 이는 naive_package 모듈의 최상위 레벨의 some_function 함수를 사용할 수 있게 한다.

이제 모듈을 호출할 파일을 생성할 수 있다. call_naive_package.py 파일을 작성한다.

call_naive_package.py 파일은 native_package 디렉토리와 동일한 수준에 있어야 한다.

```
from naive_package import some_function


print(some_function())
```

call_naive_package.py 파일은 모듈 정의 함수를 호출하고 결과를 출력한다.

```
$ python3 call_naive_package.py
some_function을 호출하는 함수
```

공유된 모듈을 다루는 것을 권장하지 않지만, 작은 모듈은 패키지를 생성하는 방법과 모듈의 구조가 무엇인지 이해하는 데 도움이 된다. 모듈을 분리하고 독립적인 패키지를 만드는 첫 번째 단계는 사용하기 위한 명확한 진입점을 포함해 명확한 API를 갖는 단일 하위 디렉토리를 생성하는 것이다.

그러나 모듈을 통해 전체 파이썬 패키지를 생성해 더 나은 솔루션을 얻어야 한다. 이것이 정확히 무엇을 의미하는지 살펴보자.

파이썬 패키지 생태계

파이썬은 다양한 주제를 다루고 모든 파이썬 프로그램의 성능을 향상할 수 있는 매우 활발한 오픈소스 패키지 생태계를 갖고 있다. 파이썬을 새로 설치할 때 자동으로 설치되는 pip를 사용해 설치를 활용할 수 있다.

예를 들어, 강력하고 쉬운 HTTP 요청을 컴파일할 수 있는 패키지인 requests 패키지를 설치하려면 다음 커맨드를 사용한다.

```
$ pip3 install requests
```

pip는 자동으로 파이썬 패키지 인덱스를 검색해 패키지를 사용할 수 있는지 확인하고 패키지가 있으면 다운로드하여 설치한다.

pip 커맨드는 pip3 포맷을 취할 수 있다. pip 커맨드는 시스템의 파이썬 버전에 따라 패키지를 달리 설치한다. 여기서는 pip와 pip3를 따로 구분하지 않을 것이다.

pip에 대한 자세한 사용법은 이번 장의 뒷부분에서 살펴볼 것이다. 먼저 패키지가 다운 로드되는 주요 소스를 살펴볼 것이다.

PyPI

파이썬 패키지 인덱스(PyPI, 일반적으로 'Pie-Pie'와 반대되는 'Pie-P-I'로 발음됨)는 파이썬의 공 식 패키지 소스이며 웹 페이지(https://pypi.org)에서 확인할 수 있다.

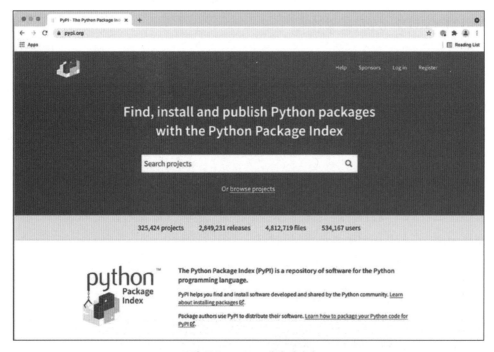

그림 11.1 pypi.org 메인 페이지

PyPI 웹 페이지에서 검색을 진행해 부분적으로 일치하는 사용할 수 있는 패키지를 포함해 유용한 정보와 함께 특정 패키지를 찾을 수 있을 뿐만 아니라 필터링할 수도 있다.

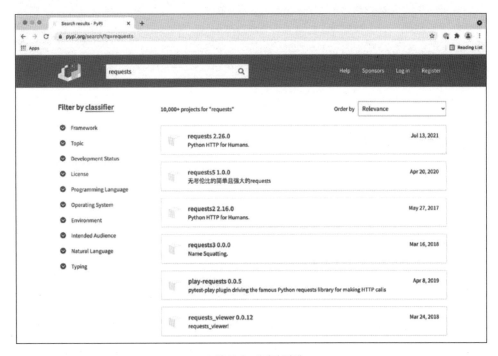

그림 11.2 패키지 검색

특정 패키지를 선택하면 패키지에 대한 간단한 문서, 프로젝트의 소스 및 홈페이지 링크, 기타 유사한 종류의 라이선스 또는 유지보수 담당자에 대한 자세한 정보를 확인할 수 있다.

 패키지 홈페이지와 문서 페이지는 패키지 사용 방법에 대한 더 많은 정보를 포함하는데, 큰 패키지의 경우 정보가 매우 중요하다. 일반적으로 작은 패키지에는 홈페이지의 문서만 포함되지만 버그에 대한 세부 정보와 패치 또는 보고서를 제출하는 깃허브 페이지로 링크될 수 있으므로 항상 해당 페이지에서 소스를 확인하는 것이 좋다.

이 책을 쓰는 시점에 requests 페이지는 그림 11.3과 같다.

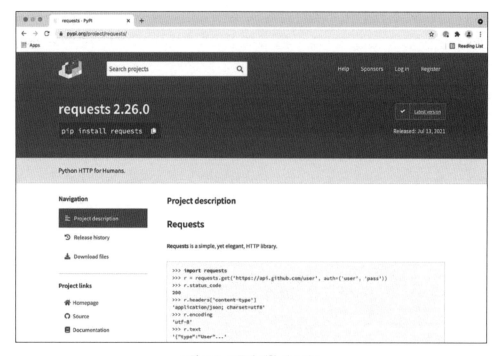

그림 11.3 모듈에 대한 세부 정보

PyPI에서 직접 검색하면 흥미로운 모듈을 찾는 데 도움이 될 수 있고, 어떤 경우에는 데이터베이스에 연결할 모듈을 찾는 것과 같이 매우 간단하다(예: 데이터베이스 이름으로 검색). 모듈이 여러분이 개발하는 파이썬 사용 사례에 얼마나 도움이 될지 모듈 이름만으로는 알 수 없다. 따라서 일반적으로 모듈을 사용하면서 많은 시행착오를 거친다.

여러분이 개발하는 파이썬 사용 사례에 가장 적합한 모듈을 인터넷에서 검색하는 데 시간을 보내는 것은 좋은 생각이다. 그러면 사용 사례에 적합한 패키지를 찾을 가능성이 높아질 것이다.

 모듈에 관한 지식을 얻을 수 있는 훌륭한 출처는 StackOverflow(https://stackoverflow.com/)로, 흥미로운 모듈을 확인하는 데 사용할 수 있는 질문과 답변이 많이 있다. 일반적으로 구글 검색도 도움이 된다.

어쨌든 품질과 완성도가 다양한 파이썬 패키지의 수를 감안하면 모듈 대안을 조사하는 데 시간을 할애하는 것은 항상 가치가 있다.

pypi.org에서는 패키지를 선별하지 않는다. 모든 사람이 공개적으로 패키지를 pypi.org 에 올릴 수 있으며 악성 패키지는 pypi.org에서 제거된다. 패키지의 인기도를 알기 위해 다운로드 수를 검색하거나 온라인에서 여러 프로젝트에서 패키지가 사용 중인지 검색하는 등 간접적인 방법이 필요하다. 궁극적으로 후보 패키지가 여러분이 필요로 하는 모든 기능을 포함하는지 여부를 알려면 개념 증명Proof-of-Concept 프로그램을 통해 확인해야 할 것이다.

가상 환경

패키지 작성의 다음 요소는 모듈 설치를 격리하는 가상 환경을 생성하는 것이다.

패키지 설치를 다룰 때, 시스템 기본 환경을 사용한다는 것은 이미 설치된 패키지를 사용한다는 뜻이다. 즉, 설치된 파이썬 인터프리터는 시스템 기본 환경의 영향을 받는다는 것을 의미한다.

패키지 의존성으로 인해 서로 손상될 수 있기에 다른 목적으로 파이썬 인터프리터를 사용할 때 부작용이 있는 패키지를 설치할 경우 문제가 발생할 수 있다.

예를 들어, 동일한 시스템에 package1 패키지가 필요한 파이썬 프로그램과 package2가 필요한 파이썬 프로그램이 있는데 둘 다 호환되지 않는다면 충돌이 발생한다. package1과 package2를 모두 설치하는 것은 불가능하다.

 버전 비호환성, 특히 패키지의 의존성 또는 패키지의 의존성의 의존성을 통해 충돌이 발생할 수 있다. 예를 들어, package1은 의존성 버전 5를 설치해야 하고 package2는 의존성 버전 6 이상이 필요할 수 있다. 서로 다른 의존성은 함께 실행할 수 없다.

의존성 충돌 문제의 해결책은 2개의 서로 다른 환경을 생성하는 것이다. 각 패키지와 패키지 의존성은 서로 독립적으로 저장될 뿐만 아니라 시스템 파이썬 인터프리터와도 독립적으로 저장된다. 따라서 독립적인 파이썬 시스템 인터프리터를 기반으로 시스템에 의존하는 시스템 활동에 영향을 미치지 않는다.

새로운 가상 환경을 생성하려면 파이썬 3.3 이후의 모든 파이썬 3 설치에 포함된 표준 모듈 venv를 사용할 수 있다.

```
$ python3 -m venv venv
```

가상 환경이 포함된 venv 하위 디렉토리가 생성된다. 다음 source 커맨드를 사용해 환경을 활성화할 수 있다.

 TIP 생성된 가상 환경의 이름은 모듈 이름과 동일한 venv라는 이름을 사용했다. 꼭 동일한 이름으로 구성하지 않아도 된다. 가상 환경은 임의의 이름으로 생성할 수 있다. 사용 사례를 설명하는 이름을 사용하는 것이 좋다.

```
$ source ./venv/bin/activate
(venv) $ which python
./venv/bin/python
(venv) $ which pip
./venv/bin/python
```

python 인터프리터와 pip는 시스템이 아닌 가상 환경에 있는 인터프리터와 가상 환경인 venv가 활성화되어 있다는 프롬프트 표시를 볼 수 있다.

가상 환경에는 자체 라이브러리도 있으므로 설치된 모든 패키지는 시스템 환경이 아닌 가상 환경에 저장된다.

 TIP 가상 환경은 deactivate 커맨드를 호출하여 비활성화할 수 있다. (venv) 표시가 사라지는 것을 볼 수 있다.

가상 환경에서 pip를 호출하면 가상 환경에 패키지가 설치되므로 다른 환경과 독립적이다. 그런 다음 프로그램은 각각 자체 가상 환경 내에서 실행할 수 있다.

 가상 환경을 커맨드라인을 통해 직접 활성화할 수 없고 커맨드를 직접 실행해야 하는 경우(예: cronjob의 경우) /path/to/venv/python/your_script.py와 같은 전체 경로를 통해 가상 환경에서 직접 파이썬 인터프리터를 호출할 수 있다.

적절한 환경에서 pip를 사용해 다양한 의존성을 설치할 수 있다.

환경 준비

가상 환경을 만드는 것이 첫 번째 단계이고 이제 소프트웨어에 대한 모든 의존성을 설치해야 한다.

모든 상황에서 환경을 복제할 수 있으려면 설치해야 하는 모든 의존성을 정의하는 요구 사항 파일을 만드는 것이 가장 좋다. pip를 사용하면 일반적으로 requirements.txt라고 하는 파일을 사용해 의존성을 설치할 수 있다.

pip와 requirements.txt를 사용하는 것은 처음부터 시작할 수 있는 복제 가능한 환경을 생성할 수 있는 훌륭한 방법이다.

예를 들어, 다음과 같은 requirements.txt 파일을 살펴보자.

```
requests==2.26.0
pint==0.17
```

이 파일은 깃허브(https://github.com/PacktPublishing/Python-Architecture-Patterns/blob/main/chapter_11_package_management/requirements.txt)에서 다운로드할 수 있다.

다음 커맨드를 사용해 파일을 가상 환경에 설치할 수 있다(활성화해야 함).

```
(venv) $ pip install -r requirements.txt
```

그런 다음, 지정된 모든 요구사항을 환경에 설치한다.

지정된 의존성의 의존성(두 번째 수준 의존성)은 특정 버전에 완전히 고정되지 않을 수 있다. 의존성에 자체 정의를 갖고 있기 때문에 새로운 패키지가 업그레이드되면서 두 번째 수준 의존성에 대해 알 수 없는 업그레이드를 생성할 수 있다.

해당 문제가 발생하지 않도록 하려면 첫 번째 수준 의존성을 사용해 초기 설치를 만든 다음 pip freeze 커맨드를 사용해 설치된 모든 의존성을 얻을 수 있다.

```
(venv) $ pip freeze
certifi==2021.5.30
chardet==3.0.4
charset-normalizer==2.0.4
idna==2.10
packaging==21.0
Pint==0.17
pyparsing==2.4.7
requests==2.26.0
urllib3==1.26.6
```

pip freeze 출력을 사용해 requirements.txt를 직접 업데이트할 수 있기에 다음 설치에 서는 모든 두 번째 수준 의존성도 고정된다.

컨테이너에 대한 참고사항

컨테이너 방식으로 작업할 때는 컨테이너에 자체 OS가 포함되어 있기에 시스템 인터프리터와 프로그램 인터프리터 간의 강력한 격리가 적용된다.

서비스를 배포하는 기존 방식에서는 동일한 서버에 설치해야 하므로 이전에 설명한 제한사항으로 인해 인터프리터를 분리해야 한다.

컨테이너를 사용해 이미 각 서비스를 자체 OS 파일 시스템으로 둘러싸고 있으므로 가상 환경 생성을 건너뛸 수 있다. 이 경우 컨테이너는 가상 환경으로 작동하여 서로 다른 컨테이너를 분리한다.

이전에 8장 '고급 이벤트 기반 구조'에서 설명한 것처럼 각 컨테이너는 단일 서비스만 제공해야 한다. 즉, 서로 다른 컨테이너를 생성해 서로 다른 서버를 생성해야 한다. 이렇게 사용한다면 동일한 파이썬 인터프리터를 공유해야 하는 경우가 없도록 할 수 있다.

즉, 기존 환경에서 일반적으로 강요되는 제약사항을 완화하고 시스템 환경이 덜 오염될 수 있는 하나의 환경에만 관심을 집중할 수 있음을 의미한다. 시스템 환경이 하나뿐이기에 더 자유롭게 사용할 수 있다. 더 많은 서비스나 환경이 필요하면 언제든지 더 많은 컨테이너를 생성하면 된다.

파이썬 패키지

사용할 준비가 된 파이썬 모듈은 본질적으로 특정 파이썬 코드가 포함된 하위 디렉토리다. 해당 하위 디렉토리는 적절한 라이브러리의 하위 디렉토리에 설치되고 인터프리터는 해당 하위 디렉토리에서 검색한다. 디렉토리를 site-packages라 한다.

venv를 사용한다면 site-packages 하위 디렉토리를 사용할 수 있다. venv/lib/python3.9/site-packages/ 하위 디렉토리를 확인한다.

패키지를 배포하려면 site-packages 하위 디렉토리는 Egg 파일 또는 Wheel 파일의 두 가지 파일로 패키징된다. 그러나 중요한 것은 pip는 Wheel 파일만 설치할 수 있다는 점이다.

 소스(source) 패키지도 생성할 수 있다. 소스 패키지 파일은 모든 소스 코드를 포함하는 tar 파일이다.

Egg 파일은 Wheel 파일보다 더 오래됐고 기본적으로 일부 메타데이터가 포함된 압축 파일이어서 더 이상 사용되지 않는다. Wheel 파일에는 다음과 같은 장점이 있다.

- Wheel 파일은 잘 정의되어 있고 많이 사용되고 있다. Wheel 파일 포맷을 정의하는 특정 PEP인 PEP-427(https://www.python.org/dev/peps/pep-0427/)에 정의되어 있다. Egg 파일은 공식적으로 정의된 적이 없다.

- 더 나은 호환성을 갖도록 정의할 수 있어서 파이썬 2 및 파이썬 3를 비롯한 다양한 파이썬 버전 간에 호환되는 Wheel 파일을 생성할 수 있다.

- Wheel 파일에는 이미 컴파일된 바이너리 코드가 포함될 수 있다. 파이썬은 C로 작성된 라이브러리를 포함할 수 있지만 해당 라이브러리는 적절한 하드웨어 아키텍처를 대상으로 해야 한다. Egg 파일에는 설치 시 소스 파일이 포함되어 컴파일됐지만 설치 시스템에 적절한 컴파일 툴과 환경이 필요했고 이로 인해 쉽게 컴파일 문제가 발생했었다.

- 그 대신 Wheel 파일은 바이너리 파일로 미리 컴파일할 수 있다. Wheel 파일은 하드웨어 아키텍처와 OS에 따라 더 잘 정의된 호환성을 갖고 있어서 가능하다면 올바른 Wheel 파일을 다운로드하여 설치한다. 따라서 패키지를 설치할 때 컴파일을 수행할 필요가 없으므로 설치가 더 빨라지고 대상 시스템에서 사용할

수 있는 컴파일 툴이 필요하지 않다. 아직 사전 컴파일되지 않은 시스템에 설치할 수 있도록 소스 파일이 있는 Wheel 파일을 생성할 수도 있지만 이 경우에는 컴파일러가 필요하다.

- Wheel 파일은 암호화 방식으로 서명할 수 있지만, Eggs 파일은 암호화 옵션을 지원하지 않는다. Wheel 파일에는 손상되지 않고 수정되지 않게 하는 계층이 추가될 수 있다.

현재 파이썬에서 표준 패키징은 Wheel 파일이며, 상식적으로 Wheel이 선호되고 있다. Egg 파일은 새로운 포맷으로 업그레이드되지 않은 이전 패키지로 제한되어야 한다.

 Egg 파일은 이전 easy_install 스크립트로 설치할 수 있지만 최신 버전의 파이썬에는 더 이상 포함되어 있지 않다. easy_install을 사용하는 방법에 관한 설정 툴 설명서(https://setuptools. readthedocs.io/en/latest/deprecated/easy_install.html)를 확인한다.

이제 사용자 정의 패키지를 생성하는 방법을 살펴본다.

패키지 생성하기

대부분의 경우, 외부 패키지를 사용하더라도 언젠가는 사용자 정의 패키지를 생성해야 할 수도 있다.

사용자 정의 패키지를 생성하려면, 패키지의 기본이 되는 setup.py 파일을 생성하고 해당 파일에 무엇이 들어 있는지 설명해야 한다. 기본 패키지 코드는 다음과 같다.

```
package
├── LICENSE
├── README
├── setup.py
└── src
    └── <소스 코드>
```

LICENSE 파일과 README 파일은 필수는 아니지만 패키지에 대한 정보를 추가하기 위해 포함하는 것이 좋다. LICENSE 파일은 패키지에 자동으로 포함된다.

README 파일은 포함되어 있지 않다. 나중에 살펴보겠지만 빌드 프로세스의 일부로 패키지의 전체 설명에 해당 내용을 포함할 것이다.

프로세스의 코드는 setup.py 파일이다. 예를 살펴보자.

```python
import setuptools

with open('README') as readme:
    description = readme.read()


setuptools.setup(
    name='wheel-package',
    version='0.0.1',
    author='you',
    author_email='me@you.com',
    description='an example of a package',
    url='http://site.com',
    long_description=description,
    classifiers=[
        'Programming Language :: Python :: 3',
        'Operating System :: OS Independent',
        'License :: OSI Approved :: MIT License',
    ],
    package_dir={'': 'src'},
    install_requires=[
        'requests',
    ],
    packages=setuptools.find_packages(where='src'),
    python_requires='>=3.9',
)
```

setup.py 파일에는 기본적으로 패키지를 정의하는 setuptools.setup 함수가 포함되어 있다. 다음을 정의한다.

- name: 패키지의 이름이다.

- version: 패키지의 버전이다. 특정 버전을 설치하거나 최신 버전을 확인할 때 사용한다.

- author와 author_email: 버그 보고서나 요청을 받으려면 개발자 정보를 포함하는 것이 좋다.

- description: 짧은 설명이다.

- url: 프로젝트의 URL이다.

- long_description: description보다 더 긴 설명을 포함한다. 여기서는 description 변수에 내용을 저장하는 README 파일을 읽고 있다.

```
with open('README') as readme:
    description = readme.read()
```

setup.py의 중요한 세부 내용은 동적dynamic이다. 즉, 코드에서 모든 파라미터의 값을 결정할 수 있다는 뜻이다.

- classifier: 패키지가 라이선스와 프로그래밍 언어의 종류처럼 다른 영역으로 분류될 수 있도록 하거나 장고 같은 프레임워크와 함께 작동해야 하는 경우의 카테고리 정보를 갖는다. classifier의 전체 목록은 웹 페이지(https://pypi.org/classifiers/)에서 확인할 수 있다.

- package_dir: 패키지의 코드가 위치한 하위 디렉토리다. 여기서는 src를 지정한다. 기본적으로 setup.py가 포함된 디렉토리를 지정하지만 코드를 깔끔하게 유지하기 위해 구분하는 것이 좋다.

- install_requires: 패키지와 함께 설치해야 하는 모든 의존성. 여기서는 requests 의존성을 추가한다. 모든 2차 의존성(requests의 의존성)도 설치된다.

- packages: setuptools.find_packages 함수를 사용해 src 디렉토리에 있는 모든 것을 포함한다.

- python_requires: 패키지와 호환되는 파이썬 인터프리터를 정의한다. 여기서는 파이썬 3.9 이상을 정의한다.

파일이 준비되면 setup.py 스크립트를 직접 실행해 데이터가 올바른지 확인할 수 있다.

```
$ python setup.py check
running check
```

check 커맨드는 setup.py 파일의 정의가 정확하고 필수 요소가 누락되지 않았는지 확인한다.

개발 모드

setup.py 파일을 사용해 develop 모드에서 패키지를 설치할 수 있다. setup.py는 현재 환경에 연결된 방식으로 패키지가 설치된다. 즉, 파이썬 인터프리터가 재시작된 후 코드 변경사항이 패키지에 직접 적용되어 테스트를 쉽게 변경하고 작업할 수 있다. 가상 환경 내에서 실행하는 것을 잊지 않길 바란다.

```
(venv) $ python setup.py develop
running develop
running egg_info
writing src/wheel_package.egg-info/PKG-INFO
writing dependency_links to src/wheel_package.egg-info/dependency_links.txt
writing requirements to src/wheel_package.egg-info/requires.txt
writing top-level names to src/wheel_package.egg-info/top_level.txt
reading manifest file 'src/wheel_package.egg-info/SOURCES.txt'
adding license file 'LICENSE'
...
Using venv/lib/python3.9/site-packages
Finished processing dependencies for wheel-package==0.0.1
```

개발 버전을 쉽게 삭제해서 환경을 정리할 수 있다.

```
(venv) $ python setup.py develop --uninstall
running develop
Removing  /venv/lib/python3.9/site-packages/wheel-package.egg-link
(link to src)
Removing wheel-package 0.0.1 from easy-install.pth file
```

setup 공식 문서(https://setuptools.readthedocs.io/en/latest/userguide/development_mode.html)
에서 개발 모드에 대한 자세한 내용을 살펴볼 수 있다.

이 단계에서는 패키지를 현재 환경에 직접 설치하고 테스트를 실행하고 패키지가 설치
되면 예상대로 작동하는지 확인하는 데 사용할 수 있다. 이 작업이 완료되면 패키지 자
체를 준비할 수 있다.

순수 파이썬 패키지

패키지를 생성하려면 먼저 생성하려는 패키지의 종류를 정의해야 한다. 이전에 설명
한 것처럼 소스 배포, Egg, Wheel의 세 가지 옵션이 있다. setup.py에서 각각 다른 커
맨드로 정의된다.

소스 배포를 생성하기 위해 sdist(source distribution)를 사용할 것이다.

```
$ python setup.py sdist
running sdist
running egg_info
writing src/wheel_package.egg-info/PKG-INFO
writing dependency_links to src/wheel_package.egg-info/dependency_links.txt
writing requirements to src/wheel_package.egg-info/requires.txt
writing top-level names to src/wheel_package.egg-info/top_level.txt
reading manifest file 'src/wheel_package.egg-info/SOURCES.txt'
adding license file 'LICENSE'
writing manifest file 'src/wheel_package.egg-info/SOURCES.txt'
running check
creating wheel-package-0.0.1
creating wheel-package-0.0.1/src
creating wheel-package-0.0.1/src/submodule
creating wheel-package-0.0.1/src/wheel_package.egg-info
```

```
copying files to wheel-package-0.0.1...
copying LICENSE -> wheel-package-0.0.1
copying README.md -> wheel-package-0.0.1
copying setup.py -> wheel-package-0.0.1
copying src/submodule/__init__.py -> wheel-package-0.0.1/src/submodule
copying src/submodule/submodule.py -> wheel-package-0.0.1/src/submodule
copying src/wheel_package.egg-info/PKG-INFO -> wheel-package-0.0.1/src/
wheel_package.egg-info
copying src/wheel_package.egg-info/SOURCES.txt -> wheel-package-0.0.1/
src/wheel_package.egg-info
copying src/wheel_package.egg-info/dependency_links.txt -> wheel-
package-0.0.1/src/wheel_package.egg-info
copying src/wheel_package.egg-info/requires.txt -> wheel-package-0.0.1/
src/wheel_package.egg-info
copying src/wheel_package.egg-info/top_level.txt -> wheel-package-0.0.1/
src/wheel_package.egg-info
Writing wheel-package-0.0.1/setup.cfg
creating dist
Creating tar archive
removing 'wheel-package-0.0.1' (and everything under it)
```

dist 패키지는 새로 생성된 dist 하위 디렉토리에서 사용할 수 있다.

```
$ ls dist
wheel-package-0.0.1.tar.gz
```

적절한 Wheel 패키지를 생성하려면 먼저 wheel 모듈을 설치해야 한다.

```
$ pip install wheel
Collecting wheel
  Using cached wheel-0.37.0-py2.py3-none-any.whl (35 kB)
Installing collected packages: wheel
Successfully installed wheel-0.37.0
```

이제, wheel을 생성하는 setup.py에 bdist_wheel 커맨드를 추가한다.

```
$ python setup.py bdist_wheel
running bdist_wheel
running build
```

```
running build_py
installing to build/bdist.macosx-11-x86_64/wheel
...
adding 'wheel_package-0.0.1.dist-info/LICENSE'
adding 'wheel_package-0.0.1.dist-info/METADATA'
adding 'wheel_package-0.0.1.dist-info/WHEEL'
adding 'wheel_package-0.0.1.dist-info/top_level.txt'
adding 'wheel_package-0.0.1.dist-info/RECORD'
removing build/bdist.macosx-11-x86_64/wheel
```

그리고 wheel 파일은 dist 하위 디렉토리에서 다시 한번 사용할 수 있다.

```
$ ls dist
wheel_package-0.0.1-py3-none-any.whl
```

파이썬 버전 3도 포함되어 있다.

 파이썬 2 및 파이썬 3와 호환되는 Wheel 패키지를 사용할 수 있다. 해당 Wheel 패키지는 **유니버 설**(Universal)이라 하는데, 두 버전을 전환할 때 유용하다. 바라건대, 지금쯤이면 대부분의 새로운 파이썬 코드가 버전 3를 사용하고 있을 것이기 때문에 파이썬 버전 2로의 전환에 대해 걱정할 필 요가 없다.

생성된 모든 패키지는 pip를 사용해 직접 설치할 수 있다.

```
$ pip install dist/wheel-package-0.0.1.tar.gz
Processing ./dist/wheel-package-0.0.1.tar.gz
...
Successfully built wheel-package
Installing collected packages: wheel-package
Successfully installed wheel-package-0.0.

$ pip uninstall wheel-package
Found existing installation: wheel-package 0.0.1
Uninstalling wheel-package-0.0.1:
  Would remove:
    venv/lib/python3.9/site-packages/submodule/*
```

```
        venv/lib/python3.9/site-packages/wheel_package-0.0.1.dist-info/*
Proceed (Y/n)? y
  Successfully uninstalled wheel-package-0.0.1

$ pip install dist/wheel_package-0.0.1-py3-none-any.whl
Processing ./dist/wheel_package-0.0.1-py3-none-any.whl
Collecting requests
  Using cached requests-2.26.0-py2.py3-none-any.whl (62 kB)
...
Collecting urllib3<1.27,>=1.21.1
  Using cached urllib3-1.26.6-py2.py3-none-any.whl (138 kB)
...
Installing collected packages: wheel-package
Successfully installed wheel-package-0.0.
```

이 경우 requests 의존성은 urllib3과 같은 두 번째 수준 의존성과 함께 자동으로 설치된다.

패키징이 파이썬 코드만 포함하는 패키지에만 적용되는 것은 아니다. wheels의 가장 흥미로운 기능 중 하나는 대상 시스템 기반의 컴파일된 코드를 포함하는 사전 컴파일된 패키지를 생성할 수 있는 기능이다.

wheel을 사용해 컴파일될 코드가 포함된 파이썬 모듈을 생성하고 패키징하려면 약간의 우회가 필요하다.

사이썬

파이썬은 파이썬 코드와 상호 작용하는 컴파일된 C/C++ 언어를 사용해 확장할 수 있다. 파이썬 자체는 C로 작성됐으므로 C/C++ 언어를 사용할 수 있는 것은 자연스러운 확장이다.

파이썬에는 훌륭한 기능이 많지만, 수치 연산과 같은 특정 연산을 수행할 때의 속도 자체는 장점이 아니다. 따라서 C 확장으로 저수준 코드를 활용해 파이썬보다 더 빠르게 최적화하고 실행할 수 있다. 코드의 중요한 부분을 가속화하는 작고 지역화된localized

C 확장을 생성할 수 있다는 점을 과소평가하지 않길 바란다.

그러나 C 확장을 만드는 것이 어려울 수 있다. 파이썬과 C 사이의 인터페이스는 간단하지 않으며 C 언어로 작업해 본 충분한 경험이 없다면 C 언어의 메모리 관리가 어려울 수 있다.

 C/C++ 확장 주제에 대해 자세히 알아보고 개발하고 싶다면 공식 문서(https://docs.python.org/3/extending/index.html)를 확인하기 바란다.

파이썬에 러스트(Rust)를 사용해 확장할 수 있다. 문서(https://developers.redhat.com/blog/2017/11/16/speed-python-using-rust)를 확인하기 바란다.

다행히도 확장을 더욱 쉽게 할 수 있는 대안이 있는데, 이 중 가장 좋은 것이 사이썬Cython이다.

사이썬은 C 언어 확장과 함께 파이썬 코드를 컴파일하는 툴이다. C 확장을 작성하는 것은 파이썬 코드를 작성하는 것만큼 간단하다. 코드에 변수에 대한 C 언어 타입을 설명하기 위해 주석을 달았지만 그 외에는 매우 유사하다.

 사이썬에 대한 자세한 설명은 이 책의 범위를 벗어난다. 이 책에서는 간단한 소개만 한다. 자세한 내용은 전체 문서(https://cython.org/)를 확인하자.

사이썬 파일은 .pyx 파일로 저장된다. wheel_package_compiled.pyx 파일을 사용해 숫자가 소수인지 여부를 결정하는 예를 살펴보자.

```
def check_if_prime(unsigned int number):
    cdef int counter = 2

    if number == 0:
        return False

    while counter < number:
```

```
        if number % counter ==  0:
            return False

        counter += 1

    return True
```

코드는 양수가 소수인지 확인한나.

- 입력이 0이면 False를 리턴한다.

- 숫자를 2로 나눈다. 나눗셈 결과가 0이면 숫자는 소수가 아니므로 False를 리턴한다.

- 숫자가 2보다 작고 나눗셈 결과가 0이 아니면 True를 리턴한다.

위의 코드는 C로 바꿀 것이기 때문에 정확히 파이썬 코드가 되지 않을 것이다. 파이썬의 range 함수 또는 range 함수와 비슷한 파이썬 함수 호출을 사용하지 않는 것이 더 효율적이다. 실행 속도가 더 빠른지 확인하고 테스트하는 것을 두려워하지 않길 바란다.

 이 코드가 특별히 좋지는 않다. 일반적으로 볼 때 분할이 너무 많다. 단지 사이썬으로 컴파일하기에 적합하고 너무 복잡하지 않은 코드 예를 보여주기 위한 것이다.

pyx 파일이 준비되면 사이썬을 사용해 컴파일하고 파이썬으로 가져올 수 있다. 먼저 사이썬을 설치해야 한다.

```
$ pip install cython
Collecting cython
  Using cached Cython-0.29.24-cp39-cp39-macosx_10_9_x86_64.whl (1.9 MB)
Installing collected packages: cython
Successfully installed cython-0.29.24
```

이제 pyximport를 사용해 py 파일처럼 모듈을 직접 임포트할 수 있다. 필요하면 사이썬은 자동으로 컴파일한다.

```
>>> import pyximport
>>> pyximport.install()
(None, <pyximport.pyximport.PyxImporter object at 0x10684a190>)
>>> import wheel_package_compiled
venv/lib/python3.9/site-packages/Cython/Compiler/Main.py:369:
FutureWarning: Cython directive 'language_level' not set, using 2 for
now (Py2). This will change in a later release! File: wheel_package_
compiled.pyx
  tree = Parsing.p_module(s, pxd, full_module_name)
.pyxbld/temp.macosx-11-x86_64-3.9/pyrex/wheel_package_
compiled.c:1149:35: warning: comparison of integers of different signs:
'int' and 'unsigned int' [-Wsign-compare]
    __pyx_t_1 = ((__pyx_v_counter < __pyx_v_number) != 0);
                 ~~~~~~~~~~~~~~~~~ ^ ~~~~~~~~~~~~~~~~
1 warning generated.
>>> wheel_package_compiled.check_if_prime(5)
    True
```

unsigned int와 int(counter와 number의 타입) 타입을 비교하기 때문에 컴파일러에서 에러
가 발생하는 것을 볼 수 있다.

 사이썬 컴파일이 진행되어 경고나 에러 같은 컴파일 피드백이 표시된다는 것을 명확하게 알리기
위해 의도적으로 작업한 것이다.

코드가 컴파일되면 사이썬은 디렉터리에 wheel_package_compiled.c 파일과 기본적으
로 $HOME/.pyxbld에 저장되는 컴파일된 .so 파일을 모두 생성한다.

 시스템에 따라 컴파일 결과물이 다르다. 여기서는 맥OS용으로 컴파일된 모듈을 보여준다.

```
$ ls ~/.pyxbld/lib.macosx-11-x86_64-3.9/
wheel_package_compiled.cpython-39-darwin.so
```

`pyximport`를 사용하는 것은 로컬 개발에 유용하지만, 빌드 프로세스의 일부로서 컴파일하고 패키징하는 패키지를 생성할 수 있다.

바이너리 코드가 포함된 파이썬 패키지

사이썬을 사용해 생성된 코드로 파이썬 코드와 미리 컴파일된 코드를 결합하는 패키지를 빌드하는 방법을 소개한다. Wheel 파일을 생성한다.

이전 예의 `wheel_package` 패키지를 확장하는 `wheel_package_compiled`라는 패키지를 생성한다. `wheel_package_compiled` 패키지는 사이썬에서 컴파일되도록 제시된 코드를 사용한다.

 깃허브(https://github.com/PacktPublishing/Python-Architecture-Patterns/tree/main/chapter_11_package_management/wheel_package_compiled)를 참고하길 바란다.

패키지 구조는 다음과 같다.

```
wheel_package_compiled
    ├── LICENSE
    ├── README
    ├── src
    │   ├── __init__.py
    │   ├── submodule
    │   │   ├── __init__.py
    │   │   └── submodule.py
    │   ├── wheel_package.py
    │   └── wheel_package_compiled.pyx
    └── setup.py
```

이전에 소개한 패키지와 동일하지만 .pyx 파일이 추가됐다. setup.py 파일에 변경사항을 추가해야 한다.

```
import setuptools
from Cython.Build import cythonize
from distutils.extension import Extension

extensions = [
    Extension("wheel_package_compiled", ["src/wheel_package_compiled.pyx"]),
]

with open('README') as readme:
    description = readme.read()


setuptools.setup(
    name='wheel-package-compiled',
    version='0.0.1',
    author='you',
    author_email='me@you.com',
    description='an example of a package',
    url='http://site.com',
    long_description=description,
    classifiers=[
        'Programming Language :: Python :: 3',
        'Operating System :: OS Independent',
        'License :: OSI Approved :: MIT License',
    ],
    package_dir={'': 'src'},
    install_requires=[
        'requests',
    ],
    ext_modules=cythonize(extensions),
    packages=setuptools.find_packages(where='src'),
    python_requires='>=3.9',
)
```

패키지의 name 변경을 제외하고 도입된 변경사항 모두 새로운 확장과 관련이 있다.

```
from Cython.Build import cythonize
from distutils.extension import Extension

extensions = [
```

```
    Extension("wheel_package_compiled", ["src/wheel_package_compiled.pyx"]),
]
...
ext_modules=cythonize(extensions),
```

확장에서 추가할 모듈의 이름과 소스 위치를 대상으로 정의한다. cythonize 함수를 사용해 사이썬으로 컴파일하려는 것을 나타낸다.

 확장 모듈은 C/C++로 컴파일되어 있다. 이 경우 사이썬은 적절한 .c 파일이 컴파일되는 파일인지 확인하기 위해 중간 단계를 실행한다.

확장 모듈을 설정하면 setup.py를 호출해 Wheel을 생성하는 코드를 실행할 수 있다.

```
$ python setup.py bdist_wheel
Compiling src/wheel_package_compiled.pyx because it changed.
[1/1] Cythonizing src/wheel_package_compiled.pyx
...
running bdist_wheel
running build
running build_py
...
creating 'dist/wheel_package_compiled-0.0.1-cp39-cp39-macosx_11_0_
x86_64.whl' and adding 'build/bdist.macosx-11-x86_64/wheel' to it
adding 'wheel_package_compiled.cpython-39-darwin.so'
adding 'submodule/__init__.py'
adding 'submodule/submodule.py'
adding 'wheel_package_compiled-0.0.1.dist-info/LICENSE'
adding 'wheel_package_compiled-0.0.1.dist-info/METADATA'
adding 'wheel_package_compiled-0.0.1.dist-info/WHEEL'
adding 'wheel_package_compiled-0.0.1.dist-info/top_level.txt'
adding 'wheel_package_compiled-0.0.1.dist-info/RECORD'
removing build/bdist.macosx-11-x86_64/wheel
```

컴파일된 Wheel은 이전과 마찬가지로 dist 하위 디렉토리에서 사용할 수 있다.

```
$ ls dist
wheel_package_compiled-0.0.1-cp39-cp39-macosx_11_0_x86_64.whl
```

이전에 생성한 Wheel과 비교해 플랫폼과 하드웨어 아키텍처(책을 집필하는 동안 컴파일하는
데 사용된 컴퓨터인 x86 64비트 기반의 맥OS 11)가 추가됐음을 알 수 있다. cp39 부분은 파이
썬 3.9 ABI^Application Binary Interface를 사용했음을 보여준다.

생성된 Wheel은 동일한 아키텍처와 시스템에 사용할 준비가 되었다. Wheel 패키지에는
컴파일된 모든 코드가 직접 포함되어 있어서 파일 복사만 포함하면 패키지를 빠르게 설
치할 수 있다. 그리고 컴파일 툴과 의존성을 설치할 필요가 없다.

여러 아키텍처 또는 시스템에 설치해야 하는 패키지로 작업할 때, 각 경우마다 개별
Wheel을 생성하고 여러 시스템에서 작업할 수 있도록 소스 배포 파일을 추가해야 한다.

그러나 PyPI에 제출할 수 있는 일반 패키지를 생성하지 않는 한, 패키지는 자가 소비용
이 될 것이다. 일반적으로 특정 사용 사례에 대한 Wheel 파일만 생성하면 된다.

동일한 단계로 이어진다. 전체 파이썬 커뮤니티와 모듈을 공유하려면 어떻게 해야 하
는가?

PyPI에 패키지 업로드하기

PyPI는 모든 개발자의 패키지를 수락할 수 있다. 새로운 계정을 생성하고 모든 프로젝
트에서 사용할 수 있도록 공식 파이썬 저장소에 패키지를 업로드할 수 있다.

 파이썬과 파이썬 생태계 같은 오픈소스 프로젝트의 가장 큰 특징 중 하나는 개발자가 정상적으로
공유된 코드를 사용할 수 있다는 것이다. 필수는 아니지만 파이썬 라이브러리의 유용성을 높이기
위해 개발자가 관심을 가질 수 있는 코드를 돌려주고 공유하는 것은 항상 좋은 일이다.
파이썬 생태계에 좋은 참여자가 되어 여러 사람에게 유용한 코드를 공유하길 바란다.

테스트를 지원하고 프로세스를 확인할 수 있도록 테스트를 수행하고 먼저 패키지를 업
로드하는 데 사용할 수 있는 TestPyPI(https://test.pypi.org/)라는 테스트 사이트가 있다.

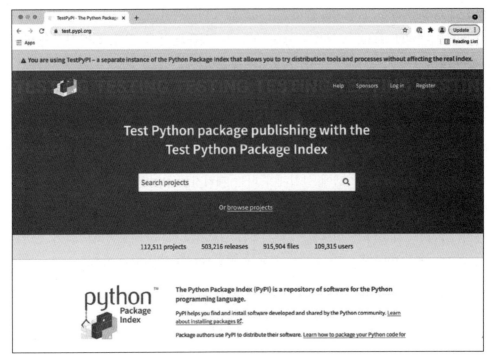

그림 11.4 TestPyPI 메인 페이지

TestPyPI 사이트는 프로덕션 사이트와 동일하지만 배너를 통해 테스트 사이트임을 나타낸다.

웹 페이지(https://test.pypi.org/account/register/)에서 새로운 사용자를 등록할 수 있다. 그런 다음 패키지를 업로드할 수 있도록 새로운 API 토큰을 생성해야 한다.

 이메일을 확인하는 것을 잊지 않길 바란다. 이메일이 검증되지 않으면 API 토큰을 생성할 수 없다.

API 토큰에 문제가 있거나 분실한 경우 언제든지 삭제하고 다시 시작할 수 있다.

490

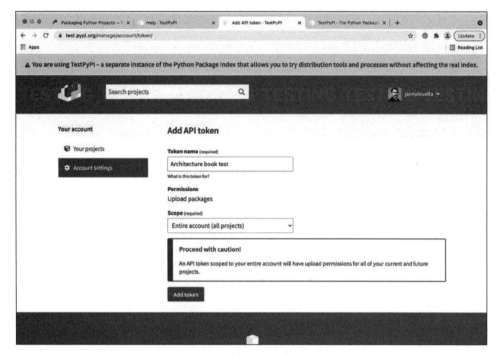

그림 11.5 새로운 패키지를 업로드하려면 전체 범위를 부여해야 한다.

새로운 토큰을 생성하고 안전한 장소에 복사한다. 토큰(pypi-로 시작)은 안전상의 이유로 한 번만 출력하기에 주의해서 사용한다.

 TIP 토큰은 패키지를 업로드할 때 로그인과 비밀번호를 대체한다. 나중에 어떻게 사용하는지 알아보자.

다음 단계는 업로드 프로세스를 단순화하는 twine 패키지를 설치하는 것이다. 가상 환경에 설치해야 한다.

```
(venv) $ pip install twine
Collecting twine
  Downloading twine-3.4.2-py3-none-any.whl (34 kB)
...
```

```
Installing collected packages: zipp, webencodings, six, Pygments,
importlib-metadata, docutils, bleach, tqdm, rfc3986, requests-toolbelt,
readme-renderer, pkginfo, keyring, colorama, twine
Successfully installed Pygments-2.10.0 bleach-4.1.0 colorama-0.4.4
docutils-0.17.1 importlib-metadata-4.8.1 keyring-23.2.0 pkginfo-1.7.1
readme-renderer-29.0 requests-toolbelt-0.9.1 rfc3986-1.5.0 six-1.16.0
tqdm-4.62.2 twine-3.4.2 webencodings-0.5.1 zipp-3.5.0
```

이제 dist 하위 디렉토리에 생성된 패키지를 업로드할 수 있다.

 이 예에서는 이전에 생성한 것과 동일한 패키지를 사용하지만 TestPyPI에 해당 패키지가 이미 있을 수 있다. 따라서 다시 업로드할 때 업로드되지 않을 수 있다는 점에 유의한다. TestPyPI는 영구적이지 않고 정기적으로 패키지를 삭제하지만, 독자들이 책을 따라 하는 과정에서 업로드되는 경우가 생길 수 있다. 테스트를 수행하려면 고유한 이름을 갖는 고유한 패키지를 생성하라.

이제 컴파일된 Wheel과 소스 배포판을 구축했다.

```
(venv) $ ls dist
wheel-package-compiled-0.0.1.tar.gz
wheel_package_compiled-0.0.1-cp39-cp39-macosx_11_0_x86_64.whl
```

패키지를 업로드한다. testpy 저장소에 업로드할 것임을 표시해야 한다. __token__을 사용자 이름으로 사용하고 전체 토큰(pypi- 접두사 포함)을 비밀번호로 사용한다.

```
(venv) $ python -m twine upload --repository testpypi dist/*
Uploading distributions to https://test.pypi.org/legacy/
Enter your username: __token__
Enter your password:
Uploading wheel_package_compiled-0.0.1-cp39-cp39-macosx_11_0_x86_64.whl
100%|                                                            |
       | 12.6k/12.6k [00:01<00:00, 7.41kB/s]
Uploading wheel-package-compiled-0.0.1.tar.gz
100%|                                                            |
       | 24.0k/24.0k [00:00<00:00, 24.6kB/s]
```

```
View at:
https://test.pypi.org/project/wheel-package-compiled/0.0.1/
```

이제 패키지가 업로드됐다. TestPyPI 웹사이트에서 페이지를 확인할 수 있다.

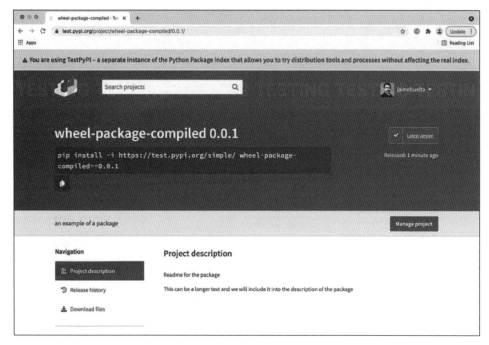

그림 11.6 패키지의 메인 페이지

Download files를 클릭해 업로드된 파일을 확인할 수 있다.

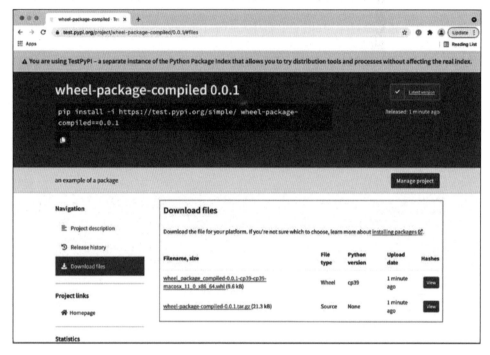

그림 11.7 업로드된 패키지 파일 확인

검색 기능을 통해 패키지 파일에 접근할 수도 있다.

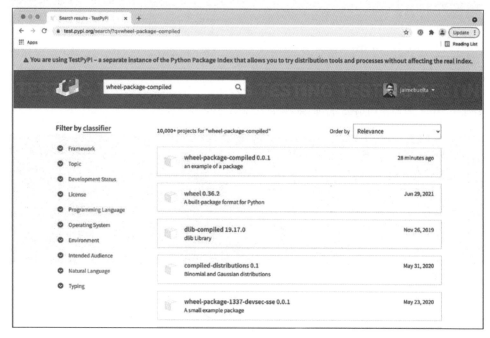

그림 11.8 검색에서 사용할 수 있는 패키지

이제 pip를 통해 패키지를 직접 다운로드할 수 있지만 사용할 인덱스가 TestPyPI임을 알려줘야 한다. 새로 설치하려면 다음과 같이 새로운 가상 환경을 만들어라.

```
$ python3 -m venv venv2
$ source ./venv2/bin/activate
(venv2) $ pip install --index-url https://test.pypi.org/simple/ wheel-
package-compiled
Looking in indexes: https://test.pypi.org/simple/
Collecting wheel-package-compiled
  Downloading https://test-files.pythonhosted.org/packages/87/c3/881298cdc8
eb6ad23456784c80d585b5872581d6ceda6da3dfe3bdcaa7ed/wheel_package_compiled-
0.0.1-cp39-cp39-macosx_11_0_x86_64.whl (9.6 kB)
Collecting requests
  Downloading https://test-files.pythonhosted.org/packages/6d/00/8ed1b6ea4
3b10bfe28d08e6af29fd6aa5d8dab5e45ead9394a6268a2d2ec/requests-2.5.4.1-py2.
py3-none-any.whl (468 kB)
```

```
                              || 468 kB 634 kB/s
Installing collected packages: requests, wheel-package-compiled
Successfully installed requests-2.5.4.1 wheel-package-compiled-0.0.1
```

다운로드 버전은 컴파일 버전의 올바른 대상으로서 Wheel 버전이다. 또한 명세한
requests 의존성을 올바르게 다운로드한다.

이제 파이썬 인터프리터를 통해 패키지를 테스트할 수 있다.

```
(venv2) $ python
Python 3.9.6 (default, Jun 29 2021, 05:25:02)
[Clang 12.0.5 (clang-1205.0.22.9)] on darwin
Type "help", "copyright", "credits" or "license" for more information.
>>> import wheel_package_compiled
>>> wheel_package_compiled.check_if_prime(5)
True
```

이제 패키지가 설치되어 사용할 준비가 되었다. 다음 단계는 해당 패키지를 TestPyPI 대
신 프로덕션 PyPI에 업로드하는 것이다. 이는 여기에서 본 프로세스와 거의 유사하다.
PyPI에서 계정을 만들고 거기서부터 진행한다.

그러나 패키지의 목적이 공개적으로 사용할 수 있는 패키지를 생성하는 것이 아니라면
어떻게 될까? 패키지로 자체 인덱스를 생성해야 할 수도 있다.

자체 사설 인덱스 생성하기

회사 내부에서만 사용해야 하는 내부 패키지의 경우, 즉 공개 PyPI에 업로드하는 패키
지는 의미가 없다. 인터넷에 해당 패키지를 공개하지 않고 자체 패키지를 제공할 수 있
는 자체 비공개 인덱스가 필요한 경우다.

자체 비공개 패키지를 공유하는 자체 비공개 인덱스를 생성하고 해당 인덱스를 호출하
여 설치할 수 있다.

패키지를 제공하려면 로컬에서 PyPI 서버를 실행해야 한다. 사용할 수 있는 서버 측면에서 여러 옵션이 있지만 쉬운 옵션은 pypiserver(https://github.com/pypiserver/pypiserver)이다.

 TIP　pypiserver는 여러 가지 방법으로 설치할 수 있다. 로컬에서 실행하는 방법을 살펴보겠지만, 올바르게 제공하려면 네트워크에서 사용할 수 있는 방식으로 설치해야 한다. 설명서를 확인하여 여러 옵션을 볼 수 있지만 좋은 옵션은 사용 가능한 공식 도커 이미지를 사용하는 것이다.

pypiserver를 실행하려면 먼저 pip를 사용해 패키지를 설치하고 패키지를 저장할 디렉토리를 생성한다.

```
$ pip install pypiserver
Collecting pypiserver
  Downloading pypiserver-1.4.2-py2.py3-none-any.whl (77 kB)
     |                                              | 77 kB 905 kB/s
Installing collected packages: pypiserver
Successfully installed pypiserver-1.4.2
$ mkdir ./package-library
```

서버를 시작한다. -p 8080 파라미터를 사용해 해당 포트에서 제공하고, -P . 파라미터를 사용해 패키지를 저장할 디렉토리를 지정한다. 그리고 -a . 파라미터는 인증 없이 패키지 업로드를 쉽게 한다.

```
$ pypi-server -P . -a . -p 8080 ./package-library
```

브라우저를 열고 http://localhost:8080에 접근한다.

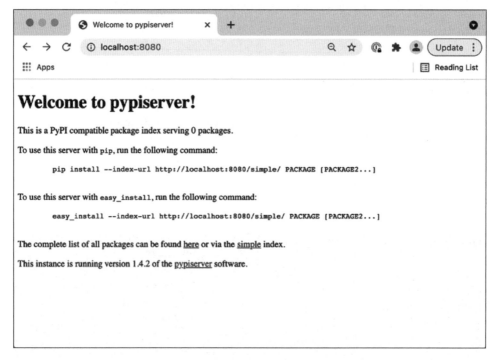

그림 11.9 로컬 pypi 서버

http://localhost:8080/simple/로 이동해 자체 인덱스에서 사용할 수 있는 패키지를 확인할 수 있다.

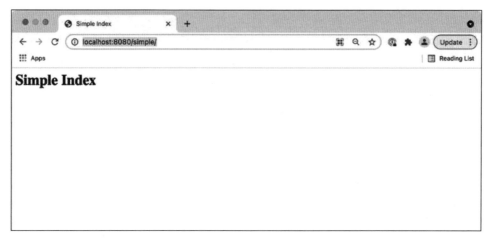

그림 11.10 현재의 빈 인덱스

이제 다시 twine을 사용해 패키지를 업로드하겠지만, 기존과 달리 사설 URL을 가리킨다. 인증 없이 업로드할 수 있으므로 빈 사용자 이름과 비밀번호를 입력할 수 있다.

```
$ python -m twine upload --repository-url http://localhost:8080 dist/*
Uploading distributions to http://localhost:8080
Enter your username:
Enter your password:
Uploading wheel_package_compiled-0.0.1-cp39-cp39-macosx_11_0_x86_64.whl
100%|                              | 12.6k/12.6k [00:00<00:00, 843kB/s]
Uploading wheel-package-compiled-0.0.1.tar.gz
100%|                              | 24.0k/24.0k [00:00<00:00, 2.18MB/s]
```

이제 인덱스에서 사용할 수 있는 패키지가 표시된다.

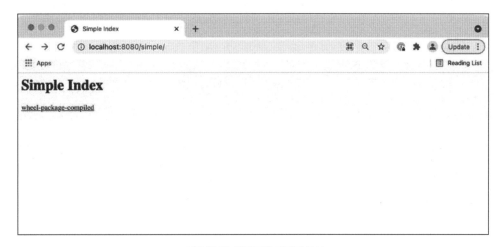

그림 11.11 업로드된 패키지 표시

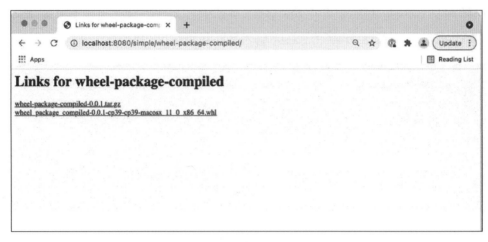

그림 11.12 패키지의 업로드된 모든 파일

패키지 파일은 package-library 디렉토리에도 업로드된다.

```
$ ls package-library
wheel-package-compiled-0.0.1.tar.gz
wheel_package_compiled-0.0.1-cp39-cp39-macosx_11_0_x86_64.whl
```

서버를 보면, package-library 디렉토리에 추가된 모든 파일을 제공한다. 수작업으로 패키지 파일을 서버의 package-library 디렉토리에 복사해 추가할 수 있다. 하지만 네트워크를 통해 서버에 패키지를 복사하고 배포하는 작업이 포함된다면 복잡한 작업이 될수 있다.

이제 패키지를 다운로드하고 설치할 수 있고 –index-url 파라미터를 사용해 사설 색인을 가리키게 한다.

```
$ pip install --index-url http://localhost:8080 wheel-package-compiled
Looking in indexes: http://localhost:8080
Collecting wheel-package-compiled
  Downloading http://localhost:8080/packages/wheel_package_compiled-0.0.1-
cp39-cp39-macosx_11_0_x86_64.whl (9.6 kB)
…
Successfully installed certifi-2021.5.30 charset-normalizer-2.0.4 idna-3.2
requests-2.26.0 urllib3-1.26.6 wheel-package-compiled-0.0.1
```

```
$ python
Python 3.9.6 (default, Jun 29 2021, 05:25:02)
[Clang 12.0.5 (clang-1205.0.22.9)] on darwin
Type "help", "copyright", "credits" or "license" for more information.
>>> import wheel_package_compiled
>>> wheel_package_compiled.check_if_prime(5)
True
```

설치 후 모듈을 임포트해 실행할 수 있는지 테스트한다.

요약

11장에서는 언제 표준 패키지를 만드는 것이 좋은지와 올바른 결정을 내리기 위한 추가 주의사항 및 요구사항을 다뤘다. 본질적으로 새로운 패키지를 생성하는 것은 새로운 프로젝트를 생성하는 것이며 조직의 여러 프로젝트에 대해 예상되는 대로 적절한 오너십, 문서 등을 제공해야 한다.

패키지를 적당히 생성하는 것이 아닌, 코드를 구조화함으로써 파이썬에서 가장 간단한 패키지를 생성하는 방법을 설명했다. 패키지는 추후 코드 구조화에 대한 기준선 역할을 한다.

또한 현재 패키징 환경이 무엇인지, 공개적으로 사용 가능한 패키지의 공식 소스인 PyPI와 같은 요소가 무엇이 있는지, 의존성을 설치할 때 시스템 환경을 오염시키지 않을 수 있는 가상 환경을 생성하는 방법에 대해 살펴봤다. 그리고 추후에 생성할 패키지의 종류인 Wheel 패키지에 대해서도 설명했다.

다음으로 setup.py 파일을 생성해 Wheel 패키지를 생성하는 방법을 설명했다. 테스트를 수행할 수 있는 개발 모드에서 Wheel 패키지를 설치하는 방법과 패키지를 빌드하고 준비하는 방법을 설명했다.

표준 setup.py 파일을 사용하는 방법 외에 패키지를 생성하는 다른 대안이 있다. Poetry 패키지 (https://python-poetry.org/)를 살펴보면 패키지에 의존성이 많은 경우에 특화되고 통합된 방식으로 패키지를 관리하는 방법을 확인할 수 있다.

그런 다음, C 코드를 자동으로 생성하기 위해 파이썬 코드로 작성하는 파이썬 확장을 쉽게 생성하는 방법인 사이썬을 사용해 컴파일 코드를 생성하는 방법을 설명했다.

사이썬 코드를 사용해 컴파일된 Wheel을 생성하는 방법을 다뤘고, 설치 시 컴파일할 필요 없이 이미 미리 컴파일된 코드를 배포할 수 있었다.

PyPI에 패키지를 업로드하여 공개적으로 배포하는 방법을 보여주고(TestPyPI에 업로드하여 테스트할 패키지 업로드를 허용) 패키지를 회사 내부에서만 사용할 수 있는 형태로 배포할 수 있도록 고유한 개별 인덱스를 생성하는 방법을 설명했다.

4부

지속적인 운영 업무

아키텍처를 구현하고 시스템이 실행된다고 해서 다 끝난 것이 아니다. 실행 중인 애플리케이션을 성공적으로 운영하려면 지속적인 유지보수와 노력이 필요하다.

시스템에서 수명 주기의 가장 긴 부분은 유지보수 단계다. 유지보수 단계에서는 기능을 추가하고, 결함을 감지해서 수정하며, 문제를 방지하기 위해 시스템 동작을 분석한다.

유지보수를 성공적으로 수행하려면 다음과 같은 두 가지 기본 요소를 다룰 수 있는 툴이 필요하다.

- 옵저버빌리티observability: 옵저버빌리티는 프로덕션 시스템에서 무슨 일이 일어나는지를 알려준다. 낮은 옵저버빌리티를 가진 시스템은 이해하기 어렵거나 이해 자체가 불가능해서 문제 발생 여부나 문제의 원인을 파악하기가 어렵다. 높은 옵저버빌리티를 가진 시스템은 내부 상태와 시스템 내부의 이벤트 흐름을 쉽게 추론할 수 있어서 문제가 발생하는 위태로운 구조를 쉽게 감지할 수 있다.

  시스템을 관찰하는 주요 툴은 사용되는 로그log와 메트릭metric으로, 시스템을 이해하고 시스템의 작동 방식을 분석할 수 있다.

옵저버빌리티는 시스템의 속성이다. 일반적으로 모니터링은 시스템의 현재나 과거 상태의 정보를 얻는 작업이다. 이름에 대한 논쟁이 조금 있지만 기술적으로는 시스템에서 관찰 가능한 부분을 수집하기 위해 시스템을 모니터링한다.

- 분석analysis: 통제된 상황에서 문제를 감지할 때 사용하는 두 가지 중요한 툴이 있는데, **디버깅**debugging과 **프로파일링**profiling이다. 디버깅은 개발 프로세스의 필수 요소로서, 코드를 단계별로 실행해 코드의 작동 방식을 이해하고 해당 작업을 수행하는 이유를 확인한다. 프로파일링은 코드를 측정해 작동 방식을 보여주고, 특히 실행에 시간이 가장 많이 소요되는 부분을 찾아내 처리하고 성능을 개선할 수 있게 한다.

  디버깅과 프로파일링은 서로 보완하는 툴로서, 시스템의 다양한 문제를 발견해서 수정하고 개선을 지원한다.

4부에서는 운영 중인 시스템에서 변경해야 하는 문제에 대해 설명한다. 소프트웨어에서 유일한 상수가 변경이며, 기존 시스템과 새로운 기능의 균형을 맞추는 것이 중요한 능력이다. 변경 작업에서 일부는 서로 다른 팀을 조율해서 변경하는 이유와 그 영향을 인식하고 단일 단위로 작업할 수 있다.

4부는 다음과 같은 장들로 구성되어 있다.

- 12장 '로깅'
- 13장 '메트릭'
- 14장 '프로파일링'
- 15장 '디버깅'
- 16장 '지속적인 아키텍처'

모니터링에 사용되는 로그 사용 방법을 살펴보는 것부터 시작해 보겠다.

12

로깅

모니터링과 옵저버빌리티의 기본 요소 중 하나는 로그다. 실행 중인 시스템에서 발생하는 작업을 로그로 감지할 수 있다. 로그는 시스템의 행동, 특히 발생할 만한 에러나 버그를 분석하는 데 사용될 수 있다. 또한 실제로 일어나고 있는 상황에 대한 유용한 통찰력을 제공한다.

그러나 로그를 정확히 사용한다는 것은 사실상 어렵다. 너무 많거나 너무 적은 정보를 수집하거나 이조차 잘못된 정보 로그일 때가 많다. 12장에서는 수집해야 할 핵심 요소와 로그가 최고의 효과를 확실히 발휘할 수 있게 염두에 둬야 할 일반적인 전략을 살펴보고자 한다.

12장에서 다루는 내용은 다음과 같다.

- 로그 기본
- 파이썬에서 로그 생성
- 로그를 통한 문제 감지
- 로그 전략

- 개발 중에 로그 추가
- 로그 제한

먼저 로깅의 기본 원칙부터 시작해 보자.

로그 기본 내용

로그는 기본적으로 시스템이 실행되면 생성되는 메시지다. 이러한 메시지는 실행되는 특정 코드 조각에 의해 생성되므로 코드에서 일어나는 액션을 추적할 수 있다.

로그는 '함수 X가 호출됨'과 같이 완전히 일반적이거나 '파라미터 Y를 포함한 함수 X가 호출됨'과 같이 실행 세부 사항에 대한 일부 컨텍스트를 포함할 수 있다.

일반적으로 로그는 일반 텍스트 메시지로 생성된다. 다른 옵션도 있지만 순수한 일반 텍스트는 다루기가 아주 쉬울뿐더러 읽기도 쉽다. 또한 포맷이 유연하며 grep과 같은 순수 텍스트 툴로 검색할 수 있다. 텍스트 툴은 굉장히 빠르며 대부분의 개발자와 시스템 관리자는 사용 방법을 알고 있다.

기본 메시지 텍스트는 물론 각 로그에는 로그를 생성한 시스템, 로그가 생성된 시간 등에 대한 메타데이터가 포함되어 있다. 로그가 텍스트라면 일반적으로 라인 시작 부분에서 추가된다.

 일관된 로그 포맷을 사용하면 메시지를 검색하고, 필터링하고, 정렬할 때 도움이 된다. 따라서 다양한 시스템에서 일관된 로그 포맷을 사용해야 한다.

또 다른 중요한 부분은 로그의 심각도를 알 수 있는 메타데이터 값이다. 메타데이터를 통해 다양한 로그를 상대적인 중요도에 따라 분류할 수 있다. 덜 중요한 순서대로 표준 심각도 레벨은 DEBUG, INFO, WARNING, ERROR이다.

CRITICAL 레벨은 많이 사용하지 않지만 치명적인 에러를 표시해야 할 때에 유용하다.

로그를 적절한 심각도로 분류하고 중요하지 않은 메시지를 필터링하여 더 중요한 메시지에 집중하는 것이 중요하다. 각 로깅 기능은 하나 이상의 심각도 레벨에서만 로그를 생성하도록 구성할 수 있다.

 미리 정의된 레벨 대신 사용자 지정 로그 레벨을 추가할 수는 있다. 다만 좋은 방법은 아니며 이미 모든 툴과 엔지니어가 로그 레벨을 잘 이해하고 있기 때문에 이 방법을 피하는 것이 좋다. 이번 장의 뒷부분에서는 각 레벨을 최대한 활용할 수 있도록 레벨별 전략을 살펴보겠다.

요청-응답 또는 비동기식으로 요청을 처리하는 시스템에서 대부분의 로그는 요청을 처리하는 과정에서 생성되며, 요청이 수행하는 작업을 나타내는 여러 로그를 생성한다. 일반적으로 한 번에 2개 이상의 요청이 처리되기 때문에 로그가 혼합되어 생성된다. 예를 들어 다음과 같은 로그를 생각해 보자.

```
Sept 16 20:42:04.130 10.1.0.34 INFO web: REQUEST GET /login
Sept 16 20:42:04.170 10.1.0.37 INFO api: REQUEST GET /api/login
Sept 16 20:42:04.250 10.1.0.37 INFO api: REQUEST TIME 80 ms
Sept 16 20:42:04.270 10.1.0.37 INFO api: REQUEST STATUS 200
Sept 16 20:42:04.360 10.1.0.34 INFO web: REQUEST TIME 230 ms
Sept 16 20:42:04.370 10.1.0.34 INFO web: REQUEST STATUS 200
```

위의 로그에서는 2개의 다른 서비스를 볼 수 있는데, 2개의 IP 주소(10.1.0.34, 10.1.0.37)와 두 가지 유형의 서비스(web, api)로 표시된다. 이 정도면 충분히 요청을 분리할 수 있지만 다음과 같은 방식으로 요청을 그룹화할 수 있도록 단일 요청 ID를 만드는 것이 좋다.

```
Sept 16 20:42:04.130 10.1.0.34 INFO web: [4246953f8] REQUEST GET /login
Sept 16 20:42:04.170 10.1.0.37 INFO api: [fea9f04f3] REQUEST GET /api/login
Sept 16 20:42:04.250 10.1.0.37 INFO api: [fea9f04f3] REQUEST TIME 80 ms
```

```
Sept 16 20:42:04.270 10.1.0.37 INFO api: [fea9f04f3] REQUEST STATUS 200
Sept 16 20:42:04.360 10.1.0.34 INFO web: [4246953f8] REQUEST TIME 230 ms
Sept 16 20:42:04.370 10.1.0.34 INFO web: [4246953f8] REQUEST STATUS 200
```

 TIP 마이크로서비스 환경에서 요청은 한 서비스에서 다른 서비스로 전달되므로 전체 서비스 간 흐름을 이해할 수 있도록 서비스 간에 공유되는 요청 ID를 만드는 것이 좋다. 따라서 요청 ID가 첫 번째 서비스에서 생성된 후 다음 서비스로 전송되어야 하는데, 보통은 HTTP 요청의 헤더로 사용된다.

5장 'Twelve-Factor 앱 방법론'에서 살펴봤듯이 로그는 스트리밍 이벤트로 처리되어야 한다. 즉, 애플리케이션 자체는 로그 저장 및 처리에 관여하지 않아야 한다. 대신 로그를 stdout(표준 출력)으로 보내야 한다. 거기에서 애플리케이션을 개발하는 동안 개발자는 실행 중인 정보를 추출할 수 있다.

프로덕션 환경에서는 여러 툴이 사용할 수 있도록 stdout 로그를 수집한 후 라우팅해야 한다. 그리고 다른 소스를 단일 스트림에 추가한 다음 나중에 참조할 수 있도록 저장하거나 인덱싱해야 한다. 해당 툴은 애플리케이션 자체가 아니라 프로덕션 환경에서 구성해야 한다.

이렇게 재라우팅이 가능한 툴에는 Fluentd(https://github.com/fluent/fluentd) 또는 시스템 로그를 생성한 다음, 해당 로그를 전달하고 집계할 수 있도록 구성된 rsyslog(https://www.rsyslog.com/) 서버로 보내는 logger 리눅스 커맨드가 있다. rsyslog는 리눅스에서 오랫동안 사랑받던 툴이다.

로그를 어떻게 수집하든 간에 일반적인 시스템은 로그를 많이 생성할 것이고 로그는 어딘가에 저장되어야 한다. 각 개별 로그는 작지만 수천 개의 로그를 집계하면 상당한 공간을 사용한다. 모든 로그 시스템은 로그가 무한정 증가하는 것을 방지하도록 데이터양에 대한 정책이 있어야 한다. 일반적으로 이해하기 쉽게 구성된 시간 기반의 보존 정책(예: 지난 15일간의 로그 유지)이 가장 좋다. 확인할 수 있는 과거 로그와 시스템에서 저장되는 로그 용량 사이의 균형을 찾는 것이 중요하다.

> **TIP** 로컬이든 클라우드 기반이든 새로운 로그 서비스를 할 수 있도록 저장 기간 정책을 확인해 지정한 저장 기간과 호환되는지 확인한다. 특정 타임 윈도(time window) 이전에 발생한 어떤 것도 분석할 수 없다. 따라서 로그 생성 속도가 예상대로인지, 저장 공간을 소비해서 로그를 수집할 수 있는 유효 기간이 줄어들지 않는지 다시 확인한다. 버그를 추적하는 동안 예기치 않게 할당량을 초과했다는 사실은 누구든 알고 싶지 않을 것이다.

이어지는 '파이썬에서 로그 생성' 절에서 볼 수 있듯이 로그 항목을 생성하는 것은 쉽다.

파이썬에서 로그 생성

파이썬에는 로그를 생성하는 표준 모듈이 포함되어 있다. 파이썬 모듈은 매우 유연해서 사용하기 쉽지만 작동 방식을 이해하지 못하면 혼란스러울 수 있다.

로그를 생성하는 기본 프로그램은 다음과 같다. 깃허브(https://github.com/PacktPublishing/ Python-Architecture-Patterns/tree/main/chapter_12_logging의 깃허브에서 basic_logging.py)를 참고한다.

```python
import logging

# 심각도가 다른 두 로그를 생성한다.
logging.warning('This is a warning message')
logging.info('This is an info message')
```

.warning과 .info 메소드는 심각도 메시지와 함께 로그를 생성한다. 메시지는 텍스트 문자열이다.

실행하면 다음과 같이 표시된다.

```
$ python3 basic_logging.py
WARNING:root:This is a warning message
```

기본적으로 로그는 stdout으로 라우팅되지만 INFO 로그를 표시하지 않도록 설정된다. 로그 포맷도 기본값이며 타임스탬프를 포함하지 않는다.

이 모든 정보를 추가하려면 파이썬에서 로그에 사용되는 세 가지 기본 요소를 이해해야 한다.

- 포매터^{formatter}: 전체 로그가 표시되는 방식을 설명한다. 타임스탬프, 심각도와 같은 메타데이터를 첨부한다.
- 핸들러^{handler}: 로그 전파 방식을 결정한다. 위에서 정의한 포매터로 로그의 포맷을 설정한다.
- 로거^{logger}: 로그를 생성한다. 로그가 전파되는 방식을 설명하는 하나 이상의 핸들러가 있다.

포매터, 핸들러, 로거 정보를 사용해 원하는 모든 세부 정보를 지정하도록 로그를 구성할 수 있다.

```python
import sys
import logging


# 포맷을 정의한다.
FORMAT = '%(asctime)s.%(msecs)dZ:APP:%(name)s:%(levelname)s:%(message)s'
formatter = logging.Formatter(FORMAT, datefmt="%Y-%m-%dT%H:%M:%S")


# 로그를 stdout으로 보내는 핸들러를 생성한다.
handler = logging.StreamHandler(stream=sys.stdout)
handler.setFormatter(formatter)


# 이름이 'mylogger'인 로거를 만들고 핸들러를 추가해 로그 레벨을 INFO로 설정한다.
logger = logging.getLogger('mylogger')
logger.addHandler(handler)
logger.setLevel(logging.INFO)


# 세 로그를 생성한다.
logger.warning('This is a warning message')
```

```
logger.info('This is an info message')
logger.debug('This is a debug message, not to be displayed')
```

이전에 살펴본 순서대로 세 가지 요소를 정의한다. 먼저 formatter, 다음으로 formatter 를 설정하는 handler, 마지막으로 handler를 추가하는 logger다.

formatter의 포맷은 다음과 같다.

```
FORMAT = '%(asctime)s.%(msecs)dZ:APP:%(name)s:%(levelname)s:%(message)s'
formatter = logging.Formatter(FORMAT, datefmt="%Y-%m-%dT%H:%M:%S")
```

FORMAT은 문자열을 설명하는 오래된 방식인 파이썬의 '% 포맷'으로 구성된다. 대부분의 요소는 %(name)s 형식이고, 마지막 s 문자는 문자열 포맷을 의미한다. 각 요소에 대한 설명은 다음과 같다.

- asctime은 사람이 읽을 수 있는 포맷으로 타임스탬프를 설정한다. ISO 8601 포맷을 따르기 위해 datefmt 인수에서 설명한다. 또한 다음 밀리초와 Z를 추가하여 전체 ISO 8601 포맷의 타임스탬프를 얻는다. 끝에 d가 있는 %(msecs)d는 값을 정수로 표시한다는 뜻이다. 이는 값을 밀리초로 제한하고 분숫값으로 사용할 수 있는 추가 해상도를 표시하지 않기 위한 것이다.
- name은 나중에 설명하겠지만 로거의 이름이다. 다른 애플리케이션을 구별하기 위해 APP도 추가한다.
- levelname은 INFO, WARNING, ERROR와 같은 로그의 심각도다.
- 마지막으로 message는 로그 메시지다.

formatter를 정의했으면 handler를 살펴보자.

```
handler = logging.StreamHandler(stream=sys.stdout)
handler.setFormatter(formatter)
```

핸들러는 StreamHandler이고 스트림의 대상을 sys.stdout으로 설정한다. sys.stdout은 stdout을 가리키는 파이썬 정의 변수다.

로그를 파일로 보내기 위한 `FileHandler`, 로그를 syslog로 보내기 위한 `SysLogHandler`와 같이 더 많은 핸들러를 사용할 수 있다. 또한 시간을 기반으로 로그를 회전하는 `TimeRotatingFileHandler`와 같은 고급 핸들러도 있는데, 마지막으로 정의된 시간을 저장하고 이전 버전을 보관한다. 사용 가능한 모든 핸들러에 대한 자세한 정보는 파이썬 로그 문서(https://docs.python.org/3/howto/logging.html#useful-handlers)에서 확인할 수 있다.

handler를 정의하면 logger를 생성할 수 있다.

```
logger = logging.getLogger('mylogger')
logger.addHandler(handler)
logger.setLevel(logging.INFO)
```

가장 먼저 할 일은 로거의 이름을 생성하는 것인데, 여기서는 mylogger로 정한다. 그러면 애플리케이션 로그를 하위 섹션으로 나눌 수 있으며 .addHandler를 사용해 핸들러를 추가한다.

마지막으로 .setLevel 메소드를 사용해 INFO로 저장할 레벨을 정의한다. 이렇게 하면 INFO 레벨 이상의 모든 로그가 표시되지만 낮은 레벨은 표시되지 않는다.

파일을 실행하면 전체 설정이 함께 표시된다.

```
$ python3 configured_logging.py
2021-09-18T23:15:24.563Z:APP:mylogger:WARNING:This is a warning message
2021-09-18T23:15:24.563Z:APP:mylogger:INFO:This is an info message
```

그리고 다음을 살펴볼 수 있다.

- 시간은 ISO 8601 포맷에서 2021-09-18T23:15:24.563Z로 정의된다. 해당 포맷은 asctime과 msec 파라미터의 조합이다.
- APP 및 mylogger 파라미터를 사용하면 애플리케이션 및 하위 모듈별로 필터링할 수 있다.
- 심각도가 표시된다. 설정된 최소 레벨이 INFO이므로 표시되지 않는 DEBUG 메시

512

지가 있다.

파이썬의 `logging` 모듈은 높은 레벨의 설정이 가능하다. 자세한 내용은 공식 문서(https://docs.python.org/3/library/logging.html)를 확인하자.

로그를 통한 문제 감지

실행 중인 시스템에서 발생할 수 있는 두 가지 종류의 에러가 있다. 예상한 에러와 예상하지 못한 에러다. 지금부터 로그의 관점에서 두 에러 로그의 처리 방법과 차이점을 살펴보겠다.

예상 에러 감지

예상 에러는 코드에서 `ERROR` 로그를 생성하여 명시적으로 감지된 에러다. 예를 들어, 다음 코드와 같이 접근한 URL이 `200 OK`와 다른 상태 코드를 리턴할 때 `ERROR` 로그를 생성한다.

```python
import logging
import requests


URL = 'https://httpbin.org/status/500'

response = requests.get(URL)
status_code = response.status_code
if status_code != 200:
    logging.error(f'Error accessing {URL} status code {status_code}')
```

이 코드가 실행되면 `ERROR` 로그를 출력한다.

```
$ python3 expected_error.py
ERROR:root:Error accessing https://httpbin.org/status/500 status code 500
```

이 에러 로그는 외부 URL에 제대로 접근했는지 확인하는 일반적인 패턴이다. 로그가 생성되는 블록에서 복원이나 재시도를 수행할 수 있다.

 여기서는 코드를 테스트할 때 사용할 수 있는 간단한 HTTP 요청 및 응답 서비스인 https://httpbin.org 서비스를 사용한다. 특히 https://httpbin.org/status/〈코드〉 엔드포인트는 지정된 상태 코드를 리턴하므로 에러를 쉽게 생성할 수 있다.

이는 예상되는 에러의 예다. 원하지 않는 에러이지만 충분히 일어날 가능성이 있음을 이해했을 것이다. 다만 대비한다면 코드에서 에러를 포착하고 적절히 처리할 수 있다.

이런 경우 상황을 명확하게 충분히 설명할 수 있고, 무슨 일인지 이해할 수 있는 컨텍스트를 제공할 수 있다. 해결책까지는 아니어도 분명한 문제임은 알 수 있다.

이러한 종류의 에러는 예상한 문제를 보여주기 때문에 비교적 쉽게 처리할 수 있다.

예를 들어, 사이트를 사용할 수 없거나 인증 문제가 있거나 기본 URL이 잘못 설정된 것일 수 있다.

 경우에 따라 코드가 실패 없이 특정 상황을 처리할 수 있지만 여전히 에러로 간주될 수 있음을 명심한다. 예를 들어, 이전 인증 시스템을 누군가가 계속 사용하는지 확인하고 싶을 수 있다. 더 이상 사용되지 않는 작업이 감지되면 ERROR 또는 WARNING 로그를 추가하는 방법으로 상황을 해결할 수 있다.

이런 타입의 에러로 데이터베이스와의 연결 및 더 이상 사용하지 않는 포맷으로 저장되는 데이터가 포함될 수 있다.

예상하지 못한 에러 수집

항상 예상되는 에러만 발생하는 것은 아니다. 창의적으로 코드를 망가뜨리는 예상하지 못한 동작이 어느 시스템에서든 나타날 수 있다. 파이썬에서 예상하지 못한 에러는 일반적으로 예외를 감지하지 못하는 코드의 특정 지점에서 발생한다.

예를 들어, 일부 코드를 변경하는 중에 오타가 생겼다고 가정해 보자.

```
import logging
import requests


URL = 'https://httpbin.org/status/500'

logging.info(f'GET {URL}')
response = requests.ge(URL)
status_code = response.status_code
if status_code != 200:
    logging.error(f'Error accessing {URL} status code {status_code}')
```

8번째 라인에서 오타가 발생했다.

```
response = requests.ge(URL)
```

올바른 .get 호출이 .ge로 대체됐다. 실행하면 다음 에러가 발생한다.

```
$ python3 unexpected_error.py
Traceback (most recent call last):
  File "./unexpected_error.py", line 8, in <module>
    response = requests.ge(URL)
AttributeError: module 'requests' has no attribute 'ge'
```

기본적으로 파이썬에서는 stdout에 에러 및 스택 추적이 표시된다. 코드가 웹 서버의 일부로 실행될 때 설정하는 방법에 따라 이 메시지를 ERROR 로그로 보낼 수 있다.

 모든 웹 서버는 이러한 메시지를 수집해 로그로 적절히 라우팅하고 예상하지 못한 에러가 발생했음을 나타내는 적절한 500개의 상태 코드를 생성한다. 서버는 다음 요청에서도 계속 사용할 수 있다.

끝없이 실행되어야 하고 예기치 않은 에러로부터 보호되어야 하는 스크립트를 생성해야 하는 경우 가능한 모든 예외를 수집하고 처리하도록 일반적인 try..except 블록을 사용해야 한다.

 특정 except 블록으로 올바르게 수집된 모든 파이썬의 예외는 예상 에러로 간주할 수 있다. 그중 일부는 ERROR 메시지 생성이 필요할 수 있지만, 다른 일부는 정보 요구 없이 수집 및 처리될 수 있다.

예를 들어, 몇 초마다 특정 URL을 요청하는 코드를 고쳐보자. 코드는 깃허브(https://github.com/PacktPublishing/Python-Architecture-Patterns/tree/main/chapter_12_logging)를 참고한다.

```python
import logging
import requests
from time import sleep

logger = logging.getLogger()
logger.setLevel(logging.INFO)


while True:

    try:
        sleep(3)
        logging.info('--- New request ---')

        URL = 'https://httpbin.org/status/500'

        logging.info(f'GET {URL}')
        response = requests.ge(URL)
        scode = response.status_code
        if scode != 200:
            logger.error(f'Error accessing {URL} status code {scode}')
    except Exception as err:
        logger.exception(f'ERROR {err}')
```

핵심 요소는 무한 루프다.

```
while True:
    try:
        code
    except Exception as err:
        logger.exception(f'ERROR {err}')
```

try..except 블록은 루프 내부에 있어서 에러가 발생해도 루프는 중단되지 않는다. 에러
가 있으면 except Exception 블록에서 에러를 감지한다.

> Exception 블록을 종종 "모두 잡아야 한다(Gotta catch 'em all)"라는 **포켓몬 예외 처리**
> (Pokemon exception handling)라고 한다. 포켓몬 예외 처리는 일종의 '최후의 안전망'으로 제한
> 되어야 한다. 일반적으로 발생한 예외가 정확하지 않으면 잘못 처리해 에러를 바깥으로 알릴 수
> 없기에 좋지 않다. 에러는 절대 조용히 통과되면 안 된다.

에러가 로그로 출력될 뿐만 아니라 전체 스택 추적도 로그로 남기도록 .error 대신
.exception을 사용한다. 이렇게 해서 ERROR 심각도로 로깅하는 동안 단일 텍스트 메시지
로 정보가 확장된다.

커맨드를 실행하면 다음과 같은 로그가 표시된다. 이럴 때는 Ctrl + C를 눌러 프로그램
을 중지해야 한다.

```
$ python3 protected_errors.py
INFO:root:--- New request ---
INFO:root:GET https://httpbin.org/status/500
ERROR:root:ERROR module 'requests' has no attribute 'ge'
Traceback (most recent call last):
  File "./protected_errors.py", line 18, in <module>
    response = requests.ge(URL)
AttributeError: module 'requests' has no attribute 'ge'
INFO:root:--- New request ---
INFO:root:GET https://httpbin.org/status/500
ERROR:root:ERROR module 'requests' has no attribute 'ge'
Traceback (most recent call last):
```

```
    File "./protected_errors.py", line 18, in <module>
      response = requests.ge(URL)
  AttributeError: module 'requests' has no attribute 'ge'
  ^C
  ...
  KeyboardInterrupt
```

보다시피 로그에는 예외가 생성된 위치 정보를 추가하여 특정 문제를 감지할 수 있는 Traceback이 포함된다.

예상하지 못한 에러는 ERROR로 저장되어야 한다. 이상적으로는 에러를 분석하고 코드를 변경하여 버그를 수정하거나 최소한 예상할 수 있는 에러로 변환해야 한다. 이런 일이 생길 가능성은 낮은 편이기 때문에 다른 긴급한 문제를 처리할 때가 종종 있지만 버그 처리에 일관성이 있는지 확인하는 전략은 있어야 한다.

 예상하지 못한 에러를 처리하는 훌륭한 툴을 소개한다. 바로 Sentry(https://sentry.io/)이다. 이 툴은 파이썬 장고, 루비 온 레일즈, 노드(Node), 자바스크립트(JavaScript), C#, iOS, 안드로이드(Android)를 비롯한 많은 플랫폼에서 각 에러에 대한 트리거를 생성한다. 감지된 에러를 집계하여 좀 더 전략적으로 처리할 수 있는데, 로그에 접근하는 것만으로는 어려울 수 있다.

때로는 예상하지 못한 에러에서 문제가 무엇인지 충분한 정보가 표시되기도 하는데, 이는 네트워크 문제나 데이터베이스 문제 같은 외부 문제와 관련될 수 있다. 따라서 해결 방법은 서비스 영역 외부에 있을 수 있다.

로그 전략

로그를 다룰 때 흔히 겪는 문제는 각 개별 서비스에 대한 적절한 심각도를 결정하는 것이다. 이 메시지는 WARNING일까, 아니면 ERROR일까? 아니면 INFO 메시지로 추가해야 할까?

로그의 심각도를 설명하는 대부분은 프로그램이 잠재적으로 유해한 상황을 보여주거나 애플리케이션이 요청의 진행 상황을 강조하는 내용들이다. 이렇게 모호한 설명으로는 실제 상황에서 실행하기 어렵다. 따라서 문제가 생기면 취해야 하는 후속 조치와 관련하여 각 레벨을 정의해야 한다. 레벨을 지정한다는 것은 지정한 에러 로그가 발견되었을 때 개발자가 무엇을 해야 하는지 결정할 때 도움이 된다. 예를 들어, "이런 상황이 발생할 때마다 알림을 받겠습니까?"이다.

다음 표는 다양한 심각도 레벨 및 대응 조치의 예다.

로그 레벨	취해야 할 조치	설명
DEBUG	없음	추적되지 않으며 개발 중에만 유용하다.
INFO	없음	INFO 로그는 시스템을 추적할 때 도움을 주는 애플리케이션의 작업 흐름 관련 정보를 보여준다.
WARNING	로그 개수를 추적. 레벨 상승에 대한 경고	WARNING 로그는 외부 서비스 연결 재시도 또는 데이터베이스의 수정 가능한 포맷 에러와 같이 자동으로 수정되는 에러를 추적한다. 급격한 증가는 조사가 필요할 수 있다.
ERROR	로그 개수를 추적. 레벨 상승에 대한 경고. 모든 에러를 리뷰	ERROR 로그는 복구할 수 없는 에러를 추적한다. 급격한 증가는 즉각적인 조치가 필요할 수 있다. 자주 발생하는 에러를 수정하고 완화하기 위해 주기적으로 검토되어야 하며, WARNING 레벨로 이동할 수 있다.
CRITICAL	즉각적인 응답	CRITICAL 로그는 애플리케이션의 치명적인 에러를 나타낸다. 시스템이 아예 작동하지 않고 복구 불가함을 의미한다.

위의 표를 참고해 심각도 레벨별로 어떻게 대응해야 하는지 명확한 기대치를 설정한다. 물론, 이는 예일 뿐이며 각 조직의 특정한 요구사항에 맞게 조정해야 할 것이다.

다양한 심각도 계층 구조는 매우 명확하며 예에서는 특정 수의 ERROR 로그 생성을 허용한다. 개발 팀의 정신 건강을 위해 모든 에러를 즉시 수정할 필요는 없지만 특정 순서와 우선순위는 적용하고 처리한다.

프로덕션 상황에서 ERROR 로그는 일반적으로 '망함(we're doomed)'에서 '영 별로(meh)'로 분류된다. 개발 팀은 모니터링 툴에서 노이즈를 제거하려면 'meh' 로그를 적극 수정하거나 문제가 저장되는 것을 중지해야 한다. 굳이 확인 안 해도 되는 로그의 레벨을 낮추는 것도 여기에 포함될 수 있다. 적은 수의 ERROR 로그를 원한다면 의미 있는 작업일 것이다.

늘상 그렇듯이, ERROR 로그를 명시적으로 수집해 해당 이슈를 완전히 수정해야 하거나 그리 중요한 문제가 아니면 심각도 레벨을 낮춰 수정해야 하는 예상하지 못한 에러일 수 있다.

ERROR 로그 개수는 계속해서 증가하기 때문에 애플리케이션이 성장할수록 후속 조치는 점점 더 어렵다. 따라서 사전에 예방할 수 있는 유지보수에 시간을 할애해야 한다. 이 작업을 중요하게 여기지 않고 다른 것에 우선을 둔다면 수개월 안에 애플리케이션의 안정성은 약화될 것이다.

WARNING 로그는 예상대로 원활히 작동하지 않을 수 있음을 나타내는데, WARNING 로그들이 갑자기 증가하지 않는다는 것은 상황이 통제되고 있음을 나타내는 것이다. INFO 로그는 문제 발생 시 컨텍스트를 제공하기 위해 존재하며, 문제가 없다면 신경 쓰지 않아도 된다.

가장 흔한 실수는 400 BAD REQUEST 상태 코드가 리턴되는 웹 요청과 같이 잘못된 입력 파라미터가 있는 작업에서 ERROR 로그를 생성하는 것이다. 일부 개발자는 포맷이 잘못된 요청을 보내는 고객이 에러라고 주장한다. 그러나 요청이 제대로 감지되어 리턴되면 개발자 팀이 해야 할 일은 없다. 즉, 평소와 같은 업무일 뿐이며 요청자가 이해할 수 있는 메시지를 리턴해서 고객의 요청을 명확하게 수정한다.

중요한 요청에서 잘못된 암호를 반복적으로 보내는 것과 같은 요청이 지속되면 WARNING 로그가 생성될 수 있다. 애플리케이션이 예상대로 작동할 때 ERROR 로그를 생성하는 것은 의미가 없다.

일반적으로 웹 애플리케이션에서는 상태 코드가 50X 에러 변형(예: 500, 502, 503) 중 하나인 경우에만 ERROR 로그를 생성해야 한다. 40X 에러는 요청을 보낸 쪽에서 문제가 있음을 의미하고, 50X 에러는 애플리케이션에 문제가 있으며 이를 해결하는 것은 팀의 책임임을 의미한다.

팀 전체에 걸쳐 로그 레벨에 대한 공통되고 공유된 정의를 통해 모든 엔지니어는 코드 개선을 위해 의미 있는 조치를 형성할 때 도움이 되는 에러 심각도를 공유한다.

에러 정의를 수정하고 에러 레벨을 변경할 수 있는 시간이 필요하다. 또한 에러를 정의하기 전에 생성된 로그를 처리해야 할 수 있다. 레거시 시스템의 가장 큰 과제 중 하나는 문제를 분류하기 위한 적절한 로깅 시스템을 생성하는 것이다. 문제가 워낙 다양하기에 실제로 발생하는 문제가 성가신 정도인지, 아니면 문제가 아닌 것인지 구별하기 어렵기 때문에 적절한 로깅 시스템을 생성해야 한다.

개발 중 로그 추가

모든 테스트 러너^{test runner}[1]는 테스트를 수행하면서 로그를 수집해 추적의 일부로 표시한다.

 10장 '테스트와 TDD'에서 소개한 pytest는 실패한 테스트 결과의 일부를 로그로 표시한다.

이는 기능이 아직 개발 단계에 있을 때 예상한 로그가 생성되고 있는지 확인할 수 있는 좋은 기회다. 특히 10장 '테스트와 TDD'에서 살펴봤듯이 프로세스의 일부로 계속 생성되는 TDD 프로세스에서 실패한 테스트와 에러가 수행되는 경우에는 더욱 좋은 기회가 된다.

 pytest-catchlog(https://pypi.org/project/pytest-catchlog/)와 같은 툴을 이용해 로그가 생성되고 있는지 확인하는 검사를 테스트에 명시적으로 추가할 수 있다.

그러나 대개는 주의하면서 TDD 방식을 테스트가 실패하는지 처음에 확인하는 일환으로 사용하면서 검사 방식을 통합한다. 다만 개발자가 TDD와 로깅 습관을 유지하려면 개발할 때 로그가 유용한 이유를 이해해야 한다.

개발하는 동안 DEBUG 로그는 프로덕션에 과도한 코드 흐름에 대한 추가 정보를 더할 수 있다. 개발 단계에서 추가 정보는 INFO 로그 사이의 격차를 없애고 개발자가 로그를 추가하는 습관을 확고히 하는 데 도움을 줄 수 있다. 테스트 중에 DEBUG 로그가 프로덕션에

---

1 테스트 파일을 읽고 테스트 코드를 실행해 해당 코드 결과를 특정 형식으로 출력해 주는 프로그램 – 옮긴이

서 발생하는 문제 추적에 유용하다는 사실이 확인되면 INFO로 승격될 수 있다.

또한 특별한 경우가 있는데, 어려운 특정 문제를 추적하기 위해 통제된 프로덕션에서 DEBUG 로그를 활성화할 수 있다. 다만 생성된 로그 개수에 큰 영향을 주기 때문에 스토리지 문제가 발생할 수 있다. 각별한 주의가 필요하다.

 INFO 및 더 높은 심각도 로그에 표시되는 메시지에 주의한다. 표시되는 정보와 관련해서 암호, 비밀 키, 신용카드번호, 개인 정보와 같은 민감한 데이터는 피한다.

크기 제한과 로그가 생성되는 속도에 대해 프로덕션을 주시한다. 새로운 기능이 생성될 때, 요청 수가 증가하거나 시스템의 워커 수가 증가하면 시스템에서 로그가 폭발적으로 증가할 수 있다. 이 세 가지 상황은 시스템이 성장할 때 겪을 수 있는 일이다.

로그가 제대로 수집되고 다양한 환경에서 사용할 수 있는지 항상 더블체크하는 것이 좋다. 로그가 제대로 수집됐는지 확인하는 모든 설정에는 어느 정도 시간이 소요되므로 미리 수행하는 것이 좋다. 여기에는 프로덕션 상황에서 예상하지 못한 에러와 기타 로그를 수집하는 모든 로그 파이프라인이 제대로 작동하는지 확인하는 작업이 포함된다. 대안은 실제로 문제에 부딪히고 나서야 올바르게 작동하지 않는다는 사실을 발견하는 것이다.

로그 제한

로그는 실행 중인 시스템에서 일어나는 일을 파악하는 데 아주 유용하지만 알아둬야 할 중요한 제한사항이 있다.

- 로그는 메시지만큼 유용하다. 로그를 유용하게 사용하려면 훌륭하고 설명이 있는 메시지가 포함되는 것이 중요하다. 로그 메시지를 비판적인 시각으로 검토하고 필요할 때 수정하는 것은 프로덕션 문제에 시간을 낭비하지 않게 할 수 있다는 점에서 중요하다.

- 적절한 로그 개수가 있어야 한다. 로그가 너무 많으면 흐름을 혼란스럽게 할 수 있고,

너무 적으면 문제를 이해할 만한 충분한 정보는 없을 때가 많다. 대량의 로그는 스토리지에도 문제를 일으킨다.

- 로그는 문제의 컨텍스트를 보여줘야 하지만 정확히 파악하지는 못할 것이다. 버그를 완전히 설명하는 특정 로그를 생성하는 것은 불가능하다. 대신 일반적인 흐름과 작업의 주변 컨텍스트를 표시하는 데 집중하면 로그를 로컬에서 복제하고 디버깅할 수 있다. 예를 들어 요청의 경우 상황을 복제할 수 있도록 요청과 해당 파라미터를 모두 저장해야 한다.

- 로그를 통해 단일 인스턴스의 실행을 추적할 수 있다. 요청 ID 또는 이와 유사한 것을 그룹화하면 로그를 실행별로 그룹화할 수 있고, 요청이나 작업의 흐름을 추적할 수 있다. 그러나 로그는 집계된 정보를 직접 표시하지 않는다. 로그는 "이 작업에서 무슨 일이 일어났습니까?"라는 질문에 답하지만, "시스템에서 무슨 일이 일어나고 있습니까?"라는 질문에는 답하지 않는다. 그런 종류의 정보에는 메트릭을 사용하는 것이 좋다.

 로그를 기반으로 메트릭을 생성할 때 사용할 수 있는 툴이 있다. 메트릭에 관한 자세한 내용은 13장 '메트릭'에서 다룰 것이다.

- 로그는 소급 방식으로 작동한다. 작업에서 문제가 감지되면 미리 준비된 정보만 로그로 표시된다. 그렇기 때문에 정보를 비판적으로 분석하고 수정하여 유용하지 않은 로그는 제거하고 문제를 복제하는 데 도움이 되도록 관련 컨텍스트 정보와 함께 다른 로그를 추가하는 것이 중요하다.

로그는 훌륭한 툴이지만 버그와 문제를 감지하고 최대한 효율적으로 조치할 수 있게 유지 관리해야 한다.

요약

12장에서는 로그의 기본 요소를 시작으로 로그에 메시지와 타임스탬프 같은 일부 메타데이터가 포함되는 방식을 정의하고 다양한 심각도 레벨을 살펴봤다. 또한 동일한 작업과 관련된 로그를 그룹화하기 위해 요청 ID를 정의해야 하는 필요성에 대해 설명했다. 그리고 5장 'Twelve-Factor 앱 방법론'에서 로그를 처리하고 적절한 대상으로 라우팅하는 프로세스에서 로그 생성을 분리하여 시스템의 모든 로그를 수집할 수 있도록 로그를 stdout으로 전송하는 방법도 살펴봤다.

이어서 파이썬의 logging 모듈을 사용해 로그를 생성하는 방법을 알아봤고 logger, handler, formatter 등 핵심 요소를 설명했다. 그리고 다음과 같이 시스템에서 발생할 수 있는 두 가지 에러를 살펴봤다. 예상 에러는 가능한 한 예측되고 처리할 수 있는 에러이고, 예상하지 못한 에러는 예측하지 못했고 처리할 수 없는 에러를 의미한다. 그리고 로그에 대한 다양한 전략과 사례 등을 살펴봤다.

모호한 가이드라인을 생성하고 유용하지 않은 '중요도'로 로그를 분류하는 대신 로그를 '심각도' 레벨로 감지하도록 해 필요한 전략과 다양한 심각도를 다뤘다.

로그를 TDD 워크플로 개발에 포함해 개선하는 습관에 대해 함께 생각해 봤다. 이를 통해 개발자는 테스트를 작성하고 에러를 생성하는 동안 로그에 표시된 정보를 고려할 수 있어서 생성된 로그가 제대로 작동하는지 확인하는 완벽한 기회를 가질 수 있다.

마지막으로, 로그의 한계와 로그의 한계를 다루는 방법을 살펴봤다.

13장에서는 메트릭을 사용해 시스템의 일반적인 상태를 찾기 위해 집계된 정보를 사용하는 방법을 살펴본다.

13

메트릭

로깅과 함께 시스템을 관찰하는 핵심 요소는 메트릭이다. 메트릭을 사용하면 시스템의 일반적인 상태를 확인할 수 있을 뿐만 아니라 동시에 실행되는 작업들(아마도 많을 것이다)로 인해 발생하는 추세와 상황을 관찰할 수 있다.

 13장에서는 요청 메트릭과 같은 웹 서비스를 예시로 사용한다. 메트릭은 웹 서비스의 제약을 받지 않는다. 모든 종류의 서비스에서 메트릭을 생성할 수 있다.

프로덕션 시스템을 모니터링할 때 일반적으로 메트릭을 주로 확인하는데, 시스템의 모든 요소가 올바르게 작동하는지 한눈에 볼 수 있기 때문이다. 일반적으로 메트릭을 사용하면 유입되는 요청이 급격하게 증가해 시스템이 부하가 높은지 감지할 수 있고, 작은 요청 수이지만 지속적인 증가와 같은 추세를 보여줌으로써 문제를 예측할 수도 있다. 메트릭을 통해 문제가 심각해질 때까지 기다리지 않고 선제적으로 조치를 취할 수 있다.

시스템의 작동 상태를 모니터링할 수 있는 튼튼한 메트릭 시스템을 구축하는 것은 문제가 발생할 때 신속하게 대응할 수 있다는 점에서 매우 중요하다. 메트릭은 일반적으로 확인해야 하거나 고쳐야 하는 특정 조건이 발생했음을 경고하는 데 도움이 되는 자동 경고 시스템의 기반으로 사용할 수도 있다.

13장에서 다루는 내용은 다음과 같다.

- 메트릭과 로그
- 프로메테우스를 사용해 메트릭 생성하기
- 프로메테우스 쿼리
- 메트릭을 사용해 능동적으로 작업하기
- 경고

먼저, 옵저버빌리티observability 주요 툴인 로그와 비교해 메트릭을 살펴본다.

메트릭과 로그

12장에서 살펴본 것처럼 로그는 코드가 실행될 때 생성되는 텍스트 메시지다. 시스템이 수행하는 특정 작업에 대한 가시성을 훌륭하게 제공하지만 처리하기 어려운 대량 데이터를 생성한다. 따라서 특정 시간대의 작은 로그만 분석할 수 있다.

 일반적으로 분석된 로그는 모두 단일 작업과 관련된다. 12장에서 요청 ID 사용 방법을 살펴봤다. 그러나 특정 시간 동안 모든 작업에 영향을 주는 로그를 살펴봐야 하는 것처럼, 특정 시간 윈도에 발생하는 모든 로그를 확인해야 하는 경우가 있다.

그러나 때때로 중요한 정보는 특정 요청이 아니라 전체 시스템의 동작을 이해하는 것이다. 시스템 부하가 어제에 비해 증가하고 있는가? 얼마나 많은 에러가 발생하는가? 작업 처리 시간이 증가하고 있는가, 아니면 감소하고 있는가?

모든 질문에 대답하려면 높은 수준에서 넓은 시야를 가져야 하기 때문에 로그로 대답할 수 없다. 따라서 모든 질문에 대답하려면 시스템 전체를 이해할 수 있는 데이터를 집계해야 한다.

메트릭에 저장할 정보도 다르다. 기록된 각 로그는 문자 메시지이지만 생성된 각 메트릭은 숫자다. 해당 숫자는 나중에 정보를 집계하기 위해 통계적으로 처리된다.

 메트릭으로 생성할 수 있는 다양한 숫자에 대해서는 이번 장의 뒷부분에서 다룰 것이다.

각 요소에서 생성되는 정보 간의 양의 차이는 메트릭이 로그에 비해 훨씬 가볍다는 것을 의미한다. 저장된 데이터의 양을 더 줄이기 위해 자동으로 데이터를 집계한다.

 메트릭의 해상도는 툴과 설정에 따라 다를 수 있다. 해상도가 높을수록 모든 데이터를 저장해야 하기에 더 많은 리소스가 필요하다. 일반적인 해상도는 1분이다. 초당 10개 이상의 작업을 규칙적으로 수신하는 매우 활동적인 시스템이 없다면 1분 해상도는 자세한 정보를 제공하기에 충분하다.

메트릭은 작업을 처리하는 평균 시간과 같은 성능 정보를 수집하고 분석한다. 이를 통해 발생할 수 있는 병목 현상을 감지하고 신속하게 조치해 시스템의 성능을 개선할 수 있다. 생성된 로그와 같은 단일 작업에 대한 정보는 전체 시스템의 작동을 보기에 충분한 정보를 주지 못할 수 있기에 집계 방식으로 수행하는 것이 더 쉽다. 메트릭을 사용해 얻는 중요한 결과는 추세를 보고 문제가 너무 커지기 전에 감지하여 조기에 해결할 수 있다는 것이다. 이에 비해 로그는 대부분 사후에 활용되고 있어 예방 조치로 활용하기 어렵다.

메트릭 종류

생성할 수 있는 메트릭에는 다양한 종류가 있다. 메트릭을 생성하는 데 사용된 특정 툴에 따라 다를 수 있지만 일반적으로 대부분의 시스템에서 갖고 있는 공통 메트릭은 다음과 같다.

- **카운터**counter: 뭔가가 발생할 때마다 메트릭이 생성된다. 카운터는 총계로 집계된다. 예를 들어, 웹 서비스에서 요청 수 또는 생성된 에러 수다. 카운터는 시스템에서 특정 작업이 발생하는 횟수를 이해하는 데 유용하다.
- **게이지**gauge: 시스템 전체의 단일 숫자다. 게이지 값은 오르거나 내릴 수 있지만 마지막 값은 시스템의 일반적인 상태를 저장하므로 이전 값을 덮어쓴다. 예를 들어 큐의 요소 수 또는 시스템의 기존 작업자 수다.
- **측정**measure: 메트릭과 관련된 숫자 이벤트다. 해당 숫자는 특정 방식으로 평균, 합산, 집계될 수 있다. 게이지와 비교할 때 차이점은 이전 메트릭이 여전히 독립적이라는 것이다. 예를 들면, 요청 시간(밀리초)과 요청 크기(바이트)를 갖는 메트릭을 들 수 있다.

생성된 각 이벤트는 본질적으로 카운터이기에 메트릭은 카운터로 작동할 수도 있다. 예를 들어, 요청 시간을 추적한다는 것은 요청 개수를 계산한다는 것이며 초당 요청량을 의미한다. 메트릭 툴은 일반적으로 모든 측정할 카운터를 자동으로 생성한다.

측정할 특정 값에 대한 메트릭을 정의하는 것이 중요하다. 대부분의 경우 이벤트에 의해 생성되는 값으로서 저장할 수 있는 형태가 메트릭이 된다. 카운터는 일반적으로 분명한 반면(값이 없는 메트릭), 게이지는 일반적으로 카운터에 비해 덜 명확하지만 언제 게이지를 사용해야 하는지에 대해 더 많은 도전 과제를 제시할 수 있다.

메트릭은 다른 메트릭에서 파생되어 새로운 메트릭을 생성할 수도 있다. 예를 들어, 에러 코드를 리턴하는 요청 수를 총 요청 수로 나누어 '에러 발생률(백분율)'을 생성할 수 있다. 해당 파생 메트릭은 의미 있는 방식으로 정보를 이해하는 데 도움이 될 수 있다.

또한 메트릭이 생성되는 방식에 따라 두 가지 종류의 메트릭 시스템이 있다.

- 메트릭이 생성될 때마다 이벤트를 메트릭 수집기로 푸시push한다.
- 각 시스템은 메트릭 수집기에서 주기적으로 풀링pulling하는 자체 메트릭을 내부적으로 유지 관리한다.

각 시스템에는 고유한 장단점이 있다. 이벤트 푸시 방법은 모든 개별 이벤트가 즉시 전송되어 더 많은 트래픽과 활동이 일어나 병목 현상과 지연이 발생할 수 있다. 이벤트 풀링 방법은 측정 정보를 샘플링만 하고 샘플이 발생한 시간 사이에 발생한 시간을 놓칠 수 있으므로 저해상도 데이터를 생성하지만, 이벤트 수에 따라 요청 수가 증가하지 않으므로 더 안정적이다.

 두 가지 접근 방식을 모두 사용할 수 있지만 현재는 풀링 시스템을 사용하는 추세다. 푸시 시스템에 필요한 유지보수 크기를 줄인다면 확장이 더 쉬울 것이다.

풀링 방식을 사용하는 메트릭 시스템인 프로메테우스Prometheus를 사용한 예를 사용한다. 푸시 접근 방식에서 가장 많이 사용되는 메트릭 시스템은 그라파이트Graphite다.

프로메테우스를 사용해 메트릭 생성하기

프로메테우스는 잘 지원되고 있고 사용하기 쉬운 인기 있는 메트릭 시스템이다. 이번 장에서는 메트릭을 수집하는 방법과 다른 툴과 상호 연결해 메트릭을 표시하는 방법을 보여주는 방법을 예로 사용할 것이다.

이전에 살펴본 것처럼 프로메테우스는 메트릭 생성 방식으로 풀링을 사용한다. 즉, 메트릭을 생성하는 모든 시스템은 메트릭을 추적하는 시스템 내부에서 실행 중인 프로메테우스 클라이언트를 실행한다.

웹 서비스의 경우 메트릭을 제공하는 추가 엔드포인트로 프로메테우스를 추가할 수 있다. 이는 django-prometheus 모듈이 취하는 접근 방식으로, 장고 웹 서비스에 대한 많은 공통 메트릭을 자동으로 수집한다.

 6장 '웹 서버 구조'에서 설명한 장고 애플리케이션 코드를 기반으로 작동하는 애플리케이션을 예로 소개한다. 깃허브(https://github.com/PacktPublishing/Python-Architecture-Patterns/tree/main/chapter_13_metrics/microposts)를 참고하길 바란다.

환경 준비

필요한 모든 패키지와 코드 의존성을 설치할 수 있는 환경을 구성한다.

11장 '패키지 관리'에서 소개한 대로 새로운 가상 환경을 생성해 패키지를 설치하기 위한 격리된 샌드박스를 생성한다.

```
$ python3 -m venv venv
$ source venv/bin/activate
```

이제 requirements.txt에 저장된 준비된 요구사항 파일을 설치할 수 있다. 6장 '웹 서버 구조'에서 볼 수 있는 장고 및 장고 REST 프레임워크 모듈과 프로메테우스 의존성이 포함된다.

```
(venv) $ cat requirements.txt
django
django-rest-framework
django-prometheus
(venv) $ pip install -r requirements.txt
Collecting Django
  Downloading Django-3.2.7-py3-none-any.whl (7.9 MB)
     |                            | 7.9 MB 5.7 MB/s
...
Installing collected packages: djangorestframework, django-rest-framework
    Running setup.py install for django-rest-framework ... done
Successfully installed django-rest-framework-0.1.0
djangorestframework-3.12.4
```

서버를 시작하려면 micropost 하위 디렉토리로 이동해 runserver 커맨드를 실행한다.

```
(venv) $ python3 manage.py runserver 0.0.0.0:8000
Watching for file changes with StatReloader
Performing system checks...

System check identified no issues (0 silenced).
October 01, 2021 - 23:24:26
Django version 3.2.7, using settings 'microposts.settings'
Starting development server at http://0.0.0.0:8000/
```

```
Quit the server with CONTROL-C.
```

이제 애플리케이션은 루트 주소인 http://localhost:8000에서 접근할 수 있다(예: http://localhost:8000/api/users/jaime/collection).

 주소 0.0.0.0에서 서버를 시작했다. 이는 localhost에서 유입되는 요청뿐만 아니라 모든 IP 주소에서 유입되는 요청을 처리하기 위해 장고를 실행한 것으로, 나중에 설명할 중요한 세부 사항이다.

또한 루트 주소로 접근하면 엔드포인트를 정의하지 않았기에 404 에러를 리턴한다.

3장 '데이터 모델링'에서 초기 데이터를 추가해 http://localhost:8000/api/users/jaime/collection 및 http://localhost:8000/api/users/dana/collection URL에 접근할 수 있다.

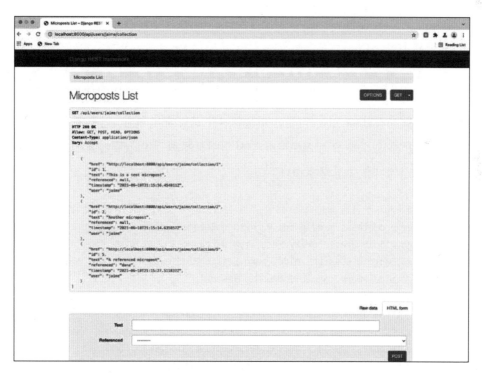

그림 13.1 애플리케이션에서 접근 가능한 URL에 접근 시 나타나는 화면

해당 페이지에 접근해 나중에 확인할 수 있는 메트릭을 생성한다.

장고 프로메테우스 설정

django-prometheus 모듈의 설정은 microposts/settings.py 파일에서 진행된다. 두 가지 작업을 진행해야 한다.

먼저, 모듈을 활성화하는 설치된 앱 목록에 django-prometheus 애플리케이션을 추가한다.

```python
INSTALLED_APPS = [
    'django.contrib.admin',
    'django.contrib.auth',
    'django.contrib.contenttypes',
    'django.contrib.sessions',
    'django.contrib.messages',
    'django.contrib.staticfiles',
    'django_prometheus',
    'rest_framework',
    'api',
]
```

그리고 요청을 추적할 수 있는 적절한 미들웨어를 포함해야 한다. 전체 프로세스를 수집하고 측정할 수 있도록 요청 프로세스의 시작 부분에 특정 미들웨어를 설정하고 마지막에 다른 미들웨어를 설정해야 한다.

```python
MIDDLEWARE = [
    'django_prometheus.middleware.PrometheusBeforeMiddleware',
    'django.middleware.security.SecurityMiddleware',
    'django.contrib.sessions.middleware.SessionMiddleware',
    'django.middleware.common.CommonMiddleware',
    'django.middleware.csrf.CsrfViewMiddleware',
    'django.contrib.auth.middleware.AuthenticationMiddleware',
    'django.contrib.messages.middleware.MessageMiddleware',
    'django.middleware.clickjacking.XFrameOptionsMiddleware',
    'django_prometheus.middleware.PrometheusAfterMiddleware',
]
```

django.prometheus.middleware.PrometheusBeforeMiddleware와 django_prometheus.middleware.
PrometheusAfterMiddleware 설정이 처음과 마지막에 위치했는지 확인한다.

 또한 ALLOWED_HOSTS 값을 '*'로 변경하고 모든 호스트 이름의 요청을 허용한다. 세부 사항 은 잠시 후에 설명한다.

설정을 완료한 후에는 프로메테우스 컬렉션이 활성화된다. 이제는 프로메테우스에 접 근할 수 있는 방법이 필요하다. 프로메테우스 시스템의 중요한 부분은 각 애플리케이션 의 고유한 메트릭 정보를 제공한다는 것이다.

이 경우 시스템의 최상위 URL을 처리하는 microposts/url.py 파일에 엔드포인트를 추 가할 수 있다.

```
from django.contrib import admin
from django.urls import include, path


urlpatterns = [
    path('', include('django_prometheus.urls')),
    path('api/', include('api.urls')),
    path('admin/', admin.site.urls),
]
```

path('', include('django_prometheus.urls')) 라인은 접근할 수 있는 /metrics URL을 설 정한다.

메트릭 확인

기본 URL 루트가 새로운 엔드포인트인 /metrics임을 보여준다.

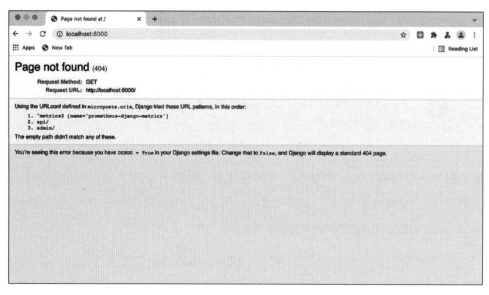

그림 13.2 루트 페이지는 DEBUG 모드가 활성화되어 있기 때문에 나타난다. 프로덕션 환경에 배포하기 전에 DEBUG 모드를 비활성화해야 한다.

/metrics 엔드포인트에 접근하면 수집된 모든 메트릭이 표시된다. 수집되는 메트릭이 많이 있다. 메트릭 정보는 모두 텍스트 포맷이며 프로메테우스 메트릭 서버에서 수집할 것이다.

메트릭을 생성하려면 http://localhost:8000/api/users/jaime/collection 및 http://localhost:8000/api/users/dana/collection 엔드포인트에 접근해야 한다. django_http_requests_total_by_view_transport_method_total{method="GET",transport="http",view="user-collection"} 과 같은 일부 메트릭이 어떻게 증가하는지 확인할 수 있다.

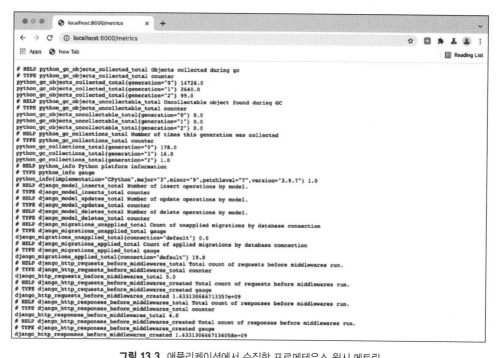

그림 13.3 애플리케이션에서 수집한 프로메테우스 원시 메트릭

다음 단계는 정보를 폴링해 표시하는 프로메테우스 서버를 시작하는 것이다.

프로메테우스 서버 시작

프로메테우스 서버는 메트릭을 수집하는 모든 애플리케이션 메트릭을 주기적으로 풀링한다. 해당 서버의 메트릭을 프로메테우스에서는 타깃target이라 한다.

프로메테우스 서버를 시작하는 가장 쉬운 방법은 공식 도커 이미지를 시작하는 것이다.

 TIP 9장 '마이크로서비스 대 모노리스'에서 도커를 소개했다. 도커에 대한 자세한 내용은 9장을 참고한다.

서버를 시작하기 전에 prometheus.yml 파일에서 설정해야 한다. 깃허브(https://github.com/PacktPublishing/Python-Architecture-Patterns/blob/main/chapter_13_metrics/prometheus.yml)를 참고한다.

```
# 글로벌 설정
global:
  scrape_interval: 15s # 스크랩 간격을 매 15초로 설정한다. 기본값은 매 1분이다.
  # scrape_timeout은 글로벌 기본값(10초)으로 설정된다.


scrape_configs:
  # 작업 이름은 이 설정에서 스크랩한 모든 시계열에 `job=<job_name>` 레이블로 추가된다.
  - job_name: "prometheus"

    # metrics_path는 기본적으로 '/metrics'이다.
    # 스키마의 기본값은 'http'이다.

    static_configs:
      # 타깃은 로컬 IP 주소를 가리켜야 한다.
      # 192.168.1.196은 시스템에서 작동하지 않는 예다.
      - targets: ["192.168.1.196:8000"]
```

설정 파일에는 2개의 주요 섹션이 있다. global로 선언된 첫 번째 섹션은 스크랩(타깃에서 정보 읽기)과 기타 일반 설정값을 나타낸다.

두 번째인 scrape_configs는 스크랩 타깃을 설명하고 주요 파라미터는 targets이다. 여기에 모든 타깃을 설정해야 한다. 타깃을 외부 IP로 설정해야 하는데, 특히 여러분의 컴퓨터 IP이다.

타깃 주소가 localhost일 수 없다. 프로메테우스 도커 컨테이너에서 localhost 타깃은 동일 컨테이너로 확인되기 때문이다. 여러분은 로컬 IP 주소를 찾아야 한다.

 ipconfig 또는 ifconfig를 사용해 로컬 IP 주소를 찾는 방법을 모른다면 웹 문서(https://lifehacker.com/how-to-find-your-local-and-external-ip-address-5833108)에서 찾는 방법을 확인할 수 있다. 찾아야 하는 것은 외부 주소가 아니라 **로컬 IP 주소**임을 기억하자.

프로메테우스 서버가 로컬에서 실행 중인 장고 애플리케이션에 접근할 수 있게 하는 것이다. 기억이 날 텐데, 이전에 서버를 시작할 때 설정 파라미터 ALLOWED_HOSTS에 호스트 이름을 지정해 서버에서 0.0.0.0 IP를 가진 호스트 이름에서 연결을 허용할 수 있도록 열었다.

로컬 IP의 메트릭에 접근할 수 있는지 다시 확인한다.

그림 13.4 접근한 IP를 확인한다. 여러분의 로컬 IP를 사용해야 함을 기억한다.

메트릭의 모든 정보를 분석하고 고유한 설정 파일을 사용해 도커에서 프로메테우스 서버를 시작할 준비가 되었다.

프로메테우스를 실행할 커맨드를 실행하려면 prometheus.yml 파일의 전체 경로를 알아야 한다. 같은 디렉토리에 있다면 $(pwd)/prometheus.yml로 주소를 지정할 수 있다.

다음 docker 커맨드를 실행할 때 프로메테우스 설정 파일에 대한 전체 경로를 추가해 새로운 컨테이너와 공유한다.

```
$ docker run -p 9090:9090  -v /full/path/to/file/prometheus.yml:/etc/
prometheus/prometheus.yml prom/prometheus
level=info ts=2021-10-02T15:24:17.228Z caller=main.go:400 msg="No
time or size retention was set so using the default time retention"
duration=15d
level=info ts=2021-10-02T15:24:17.228Z caller=main.go:438 msg="Starting
Prometheus" version="(version=2.30.2, branch=HEAD, revision=b30db03f3565188
8e34ac101a06e25d27d15b476)"
...
level=info ts=2021-10-02T15:24:17.266Z caller=main.go:794 msg="Server
is ready to receive web requests."
```

docker 커맨드는 다음과 같은 방식으로 구성된다.

- -p 9090:9090은 로컬의 9090 포트를 컨테이너 내부의 9090 포트와 매핑한다.

- -v /full/path/to/file/prometheus.yml:/etc/prometheus/prometheus.yml은 프로메테우스에서 설정 파일을 읽을 수 있도록 로컬 파일(전체 경로를 추가하거나 $(pwd)/prometheus.yml 사용)을 마운트한다.

- docker run prom/Prometheus는 공식 프로메테우스 이미지인 prom/Prometheus 이미지를 실행하는 커맨드다.

프로메테우스 서버를 실행한 후에 http://localhost:9090에서 서버에 접근할 수 있다.

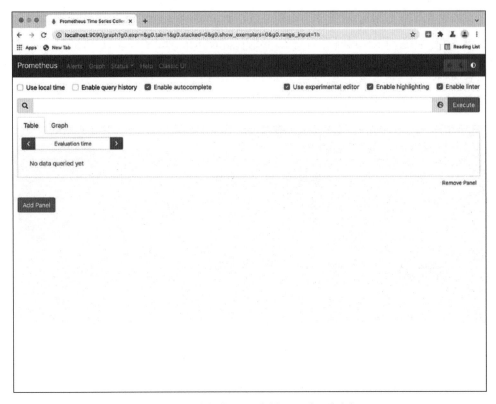

그림 13.5 비어 있는 프로메테우스 그래프 페이지

프로메테우스 그래프 페이지에서 시스템 쿼리를 시작할 수 있다.

프로메테우스 쿼리

프로메테우스는 PromQL이라는 자체 쿼리 시스템을 갖고 있다. PromQL은 강력하지만 처음에는 약간 혼란스러울 수 있다. PromQL의 일부는 메트릭에 대한 풀링 접근 방식을 사용한다.

예를 들어, `django_http_requests_latency_seconds_by_view_method_count`와 같은 유용한 메트릭을 요청하면 각 뷰에서 메서드를 호출한 횟수를 표시한다.

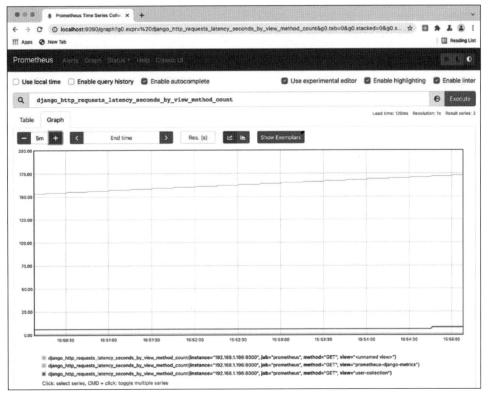

그림 13.6 prometheus-django-metrics 뷰가 얼마나 호출되는지 확인한다. 15초마다 한 번씩 결과를 스크랩하기 위해 자동으로 호출된다.

prometheus-django-metrics 뷰는 시간이 지남에 따라 증가하는 누적 값으로 표시된다. 해당 값이 정확히 무엇을 의미하는지 이해하기 어려워서 유용한 정보는 아니다.

대신, 초당 감지된 요청 수를 나타내는 비율^{rate}로 계산해서 해당 값을 표시하는 것이 더 좋을 것이다. 예를 들어, 해상도가 1분인 경우 rate(django_http_requests_latency_seconds_by_view_method_count[1m])은 그림 13.7과 같은 그래프를 표시한다.

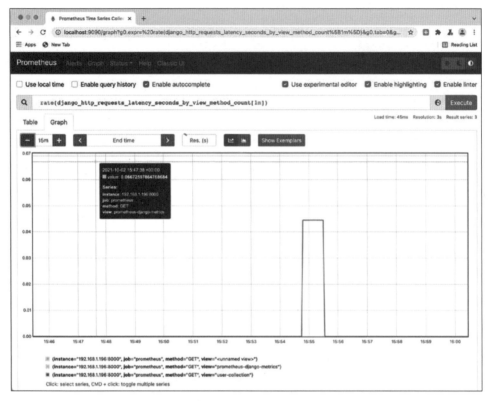

그림 13.7 여러 메서드와 뷰가 여러 라인으로 표시된다.

그래프에서 볼 수 있듯이 prometheus-django-metrics에 일정한 수의 요청을 갖는다. 프로메테우스는 메트릭 정보를 요청한다. 즉, 15초마다 한 번 또는 초당 약 0.066번 발생한다.

그래프를 살펴보면, 서비스에 대한 요청을 직접 요청한 시간인 15:55에 user-collection 메서드에 급증한 이벤트가 있었다. 보다시피 해상도는 비율rate에서 설명된 대로 분당이다.

이 모든 것을 단일 그래프로 집계하려면 합계sum 연산자를 사용해 집계할 타깃을 지정할 수 있다. 예를 들어, 모든 GET 요청을 합산하려면 다음을 수행한다.

```
sum(rate(django_http_requests_latency_seconds_by_view_method_count[1m])) by
(method)
```

이제, 그림 13.8과 같은 그래프가 생성된다.

그림 13.8 하단 값은 prometheus-django-metrics 호출로 생성된 기준선을 기반으로 되어 있다.

대신 시간을 표시할 수 있도록 django_http_requests_latency_seconds_by_view_method_
bucket 메트릭을 사용한다. 버킷bucket 메트릭은 histogram_quantile 함수와 결합해 분
위수quantile[1]를 표시할 수 있는 형태로 생성된다. 해당 메트릭은 적절한 시간 정보를 제
공한다.

---

1 확률 분포에서 확률 변수의 구간을 나누는 기준이 되는 수 – 옮긴이

예를 들어, 분위수 0.95는 요청의 상위 95%를 처리하는 데 걸리는 시간을 의미한다(예: 분위수 0.95가 1.5초라면, 100개의 요청 중 95개는 1.5초 이내를 의미). 이는 높은 수치로 인해 왜곡될 수 있기에 평균을 생성하는 것보다 더 유용하다. 대신, 분위수 0.50(요청의 절반에 걸리는 최대 시간), 분위수 0.90(요청의 대부분에 대한 최대 시간), 분위수 0.99(요청을 리턴하는 데 걸리는 최장 시간)를 그래프로 확인할 수 있다. 이런 식으로 분위수 0.50(대부분의 요청이 리턴되는 데 더 오래 걸림)과 분위수 0.99(일부 느린 쿼리가 매우 느림)가 증가하는 상황이 다르기 때문에 더 나은 그림을 얻을 수 있다.

5분 동안 분위수 0.95를 표시하려면 다음 쿼리를 생성할 수 있다.

```
histogram_quantile(0.95, rate(django_http_requests_latency_seconds_by_view_
method_bucket[5m]))
```

이전 쿼리를 실행하면 그림 13.9의 그래프가 보일 것이다.

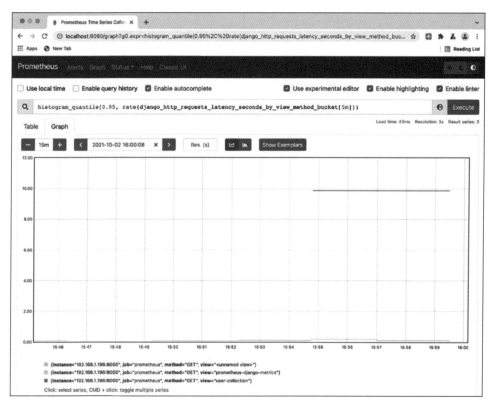

그림 13.9 메트릭 수집이 user-collection 요청보다 훨씬 빠르다는 것에 유의한다.

대신 시간을 표시하기 위해 사용할 메트릭은 django_http_requests_latency_seconds_by_view_method_bucket이다. 버킷 메트릭은 histogram_quantile 함수와 결합하여 특정 분위수를 표시할 수 있는 방식으로 생성되어 적절한 시간 그래프를 제공한다.

또한 메트릭을 필터링해 특정 레이블만 표시할 수 있을 뿐 아니라 곱하기, 나누기, 더하기, 평균 생성하기, 모든 종류의 작업을 수행하는 많은 기능을 사용할 수 있다.

 프로메테우스 쿼리는 전체 요청 대비 성공 요청 비율과 같은 다양한 메트릭 결과를 표시하려면 약간 길고 복잡할 수 있다. 결과가 예상대로인지 테스트하고 쿼리를 계속 개선해야 하기에 쿼리 생성에 시간을 할당한다.

인터페이스에는 자동 완성 기능이 있어 특정 메트릭을 찾는 데 도움을 받을 수 있다.

 프로메테우스는 일반적으로 그라파나(Grafana)와 짝을 이룬다. 그라파나는 프로메테우스와 연결하여 풍부한 대시보드를 만들 수 있는 오픈소스 대화형 시각화 툴이다. 그라파나는 메트릭 정보를 활용해 훨씬 더 이해하기 쉬운 방식으로 시스템 상태를 시각화할 수 있다. 그라파나 사용 방법을 설명하는 것은 이 책의 범위를 벗어나지만 메트릭을 표시할 때 그라파나(https://grafana.com/)를 사용하는 것이 좋다.

자세한 내용은 쿼리에 대한 프로메테우스 설명 문서(https://prometheus.io/docs/prometheus/latest/querying/basics/)를 참고한다.

메트릭을 사용해 능동적으로 작업하기

지금까지 살펴본 것처럼 메트릭은 전체 클러스터의 상태를 집계해 보여준다. 이를 통해 추세 문제를 감지할 수 있지만 특정 가짜 에러를 찾아내기는 어렵다.

메트릭은 전체 시스템의 건강 상태를 파악할 수 있기 때문에 성공적인 모니터링이 가능한 중요한 툴로 간주해야 한다. 일부 회사에서는 가장 중요한 메트릭을 스크린에 계속 표시할 수 있도록 해서 운영 팀이 스크린을 보고 갑작스러운 문제에 신속하게 대응할 수 있는 문화를 갖고 있다.

어떤 메트릭이 서비스의 핵심 메트릭인지 파악하는 것은 생각만큼 간단하지 않다. 따라서 시간, 경험, 아마도 시행착오가 필요할 것이다.

그러나 항상 중요한 것으로 간주되는 온라인 서비스에 대한 네 가지 메트릭이 있다.

- **지연 시간**latency: 시스템이 요청에 응답하는 데 걸리는 시간(밀리초millisecond). 서비스에 따라 초second를 사용하기도 한다. 내 경험상 대부분의 웹 애플리케이션은 요청에 따라 응답하는 데 50ms에서 1초가 걸리므로 일반적으로 밀리초가 적절한 시간 단위다. 1초 이상 넘는 오래 걸리는 요청이 시스템에 따라 발생할 수 있지만 일반적으로 잘 발생하지 않는다.
- **트래픽**traffic: 시간 단위당 시스템을 통해 유입되는 요청 수(예: 분당 요청 수)
- **에러**error: 에러를 리턴하는 수신된 요청의 비율
- **포화도**saturation: 클러스터 용량에 충분한 여유 공간이 있는지 설명한다. 포화도에는 사용할 수 있는 하드 드라이브 공간, 메모리 등의 요소가 포함된다. 예를 들면, 시스템에 15%의 사용 가능한 RAM이 있다.

 포화도를 확인하는 주요 툴로 메모리, CPU, 하드 드라이브 공간과 같은 대부분의 하드웨어 정보를 자동으로 수집할 수 있는 디폴트 익스포터(exporter)가 있다. 클라우드 공급자에는 일반적으로 AWS의 CloudWatch와 같은 자체 메트릭 시스템이 있다.

이러한 메트릭은 구글 SRE 책에서 '4개의 황금 신호four golden signal'[2]를 찾아 확인할 수 있고, 성공적인 모니터링을 위한 가장 중요한 상위 레벨 요소로 인식된다.

---

2 구글 SRE 문서(https://sre.google/sre-book/monitoring-distributed-systems/)를 참고한다. - 옮긴이

경고

메트릭으로 문제를 감지하면 자동 경고[alert]를 보낼 수 있어야 한다. 프로메테우스에는 정의된 메트릭이 정의된 경고를 충족할 때 발생하는 경고 시스템이 있다.

 자세한 내용은 경고에 대한 프로메테우스 설명 문서(https://prometheus.io/docs/alerting/latest/overview/)를 참고한다.

일반적으로 메트릭 값이 임곗값을 초과하면 경고가 발생한다. 예를 들면, 에러 수가 임곗값 X보다 많다면 요청을 리턴하는 시간이 너무 높다는 것을 의미한다.

 메트릭의 일부 값이 너무 낮다는 경고도 발생할 수 있다. 예를 들어, 시스템의 요청 수가 0으로 떨어지면 시스템이 다운(down)됐음을 나타낸다.

내장 Alertmanager는 이메일 전송과 같은 방법으로 경고할 수 있지만 여러 툴에 연결하여 더 복잡한 작업을 수행할 수도 있다. 예를 들어 Opsgenie(https://www.atlassian.com/software/opsgenie)와 같은 통합 장애 솔루션에 연결하면 이메일 및 SMS 호출 같은 경고를 전송할 수 있다.

 경고는 메트릭에서 직접 생성할 수 있지만, 로그에서 직접 경고를 생성할 수 있는 툴이 있다. 예를 들어, Sentry(https://sentry.io/)는 로그를 기반으로 에러를 집계하고 임곗값을 설정해 이메일 전송과 같이 경고로 적극적으로 확대할 수 있다.
또 다른 대안으로, 외부 로깅 시스템을 사용해 로그에서 메트릭을 만들어 낼 수 있다. 예를 들어, ERROR 로그 수 또는 더 복잡한 메트릭을 기반으로 카운터를 생성할 수 있다. 만들어 낸 카운터 메트릭을 기반으로 경고를 전송할 수 있다.

메트릭과 마찬가지로 경고는 지속적인 프로세스다. 일부 핵심 임곗값은 시스템 시작 시 명확하지 않으며 경험을 통해서만 임곗값을 알 수 있다. 같은 방식으로 적극적인 모니터링이 필요하지 않은 경고가 생성될 가능성이 매우 높다. 따라서 시스템 경고가 적절한 지점에 있고 신호 대 잡음비가 높다면 메트릭을 수집할 필요가 없다.

요약

13장에서는 메트릭이 무엇이며, 메트릭이 로그와 어떻게 다른지 설명했다. 메트릭은 시스템의 일반적인 상태를 분석할 때 유용하지만 로그는 특정 작업을 설명하므로 집계된 상황을 로그로 이해하기 어렵다.

또한 생성할 수 있는 다양한 종류의 메트릭을 열거하고 메트릭을 수집하는 방법에 대한 풀링 접근 방식을 일반적으로 사용하는 메트릭 시스템인 프로메테우스에 대해 설명했다.

그리고 django-prometheus 모듈을 설치 및 구성해 장고에서 메트릭을 자동으로 생성하는 방법과 생성된 메트릭을 스크랩하는 프로메테우스 서버를 시작하기 위한 설정과 시작 방법을 다뤘다.

 외부 모듈의 메트릭에 의존할 필요 없이 사용자 지정 메트릭을 생성할 수도 있다. 예를 들어, 파이썬의 경우 프로메테우스 클라이언트(https://github.com/prometheus/client_python)를 사용할 수 있다.

다음으로, 프로메테우스에서 메트릭을 쿼리하는 방법을 설명하고 PromQL을 도입해 메트릭을 표시하는 방법, 시간 경과에 따라 메트릭이 어떻게 변하는지 명확하게 볼 수 있는 플롯 비율^{rate}, 시간 관점으로 작업하기 위해 histogram_quantile 함수를 사용하는 방법에 대한 일반적인 예를 소개했다.

또한 구글에서 설명한 대로 일반적인 문제를 가능한 한 빨리 감지하도록 사전에 예방할 수 있는 방법과 네 가지 황금 신호가 무엇인지 보여주었다. 마지막으로, 메트릭이 정상 범위를 벗어날 때 알림을 받는 방법으로 경고를 도입했다. 경고를 사용하는 것은 메트릭을 직접 볼 필요 없이 경고를 받을 수 있는 현명한 방법이다.

14

프로파일링

실제 데이터로 작성한 코드를 테스트했을 때 완벽히 작동하지 않는 일은 매우 흔하다. 버그 외에도 코드의 성능이 적절하지 않다는 문제점을 발견할 수 있다. 일부 요청을 처리하는 데 너무 많은 시간이 걸리거나 메모리 사용량이 너무 높을 수 있다.

이런 경우, 가장 많이 시간이 소요되거나 메모리를 차지하는 핵심 요소가 무엇인지 정확히 알기 어렵다. 로직을 분석할 수 있지만, 코드가 배포되기 전까지는 미리 알기가 거의 불가능한 지점에서 병목 현상이 발생한다.

프로파일링^{profiling}으로 정확히 무슨 일이 일어나고 있는지에 대한 프로세스 정보를 얻고 코드 흐름을 분석하기 위해 프로파일러^{profiler}를 사용해 코드를 동적으로 분석하고 코드가 실행되는 방식, 특히 대부분의 시간을 소비하는 특정 위치를 쉽게 발견할 수 있다. 따라서 모호하게 추측하는 대신 데이터에 의해 구동되는 코드의 가장 중요한 요소에 영향을 미치는 개선으로 이어질 수 있다.

14장에서 다루는 내용은 다음과 같다.

- 프로파일링 기본 내용

- 프로파일러 유형

- 소요 시간을 알려주는 프로파일링 코드

- 부분 프로파일링

- 메모리 프로파일링

먼저 프로파일링의 기본 원칙을 살펴본다.

프로파일링 기본 내용

프로파일링은 코드의 작동 방식을 이해하기 위해 코드를 계측하는 동적 분석이다. 해당 정보는 코드가 평소와 같이 실행될 때 실제 사례를 기반으로 특정 동작에 대한 코드 작동 지식을 얻는 방식으로 추출되거나 압축 파일 형태로 전달된다. 해당 정보를 이용해 코드를 개선할 수 있다.

동적 분석 툴이 아닌 정적 분석 툴은 코드 측면에 대한 통찰력을 제공할 수 있다. 예를 들어, 정적 분석 툴은 특정 코드가 사용되지 않는 코드인지 감지할 수 있다. 즉, 전체 코드에서 호출되지 않는 코드가 있거나, 오타가 있거나, 이전에 정의되지 않은 변수를 사용하는 버그를 감지할 수 있다. 그러나 정적 분석 툴은 실제로 실행되는 코드의 세부 사항을 분석하지는 않는다. 프로파일링은 측정된 사용 사례를 기반으로 특정 데이터를 얻고 코드 흐름에 대한 훨씬 더 많은 정보를 보여준다.

프로파일링의 일반적인 용도는 분석 중인 코드의 성능을 향상하는 것이다. 실제로 실행되는 방식을 이해함으로써 문제를 일으킬 수 있는 코드 모듈의 역학 관계를 밝힌다. 따라서 해당 특정 영역에서 조치를 취할 수 있다.

성능은 시간 성능time performance(코드를 실행하는 데 걸리는 시간) 또는 메모리 성능memory performance(코드를 실행하는 데 필요한 메모리양)의 두 가지 방식으로 이해할 수 있다. 시간, 메모리 모두 병목 현상이 될 수 있다. 일부 코드는 실행하는 데 너무 오래 걸리거나 너무 많은 메모리를 사용해 코드가 실행되는 하드웨어의 성능을 제한할 수 있다.

일반적으로 시간 성능이 큰 문제이기 때문에 이번 장에서는 시간 성능에 더 초점을 맞추겠지만 메모리 프로파일러를 사용하는 방법도 설명한다.

소프트웨어 개발에서는 코드가 실행될 때까지는 코드가 어떤 작업을 수행할지 실제로 알지 못하는 경우가 일반적이다. 드물게 나타나는 특이한 경우의 예로, 예상보다 훨씬 더 많이 실행된다거나 일부 알고리듬이 적절하지 않아 큰 배열array을 처리할 때 소프트 웨어가 다르게 작동할 수 있다.

문제는 시스템을 실행하기 전에 분석을 수행하는 것은 매우 어렵고, 문제가 있는 코드 의 작동은 전혀 예상치 못할 가능성이 높아서 분석이 대부분 소용이 없다는 점이다.

> 프로그래머는 프로그램에서 중요하지 않은 부분의 속도를 생각하거나 걱정하는 데 엄청 난 시간을 낭비하며 이런 효율성을 높이려는 시도는 디버깅 및 유지 관리를 고려할 때 실 제로 매우 부정적인 영향을 미친다. 그래서 시간의 97%를 차지하는 효율성이 떨어지는 코드를 잊어버려야 한다. **어설픈 최적화는 모든 악의 근원이다.** 따라서 시간에서 중요한 3%를 차지하는 코드에서 효율성을 높일 수 있는 기회를 놓치지 않아야 한다.
>
> – 도널드 커누스Donald Knuth /
> 「GOTO 문을 사용한 구조적 프로그래밍Structured Programing with GOTO Statements」(1974)

프로파일링은 성급하게 최적화하지 않고 실제 데이터에 따라 최적화할 수 있는 이상적 인 툴을 제공한다. 측정할 수 없는 것은 최적화할 수 없다는 생각이다. 프로파일러는 조 치를 취할 수 있는 측정 정보를 제공한다.

 앞에서 언급한 도널드 커누스의 유명한 인용문은 때때로 '어설픈 최적화는 모든 악의 근원'으로 축소되는데, 이는 약간 환원주의[1]적이며 뉘앙스를 전달하지 않는다. 때로는 신중하게 설계하는 것이 중요하며 미리 계획하는 것이 가능하다. 프로파일링(또는 다른 기술)이 아무리 좋아도 그 정 도까지만 할 수 있다. 그러나 대부분의 경우 간단한 접근 방식을 선택할 때 더 나은 성능을 제공 한다는 점을 이해하는 것이 중요하다. 성능이 충분히 나오지 않으면 나중에 개선할 수 있다.

각각 장단점을 가진 다양한 방법으로 프로파일링을 진행할 수 있다.

프로파일러 유형

시간 프로파일러에는 다음과 같은 두 가지 유형이 있다.

- 추적 프로세스를 사용하는 **결정적 프로파일러**deterministic profiler: 결정적 프로파일러는 코드를 측정하고 각 개별 커맨드를 저장한다. 따라서 각 단계에서 코드를 추적할 수 있기 때문에 결정적 프로파일러를 매우 상세하게 만든다. 그러나 코드를 측정하지 않을 때보다 코드가 느리게 실행된다.

  결정적 프로파일러를 계속 실행하는 것은 좋지 않다. 대신 오프라인에서 특정 테스트를 실행하는 것처럼 특정 상황에서 프로파일러를 활성화해 문제를 찾을 수 있다.

- 샘플링을 통한 **통계적 프로파일러**statistical profiler: 통계적 프로파일러는 코드를 분석하고 각 작업을 감지하는 대신, 특정 간격으로 깨어나 현재 코드 실행 스택의 샘플을 얻는다. 프로세스가 충분히 오랫동안 수행된다면 통계적 프로파일러는 프로그램의 일반적인 실행 정보를 수집한다.

> 스택의 샘플을 얻는 것은 사진을 찍는 것과 비슷하다. 사람들이 한 플랫폼에서 다른 플랫폼으로 이동하는 기차역 또는 지하철역 복도를 상상해 본다. 예를 들어, 샘플링은 5분마다 한 번씩 주기적으로 사진을 찍는 것과 비슷하다. 물론, 누가 한 플랫폼에서 다른 플랫폼으로 가는지 정확히 알 수는 없지만 하루 종일 플랫폼 주변에 얼마나 많은 사람이 있었고 어떤 플랫폼이 가장 인기 있는지에 대한 충분한 정보를 제공할 것이다.

통계적 프로파일러는 결정적 프로파일러만큼 자세한 정보를 제공하지는 않지만, 훨씬 더 가볍고 많은 리소스를 소비하지 않는다. 성능을 방해하지 않고 프로덕션 시스템을 지속적으로 모니터링할 수 있다.

---

1 복잡한 현상의 원인을 좀 더 단순한 현상에서 구하는 것으로서 복잡한 구조와 속성이 부분을 통해 설명될 수 있다는 신념 – 옮긴이

통계적 프로파일러는 부하가 없는 시스템처럼 상대적 부하가 있는 시스템에서만 의미가 있다. 대부분의 시간이 대기하는 데 소비된다는 것을 보여준다.

통계적 프로파일러는 샘플링이 인터프리터에서 직접 수행되는 내부 실행일 수도 있고, 또한 샘플을 읽어오는 프로그램을 사용하는 외부 실행일 수도 있다. 외부 프로파일러는 샘플링 프로세스에 문제가 있더라도 샘플링되는 프로그램을 방해하지 않는다는 장점이 있다.

두 프로파일러는 상호 보완적이다. 통계적 프로파일러는 시스템에서 가장 많이 사용되는 코드와 시스템이 시간을 소비하는 집계 위치를 이해할 수 있는 유용한 툴이다. 두 프로파일러는 시스템의 프로덕션 환경에서 시스템 작동 정보를 알아내는 실제 사용 사례에 유용하다.

결정적 프로파일러는 개발자 노트북에서 페트리 접시^{petri dish2}를 사용해 특정 사용 사례를 분석하기 위한 툴로, 문제가 있는 특정 작업을 신중하게 분석해 개선할 수 있다.

 어떤 면에서 통계적 프로파일러는 메트릭과 비슷하고, 결정적 프로파일러는 로그와 비슷한 부분이 있다. 통계적 프로파일러는 집계 요소를 표시하고 결정적 프로파일러는 특정 요소를 표시한다. 그러나 결정적 프로파일러는 로그와 달리 프로덕션 시스템에서 편하게 사용하기엔 이상적인 툴이 아니다.

일반적으로 자주 코드가 실행되면서 느린 부분인 핫스팟^{hotspot}이 있다. 집중할 부분을 파악한 다음, 조치를 취하는 것은 전체 시스템의 속도를 향상하는 좋은 방법이다.

핫스팟은 통계적 프로파일러를 사용해 전역^{global} 핫스팟을 확인하거나 결정적 프로파일러가 있는 작업에 대한 특정^{specific} 핫스팟을 표시할 수 있다. 통계적 프로파일러는 일반적으로 가장 많이 사용되는 코드의 특정 부분 중 많이 느린 코드를 표시하고 집계에 가장 많은 시간이 소요되는 코드를 이해할 수 있다. 결정적 프로파일러는 특정 작업에서 각 코드 라인에 소요되는 시간을 표시하고 느린 코드가 무엇인지 알 수 있다.

---

2 실험용으로 사용하는 접시 - 옮긴이

통계적 프로파일러는 부하가 있는 시스템 분석을 목표로 하고 있고 이 책에서는 테스트로 부하를 주기 어렵기 때문에 살펴보지 않을 것이다. 대신, py-spy(https://pypi.org/project/py-spy/) 또는 pyinstrument(https://pypi.org/project/pyinstrument/)를 참고한다.

또 다른 종류의 프로파일러로는 메모리 프로파일러memory profiler가 있다. 메모리 프로파일러는 메모리가 증가하거나 감소할 때마다 저장해 메모리 사용량을 추적한다. 메모리 프로파일링은 일반적으로 파이썬 프로그램에서는 드물지만 발생할 수 있는 메모리 누수memory leak를 찾는 데 사용된다.

파이썬에는 객체가 더 이상 참조되지 않으면 자동으로 메모리를 해제하는 가비지 컬렉터garbage collector가 있다. 가비지 컬렉터는 아무런 조치를 취하지 않아도 자동으로 처리하기에 C/C++와 같은 수동 메모리 할당 프로그램에 비해 메모리 관리가 더 쉽다. 파이썬에서 사용하는 가비지 수집 메커니즘을 참조 카운팅reference counting이라고 하며, 대기하는 다른 종류의 가비지 컬렉터와 비교하여 메모리 객체를 아무도 사용하지 않으면 즉시 메모리를 해제한다.

파이썬의 메모리 누수는 다음과 같이 주로 사용할 때 발생할 수 있다.

- 일부 객체가 더 이상 사용되지 않아도 계속 참조되는 경우다. 일반적으로 딕셔너리 리스트가 추가되고 제거되지 않을 때처럼 큰 요소에 작은 요소를 저장하는 수명이 긴 객체가 있는 경우 발생할 수 있다.

- 내부 C 확장이 메모리를 올바르게 관리하지 않는 경우다. 이 책의 범위를 벗어나는 특정 C 프로파일링 툴을 사용해 추가적인 조사가 필요할 수 있다.

- 복잡한 참조 사이클이 있는 경우다. 참조 사이클은 서로 참조하는 객체 그룹이다. 객체 A는 B를 참조하고 객체 B는 A를 참조한다. 파이썬에는 이를 감지하고 메모리를 해제하는 알고리듬이 있지만 가비지 컬렉터가 비활성화되거나 다른 버그 문제가 발생할 가능성이 적다. 파이썬 가비지 컬렉터에 관한 자세한 내용은 웹 페이지(https://docs.python.org/3/library/gc.html)를 참고한다.

메모리를 추가로 사용해야 하는 환경은 많은 메모리를 사용하는 알고리듬이 사용되고 있음을 의미하며, 메모리 프로파일러를 사용해 메모리 할당 시기를 감지할 수 있다.

 메모리 프로파일링은 일반적으로 시간 프로파일링보다 더 복잡하며 더 많은 노력이 필요하다.

코드 일부를 소개하고 프로파일링을 진행한다.

소요 시간을 알려주는 프로파일링 코드

주어진 숫자까지의 모든 소수를 계산하고 출력하는 짧은 프로그램을 생성한다. 소수는 자신과 1로만 나눌 수 있는 숫자다.

먼저 기본적인 접근 방식으로 시작하겠다.

```
def check_if_prime(number):
    result = True

    for i in range(2, number):
        if number % i == 0:
            result = False

    return result
```

기본적인 코드는 2부터 주어진 테스트할 숫자(테스트할 숫자는 포함하지 않음)까지 모든 숫자를 얻은 후 주어진 숫자를 나눌 수 있는지 확인한다. 언제든지 주어진 숫자를 나눌 수 있다면 해당 숫자는 소수가 아니다.

1부터 5,000까지 계산하기 위해 실수가 없는지 확인하기 위해 100보다 작은 첫 번째 소수를 포함하고 비교한다. 깃허브(https://github.com/PacktPublishing/Python-Architecture-Patterns/blob/main/chapter_14_profiling/primes_1.py)의 primes_1.py를 사용할 수 있다.

```
PRIMES = [1, 2, 3, 5, 7, 11, 13, 17, 19, 23, 29, 31, 37, 41, 43, 47, 53,
          59, 61, 67, 71, 73, 79, 83, 89, 97]
```

```
NUM_PRIMES_UP_TO = 5000


def check_if_prime(number):
    result = True

    for i in range(2, number):
        if number % i == 0:
            result = False

    return result


if __name__ == '__main__':
    # 1에서 NUM_PRIMES_UP_TO까지의 소수를 계산한다.
    primes = [number for number in range(1, NUM_PRIMES_UP_TO)
              if check_if_prime(number)]
    # 프로세스가 올바른지 확인하기 위해 100까지의 소수를 비교한다.
    assert primes[:len(PRIMES)] == PRIMES

    print('Primes')
    print('------')
    for prime in primes:
        print(prime)
    print('------')
```

소수 계산은 모든 숫자(1에서 NUM_PRIMES_UP_TO까지)의 리스트를 생성하고 각각을 확인한다. True를 리턴하는 값만 유지된다.

```
    # 1에서 NUM_PRIMES_UP_TO까지의 소수를 계산한다.
    primes = [number for number in range(1, NUM_PRIMES_UP_TO)
              if check_if_prime(number)]
```

다음 라인은 1부터 100까지의 소수가 100보다 작은 소수로 이뤄진 하드코딩 리스트인 PRIMES와 동일한지 확인하는 assert를 호출한다.

```
    assert primes[:len(PRIMES)] == PRIMES
```

556

마침내 소수가 출력된다. 프로그램을 실행하고 실행 시간을 출력한다.

```
$ time python3 primes_1.py
Primes
------
1
2
3
5
7
11
13
17
19
...
4969
4973
4987
4993
4999
------

Real    0m0.875s
User    0m0.751s
sys 0m0.035s
```

여기에서 코드 분석을 시작해 내부 작동이 무엇이 있는지 확인하고 개선점을 찾는다.

내장 cProfile 모듈 사용

모듈을 프로파일링하는 가장 쉽고 빠른 방법은 파이썬에 포함된 cProfile 모듈을 직접 사용하는 것이다. cProfile 모듈은 표준 라이브러리의 일부이며 다음과 같이 외부 호출의 일부로 호출될 수 있다.

```
$ time python3 -m cProfile primes_1.py
Primes
------
```

```
1
2
3
5
...
4993
4999
------
        5677 function calls in 0.760 seconds

   Ordered by: standard name

   ncalls  tottime  percall  cumtime  percall filename:lineno(function)
        1    0.002    0.002    0.757    0.757 primes_1.py:19(<listcomp>)
        1    0.000    0.000    0.760    0.760 primes_1.py:2(<module>)
     4999    0.754    0.000    0.754    0.000 primes_1.py:7(check_if_prime)
        1    0.000    0.000    0.760    0.760 {built-in method builtins.
exec}
        1    0.000    0.000    0.000    0.000 {built-in method builtins.
len}
      673    0.004    0.000    0.004    0.000 {built-in method builtins.
print}
        1    0.000    0.000    0.000    0.000 {method 'disable' of '_
lsprof.Profiler' objects}


Real    0m0.895s
User    0m0.764s
sys 0m0.032s
```

cProfile을 일반적으로 스크립트라 하지만 프로필 분석 정보가 출력됐다. 표의 정보는 다음과 같다.

- ncalls: 각 요소가 호출된 횟수

- tottime: 하위 호출을 제외한 각 요소마다 소요된 총 시간

- percall: 각 요소의 호출당 시간(서브 호출 제외)

- cumtime: 누적 시간, 즉 하위 호출을 포함해 각 요소에 소요된 총 시간

- `percall`: 하위 호출을 포함해 요소에 대한 호출당 시간

- `filename:lineno`: 분석 중인 각 요소

이 경우 4,999번 호출되는 check_if_prime 함수에서 시간이 소요됐음을 명확히 알 수 있으며, 실제 시간의 총합(총 762밀리초에서 744밀리초)을 알 수 있다.

 작은 스크립트 예라 표로 보기 쉽지는 않을 수 있다. cProfile을 사용하면 코드를 실행하는 데 걸리는 시간이 좀 길다. C 확장 모듈인 cProfile과 동등한 레벨의 순수 파이썬으로 구현된 Profile 모듈이 있다. 그러나 일반적으로 cProfile이 더 빨라 많이 사용된다. 그러나 기능을 확장할 때처럼 특정 순간에는 Profile이 유용할 수 있다.

텍스트로 이뤄진 테이블은 이 예와 같이 간단한 스크립트에서는 충분할 수 있다. 프로파일링 출력을 파일로 보내 다른 툴과 함께 사용할 수 있다.

```
$ time python3 -m cProfile -o primes1.prof  primes_1.py
$ ls primes1.prof
primes1.prof
```

이제, 그래프를 지원하는 SnakeViz를 pip를 통해 설치한다.

```
$ pip3 install snakeviz
```

마지막으로, snakeviz로 파일을 열면 다음 정보가 포함된 브라우저가 열린다.

```
$ snakeviz primes1.prof
snakeviz web server started on 127.0.0.1:8080; enter Ctrl-C to exit
http://127.0.0.1:8080/snakeviz/%2FUsers%2Fjaime%2FDropbox%2FPackt%2Farchite
cture_book%2Fchapter_13_profiling%2Fprimes1.prof
```

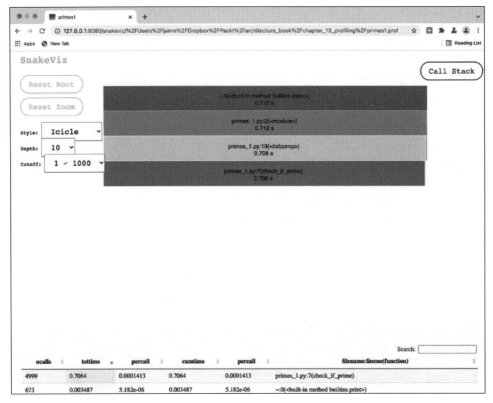

그림 14.1 그래프로 표현된 프로파일링 정보. 전체 페이지가 너무 커서 지면상의 한계로 일부 정보를 표시하기 위해 의도적으로 일부만 캡처했다.

그래프는 대화형이기에 화면의 UI 컴포넌트를 클릭하면 더 많은 정보를 얻을 수 있다.

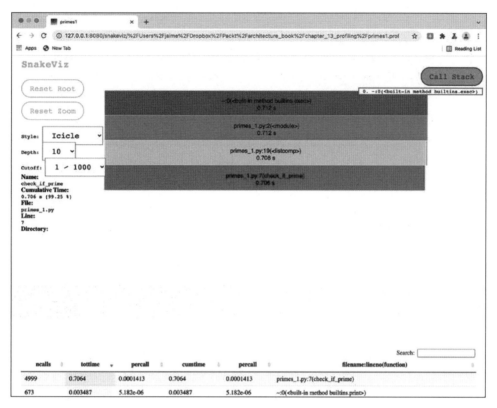

그림 14.2 check_if_prime에 대한 정보 확인. 전체 페이지가 너무 커서 지면상의 한계로 일부 정보를 표시하기 위해 의도적으로 일부만 캡처했다.

그래프를 보면 대부분의 시간이 check_if_prime에서 소비되고 있음을 확인할 수 있지만 check_if_prime 내부 정보는 얻지 못한다.

이는 cProfile은 함수 단위로만 측정하기 때문이다. 각 함수 호출에 걸리는 시간은 알 수 있지만 해상도가 높지 않다. 따라서 특히 간단한 함수의 경우에는 cProfile로는 충분치 않을 수 있다.

cProfile 툴을 과소평가하지 않길 바란다. 제시된 코드는 사용법을 설명하는 데 너무 많은 시간을 소비하지 않기 위해 의도적으로 만든 예다. 대부분의 경우, 많은 시간이 소요되는 함수의 위치를 알아내는 것을 시각적으로 검사해 너무 오래 걸리는 함수를 발견하는 것만으로 충분하다. 대부분의 실제 상황에서는 DB 접근, 원격 요청 등처럼 외부 호출에서 시간이 많이 소요된다는 사실을 알아두자.

해상도가 더 높은 프로파일러를 사용해 각 코드 라인을 분석하는 방법을 살펴본다.

라인 프로파일러

check_if_prime 함수 내부를 분석하려면 먼저 line_profiler 모듈을 설치해야 한다.

```
$ pip3 install line_profiler
```

line_profiler 모듈을 설치한 후 코드를 약간 변경해 primes_2.py로 저장한다. check_if_prime 함수에 데코레이터 @profile을 추가해 라인 프로파일러가 조사하게 한다.

 데이코레이터를 추가하는 방식으로 알고 싶은 코드에만 프로파일링해야 한다는 것을 유념하자. 모든 코드에 데코레이터를 추가해 프로파일링하면 분석하는 데 많은 시간이 소요된다.

깃허브(https://github.com/PacktPublishing/Python-Architecture-Patterns/blob/main/chapter_14_profiling/primes_2.py)에서 전체 파일을 확인할 수 있다.

```python
@profile
def check_if_prime(number):
    result = True

    for i in range(2, number):
        if number % i == 0:
            result = False

    return result
```

line_profiler 설치 후 설치될 kernprof로 코드를 지금 실행한다.

```
$ time kernprof -l primes_2.py
Primes
------
1
2
3
5
...
4987
4993
4999
------
Wrote profile results to primes_2.py.lprof


Real    0m12.139s
User    0m11.999s
sys 0m0.098s
```

기존의 프로파일러를 활성화하지 않은 1초 미만의 실행과 비교한다면, 코드 실행 시간이 눈에 띄게 길어져 12초가 소요됐다. 이제 다음 커맨드로 결과를 확인할 수 있다.

```
$ python3 -m line_profiler primes_2.py.lprof
Timer unit: 1e-06 s

Total time: 6.91213 s
File: primes_2.py
Function: check_if_prime at line 7

Line #      Hits         Time  Per Hit   % Time  Line Contents
==============================================================
     7                                           @profile
     8                                           def check_if_
prime(number):
     9      4999       1504.0      0.3      0.0      result = True
    10
    11  12492502    3151770.0      0.3     45.6      for i in range(2,
number):
```

```
12  12487503    3749127.0    0.3    54.2        if number % i == 0:
13     33359       8302.0    0.2     0.1            result = False
14
15      4999       1428.0    0.3     0.0        return result
```

여기에서 사용된 알고리듬의 세부 사항을 분석할 수 있다. 코드의 가장 큰 문제는 조건문이 너무 많이 호출되고 있다는 점이다. 호출당 시간$^{time per hit}$은 짧지만 11번째 라인과 12번째 라인이 너무 많이 호출된다. 호출 횟수를 줄이는 방법을 찾아야 한다.

호출 횟수를 줄이는 첫 번째 방법은 쉽다. 결과가 False이면 더 이상 기다릴 필요가 없다. 루프를 계속 수행하는 대신 직접 리턴하면 된다. 깃허브(https://github.com/PacktPublishing/Python-Architecture-Patterns/blob/main/chapter_14_profiling/primes_3.py)를 참고한다.

```
@profile
def check_if_prime(number):

    for i in range(2, number):
        if number % i == 0:
            return False


    return True
```

프로파일링 결과를 살펴본다.

```
$ time kernprof -l primes_3.py
...
Real    0m2.117s
User    0m1.713s
sys     0m0.116s

$ python3 -m line_profiler primes_3.py.lprof
Timer unit: 1e-06 s

Total time: 0.863039 s
File: primes_3.py
Function: check_if_prime at line 7
```

```
Line #      Hits         Time  Per Hit   % Time  Line Contents
==============================================================
     7                                            @profile
     8                                            def check_if_
prime(number):
     9
    10  1564538     388011.0      0.2     45.0      for i in range(2,
number):
    11  1563868     473788.0      0.3     54.9        if number % i == 0:
    12     4329       1078.0      0.2      0.1          return False
    13
    14      670        162.0      0.2      0.0      return True
```

처리 시간이 얼마나 큰 요인에 의해 얼마나 감소했는지(time으로 측정될 때, 이전의 12초와 비교해 2초), 조건문에서 소요되는 시간이 크게 감소한(이전의 3,749,127마이크로초와 비교해 473,788마이크로초) 것을 볼 수 있다. Hits는 이전의 12,487,503에 비해 1,563,868로 줄어들어서 10배 적다.

루프가 커지지 않도록 비교 횟수를 더 줄여 개선할 수 있다.

바로 지금, 루프는 주어진 숫자를 주어진 숫자가 포함된 모든 숫자로 나누려 시도한다. 예를 들어, 주어진 숫자가 19라고 가정하자(19는 소수이므로 자신을 제외하고는 어떤 것으로도 나눌 수 없음).

19를 [2, 3, 4, 5, 6, 7, 8, 9, 10, 11, 12, 13, 14, 15, 16, 17, 18, 19]로 나누기

이 모든 숫자로 나눌 필요는 없다. 주어진 숫자를 주어진 숫자의 반보다 큰 숫자로 나눌 수 없기 때문에 최소한 절반은 건너뛸 수 있다. 예를 들어, 19를 10으로 나누면 2보다 작다.

19를 [2, 3, 4, 5, 6, 7, 8, 9, 10]으로 나누기

그리고 특정 숫자의 모든 인수는 해당 숫자의 제곱근보다 작다. 즉, 다음과 같이 설명할 수 있다. 특정 숫자가 숫자 2개 이상의 인수라면, 가장 높은 숫자는 전체 숫자의 제곱근이다. 따라서 제곱근(내림)까지의 숫자만 확인한다.

> 19를 [2, 3, 4]로 나누기

여기서 더 줄일 수 있다. 모든 짝수는 2로 나누어 떨어지기에 2 다음의 홀수만 확인하면 된다. 따라서 이 경우에 더 줄일 수 있다.

> 19를 [2, 3]으로 나누기

이 작업을 진행하기 위해서는 깃허브(https://github.com/PacktPublishing/Python-Architecture-Patterns/blob/main/chapter_14_profiling/primes_4.py)를 기반으로 코드를 수정해야 한다.

```python
def check_if_prime(number):

    if number % 2 == 0 and number != 2:
        return False

    for i in range(3, math.floor(math.sqrt(number)) + 1, 2):
        if number % i == 0:
            return False

    return True
```

코드에서는 주어진 숫자가 2가 아니면 항상 2로 나눌 수 있는지 확인한다. 즉, 2는 소수로서 올바르게 리턴하기 위함이다.

그런 다음, 주어진 숫자가 3(이미 2로 테스트 진행 완료)에서 시작하고 주어진 숫자의 제곱근까지 계속되는 숫자 범위^{range}를 생성한다. math.floor 모듈을 사용해 주어진 실수에서 가장 가까운 낮은 정수를 얻는다. range 함수는 주어진 숫자를 포함하지 않기에 주어진 숫자에 +1이 필요하다. 마지막으로, 레인지는 3으로 시작했기 때문에 모든 숫자가 홀수가 되도록 2를 더하는 단계를 수행한다.

예를 들어, 숫자 1,000을 테스트하려면 다음과 같다.

```
>>> import math
>>> math.sqrt(1000)
31.622776601683793
```

```
>>> math.floor(math.sqrt(1000))
31
>>> list(range(3, 31 + 1, 2))
[3, 5, 7, 9, 11, 13, 15, 17, 19, 21, 23, 25, 27, 29, 31]
```

31이 리턴된다. 여기에 +1을 추가해 범위를 얻는다.

코드를 다시 프로파일링한다.

```
$ time kernprof -l primes_4.py
Primes
------
1
2
3
5
…
4973
4987
4993
4999
------
Wrote profile results to primes_4.py.lprof


Real     0m0.477s
User     0m0.353s
sys      0m0.094s
```

성능이 크게 향상됐다. 라인 프로파일링을 살펴본다.

```
$ python3 -m line_profiler primes_4.py.lprof
Timer unit: 1e-06 s

Total time: 0.018276 s
File: primes_4.py
Function: check_if_prime at line 8


Line #      Hits         Time  Per Hit   % Time  Line Contents
```

```
=============================================================
     8                                              @profile
     9                                              def check_if_
prime(number):
    10
    11      4999      1924.0       0.4       10.5    if number % 2 == 0 and
number != 2:
    12      2498       654.0       0.3        3.6        return False
    13
    14     22228      7558.0       0.3       41.4    for i in range(3,
math.floor(math.sqrt(number)) + 1, 2):
    15     21558      7476.0       0.3       40.9        if number % i == 0:
    16      1831       506.0       0.3        2.8            return False
    17
    18       670       158.0       0.2        0.9    return True
```

라인 프로파일링의 루프 반복 횟수를 살펴보면, primes_2.py에서 1,200만 회, primes_3.py에서 150만 회, primes_4.py에서는 22,228회로 대폭 줄였다. 이는 매우 큰 개선이다.

 TIP primes_2.py와 primes_4.py에서 NUM_PRIMES_UP_TO를 늘려 비교하는 테스트를 시도할 수 있다. 변화를 분명 감지할 수 있을 것이다.

라인 프로파일링 접근 방식은 매우 작은 섹션에만 사용해야 한다. 일반적으로 cProfile이 실행하기 쉽고 정보를 제공하기 때문에 어떻게 더 유용할 수 있는지 살펴봤다.

이전 절에서 전체 스크립트를 실행하고 해당 스크립트 결과를 수신할 수 있다고 가정했지만 정확하지 않을 수 있다. 예를 들어, 요청을 수신하는 프로그램을 프로파일링하는 방법을 살펴보자.

부분 프로파일링

많은 시나리오에서 프로파일러는 프로덕션 시스템 환경에서 프로파일링 정보를 얻기 위해 프로세스가 완료될 때까지 기다릴 수 없는 환경에서 유용하다. 일반적인 시나리오는 웹 요청이다.

특정 웹 요청을 분석하려면 먼저 웹 서버를 시작하고 단일 요청을 생성해 해당 요청에 대한 결과를 얻기 위해 프로세스를 중지해야 하는데, 이는 일부 문제로 인해 생각만큼 잘 작동하지 않는다.

하지만 먼저 이 상황을 설명하는 코드를 작성한다.

소수를 리턴하는 웹 서버의 예

check_if_prime 함수의 최종 버전을 사용하고 요청 경로에 지정된 숫자까지 모든 소수를 리턴하는 웹 서비스를 생성한다. 깃허브(https://github.com/PacktPublishing/Python-Architecture-Patterns/blob/main/chapter_14_profiling/server.py)를 참고한다.

```
from http.server import BaseHTTPRequestHandler, HTTPServer
import math


def check_if_prime(number):

    if number % 2 == 0 and number != 2:
        return False

    for i in range(3, math.floor(math.sqrt(number)) + 1, 2):
        if number % i == 0:
            return False

    return True


def prime_numbers_up_to(up_to):
    primes = [number for number in range(1, up_to + 1)
              if check_if_prime(number)]

    return primes
```

```python
def extract_param(path):
    '''
    파라미터를 추출해 양의 정수로 변환한다.
    파라미터가 유효하지 않으면 None을 리턴한다.
    '''
    raw_param = path.replace('/', '')

    # 파라미터를 정수로 변환한다.
    try:
        param = int(raw_param)
    except ValueError:
        return None

    # 파라미터가 양수인지 확인한다.
    if param < 0:
        return None

    return param


def get_result(path):
    param = extract_param(path)
    if param is None:
        return 'Invalid parameter, please add an integer'

    return prime_numbers_up_to(param)


class MyServer(BaseHTTPRequestHandler):

    def do_GET(self):

        result = get_result(self.path)

        self.send_response(200)
        self.send_header("Content-type", "text/html")
        self.end_headers()
        return_template = '''
            <html>
                <head><title>Example</title></head>
```

```
            <body>
                <p>Add a positive integer number in the path to display
                all primes up to that number</p>
                <p>Result {result}</p>
            </body>
        </html>
    '''

        body = bytes(return_template.format(result=result), 'utf-8')
        self.wfile.write(body)


if __name__ == '__main__':

    HOST = 'localhost'
    PORT = 8000

    web_server = HTTPServer((HOST, PORT), MyServer)
    print(f'Server available at http://{HOST}:{PORT}')
    print('Use CTR+C to stop it')

    # 서버 실행 후 KeyboardInterrupt를 받으면 정상적으로 종료시킨다.
    try:
        web_server.serve_forever()
    except KeyboardInterrupt:
        pass

    web_server.server_close()
    print("Server stopped.")
```

코드는 끝부터 보면 잘 이해할 수 있을 것이다. 마지막 코드 블록은 파이썬 모듈 http.
server의 기본 HTTPServer 정의를 사용해 웹 서버를 생성한다. 웹 서버를 생성하는 코드
위를 보면 MyServer 클래스를 생성했다. 해당 클래스에서는 GET 요청이 들어올 때마다
수행할 do_GET 메서드를 정의했다.

do_GET 메서드는 get_result 함수를 호출하고 해당 결과를 포함한 HTML 응답을 리턴한
다. HTML 응답에 필요한 모든 헤더를 추가하고 HTML 바디를 구성한다.

이 프로세스의 흥미로운 부분은 다음 함수에서 발생한다.

get_result 함수는 루트에 위치한다. 먼저 get_result 함수는 파라미터를 추출해 양의 정수를 리턴하는 extract_param을 호출한다. get_result 함수의 리턴 값은 prime_numbers_up_to로 전달된다.

```
def get_result(path):
    param = extract_param(path)
    if param is None:
        return 'Invalid parameter, please add an integer'

    return prime_numbers_up_to(param)
```

extract_params 함수는 URL 경로에서 숫자를 추출한다. 먼저 / 문자를 제거한 다음 정수로 변환하려고 시도하고 정수가 양수인지 확인한다. 모든 에러의 경우 None을 리턴한다.

```
def extract_param(path):
    '''
    파라미터를 추출해 양의 정수로 변환한다.
    파라미터가 유효하지 않으면 None을 리턴한다.
    '''
    raw_param = path.replace('/', '')

    # 파라미터를 정수로 변환한다.
    try:
        param = int(raw_param)
    except ValueError:
        return None

    # 파라미터가 양수인지 확인한다.
    if param < 0:
        return None

    return param
```

prime_numbers_up_to 함수는 전달된 숫자까지의 소수를 계산한다. 해당 함수는 이번 장의 앞부분에서 본 코드와 비슷하다.

```
def prime_numbers_up_to(up_to):
    primes = [number for number in range(1, up_to + 1)
                if check_if_prime(number)]

    return primes
```

마지막으로, 이번 장의 앞부분에서 다룬 check_if_prime 함수는 primes_4.py 코드와 동일하다.

프로세스는 다음으로 시작할 수 있다.

```
$ python3 server.py
Server available at http://localhost:8000
Use CTR+C to stop it
```

그리고 http://localhost:8000/500에 접속해 최대 500까지의 소수를 얻는다.

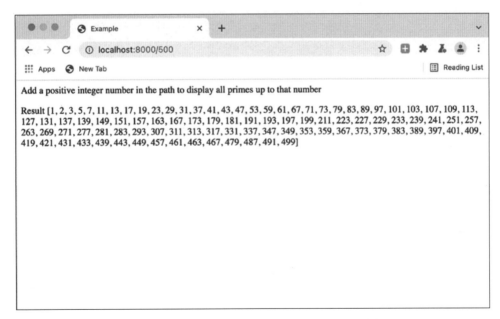

그림 14.3 최대 500까지의 모든 소수를 표시하는 웹 인터페이스

웹에 표시된 출력이 소수임을 이해할 수 있다. 소수를 얻는 데 사용한 프로세스를 프로파일링할 것이다.

전체 프로세스 프로파일링

cProfile을 사용해 전체 프로세스를 프로파일링할 수 있다. http://localhost:8000/500에 한 번 요청하고 결과를 확인한다.

```
$ python3 -m cProfile -o server.prof server.py
Server available at http://localhost:8000
Use CTR+C to stop it
127.0.0.1 - - [10/Oct/2021 14:05:34] "GET /500 HTTP/1.1" 200 -
127.0.0.1 - - [10/Oct/2021 14:05:34] "GET /favicon.ico HTTP/1.1" 200 -
^CServer stopped.
```

결과를 server.prof 파일에 저장했다. 그런 다음, 이 파일은 snakeviz를 사용해 이전과 같이 분석할 수 있다.

```
$ snakeviz server.prof
snakeviz web server started on 127.0.0.1:8080; enter Ctrl-C to exit
```

그림 14.4의 다이어그램을 표시한다.

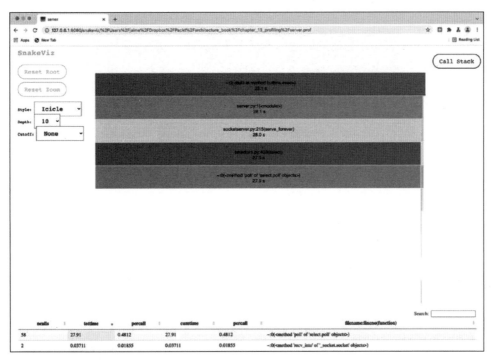

그림 14.4 전체 프로파일링 다이어그램. 전체 페이지가 너무 커서 지면상의 한계로 일부 정보를 표시하기 위해
의도적으로 일부만 캡처했다.

보다시피, 테스트하는 대부분의 시간 동안 코드에서 새로운 요청을 기다리고 있고 내
부적으로 폴링 작업을 수행하고 있다. 즉, 개발된 코드가 아니라 서버 코드의 일부다.

관심 있는 코드를 찾기 위해 아래의 긴 목록에서 직접 get_result를 검색할 수 있다. 바
로 코드의 흥미롭게 봤던 루트에 위치한 함수다. 모든 기능을 표시하려면 Cutoff: None
을 선택해야 한다.

일단 선택하면 다이어그램이 그 이후부터 표시된다. 새로운 다이어그램을 보려면 위로
스크롤한다.

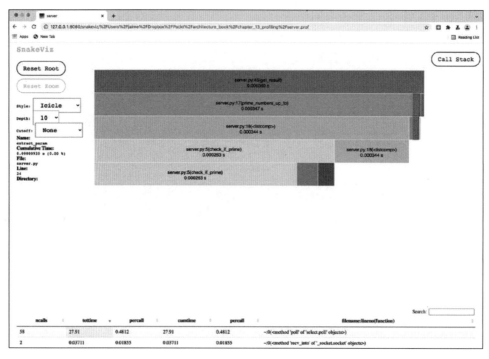

그림 14.5 get_result에서 보여주는 다이어그램. 전체 페이지가 너무 커서 지면상의 한계로 일부 정보를 표시하기 위해 의도적으로 일부만 캡처했다.

그림 14.5에서 코드 실행이 진행되는 일반적인 구조를 볼 수 있다. 대부분의 시간이 check_if_prime 함수를 호출하는 데 사용되고 있다.

check_if_prime 함수를 호출하는 prime_numbers_up_to 함수도 많이 호출되고 있고, prime_numbers_up_to 함수의 리스트 컴프리헨션list comprehension3이 포함됐으며 extract_params 함수 호출에는 거의 시간이 소요되지 않음을 알 수 있다.

그러나 이런 접근 방식에는 일부 문제가 있다.

- 우선, 프로세스 시작과 중지 사이의 전체 사이클로 이동해야 한다. 이 작업은 요청을 수행하기 번거로운 작업이다.

- 사이클에서 발생하는 모든 내용이 포함된다. 따라서 분석하는 데 필요 없는 불

---

3 기존의 리스트에 기반한 리스트를 만들기 위해 파이썬을 포함한 일부 프로그래밍 언어에서 사용 가능한 문법적 구조를 의미한다. - 옮긴이

필요한 정보가 추가된다. 다행히도 살펴볼 함수가 get_result임을 알고 있었지만 때로는 분명하지 않을 수도 있다. 이 경우에도 최소한의 구조를 사용하지만 장고와 같은 복잡한 프레임워크의 경우 추가하면 많은 정보가 포함될 수 있다.

- 2개의 서로 다른 요청을 처리하면 동일한 프로파일링 파일에 추가되기에 결과가 섞인다.

이런 문제는 관심 있는 부분에만 프로파일러를 적용해 각 요청마다 새로운 프로파일링 파일을 생성해 해결할 수 있다.

요청마다 프로파일링 파일 생성

개별 요청마다 정보를 포함한 파일을 생성하려면 쉽게 접근할 수 있는 데코레이터decorator를 생성해야 한다. 데코레이터를 통해 독립적인 파일을 생성하고 프로파일링할 수 있다.

server_profile_by_request.py 파일에서는 server.py와 동일한 코드를 얻지만, wraps 데코레이터를 추가한다.

```python
from functools import wraps
import cProfile
from time import time
```

```python
def profile_this(func):

    @wraps(func)
    def wrapper(*args, **kwargs):
        prof = cProfile.Profile()
        retval = prof.runcall(func, *args, **kwargs)
        filename = f'profile-{time()}.prof'
        prof.dump_stats(filename)
        return retval

    return wrapper
```

데코레이터는 원래 함수를 대체하는 wrapper 함수를 정의한다. 원래 이름과 독스트 링docstring4을 유지하기 위해 wraps 데코레이터를 사용한다.

 이 방식은 표준 데코레이터 프로세스일 뿐이다. 파이썬의 데코레이터 함수는 원래 함수를 대체하는 함수를 리턴하는 함수다. 살펴본 것처럼 함수를 대체하는 래퍼 함수 내부에서 원래 함수 func 가 호출될 뿐만 아니라 추가 기능을 포함한다.

내부에서 프로파일러를 시작해 runcall 함수를 사용해 func 함수를 호출한다. runcall을 호출하는 라인이 그 핵심이다. 생성된 프로파일러를 사용해 원래 함수 func를 파라미터 와 함께 실행하고 리턴 값을 저장한다.

```
retval = prof.runcall(func, *args, **kwargs)
```

그런 다음, 현재 시간을 포함하는 새로운 파일을 생성하고 .dump_stats를 호출해 주어 진 파일에 통계를 덤프한다.

또한 get_result 함수에 데코레이션을 추가해 프로파일링을 시작한다.

```
@profile_this
def get_result(path):
    param = extract_param(path)
    if param is None:
        return 'Invalid parameter, please add an integer'

    return prime_numbers_up_to(param)
```

깃허브(https://github.com/PacktPublishing/Python-Architecture-Patterns/blob/main/chapter_ 14_profiling/server_profile_by_request.py)를 참고한다.

이제 서버를 시작하고 브라우저에 접근해 하나는 http://localhost:8000/500으로, 다른 하나는 http://localhost:8000/800으로 호출한다.

---

4 파이썬 문서화 툴 - 옮긴이

```
$ python3 server_profile_by_request.py
Server available at http://localhost:8000
Use CTR+C to stop it
127.0.0.1 - - [10/Oct/2021 17:09:57] "GET /500 HTTP/1.1" 200 -
127.0.0.1 - - [10/Oct/2021 17:10:00] "GET /800 HTTP/1.1" 200 -
```

새로운 파일이 어떻게 생성되는지 확인할 수 있다.

```
$ ls profile-*
profile-1633882197.634005.prof
profile-1633882200.226291.prof
```

다음 파일은 snakeviz를 사용해 출력할 수 있다.

```
$ snakeviz profile-1633882197.634005.prof
snakeviz web server started on 127.0.0.1:8080; enter Ctrl-C to exit
```

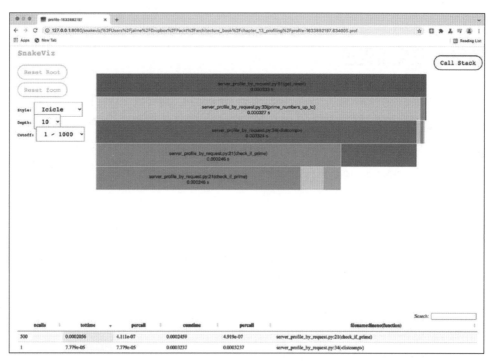

그림 14.6 단일 요청의 프로파일링 정보. 전체 페이지가 너무 커서 지면상의 한계로 일부 정보를 표시하기 위해 의도적으로 일부만 캡처했다.

각 파일에는 get_result 이후의 정보만 포함되어 있다. 해당 정보는 특정 지점까지만 얻는다. 게다가 각 파일은 특정 요청에 대한 정보만 표시하므로 높은 수준의 세부 정보를 개별적으로 프로파일링할 수 있다.

코드에서는 호출 파라미터와 같은 세부 정보를 포함하도록 파일 이름을 구체적으로 조정할 수 있기에 유용하다. 또 다른 흥미로운 조정 방법은 랜덤random 샘플을 만들어 X 호출 중 1개만 프로파일링 코드를 생성한다. 이렇게 하면 프로파일링의 오버헤드를 줄이고 일부 요청을 완전히 프로파일링할 수 있다.

이는 특정 시간에 무슨 일이 발생하는지 감지하는 대신 일부 요청을 완전히 프로파일링한다는 점에서 통계적 프로파일러와 다르다. 특정 요청에 대해 발생하는 흐름을 따르는 데 도움이 될 수 있다.

다음으로 메모리를 프로파일링하는 방법을 살펴본다.

메모리 프로파일링

애플리케이션은 때때로 너무 많은 메모리를 사용한다. 최악의 시나리오는 애플리케이션이 시간이 지나면서 점점 더 많은 메모리를 사용하면서 메모리 누수 문제가 발생하는 것이다. 메모리 누수는 코딩을 진행하면서 실수로 더 이상 사용하지 않는 메모리를 유지하는 것이다. 메모리는 제한된 리소스이기에 메모리 사용을 개선하는 것이 좋다.

메모리를 프로파일링해서 메모리를 사용하는 객체가 무엇인지 분석하려면 먼저 예시 코드를 생성해야 한다. 충분한 레오나르도 수Leonardo number를 생성할 것이다.

레오나르도 수는 다음과 같이 정의된 수열을 따르는 수다.

- 첫 번째 레오나르도 수는 1이다.
- 두 번째 레오나르도 수도 1이다.

- 다른 모든 레오나르도 수는 바로 이전 2개의 레오나르도 수에 1을 더한 것이다.

레오나르도 수는 피보나치 수Fibonacci number와 유사하다. 레오나르도 수는 실제로 피보나치 수와 관련이 있다. 더 많은 다양성을 보여주기 위해 피보나치 수를 대신 사용한다. 숫자는 재미있다!

재귀 함수를 생성해 처음 35개의 레오나르도 수를 표시하는 깃허브(https://github.com/PacktPublishing/Python-Architecture-Patterns/blob/main/chapter_14_profiling/leonardo_1.py)를 참고한다.

```python
def leonardo(number):

    if number in (0, 1):
        return 1

    return leonardo(number - 1) + leonardo(number - 2) + 1

NUMBER = 35
for i in range(NUMBER + 1):
    print('leonardo[{}] = {}'.format(i, leonardo(i)))
```

코드를 실행하면 소요 시간이 점점 더 길어지는 것을 볼 수 있다.

```
$ time python3 leonardo_1.py
leonardo[0] = 1
leonardo[1] = 1
leonardo[2] = 3
leonardo[3] = 5
leonardo[4] = 9
leonardo[5] = 15
...
leonardo[30] = 2692537
leonardo[31] = 4356617
leonardo[32] = 7049155
leonardo[33] = 11405773
leonardo[34] = 18454929
leonardo[35] = 29860703
```

```
real      0m9.454s
user      0m8.844s
sys 0m0.183s
```

프로세스 속도를 높이기 위해 결과를 항상 계산하는 대신 결과를 저장하고 사용하는 메모이제이션 기술[memoization technique][5]을 사용할 것이다.

깃허브(https://github.com/PacktPublishing/Python-Architecture-Patterns/blob/main/chapter_14_profiling/leonardo_2.py) 파일을 참고해 다음과 같은 코드를 생성한다.

```python
CACHE = {}


def leonardo(number):

    if number in (0, 1):
        return 1

    if number not in CACHE:
        result = leonardo(number - 1) + leonardo(number - 2) + 1
        CACHE[number] = result

    return CACHE[number]

NUMBER = 35000
for i in range(NUMBER + 1):
    print(f'leonardo[{i}] = {leonardo(i)}')
```

코드를 보면, 모든 레오나르도 수를 전역 딕셔너리[dictionary] 타입의 CACHE에 저장해 프로세스 속도를 높인다. 계산할 숫자의 수를 35개에서 35000개로 천 배 더 늘렸다. 프로세스는 매우 빨라진다.

```
$ time python3 leonardo_2.py
leonardo[0] = 1
leonardo[1] = 1
```

---

5 컴퓨터 프로그램이 동일한 계산을 반복해야 할 때, 이전에 계산한 값을 메모리에 저장해 동일한 계산의 반복 수행을 제거하여 프로그램 실행 속도를 빠르게 하는 기술이다. – 옮긴이

```
leonardo[2] = 3
leonardo[3] = 5
leonardo[4] = 9
leonardo[5] = 15
...
leonardo[35000] = ...

real      0m15.973s
user      0m8.309s
sys       0m1.064s
```

이제 메모리 사용량을 살펴본다.

memory_profiler 사용

이제 정보를 저장하는 애플리케이션에 프로파일러를 사용해 메모리가 저장된 위치를 출력한다.

memory_profiler 패키지를 설치해야 한다. memory_profiler 패키지는 line_profiler와 유사하다.

```
$ pip install memory_profiler
```

이제 leonardo 함수에 @profile 데코레이터를 추가할 수 있다. 깃허브(https://github.com/PacktPublishing/Python-Architecture-Patterns/blob/main/chapter_14_profiling/leonardo_2p.py)를 참고해 memory_profiler 모듈을 사용해 실행한다. 이번에는 느리게 실행되지만 결과로 테이블이 출력된다.

```
$ time python3 -m memory_profiler leonardo_2p.py
...
Filename: leonardo_2p.py

Line #    Mem usage    Increment  Occurences   Line Contents
================================================================
     5  104.277 MiB   97.082 MiB      104999   @profile
```

```
   6                                              def leonardo(number):
   7
   8   104.277 MiB    0.000 MiB      104999       if number in (0, 1):
   9    38.332 MiB    0.000 MiB           5           return 1
  10
  11   104.277 MiB    0.000 MiB      104994       if number not in CACHE:
  12   104.277 MiB    5.281 MiB       34999           result =
leonardo(number - 1) + leonardo(number - 2) + 1
  13   104.277 MiB    1.914 MiB       34999           CACHE[number] =
result
  14
  15   104.277 MiB    0.000 MiB      104994       return CACHE[number]


Real     0m47.725s
User     0m25.188s
sys 0m10.372s
```

출력된 테이블을 보면, 메모리 사용량, 증가 또는 감소, 각 라인이 나타나는 횟수 등을
비롯해 다음 정보를 볼 수 있다.

- 9번째 라인을 보면 몇 번만 실행된다. 메모리양은 약 38MiB이며 프로그램에서
  사용하는 최소 메모리다.

- 사용된 총 메모리는 거의 105MiB이다.

- 전체 메모리 증가는 12번째 라인, 13번째 라인(새로운 레오나르도 수를 생성하고
  CACHE 딕셔너리에 저장)에 국한된다. 코드에서 메모리를 해제하지 않았다는 것에
  유의한다.

이전의 모든 레오나르도 수를 항상 메모리에 유지할 필요가 없다. 몇 가지만 유지하는
여러 접근 방식을 시도할 수 있다.

메모리 최적화

깃허브(https://github.com/PacktPublishing/Python-Architectur-Patterns/blob/main/chapter_14_
profiling/leonardo_3.py)를 사용한다.

```
CACHE = {}


@profile
def leonardo(number):

    if number in (0, 1):
        return 1

    if number not in CACHE:
        result = leonardo(number - 1) + leonardo(number - 2) + 1
        CACHE[number] = result

    ret_value = CACHE[number]

    MAX_SIZE = 5
    while len(CACHE) > MAX_SIZE:
        # 최댓값 내로 유지하고,
        # 가장 오래된 첫 번째 값을 삭제한다.
        key = list(CACHE.keys())[0]
        del CACHE[key]

    return ret_value


NUMBER = 35000
for i in range(NUMBER + 1):
    print(f'leonardo[{i}] = {leonardo(i)}')
```

메모리 프로파일러를 다시 실행하기 위해 @profile 데코레이터를 유지한다. 대부분의
코드는 동일하지만 다음과 같은 블록을 추가했다.

```
    MAX_SIZE = 5
    while len(CACHE) > MAX_SIZE:
        # 최댓값 내로 유지하고,
        # 가장 오래된 첫 번째 값을 삭제한다.
        key = list(CACHE.keys())[0]
        del CACHE[key]
```

이 코드는 CACHE 딕셔너리의 요소 수를 허용된 최댓값 내로 유지한다. CACHE 딕셔너리의 요소 수가 최댓값에 도달하면 CACHE.keys()에서 리턴된 첫 번째 요소, 즉 가장 오래된 요소가 제거된다.

 파이썬 3.6부터는 모든 파이썬 딕셔너리에 순서가 지정되어 있기에 이전에 입력한 순서대로 키를 리턴한다. 따라서 딕셔너리의 특징을 활용한다. CACHE 딕셔너리의 첫 번째 요소를 얻으려면 CACHE.keys()(dict_keys 객체)의 결과를 리스트로 변환해야 한다.

딕셔너리의 크기는 계속 커질 수 없다. 이제 실행하고 프로파일링 결과를 살펴본다.

```
$ time python3 -m memory_profiler leonardo_3.py
...
Filename: leonardo_3.py

Line #    Mem usage    Increment   Occurences   Line Contents
================================================================
     5    38.441 MiB   38.434 MiB     104999     @profile
     6                                           def leonardo(number):
     7
     8    38.441 MiB    0.000 MiB     104999         if number in (0, 1):
     9    38.367 MiB    0.000 MiB          5             return 1
    10
    11    38.441 MiB    0.000 MiB     104994         if number not in CACHE:
    12    38.441 MiB    0.008 MiB      34999             result =
leonardo(number - 1) + leonardo(number - 2) + 1
    13    38.441 MiB    0.000 MiB      34999             CACHE[number] =
result
    14
    15    38.441 MiB    0.000 MiB     104994         ret_value =
CACHE[number]
    16
    17    38.441 MiB    0.000 MiB     104994         MAX_SIZE = 5
    18    38.441 MiB    0.000 MiB     139988         while len(CACHE) > MAX_
SIZE:
    19                                               # 최대값 내로 유지하고,
    20                                               # 가장 오래된 첫 번째 값을
삭제한다.
```

```
   21    38.441 MiB    0.000 MiB        34994              key = list(CACHE.
keys())[0]
   22    38.441 MiB    0.000 MiB        34994              del CACHE[key]
   23
   24    38.441 MiB    0.000 MiB       104994         return ret_value
```

이 경우 약 38MiB의 메모리로 안정적으로 유지하고 있음을 알 수 있다. 메모리의 증가 또는 감소가 없음을 알 수 있다. 실제로 코드의 메모리 증가와 감소가 너무 작아서 알아차릴 수 없다. 메모리를 관리하기 때문에 프로파일링 메모리 차이는 0에 가깝다.

또한 memory-profiler 모듈은 시간에 따른 메모리 사용량 표시, 화면 출력을 포함해 많은 작업을 수행할 수 있으며 시간의 흐름에 따른 메모리 증가 또는 감소 정보를 볼 수 있다. 해당 모듈의 전체 문서(https://pypi.org/project/memory-profiler/)를 살펴보길 바란다.

요약

14장에서는 프로파일링이 무엇이며 프로파일링을 언제 적용하는 것이 유용한지 설명했다. 프로파일링은 코드 실행 방식을 이해할 수 있는 동적 툴이며, 프랙티스 상황에서 코드의 흐름을 이해하고 프로파일링 정보로 코드를 최적화하는 데 유용하다. 코드는 일반적으로 더 빠르게 실행되도록 최적화할 수 있지만 더 적은 리소스(일반적으로 메모리) 사용, 외부 접근 감소 등과 같은 대안이 열려 있다.

프로파일러의 주요 유형인 결정적 프로파일러, 통계적 프로파일러, 메모리 프로파일러에 대해 설명했다. 결정적 프로파일러와 통계적 프로파일러는 대부분 코드의 성능을 향상하는 데 중점을 두고 있으며, 메모리 프로파일러는 실행 중인 코드에서 사용하는 메모리를 분석한다. 결정적 프로파일러는 코드를 측정해 실행된 코드의 흐름을 자세히 설명한다. 통계적 프로파일러는 자주 실행되는 코드에 대한 일반적인 뷰를 제공할 수 있도록 주기적으로 코드를 샘플링한다.

이어서 결정적 프로파일러를 사용한 코드 프로파일링 예를 살펴봤다. 먼저 함수 해상도를 제공하는 내장 모듈 cProfile로 코드를 분석했다. cProfile 결과를 출력하는 그래픽 툴을 사용하는 방법을 봤다. 또한 더 깊이 코드를 분석하기 위해 외부 `line-profiler` 모듈을 사용해 라인 단위로 프로파일링을 수행했다. 코드의 흐름을 이해한다면 실행 시간을 크게 줄이는 최적화 작업을 진행할 수 있다.

다음 단계로, 웹 서버처럼 의도적으로 계속 동작하는 프로세스를 프로파일링하는 방법을 소개했다. 전체 애플리케이션을 프로파일링할 문제를 보여주고 각 개별 요청을 프로파일링할 수 있는 방법을 설명했다.

 이런 기술은 특정 상황에서만 프로파일링하는 조건부 프로파일링, 특정 시간대 또는 100개의 요청 중 하나만 분석과 같은 특정 상황에서만 프로파일링을 적용할 수 있다.

마지막으로, `memory-profiler` 모듈을 사용해 메모리를 프로파일링하는 방법의 예도 제시했다.

15장에서는 디버깅 기술을 사용해 복잡한 상황을 포함해 코드에서 문제를 찾고 수정하는 방법을 자세히 알아볼 것이다.

15

디버깅

일반적으로 디버깅 주기는 다음 단계를 따른다.

1. 문제를 감지한다. 새로운 문제나 결함을 발견한다.

2. 문제를 분석하고 우선순위를 지정한다. 중요한 문제에 시간을 투자하고 가장 중요한 문제에 집중한다.

3. 문제의 원인을 정확히 분석한다. 이상적으로 로컬 환경에서 문제를 복제할 수 있어야 한다.

4. 로컬 환경에서 문제를 복제해 문제가 발생한 이유에 대한 구체적인 세부 정보를 얻는다.

5. 문제를 고친다.

이전에 살펴본 것처럼 문제를 해결하는 일반적인 전략은 먼저 문제를 찾고 이해한 후 적절히 디버깅하는 것이다.

15장에서는 디버깅하는 모든 단계에서 작업하는 방법을 효과적으로 살펴보기 위해 다음과 같은 주제를 다룬다.

- 결함 감지 및 처리
- 프로덕션 환경 분석
- 프로덕션 환경의 문제 이해
- 로컬 환경 디버깅
- 파이썬 인트로스펙션 툴
- 로그를 사용한 디버깅
- 브레이크포인트를 사용한 디버깅

먼저 결함을 처리할 때의 첫 번째 단계를 살펴보겠다.

결함 감지 및 처리

첫 번째 단계는 실제로 문제를 감지하는 것이다. 약간 유치하게 들릴 수 있지만 이 단계는 매우 중요한 단계다.

 결함을 설명하기 위해 주로 '버그(bug)'라는 용어를 사용하지만, 이 책에서는 '버그'로 적절히 분류되지 않을 수 있는 나쁜 성능이나 예기치 않은 동작과 같은 세부 정보가 포함될 수 있다. 문제를 해결하는 적절한 툴은 다를 수 있지만 일반적으로 비슷하게 문제를 감지한다.

문제를 다양한 방법으로 감지할 수 있으며 어떤 경우는 문제가 더 명확할 수 있다. 일반적으로 프로덕션 환경의 코드에서 내부(최상의 경우) 또는 외부(최악의 경우) 또는 모니터링을 통해 사용자가 결함을 감지한다.

 모니터링은 명백하고 심각한 에러만 확인할 수 있음을 명심한다.

문제가 감지되는 방식에 따라 다양한 심각도로 다음과 같이 분류할 수 있다.

- 작업이 완전히 중단되는 **치명적인 문제**catastrophic problem. 이 버그는 동일한 시스템에서 관련이 없는 코드를 포함해 아무것도 작동하지 않음을 의미한다.

- 특정 작업의 실행을 중지하지만 다른 작업의 실행을 중지하지는 않는 **중요한 문제**critical problem

- 일부 상황에서만 특정 작업이 중지되거나 문제를 일으키는 **심각한 문제**serious problem. 예를 들어 파라미터를 확인하지 않아 예외가 발생되거나 일부 파라미터의 조합이 작업을 너무 느리게 생성하여 타임아웃을 생성한다.

- 에러 또는 부정확성이 포함된 **가벼운 문제**mild problem. 예를 들어, 어떤 작업은 특정 상황에서 빈 결과를 생성하거나 함수 호출을 허용하지 않는 UI의 문제를 생성한다.

- 오타 또는 오타와 비슷한 **외관상 문제**cosmetic problem 또는 **사소한 문제**minor problem

모든 개발 팀의 리소스는 제한되어 있다. 시스템의 버그는 항상 너무 많아서, 주의해야 할 사항과 먼저 수정해야 할 사항에 대한 적절한 접근 방식을 갖는 것이 중요하다. 일반적으로 첫 번째 그룹의 버그는 수정해야 하는 시급한 상황이며 즉각적인 대응이 필요하다. 그러나 버그의 분류와 우선순위가 중요하다.

개발자가 무엇을 해야 할지에 대한 명확한 관점을 갖는다면, 최근에 발생한 문제가 아닌 중요한 문제에 시간을 할애해 명확한 시야를 확보하고 효율성을 높이는 데 도움이 된다. 팀에서 문제 분류를 수행할 수 있지만 컨텍스트를 갖는 것이 좋다.

개발자는 일반적으로 버그를 수정하고 새로운 기능을 구현해야 한다. 두 작업은 각각 다른 작업을 방해할 수 있다.

버그 수정이 중요하다. 버그는 서비스 품질에 영향을 줄 뿐만 아니라 사용자가 버그가 있는 서비스를 사용할 때 매우 실망을 주기 때문이다. 그러나 낮은 품질의 서비스를 작업하는 것은 개발자에게도 좌절감을 주기 때문에 개발 팀에게도 중요하다.

버그 수정과 새로운 기능을 추가하는 작업 사이의 적절한 균형이 필요하다. 또한 새로운 기능을 추가하면서 추가되는 새로운 버그에 시간을 할당하는 것을 잊지 않는 것이 좋다. 기능은 릴리스 될 때 준비되는 것이 아니라 버그가 수정되면 준비되는 것이다.

컨텍스트와 무관한 치명적인 문제를 제외하고, 감지된 모든 문제는 에러를 생성하는 데 필요한 단계를 둘러싼 컨텍스트를 수집해야 함을 의미한다. 즉, 문제 감지의 목적은 에러를 재현하는 것이다.

 에러를 재현하는 것은 에러를 수정하는 데 있어 중요한 요소다. 최악의 시나리오는 버그가 간헐적으로 발생하거나 임의의 시간에 발생하는 것으로 보이는 것이다. 왜 그런 일이 일어나고 있는지 이해하려면 많은 분석이 필요하다.

문제를 복제할 수 있다면 반은 해결한 셈이다. 문제는 이상적으로 테스트로 복제될 수 있으므로 문제를 이해하고 수정할 때까지 계속해서 테스트할 수 있다. 최상의 상황에서 이 테스트는 문제가 단일 시스템에 영향을 미치고 모든 조건을 이해하고 복제할 수 있는 경우 단위 테스트가 될 수 있다. 문제가 둘 이상의 시스템에 영향을 미치는 경우 통합 테스트를 생성해야 한다.

 분석 시 일반적인 문제는 문제를 일으키는 특정 상황(예: 프로덕션 환경에서 어떤 방식으로 설정된 상태에서 문제가 발생하는 데이터)을 찾는 것이다. 해당 환경에서는 문제의 원인을 정확히 찾는 것이 복잡할 수 있다. 프로덕션에서 문제를 찾는 것에 대해서는 이번 장의 뒷부분에서 이야기할 것이다.

문제를 분류하고 복제할 수 있다면 분석을 진행하여 이유를 이해해야 한다.

일반적으로, 코드를 시각적으로 검사하고 문제와 버그가 어디에 존재하는지 추론하는 것으로는 충분하지 않다. 매우 간단한 코드라도 코드의 실행 절차에 대해 놀라움을 금치 못할 것이다. 코드가 어떻게 정확히 실행되는지 분석할 수 있다는 것은 발견된 문제를 분석하고 고치는 데 있어 중요하다.

프로덕션 환경 분석

프로덕션 환경에 문제가 발생했음을 이해한 후에는, 무슨 문제가 벌어지고 있고 문제가 발생하는 핵심 컴포넌트가 무엇인지 이해해야 한다.

 문제를 복제할 수 있는 능력은 매우 중요하다고 얘기하고 싶다. 문제를 복제한다면 에러를 발생시키거나 원하는 결과를 생성하는 테스트를 수행할 수 있다.

특정 문제가 발생하는 이유를 분석할 때 가장 중요한 툴은 옵저버빌리티observability 툴이다. 따라서 필요할 때 문제를 바로 찾을 수 있도록 사전에 준비 작업을 수행하는 것이 중요하다.

이전 장에서 로그와 메트릭에 대해 설명했다. 메트릭은 일반적으로 버그의 상대적 중요성을 표시하는 것을 제외하고는 디버깅과 관련이 없다. 리턴된 에러의 증가를 확인하는 것은 에러가 있는지 감지하는 데 중요할 수 있지만, 어떤 에러인지 살펴보려면 더 정확한 정보가 필요하다.

하지만 메트릭을 과소평가하지 않길 바란다. 특정 컴포넌트가 실패했는지 또는 다른 요소와 관계가 있는지(예: 단일 서버에서 에러가 발생하거나 메모리 또는 하드 드라이브 공간이 부족) 신속하게 판단하는 데 도움이 될 수 있다.

 예를 들어, 문제가 발생하는 서버에서 랜덤하게 에러가 발생하는 경우가 종종 있다. 외부 요청이 여러 서버로 전달되고 있고 특정 서버로 전달된 특정 요청의 조합과 에러가 명백히 관련되어 있을 것이다.

일반적으로 이런 경우 로그를 이용한다면 코드의 어느 부분이 잘못 작동하는지 확인하는 데 유용하다. 12장 '로깅'에서 살펴본 것처럼 에러 로그를 두 종류의 문제로 감지할 수 있다.

- **예상 에러**: 에러를 미리 디버깅해 봤으며 무슨 일이 일어났는지 알기 쉬운 상태다. 해당 에러의 예로는 에러를 리턴하는 외부 요청, 연결할 수 없는 데이터베이스 등이 있다.

  예상 에러의 대부분은 잘못 작동하는 외부 서비스(에러를 발생시키는 서비스의 관점에서 볼 때)와 관련이 있다. 즉, 네트워크 문제, 잘못된 설정, 다른 서비스의 문제로 인해 발생할 수 있다. 예상 에러는 계단식 에러를 유발할 수 있기에 에러가 시스템 전체로 전파되는 경우는 드물지 않다. 그러나 일반적으로 에러라 하면 예상하지 못한 에러를 의미하는 반면, 예상 에러는 외부 소스에서 발생한 에러를 의미한다.

- **예상하지 못한 에러**: 예상하지 못한 에러는 문제가 발생했음을 나타내는 로그다. 대부분의 최신 프로그래밍 언어에서는 에러가 발생하면 로그의 일종으로서 코드 라인을 자세히 설명하는 스택 트레이스stack trace를 출력한다.

 기본적으로 웹 프레임워크 또는 작업 관리 시스템과 같은 작업을 실행하는 모든 종류의 프레임워크는 에러가 발생하더라도 시스템을 안정적으로 유지한다. 즉, 에러를 생성하는 작업만 중단되고 새로운 모든 작업은 처음부터 잘 작동된다.

시스템은 작업을 적절하게 처리할 수 있어야 한다. 예를 들어, 웹 서버는 500 에러를 리턴하고 작업 관리 시스템은 약간의 지연 후에 문제가 된 작업의 재처리를 시도할 수 있다. 이전에 살펴본 것처럼 에러는 전파될 수 있음을 의미한다.

어떤 경우에든 에러를 감지하는 주요 툴은 로그다. 로그로 수집되고 적절하게 레이블이 지정된 알려진 문제가 출력되거나 로그에 에러로 인해 코드 라인이 출력되는 스택 트레이스가 출력될 수 있다.

에러의 원인이 되는 코드를 찾는 것은 문제를 이해하고 디버깅하는 데 중요하다. 특히, 마이크로서비스 아키텍처에서 중요하다. 마이크로서비스 아키텍처에는 여러 개의 독립적인 컴포넌트가 있기 때문이다.

9장 '마이크로서비스 대 모노리스'에서 마이크로서비스와 모노리스 아키텍처에 대해 설명했다. 모노리스는 모든 코드가 동일한 사이트에서 처리되기 때문에 버그 측면에서 다루기가 더 쉽지만 코드가 늘어나면서 점점 더 복잡해진다.

때로는 에러를 완전히 피할 수 없다는 점을 명심하길 바란다. 예를 들어, 외부 API를 호출하는 외부 의존성이 있고 문제가 발생하면서 내부 에러가 발생할 수 있다. 에러가 완화되거나 정상적으로 서비스가 실패하거나 '서비스를 사용할 수 없음service not available' 상태를 생성할 수 있다. 그러나 에러의 원인을 완벽히 수정하는 것은 불가능할 수 있다.

외부 의존성을 완화하려면 단일 장애 지점에 의존하지 않도록 시스템을 중복으로 둔다. 여러 공급업체를 사용해야 하는 경우에도 시스템을 중복으로 두기도 한다. 대신 비용이 많이 들기에 현실적으로는 시스템을 중복으로 두지 않기도 한다.

다양한 사례를 알릴 수 있지만 추가적인 단기 조치는 필요치 않다.

여러 경우에서는 에러가 명확하지 않아 추가적인 분석을 통해 디버깅이 필요할 수 있다.

프로덕션 환경의 문제 이해

시스템이 복잡해질수록 문제를 감지하는 것은 기하급수적으로 더 복잡해진다. 여러 계층과 모듈이 추가되고 서로 상호 작용하면서 버그가 잠재적으로 미묘해지고 복잡해진다.

이전에 살펴본 것처럼 마이크로서비스 아키텍처는 특히 디버깅하기 어려울 수 있다. 서로 다른 마이크로서비스 간의 상호 작용은 여러 부분을 통합할 때 미묘한 문제를 일으킬 수 있는 복잡한 상호 작용을 생성할 수 있다. 해당 통합을 통합 테스트에서 테스트하기 어려울 수 있으며 문제의 원인이 통합 테스트의 사각지대에 위치할 수 있다.

그러나 모노리스에서는 코드가 복잡해지면서 문제가 발생할 수도 있다. 예상치 못한 방식으로 상호 작용하는 프로덕션 환경의 특정 데이터의 상호 작용으로 인해 해결하기 어려운 버그가 발생할 수 있다. 모노리스 시스템의 큰 장점은 테스트가 전체 시스템을 포함하기에 단위 테스트 또는 통합 테스트를 복제하기가 더 쉽다는 것이다.

그러나 이 단계의 목표는 프로덕션 환경의 문제를 충분히 분석해 로컬 환경에서 복제할 수 있도록 하는 것이다. 환경의 규모가 작을수록 분석하고 변경하기가 더 쉽고 간섭을 덜 받는다. 로컬 환경에서 충분히 복제되면 프로덕션 환경을 그대로 두고 문제의 세부 사항에 집중하는 것이 좋다.

로컬 환경에서 버그를 복제할 수 있다면 문제를 절반 이상 해결한 셈임을 기억한다. 로컬 환경에서 문제에 대한 복제를 단계별로 분류할 수 있으면 테스트를 생성하고 제어할 수 있는 환경에서 반복적으로 문제를 생성하고 디버깅할 수 있다.

경우에 따라서는 로그를 생성하면 버그가 무엇인지 알 수 있기에 로컬에 복제하는 방법을 정확히 알아내기 쉽다. 이 경우에는 문제를 유발하는 상황을 분석해야 할 수도 있다.

요청 ID 로깅

많은 로그를 분석할 때의 문제 중 하나는 상관 관계를 지정하는 것이다. 서로 관련된 로그를 적절하게 그룹화하기 위해 로그를 생성하는 호스트별로 필터링해 짧은 시간 윈도를 선택할 수 있지만 둘 이상의 다른 작업이 동시에 실행될 수 있기에 충분치 않을 수 있다. 동일한 소스에서 유입되는 모든 로그를 추적할 수 있는 작업 또는 요청당 고유 식별자가 필요하다. 많은 프레임워크에서 자동으로 추가되므로 이 식별자를 요청 ID라고 부를 것이다. 작업 관리자에서는 해당 요청 ID를 작업 ID라고 한다.

마이크로서비스 아키텍처와 같이 여러 서비스가 관련된 경우, 여러 서비스 간에 여러 요청을 추적하는 데 사용할 수 있는 공통 요청 ID를 유지하는 것이 매우 중요하다. 따라서 동일한 소스를 가진 여러 서비스의 시스템에서 여러 로그를 추적하고 상호 연관시킬 수 있다.

그림 15.1의 다이어그램은 내부적으로 호출되는 프론트엔드와 2개의 백엔드 서비스 간의 흐름을 보여준다. 프론트엔드에서 X-Request-ID 헤더를 설정하고 서비스 A로 전달된 다음, 서비스 B로 전달된다.

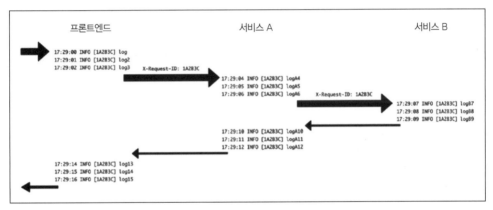

그림 15.1 여러 서비스에서 사용되는 요청 ID

동일한 요청 ID를 모두 공유하기 때문에 특정 정보로 로그를 필터링해 단일 작업에 대한 모든 정보를 얻을 수 있다.

장고 애플리케이션에서 `django_log_request_id` 모듈을 사용해 요청 ID를 생성할 수 있다.

 `django_log_request_id` 관련 문서(https://github.com/dabapps/django-log-request-id/)를 참고한다.

깃허브(https://github.com/PacktPublishing/Python-Architecture-Patterns/tree/main/chapter_15_debug)의 코드를 예로 사용한다. 먼저 가상 환경을 만들고 의존성 패키지를 설치해야 한다.

```
$ python3 -m venv ./venv
$ source ./venv/bin/activate
(venv) $ pip install -r requirements.txt
```

microposts/api/views.py 파일(https://github.com/PacktPublishing/Python-Architecture-Patterns/blob/main/chapter_15_debug/microposts/api/views.py)에 로그를 추가한다.

```python
from rest_framework.generics import ListCreateAPIView
from rest_framework.generics import RetrieveUpdateDestroyAPIView
from .models import Micropost, Usr
from .serializers import MicropostSerializer
import logging

logger = logging.getLogger(__name__)


class MicropostsListView(ListCreateAPIView):
    serializer_class = MicropostSerializer

    def get_queryset(self):
        logger.info('Getting queryset')
        result = Micropost.objects.filter(user__username=self.kwargs['username'])
        logger.info(f'Querysert ready {result}')
        return result

    def perform_create(self, serializer):
        user = Usr.objects.get(username=self.kwargs['username'])
        serializer.save(user=user)


class MicropostView(RetrieveUpdateDestroyAPIView):
    serializer_class = MicropostSerializer
```

```
    def get_queryset(self):
        logger.info('Getting queryset for single element')
        result = Micropost.objects.filter(user__username=self.
kwargs['username'])
        logger.info(f'Queryset ready {result}')
        return result
```

컬렉션^{collection} 페이지와 개별 마이크로포스트 페이지에 접근할 때 로그를 추가하는 방법에 주목한다. 예로 /api/users/jaime/collection/5 URL을 호출할 수 있다.

요청 ID를 사용하려면 microposts/settings.py(https://github.com/PacktPublishing/Python-Architecture-Patterns/blob/main/chapter_15_debug/microposts/microposts/settings.py)를 제대로 설정해야 한다.

```
LOG_REQUEST_ID_HEADER = "HTTP_X_REQUEST_ID"
GENERATE_REQUEST_ID_IF_NOT_IN_HEADER = True

LOGGING = {
    'version': 1,
    'disable_existing_loggers': False,
    'filters': {
        'request_id': {
            '()': 'log_request_id.filters.RequestIDFilter'
        }
    },
    'formatters': {
        'standard': {
            'format': '%(levelname)-8s [%(asctime)s] [%(request_id)s]
%(name)s: %(message)s'
        },
    },
    'handlers': {
        'console': {
            'level': 'INFO',
            'class': 'logging.StreamHandler',
            'filters': ['request_id'],
            'formatter': 'standard',
        },
    },
```

```
    'root': {
        'handlers': ['console'],
        'level': 'INFO',
    },
}
```

LOGGING 딕셔너리는 로그 설정을 설명하는 장고의 특성이다. filters는 추가 정보를 넣
는다. 이 경우 request_id, formatter는 사용할 특정 포맷을 설명한다(request_id를 파라미
터로 추가하며 대괄호로 표시된다).

handlers는 출력 레벨과 info를 전송할 위치 정보와 함께 filters와 formatters를 결합해
각 메시지에 무슨 일이 발생하는지 설명한다. 이 경우 StreamHandler는 로그를 stdout으
로 보낸다. handler를 사용할 때 root 레벨의 모든 로그를 설정한다.

 장고의 로그 문서(https://docs.djangoproject.com/en/3.2/topics/logging/)를 참고한다. 장고에
서 로그를 사용할 때 모든 파라미터를 제대로 설정하려면 약간의 경험이 필요할 수 있다. 여유를
갖고 설정하길 바란다.

다음 라인은 유입된 요청에서 X-Request-ID 헤더를 발견하지 못하면 새로운 요청 ID 파
라미터가 발급됨을 명시한다.

```
LOG_REQUEST_ID_HEADER = "HTTP_X_REQUEST_ID"
GENERATE_REQUEST_ID_IF_NOT_IN_HEADER = True
```

모든 설정이 완료되면 다음을 사용해 서버를 시작하는 테스트를 실행할 수 있다.

```
(venv) $ python3 manage.py runserver
Watching for file changes with StatReloader
2021-10-23 16:11:16,694 INFO     [none] django.utils.autoreload: Watching
for file changes with StatReloader
Performing system checks...

System check identified no issues (0 silenced).
October 23, 2021 - 16:11:16
```

```
Django version 3.2.8, using settings 'microposts.settings'
Starting development server at http://127.0.0.1:8000/
Quit the server with CONTROL-C
```

또 다른 커맨드 화면에서 curl을 사용해 테스트 URL을 호출한다.

```
(venv) $ curl http://localhost:8000/api/users/jaime/collection/5
{"href":"http://localhost:8000/api/users/jaime/
collection/5","id":5,"text":"A referenced micropost","referenced":"dana",
"timestamp":"2021-06-10T21:15:27.511837Z","user":"jaime"}
```

동시에 서버 화면에 로그가 표시된다.

```
2021-10-23 16:12:47,969 INFO      [66e9f8f1b43140338ddc3ef569b8e845]
api.views: Getting queryset for single element
2021-10-23 16:12:47,971 INFO      [66e9f8f1b43140338ddc3ef569b8e845]
api.views: Queryset ready <QuerySet [<Micropost: Micropost object (1)>,
<Micropost: Micropost object (2)>, <Micropost: Micropost object (5)>]>
[23/Oct/2021 16:12:47] "GET /api/users/jaime/collection/5 HTTP/1.1" 200 177
```

이 경우에는 새로운 요청 ID인 66e9f8f1b43140338ddc3ef569b8e845가 추가됐다.

그러나 적절한 헤더를 호출해 요청 ID를 생성할 수도 있다. 다시 curl에 -H 파라미터를
추가해 헤더를 추가한다.

```
$ curl -H "X-Request-ID:1A2B3C" http://localhost:8000/api/users/jaime/
collection/5
{"href":"http://localhost:8000/api/users/jaime/
collection/5","id":5,"text":"A referenced micropost","referenced":"dana",
"timestamp":"2021-06-10T21:15:27.511837Z","user":"jaime"}
```

서버의 로그를 다시 확인할 수 있다.

```
2021-10-23 16:14:41,122 INFO      [1A2B3C] api.views: Getting queryset for
single element
2021-10-23 16:14:41,124 INFO      [1A2B3C] api.views: Queryset ready
<QuerySet [<Micropost: Micropost object (1)>, <Micropost: Micropost object
```

```
(2)>, <Micropost: Micropost object (5)>]>
[23/Oct/2021 16:14:41] "GET /api/users/jaime/collection/5 HTTP/1.1" 200 177
```

서버 로그를 살펴보면, 요청 ID가 헤더 값으로 설정됐고 정상 요청인지 보여준다.

요청 ID는 requests 모듈에서 Session 역할을 하는 동일한 모듈에 포함된 Session을 사용해 여러 서비스를 통해 전달할 수 있다.

```
from log_request_id.session import Session
session = Session()
session.get('http://nextservice/url')
```

이렇게 요청에 적절한 헤더가 설정되어 서비스 A 또는 서비스 B와 같은 서비스 체인의 다음 단계로 전달된다.

 TIP django-log-request-id 문서를 확인한다.

데이터 분석

기본 로그만으로 문제를 이해하기 충분치 않은 경우, 다음 단계는 문제와 관련된 데이터를 이해하는 것이다. 일반적으로 데이터 저장소를 분석해 해당 작업에 대한 관련 데이터를 추적해 문제와 관련 있는지 확인한다.

 이 단계에서는 누락된 데이터 또는 데이터 검색을 어렵게 하거나 불가능하게 만드는 데이터 제한으로 인해 복잡할 수 있다. 때로는 조직에서 소수의 사람들만 필요한 데이터에 접근할 수 있어 분석이 지연될 수 있다. 아니면 데이터 검색이 안 될 수도 있다. 예를 들어, 데이터 정책이 데이터를 저장하지 않거나 암호화할 수 있다. 즉, **개인 식별 정보**(PII, Personally Identifiable Information), 암호, 유사한 데이터와 관련된 경우에 정기적으로 발생한다.

저장된 데이터를 분석할 때 관련 데이터가 일관성이 있는지 또는 예상치 못한 파라미터 조합이 있는지 알아보기 위해 데이터베이스 또는 데이터 저장소에 임의로 쿼리를 수동으로 수행해야 할 수 있다.

 데이터 분석의 목표는 프로덕션 환경에서 정보를 수집해 문제를 독립적으로 이해하고 복제할 수 있게 하려는 것임을 기억한다.

프로덕션 환경에서 문제를 분석하는 중에 데이터를 수동으로 변경해 문제가 해결되는 경우가 있다. 이런 데이터 수동 변경은 일부 긴급 상황에서 필요할 수 있지만, 목표는 여전히 이렇게 일관성 없는 데이터 상황이 발생한 이유 또는 해당 데이터 상황을 처리할 수 있도록 서비스를 변경하는 방법을 이해하는 것이다. 그런 다음 추후 문제가 발생하지 않도록 코드를 적절하게 변경할 수 있다.

데이터 분석만으로 문제를 이해할 수 없다면 로그 정보를 추가하는 것이 좋다.

로깅 추가

문제를 일반 로그와 데이터 분석으로 제대로 해결하지 못한다면 로깅 레벨을 높인 특수한 로그를 늘려야 할 것이다.

이는 두 가지 주요 문제가 있기 때문에 최후의 수단으로 사용해야 한다.

- 로그에 모든 변경사항을 추가해서 배포하는 데는 비용이 많이 든다.
- 시스템의 로그 수는 계속 증가하기에 로그를 저장할 수 있는 충분한 공간이 필요하다. 시스템의 요청 수에 따라 로깅 시스템에 부담을 줄 수 있다.

추가할 로그는 항상 짧은 시간에 사용하고, 더 이상 사용하지 않으면 가능한 한 빨리 이전 상태로 되돌려야 한다.

로그 DEBUG 레벨로 설정해 로깅을 활성화하는 것은 기술적으로 가능하지만, 로그가 너무 많이 추가되어 방대한 양의 로그에서 핵심이 무엇인지 알기 어렵게 만든다. 분석 중인 영역의 세부 사항을 알려주는 DEBUG 로그를 사용하는 경우에는 일시적으로 INFO 레벨 이상으로 승격해 적절하게 분리한다.

일시적으로 사용할 로그 정보에 특히 주의해야 한다. PII와 같은 기밀 정보는 로그로 저장되어서는 안 된다. 대신 문제를 찾는 데 도움이 될 수 있는 관련 정보만 로그로 저장한다.

예를 들어, 예상치 못한 문자로 인해 암호를 확인하는 알고리듬에 문제가 발생할 수 있다고 의심된다고 하자. 이때 암호를 로그로 저장하는 대신, 코드를 추가해 잘못된 문자가 있는지 감지하게 한다.

예를 들어, 이모티콘이 포함된 비밀번호 또는 시크릿 정보에서 문제가 발생하고 있다고 가정하면 다음과 같이 ASCII가 아닌 문자만 추출해 문제의 원인을 알아낼 수 있다.

```
>>> password = 'secret password ☺'

>>> bad_characters = [c for c in password if not c.isascii()]
>>> bad_characters
['☺']
```

그러면 bad_characters 값에는 전체 암호 문자열을 포함하지 않기에 로그로 저장할 수 있다.

 이 가정은 단지 예로서, 단위 테스트를 통해 시크릿 데이터 없이 신속하게 테스트하는 방법이 더 쉬울 수 있다.

임시 로그를 추가하는 작업은 일반적으로 문제를 찾을 때까지 계속 배포를 진행해야 하기 때문에 번거롭다. 로그 개수를 최소한으로 유지하고 불필요한 로그는 가능한 한 빨리 정리하는 것이 항상 중요하며 작업이 완료된 후에는 완전히 정리하는 것을 잊지 않아야 한다.

이 모든 작업은 로컬 환경에서 문제를 재현할 수 있기 때문에 로컬 환경에서 문제를 효율적으로 분석하고 수정할 수 있다는 점을 기억한다. 때때로 문제는 일시적으로 로그를 많이 생성할 수 있기 때문에 명백한 것으로 간주되는 경우가 많다. 그러나 10장 '테스트와 TDD'에서 살펴본 것처럼 좋은 TDD 프랙티스는 버그를 표시하고 수정하는 테스트다.

로컬 환경에서 문제를 감지할 수 있다면, 다음 단계로 넘어갈 차례다.

로컬 환경 디버깅

로컬 환경에서 디버깅한다는 것은 로컬 환경에서 재현해 문제를 노출하고 수정하는 것을 의미한다.

디버깅의 기본 단계는 문제를 재현하고, 현재의 잘못된 결과가 무엇인지 알고, 올바른 결과가 무엇인지 아는 것이다. 기본 정보로 디버깅을 시작할 수 있다.

 문제를 재현하는 가장 좋은 방법은 가능한 경우 테스트를 사용하는 것이다. 10장 '테스트와 TDD'에서 살펴봤듯이 테스트는 TDD의 기초다. TDD의 기초는 실패하는 테스트를 만든 다음, 통과하도록 코드를 변경하는 것이다. TDD 접근 방식은 버그를 수정할 때 매우 유용하다.

한 걸음 뒤로 물러나서, 모든 디버깅 프로세스에서 다음 프로세스를 따르게 한다.

1. 문제가 발생하고 있다는 것을 깨닫는다.

2. 올바른 행동이 무엇인지 이해한다.

3. 현재 시스템이 잘못 작동하는 이유를 분석하고 발견한다.

4. 문제를 해결한다.

이 프로세스를 염두에 두면 로컬 환경의 디버깅 관점에서도 유용하지만, 디버깅 시점에서는 이미 1단계와 2단계가 정리됐을 가능성이 높다. 대부분의 경우 어려운 단계는 3단계다.

코드가 있다면, 코드의 작동 방법을 이해할 수 있도록 과학적 접근 방식을 체계화할 수 있다.

1. 코드를 측정하고 관찰한다.

2. 어떤 결과가 나타나는 이유에 대한 가설을 만든다.

3. 가능하다면 코드를 통해 생성된 상태를 분석하거나, 특정 '실험'(테스트와 같은 특정 코드)을 생성하고 재현해 가설을 검증하거나 반증한다.

4. 문제의 원인을 완전히 이해할 때까지 결과 정보를 확인하는 프로세스를 반복한다.

이 프로세스를 반드시 모든 문제에 적용할 필요는 없다는 점에 유의하자. 문제에 영향을 줄 수 있는 코드의 특정 부분에 집중할 수 있다. 예를 들어, 이 경우에는 이런 설정이 잘 동작할까? 코드에 있는 이 루프가 영향을 미치는가? 특정 값이 임곗값보다 낮게 계산되어 추후 다른 코드로 전달될까?

이런 질문에 대한 모든 답변이 코드가 작동하는 방식에 대한 지식을 높일 것이다.

디버깅은 기술이다. 어떤 사람들은 디버깅이 예술이라고 말하기도 한다. 어쨌든 더 많은 시간을 투자할수록 디버깅 능력을 높일 수 있다. 넓은 영역보다는 특정 영역을 더 깊이 살펴볼 때 코드가 실패할 수 있는 영역인지 확실히 식별할 수 있듯이 연습은 직관을 개발하는 데 있어 중요한 역할을 한다.

디버깅할 때 매우 도움이 될 수 있는 다음과 같은 일반적인 아이디어가 있다.

- **분할 정복**divide and conquer. 작게 시작해 코드를 단순화하고 이해할 수 있는 수준으로 코드 영역을 분리한다. 코드에 문제가 있다는 사실을 아는 것만큼 중요한 것은 문제가 없는 코드를 정확히 이해하는 것이기에, 문제 있는 코드에 집중할 수 있다.

TIP 에드워드 가우스(Edward J. Gauss)는 1982년 ACM 아티클에서 다음과 같이 **늑대 울타리 알고리듬**(wolf fence algorithm)을 설명했다.

"알래스카에는 늑대가 한 마리 있다. 어떻게 찾을까? 먼저 땅 중앙에 울타리를 치고 늑대가 울부짖을 때까지 기다렸다가 울타리의 어느 쪽에 있는지 확인한다. 늑대가 보이는 지점에 도달할 때까지 이 과정을 반복한다."

- **보이는 에러에서 뒤로 이동한 다음 살펴본다.** 문제의 원인은 에러가 발생했거나 명백한 위치가 아니라, 더 일찍 에러가 생성된 위치에 있는 경우가 많다. 좋은 접근 방식은 문제가 분명한 위치에서 뒤로 이동한 다음 흐름을 확인하는 것이다. 이를 통해 문제 뒤에 오는 모든 코드를 무시하고 명확한 분석 경로를 가질 수 있다.

- **여러분의 가정이 옳다는 것을 증명할 수 있는 한, 가정을 진행할 수 있다.** 코드는 복잡해서 전체 코드를 머릿속에 간직할 수는 없다. 대신, 조심스럽게 초점을 여러 부분으로 옮겨 나머지 부분이 무엇을 리턴하는지 가정해야 한다.

TIP 언젠가 셜록 홈즈가 말했던 것과 같다.

"불가능한 것을 제거하고 나면 무엇이 남아 있든 아무리 개연성이 없어도 진실임에 틀림없다."

모든 것을 적절히 제거하는 것은 어려울 수 있지만, 확실히 입증된 가정을 제거하면 분석하고 검증할 코드의 양이 줄어들 것이다.

그러나 여러분이 가정이 옳다는 것을 실제로 증명하려면 검증이 필요하다. 그렇지 않으면 잘못된 가정을 할 위험이 있다. 잘못된 가정에 빠져 실제로는 다른 코드에 문제가 존재하는데 자신이 보고 있는 코드에 문제가 있다고 생각하기 쉽다.

디버깅할 수 있는 다양한 기술과 능력이 있어도, 때로는 버그가 복잡해서 감지 및 수정하기 어려울 수 있다. 그러나 대부분의 버그는 일반적으로 이해하기 쉬우며 수정하기도 쉽다. 아마도 오타, 에러를 하나씩 해결하면서 확인해야 하는 타입의 에러일 수 있다.

 코드를 단순하게 유지하면 나중에 문제를 디버깅하는 데 많은 도움이 된다. 간단한 코드는 이해하고 디버깅하기 쉽다.

특정 기술로 넘어가기 전에 분석에 도움이 될 만한 파이썬의 툴을 살펴본다.

파이썬 인트로스펙션 툴

파이썬은 동적 언어이기에 매우 유연하며, 객체에 대한 작업을 수행해 객체의 속성이나 타입을 검색할 수 있다.

이런 툴을 인트로스펙션introspection 툴이라 하며, 검사할 객체에 대한 너무 많은 컨텍스트 없이 객체의 요소를 검사할 수 있다. 인트로스펙션 툴은 런타임에 수행할 수 있어서 디버깅하는 동안 모든 객체의 애트리뷰트와 메소드를 검색하는 데 사용할 수 있다.

주요 시작점은 type 함수다. type 함수는 단순히 객체의 클래스를 리턴한다. 예를 들면 다음과 같다.

```
>>> my_object = {'example': True}
>>> type(my_object)
<class 'dict'>
>>> another_object = {'example'}
>>> type(another_object)
<class 'set'>
```

type 함수는 객체가 예상한 타입인지 확인하는 데 사용된다.

변수가 객체object 또는 None이 될 수 있기 때문에 일반적인 type 예에서 에러가 발생할 수 있다. 변수를 잘못 처리해 변수의 타입이 예상한 타입인지 확인해야 할 수 있다.

type은 디버깅 환경에서 유용하지만 코드에서 직접 사용하지 않길 바란다.

예를 들어 None, True, False의 기본값은 싱글톤으로 생성되므로 해당 타입과 비교하지 말아야 한다. 즉, 각 객체의 단일 인스턴스가 있기에 객체가 None인지 확인해야 할 때마다 다음과 같이 객체에 대한 항등^{identity} 비교를 수행하는 것이 좋다.

```
>>> object = None
>>> object is None
True
```

항등 비교는 if 블록에서 None 또는 False의 사용을 구별할 수 없는 종류의 문제를 방지할 수 있다.

```
>>> object = False
>>> if not object:
...     print('Check valid')
...
Check valid
>>> object = None
>>> if not object:
...     print('Check valid')
...
Check valid
```

대신, 항등 비교로 확인하는 것만으로 None 값을 제대로 감지할 수 있다.

```
>>> object = False
>>> if object is None:
...     print('object is None')
...
>>> object = None
>>> if object is None:
...     print('object is None')
...
object is None
```

불린^{Boolean} 값에도 동일하게 사용할 수 있다.

```
>>> bool('Testing') is True
True
```

또 다른 경우로, 특정 객체가 특정 클래스의 인스턴스인지 확인하는 isinstance 함수가
있다.

```
>>> class A:
...     pass
...
>>> a = A()
>>> isinstance(a, A)
True
```

isinstance 함수를 보면 생성된 모든 상속을 알 수 있기 때문에 type을 사용해 비교하
는 것보다 좋다. 예를 들어 다음 코드에서는 다른 클래스로부터 상속받은 클래스의 객
체가 해당 인스턴스 중 하나를 리턴하는 반면, type 함수는 하나만 리턴하는 방법을 볼
수 있다.

```
>>> class A:
...     pass
...
>>> class B(A):
...     pass
...
>>> b = B()
>>> isinstance(b, B)
True
>>> isinstance(b, A)
True
>>> type(b)
<class '__main__.B'>
```

그러나 인트로스펙션에서 가장 유용한 함수는 dir이다. dir을 사용하면 객체의 모든 메
소드와 애트리뷰트를 볼 수 있으며, 타입이 명확하지 않거나 인터페이스가 명확하지 않
은 객체를 분석할 때 특히 유용하다.

```
>>> d = {}
>>> dir(d)
['__class__', '__class_getitem__', '__contains__', '__delattr__', '__
delitem__', '__dir__', '__doc__', '__eq__', '__format__', '__ge__', '__
getattribute__', '__getitem__', '__gt__', '__hash__', '__init__', '__init_
subclass__', '__ior__', '__iter__', '__le__', '__len__', '__lt__', '__
ne__', '__new__', '__or__', '__reduce__', '__reduce_ex__', '__repr__', '__
reversed__', '__ror__', '__setattr__', '__setitem__', '__sizeof__', '__
str__', '__subclasshook__', 'clear', 'copy', 'fromkeys', 'get', 'items',
'keys', 'pop', 'popitem', 'setdefault', 'update', 'values']
```

특정 상황에서 객체의 전체 애트리뷰트를 얻는 것이 조금 과할 수 있다. 따라서 리턴된
값에 대해 노이즈를 줄이고 객체 사용에 대한 단서를 더 쉽게 알 수 있도록 이중 밑줄
('__')을 사용해 필터링할 수 있다.

```
>>> [attr for attr in dir(d) if not attr.startswith('__')]
['clear', 'copy', 'fromkeys', 'get', 'items', 'keys', 'pop', 'popitem',
'setdefault', 'update', 'values']
```

또 다른 흥미로운 함수는 객체의 도움말을 표시하는 help이다. 이는 다음과 같은 방법
에 특히 유용하다.

```
>>> help(d.pop)
Help on built-in function pop:

pop(...) method of builtins.dict instance
    D.pop(k[,d]) -> v, remove specified key and return the corresponding
value.

    If key is not found, default is returned if given, otherwise KeyError
is raised
```

help 함수는 객체에서 정의된 docstring을 표시한다.

```
>>> class C:
...     '''
...     This is an example docstring
```

```
...      '''
...      pass
...
>>> c = C()
>>> help(c)
Help on C in module __main__ object:

class C(builtins.object)
 |  This is an example docstring
 |
 |  Data descriptors defined here:
 |
 |  __dict__
 |      dictionary for instance variables (if defined)
 |
 |  __weakref__
 |      list of weak references to the object (if defined)
```

지금까지 사용한 모든 방법을 사용하면 전문가가 아니더라도 새롭거나 분석 중인 코드를 탐색할 수 있고, 불필요한 코드 검색을 줄일 수 있다.

실용적인 툴인 docstring을 추가하면 코드 주석 처리를 잘하고 코드에서 작업하는 개발자를 위한 컨텍스트를 추가할 뿐만 아니라 함수나 객체가 사용되는 부분에서 디버깅할 때도 큰 도움이 된다. PEP 257 문서(https://www.python.org/dev/peps/pep-0257/)에서 docstring에 대해 자세히 확인할 수 있다.

인트로스펙션 툴을 사용하는 것은 훌륭하다. 추가로 코드의 작동을 이해하는 방법을 살펴보겠다.

로그를 사용한 디버깅

간단하지만 효과적인 방법으로, 코드로 진행 상황과 코드가 실행되는 방식을 감지할 수 있다. 즉, '루프 시작 부분'이라고 주석을 추가한다거나 변숫값을 'A의 값 = X'처럼 주석을 추가하는 것이다. 이런 종류의 출력을 전략적으로 배치해 개발자는 프로그램의 흐름을 이해할 수 있다.

 15장 앞부분과 10장 '테스트와 TDD'에서 다뤘다.

로그를 사용하는 디버깅 접근 방식에서 가장 간단한 형태는 **출력 디버깅**print debugging이다. 일반적으로 테스트 코드에서는 로컬에서 코드를 실행하면서 출력을 볼 수 있도록 print 문을 추가한다.

 출력 디버깅은 일부 개발자들에게 다소 논쟁의 여지가 있다. 출력 디버깅은 오랫동안 사용되어 왔으며 조잡한 디버깅 방법으로 간주됐다. 어떤 경우든 매우 빠르고 유연할 수 있으며 앞으로 보게 될 특정 디버깅 사례에서는 매우 잘 맞을 수 있다.

분명히 print 문은 프로세스가 완료된 후에 제거해야 한다. 출력 디버깅에 대한 주요 불만 중 하나는 바로 이것이다. 디버깅을 위한 일부 출력문이 제거되지 않을 가능성이 있으며 이는 일반적인 실수다.

그러나 출력 디버깅은 12장 '로깅'에서 소개한 방식대로 print 문 대신 로그를 사용해 개선할 수 있다.

 이상적으로, 로그는 테스트를 실행할 때만 표시되지만 프로덕션 환경에서는 생성되지 않는 DEBUG 로그가 된다.
버그를 수정하기 위해 로그를 추가한 후 버그를 수정한 후에는 이전에 추가한 로그를 제거하는 것이 좋다. 로그는 누적될 수 있으며 주기적으로 관리하지 않으면 로그가 과도하게 쌓인다. 방대한 텍스트 정보에서 정보를 찾는 것이 무척 어려울 수 있다.

로그를 사용하는 방법의 장점은 빨리 수행할 수 있고 일단 의미 있는 로그로 인정되면 영구적인 로그로 로그를 탐색하는 데 사용될 수 있다는 것이다.

또 다른 중요한 장점은 더 많은 로그를 추가하는 것이 간단한 코드이고 로그가 코드 실행을 방해하지 않기 때문에 테스트를 매우 빠르게 실행할 수 있다는 것이다. 이는 TDD 프랙티스와 함께 사용하기에 좋은 조합이다.

로그가 코드를 방해하지 않고 코드가 로그의 영향을 받지 않고 실행될 수 있다는 점은 동시성을 기반으로 하는 어려운 버그를 쉽게 디버깅하도록 해준다. 이런 경우 코드의 흐름을 중단하면 버그의 동작에 영향을 미치기 때문이다.

 동시성 버그는 상당히 복잡할 수 있다. 2개의 독립 스레드(thread)가 예기치 않은 방식으로 상호 작용할 때 생성된다. 한 스레드가 시작 및 중지할 항목 또는 한 스레드의 작업이 다른 스레드에 영향을 미치는 시기에 대한 불확실한 특성 때문에 일반적으로 해당 문제의 세부 사항을 수집하려면 광범위한 로그가 필요하다.

로그를 사용한 디버깅은 매우 편리할 수 있지만, 디버깅 관련 정보를 얻기 위해 설정해야 하는 위치와 로그에 대한 특정 지식이 필요하다. 로그로 남기지 않은 항목은 다음에 실행할 때 볼 수 없다. 따라서 디버깅 지식은 발견 프로세스를 통해 얻을 수 있으며 버그 수정으로 이어질 관련 정보를 정확히 찾아내는 데 시간이 걸릴 수 있다.

또 다른 문제는 새로운 로그가 새로운 코드이며 잘못된 가정이나 오타와 같은 에러가 발생하면 문제를 일으킬 수 있다는 점이다. 이 문제는 일반적으로 쉽게 고칠 수 있지만 성가실 수 있고 새로운 실행이 필요할 수 있다.

이번 장에서 설명한 인트로스펙션 툴을 사용할 수 있음을 기억하자.

브레이크포인트를 사용한 디버깅

어떤 상황에서는 코드 실행을 중지하고 실행 중인 프로세스의 현재 상태를 살펴보는 것이 좋을 수 있다. 파이썬이 동적 언어라는 점을 감안할 때, 스크립트 실행을 중지하고 인터프리터에 들어가면 모든 종류의 코드를 실행하고 결과를 볼 수 있다.

이 방식이 바로 breakpoint 함수를 사용해 수행되는 작업이다.

 breakpoint는 파이썬 3.7부터 사용할 수 있는 비교적 새로운 파이썬 추가 기능이다. 이전에는 일반적으로 다음과 같이 한 라인에 모듈 pdb를 가져와야 했다.

```
import pdb; pdb.set_trace()
```

breakpoint에는 사용의 용이성 외에도 살펴볼 만한 여러 장점이 있다.

인터프리터는 breakpoint 호출을 발견하면 즉시 중지하고 대화형 인터프리터를 연다. 해당 대화형 인터프리터에서 코드의 현재 상태를 검사할 수 있으며 코드를 실행하기만 하면 모든 분석을 수행할 수 있다. 즉, 코드가 수행하는 작업을 대화식으로 실행할 수 있다.

코드를 살펴보면서 어떻게 코드가 실행되는지 분석해 보겠다. 깃허브(https://github.com/PacktPublishing/Python-Architecture-Patterns/blob/main/chapter_15_debug/debug.py) 중 일부 코드를 살펴본다.

```
def valid(candidate):

    if candidate <= 1:
        return False

    lower = candidate - 1


    while lower > 1:
        if candidate / lower == candidate // lower:
            return False

    return True


assert not valid(1)
assert valid(3)
```

```
assert not valid(15)
assert not valid(18)
assert not valid(50)
assert valid(53)
```

아마도 코드가 무엇을 의미하는지 이해할 수 있을 것이다. 하지만 대화식으로 살펴보겠다. 맨 마지막에 있는 모든 assert 문은 valid 함수가 올바른지 확인한다.

```
$ python3 debug.py
```

그러나 이제 while 루프의 시작 부분인 9번째 라인 앞에 breakpoint 호출을 추가한다.

```
while lower > 1:
    breakpoint()
    if candidate / lower == candidate // lower:
        return False
```

프로그램을 다시 실행하면 이제 해당 라인에서 멈추고 파이썬 대화형 프롬프트가 표시된다.

```
$ python3 debug.py
> ./debug.py(10)valid()
-> if candidate / lower == candidate // lower:
(Pdb)
```

candidate와 두 오퍼레이션의 값을 확인한다.

```
(Pdb) candidate
3
(Pdb) candidate / lower
1.5
(Pdb) candidate // lower
1
```

이 라인은 candidate를 lower로 나누면 정확한 정수가 생성되는지 확인한다. 이 경우 두 오퍼레이션 모두 동일하게 리턴된다. '다음next'을 의미하는 n을 눌러 다음 라인을 실행하고 루프가 끝나고 True를 리턴하는지 확인한다.

```
(Pdb) n
> ./debug.py(13)valid()
-> lower -= 1
(Pdb) n
> ./debug.py(8)valid()
-> while lower > 1:
(Pdb) n
> ./debug.py(15)valid()
-> return True
(Pdb) n
--Return--
> ./debug.py(15)valid()->True
-> return True
```

'다음 breakpoint로 계속continue'을 의미하는 c 커맨드를 사용해 새로운 breakpoint가 발견될 때까지 실행을 계속한다. 다음은 입력이 15인 valid 함수 호출이다.

```
(Pdb) c
> ./debug.py(10)valid()
-> if candidate / lower == candidate // lower:
(Pdb) candidate
15
```

'코드 리스트 출력list'을 의미하는 l 커맨드를 실행해 주변 코드를 출력할 수도 있다.

```
(Pdb) l
  5
  6          lower = candidate - 1
  7
  8          while lower > 1:
  9              breakpoint()
 10  ->                      if candidate / lower == candidate // lower:
 11              return False
 12
 13              lower -= 1
 14
 15      return True
```

계속해서 코드를 자유롭게 분석한다. 분석을 완료하면 '종료quit'를 의미하는 q 커맨드를
실행하여 종료한다.

```
(Pdb) q
bdb.BdbQuit
```

코드를 주의 깊게 분석한 후에는 코드가 작동하는 방법을 알 수 있다. 숫자 자체보다 작
은 숫자로 나눌 수 있는지 확인해 숫자가 소수인지를 확인한다.

 14장 '프로파일링'에서 코드 분석과 개선사항을 분석했다. 말할 필요도 없이 breakpoint를 사용
하는 방법은 코드 작동을 확인하기 위한 코드를 설정하는 가장 효율적인 방법은 아니지만 교육용
으로 추가된 것이다.

또 다른 두 가지 유용한 디버깅 커맨드는 '내부 함수 호출에 들어가라step'는 의미를 지
닌 s 커맨드와 '현재 함수가 실행을 리턴할 때까지 코드를 실행하라return'는 의미를 지
닌 r 커맨드다.

breakpoint는 pdb뿐만 아니라 다른 디버거를 호출할 수 있는 사용자 지정이 가능하다. 파
이썬에는 ipdb(https://pypi.org/project/ipdb/)와 같이 더 많은 상황 정보를 포함하거나 고급
사용법을 포함한 디버거가 있다. ipdb를 사용하려면 디버거를 설치한 후 디버거의 끝점
으로 PYTHONBREAKPOINT 환경 변수를 설정해야 한다.

```
$ pip3 install ipdb
…
$ PYTHONBREAKPOINT=IPython.core.debugger.set_trace python3 debug.py
> ./debug.py(10)valid()
     8       while lower > 1:
     9           breakpoint()
---> 10          if candidate / lower == candidate // lower:
    11              return False
    12

ipdb>
```

TIP PYTHONBREAKPOINT 환경 변수를 0으로 설정(PYTHONBREAKPOINT=0)하면 브레이크포인트를 건너뛰어 디버깅 프로세스를 효과적으로 비활성화할 수 있다. 즉, 적절하게 제거되지 않은 브레이크포인트 문에 의해 중단되는 것을 방지하거나 중단 없이 코드를 빠르게 실행하기 위해 안전 장치로 사용할 수 있다.

비주얼 스튜디오Visual Studio 또는 파이참PyCharm과 같은 IDE에서 사용할 수 있는 디버거가 있다. 다음은 디버거의 예다.

- pudb(https://github.com/inducer/pudb): 콘솔 기반 그래픽 인터페이스와 코드 및 변수에 대한 추가 컨텍스트를 제공한다.

- remote-pdb(https://github.com/ionelmc/python-remote-pdb): TCP 소켓에 연결해 원격으로 디버깅할 수 있다. 이를 통해 다른 시스템에서 실행 중인 프로그램을 디버깅하거나 프로세스의 표준 출력(stdout)에 제대로 접근할 수 없는 상황에서 디버거를 트리거할 수 있다(예: 백그라운드에서 실행 중).

디버거를 제대로 사용하는 방법을 배우려면 시간이 필요하다. 다양한 옵션을 시도하고 익숙해져야 한다. 디버깅은 10장 '테스트와 TDD'에서 설명했듯이 테스트를 실행하는 동안에도 사용된다.

요약

15장에서는 문제를 감지하고 수정하는 일반적인 프로세스를 설명했다. 복잡한 시스템에서 작업할 때는 여러 보고서를 적절히 확인하고 분류해 우선순위를 지정해야 한다는 문제가 있다. 문제를 일으키는 모든 조건과 컨텍스트를 표시하도록 문제를 안정적으로 재현할 수 있는 것이 매우 중요하다.

문제가 중요하다고 판단되면, 문제가 발생하는 이유에 대한 분석이 필요하다. 이는 실행 중인 코드에 있을 수 있으며, 프로덕션에서 사용 가능한 툴을 사용해 문제가 발생하는 이유를 이해할 수 있는지 확인한다. 코드 분석의 목적은 문제를 로컬 환경으로 복제할 수 있도록 하는 것이다.

대부분의 문제는 로컬 환경에서 쉽게 재현하고 수정할 수 있다. 그러나 문제가 발생하는 이유가 미스터리로 남아 있을 것을 대비해 여러 툴을 설명했다. 프로덕션 환경에서 코드의 작동을 이해하는 주요 툴은 로그이기에 여러 호출을 추적하고 여러 시스템의 로그를 연결하는 데 도움이 될 수 있는 요청 ID를 생성하는 방법을 다뤘다. 또한 프로덕션 환경의 데이터가 문제를 일으키는 이유인 것에 대해서도 설명했다. 필요하다면 프로덕션 환경에서 정보를 추출하기 위해 로그 수를 늘려야 할 수 있지만, 이는 매우 파악하기 어려운 버그를 수정하기 위함이다.

그런 다음, 10장 '테스트와 TDD'에서 살펴본 것처럼 이상적으로 단위 테스트의 형태로 문제를 복제한 후 로컬 환경에서 디버깅하는 방법을 살펴봤다. 디버깅은 연습해야 하는 기술이라고 말하지만 디버깅에 도움이 되는 일반적인 일부 아이디어를 설명했다.

 디버깅은 배우고 개선할 수 있어서 경험 많은 개발자가 후배 개발자를 도울 수 있는 영역이다. 어려운 경우에 디버깅이 필요할 때 도움을 줄 수 있는 팀을 생성해 본다. 4개의 눈이 2개의 눈보다 낫다.

파이썬의 디버깅에 도움이 되는 인트로스펙션 툴을 소개했다. 파이썬은 동적 언어이므로 모든 인트로스펙션 기능을 포함해 모든 코드를 실행할 수 있기에 많은 가능성이 있다.

그런 다음, print 문을 사용해 개선할 목적의 디버깅 로그를 생성하는 방법을 이야기했고, 로그를 체계적으로 수행하면서 장기적으로 더 좋은 로그를 생성하는 데 도움이 될 수 있다고 말했다. 마지막으로, breakpoint 함수 호출을 사용해 디버깅하는 방법을 설명했다. breakpoint 함수 호출은 프로그램 실행을 중지하고 해당 지점의 상태를 검사하고 이해할 수 있을 뿐만 아니라 코드의 흐름을 계속 진행할 수 있게 한다.

16장에서는 작동 중인 시스템에서 개선이 필요할 때 시스템 아키텍처에서 작업하는 도전 과제에 대해 이야기할 것이다.

16

지속적인 아키텍처

완벽한 소프트웨어가 없듯이 소프트웨어 아키텍처에서 완벽한 작업이란 없다. 시스템을 개선하려면 새로운 기능 추가, 성능 향상, 보안 문제 해결 등에 대한 변경, 개선이 늘 필요하다. 좋은 아키텍처에서는 시스템 설계 방법을 깊이 이해해야 하지만, 현실은 변화와 개선을 쫓아가기 바쁘다.

16장에서는 실제 작업의 시스템 변경에 관련된 몇 가지 기술과 아이디어를 다룬다. 또한 사용자에게 서비스를 제공하고, 프로세스가 수행되고 시스템을 지속적으로 변경할 수 있는 가이드라인을 준수할 때 프로세스는 개선된다는 것을 살펴본다.

16장에서 다루는 내용은 다음과 같다.

- 아키텍처 개선
- 예정된 다운타임
- 장애
- 부하 테스트
- 버전 관리

- 하위 호환성
- 기능 플래그
- 변경에 대한 팀워크 측면

먼저 시스템 아키텍처를 변경해야 하는 이유부터 살펴보자.

아키텍처 개선

이 책은 소프트웨어 아키텍트의 기본 기능인 시스템 설계를 주로 다루고 있지만 실제 업무의 대부분은 재설계에 더 집중되어 있을 것이다.

계속 작동하는 소프트웨어 시스템은 늘 변경되거나 확장되기 때문에 끝이 없는 작업의 연속이다. 시스템 아키텍처를 개선해야 하는 이유는 다음과 같다.

- 이전에는 사용하지 못한 확실한 기능이나 특성을 제공하려는 경우. 예를 들어, 비동기 작업을 실행할 수 있게 이벤트 기반 시스템을 추가하여 어쩔 수 없이 이용해야 했던 모든 요청-응답 패턴을 피할 수 있다.
- 현재 아키텍처에는 병목 현상이나 제한사항이 있는 경우. 예를 들어, 시스템에는 데이터베이스 하나만 있고 실행할 수 있는 쿼리 수에는 제한이 있다.
- 시스템이 성장할수록 효과적인 시스템 제어를 위해 부분을 나눠야 하는 경우. 예를 들면 8장 '고급 이벤트 기반 구조'에서 모노리스를 마이크로서비스로 나눴던 것을 참고한다.
- 시스템 보안을 강화하려는 경우. 예를 들어, 이메일 주소 및 기타 **개인 식별 정보** PII, Personally Identifiable Information와 같이 민감할 만한 정보가 저장되어 있다면 제거하거나 인코딩한다.
- 새로운 버전의 API를 내부 혹은 외부에 도입하는 대규모의 API를 변경하려는 경우. 예를 들어, 다른 내부 시스템이 호출 서비스를 마이그레이션해야 할 때 더 효과적인 엔드포인트를 추가한다.

- 스토리지 시스템을 변경하려는 경우. 분산 데이터베이스에 대해 이야기할 때 3장 '데이터 모델링'에서 살펴본 모든 다양한 아이디어를 포함하며, 기존 스토리지 시스템 추가 또는 교체도 포함될 수 있다.

- 더 이상 사용되지 않는 기술을 개선하려는 경우. 이것은 더 이상 지원되지 않는 중요한 컴포넌트 혹은 근본적인 보안 문제가 있는 레거시 시스템에서 발생할 수 있다. 예를 들어, 이전 모듈은 더 이상 유지보수되지 않고 이전 암호화 방법에 의존하기 때문에 새로운 보안 프로세스를 사용할 수 있는 다른 모듈로 교체한다.

- 새로운 언어나 기술을 사용하여 재작성하려는 경우. 시스템이 어느 시점에서 다른 언어로 생성된 경우 기술을 통합하기 위해 재작성하는데, 수월한 유지보수를 위해 가장 많이 사용되는 언어를 사용한다. 특히 성장을 경험한 조직에서 일반적이며, 어느 시점이 되면 팀은 서비스를 만들기 위해 선호하는 언어를 사용하기로 결정한다. 다만 해당 언어의 전문지식이 부족하면 유지보수가 복잡해질 수 있다. 특히 초기에 참여한 개발자가 조직을 떠나면 상황이 더욱 악화될 수 있다. 서비스를 기본 서비스에 통합해서 개선 또는 재작성하거나 선호하는 언어에 상응하는 서비스로 교체하는 편이 더 나을 것이다.

- 다른 종류의 기술적 부채. 예를 들어 코드를 정리하고 읽기 쉽게 만들거나 컴포넌트 이름을 더 정확하게 변경할 수 있도록 하는 리팩토링이 있다.

사실상 소프트웨어는 완성된 작업이라고 할 수 없기 때문에 모든 시스템은 지속적인 업데이트와 개선이 필요하다.

기대하는 결과를 얻으려면 소프트웨어 변경을 설계할 뿐만 아니라 시스템 중단을 최소화하면서 시작점에서 목적지로 이동하는 것이 관건이다. 요즘 온라인 시스템은 중단되는 경우가 거의 없어서 일어날 수 있는 모든 변화에 대해 높은 기준을 설정해야 한다.

아키텍처를 개선하려면 모든 영역에서 시스템을 잘 사용할 수 있도록 각별히 주의하면서 점진적으로 변경해야 한다.

예정된 다운타임

시스템 변경으로 시스템이 중단되지 않는 것이 이상적이지만, 때로는 시스템을 중단해야 변경을 위한 작업이 가능할 때가 있다.

 다운타임을 적용할 적절한 시기와 여부는 시스템에 따라 크게 달라질 수 있다. 예를 들어, 유명한 웹사이트인 Stack Overflow(https://stackoverflow.com/)는 운영 첫해에 거의 매일 웹사이트 다운이 발생했는데, 유럽 시간 기준으로 오전 시간 내내 '유지보수(down for maintenance)' 페이지를 보여주곤 했다. 물론 지금은 유지보수 페이지를 보는 일이 드물다.

다행히도 당시 사용자 대부분이 북미 시간에 Stack Overflow 웹사이트를 사용했고, 무료 웹사이트에 프로젝트 초기 단계라 다운 이슈가 허용됐다.

미리 다운타임 시간을 알리는 것은 선택사항이지만 많은 비용이 드는 만큼 운영에 미치는 영향이 최소가 되도록 설계해야 한다. 시스템이 고객에게 꼭 필요한 연중무휴 서비스이거나 운영하는 사업(예: 상점)에 수익을 제공하는 서비스로 자리 잡았다면 다운타임 발생 시 상당한 대가가 따른다.

또한 트래픽이 거의 없는 소규모 신규 서비스라면 사용자가 영향을 받지 않을 가능성이 높다.

예정된 다운타임이라면 영향을 받을 사용자에게 미리 알려야 한다. 이런 소통은 여러 형태를 취할 수 있으며 서비스 종류에 따라 크게 달라진다. 예를 들어 일요일 아침은 공개 웹스토어를 사용할 수 없다는 배너를 주중에 알려 다운타임, 즉 중단 시간을 알리면 된다. 그러나 은행의 경우는 다르다. 은행의 다운타임 일정은 수개월에 걸친 사전 통보와 함께 최적의 시기에 대한 협의가 필요하기 때문이다.

가능하다면 유지보수 시간을 정해서 서비스가 중단될 위험이 높은 시간에 대한 명확한 기대치를 설정해 놓는 것이 좋다.

유지보수 시간

유지보수 시간은 미리 예약된 유지보수가 발생하는 시간이다. 그래서 유지보수에 대한 명확한 시간을 할당하고, 유지보수 시간 외에도 시스템의 안정성을 보장할 수 있다.

유지보수 시간은 시스템에서 가장 활발한 시간대의 주말이나 밤일 수 있다. 가장 바쁜 시간대에는 서비스가 중단되지 않아야 하고, 유지보수는 큰 문제로 이어질 장애 예방이나 해결해야 하는 상황 등 마냥 기다릴 수 없는 경우에만 다음을 기약한다.

유지보수 시간은 예정된 다운타임과는 다르며 모든 유지보수 시간에 다운타임이 발생할 필요는 없다. 다만 다운타임이 발생할 가능성이 있을 뿐이다.

모든 유지보수 시간을 똑같이 맞출 필요는 없다. 개중에는 다른 시간보다 더 안전하고 좀 더 폭넓게 유지보수를 수행할 수 있다. 예를 들어, 주말은 다운타임을 대비해 유지보수를 예약하고 주중 야간에는 정기적으로 배포될 수 있다.

따라서 다음 표와 같이 유지보수 시간을 미리 알리는 것이 중요하다.

요일	시간	유지보수 시간 타입	위험도	설명
월요일부터 목요일	08:00 – 12:00 UTC	일반적인 유지보수	낮은 위험	일반 배포는 낮은 위험으로 간주된다. 서비스에 영향을 미치지 않는다.
토요일	08:00 – 18:00 UTC	심각한 유지보수	높은 위험	위험한 것으로 간주되어 개선. 서비스를 완전히 사용할 수 있을 것으로 예상되지만 유지보수 시간 중 어느 시점에서는 서비스가 중단될 가능성이 있음
토요일	08:00 – 18:00 UTC	예정된 중단 시간 알림	서비스 불가	한 달 전부터 공지로 공유. 서비스를 사용할 수 없다는 알림이며 필요한 유지보수다.

유지보수 시간에서 중요한 점은 유지보수를 완료하도록 충분히 넉넉한 시간을 허용해야 한다는 것이다. 자주 연장해야 하는 짧은 시간보다는 어떤 경우에도 안전하게 사용할 수 있도록 넉넉한 유지보수 시간을 설정하는 편이 더 낫다.

예정된 다운타임과 유지보수 시간은 서비스의 활성화 시간과 사용자에게 더 위험한 시간을 설정하는 데 도움이 된다. 그러나 문제는 얼마든지 발생할 수 있고 이로 인해 시스템에 문제가 생길 가능성은 여전하다.

장애

불행히도 시스템은 수명 주기의 어느 지점이 되면 제대로 작동하지 않게 될 것이다. 심각한 에러일수록 즉시 처리해야 한다.

장애는 서비스가 중단되어 긴급 대응이 즉각 필요한 문제로 정의한다.

 그렇다고 전체 서비스가 완전히 중단되는 것은 아니다. 외부 서비스에서 현저한 성능 저하가 발생하거나 내부 서비스 하나가 전체 서비스 품질을 저하시키는 문제일 수도 있다. 예를 들어, 비동기 작업 핸들러의 실패율이 50%이면 외부 고객은 작업이 더 오래 걸린다는 정도만 알게 되며 실패를 수정하기에는 충분하다.

장애 발생 중에 최대한 빨리 문제를 찾고 바로잡으려면, 사용할 수 있는 모든 모니터링 툴을 사용해야 한다. 수정 조치를 취할 때 위험도는 최대한 낮게 유지하고 반응 시간은 최대한 빨라야 한다. 특히 균형이 중요한데, 장애 성격에 따라 더 위험한 조치를 취하기도 한다. 이를테면 시스템이 완전히 다운되면 가장 우선시되는 일은 시스템 복구다.

일반적으로 장애 복구는 다음과 같은 두 요소로 인해 제한된다.

- 모니터링 툴의 문제 감지와 이해 능력
- 파라미터 변경 또는 새로운 코드 배포 속도와 관련된 시스템 변경 속도

위의 두 가지 요소 중 첫 번째는 '이해' 부분이고, 두 번째는 '해결' 부분이다(14장 '프로파일링'에서 살펴본 것처럼 문제를 더 잘 이해하기 위해 변경이 필요할 수 있음).

이 책에서는 11장 '패키지 관리'와 12장 '로깅'에서 옵저버빌리티 툴을 살펴보면서 이 두 가지 측면을 모두 다룬다. 14장 '프로파일링'에서 다룬 기술도 사용할 수 있다.

시스템을 변경하는 것은 4장 '데이터 계층'에서 논의한 CI(지속적인 통합) 기술과 밀접한 관련이 있다. CI 파이프라인 속도가 빠르면 새로운 코드 배포 준비에 걸리는 시간 역시 크게 달라진다.

따라서 옵저버빌리티와 변경에 필요한 시간, 이 두 요소는 아주 중요하다. 일반적인 상황에서는 배포나 변경에 많은 시간이 걸리는 것이 큰 문제는 아니다. 하지만 시스템을 복구해야 하는 중요한 상황에서는 얘기가 달라진다.

장애에 대응하려면 유연성과 즉흥성이 필요하며 경험을 통해 향상할 수 있다. 그러나 문제를 예방하거나 최소화하려면 시스템의 가동 시간을 개선하고 시스템의 취약한 부분을 파악하는 지속적인 프로세스가 필요하다.

포스트모템 분석

'장애 리뷰'라고도 하는 포스트모템 분석postmortem analysis은 서비스에 영향을 미친 문제에 대한 분석이다. 포스트모템 분석은 무엇이 실패했고, 왜 실패했는지 분석하고 같은 문제가 반복되지 않도록 한다. 추후 동일한 문제가 발생하더라도 그 영향을 최소화하는 것이 목적이다.

일단 포스트모템은 문제 수정과 관련된 사람들이 작성하는 템플릿 양식에서 시작한다. 템플릿을 미리 정의하면 토론의 방향을 정하고 수정사항에 집중할 수 있다.

 원하는 포스트모템 템플릿이나 관련 아이디어를 얻고 싶다면 온라인에서 얼마든지 찾아볼 수 있다. 물론 포스트모템 프로세스의 여러 부분과 마찬가지로 진행하면서 개선하고 다듬어야 한다. 포스트모템 템플릿은 직접 만들고 수정해 가는 것이다.

기본 템플릿은 문제에 대한 주요 세부 사항으로 시작해야 한다. **무슨** 일이 일어났는지, **왜** 발생했는지, 문제 해결을 위한 **다음 조치**는 무엇인지를 다루고 있어야 한다.

> ⓘ 포스트모템 분석은 장애가 끝난 후에 진행한다. 장애가 발생하는 동안 메모하는 것도 좋지만 장애 해결이 우선이다. 가장 중요한 것에 집중해야 한다.

간단한 템플릿을 예시로 들면 다음과 같다.

[장애 보고서]

1. **요약**Summary: 무슨 일이 있었는지에 대한 간략한 설명이다.

   예 11월 5일 08:30에서 9:45 UTC 사이에 서비스가 중단됐다.

2. **영향**Impact: 문제가 미친 영향을 설명한다. 외부 문제는 무엇이며, 외부 사용자는 어떤 영향을 받았는지 기록한다.

   예 500개의 에러를 리턴한 모든 사용자 요청

3. **탐지**Detection: 초기에 탐지된 방법에 대한 설명이다. 좀 더 빨리 탐지할 수는 없었나?

   예 모니터링 시스템에서 100%의 모든 사용자 에러 요청이 발생한 지 5분 뒤, UTC(협정시계시) 8시 35분에 경고를 보냈다.

4. **대응**Response: 문제를 해결하려는 조치다.

   예 존John은 데이터베이스 서버의 디스크 공간을 정리하고 데이터베이스를 다시 시작했다.

5. **타임라인**Timeline: 장애가 어떻게 전개됐고, 단계별로 소요된 시간을 파악하기 위한 장애 타임라인이다.

   예

   8:30 문제 발생

   8:35 모니터링 시스템에서 경고 발생. 존은 문제를 조사하기 시작

   8:37 데이터베이스가 응답하지 않아 다시 시작할 수 없는 것으로 감지됨

9:05 상황 조사 후 존은 데이터베이스 디스크가 가득 찼음을 발견

9:30 데이터베이스 서버의 로그가 서버 디스크 공간을 가득 채워서 데이터베이스 서버 충돌

9:40 서버에서 오래된 로그가 제거되어 디스크 공간 확보. 데이터베이스 다시 시작

9:45 서비스 복원

6. **근본 원인**Root cause: 문제의 근본 원인에 대한 설명이다. 수정이 완료되면 문제는 사라진다.

> 때때로 일련의 이벤트가 관련되어 있어서 근본 원인을 탐지하는 것은 쉽지 않다. 이때 도움을 주는 **5가지 이유**(five whys) 기법을 사용할 수 있다. 어떤 영향을 미쳤느냐는 질문을 시작으로 왜 이런 문제가 발생했는지 이어서 물어본다. "왜?"라는 질문을 다섯 번 정도 반복하다 보면 근본 원인을 찾게 될 것이다.

다만 "왜?"라는 질문을 정확히 다섯 번만 하자고 할 게 아니라 확실한 답을 얻을 때까지 계속 질문하자. 장애가 발생할 때 서비스 복구를 위한 조치보다 조사를 중심으로 진행할 수 있다는 점을 고려한다.

예

서버에서 에러를 리턴했다. 왜?

데이터베이스가 손상됐기 때문이다. 왜?

데이터베이스 서버의 공간이 부족하기 때문이다. 왜?

디스크에 로그가 가득 찼기 때문이다. 왜?

디스크의 로그 공간이 제한되지 않았기 때문에 로그 공간이 무한정 커질 수 있다.

7. **배운 점**Lessons learned: 문제를 분석할 때 유용했던 특정 툴이나 메트릭을 사용하듯이 프로세스에서 개선할 수 있는 사항과 알아두면 유용할 만한 기타 요소들

디스크 공간은 모든 경우에 제한되어야 한다.

디스크 공간이 부족해지면 모니터링하고 경고를 표시한다.

경고 시스템에서 처리할 경고가 많아서 느려질 수 있다. 따라서 경고 시스템에서 경고를 보내기 전에 많은 에러가 발생하더라도 경고 시스템이 제대로 작동할 수 있게끔 해야 한다.

8. **후속 조치**Next actions: 프로세스에서 가장 중요한 부분이다. 문제를 제거하거나 해결할 수 없는 경우 문제를 완화하도록 수행해야 할 작업을 설명한다. 이 작업에는 명확한 담당자가 있어야 하며, 확인 후 후속 조치를 수행한다.

 티켓팅 시스템이 있는 경우 이러한 작업은 티켓으로 변환되어야 한다. 또한 적절한 팀이 이를 구현할 수 있게 우선순위를 정해야 한다.

근본 원인을 확실히 파악할 뿐만 아니라 배운 점(7번)에서 발견한 개선이 가능한 사항들도 다뤄야 한다.

조치: 데이터베이스를 시작으로 모든 서버에서 로그가 점유하는 공간을 제한하려면 로그 로테이션을 활성화해야 한다. 이 작업은 운영 팀에 할당됐다.

조치: 디스크 공간을 모니터링하고 경고하여 사용 가능한 디스크의 총 공간이 20% 미만이 되면 경고를 발생시켜 더 빠른 대응을 하도록 허용한다. 이 작업은 운영 팀에 할당됐다.

조치: 에러를 리턴하는 요청이 30% 이상인 경우 1분 동안만 에러 경고를 보내도록 개선한다. 운영 팀에 해당 조치가 할당됐다.

템플릿은 한 번에 작성할 필요는 없다. 일반적으로 템플릿은 최대한 작성하며, 장애를 분석할 수 있고 분석에서 가장 중요한 후속 조치를 포함해 템플릿이 완전히 채워지면 포스트모템 회의가 진행될 것이다.

포스트모템 프로세스는 문제 처리를 비난하는 것이 아니라 시스템 개선에 중점을 둬야 한다. 무엇보다 취약한 점을 감지해 문제가 반복되지 않게 하는 것이 이 프로세스의 목적이다.

최근 몇 년 동안 특히 중요한 이벤트 시행 전에 문제를 예측하고자 이와 동일한 프로세스를 시행했다.

프리모템 분석

프리모템 분석premortem analysis은 중요한 이벤트가 발생하기 전에 무엇이 잘못될 수 있는지 분석하는 연습이다. 이벤트는 마일스톤, 릴리스 이벤트, 시스템 조건을 크게 변경시킬 것으로 예상되는 것들이다.

 '**프리모템(premortem)**'이라는 단어는 부검과 비슷하게 사후 분석을 가리키는 '**포스트모템** (postmortem)'에서 유래한 꽤 재미있는 신조어다. 물론 진짜로 죽은 것은 없다!
프리모템을 **준비 분석**(preparation analysis)이라고도 할 수 있다.

예를 들어, 이전에 정상이었던 트래픽양이 2배 또는 3배로 증가할 것으로 예상되는 마케팅 캠페인이 준비 분석의 시작이 될 수 있다.

프리모템 분석은 포스트모템의 역순이다. 미래의 사고방식으로 질문을 해보는 것이다. 무엇이 잘못됐는가? 최악의 시나리오는 무엇인가? 이 질문을 통해 시스템에 대한 가정을 확인하고 준비하는 것이다.

시스템의 트래픽양을 3배로 늘리는 위의 예시 분석을 생각해 보자. 시스템이 준비됐는지 확인할 수 있게 조건을 시뮬레이션할 수 있는가? 시스템의 어떤 컴포넌트가 덜 견고하다고 생각하는가?

이 모든 것은 시스템이 이벤트에 대비할 수 있도록 다양한 시나리오를 계획하고 테스트를 실행하는 것으로 이어질 수 있다.

프리모텀 분석을 할 때는 시스템 준비에 필요한 작업과 테스트를 수행할 수 있는 충분한 시간이 있어야 한다. 평소와 같은 시간 사용을 위해 작업의 우선순위가 필요하다. 그러나 막상 이 준비는 끝없는 여정이 될 수 있고 시간은 유한하므로 시스템에서 가장 중요하거나 민감한 부분에 집중해야 한다. 최대한 많은 데이터 기반 작업을 하고, 직감이 아닌 실제 데이터 분석에 집중해야 한다.

부하 테스트

이 지점에서 핵심은 부하 테스트^{load test}다.

부하 테스트는 트래픽이 증가하는 시뮬레이션 부하를 생성한다. 탐색적 방법으로 수행할 수 있다. 즉, 시스템의 한계가 무엇인지 알아보는 것이다. 또는 트래픽이 테스트하는 수준까지 도달하는지 다시 확인하는 것이 확실한 방법이다.

부하 테스트를 할 때 보통은 프로덕션 환경 설정과 하드웨어를 복제한 스테이징 환경에서 실행한다. 그렇더라도 프로덕션 환경의 구성이 올바른지 확인하는 최종 부하 테스트를 만드는 것이 기본이다.

 클라우드 환경에서 본 부하 테스트 분석의 흥미로운 점은 오토스케일링이 제대로 작동하는지 확인한다는 것이다. 정상 작동은 부하를 많이 받을수록 더 많은 하드웨어를 자동으로 프로비저닝하고 필요하지 않으면 삭제한다. 클러스터의 최대 용량에 대한 전체 부하 테스트는 실행할 때마다 많은 비용이 들 수 있기 때문에 주의해야 한다.

부하 테스트의 기본 요소는 시스템 작업을 수행하는 일반 사용자를 시뮬레이션하는 것이다. 예를 들어, 일반 사용자는 로그인해서 몇 페이지 확인 후 정보를 추가한 다음 로그아웃한다고 했을 때 이 동작을 외부 인터페이스에서 작동하는 자동화된 툴을 사용해 복제하는 것이다.

자동화 툴을 활용하는 좋은 방법은 생성할 수 있는 모든 종류의 자동화된 테스트를 재사용하고, 이를 시뮬레이션 기반으로 사용하는 것이다. 이렇게 해서 부하 테스트가 가능한 통합 또는 시스템 테스트 프레임워크 단위를 생성할 수 있다.

이어서 단일 사용자의 동작을 시뮬레이션하는 해당 단위를 여러 번 곱하여 N 사용자의 영향을 시뮬레이션하면 시스템을 테스트하기 충분한 부하를 생성할 수 있다.

다만 다른 사용자 복제를 위해 여러 개의 작은 시뮬레이션을 만들어 내는 대신 사용자의 전형적인 행동의 조합으로 작동하는 단일 시뮬레이션을 사용하는 것이 간단하고 좋다.

이전에 설명한 것처럼 시스템의 주요 부분을 실행하는 일부 시스템 테스트의 사용은 이러한 경우에 특히 잘 작동하며, 이 동작이 시스템의 일반적인 상황에서도 호환되는지 다시 확인하면 된다.

수정해야 할 경우 로그를 분석하여 사용자가 사용하는 일반적인 인터페이스의 적절한 프로필을 생성할 수 있다. 데이터를 전달해야 한다는 것을 기억하자. 다만 부하 테스트는 새로운 기능을 추가할 때 수행하기 때문에 실제 데이터가 없을 때는 추정치를 사용해야 한다.

각 시뮬레이션의 결과는 물론, 특히 에러를 모니터링해야 한다. 이렇게 하면 발생 가능한 문제를 감지하는 데 도움이 된다. 그런 면에서 부하 테스트는 시스템 모니터링도 하기 때문에 약점을 발견하고 개선도 할 수 있는 좋은 연습이 된다.

부하 테스트에 집중할수록 더 많은 문제를 파악할 수 있고, 실제 트래픽이 발생하면 이미 파악한 문제를 피할 수 있다.

부하가 많아질수록 부하 시스템 내부 병목 현상이 나타날 수 있다. 시뮬레이션을 더 하려면 여러 서버를 사용하고 네트워크가 트래픽을 지원할 수 있는지 확인하는 것이 필요하다.

시뮬레이션을 더 한다는 것은 프로세스를 여러 번 시작할 수 있어야 가능한 일이다. 이 절차는 단순하면서도 꽤 효과적이며 간단한 스크립트로 제어할 수 있다. 또한 시뮬레이션을 통해 기존 소프트웨어로 개선한 시스템 테스트를 포함해 모든 종류의 프로세스가 될 수 있다. 이렇게 하면 부하 테스트 준비 속도가 빨라질 뿐만 아니라 이미 테스트한 기존 소프트웨어를 재사용하기 때문에 시뮬레이션이 정확할 것이라는 신뢰를 쌓을 수 있다.

 HTTP 인터페이스와 같이 일반적인 사용 사례를 목표로 하는 특정 툴(예: Locust, https://locust.io/)을 이용하는 것도 가능하다. Locust를 통해 시스템에 접근하는 사용자를 시뮬레이션하는 웹 세션을 만들 수 있는데, 이 툴의 강점은 리포트 시스템이 내장되어 있고 최소한의 준비로도 확장할 수 있다는 것이다. 그러나 부하 테스트는 명시적으로 새로운 세션을 생성해야 하고 웹 인터페이스에서만 작업할 수 있다.

또한 부하 테스트는 정기적인 운영에서 병목 현상을 찾는 대신 장애를 일으킬 만한 부분을 찾아야 한다. 따라서 부하가 증가하고 있어도 부하 제어를 하고 있는지 늘 확인할 수 있도록 프로덕션 클러스터에 약간의 여유 공간을 확보해야 한다.

버전 관리

서비스에 변경사항을 적용할 때 변경사항을 추적할 수 있는 시스템이 있어야 한다. 변경사항과 관련해 언제, 무엇을 배포했는지 알 수 있다.

 버전 정보는 장애를 만날 때 더욱 강력해진다. 시스템에서 가장 위험한 순간 중 하나는 새로운 배포를 진행할 때인데, 이때 새로운 문제가 발생할 수 있기 때문이다. 새로운 버전을 릴리스할 때 장애가 자주 발생하곤 한다.

버전 관리versioning는 각 서비스 또는 시스템에 고유한 코드 버전 할당을 의미한다. 버전 관리로 배포된 소프트웨어를 쉽게 이해하고 버전 이력으로 변경된 사항을 추적할 수 있다.

일반적으로 소스 제어 시스템에서 버전 번호를 사용해 특정 시점의 코드를 정확하게 추적한다. 정의된 버전이 있다는 것은 고유한 버전 번호별 코드가 정확히 정의되어 있다는 뜻이다. 특정 코드를 버전으로 추적할 수 없다면 버전 번호는 쓸모가 없다.

버전 번호는 동일 프로젝트의 여러 스냅샷에서 코드의 차이점을 전달하는 것이다. 버전 번호를 정하는 주요 목표는 팀뿐만 아니라 외부에서 소프트웨어가 어떻게 발전하는지 소통하고 이해할 수 있게 하는 것이다.

전통적으로 버전은 패키지 소프트웨어와 박스 형태로 판매되는 소프트웨어 버전과 밀접한 관련이 있고, 마케팅 버전으로 사용됐다. 내부 버전이 필요하면 소프트웨어의 컴파일 횟수를 기반으로 연속된 빌드 번호를 사용했다.

전체 소프트웨어뿐만 아니라 API 버전, 라이브러리 버전 등에 버전 번호를 적용할 수 있다. 동일한 방식으로 기술 팀에서 내부 버전을 생성하듯이 동일한 소프트웨어를 기반으로 버전을 다르게 적용하면 마케팅용으로 효과적인 버전 번호를 사용할 수 있다.

 예를 들어 어떤 소프트웨어는 Awesome Software v4로 판매되고 있고, API v2가 있으며, 내부적으로 빌드 번호 v4.356으로 설명될 수 있다.

릴리스가 빈번하고 버전을 자주 변경해야 하는 최신 소프트웨어에서는 이런 간단한 방법이 적절하지 않아서 다양한 버전 스키마를 생성한다. 가장 일반적인 것은 시맨틱 버전관리semantic versioning다.

 2장 'API 설계'에서 시맨틱 버전 관리에 대해 다뤘듯이 시맨틱 버전 관리는 반복적으로 설명해야 할 만큼 중요하다. API와 코드 릴리스 모두에 동일한 개념을 사용할 수 있다.

시맨틱 버전 관리는 점으로 구분된 2개 또는 3개의 숫자를 사용한다. 버전을 참조한다는 것을 명확히 하기 위해 선택적 v 접두사를 추가할 수 있다.

vX.Y.Z

첫 번째 숫자(X)를 메이저 버전이라고 한다. 두 번째(Y)는 마이너 버전이고 마지막 숫자 (Z)는 패치 버전이다. 버전 숫자는 새로운 버전이 생성될 때마다 증가한다.

- 메이저 버전이 증가되는 것은 소프트웨어가 이전의 기존 소프트웨어와 호환되지 않음을 나타낸다.

- 마이너 버전이 증가되는 것은 해당 버전에 새로운 기능이 포함되어 있지만 하위 호환성이 깨지는 일이 없음을 의미한다.

- 마지막으로, 패치 버전의 증가는 버그 수정 및 보안 패치와 같은 기타 개선사항만 포함한다. 문제를 해결하지만 시스템의 호환성은 변경하지 않는다.

 보통은 메이저 버전 번호가 증가할 때 마이너 버전 변경에서 변경사항을 표시하듯이 표시할 수 있다. 메이저 버전 번호가 변경된다는 것은 새로운 기능이 생겼고 주요 패치가 포함됐음을 의미한다.

버전 관리의 좋은 예로 파이썬 인터프리터가 있다.

- 파이썬 3는 메이저 버전이 증가했기 때문에 파이썬 2 기반의 코드를 실행하려면 파이썬 3 기반의 코드로 변경해야 한다.

- 파이썬 3.9는 파이썬 3.8에 비해 새로운 기능을 도입했다. 예를 들어, 딕셔너리의 합집합union 기능이 추가됐다.

- 파이썬 3.9.7은 이전 패치 버전에 대한 버그 수정 및 개선사항을 추가했다.

시맨틱 버전 관리는 매우 널리 사용되고 있으며 외부에서 사용할 라이브러리 및 API를 처리할 때 특히 유용하다. 버전 번호만으로도 새로운 변경사항에 대한 명확한 기대치를 제공하고 새로운 기능에 대한 명확성을 제공한다.

그러나 시맨틱 버전 관리는 특정 프로젝트, 특히 내부 인터페이스에는 과하게 제한적일 수 있다. 이 과정에서 기능이 오래되면 더 이상 사용하지 않게 하고 호환성을 유지하는 작은 개선이 이어져서 항상 진화하는 윈도처럼 머물게 된다. 따라서 의미 있는 버전 소개가 어렵다.

이런 이유로 리눅스 커널은 시맨틱 버전 관리에서 벗어나기로 결정했다. 대신 새로운 메이저 버전은 큰 변경사항이 아니라 작은 변경사항을 의미할 수 있으며 특별한 의미는 아닐 것이라고 발표했다. 자세한 내용은 웹 페이지(http://lkml.iu.edu/hypermail/linux/kernel/1804.1/06654.html)를 참고한다.

내부 API로 작업할 때, 특히 조직의 여러 부분에서 빈번하게 변경되고 사용되는 마이크로서비스나 내부 라이브러리를 작업할 때는 버전 규칙을 완화하고 시맨틱 버전 관리와 비슷하게 사용하는 것이 좋다. 시맨틱 버전 관리에서 코드 변경에 대한 이해를 제공하기 위해 일관된 방식으로 버전 번호를 증가시키는 일반 툴을 사용한다. 반드시 메이저 버전이나 마이너 버전으로 변경을 강제할 필요는 없다.

그러나 외부 API를 통해 통신할 때 버전 번호는 기술적인 의미뿐만 아니라 마케팅적인 의미도 포함한다. 시맨틱 버전 관리를 사용해 API 기능을 강력하게 보장할 수 있다.

버전 관리는 매우 중요하기 때문에 /api/version과 같은 특정 엔드포인트를 제공하거나 쉽게 접근할 수 있는 방법으로 버전 번호가 번호를 명확하게 하면 기타 의존 서비스에서 버전을 확인할 수 있다.

컴포넌트 내부에서 관리하는 자체 독립 버전이 있다면 전체 시스템의 일반 버전은 생성할 수 없다. 그러나 온라인 서비스의 경우에는 버전 번호 관리가 까다롭거나 관리 자체가 무의미할 수 있다. 대신 하위 호환성을 유지하는 데 중점을 두어야 한다.

하위 호환성

실행 중인 시스템의 아키텍처를 변경할 때 고려해야 할 주요 부분은 인터페이스와 API 에서 항상 하위 호환성을 유지해야 한다는 것이다.

 또한 3장 '데이터 모델링'에서 데이터베이스 변경과 관련된 하위 호환성에 대해 다뤘다. 이번 장 에서는 인터페이스의 하위 호환성에 대해 설명할 텐데, 3장과 동일한 내용이다.

하위 호환성은 시스템이 기존의 인터페이스를 예상대로 작동하게 해서 호출하는 시스 템의 변경사항이 주는 영향이 미치지 않게 하는 것이다. 하위 호환성을 유지하면 서비 스를 중단하지 않고도 언제든지 업그레이드할 수 있다.

 고객은 안정적인 작업 인터페이스를 선호하기 때문에 외부 관점에서는 하위 호환성을 적용하는 것이 좋다. 그러나 내부에서는 여러 서비스가 서로 상호 작용하는 것이 중요하다. 시스템이 복잡 하고 여러 컴포넌트가 있는 경우, 서로 커넥션을 맺는 API는 하위 호환성을 가져야 한다. 마이크 로서비스 아키텍처에서 마이크로서비스를 독립적으로 배포할 때 특히 중요한 것이 하위 호환성 이다.

하위 호환성 개념은 매우 간단하지만, 변경사항을 설계하고 구현해야 하는 방법의 관점 에서 살펴봐야 할 내용이 있다.

- 변경사항은 항상 추가되어야 한다. 즉, 추가하지만 제거하지 않는다. 하위 호환성 을 통해 시스템에 대한 기존 호출은 계속 유지되며 중단되지 않는다.
- 기능 제거는 이 기능이 더 이상 사용되지 않음을 확인한 후에만 해야 하며 수행 시 세심한 주의가 필요하다. 사용되지 않는 기능임을 감지하기 위해 모니터링을 사용하며, 기능 제거를 확실하게 결정할 수 있게 실제 데이터를 제공해야 한다.

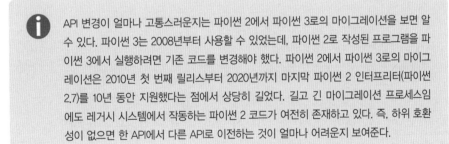

외부 인터페이스를 사용할 때, 특히 API 엔드포인트나 기능을 제거하는 것은 거의 불가능할 것이다. 고객은 정당한 이유가 없는 한 변경사항에 적응하는 것을 원치 않기 때문에 기존 시스템의 변경 역시 원하지 않는다. 이런 경우 적절한 전달을 위해 많은 작업이 필요한데, 이번 장의 뒷부분에서 살펴보겠다.

웹 인터페이스는 사람이 수동으로 작업하기에 변경사항에 대처하려면 무엇보다 유연성이 있어야 한다.

- 외부에서 접근 가능한 API를 변경하기란 어렵다. 외부 고객은 API를 있는 그대로 사용하려는 경향이 있어서 새로운 필드를 추가하더라도 기존 호출의 포맷 변경은 어려울 수 있다.

이는 사용된 포맷에 따라 다르다. 미리 정의해야 하는 SOAP 정의를 변경하는 것보다 JSON 객체에 새로운 필드를 추가하는 것이 더 안전하다. 이런 이유로 JSON의 인기가 높으며, 리턴 객체를 정의하기도 유연하다.

물론 꼭 필요하다면 외부 API에 새로운 엔드포인트를 추가하는 것이 더 안전할 수 있다. API 변경은 일반적으로 단계적으로 수행되어 새로운 버전의 API를 생성하고, 고객에게 더 좋고 새로운 API를 사용하도록 권장한다. API 마이그레이션 작업이 길고 힘들 수 있다. 고객에게 새로운 API를 사용하도록 설득하려면 새로운 API의 장점이 분명히 있어야 하기 때문이다.

API 변경이 얼마나 고통스러운지는 파이썬 2에서 파이썬 3로의 마이그레이션을 보면 알 수 있다. 파이썬 3는 2008년부터 사용할 수 있었는데, 파이썬 2로 작성된 프로그램을 파이썬 3에서 실행하려면 기존 코드를 변경해야 했다. 파이썬 2에서 파이썬 3로의 마이그레이션은 2010년 첫 번째 릴리스부터 2020년까지 마지막 파이썬 2 인터프리터(파이썬 2.7)를 10년 동안 지원했다는 점에서 상당히 길었다. 길고 긴 마이그레이션 프로세스임에도 레거시 시스템에서 작동하는 파이썬 2 코드가 여전히 존재하고 있다. 즉, 하위 호환성이 없으면 한 API에서 다른 API로 이전하는 것이 얼마나 어려운지 보여준다.

- 단위 테스트, 통합 테스트로 이뤄진 기존 테스트는 현 API가 이전 버전 API와

하위 호환성을 유지하는지 확인할 수 있는 가장 좋은 방법이다. 본질적으로 새로운 기능은 이전 동작을 변경하지 않기에 문제없이 테스트를 통과해야 한다. API 기능의 우수한 테스트 커버리지test coverage[1]는 하위 호환성을 유지하는 가장 좋은 방법이다.

외부 인터페이스에 변경사항을 적용하는 것은 복잡하다. 대개는 엄격한 API를 정의해야 하고 변경 속도를 느리게 해야 한다. 내부 인터페이스에 변경사항을 적용할 때는 조직 전체에 점진적으로 전달할 수 있고 어느 시점에든 서비스를 중단하지 않고도 적응할 수 있어서 유연성이 향상된다.

점진적 변경

시스템의 점진적 변경, 서서히 변경, API 개선은 관련된 여러 서비스와 함께 순차적으로 릴리스될 수 있다. 그러나 변경사항을 순서대로 적용할 때는 하위 호환성을 염두에 두어야 한다.

예를 들어, 두 서비스가 있다고 가정해 보자. 서비스 A는 시험에 응시하는 학생을 표시하는 인터페이스를 생성하고, 서비스 B를 호출해 시험 응시자 목록을 얻는 API가 있다. 다음과 같은 내부 엔드포인트를 호출한다.

```
GET /examinees (v1)
[
    {
        "examinee_id": <수험생 id>,
        "name": <수험생 이름>
    }, …
]
```

서비스 A에 추가해야 할 새로운 기능이 있다. 새로운 기능은 수험자의 추가 정보가 필요하며, 각 수험자가 API의 파라미터를 사용할 때 결과를 정렬하려면 특정 시험을 시도한 횟수를 알아야 한다. 현재 정보만으로는 기능 추가가 불가능하지만 서비스 B에서

---

1 테스트 대상의 전체 범위에서 테스트를 수행한 범위 – 옮긴이

해당 정보를 리턴하도록 변경할 수 있다.

따라서 서비스 B의 API를 확장해 특정 시험을 시도한 횟수 정보를 리턴한다.

```
GET /examinees (v2)
[
    {
        "examinee_id": <수험생 id>,
        "name": <수험생 이름>,
        "exam_tries", <시험을 시도한 횟수>
    }, …
]
```

서비스 B에서 변경사항을 작업하고 배포한 후에만 서비스 A에서 서비스 B의 API를 사용할 수 있다. 이 프로세스를 단계별로 설명하면 다음과 같다.

1. 초기 단계

2. 서비스 B에서 /examinees (v2)를 사용하는 API 배포. 서비스 A에서는 배포된 서비스 B의 API를 호출할 때 추가 필드를 무시하고 호출해도 서비스 B가 계속 정상적으로 작동하는지 확인한다.

3. 서비스 B 배포 후, 서비스 A는 새로운 파라미터 exam_tries를 사용한다.

모든 단계가 안정적이다. 서비스가 각 단계에서 문제없이 작동할 수 있는 이유는 여러 서비스가 각각 분리되어 있기 때문이다.

 서비스 분리는 배포에 문제가 발생하면 되돌릴 수 있고 단일 서비스에만 영향을 미치며 이슈가 수정될 때까지 이전의 안정적인 상황으로 빠르게 되돌릴 수 있어서 중요하다. 최악의 상황은 서비스에 2개의 변경이 동시에 일어나는 경우다. 에러 하나가 다른 하나에 영향을 미치면 되돌리기 어려운 상황이 될 수 있기 때문이다. 더 나쁜 상황은 에러가 두 서비스 사이의 상호 작용에서 발생할 수 있는데 책임 소재가 명확치 않은 경우다. 문제가 두 서비스에서 발생할 수 있기 때문이다. 각 단계는 견고하고 신뢰할 수 있는 작은 개별 단계를 유지하는 것이 중요하다.

그러면 필드 이름 변경과 같은 더 큰 변경사항도 구현할 수 있다. examinee_id 필드가 마음에 들지 않아 더 적절한 student_id 필드로 변경하려 한다고 가정하자. 프로세스는 다음과 같이 진행될 것이다.

1. 서비스 B의 이전 값을 복제해 student_id라는 새로운 필드를 포함한 리턴 객체를 변경한다.

```
GET /examinees (v3)
[
    {
        "examinee_id": <수험생 id>,
        "student_id": <학생 id>,
        "name": <수험생 이름>,
        "exam_tries", <시험을 시도한 횟수>
    }, …
]
```

2. 서비스 A에서 examinee_id 대신 student_id를 사용할 수 있도록 변경하고 배포한다.

3. 서비스 B를 호출할 수 있는 다른 서비스에서도 동일한 작업을 수행한다.

모니터링 툴과 로그를 사용해 확인한다.

4. 서비스 B에서 이전 필드를 제거하고 서비스를 배포한다.

```
GET /examinees (v4)
[
    {
        "student_id": <학생 id>,
        "name": <수험생 이름>,
        "exam_tries", <시험을 시도한 횟수>
    }, …
]
```

5. 서비스 B에서 이전 필드를 제거하고 서비스를 배포한다.

> 필드 제거 단계는 기술적으로 선택사항이지만 유지보수를 위해 API에서 불필요한 파라
> 미터를 제거하는 것이 좋다. 그러나 현실은 더 이상 접근할 수 없는 상태로 그대로 유지
> 하게 두는 경우가 많다. 적당히 있으면 되는 편의와 깔끔하게 변경한 API를 유지보수하
> 는 것 사이에서 적절한 균형을 찾아야 한다.

지금까지 배포 관점에서 서비스 중단 없이 변경사항을 배포하는 방법을 살펴봤다. 그러
나 새로운 버전을 배포하면서 서비스를 계속 사용하려면 어떻게 해야 할까?

중단 없는 배포

서비스 중단 없이 지속적인 릴리스를 허용하려면 하위 호환성이 있는 변경사항을 적용
하면서 서비스가 계속 응답하는 상태를 유지하면서 배포를 진행해야 한다.

중단 없는 배포를 최고로 지원하는 툴은 로드 밸런서^{load balancer}다.

> 5장 'The Twelve-Factor 앱 방법론'과 8장 '고급 이벤트 기반 구조'에서 로드 밸런서에 대해 이야
> 기했다. 로드 밸런서는 특히 유용하다.

원만히 성공적인 배포를 진행하려면 다음과 같이 서비스의 여러 인스턴스가 있어야
한다.

> 쉽게 생성하고 파괴할 수 있는 클라우드 인스턴스 또는 컨테이너를 사용한다고 가정해 보자.
> nginx 또는 단일 서버에서 로드 밸런서 역할을 하는 여러 종류의 웹 서버에서 워커로 취급할 수
> 있는데, 이것이 nginx reload 커맨드가 작동하는 방식이다.

1. 모든 인스턴스에 업데이트할 수 있는 서비스 버전 1이 있는 초기 단계다.

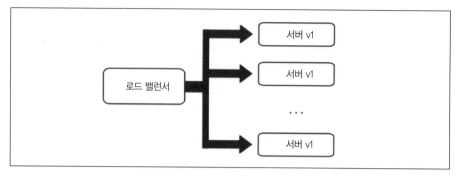

그림 16.1 시작점

2. 서비스 버전 2의 새로운 인스턴스가 생성된다. 아직 로드 밸런서에 추가되지 않았다.

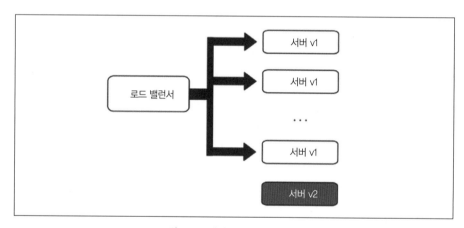

그림 16.2 생성된 새 서버

3. 새로운 버전이 로드 밸런서에 추가된다. 지금은 요청을 버전 1 또는 버전 2로 보낼 수 있다. 하지만 하위 호환성 원칙을 따랐다면 문제는 발생하지 않을 것이다.

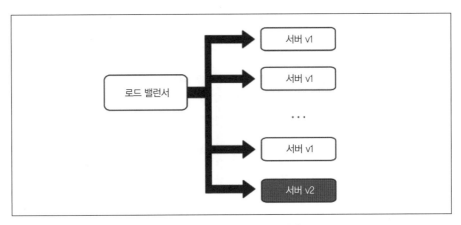

그림 16.3 로드 밸런서에 포함된 새 서버

4. 인스턴스 수를 일정하게 유지하기 위해 이전 인스턴스를 제거해야 한다. 즉, 로드 밸런서에서 이전 인스턴스를 비활성화하고 새로운 요청이 이전 인스턴스가 처리되지 않게 한다는 것을 의미한다. 서비스는 이미 진행 중인 모든 요청을 완료한 후(이전 인스턴스에 더 이상 새로운 요청이 전송되지 않는다), 이전 인스턴스는 효과적으로 비활성화되고 로드 밸런서에서 완전히 제거될 수 있다.

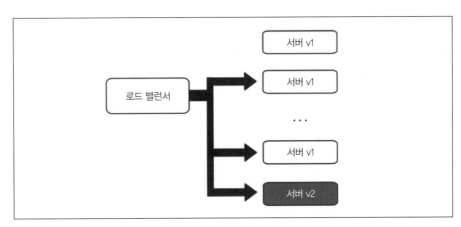

그림 16.4 로드 밸런서에서 이전 서버를 제거

5. 오래된 인스턴스는 폐기되거나 재활용할 수 있다.

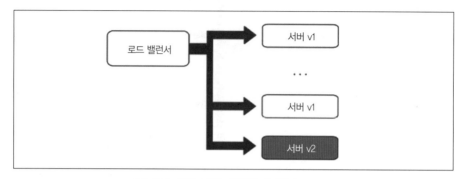

그림 16.5 이전 서버는 완전히 제거됐다.

6. 모든 인스턴스가 서비스 버전 2가 될 때까지 프로세스를 반복할 수 있다.

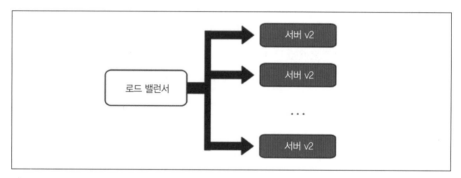

그림 16.6 새로운 모든 서버의 최종 단계

배포 프로세스를 자동으로 수행하는 툴이 있다. 예를 들어, 쿠버네티스는 컨테이너의 변경사항을 배포할 때 중단 없는 배포를 자동으로 수행한다. 또한 엔진엑스나 아파치 같은 웹 서비스도 중단 없는 배포가 가능하다. 그러나 비정상적인 사용 사례에서 설명한 배포 프로세스를 수동으로 적용하거나 사용자 지정 툴을 개발해 적용할 수도 있다.

기능 플래그

기능 플래그feature flag의 개념은 설정 변경 시 아직 릴리스될 준비가 되지 않은 기능을 숨기는 것이다. 작은 점진, 즉 빠른 반복 원칙을 따른다면 새로운 사용자 인터페이스와 같은 큰 변화의 생성은 불가능하다.

복잡한 상황이라면 큰 변화는 다른 변화들과 병행하여 발생할 것이다. 새로운 사용자 인터페이스가 제대로 작동할 때까지 전체 릴리스 프로세스를 6개월 이상 지연할 가능성은 없다.

별도의 오래 유지되는 소스 브랜치branch를 생성하는 것도 좋은 해결책이 아니다. 해당 소스 브랜치를 메인 브랜치에 머징merging할 때 혼란을 줄 수 있기 때문이다. 오래 유지되는 특징이 있는 소스 브랜치는 관리하기 복잡할 뿐만 아니라 항상 작업하기 어렵다.

좀 더 좋은 솔루션은 기능 플래그를 활성화 또는 비활성화하는 설정 파라미터를 생성하는 것이다. 모든 개발이 동일한 속도로 계속 진행되는 동안 특정 환경에서 기능을 테스트할 수 있다.

즉, 버그 수정 또는 성능 개선과 같은 변경사항이 여전히 발생하며 패치한 배포도 진행 중이다. 그리고 새로운 기능 작업은 평소처럼 자주 메인 브랜치에 머징된다. 크고 새로운 기능이 프로덕션 환경에 릴리스되어도 기능 플래그를 사용해 비활성화한다는 것은 프로덕션에서는 아직 활성화되지 않았음을 의미한다.

 테스트 단계에서 기능 플래그의 활성화 및 비활성화 기능이 모두 올바르게 작동하는지 확인해야 하는데 점진적으로 비교적 쉽게 작업할 수 있다.

그리고 기능은 릴리스 준비가 될 때까지 조금씩 개발될 것이다. 마지막 단계에서는 단순한 설정 변경으로 기능을 활성화한다.

> **TIP**
>
> 기능은 특정 사용자 또는 특정 환경에서 활성화될 수 있다. 베타 기능을 테스트하는 방법은 다음과 같다.
>
> 일부 사용자는 기능이 완전히 릴리스되기 전에 해당 기능에 접근할 수 있어야 한다.
>
> 테스트 사용자는 QA 팀, 관리자, 프로덕션 소유자와 같은 조직 내부 사용자일 수 있기에 프로덕션 데이터를 사용하며 기능에 대한 피드백을 받을 수 있다.

기능 플래그 기술을 사용하면, 점진적인 방식으로 자신감을 높이고 규모가 큰 기능을 릴리스할 수 있다.

변경에 대한 팀워크 측면

소프트웨어 아키텍처는 기술에 관한 내용뿐만 아니라 커뮤니케이션과 인간 차원의 부분에 크게 의존하곤 한다.

시스템에 변경 작업을 하는 프로세스에서 고려해야 할 부분이 있는데, 팀워크에 영향을 미칠 수 있는 인적 요소human element는 다음과 같다.

- 소프트웨어 아키텍트의 작업은 일반적으로 여러 팀과의 커뮤니케이션을 관리하는 데 있다. 따라서 팀의 의견을 적극적으로 경청하고 설계 변경사항을 설명하거나 협상하는 데 세심한 관심과 부드러운 기술soft skill2이 필요하다. 조직의 규모에 따라, 팀마다 문화가 크게 다를 수 있기에 소프트웨어 아키텍트 역할이 어려울 수 있다.

- 조직의 기술적 변화의 속도와 수용은 해당 조직의 문화(또는 하위 문화)와 밀접하게 관련되어 있다. 조직의 작업 방식을 변경하는 일은 굉장히 더디게 진행되는 것이 보통이다. 그러나 기술을 빨리 변경할 수 있는 조직은 그만큼 조직 전체의 변화에 빨리 적응하는 경향이 있다.

---

2 다른 사람과 함께 일하고 상호 작용하는 방식을 나타내는 대인관계 스킬 – 옮긴이

- 동일한 방법으로, 기술 변화는 순전히 조직 내에서만 발생하더라도 지원과 교육이 필요하다. 큰 기술의 변경이 필요할 때는 팀에서 제기한 의심과 질문을 해결할 수 있는 컨택 포인트contact point가 있어야 한다. 컨택 포인트를 통해 변경이 필요한 이유를 설명하고 작업에 대한 많은 의문을 해결할 수 있다.

- 통신 구조와 아키텍처 구조가 어떻게 관련되어 있는지에 대해 1장 '소프트웨어 아키텍처 소개'에서 콘웨이의 소프트웨어 아키텍처 법칙을 설명했다. 하나의 변경은 다른 하나에 영향을 미칠 가능성이 높기 때문에 아키텍처가 크게 변경되면 자체적으로 수행할 과제가 있는 조직의 구조 조정으로 이어질 것이다.

- 동시에, 변경으로 영향받는 팀에서는 승자와 패자가 있을 수 있다. 어떤 엔지니어는 자신이 선호하는 프로그래밍 언어를 사용할 수 없어서 위협을 느낄 수 있다. 마찬가지로 다른 엔지니어는 이제 자신이 가장 좋아하는 기술을 사용할 수 있는 기회가 와서 흥분할 수 있다.

  이 문제는 사람들이 이동하거나 새로운 팀을 구성하는 과정에서 특히 고통스러울 수 있다. 개발 속도에서 중요한 요소는 효율적인 팀을 구성하는 것이고, 팀을 변경하면 커뮤니케이션 및 효율성에 영향을 미친다. 이 영향을 분석하고 고려할 필요가 있다.

- 유지보수는 조직의 일상적인 운영의 일부로 도입되어야 한다. 정기적인 유지보수에는 모든 보안 업데이트뿐만 아니라 OS 버전, 의존성 등의 업그레이드와 같은 작업도 포함되어야 한다.

  일상적인 유지보수를 처리하는 기본 계획은 명확한 기대치를 제공한다. 예를 들면 다음과 같다. "OS 버전은 새로운 LTS 버전이 릴리스된 후 3~6개월 이내에 업그레이드하는 조직의 정책을 알 수 있다." 따라서 예측 가능성을 제공하고 따라야 할 명확한 목표를 제공하며 시스템을 지속적으로 개선한다. 동일한 방식으로, 보안 취약성을 감지하는 자동화 툴을 사용하면 팀에서 코드 또는 시스템의 의존성을 업그레이드할 시기를 쉽게 알 수 있다.

- 동일하게, 기술 부채technical debt3 상환 정책이 건전한지 확인하는 습관이 필요하다. 기술 부채는 팀에서 가장 잘 이해할 수 있기 때문에 대부분 팀이 이를 감지한다. 보통은 코드 변경 속도가 점진적으로 느려지는 것으로 나타난다. 기술 부채가 해결되지 않으면 작업은 점점 더 복잡해져 개발 프로세스가 더 어려워지고 개발자의 번아웃으로 이어질 위험이 크다. 팀이 통제 불능 상태가 되기 전에 기술 부채를 처리할 수 있는 시간을 확보해야 한다.

일반적으로 팀 구성원이 아키텍처를 변경해야 하며 팀에 아키텍처 변경 정보가 올바르게 전달되어야 하고, 이에 맞게 소프트웨어가 변경되어야 한다는 점을 염두에 두어야 한다. 물론 사람들과 커뮤니케이션하는 것이 소프트웨어 개발에서 가장 어려운 작업 중 하나이기 때문에 팀워크 측면에서 도전과도 같은 일이다. 모든 소프트웨어 아키텍처 아키텍트는 팀워크를 의식하면서 한편으로는 계획을 적절히 전달하고 피드백을 받아 조율하면서 최상의 결과를 얻도록 충분한 시간을 할당해야 한다.

요약

16장에서는 시스템 아키텍처를 포함해 시스템을 개발하고 변경하는 동안 시스템을 계속 운영하도록 다양한 과제와 각 측면을 살펴봤다.

아키텍처 개선과 변경이 필요한 다양한 방법 설명을 시작으로 시스템을 사용할 수 없는 특정 시간을 지정하는 방법을 포함해 변경사항을 관리하는 방법을 살펴봤다. 이어서 안정성과 변경사항에 대한 기대치를 명확하게 전달할 수 있는 유지보수 시간의 개념을 소개했다.

다음으로 문제가 발생해 시스템에서 나쁜 결과가 나타날 수 있는 다양한 장애를 살펴봤다. 장애 발생 후 지속적인 개선과 포스트모템이 필요한 과정을 다뤘다. 그리고 시스템의 부하 증가를 야기할 수 있는 마케팅 캠페인을 염두에 두고 위험성이 높은 중대한 장애 발생 전에 시도하면 좋을 '준비 과정'도 살펴봤다.

---

3 문제를 해결하기 위한 시간을 두지 않고 즉각적인 요구사항을 충족하기 위해 추가적인 재작업 비용을 반영하는 소프트웨어 관점
 – 옮긴이

장애로 인한 문제가 발생하지 않도록 부하 테스트를 진행해 해당 부하를 수용하는 시스템 용량을 확인하고, 예상 트래픽을 지원할 준비가 되었는지 확인했다. 현재 배포된 소프트웨어 버전을 명확하게 전달하는 버전 관리 시스템을 만들어야 할 필요성에 대해 생각해 봤다.

하위 호환성의 중요성, 지속적인 개선과 발전을 위해 신속하고 점진적인 개발을 보장하는 것이 얼마나 중요한지 이야기했다. 또한 전체적인 활성화를 도모하는 큰 기능을 릴리스하는 프로세스 출시에 기능 플래그가 어떻게 도움이 되는지에 대해서도 설명했다.

마지막으로 시스템과 아키텍처의 변경이 사람의 협업과 커뮤니케이션에 어떤 영향을 주는지, 시스템 변경, 특히 팀 구조에 영향을 미칠 수 있는 변경은 어떻게 고려해야 하는지, 다양한 측면을 설명했다. 이전에 살펴본 것처럼 시스템을 설계하는 조직은 필연적으로 해당 조직의 커뮤니케이션 구조를 복제하는 경향이 있다.

| 찾아보기 |

파이썬 아키텍처 패턴

파이썬 소프트웨어 시스템 아키텍처 설계와 유지보수 관리

발 행 | 2024년 8월 28일

지은이 | 제이미 부엘타
옮긴이 | 김 용 환 · 박 지 현

펴낸이 | 옥 경 석
편집장 | 황 영 주
편 집 | 김 진 아
　　　　임 지 원
디자인 | 윤 서 빈

에이콘출판주식회사
서울특별시 양천구 국회대로 287 (목동)
전화 02-2653-7600, 팩스 02-2653-0433
www.acornpub.co.kr / editor@acornpub.co.kr

한국어판 ⓒ 에이콘출판주식회사, 2024, Printed in Korea.
ISBN 979-11-6175-864-0
http://www.acornpub.co.kr/book/python-architecture-patterns

책값은 뒤표지에 있습니다.